존 듀이
교육론의
재조명

KB140019

존 듀이
교육론의
재조명

김무길 지음

John Dewey

머리말

존 듀이(John Dewey, 1859~1952)는 현대 교육의 이론과 실제에 지대한 영향을 미친 인물로 널리 알려져 있다. 듀이의 경험중심 교육은 문자 그대로 교과와 분리된 경험을 추구하는 교육이 아니라, 아동의 경험과 교과의 지식이 유의미하게 통합됨으로써 경험의 계속적 성장 그 자체에 목적을 두는 교육이었다. 이러한 듀이의 의도에도 불구하고, 이제까지 그의 사상은 심층적으로 이해되었다기보다는 표피적으로 파악되거나 왜곡된 경향이 많았다. 가령 듀이가 교과를 무시하고 아동이 흥미 있어 하는 활동만을 앞세웠다거나, 사고의 가치를 도외시하고 생활적응만을 강조했다는 것은 그에 대한 흔한 오해 중 하나이다. 이러한 오해의 원천은 듀이의 의도를 세밀히 읽지 않고 그의 사상을 진보주의 교육과 동일한 것으로 속단하거나, 혹은 듀이가 지적한 바와 같이, '이것이냐, 저것이냐' 하는 이분법적 사고로 그의 사상을 예단한 결과일 수 있다. 한 가지 분명한 점은, 비록 듀이와 진보주의 교육 간에 유사한 측면이 있다고 하더라도 바로 그 점으로 인해 양자가 동일하다는 결론은 나오지 않는다는 것이다.

듀이의 교육철학은 전체적으로 그의 반이원론적인 관계론적 세계관을 기저로 하고 있다. 그는 세계 안의 모든 사물이 독립적인 존재가 아니라 항상 상호 관계성으로 인해 변전(變轉)을 거듭하고 있다고 보았다. 곧, 우리가 사는 세계는 확정되고 안정된 세계가 아니라 상호작용을 통해 끊임없이 변화하는 세계라는 것이다. 아마도 위험하고 불안한 삶의 세계 속에서 벗어나 마음이 요동하지 않는 평화로운 안식처를 찾고자 하는 것은 인지상정일 것이다. 그러나 듀이에 의하면, 그러한 안식처는 불안정한 삶의 세계를 피하기 위한 인간의 욕망을 표출하는 것일 뿐, 사실상 존재하지 않는 세계이다. 우리는 피안의 안식처에 안주하려는 태도를 가질 것이 아니라, 오히려 변화하는 현상과 사건에 능동적으로 참여하여 불확정적 상황을 확정적 상황으로 바꾸는 노력을 부단히 기울여가야 한다. 그것이 바로 우리가 당면한 삶의 문제에 충실하게 임하는 태도이기 때문이다. 어찌 보면, 이제까지의 인류 문명의 진보도 이렇듯 불확정한 삶의 상황에 부딪쳐 문제의 해결을 고민한 숱한 탐구들의 누적된 결과를 반영하는 것일지도 모른다.

　듀이에게 있어 이른바 '플라톤-로크-데카르트'로 이어지는 서양 철학의 이원론적 전통은 들어설 여지가 없다. 마치 비트겐슈타인이 현대 철학의 역할이 "파리통 속에서 파리가 빠져나가게" 하는 데에 있다고 말하면서 기존의 철학에 대변혁을 일으킨 것과 유사하게, 듀이도 그의 경험 개념을 중심으로 전통 철학을 개조 혹은 재구성하고자 했던 것이다. 듀이에 의하면, 지식의 대상은 본래부터 저편에 고정된 상태로 존재하는 것이 아니라 인간 경험과 탐구의 소산물일 뿐이다. 이 점을 고려하면, 교육 사태에서는 학습자의 경험 속에서 재구성되는 교과의 의미에 주목해야 한다. 왜냐하면, 학습자의 인식 수준의 향상은 '무기력한' 정보를 받아들인 결과라기보다는, 그의 경험과 교과 간의 교호작용으로부터 비롯된 것이기 때문이다. 놀랍게도 듀이의 이러한 관점은 동양 철학의 인식론과 의미 있게 비교될 수 있다. 동양 철학 일반에서는 서양의 전통적 인식론과 달리 주객의 관계를 상호 대립된 별개의 실체로 보지 않는다. 가령 불교의 인식론인 유식학(唯識學)에서는 외부에 고정적 인식의 대상이 존재하는 것이 아니라 모든 것이 의식과의 상호 관계성 속에서 변화해간다고 보는 것이다. 이 책의 제VI부인 '듀이 철학과 불교 사상'은 바로 이러한 관계론적 관점에 비추어 듀이와 동양 사상의 접목을 시론적인 수준에서 논의한 것이다.

이 책은 한국교육철학학회의 『교육철학연구』를 비롯한 여타 학술지에 게재된 저자의 듀이 관련 논문들을 모아 단행본 체제에 맞게 보완한 것이다. 글의 내용을 전체적으로 다시 읽어가면서 어색하거나 의미가 불분명하다고 보이는 부분들을 수정하였고 문맥에 따라서는 글의 이해를 돕기 위해 일부 내용을 새로 보완하기도 하였다. 저자는 이 책에서 듀이 교육론을 주로 교육의 내용이나 방법론적 차원에서 보는 시각에서 벗어나, 가능한 한 다각적인 측면에서 그의 사상을 재조명하려고 노력하였다. 즉, 듀이에게 영향을 준 퍼스와 제임스의 프래그머티즘, 듀이의 의식이론, 상황 개념, 교육현상학, 흥미와 놀이 이론, 언어관, 지식교육론, 구성주의, 그리고 앞서 언급한 불교 사상과의 비교 작업 등이 그것이다. 저자는 이러한 다각적 재조명이 장차 듀이를 보다 풍부하고 확대된 인식의 지평에서 해석하는 계기를 마련해줄 것으로 기대한다. 물론 저자가 이제까지 공부해온 듀이가 그의 진면목 전부를 드러낸다고 볼 수 없을 것이다. 더욱이 저자는 어느 편인가 하면 여전히 듀이 철학을 공부해가는 도중에 있으므로 그동안의 학문적 결실로 이 책을 내세우기에는 부끄러운 마음이 앞선다. 그럼에도 불구하고 감히 이 책을 내는 저자의 작은 소망은 동학 제현의 질정을 받아 미비점을 가다듬을 기회가 있게 되기를 바라는 것이고, 또한 듀이 교육철학에 관심을 가진 독자들이 그의 사상을 이해하는 데 조금이라도 도움이 되었으면 하는 것이다.

제Ⅰ부에서는 듀이의 사상 형성에 영향을 준 미국의 프래그머티즘 사상가인 퍼스와 윌리엄 제임스에 대해 살펴보았다. 1장에서는 프래그머티즘의 창시자로 알려진 퍼스의 관념 명료화의 준칙을 이해하고 그의 진화적 실재론에 입각한 귀추법의 논리와 그 교육적 시사점을 탐색하였다. 2장에서는 퍼스와 제임스의 프래그머티즘 간 차이를 밝히고, 옛것과 새것의 연속성에 근거한 제임스 진리관의 성격과 그 교육적 의미를 모색해 보았다. 3장에서는 제임스의 순수경험과 듀이의 일차적 경험의 관계를 이해하고, 현상학적 측면에서 제임스가 듀이의 의식이론에 미친 영향과 한계를 명료히 하고자 하였다.

제Ⅱ부에서는 듀이의 상황 개념과 그 교육적 시사점을 다루었다. 4장에서는 듀이의 상황 개념이 '주위물상'이나 '환경'의 개념과 어떻게 다른지 살펴보고, '문제 상황'의 특성과 역동적 인식의 구조를 고찰하였다. 5장에서는 유럽 현상학과 듀이 철학의 관계성을 살펴보고, 그의 상황 개념을 교호작용성, 전체성, 초월성이라는 세 측면에서 재해석함으로써 듀이의 상황 개념에 내재된 교육현상학적 의미를 드러내고자 하였다.

제Ⅲ부에서는 듀이의 언어관을 비트겐슈타인과 리차드 로티의 언어관과 비교해 보았다. 6장에서는 탈맥락적 언어관을 비판하는 듀이의 언어관과, 본질주의적 언어관을 비판하는 후기 비트겐슈타인의 언어관을 비교하여 양자의 유사점과 차이점을 밝히고, 양자의 언어관이 한국의 언어교육 현실에 주는 시사점을 모색하였다. 7장에서는 로티의 언어관에 담긴 듀이 사상의 수용과 변용을 분석하기 위해,

로티의 언어관을 메타포적 언어관, 민주적 언어관, 그리고 편재적 언어관으로 구분하여 살펴보았다. 그리고 이를 통해 듀이가 로티의 언어관에 미친 영향을 명료히 하고 네오프래그머티즘의 언어관이 지닌 문제점과 의의를 논의하였다.

제IV부에서는 듀이에 있어 흥미와 놀이의 교육적 의의 및 그의 성장 개념에 입각한 좋은 수업의 조건을 모색하였다. 8장에서는 피터스의 흥미 구분과 차별화되는 듀이의 흥미 개념과 그 역동적 작용 양상을 이해하고 듀이의 흥미 이론이 현대 교육에 주는 시사점을 탐색하였다. 9장에서는 놀이의 교육철학적 위상을 밝히기 위해 놀이를 아동 발달의 이해 수단으로 보는 디어든과, 교육방법으로 적용 가능하다고 보는 듀이의 관점을 비교하였다. 그리고 이른바 '교육적 놀이'라는 것이 과연 성립 가능한 것인지, 또한 교육적 놀이에 한계가 있다면 무엇인지를 탐색해 보았다. 10장에서는 좋은 수업에 대한 기존의 지배적인 아이디어들을 비판적으로 검토해보고, 듀이의 성장 개념에 비추어 좋은 수업을 보는 보완적 조건들을 모색하였다.

제V부에서는 듀이의 교육이론에 나타난 지식교육의 위상과 구성주의와의 관계를 다루었다. 11장에서는 듀이의 교호작용의 본질을 시간성과 공간성으로 구분하여 살펴보고 듀이에 있어 '과거의 지식'이 차지하는 위상을 분석하였다. 12장에서는 구성주의 인식론과 듀이의 '보증된 단언'으로서의 지식론의 관계를 고찰하고, 듀이의 지식론이 표면상 구성주의와 유사하게 보이지만, 특정한 측면에서는 구성주의와 차별화되는 것임을 보여주고자 하였다.

제VI부에서는 듀이 철학과 불교 사상의 관련성을 탐색하였다. 13장에서는 듀이의 교호작용과 불교 연기설에 나타난 자아관, 진리관,

욕구관을 비교해 보았다. 그리고 이를 바탕으로 듀이와 불교 사상이 서로 조응(照應)되고 상치(相馳)되는 점이 무엇인지, 아울러 듀이와 불교 사상의 상조(相照)가 현대 교육에 주는 시사가 무엇인지를 모색해 보았다. 14장에서는 듀이와 유식불교의 의식이론을 비교하기 위해, 듀이의 초기 논문인 "심리학에서 반사호의 개념"과 세친보살(世親菩薩)의 『唯識三十頌』을 중심으로, 의식의 개념과 구성, 그리고 언어의 비실체성이라는 세 측면을 비교, 검토해 보았다.

비록 맹아적 형태로나마 듀이가 국내에 소개된 지는 일제 강점기로부터 보면 백 년에 가까워진다. 당연한 말이지만, 듀이는 이제 우리에게 너무도 익숙히 알려진 인물이 되었다. 그러나 이미 지적한 바와 같이, 일반적으로 인식되는 듀이가 과연 그의 사상에 대한 올바른 이해를 기초로 한 것인가 하는 데는 의문의 여지가 있다. 그가 현대 교육에 준 영향력을 감안해볼 때 그의 사상에 대한 올바른 이해는 더욱 중요한 의미를 가지게 된다. 따라서 현대 교육을 이해하려면 듀이를 이해해야 한다는 말이 나오는 것도 크게 무리는 아닐 듯싶다. 이 책에 실린 글들은 저자의 학문적 편력의 일단을 보여주며, 동시에 글의 여기저기에 저자 나름대로 자신의 생각을 비판적으로 반추(反芻)하고자 했던 여러 날들의 고민과 고심의 흔적이 배어 있다. 동시에 이 책에는 그동안 여러 학술지에 논문을 투고하면서, 익명의 심사자들로부터 받은 귀중한 비평과 그에 따른 저자의 소견이 반영되어 있다. 그렇지만 이 글에 나타난 미비한 점들은 오직 저자 자신의 공부가 모자란 탓이다. 이는 장차 연구를 통해 보완해가고자 한다. 그리고 저자의 공부를 옆에서 지켜보면서 늘 마음의 지원을 해주는 아내와 두 자녀 지현, 용우에게도 이 책으로 고마운 마음을 표하고자 한다. 특히 교육자의 길을 걷고자 하는 딸 지현이에게 이 책이 다소간이나마 도움이 되었으면 하는 바람도 가져본다. 끝으로, 이 책의 출판을 위해 수고해주신 한국학술정보(주)의 임직원 여러분께 깊은 감사의 말씀을 드린다.

2014년 2월

김무길(金戊吉) 謹識

❑ 목차

제 4 부　듀이의 언어관과 교육

제 5 부   듀이의 지식교육론과 구성주의

제1부

프래그머티즘과 교육

제1장 퍼스의 실재론적 프래그머티즘과 교육

　퍼스에 의하면, '관념 명료화의 준칙'은 과학적 관념뿐만 아니라 모든 지식의 명료화에도 적용 가능한 탐구 준칙이다. 그러나 그의 의도와 달리, 관념 명료화의 준칙이 과학적 검증에 국한된 것이 아닌가 하는 의문이 제기될 수 있다. 왜냐하면, 실험적 검증이 필요하지 않은 다수의 관념적 지식들도 존재하기 때문이다. 이 점에서 퍼스의 준칙의 지위가 정확히 어떤 것인지는 불분명하다. 이러한 모호성을 배제하고 퍼스의 진의를 올바로 파악하기 위해서는, 그 준칙 이면에 담겨있는 '귀추법'의 탐구논리와 '실재'의 개념을 살펴볼 필요가 있다. 귀추법은 '의심－사고－믿음'으로 나아가는 연속적인 탐구과정을 의미하며, 실재는 탐구의 궁극적 귀결점으로서 공동체에 의해 확정된 믿음의 대상을 가리킨다. 이 점에서 실재는 개별적 의견과는 독립성을 띠며, 실재에로의 도달은 탐구공동체가 지향해야 할 목적이 된다. 만약 현대적 탐구학습의 과정에 퍼스의 이와 같은 탐구논리가 배태(胚胎)되어 있다면, 그의 프래그머티즘을 재음미하는 것은 관념 명료화 준칙의 지위를 명료히 하는 일이 됨은 물론, 오늘날 탐구학습의 본질을 이해하는 데에도 유의미한 시사점을 제공해줄 것이다.

Ⅰ. 문제의 제기

프래그머티즘(pragmatism)의 창시자 퍼스(C. S. Peirce, 1839~1914)
는 "관념 명료화의 방법"(How to make our ideas clear)이라는 글에
서 다음과 같은 유명한 발언을 하고 있다. "우리의 개념의 대상이
실제적 의미를 가진다고 생각되는 어떤 결과들을 초래할지 고려해
보라. 그러면 그 결과에 대한 개념이 그 대상에 대한 우리의 개념의
전부이다"(Peirce, 1878: 31). 퍼스의 이 말은 프래그머티즘의 준칙
(準則)으로 널리 알려지게 되었으며, 퍼스 이후 프래그머티즘을 확
대, 발전시킨 윌리엄 제임스(W. James)와 존 듀이(J. Dewey)의 사상
에 큰 영향을 주었다. 퍼스의 그 준칙이 의도하는 바는 우리들이 가
지는 관념을 명료히 하려면 추상적인 관념에만 머물러서는 안 되며,
특정 관념이 실지로 어떤 결과를 초래하는지를 검증해야 한다는 데
에 있다. 이러한 프래그머티즘 준칙은 원칙적으로 일체의 관념들을
명료히 하는 탐구 준칙으로 제시되었다는 점에서 단지 '과학'에만
적용되는 것이 아니라 '모든' 관념들의 명료화에 기여하는 것으로
보아야 한다.

그런데 퍼스의 의도에도 불구하고 그의 관념 명료화 준칙이 감각
적 접촉이나 관찰을 중시하는 경험론적 입장과 유사한 것이 아닌가,
혹은 과학적 탐구에만 적용되는 한정된 논리가 아닌가 하는 의문이
제기될 수 있다. 예컨대, 퍼스는 물체의 '단단함'이라는 특성은 실지
로 그 물체를 '긁어서 흠이 나지 않는' 결과로 드러난다고 말한다
(Peirce, 1878: 32-33). 이것은 행위를 가하고 그 결과로서 확인되는
것이 그 대상에 대한 개념의 전부라는 퍼스의 관점을 재차 보여준

다. 그러나 가령 '진선미'와 같이 행위 작용을 가할 수 없는 대다수 형이상학적 관념들은 어떻게 검증해야 하는가? 이러한 관념들은 그야말로 상상 속의 비현실적인 관념들로 치부되어야 하는가?

사실 이러한 의문을 충분히 해명하지 못한다면, 퍼스의 준칙은 종래의 감각경험론이나 제한된 의미의 과학적 방법론으로만 머물러야 할지도 모른다. 그러나 만약 퍼스의 준칙이 과학적 관찰이나 검증에 유용한 하나의 준칙 그 이상의 의미를 담지(擔持)한 것이라면, 우리는 그 준칙이 드러내는 표층의 이면으로 파고 들어가서, 거기에 담긴 심층적 의도를 확인하지 않으면 안 된다. 이러한 작업을 위해 중요한 것은 퍼스의 실재 개념을 이해하는 일이다. 왜냐하면, 퍼스의 준칙은 단지 현재 이 순간의 관념 명료화에만 머무는 것이 아니라, 탐구가 연속적으로 진행됨에 따라 공동체에 의해 확정된 지식의 대상인 '실재'(reality)를 밝히는 데에 목적을 둔 것이기 때문이다(Peirce, 1878: 39).

이 글은 이러한 맥락에서 퍼스의 실재관에 비추어 그의 관념 명료화 준칙의 지위를 명료히 하고, 그의 관점이 오늘날 회자(膾炙)되는 '탐구학습'에 어떤 시사를 주는지를 밝히는 데에 그 목적이 있다. 오늘날 탐구학습은 일방통행식의 수업이나 언어중심학습과 대립된 의미를 가지는 것으로서, 주로 탐구문제의 자발적 인지와 자료 해석, 가설 설정 및 실험적 검증을 중시하는 과정중심학습으로 이해되고 있다(정용재 외, 2006; 송인주, 2006; 배광성 외, 2005). 물론 탐구학습은 표면상 퍼스의 프래그머티즘 준칙과 직접적 관련성이 없는 것으로 보일 수 있다. 퍼스의 준칙 자체는 관념의 명료화에 초점을 둔 것임에 비해, 탐구학습에서는 탐구문제의 해결을 위한 실제적 절차나 학습계열이 부각되고 있는 것이다. 그러나 만약 우리가 퍼스의 준칙 이면에 담긴 탐구논리에 초점을 둔다면, 그의 논리와 현대적 탐구학습은 상호 관련성을 띤다고 볼 수 있을 것이다. 왜냐하면, 퍼스의 탐구논리에서는 탐구학습 절차에 내재된, 현상에 대한 의문과 가설의 설정, 그리고 실험적 검증과정을 중요한 요소로 취급하고 있기 때문이다. 이하의 논의에서 드러나겠지만, 퍼스의 귀추법(method of abduction)에 따른 탐구논리는 새로운 발견의 가능성을 열어두는 개방적 추론이라는 점에서 오늘날 교실 공동체의 탐구학습에 유의미한 시사점을 제시해줄 수 있을 것이다.

이제까지 국내 교육학계에서 프래그머티즘에 대한 연구는 주로 듀이의 경험철학에 초점을 두어왔고, 특히 탐구이론과 관련해서는 듀이의 '반성적 사고'를 중심으로 한 문제해결학습에 관한 연구가 주류를 이루어왔다. 그러나 듀이의 사상 형성에 원천적 영향을 준 퍼스의 프래그머티즘에 대한 연구는 상대적으로 매우 미미하였다. 더욱이, 퍼스에 대한 연구는 주로 교육학이 아닌, 철학 분야에서 연구되어 왔고, 그것도 기호학 이론이 주 관심사였다.[1] 아마도 그 이

---

[1] 국회 전자도서관 학술진흥재단 등재(후보)학술지와 학위논문 웹 검색(2010년 4월 현재)에 따르면, 퍼스의 사상 전반에 대한 연구는 주로 철학 분야에서 연구되어왔다. 특히, 퍼스의 기호론을 중심으로 한 분석이나 그의 기호학을 응용하는 연구가 가장 많았으며, 그 다음 퍼스의 논리학과 진리론, 인식론, 의사소통, 탐구이론에 관한 연구물이 간간이 눈에 띌 정도였다. 본고의 과제와 관련이 있는 선행 연구로는, 먼저 이선경(2001)의 석사학위논문인 "퍼스의 진리론과 의미론에 있어서의 과학적 탐구에 대한 고찰"이 있다. 이 논문에서는 퍼스의 진리론과 실재론을 중심으로 과학적 탐구의 의미를 명료하게 분석하고 있으나, 교육학적 관점이 아닌 철학적 관점에서 논의하고 있다. 그리고 퍼스의 사상을 단독 주제로 하여 교육학적 측면에서 다룬 연구는 이지애(2004)의 연구, "프래그머티즘 철학과 철학, 윤리교육의 관계 맺기: 퍼스의 '탐구 공동체' 개념을 중심으로"가 있다. 이 연구는 퍼스의 탐구 공동체 개념을 중심으로 프래그머티즘과 철학교육 및 도덕, 윤리교육과의 관계성을 심층적으로 다루고 있으나, 본고에서 관심을 두는 프래그머티즘 준칙의 지위라든가 탐구학습의 본질에 대해서는 논의하고 있지 않다. 또한 심승환(2007)의 연구, "프래그머티즘의 시각에서 본 배움의 의미"에서는 퍼스, 제임스, 듀이 사상에 나타난 배움의 의미에 초점을 맞춰, 각 사상가들로부터 시사되는 현대적 배움의 의미를 심도 있게 비교 분석하고 있으나, 본고의 과제인 퍼스의 실재관과 탐구이론을 독립적인 주제로 다루고 있지는 않다.

유는 퍼스가 평생 동안 교육에 대한 논문을 한 편도 쓰지 않았으며, 그가 오히려 논리학자와 철학자, 그리고 수학자로서 두드러진 면모를 보이고 있기 때문일지도 모른다. 그 이유가 어찌되었건 간에, 탐구학습의 과정에 퍼스 프래그머티즘의 관점이 원천적으로 배태(胚胎)되어 있다면, 그의 실재관과 탐구논리를 재음미하는 것은 그의 준칙의 지위를 명료히 하는 일이 될 뿐만 아니라, 현대적 탐구학습의 본질을 재해석한다는 점에서도 의미 있는 작업이 될 것이다.

이하 이 글의 논의 순서는 다음과 같다. 먼저 II장에서는 퍼스의 관념 명료화 준칙을 살펴보고, 그의 준칙이 어떤 점에서 종래의 감각경험론과 차별화되며, 모든 관념에 적용 가능한 탐구 준칙이 될 수 있는가 하는 문제를 검토하고자 한다. III장에서는 프래그머티즘 준칙의 기저를 이루는 퍼스의 실재관이 종래의 초월적 실재론이나 주관적 실재론과 어떻게 차별화되는지를 살펴보고자 한다. 이어서 그의 실재론의 기반이 되는 스콜라 철학과의 관계성을 파악하고, 이에 비추어 퍼스의 실재관의 근본적 성격을 밝히고자 한다. IV장에서는 퍼스의 독특한 탐구 논리인 귀추법에 입각하여 실재를 지향하는 탐구의 목적과 과정을 살펴보고, V장에서는 이상의 논의를 바탕으로 하여 퍼스의 탐구논리가 현대적 탐구학습에 주는 시사를 논의하고자 한다.

II. 퍼스의 관념 명료화의 준칙

어떤 대상에서 일어난 결과가 그 대상에 대한 우리의 개념의 전부라는 퍼스 프래그머티즘의 준칙은 한 마디로 관념 혹은 의미의 명료화를 추구하는 것이라고 말할 수 있다. 물론 퍼스가 관심을 두었던 관념의 명료화 작업은 종래의 논리학에서도 강조된 바가 있다. 그러나 퍼스가 보기에 종래의 논리학에서는 순전히 관념적 문제들을 다루었기 때문에 관념의 명증(明證)한 객관성을 확보할 수 없었고, '사실 자체'보다는 '사실들을 배열하는' 문제, 그것도 '지나치게 어색한 사실들'을 배열하는 일에 그치고 말았다. 가령 단단한 물체가 그것이 '긁혀질' 때 오히려 단단함의 압력이 증가한다면, 그것들을 그냥 '건드리는' 경우에는 부드러운 상태에 있다고 말해야 하는가, 혹은 부드러운 솜 방석으로 싼 단단한 다이아몬드가 높은 열에 의해 타버릴 때까지 그 방석 속에 있었다면 다이아몬드는 부드러운 것인가 등등의 문제를 놓고 입씨름을 벌여왔다(Peirce, 1878: 31-32).

퍼스가 보기에 그러한 문제에 몰두한 결과는 기껏해야 형식적 문법상의 차이로만 나타날 뿐, "명료한 사고의 길에 뚫고 갈 수 없는 장애물을 설치하는 셈이다"(Peirce, 1878: 30). 순전한 관념적 논의는 의미의 명료화에 도움을 주지 못할 뿐만 아니라, 자칫하면 겉모양만 그럴듯한 현학(衒學)이나 언어적 유희로 흐르기 쉽다(巧言令色 鮮矣 仁, 『論語』 學而 3). 그렇기 때문에 퍼스는 "온갖 형이상학적 쓰레기를 쓸어낸다."고 표현할 정도로 전통적 논리학에 대해 심한 반감을 드러내고 있는 것이다(Peirce, 1904: 109). 퍼스는 종래의 관념적 논리학에 몸이 밴 사람들에 대해 다음과 같이 경고하고 있다.

> 젊은이로 하여금 그 나머지를 구하기 위해 그의 사고의 대다수 부분을 희생하도록 설득하기는 힘들 것이다. 뒤범벅이 되어버린 두뇌는 그런 희생의 필요성을 깨닫기에는 가장 적합하지 않은 것이다. 이런 사람들에게 우리가 느끼는 것이란, 마치 선천적으로 기형인 사람에게 그러하듯이 연민일 뿐이다(Peirce, 1878: 26).

종래의 논리학에서는 지나칠 정도로 불필요한 수많은 관념들로 넘쳐나고 있다. 그럼에도 불구하고, 이제까지 '언어의 홍수' 속에 묻힌 사람들은 그가 아는 대다수의 관념을 버리고 그 '나머지' 관념, 즉 소수의 관념의 명료화를 추구하기가 어렵다. 퍼스의 준칙은 바로 이러한 사태에 대한 비판적 분위기 속에서 관념 명료화의 중요성을 천명하고 있는 것이다. 왜냐하면, "한 개인에게 소수의 명석한 관념들이 다수의 혼돈된 관념들보다 훨씬 더 가치가 있으며", 한 가지라도 명료화된 관념이 "위대하고 비중 있는 사상의 견고한 토대"를 마련해주기 때문이다(Peirce, 1878: 25-26). 곧, 이것저것 뒤섞여 혼잡스러운 사고를 하는 사람보다는 오히려 소수의 것이라도 명료한 사고를 하는 사람이 더 효과적인 사고를 한다는 것이다. 이미 언급한 바와 같이, 퍼스가 관념의 명료화를 위해서 '사실들의 배열'이 중요한 것이 아니라 '사실들' 자체의 인식이 중요하다고 말한 까닭도 여기에 있다. 이 점에서 퍼스의 탐구 준칙은 사물과 사태에 대한 객관적이고도 정확한 인식을 확보하기 위한 논리라고 보아야 한다.

그런데, 퍼스의 프래그머티즘 준칙에 대해 다음과 같은 두 가지 의문이 제기될 수 있다. 하나는 그의 준칙이 감각적 접촉이나 관찰을 중시하는 종래의 감각경험론과 어떻게 차별화되는가 하는 것이고, 다른 하나는 진선미와 같은 형이상학적 관념들을 어떻게 검증하는가 하는 것이다. 첫째, 퍼스의 관점이 지식의 기원으로서 개별적 감각경험을 중시하는 종래의 경험론과 유사한 것이 아닌가 하는 것이다. 그러나 그렇지 않다. 왜냐하면, 퍼스는 감각경험이 지식의 기원이 된다고 말한 것이 아니라 탐구공동체에 의해 확정된 지식을 추구하고 있으며, 동시에 스콜라적 실재론이라는 순수 철학의 면모를 보유하고 있기 때문이다(Peirce, 1905: 260).

Ⅲ장에서 논의하겠지만, 퍼스의 이와 같은 면모는 전통적 경험론과 달리 탐구 공동체의 합의와 이상적(理想的) 실재에의 도달을 지향하고 있는 것이다. 그가 말한 바와 같이, "프래그머티스트는 단언의 합리적 의미로부터 그 단언의 독특한 개별성을 배제한다"(Peirce, 1905: 263). 왜냐하면, 퍼스는 자신의 준칙이 '개별자'가 아닌, '일반자'(the general)에 한해 적용된다고 보았기 때문이다. 퍼스의 준칙이 '일반자'에 적용된다는 말은 하나의 실험이 고립적인 경험으로 끝나는 것이 아니라, "하나의 단일한 연합적 실험"(a single collecti1e experiment) (Peirce, 1905: 260), 즉 세계의 결과적 반응을 확인하는 공동의 탐구활동과 연계되어 있는 것임을 의미한다. "프래그머티스들의 격률은 '일반적 종류의' 실험적 현상을 말하고 있을 뿐이다. 프래그머티즘을 추구하는 사람들은 일반적 현상들을 참이라고 말하는 데서 움츠려들지 않는다"(Peirce, 1905: 261). 이처럼 퍼스의 프래그머티즘에서는 실험 결과의 공동체적 의미, 즉 누구나 반복적으로 확인 가능한 객관적이고 보편적인 규칙의 확인 가능성을 염두에 두고 있는 것이다.

단언의 '개별성'을 배제하고 '일반성'을 추구하는 퍼스의 의도는 그의 기호학(semiotics)에서도 잘 드러난다. 퍼스에 의하면, "모든 사고는 그 어떤 것이든 하나의 기호이고 대개는 언어적 특성으로 이루어진다"(Peirce, 1905: 258). 곧, 사물이나 사태를 표시하는 기호들은 사회적으로 인식 가능한 간주관적인 특성을 지닌다는 것이다. 퍼스는 기호를 아이콘(icon), 인덱스(index), 심볼(symbol) 등 세 가지로 분류하고, 그 기호들을 그의 범주 이론인 제1성(Firstness)과 제2성(Secondness),

그리고 제3성(Thirdness)에 상응시킨다. '아이콘'은 다른 것과 아무런 관계를 맺지 않는, 대상의 질적 특성 그 자체를 가리킨다. '붉음'이라든가 특정한 사진, 부호 등이 그것이다. '인덱스'는 한 아이콘이 다른 아이콘을 만나 관계를 맺는 것으로서, 예컨대 "그것은 대나무"라고 할 때 서로 연관되는 특수자의 관계를 말한다. '심볼'은 예측되는 원리나 법칙 등 일정한 해석이 개입된 것으로서, "a는 b로서 c를 의미한다"고 말할 때처럼 제3의 매개를 거쳐 두 개의 대상을 연관 짓는 기호를 의미한다(김동식, 2003: 103 – 107).

기호의 삼원적 구조에서 보면, 가령 '풍향계'라는 기호는 바람을 대상으로 하고 그 대상의 방향과 세기를 해석하고자 하는 경향을 가진 상징이다. 또한 신호등의 '붉은 불빛'은 '멈춤'의 행위를 지시하고, 여기에는 신호등의 붉은 불빛에 대한 '해석'이 들어 있는 셈이다(정용재 외, 2006: 707). 이처럼 우리의 인식은 사물의 질적 특성인 제1성과 기호와 사물의 지시적 관계인 제2성을 기초로 하되, 거기에 제3의 해석작용이 개입함으로써 세계에 대한 유의미한 설명이나 가설적 예측을 가능하게 한다. 기호는 원천적으로 사회적인 것이므로, 우리가 각자의 인식의 확실성을 보장받기 위해서는 개별적 경험에 앞서 사회적으로 공유된 대상의 기호라든가 명칭을 따로 받아들여야 한다.

둘째, 퍼스의 준칙은 실험적 검증에만 적용되는 상당히 제한된 논리가 아닌가 하는 것이다. 사실, 인문 사회과학 분야에서는 과학 분야와 달리 행위적 작용이라든가 실험적 검증의 과정이 그다지 엄격하게 요구되지 않는다. 그러나 퍼스가 자신의 준칙을 오직 과학적 분야에만 적용하려고 하였는지에 대해서는 의문의 여지가 있다. 왜냐하면, 퍼스는 프래그머티즘 준칙의 가장 두드러진 특징으로서 합리적 인지와 합리적 목적의 연관성을 들고 있기 때문이다(Peirce, 1905: 253). 즉, 프래그머티즘의 준칙은 단지 실험적 검증으로만 그치는 것이 아니라 관념의 명료화를 통해 행위의 합리성을 추구하는 데 주요 특징이 있다는 것이다. 그가 말한 바와 같이, "프래그머티즘은 단어나 일반적 관념에 상응하는 현상적인 것들을 규정하고자 하는 것이 아니라, 그와 반대로 감각적 요소들을 제거함으로써 단어나 관념의 합리적 의미를 규정하고자 한다. 그 합리적 의미는 문제가 되는 단어나 명제들을 유목적적인 관계성에 비추어봄으로써 파악 가능한 것이다"(Peirce, 1905: 262). "실험으로부터 초래되지 않는 것이 아무 것도 없는 한, 실험은 우리의 행위와 직접적 관련성을 지니게 된다"(Peirce, 1905: 252). 이러한 퍼스의 발언들은, 관념의 실험적 검증이나 명료화가 단지 과학 분야에만 적용되는 것이 아니라 합리성을 추구하는 모든 인간 활동 속에 용해되어 인간적 행위나 목적에 기여할 수 있는 것임을 보여준다.

이렇듯 퍼스의 준칙은 단지 눈앞의 검증에 국한된 '현상주의'(phenomenalism)가 아니라, 삶의 맥락 속에서 합리성을 추구하는 활동과 연관되어 있다. "인간이 유목적적으로 행동할 때는 언제나 어떤 실험적 현상에의 믿음 하에 행동하고 있는 것이다. 하나의 명제가 함축하는 실험적 현상들의 총합은 전적으로 인간 행위와의 관계성을 구성한다"(Peirce, 1905: 262). 넓은 의미에서 보자면, 우리는 어떤 행위를 하거나 모종의 계획을 세울 때에는 이미 그 이전에 어떤 실험적 현상에의 믿음을 지니고 행동하는 것이다. 가령 어두컴컴한 하늘을 보고 우산을 준비하고, 과속 운전이 교통사고를 일으킬 위험성이 있음을 알고 안전운전을 하며, 한 편의 논문을 쓰기 위해 주제와 관련된 자료들의 독서 계획을 세우고, 장차 직업 선택에서는 이모저모 기회비용을 고려하여 자신에게 가장 효과적인 진로를 선택하게 되는 것이다. 그리하여, 가령 '진선미'와 같은 형이상학적 관념도 우리의 행위와 동떨어진 독립적인 관념으로서가 아니라, 우리의 삶과 행위 전반에 미치는 효과를 중심으로 재개념화되어야 한다. 곧, 진선미의 관념은 순전히 사변적인 관념만은 아니며, 우리의 행위의 결과를 예견하고 행위를 실질적으로 통제하는 데에 영향을 미치고 있는 것이다. 이 점에 초점을 두고 보면, 퍼스의 프래그머티즘 준칙은 단지 철저한 현상주의나 과학주의에만 머무는 것이 아니라, 관념을 유목적적 행위와 관련지어 검토함으로써 우리의 삶 속에서 관념의 의미를 통제하고자 하는 행위의 효율화 논리인 것이다.

Ⅲ. 퍼스의 실재관

'실재'가 무엇인가를 놓고 전통 철학은 크게 두 갈래로 나뉜 경향이 있다. 초월적 실재론과 주관적 실재론이 그것이다. 초월적 실재론에서는 실재가 '마음 밖'에 존재하는 별도의 실체라고 보는 데에 비해, 주관적 실재론에서는 실재가 '마음 안'에서 구성되는 것이라고 본다. 초월적 실재론에 따르면, 실재는 인간의 구체적 감각경험과 별도로 떨어져 있기 때문에, 인간이 실재를 파악하려면 이성적인 눈으로 실재를 관조하고 수용하는 길밖에 없다. 예컨대, 플라톤에 의하면 수시로 변화하는 감각경험의 세계는 '실재'하는 원본이 아니라 그림자와 같은 모조품의 세계에 불과하다. 실재는 "생성과 소멸

사이를 헤매지 않는"(국가론, 제6권, 485b) 불변의 이데아 세계이다. 따라서 불변하는 실재를 인식하기 위해서는 가시계(doxa)로부터 가지계(episteme)로 옮겨가는 인식의 '자기 초월'이 필요하다. 반면, 주관적 실재론의 대표자인 데카르트는, 외부의 감각경험들은 그 확실성을 보장할 수 없으므로 오직 우리들 각자의 본유관념에 비추어 명석 판명한 관념들만 실재하는 것으로 보아야 한다고 주장한다. 한편 경험론자인 존 로크는 데카르트와 달리 지식의 기원으로서 외부 사물의 감각경험을 중시한다. 그러나 로크 역시 사물에 관한 '단순관념'들을 조합하는 과정에서 '복합관념'의 사고 작용을 중시한다는 점에서는 데카르트와 유사하게, 실재의 이해에 대한 대단히 개인주의적이고 주관적인 접근 방식을 보여주고 있다.

칸트는 실재의 인식에 있어 합리론과 경험론을 선험적으로 종합하고자 하였다. 즉, 칸트는 개념 획득이 '경험으로부터' 오는 것이 아니라 '경험과 함께' 이루어진다고 봄으로써 개념과 경험 간의 조화를 추구하고자 한 것이다. 그러나 칸트의 관점은 '물 자체'(Ding an sich)의 인식 가능성을 배제하고 실재가 마음 안에서 구성된다고 보는 점에서는 주관적 실재론으로부터 크게 벗어나지 않은 것으로 파악된다. 왜냐하면, 칸트는 인간의 후천적 경험을 선험적 인식의 틀 속에 집어넣음으로써 주관적 인식의 구성력을 인정하고 있기 때문이다. 퍼스는 실재에 대한 이와 같은 전통적인 시각들을 비판하였다. 플라톤의 '이데아'는 확증할 수 없는 것이며, 데카르트적 실재는 "대상 인식의 외적 계기로서 '있는 것'의 현실력을 도외시한 것"(김승호, 1998: 45-47)이다. 곧, 퍼스는 지식의 기원을 선험적 인식이나 주관적 사고가 아닌, 주객의 현실적 상호작용에서 찾고 있는 것이다. 가령, 우리가 한 사물의 붉음을 인식한다는 것은, 붉음을 나타내는 자료에 대한 감각경험과 동시에 붉음에 대한 개념적 반성이 있기에 가능한 것이다. "이러저러한 것의 붉음은 그 자체로 우리의 시각과 관련된 것이 아니라 실재하는 사실이다"(Peirce, 1905: 264). 심지어 우리의 일시적인 감정도 순수한 내성(內省)으로부터 오는 것이 아니라, 외적 사실과의 관계성으로부터 야기된다. 그리하여 인식의 확실성의 기초는 우리의 주관적 관념에 따라 좌우되는 것이 아니라 마음 밖의 사태를 마음 안의 인식작용과 상호 관련시키는 데서 비롯된다고 보아야 한다.

셰플러는 퍼스에 있어 인식의 기초가 순전한 주관적 관념으로 설명되는 것이 아니라, 외부 상황과의 상호 관계성에 있다는 점에 착안하여, 퍼스의 실재론적 인식의 특징을 'S(p, m)→R→K'라는 약어를 써서 알기 쉽게 설명하고 있다. 여기서 S는 상황, p는 지각, m은 동기, 그리고 R과 K는 반응과 가능적 결과를 각각 나타내고 있다(Scheffler, 1974a: 43). 이러한 도식은 존재론적 관점에서 인간의 인식이 외부 상황의 지각과 동기(p, m)에서 야기된다는 것, 동시에 인간은 삶의 상황 속에서 행위적 반응과 그에 따른 예견된 결과를 상호 연계시킴(R→K)으로써 삶의 문제를 해결해간다는 것을 보여준다. 그런데 주목할 점은, 퍼스의 관점이 이처럼 인식의 존재론적 근거를 중시하면서도, 궁극적으로는 이상적 '실재'를 지향하고 있다는 것이다. 따라서 퍼스의 실재관을 보다 면밀히 이해하기 위해서는 먼저 "그 자신이 집요하게 견지하는 스콜라 철학의 실재론적 진리관"(Peirce, 1905: 260)이 무엇인지 파악할 필요가 있다. 중세 스콜라 철학에서는 신이 창조한 우주에 모종의 불변적 질서가 존재한다는 믿음을 가지고 그 질서의 관조를 위해서 현재 여기에 있는 인간 인식의 현실적 계기를 중시한다. 원천적으로 인간은 '절대적 직관력'을 갖춘 신(神)과 달리, 확실한 인식을 확보하기 위한 감각경험을 필연적으로 요청하기 때문이다.

스콜라 철학에 있어 인식의 기초는 우리들 마음 밖의 외부 사물에 있으며, 그리하여 현실적으로 '있는 것' 자체의 다양하고 풍부한 면모가 모든 진리 판단의 기초가 된다. 따라서 실재는 순수 관념적인 것이 아니라 주체와 객체의 직접적 접촉으로부터 마음 안에 형성되는 것이다(김승호, 1998: 45-47). 스콜라 철학은 심리적 직관이 아닌, 감각대상이라는 인식의 외적 계기를 존중한다는 점, 그리고 보편적 실재의 가능성에 대한 믿음을 견지한다는 점에서 퍼스의 실재관과 유사한 면모를 보여준다. 퍼스에 있어서도 인식의 외적 계기가 강조되며, 일반자로서의 실재는 개별 인식자의 신념과 무관하게 존재하는 것이기 때문이다. 물론 그렇다고 하여 퍼스의 관점이 스콜라 철학과 온전히 일치하는 것은 아니다. 스콜라 철학은 근본적으로 우주의 창조주로서의 신의 섭리를 신뢰하고 있기 때문이다. 퍼스가 비판한 바와 같이, "스콜라 철학자들은 가정을 뒷받침할만한 실험적 증거가 전혀 없을 때에도 일반적인 것은 실재한다고 가정하곤 했다. 스콜라 철학자들의 잘못은 바로 그것이다"(Peirce, 1905: 264). 이러한 퍼스의 지적은 객관적이고 일반화된 믿음을 추구하는 그의 논리에서는 당연한 귀결이다.

이처럼 퍼스의 '실재'가 스콜라적 관점과 차이점을 드러낸다면, 그가 규정하는 실재 개념은 정확히 어떤 것일까? 퍼스는 그의 "관념 명료화의 방법"이라는 글에서, "모든 연구자들에 의해 궁극적으로

동의되도록 운명 지어진 의견이 진리이며, 이 의견이 표상하는 대상이 실재이다. 이것이 내가 실재를 설명하는 방식"(Peirce, 1878: 38)이라고 말하고 있다. 예컨대, 여러 명의 과학자들이 빛의 속도를 연구한다고 할 때, 처음에는 탐구과정이나 실험결과가 상이하다고 하더라도, 운명의 작용처럼 결국 하나의 동일한 결론으로 인도해준다는 것이다. 다시 말해, 과학자들은 처음에는 동일한 실험을 놓고 상이한 결과들을 얻을 수도 있지만, 각각 자신의 방법과 과정을 완벽하게 만들어감에 따라, 결과는 점차 "하나의 운명 지어진 중심점"(a destined centre)(Peirce, 1878: 38)으로 수렴된다는 것이다. 물론 이러한 운명 지어진 중심점은 미래를 점치는 운명론과는 다른 것이며, 장기적 탐구를 통해 누구나 동의할 수밖에 없는 '확실하고 피할 수 없는 결론'을 가리킨다고 보아야 한다. 다시 말해, 탐구를 계속하다 보면 언젠가는 공동체의 믿음을 확정할 만한 결과가 나오고, 그 믿음이 표상하는 대상이 실재라는 것이다. 그렇다면, 이와 같은 실재는 어떤 상태로 존재하는 것일까? 퍼스는 "믿음의 고정화"(1877)라는 글에서 다음과 같이 말하고 있다.

> 실재하는 사물들이 있고 그것들의 성격은 우리의 의견과는 전적으로 독립적인 것이다. 그 실재들은 규칙적인 법칙들에 따라 우리의 감각들에 영향을 미친다. 비록 대상과 우리의 관계들이 다른 만큼 우리의 감각들이 상이하다고 하더라도, 우리는 지각의 법칙을 이용함으로써 사물들이 실지로 어떠한지를 판단하여 확정할 수 있다. 또한 누구나 사물들에 관해 충분한 경험을 지니고 충분히 사유한다면 하나의 참된 결론으로 인도될 것이다. 여기에 결부된 새로운 개념이 실재이다(Peirce, 1877: 18).

퍼스에 의하면, "연구로부터 마침내 귀결될 의견은 누군가 실지로 어떻게 생각하느냐에 의존하지 않는다. 실재는 연구가 오래 계속될 경우, 마침내 그것에 대한 믿음으로 인도하도록 운명 지어진 사실에 의존한다"(Peirce, 1878: 39). 실재는 현재 개인의 의견과 독립적인 것이므로, 실재가 어떠한가 하는 것과 우리가 실재에 대해 우연히 어떠어떠하다고 말하는 것은 마땅히 구별되어야 한다. 퍼스가 말한 바와 같이, 실재는 "여러분이나 내가, 혹은 우리들 중 그 누구의 생각과도 관계없이 그러한 바대로 있는 것"(Peirce, 1904: 110)이다. "사고의 타당성 문제는 순전히 사실의 문제일 뿐, 사고의 문제가 아니다"(Peirce, 1877: 7). 이 점에서 퍼스의 관점은, 조상식(2005: 71)이 평가한 바와 같이 "모든 사고는 비개인적인 것이다"라는 뒤르켐(E. Durkheim)의 명제와 유사한 면모를 보여준다. 마치 완성된 지도가 그 자체의 독립적 지위를 가지는 것처럼, 실재에 관해 확정된 이론도 우리들 자신의 개인적 취향이나 선호와는 무관한 것이기 때문이다. 퍼스의 사상을 한 마디로 "실재론적 프래그머티즘"(김동식, 2003: 64; 조상식, 2005: 74-75)이라고 부르는 까닭도 여기에 있다. 사고의 주체는 분명히 개인이지만, 사고의 합리성을 판단하는 준거는 개인의 의견이 아니라 탐구 공동체의 합의에 달려 있는 것이다.

퍼스는 이와 같은 실재의 특성을 "자책(self-reproach)의 결여"(Peirce, 1905: 257)로 표현한다. 보통 '자책'이란 말은 사태의 원인을 자신에게서 구하는 것을 의미한다(君子求諸己, 『論語』 衛靈公 20). 그러나 이미 확정된 믿음의 대상이라면 거기에는 개인적 자책이나 반성이 개입할 여지가 없다. 다시 말해, 엄격한 과학적 접근이 이루어질수록 그만큼 실재의 독립성의 수준은 상승되며 개별적 선호라든가 의견이 개입할 여지는 줄어드는 것이다. 그러나 여기서 제기될 수 있는 질문은 이상적이고 완전한 실재에로의 도달 여부를 어떻게 알 수 있는가 하는 것이다. 비록 공동체가 합의한 관념이라고 하더라도, 그것이 '운명 지어진' 실재를 온전히 드러낸다고 어떻게 확언할 수 있는가? 도대체 어느 정도까지 탐구하면 이상적인 실재에 도달하는가? 이러한 의문들과 관련하여 퍼스는 다음과 같이 말하고 있다.

> 프래그머티스트에 있어서 최고선(summum bonum)은 …… 존재가 지금 막 '운명 지어진' 것이라고 말했던 그런 일반적인 것들을 점점 더 구체화하는 식의 진화적 과정으로 구성된다. 그런 일반적인 것은 바로 우리가 '합리적'이라고 부르고자 노력하는 것이다. 진화는 높은 단계에 올라갈수록 대체로 점점 더 자기 통제를 통하여 자리 잡게 된다. 이러한 사실은 프래그머티스트에게 합리적 의미가 일반적인 것이 되는 일종의 정당화를 제공해준다(Peirce, 1905: 265).

위 인용문에서 드러나듯이, 공동체의 합의된 믿음도 불변의 영속성을 지니지 않는 만큼, 전적으로 '실재'에 부합된다고 보기 어렵다. 현재 탐구공동체에 의해 확정된 이론이라고 하더라도, 그것은 장차 탐구활동을 통해 개선될 여지를 남겨둔다. 퍼스가, "계속성은 실재의 필수 불가결한 요소"(Peirce, 1905: 266)라고 말한 까닭도 여기에 연유한다. 왜냐하면, 퍼스에 있어 "변화하는 실재를 완전하게 반영하는 이상적인 모델은 있을 수 없기 때문이다"(정해창, 1994: 3). 이 점에서 보면, 퍼스와 스콜라 철학의 차이점은 퍼스가 이른바 '우연론'(tychism)에 입각하여 우주 자체가 진화와 생성을 거듭한다고 보는 데에 비해, 스콜라 철학에서는 신의 섭리에 따른 우주의 불변적 위계와 질서를 신뢰하고, 그것의 관조를 추구한다는 데에 있다. 퍼스에 의하면 인간을 둘러싼 우주는 늘 정돈된 상태로 존재하는 것이 아니다. 우주는 예기치 못한 불규칙적 사건들의 발생에 의해 변화를 거듭하고 있는 것이다.[2]

그럼에도 불구하고 어째서 퍼스가 이상적이고 완전한 의미의 실재를 상정하는가 하는 데에는 불분명한 면이 없지 않다. 퍼스는 한편으로는 이상적이고 완전한 의미의 실재를 상정하면서도, 다른 한편으로는 형이상학적 결정론을 거부하면서 실재 자체가 진화해간다는 발언을 하고 있는 것이다. 어찌 보면, 퍼스의 의도는 아펠(K-Otto Apel)이 평가한 바와 같이, '실재'라는 이상적 도달 지점에 대한 퍼스 자신의 낙관적인 신뢰와 믿음을 피력한 것인지도 모른다(김동식, 2003: 84-85; 이선경, 2001: 32). 요컨대, 퍼스가 말한 '운명 지어진 중심점'으로서의 실재는 개별적 의견으로서는 어찌할 수 없는, 마음 밖의 객관적 사태와 관련된다는 것, 동시에 그것은 고정되고 절대적인 것이 될 수 없기에 끊임없이 조정되고 발전될 수 있는 것임을 보여준다.

이상의 논의에서 보면, 퍼스의 실재 개념은 전통적 인식론에서와 같이 인간의 인식을 기다리는 고정 불변의 대상이 아니며, 세계의 창조주로서의 신을 신뢰하는 스콜라 철학의 종교적 관점과 동일한 것도 아니다. 그것은 공동체의 탐구와 헌신적 노력 끝에 언젠가는 과학적 이상(理想)으로서의 지식의 대상에 도달할 것이라는 과학적

---

2) 우주가 불규칙적 사건들의 발생으로 변화를 거듭한다는 퍼스의 '우연론'은 "사랑하는 하느님은 주사위를 던지지 않는다"는, 흔히 인용되는 아인슈타인(Einstein)의 결정론적 관점과는 정면으로 배치되는 것이다.

믿음의 차원에서 읽어야 한다. 왜냐하면, 퍼스의 실재관은 이른바 관념의 연속적 운동이 정지된 헤겔(Hegel)의 '절대정신'과 달리, 변화하는 외부적 사실이나 여건 자체를 도외시하지 않고, 끊임없이 꼬리를 무는 의문을 중시하는 개방적 탐구정신을 견지하고 있기 때문이다. 요컨대, 퍼스가 '운명 지어진 중심점'을 상정했다고 하더라도, 바로 그 사실로 인하여 그의 실재 개념을 정태적 의미로 읽어서는 안 된다. 퍼스의 실재 개념은 스콜라 철학의 실재론적 믿음을 견지하면서도, 동시에 새로운 현상의 탐구를 통하여 그 이전의 실재보다 개선된 상태로 나아간다는 과정적이고 동적인 의미를 함유하기 때문이다. 하우스맨(C. R. Hausman)이 퍼스의 실재론을 "진화적 실재론"(김동식, 2003: 64)으로 명명하거나, 셰플러가 퍼스의 우주론적 아이디어를 "성장하는 유기체"(Scheffler, 1974a: 42)에 비유한 까닭도 여기에 있다.

Ⅳ. 퍼스의 탐구 논리: 귀추법

머피(Murphey)의 논평에 의하면, '의심 – 사고 – 믿음'의 순환 과정으로 표현되는 퍼스의 탐구논리는 일찍이 베인(A. Bain)의 저작 『정서와 의지』(1859)에 나타난 탐구이론에 영향을 받은 것이다. 베인에 의하면, 믿음이 평온하고 만족스러운 마음의 상태라면, 의심은 자연스러움의 평형이 깨진 불만족스러운 상태이다. 그리하여 의심은 믿음으로 향하게 하는 촉진제가 된다. 그런데 여기서 말하는 '의심'은 순전한 주관적 의심이 아니다. 의심은 우리의 믿음을 어지럽히는 외부적 사건에 의해서만 생기는 것이다. 퍼스는 이러한 베인의 아이디어를 활용하여 그의 탐구 논리를 형성하게 된다(Scheffler, 1974b: 58 - 60). 즉, 퍼스의 '의심'은 데카르트와 같이 감각대상이라는 외적 계기와 단절된 '근본적 회의'가 아니며, 또한 칸트와 같이 '물 자체'의 세계에 대한 회의도 아니다. 우리가 의심을 품게 되는 것은 외부 사태의 불확실성과 관련하여 발생하므로, 데카르트적 회의나 경험과 무관한 선험적 의심은 성립하기 어렵다. 퍼스가, 사유의 타당성 문제는 순전히 사실의 문제에 기초한다고 말하거나(Peirce, 1877: 7), "사고와 탐구가 지각적이고 동기화된 맥락에서 야기된다"(Scheffler, 1974a: 44)고 말한 까닭도 이러한 맥락에서 읽어야 한다. 곧, 퍼스가 말하는 의심이나 탐구는 개인과 그를 둘러싼 존재론적 사건의 관계 속에서 야기되는 것임을 보여주고 있는 것이다. 퍼스는 그의 "믿음의 고정화"(1877)라는 글에서 의심과 탐구의 관계에 대해 다음과 같이 설명하고 있다.

> 의심의 자극은 믿음의 상태를 획득하려는 투쟁을 야기한다. ······ 나는 이 투쟁을 '탐구'라고 부를 것이다. 의심의 자극은 믿음을 획득하려는 투쟁의 유일한 동기이다. 우리의 믿음이 진정으로 우리의 욕망을 만족시키도록 행동을 이끄는 그런 것이라면 확실히 우리에게는 최선이다. 그리고 이러한 반성을 통해 보면, 우리는 그런 결과를 보장하도록 형성된 믿음이 아니라면, 그 어떤 믿음도 거부하게 될 것이다. ······ 그러므로 의심과 더불어 투쟁은 시작되고 의심이 그침에 따라 투쟁도 끝난다. 따라서 탐구의 유일한 목적은 의견의 정착이다(Peirce, 1877: 10).

퍼스가 말하는 의심은 거북하고 불만족스러운 상태이며, 믿음은 우리가 다른 어떤 믿음으로 옮겨가기를 원치 않는 고요하고 만족스러운 상태이다. 그리하여 탐구는 외부 상황의 의심에서 시작되고 의심이 멈춤으로써 탐구도 종결된다. 이것은 퍼스가 말하는 탐구활동이 소위 '냉정한' 실증주의와 달리, 불확실한 삶의 사태를 해결하기위한 인간의 본능적 욕구가 한몫을 한다는 것을 보여준다. 동시에의심스러운 상황이 해결되었다는 것은, 당사자에게 그 상황에 특유한 하나의 믿음이 생성되었음을 의미한다. 만약 누군가 외부적 상황의 탐구와 무관한, 순전한 관념적 믿음을 진리로 단언한다면, 그것은 '그럴듯한 꾸밈'이라든가 '박식한 체 하는 것' 등 일종의 '사고의기만'을 저지르는 일이 될지도 모른다(Peirce, 1905: 256). 왜냐하면,그때의 '진리'는 진짜 의심의 대상을 탐구해서 나온 결과가 아니기때문이다. 퍼스에 있어 진리와 허위의 구분을 '관념적 형식주의'가아니라 '의심과 믿음' 간의 역학적 구도 하에서 바라보아야 하는 까닭도 여기에 있다.3) 그렇다면, 의심에서 믿음에로 이르기 위한 퍼스탐구논리의 특성은 무엇일까? 그것은 그의 독특한 탐구논리인 '귀추'(歸推, abduction)의 방법에 의해 설명된다.

귀추법은 종래의 연역법이나 귀납법과 차별화되는 가설적 방법으로서, "설명적 가설을 채택하는 작용이 특정한 조건의 영향을 받는다는 논리학적 추론이다. 가설은 사실들의 설명 가능성이 전제되지않고는 인정될 수 없다"(Peirce, 1901: 151). 표면상 귀추법은 인식의출발점으로서 개별적 사실의 탐구를 중시한다는 점에서는 귀납법과

---

3) 퍼스는 의심과 믿음의 관계에 대해 다음과 같이 말하고 있다. "당신이 말하는 진리와 허위가 어쨌든 의심과 믿음에 비추어 규정되는 것이 아니라면, 당신은 당신이 알지도 못하는 실체를 말하고 있는 셈이다. '옥캄의 면도날'(Ockham's razor)이라면, 그런 실체는 베어버렸을 것이다. 당신이 '진리'를 알기 원한다고 말하기 전에, 단지 의심에 의해 습격될 수 없는 믿음의 상태에 도달하기 원한다고 말한다면, 문제는 아주 단순화될 것이다"(Peirce, 1905: 257). 널리 알려진 바와같이, '옥캄의 면도날'은 초월적 보편자를 가정하는 중세적 실재론으로부터 개별적 경험을 존중하는 유명론에로의 전환을 함의한다. 이러한 전환은 삶의 상황을 벗어난 선험적이고 초월적인보편자를 부정한다는 점에서 '르네상스'라는 시대적 정신의 태동에 큰 영향을 주었다고 볼 수있다.

유사한 것으로 보이기도 한다. 그러나 양자는 동일한 것이 아니다. 왜냐하면, 귀납법은 개별적 사실의 탐구를 통해 개연성이 높은 결론을 도출하는 데에 비해, 귀추법은 새로운 사실을 대면하여 그 사실을 가장 잘 설명할 것으로 보이는 추론적 가설을 선택한다는 점에서 '약한 확증'(weak confirmation)을 추구하는 것이기 때문이다(Peirce, 1901: 153). 다시 말해, 귀추법에서는 사실로부터 도출된 결론만으로 설명 불가능한 새로운 사실들이 있다는 것을 인정하는 것이기에, 현재의 결론이 궁극적 진리라는 확신을 할 수 없는 것이다. 퍼스가 말한 바와 같이, "우리는 추론 작용에 의해 절대적 확실성, 절대적 정확성, 절대적 보편성에 도달할 수 없다. 심지어 우리는 우리의 결론이 개략적이나마 진리라고 확신할 수도 없다. 왜냐하면, 특정 표본은 표본 전체에서 추출되지 않은 다른 표본들과 전적으로 상이한 것일 수 있기 때문이다"(Peirce, 1897: 56). 퍼스가 귀추법의 논리를 설명하기 위해 제시한 추론 형식은 다음과 같다.

> (1) 어떤 놀라운 사실 C가 관찰된다.
> (2) 그런데 만약 A가 참이라면, C는 당연한 일이다.
> (3) 따라서 A가 참이라고 추측할 만한 근거가 있다(Peirce, 1901: 151).

위 추론 형식에서 명제 (2)와 (3)의 관계는 표면상 단순한 동어반복으로 보이며, 논리적 연관성이 결여된 것으로 보일 수 있다. 그러나 위 추론 형식을 순전히 관념적인 논리로만 읽어서는 안 된다. 왜냐하면, 퍼스의 귀추법은 새로운 현상의 관찰을 통한 결론의 수정 가능성에 초점을 둔 것이기 때문이다. 가령, "이 오리들은 붉다"(C)라는 새롭고 신기한 현상의 대면은 "이 호숫가에 있는 오리들은 모두 붉다"(A→C)라는 가설로 연결되고, 이 가설은 다시 "이 오리들은 모두 이 호숫가에 있다"(A)라는 하나의 사례로 한정된다. 다시 말해, 퍼스의 의도는 붉은 색깔의 오리들을 보고, "모든 오리가 붉다"는 강력한 결론을 도출하는 것이 아니라, 오직 '이 호수'의 사례에만 국한된다는 것, 그리하여 '다른 호수'에서는 얼마든지 다른 색의 오리가 나올 가능성을 수용하는 것이다. 말할 필요도 없이, 이 호숫가에 있는 오리가 모두 붉다고 해서, 다른 호수의 오리들도 모두 붉다고 말할 수 없는 것이다.

또 하나의 예를 들어 보면, 가령 우리가 어떤 진기한 복장을 한 사람을 보고 가톨릭 성직자로 추정한다고 해 보자. 이 경우, 그를 처음 대면하여 그가 어떤 직업을 가지고 있는가 하는 것은 의심의 상태(C)이며, 그가 입고 있는 옷과 용모, 태도 등으로 미루어(A→C) 가톨릭 성직자로 추정하는 것은 믿음의 상태(A)이다. 물론 이러한 추론과정에서, 미처 추정하지 못한 가톨릭 성직자가 지닐 다른 특징들의 가능성도 인정된다. 이렇듯, 귀추법을 통한 탐구의 결론은 불변하는 것이 아니라 새로운 사실(현상)의 대면을 통해 끊임없이 수정될 수 있는, '뒤가 트인' 잠정적인 결론임을 보여준다.

그런데, 퍼스의 귀추법은 칼 포퍼(K. Popper)의 가설－연역적 방법과 의미 있게 비교될 수 있다. 사실, 포퍼의 가설－연역적 방법은 보편적 명제라고 하더라도 하나의 반례(counter-example)로 인해 그 오류가 입증된다는, 논리적으로 자명한 이치(logical truism)를 활용하는 것이다. 예컨대, 수많은 흰 색깔의 백조를 제시한다고 해도 그 사실로 인해 '모든 백조가 희다'는 결론이 확정될 수 없다. 오히려 우리는 한 마리의 검은 백조를 제시함으로써 모든 백조가 희지 않다는 사실을 보여줄 수 있다. 이와 같은 포퍼의 관점은 한 마디로 말하여 대담한 가설들을 형성하여 과학의 지속적인 성장을 이끄는 데에 그 목적이 있다(Brownhill, 1983: 17 − 18).

물론 포퍼의 관점이 퍼스의 관점과 동일한가 하는 데에는 의문의 여지가 있다. 왜냐하면, 포퍼는 '귀추'의 독특한 논리적 형식을 고려한 것이 아니라, 과학적 가설 설정에 있어 반례 제시가 가능한 진술을 부각시키고 있기 때문이다. 더욱이 퍼스의 귀추법에서는 특정 사실의 관찰 결과(result)로부터 규칙(rule)을 도출하고 그 규칙을 하나의 사례(case)에 한정시키는 데에 비해서, 가설−연역적 방법에서는 먼저 가설적 규칙을 설정하고 그 규칙의 진위 여부를 특수 사례에 비추어 검증한다는 점에서도 차이가 있다. 그러나 적어도 퍼스와 포퍼의 관점은 독단적 진술을 거부하고 지식 발달의 과정적이고 개방적인 성격을 강조한다는 점, 그리고 현재 확정된 지식이라고 하더라도 새로운 사실(포퍼의 용어로 '반례')의 확인에 의해 기존의 지식이 끊임없이 변모할 가능성을 열어둔다는 점에서는 상호 유사점이 있다. 퍼스의 귀추법적 논리에 비추어 탐구과정을 간략히 도식화해서 나타내면 다음과 같다.

$$D_1 \rightarrow I_1 \rightarrow B_1 \rightarrow D_2 \rightarrow I_2 \rightarrow B_2 \rightarrow \cdots\cdots Dn \rightarrow In \rightarrow Bn = 실재$$

위 도식에서 D_1은 특정 사물이나 사실에 대한 최초의 의심을, I_1은 의심의 대상에 대한 추론과 검증의 과정을, B_1은 탐구의 결과로 확정된 믿음을 가리킨다. 위 도식에서 드러나듯이, 확정된 믿음인 B_1은 다소간 안정성을 가지는 것이지만, 그렇다고 하여 고정된 것은 아니다. 새로운 사실의 대면을 통한 의심(D_2)으로 인하여 새로운 가설적 추론과 검증 활동(I_2)이 일어나고 그에 따라서 변화된 믿음(B_2)이 형성된다. 퍼스는 의심과 사고와 믿음 간에 존재하는 이와 같은 연속성을 교향곡에서 한 악절을 마치는 '반종지법'(demi-cadence)에 비유하여 설명하고 있다(Peirce, 1878: 28). '반종지법'은 악곡 연주가 완전히 종결된 것이 아니라, 새롭게 다음 악절을 준비하는 것을 의미한다. 이와 마찬가지로 우리의 믿음도 탐구과정의 종결점인 동시에 새로운 탐구를 위한 출발점이 된다. 곧, 현재의 탐구 결론은 새로운 상황에서는 또 다른 의심이 수반되므로 새롭게 수정되어야 한다는 것이다. 퍼스가 말한 바와 같이, "사고는 믿음에 도달되었을 때 한동안 긴장을 풀고 휴식을 취한다. 그러나 믿음은 행동의 규칙이고 그것의 적용은 또 다른 의심과 또 다른 사고를 수반하므로, 그것은 종착 지점인 동시에 하나의 새로운 사고를 위한 출발 지점이다"(Peirce, 1878: 28-29).

그런데 위 도식에서 주목할 점은, 탐구의 연속적 과정을 거쳐 궁극적으로는 공동체에 의해 최종적인 믿음(B_n)이 형성된다는 것이다.[4]

---

4) 퍼스의 실재론적 탐구 논리는 후일 듀이의 유명한 반성적 사고(reflective thinking)의 논리에 의해 더욱 정교화되었다. 곧, 듀이는 '의심-탐구-믿음'으로 나아가는 퍼스의 탐구 논리를 수용하면서, 반성적 사고의 과정을 "암시(suggestion) — 문제 상황의 지적 정리(intellectualization) — 주도적 관념(leading idea) 또는 가설의 설정 — 추리작용(reasoning) — 행동에 의한 가설의 검증(testing)" 등 5단계의 과정으로 구체화하고(Dewey, 1933: 200-206), 특히 '문제 상황'의 중요성을 강조하고 있다. 즉, 유의미한 지식은 불확실한 문제 상황을 접해 그것을 해결해가는 탐구과정에 의해서 생성된다는 것이다. 듀이는 이처럼 본격적 탐구과정을 거쳐 생성된 지식을 일반적 의미의 '지식'과 구분하여 '보증된 단언'(warranted assertion)(Dewey, 1938a: 46)이라고 부른다. 듀이와 퍼스 모두 진정한 탐구의 출발점이 순수 주관적 관념이 아니라 외부의 실재적 상황에서 비롯된다는 점에서 일치한다. 듀이가 말한 바와 같이, 상황과 무관한 순전한 마음 내부의 의심은 주관주의적 심리학의 유산이며, 동시에 병적(病的)인 것에 불과하다(Dewey, 1938a: 109-110; 김무길, 2004: 11). 이렇듯 듀이가 상황 맥락 속에서 개인의 의심과 사고를 강조하는 점은, 그의 반성적 사고가 인식의 외적 계기를 부각시키는 퍼스의 실재론적 탐구논리로부터 영향을 받은 것임을 보여준다.

이 최종적 믿음이 표상하는 대상이 곧 '실재'이다. 그러나 이미 언급한 바와 같이 최종적 믿음의 대상으로서의 실재를 문자 그대로 해석해서는 안 된다. 왜냐하면, 인간은 신과 같은 '전지전능한' 존재가 아니므로, 절대적 확정성(absolute fixation)을 띤 인식을 할 수 없으며, 그런 만큼 실재에의 도달('운명 지어진 중심점')은 인간의 믿음이요, 신뢰의 문제라고 보아야 하기 때문이다. "주요한 실험적 예측에서 진실이라는 광범위한 신뢰를 받는 이론에 대해서조차 가장 큰 결함이 있을 수 있다"(Peirce, 1905: 253). 인간에게 사실에 대한 정확한 인식을 위한 끊임없는 탐구가 요청되는 까닭도 바로 여기에 있다. 요컨대, 퍼스의 실재에로의 믿음은 전통적 인식론에서 말하는 인간의 탐구에 선행된 실재를 가리키는 것이 아니요, 그렇다고 하여 주관적이고 개별적인 믿음을 가리키는 것도 아니다. 퍼스의 귀추법적 탐구논리에 의하면 모든 인식은 이전의 인식과 연속선상에 있으며, 동시에 새로운 사실에 비추어 현재의 결론을 끊임없이 지양하고 있는 것이다. 이처럼 퍼스의 탐구논리는 연속주의(synechism)와 오류가능주의(fallibilism)를 수용하면서 지속적으로 보다 확실한 실재를 지향해가는 역동적 면모를 드러낸다.

V. 결론: 탐구학습에 주는 시사

플라톤의 대화편 『메논』(Menon)(82a-85e)에 나타난 소크라테스와 노예 소년과의 유명한 대화는 탐구학습과 관련된 교육자의 특정한 역할을 보여준다. 즉, 교육자로서의 소크라테스는 연속되는 질문을 통해 노예 소년으로 하여금 평온했던 마음을 불확실하고 혼란스러운 마음 상태로 바꾸며, 문제를 해결하지 않고는 못 배기는 탐구 의욕을 불러일으키고 있는 것이다. 그리하여 노예 소년이 정사각형의 두 배되는 넓이를 구하는 방법을 스스로 터득한 것은 소크라테스의 질문에 따른 지적 자극 덕분이다. 그런데 이러한 소크라테스적 탐구학습은 이천여 년이라는 긴 세월을 가로질러 퍼스의 탐구이론에도 일정 부분 반영되어 있다고 파악된다. 비록 퍼스가 평생 동안 교육의 문제를 심각하게 고려하지 않았다고 하더라도, 바로 그러한 사실 때문에 그의 이론이 교육이론으로 해석될 수 없다고 생각하는 것은 잘못이다. 왜냐하면, 퍼스에 있어 탐구의 출발점인 '의심'의 상태는 해결해도 그만, 해결하지 않아도 그만인 그런 의심이 아니라, 마치 소크라테스적 '무지'의 상태처럼 지금 당장 해결하지 않으면 안 되는 심각한 삶의 문제로 떠오르는 것이기 때문이다. 바로 이 점에서 퍼스의 탐구논리는 '의문'을 중요한 관건으로 보는 현대적 탐구학습의 관점에 중요한 시사를 준다고 볼 수 있다. 이하에서는, 퍼스의 탐구논리가 오늘날 탐구학습에 주는 시사점과 앞으로의 연구 과제를 모색해보고자 한다.

첫째, 퍼스의 귀추법이 탐구학습의 본질에 주는 시사이다. 현행 탐구학습에서는 교사가 학습자들을 직접 대면해서 지도하는 만큼 탐구의 절차적 측면이 부각되는 경향이 있다. 물론 탐구의 절차는 학습자 스스로 사물과 사실을 탐구하는 기회를 부여한다는 점에서 분명히 유용한 것이다. 그러나 주의할 점은, '학습계열'이나 '사고전략'의 의미를 가지는 '절차'를 탐구의 '본질'로 간주한다면, 그만큼 학생들의 사고는 틀에 얽매여 자유로운 의문과 창조적인 사고능력이 제한되기 쉽다는 것이다. 이와 관련하여 퍼스의 귀추법은 탐구학습을 바라보는 대안적 관점을 시사해준다. 퍼스의 귀추법은 현재의 탐구결론을 일반화된 진리가 아니라 하나의 사례로만 구속, 제한함으로써 점차적으로 확정된 믿음으로 나아가고자 하는 논리이다. 이러한 귀추의 논리는 탐구의 '절차'라기보다는, 진정한 탐구의 '속성'을 드러내는 것으로서 우리를 둘러싼 세계에 대해 보다 명확한 앎을 추구하고자 하는 의도를 담고 있다.

사실, 우리는 어떤 불확실한 사태나 낯선 현상과 대면하여 단번에 그 사태의 본질을 파악하기 어려우며, 점차적으로 현재의 의심을 해소해갈 뿐이다. 더욱이, 우리의 삶과 경험에서는 하나의 의문을 해결하면 또 다른 의문이 고개를 들기 마련이다. 퍼스의 귀추법은 이 점과 관련하여 탐구학습의 본질이 참된 의심과 믿음을 중재하는 역동적 관계구도에 놓여 있음을 보여준다. 참된 의심은 결코 그럴듯하게 '포장된 의심'이 아니다. 그것은 기존에 정합성을 갖춘 믿음 중에서 어느 한 부분의 믿음이 깨져 기존의 믿음 전체가 흔들릴 때 나오는 의심이다. 탐구학습은 바로 이러한 개인의 실존적 의심을 해소하는 동적(動的)인 탐구과정인 셈이다. 그리하여 탐구학습에서는 학습자들로 하여금 표준화된 탐구결론에 안주하기보다는, 도저히 해명 불가능한 의심의 사태, 제대로 풀리지 않는 외부 현상이 존재한다는 것을 자각하게 하고, 세계에 대한 겸허한 태도와 연속적 탐구심을 갖도록 지도하는 것이 중요하다. 다시 말해, 교육자는 학습자의 의문이 도출되는 내면적 탐구동기를 중시해야 하며, 그것이 또한 유의미한 교과 학습과 연계되도록 개방적이고 연속적인 탐구학습을 연구할 필요가 있다.

둘째, 퍼스의 기호학이 탐구 경험의 발달에 주는 시사이다. 퍼스에 의하면, 우주 자체가 하나의 기호이거나 논증이어야 한다. 그렇지 않다면, 퍼스의 실재론적 관점과 기호학을 감안할 때 경험이나 표상화 자체가 성립될 수 없을 것이다(김동식, 2003: 73). 말할 필요도 없이, 퍼스가 말하는 기호는 수학적 상징이나 용어에만 국한된 것이 아니다. 기호에는 우리가 일상적으로 쓰는 용어와 명제들 그리고 일체의 해석 작용이 들어 있다. 만약 개별 사물들이 기호로서의 의미를 가지지 못한다면, 그것들은 무의미한 물리적 개별자들일 뿐이며, 우리는 단순히 감각적 사물들과 접촉하고 있는 셈이 된다. 퍼스가 기호의 '삼항 구조'를 통해 말하고자 한 바는, 우리의 인식과 경험이 오직 기호의 관계 구조 속에서만 성립 가능하다는 것, 그리하여 "세계는 본질로서의 제1성과 실제적 효과로서의 제2성, 그리고 법칙을 해석해내는 삼항 관계가 충족되는 한에서만 드러나고, 또 그렇게 존재한다는 것이다"(정용재 외, 2006: 712). 따라서 탐구 경험의 확대와 발달은 학습자가 기존에 알고 있는 개념, 규칙, 표준화된 행위 등 일체의 선개념(先槪念)들이 삼원적 기호 구조의 열린 관계 맺기를 통해 앎을 지속적으로 확대해가는 과정이라고 말할 수 있다. 이러한 과정에서 일어나는 인식의 양상이 귀속(歸屬)과 변형(變形)이다.

귀속이 이미 알고 있는 것에 새것을 포섭하는 것이라면, 변형은 이미 알고 있는 것에 수정과 조절이 가해지는 것이다. 이 점에 비추어 보면, 탐구활동은 학습자가 가진 선개념과 새로운 낯선 현상이 삼원적 기호 구조 속에서 연속적 포섭 관계를 맺거나 혹은 기존의 선개념이 변형되는 유기적인 활동인 것이다. 퍼스의 용어를 써서 말하면, 학습자는 처음 보는 '아이콘'의 특징을 주목하고 그것과 다른 대상의 관계성인 '인덱스'를 파악하며, 거기에 특정한 해석 작용을 부여함으로써 경험의 관계망을 넓혀가게 된다. 이 점에서 교육자는 다양한 기호적 관계 맺기를 자극하고 해석 작용을 촉진하는 '중재자'의 역할을 해야 한다. 그 중재의 일환으로 교육자는 학생들이 가진 그릇된 통념이나 선개념을 바르게 이끌어주는 한편, 학습자들의 개념의 명료화와 탐구능력의 향상을 위해 기존의 기호 체계나 신념에 부합하는 유사 사례 제시는 물론, 새롭고 낯선 사례의 제시를 지속적으로 연구할 필요가 있다.[5]

셋째, 퍼스의 실재론적 탐구공동체가 교실공동체의 탐구학습에 주는 시사이다. 퍼스의 실재론에서는 개별적 의견보다는 누구나 확인 가능한 보편적 '일반자'에 관한 견해를 존중한다. 이것은 개인이 공동체와 끊임없이 사회적 상호작용을 한다는 것을 함의한다. 퍼스가 공동체를 "느슨하게 결집된 사람"(loosely compacted person)(Peirce, 1905: 258)으로 묘사한 까닭도, 개별 탐구자가 항상 공동체 안에서 타자와 교류하며 사고하는 존재임을 부각시키는 데에 있다. 사실 우리는 공동체라는 관계망 속에서 살아가고 있으며, 삶의 사회적 관계망으로부터 한 치도 떨어져 나갈 수 없다. 우리들 모두는 유기적 관계망 속에서 서로 간의 영향력이 상감(象嵌)된 존재이기 때문이다. 이러한 공동체적 상호작용은 현대 과학철학적 논의에서도 중요한 문제로 취급되고 있다. 예컨대, 포퍼(K. Popper)는 반증 가능한 이론의 가치를 판단하기 위해서 탐구공동체의 합의가 중요하다고 보고 있으며, 폴라니(M. Polanyi)도 진리에 도달하기 위해서 공동체 구성원들의 신

---

5) 이와 관련하여 특히 최근 과학교육의 분야에서 '유사경험'의 제공을 통해 학습자의 탐구능력을 향상시키려는 이론적, 실험적 연구가 이루어지고 있다. 이에 대해서는 정용재 외(2006), 박은미 외(2006)의 연구를 참조.

중한 숙고와 '자발적 조정'(spontaneous co-ordination) 과정이 대단히 중요한 의미를 가지고 있음을 강조한다(Brownhill, 1983: 84; Polanyi, 1990: ch. 2). 따라서 탐구공동체는 개인들의 단순한 산술적 집합체가 아니라, 공동의 의무인 실재를 밝히는 일을 중심으로 구성원들이 상호 교섭하고 합의를 보는 그런 공동체이다.

이러한 탐구공동체의 개념은 교실공동체의 탐구학습에 유의미한 시사를 제공해준다. 개별 학습자의 추론은 공동체의 탐구에 영향을 주며, 공동체 또한 수정과 합의의 과정을 거쳐 개별 학습자의 사고에 영향을 준다. 개별 학습자는 관념의 연결망 속에서 열린 대화와 추론을 통해 각자의 오류를 수정하고 합의된 지식의 대상인 실재에로 나아가게 된다. 이러한 합의의 과정은 종적 측면으로는 학습자 개인의 인식수준의 향상을 가져다주며, 횡적 측면으로는 학습자 모두가 함께하는 새로운 '우리'의 믿음을 발전시켜 나아가게 된다. 그리하여 교실 탐구공동체 학습에서 중요한 것은, 학습자가 자신을 둘러싼 교실 공동체의 상황에 적극 참여하여 공동의 믿음의 수준을 점진적으로 발달시켜 나가는 일이다. 그러한 믿음은 고집이나 편견에 의존한 것이 아니라, 사태와 사건을 액면 그대로 진솔하게 대하는 개방적 태도와 민주적 상호작용에 근거한 것이다. 어찌 보면, 퍼스의 탐구논리가 의도한 바는 바로 이러한 공동체 안에서 학습자들의 교섭과 합리적 의견 수렴, 그리고 끊임없이 자신의 의견이나 확신을 되돌아보는, 열린 탐구 자세에 있었는지도 모른다. 이 점에서 퍼스의 탐구논리는 근본적인 면에서 오늘날 탐구학습을 되돌아보고 반성하는 계기를 마련해준다.

제2장 월리엄 제임스의 진리관과 교육

　프래그머티즘의 대표적 사상가인 윌리엄 제임스는 진리관에 있어 퍼스와 유사하면서도 상이한 면모를 보여준다. 즉, 제임스는 퍼스와 같이 과학적으로 검증된 것만을 명증한 관념으로 취급하는 것이 아니라, 한 걸음 더 나아가 삶의 맥락에서 '유용한' 믿음으로 확정된 것도 진리로 취급하는 것이다. 이러한 제임스의 진리관 밑바탕에는 '의식의 흐름' 테제를 중심으로 하는 그의 심리학이 자리 잡고 있다. 곧, 옛것과 새것은 분리된 것이 아니라 의식의 흐름 속에서 연속성을 맺고 있다는 것, 그리고 그러한 연속성 하에서 정합성을 갖추고 있는 것이 진리라는 것이다. 제임스의 이와 같은 진리관은 옛것이 우리가 배워야 할 가치 있는 자산이지만, 그것은 오직 우리의 삶의 맥락과 교호작용을 함으로써만 그 의미가 새롭게 되살아난다는 것을 보여준다. 그리하여 만약 교육이 그야말로 '화석화된' 진리를 전달하는 일이 아니라 학습자의 유의미한 경험을 확대시키는 일이라면, 우리는 교육적 맥락에서 전달되는 어휘와 지식들이 학습자의 의식의 경향성과 어떤 교섭을 초래할 것인가에 관심을 기울여야 하며, 동시에 타인과 믿음을 교류하고 자신의 신념을 재구성해가는 공동체의 탐구 경험을 중시할 필요가 있다.

Ⅰ. 문제의 제기

　퍼스(C. S. Peirce)와 제임스(W. James), 그리고 듀이(J. Dewey)는 고전적 프래그머티즘을 대표하는 사상가들이다. 퍼스는 프래그머티즘의 창시자로, 제임스는 프래그머티즘의 실용적 진리관으로, 듀이는 프래그머티즘을 집대성한 도구주의 지식론으로 널리 알려져 있다. 이 글에서 프래그머티즘 사상가 중 특히 제임스에게 관심을 두는 이유는 그가 프래그머티즘을 세상에 널리 알린 사상가일 뿐만 아니라, 퍼스의 본래 의도와 일정 부분 견해를 달리 함으로써 오늘날 프래그머티즘의 일반적 이해에 직접적 영향을 준 사람이기 때문이다. 본래 퍼스의 프래그머티즘 준칙은 관념의 명료화를 위한 객관적 검증을 강조하는 방법론으로 볼 수 있다. 그런데, 제임스는 퍼스의 그 준칙을 적극적으로 확대 해석하여 준칙 자체를 진리 이론으로 발전시키고 있다. 즉, 제임스는 관념이나 의미의 명료성을 추구하는 퍼스의 프래그머티즘 준칙을 수용하면서도, 퍼스보다 한 걸음 더 나아가 삶속에서 개별적 만족이나 유용성을 가져다주는 것도 진리에 포함시키고 있는 것이다.

　객관적 진리나 고정불변의 실재를 상정하는 전통적 인식론의 입장에서 보면, 제임스의 '실용적 진리관'은 진리에 대한 일종의 '조야한 미봉책'을 제시할 뿐이다. 즉, 프래그머티즘의 진리는 진정한 진리가 아니며, 개인적 만족이나 주관적 신념에 불과하다는 것이다. 왜냐하면, 진리는 개인적 선호나 신념과는 무관한 것이며, 오직 외부적 실재와의 일치로만 드러나기 때문이다. 따라서 진리의 준거를 개별적 만족이나 유용성에 두는 프래그머티스트는 구체적 효용성만을 중시할 뿐, 진정한 진리에 관심이 없다는 것이다. 바로 이 점에서 제임스의 입장은 많은 오해나 비판을 불러일으키기도 하였다. 곧, 우리 삶에 유용하다는 이유만으로 진리로 간주하는 것은 "참이라거나 진리라는 말의 오용"(James, 1907a: 388)에 다름 아니며, 문자 그대로 '실용주의'나 '극단적 상대주의'로 치우쳐 기존의 가치 있는 지식이나 관념을 과소평가하게 된다는 것이다. 이러한 비판의 원천은 일정 부분 제임스 자신에게서 비롯된 것일 수 있다. 왜냐하면, 인간적 삶 속에서 만족감과 유용성을 가져다주는 것이 진리라는 제임스의 발언은, 표면상 그가 일체의 지적 전통이나 정당한 지식 체계마저 배제한 것이 아닌가 하는 의구심을 불러일으키기 때문이다.

그러나 제임스에 의하면, 프래그머티즘은 기존의 지식을 배제한 채 단지 의식주의 필요라든가 욕망의 충족 등 개별적 만족만을 주창하는 것이 아니다. 프래그머티즘이 극단적인 상대주의로 치닫는다는 대부분의 비판은 "프래그머티즘에 대해 제기된 불공정한 비판"(James, 1907a: 383)이다. 왜냐하면, 사실상 제임스의 프래그머티즘에서는 기존의 진리나 지식의 가치를 오히려 중시하고 있기 때문이다. 그렇다면 여기서 다음과 같은 질문들이 제기될 수 있다. 도대체 제임스가 말하는 진리 준거로서의 만족이 순전한 주관적인 만족이 아니라면, 어떤 점에서 그렇게 볼 수 있는가? 다시 말해, 제임스의 진리 준거에 있어 개별적 만족과 유용성이 어떻게 주관적 상대성을 탈피하여 객관적인 진리에로 이를 수 있는가? 또한 이와 관련하여 따라 나오는 의문은, 만약 제임스가 옛 진리나 기존의 지식의 역할을 소홀히 하지 않았다면 어떤 점에서 그러하며, 그것은 새로운 진리나 지식의 생성과 어떤 관계를 맺고 있는가 하는 것이다. 제임스의 실용적 진리관을 올바로 이해하려면 바로 이와 같은 의문들을 해명하지 않으면 안 된다. 그런데 이제까지 이러한 의문들과 관련하여, 제임스의 진리 이론과 그 교육적 의미를 탐색하는 작업은 독립적 연구 주제로 다루어지지 않았다고 파악된다.

따라서 이 글에서는 제임스의 프래그머티즘에 나타난 진리의 준거를 드러내고 '옛것'과 '새것'의 관계성을 명료히 함으로써, 그의 진리관이 현대 교육에 주는 시사를 모색하고자 한다. 이러한 작업은 제임스의 '실용적' 진리 개념을 명확히 하는 일이 됨은 물론, 프래그머티즘의 인식론적 위치를 올바로 자리매김하는 일도 될 것이다.

이하 전개될 논의의 순서는 다음과 같다. 먼저 Ⅱ장에서는 프래그머티즘 준칙을 중심으로 퍼스와 제임스의 입장을 비교함으로써 제임스에 있어 진리의 기초를 이해하고자 한다. Ⅲ장에서는 만족과 유용성으로서의 제임스의 진리관을 '정합성'과 '전체성'이라는 상호 관련된 두 측면에서 살펴봄으로써 그의 진리관에 나타난 간주관적, 사회적 측면을 드러내고자 한다. Ⅳ장에서는 제임스의 진리관에 나타난 옛것과 새것의 연속성을 그의 심리학의 관점에서 조명해봄으로써 진리 생성의 역동적인 성격을 드러내고자 한다. 이어서 Ⅴ장에서는 제임스 진리관의 인식론적 위치를 요약하고 그의 진리관이 현대 교육에 주는 시사와 앞으로의 연구 과제를 모색하고자 한다.

Ⅱ. 퍼스와 제임스의 프래그머티즘

제임스는 그의 "철학적 개념과 실천적 결과"(1898)와 "프래그머티즘의 의미"(1907a)라는 글에서 "퍼스의 원리"를 "프래그머티즘의 원리"라고 명시하고 있다(James, 1898: 348; 1907a: 378). 제임스는 19세기 말엽 비교적 묻혀 있었던 퍼스의 프래그머티즘을 다시 세상에 알려 프래그머티즘에 대한 사람들의 주의를 환기시키는 데에 성공하였다.6) 이러한 사실을 통해 재확인할 수 있는 것은, 프래그머티즘의 확대, 보급에는 제임스의 공헌이 컸지만, 프래그머티즘의 창시자는 어디까지나 퍼스 자신이라는 점이다. 퍼스가 그의 유명한 글, "관념 명료화의 방법"(1878)에서 말한 프래그머티즘 준칙은 다음과 같다. "우리의 개념의 대상이 실제적 의미를 가진다고 생각되는 어떤 결과들을 초래할지 고려해보라. 그러면 그 결과에 대한 개념이 그 대상에 대한 우리의 개념의 전부이다"(Peirce, 1878: 31). 압축시켜 말하자면, 어떤 대상에서 일어난 결과가 그 대상에 대한 우리의 개념의 전부라는 것이다. 예컨대, 퍼스가 비유적으로 설명한 바와 같이, "포도주의 개념은 우리가 포도주가 지닌다고 믿는 성질에 따라 포도주라고 믿는 사물에 대해 어떻게 행위를 해야 하는지 알려주는 것에 불과하다. …… 어떤 것에 대한 우리의 관념은 그것의 감각 가능한 결과들에 대한 우리의 관념이다"(Peirce, 1878: 31). 퍼스에 있

---

6) '프래그머티즘'이라는 용어는 퍼스가 칸트의 『순수이성비판』에 나타난 'pragmatisch'에서 착안하여 처음으로 쓴 것이다. 정초적(定礎的)이고 비실험적인 사고유형인 'praktisch'와 달리, 'pragmatisch'는 명확한 인간적 목적과 연관되는 실험적 성격을 지닌다(Peirce, 1905: 252). '프래그머티즘'이라는 용어의 사용 시기에 대해서는 퍼스의 글 "관념 명료화의 방법"(1878)에서 처음 도입된 것으로 알려지기도 했으나, 정확한 견해는 아니다. 왜냐하면, 퍼스의 그 글에서는 '프래그머티즘'이라는 말이 아예 보이지 않을 뿐만 아니라, 제임스의 캘리포니아 대학 강연인 "철학적 개념과 실천적 결과"(1898) 이전에는 어디서도 '프래그머티즘'이라는 말을 찾아볼 수 없기 때문이다(Menand, 1997: 14-17). 이로써 프래그머티즘의 아이디어는 퍼스에서 발아되었을지 모르지만, 그 사상의 적극적 전파는 제임스의 공헌이 크다고 보아야 한다. 이후 퍼스는 그 말을 '프래그머티시즘'(pragmaticism)이라는 좀 더 복잡한 용어로 바꾼다. 왜냐하면, 그가 보기에 자신의 '프래그머티즘'이라는 용어가 '휴머니즘'이라는 말과 관련된 문학적 상상력에 의해 남용되는 현상을 보았기 때문이다. 그리하여 퍼스는 개명의 동기로서, "거친 표현이지만 아이를 유괴자로부터 보호하기 위한 것"이라는 비유적 표현을 쓰고 있다(Peirce, 1905: 254-255). 그러나 퍼스의 의도와 달리, 오늘날에는 '프래그머티시즘'이라는 말보다는 '프래그머티즘'이란 말이 일반적으로 통용되고 있다.

어 관념의 명료화란 오직 삶의 행위에 초래할 효과일 뿐이며, 그렇기 때문에 실험적 검증이나 관찰을 통해 확증될 수 없는 개념은 완전한 것이 될 수 없다.

물론 퍼스 프래그머티즘의 근본 의도는 단지 현재 이 순간의 관념 명료화에 그치는 것이 아니었다. 그것은 연속적 탐구 활동을 통해 종국적으로는 합의된 믿음의 대상인 '실재'를 밝히는 데에 있었다. 퍼스가 보기에, 실재에 대한 믿음이 확정되는 것은 고집이나 권위 혹은 선험적 방법에 의한 것이 아니라, '의심-사고-믿음'의 연속적 과정을 거치는 과학적 방법을 통해서만 가능하다. 물론 퍼스는 앞서의 세 방법도 나름대로 장점을 지닌 것을 인정하지만, 믿음을 확정시키는 최선의 합리적 방법으로서 과학적 방법을 권장한다. 왜냐하면, 과학적 방법은 외부 사물의 객관적 탐구를 통한 믿음을 추구한다는 점에서 공동체의 합의를 가능하게 하기 때문이다(Peirce, 1877: 11-22; Scheffler, 1974b: 60-63). 이렇듯 퍼스의 프래그머티즘은 단지 과학적 탐구의 엄밀성만을 주장하는 것이 아니라, 공동체적 탐구를 통해 합의된 진리가 '일반성'을 획득한다는 것, 곧 진리는 궁극적으로 개인으로부터 독립적 지위를 가지며 사회적 객관성을 담보한다는 사실을 강조한다. 그런데, 제임스는 퍼스가 강조하는 관념의 검증이나 객관적 실험주의를 받아들이면서도 삶에서의 개별적 만족과 유용성의 가치를 보다 중요시한다. 제임스는 그의 "철학적 개념과 실천적 결과"(1898)라는 글에서 다음과 같이 퍼스의 준칙을 재해석하고 있다.

어떤 대상에 대한 사고에서 완벽한 명확성을 확보하기 위해서는, 그 대상에 대해 우리가 어떤 감각을 기대하는지, 그리고 어떤 반응을 대비해야 하는지 등 그 대상과 연관된 인지(認知) 가능한 실천적 효과만을 숙고할 필요가 있다. 그러한 효과에 대한 관념이야말로, 그것이 적극적 의의를 갖는 한, -직접적인 것이든, 멀리 떨어져 있는 것이든- 우리가 그 대상에 대해 갖는 관념의 전부이다. …… 어떤 철학적 명제라고 하더라도 그것의 효과적 의미는 능동적이든, 수동적이든, 항상 미래의 실제적 경험 속에서 구체적인 결과로 남게 할 수 있다(James, 1898: 348-349).

위 인용문에 드러난 제임스의 재해석은 퍼스의 원리를 의미의 명료화에 국한시키지 않고 모든 사고와 신념의 타당성의 준거로 확대 적용한 것이라고 볼 수 있다. 제임스는 퍼스와 같이 과학적 검증의 중요성을 인정하면서도 신념이나 관념이 인간 삶의 경험 안에서 갖는 기능과 가치를 중시한다(양은주, 2007: 114). 물론 퍼스와 제임스는 관념의 실제적 효과나 영향력을 중시한다는 점에서 상호 유사점이 있다. 그러나 그렇다고 하여 양자의 관점이 동일한 것은 아니다. 퍼스는 프래그머티즘 준칙에 따른 명료화 작업이 장기간 계속될 경우, 공동체의 합의에 의해 언젠가는 독립적인 실재에 도달할 수 있다는 신념을 가지고 있었다.

그러나 제임스는 퍼스와 달리 궁극적 실재를 상정하지 않고 그 준칙 자체를 진리의 준거로 삼고 있다. 다시 말해, 제임스는 관념 명료화의 준칙을 삶의 유용성 차원에서 보다 폭넓게 취급하고 있는 것이다. 곧, 제임스가 해석한 퍼스의 프래그머티즘 준칙은 "진리란 신념으로서 좋은 것"(Menand, 1997: 15)이라는 견해로 확대된 것이다. 제임스가 이른바 신념의 '현금 가치'(cash value)를 강조한 것도 이러한 맥락에서이다. 그러나 제임스의 '현금 가치'라는 말은 주의를 요한다. 그 말은 액면 그대로 세속적 삶의 필요를 추구한다거나 당장 내게 돌아올 이익만을 염두에 두고 활동한다는 편협한 의미가 아니라, 광범위한 삶의 문제를 해결하기 위한 본격적 탐구라든가 상당한 지력의 요소를 수반하는 것으로 보아야 한다.

이와 같이 보면, 퍼스와 제임스의 근본적 차이는, 퍼스가 진리의 대상과 개별적 신념을 분리시키는 데에 비해서, 제임스는 양자를 상호 밀접한 공속(公屬) 관계로 파악한다는 데에 있다. 다시 말해, 퍼스가 객관적 실재론의 면모를 강하게 드러낸다면, 제임스는 신념이나 관념이 가져다주는 실제적 효용성을 강조하고 있는 것이다. 사실, 퍼스의 관점은 그 자신이 언급한 바와 같이 스콜라적 실재론(scholastic realism)을 특정한 측면에서 지지하는 것이다(Peirce, 1905: 260).[7] 비록 퍼스가 종교적 신을 논의의 전제로 삼지 않는다는 점에서 스콜라적 관점과 온전히 일치하는 것은 아니지만, 탐구의 연속을 통해 언젠가는 "모든 연구자들에 의해 동의되도록 운명 지어진 의견"(Peirce, 1878: 38)에 도달할 수 있다는 신념, 그리고 인식의 외적 계기로서 외부 사물의 존재를 존중한다는 점에서는 스콜라적 관점과 유사한 면모를 보여주는 것이다. 어찌 보면, 인간에게 감각 대상이라는 외적 계기가 필요한 것은 신이나 천사의 지성과 다른 인간 인식의 숙명적 특징일지도 모른다. 분석철학자 셰플러는 이 점과 관련하여, 퍼스가 스콜라주의로 몰아가고자 하는 것이 아니라, 스콜라 철학의 방법론적 미덕을 존중한 것으로 평가한다. 왜냐하면, 스콜라

---

7) 스콜라 철학의 체계를 종합적으로 완성한 토마스 아퀴나스(St. T. Aquinas, 354-430)는 기독교 신학과 아리스토텔레스의 철학을 접목시켜 사물의 존재(esse)와 본질(essentia)이 불가분리성의 관계를 맺는 것으로 보았다. 본고에서 말하는 퍼스와 스콜라 철학의 유사점은 종교적 학문 경향에 있는 것이 아니라, 궁극적 실재에의 믿음과 인식의 외적 계기를 강조하는 실재론적 성격에 그 초점을 두고 있다.

적 방법은 인간 인식과 외부 사물의 상호작용을 중시함으로써 현대 과학적 관점과 일정 부분 맥을 함께하는 것이기 때문이다(Scheffler, 1974a: 52). 퍼스의 관점을 한 마디로 '실재론적 프래그머티즘'이라고 부르는 까닭도 여기에 있다.

그러나 제임스는 퍼스와 같이 '하나의 운명 지어진 중심점'이라든가 최종적으로 도달할 실재를 가정하지 않는다. 그가 참으로 중요하게 여긴 것은 인본주의(Humanism)의 관점, 즉 일체의 획일화된 결정론의 테두리를 벗어나서, 인간적 삶의 풍부한 가치를 고양(高揚)하는 데에 있었다. 제임스의 이런 관점에 대해 듀이는, "제임스는 나무 때문에 숲을 보지 못하는 오류를 범하지 않았다. 그는 생리학적 실험실에서 기술적인 면을 취급할 때조차 그 참된 내용이 인간성이지, 기술적인 세목들이 아니라는 점을 결코 잊지 않았다"(Dewey, 1910: 92)고 평가하고 있다.

요컨대, 제임스의 관점은 당대의 과학적 실증주의와 순수 관념론이 상대방과 대립하여 어느 한 쪽으로 흐르면서 인간적 삶과 자유를 도외시 하는 경향을 경계하면서, 과학과 삶의 중도(中道)를 추구하고자 한 것이다. 제임스의 프래그머티즘은 퍼스와 달리 '일반자'가 아니라 '특수자'를 중시한다는 점에서 유명론과 일치되는 면이 있고, 실제적인 면을 강조한다는 점에서는 공리주의와 일치되는 면이 있으며, 또한 형이상학적 추상들을 부정한다는 점에서는 실증주의와 일치되는 면이 있다(James, 1907a: 380). 이러한 제임스의 관점은 확실히 퍼스의 관점보다 '유연한' 것이다. 왜냐하면, 제임스는 퍼스의 독립적 실재관이나 과학적 탐구의 엄격성보다는 우리들 각자의 '믿음에의 의지'와 구체적 삶의 특수성을 강조하기 때문이다.

Ⅲ. 제임스의 진리 준거: 만족과 유용성

제임스는 퍼스의 프래그머티즘 준칙을 받아들이면서도, 진리의 근거를 삶의 경험 속에서 구체화되고 효력을 발휘하는 기능 면에서 파악하고 있다. "관념의 진리성은 그 관념 안에 내재한 속성이 아니라 …… 실제로 하나의 사건이요, 과정이다"(James, 1907b: 179－180). 다시 말해, 제임스의 관점은 진리의 근거를 삶에 영향을 주는 실제적 기능에서 찾고 있는 것이다. 예컨대, 이데아, 신, 초월자, 물질, 이성 등과 같은 추상적 용어들은 '구체적 사실들'에 영향을 주지 않는 한 무의미한 것이 되고 만다.[8] 진리란 어떤 신념이나 명제 자체가 아니라 그것의 실제적 '작동 가능성'(workability)에 기초한 것이기 때문이다. 제임스는 그의 "프래그머티즘의 의미"라는 글에서 프래그머티즘의 방법을 다음과 같이 설명하고 있다.

> 프래그머틱한 방법은 각 관념을 그것의 실제적 귀결들을 추적함으로써 해석을 시도하는 것이다. 만일 저 관념이 아니라 이 관념이 참이라면 실제적으로 무슨 차이가 생기는가? 만일 아무런 실제적 차이도 추적될 수 없다면, 그 대안들은 실제적으로 같은 것을 의미하고 모든 논쟁은 한가한 것이다. 한 논쟁이 심각한 경우에서조차 우리는 한쪽이나 다른 쪽이 옳다는 입장으로부터 틀림없이 따라 나오는 어떤 실제적 차이를 보여줄 수 있어야만 한다 (James, 1907a: 377).

---

8) 제임스는 이와 관련하여 "믿음에의 의지"(1897)라는 글에서 다음과 같이 말한다. "객관적 증거와 확실성은 의심할 여지없이 훌륭한 이상들이지만, …… 어디에서 그것들을 찾을 것인가? 그러므로 나 자신은 나의 인간 지식 이론에 관한 한, 완전한 경험주의자이다. …… 의견들 중 어느 것이 결코 재해석될 수 없거나 교정될 수 없는 것처럼 주장하는 것은 잘못된 태도라고 나는 믿는다"(James, 1897: 725).

제임스에 의하면, 구체적인 사실로 표현하지 못하는 추상적 진리들은 아무런 차이를 매길 수 없다. 철학적 세계관도 순수 사변적인 것이 되어서는 의미가 없으며, 만일 이 세계관 또는 저 세계관이 참이라면, 그것이 우리 삶의 특정한 순간에 어떤 명확한 차이를 가져올 것인지를 발견하는 것이어야 한다(James, 1907a: 379). 제임스는 자신의 이러한 관점을 설명하기 위해 다음과 같은 예를 든다. 즉, 우리가 숲속에서 오랜 시간 굶주렸고 길을 잃어버렸을 때 어떻게 행동하는가 하는 것이다. 이리저리 헤맨 끝에 길가에 소가 다닌 발자국을 발견한다고 해 보자. 우리는 소의 발자국을 따라가면 인가(人家)가 나올 수 있음을 예견하고, 그 예견을 실행에 옮기게 된다. 이때 실제적 결과와 예견이 일치하면 그 예견은 우리에게 참이 된다는 것이다(James, 1907b: 181). 요컨대, 제임스에 있어 하나의 신념이 진리라는 것은 그것의 '현금 가치', 즉 하나의 신념이 실질적으로 만족스럽고 유용한 결과를 산출하는가 하는 여부에 달려 있다. 어떤 신념에 따라 행위를 한 결과가 우리에게 유용하고 만족스럽다면 그 신념은 '진리'로서 기능을 하고 있다는 뜻이다.

　그러나 여기서 두 가지 심각한 질문이 제기될 수 있다. 하나는 사적 만족이 어떻게 공적인 진리성을 확보하는가 하는 것이고, 다른 하나는 당장의 현실적 유용성이 없는 진리도 있지 않은가 하는 것이다. 첫째, 사적 만족이 어떻게 공적인 진리성을 확보하는가 하는 것이다. 비록 제임스가 인간의 자유의지를 부각시킨다고 하더라도, 그가 말하는 진리 준거로서의 '만족'은 상당히 주관적이고 편의적 발상에 근거한다는 문제에 봉착하게 된다. 그러나 그의 '만족'의 개념을 순전히 주관적 측면에서 보아서는 안 된다. 왜냐하면 제임스는 만족의 개념을 경험이나 신념 체계의 '전체론적 관점'과 연관시키기 때문이다(김동식, 2003: 140). '전체론적 관점'은 일시적인 심적 위안이나 욕구 충족이 아니라, 믿음의 전체적 정합성을 충족시킨다는 의미를 가진다. 이러한 전체론적 관점에는 개인적 믿음의 정합성뿐만 아니라 사회적 믿음의 정합성도 들어있다.

앞서 예를 든 바 있는, 숲 속에서 소의 발자국을 쫓아 길을 찾아 가는 방법은 당사자는 물론 다른 모든 사람에게도 만족을 주는 것이 될 수 있다. 말할 필요도 없이 타자가 나와 유사한 상황에 놓여 있다면, 나의 방법은 그에게도 유용한 것이기 때문이다. 이렇듯 제임스가 말하는 '만족'에는 개인적 믿음의 종적(縱的) 정합성은 물론, 타인의 믿음과의 횡적(橫的) 정합성도 들어 있다. 그가 말한 바와 같이, "여러분은 한 사물에 대한 나의 진리 증명(verification)을 받아들이고, 나는 다른 사물에 대한 여러분의 진리 증명을 받아들인다. 우리는 서로 진리를 교역(交易)한다"(James, 1907b: 183).[9] 요컨대, 제임스가 말하는 진리 준거로서의 만족에는 자아와 타자, 개인과 사회 간에 존재하는 관계적 그물망이 이미 전제되어 있다. 누군가 이런 전체적 정합성을 무시하고 오직 자신에게 만족을 준다는 이유만으로 특정한 신념을 진리라고 고집한다면, 그것은 비트겐슈타인이 비유한 바

---

[9] 제임스가 진리의 간주관성을 인정한다는 것은 나와 너, 나와 우리 간의 공통된 인식이 있을 수 있음을 말하는 것이다. 만약 그렇지 않다면, 우리가 사는 세상은 상호 소통이 불가능한 사태들로 넘쳐날 것이다. "내가 도대체 당신에 대해 생각할 수 있다는 것은, 오직 '그' 대상과 '나'의 대상을 활성화시킴으로써만 가능한 일이다. 만약 내가 거기에 있다고 보는 당신의 신체가 당신 자신과 아무런 관계가 없는 복제된 신체에 불과하다면, 당신과 나는 상이한 우주에 속하게 될 것이며, 그리하여 내가 당신에게 무엇인가 말한다는 것이 어리석은 일이 될 것이다. …… 내가 '당신의' 신체라고 부른 '나의' 우주의 지각적 부분에서 당신과 나의 마음은 서로 만나고 상접 (conterminous)한다"(James, 1904b: 209). 이러한 제임스의 관점에는 미드(G. H. Mead)가 말하는 '사회적 자아'(social self)의 뉘앙스가 담겨져 있다. 즉, 제임스의 '진리의 간접적 증명'에는 미드가 말하는 사회적 집단 속에서의 '객관적 자아'(Mich)의 면모가 내포되어 있는 것이다(Wenzel, 2000: 108-113).

있듯이, 타자와 함께 그 의미를 공유할 수 없는 "비시간적, 비공간적 허깨비"와 같은 것이 되고 말지도 모른다(Wittgenstein, 1969: 명제 108).

둘째, 당장의 현실적 유용성이 없는 진리도 있지 않은가 하는 것이다. 여기서 다시 한번 주목할 점은 특정한 진리가 우리에게 '유용'하다는 말의 의미이다. 그것은 듀이와 쉴러(Schiller)가 적절히 지적했듯이, "관념들이 우리로 하여금 우리 경험의 다른 부분들과 만족스러운 관계에 들어가도록 도와준다"(James, 1907a: 382)는 뜻이다. 사실, 제임스가 강조한 '유용한' 진리의 의미는 앞서 '만족'의 의미와 유사하게 당장의 필요 충족이 아니라, 새로운 관념이 기존의 의미의 관계망 속에서 갖는 정합성에 달려있다고 보아야 한다. 왜냐하면, 제임스는 진리의 '간접적 증명'(indirect verification)(James, 1907b: 182−183)도 인정했기 때문이다. 당장의 유용성이 없더라도 이미 역사 속에서 그 용도나 유용성이 인정된 수많은 언어적 명칭들과 명제들이 있다. 예컨대, 우리들 중 누구도 벽에 걸린 시계의 숨어 있는 작동을 들여다보는 것은 아니지만, 검증하려고 시도하지 않고 시계에 대한 관념을 진리라고 인정한다. 곧, 실험적으로 검증되지 않는 진리도 우리 삶의 수단으로 다수의 진리를 형성하고 있는 것이다(James, 1907c: 295). "진리는 실제로 대부분 신용 체계 위에서 살아간다. 아무도 거부하지 않는 한, 마치 은행권이 통용되듯이 우리의 생각과 믿음이 통용되는 것이다"(James, 1907b: 183).

비록 간접적으로 증명된 진리들이 지금 나의 개별적 필요나 즉각적 용도와 무관하다고 하더라도, 그것들은 전체적인 면에서 정합성을 유지하고 있으므로 나에게 '유용한' 것이다. 사실, 참인 관념들의 압도적 다수는 직접적 또는 대면적인 검증을 허락하지 않는다. 예컨대, '2+1=3'이라든가, 백색과 흑색의 차이, 백색과 녹색의 차이는 정신적 대상들이고 지각적으로 명백하며 아무런 검증을 필요로 하지 않는다. 원주의 지름에 대한 비율이나 파이(π)의 백 번째 소수는 비록 아무도 그것을 계산해내지 않는다고 하더라도 이미 관념적으로 결정되어 있다(James, 1907b: 184−187). 우리가 '개념', '정의' 혹은 '원리'라고 부르는 것들의 대부분은 검증을 필요로 하는 것이 아니라, 간접적으로 증명된 진리들로 인정되는 것이다. 이처럼 현재 그 효과성을 실지로 검증하지 않더라도, 이미 효과성이 입증된 다수의 진리화의 역사가 존재하며, 우리는 그러한 역사적 상황 맥락 속에서 살아간다. 간접적 진리들은 마치 비트겐슈타인의 '삶의 형식'(forms of life)과 같이 태어날 때부터 이미 주어져 있는 것이라서, 우리가 인간다운 삶을 영위해가기 위해서는 반드시 받아들여야 한다.

진리의 간접적 증명이 인정된다는 것은 우리가 간주관적인 믿음의 기반 위에서 살아간다는 것을 의미한다. 예컨대, 다양한 명칭들은 자의적인 것이지만, 일단 이해되고 나면 그것들은 유지되어야 한다. 아벨을 '카인'으로 부르거나 카인을 '아벨'로 불러서는 안 된다. 만약 그렇게 한다면, 창세기 전체로부터 오늘날에 이르기까지 담화와 사실들이 전 우주와 맺는 연관들로부터 우리들 스스로를 단절시키는 결과를 초래할 것이다. 그렇게 되면, 우리는 이제까지 형성된 담화와 사실들의 전 체계가 구현할 수 있는 모든 진리 바깥으로 우리 스스로를 내던지는 셈이 될 것이다(James, 1907b: 186−187). 요컨대, 제임스가 말하는 만족과 유용성을 표피적으로 읽어서는 안 된다. 그것은 사적 만족이나 즉시적 유용성에 국한된 것이 아니라, 전체적인 면에서 개인적 신념과 사회적 신념의 정합성을 동시에 충족시킨다는 의미로 읽어야 한다.

Ⅳ. 제임스의 진리관: 옛것과 새것의 연속성

앞서 살펴본 바와 같이, 제임스는 진리의 준거로서 만족과 유용성을 제안하였다. 이러한 사실은 그가 전통적인 궁극적 진리관을 거부한다는 점을 보여준다. 왜냐하면, 진리가 전체적인 측면에서 믿음의 정합성을 만족시키는 것이라면, 그 믿음의 정합성이 변화함에 따라 진리도 새롭게 생성될 수 있기 때문이다. 제임스는 인간적 자유의지에 기초해서 실험 과학과 종교적 신념 혹은 객관적 지식과 주관적 믿음 간의 조화를 추구하고자 하였다. 여기에는 결정론적 세계관을 배격하고 인간의 경험적 과정을 중시하는 그의 휴머니즘이 담겨져 있다. 제임스는 "순수 경험의 세계"라는 글에서 자신의 철학을 '모자이크 철학'(mosaic philosophy)이라고 부른다(James, 1904b: 212-213). 일상적 의미의 모자이크 활동에서는, 낱낱의 분리된 조각들을 끼워 맞출 전체적인 그림이 전제된다. 그러나 제임스가 말하는 모자이크 철학에는 그런 고정된 틀 혹은 토대(bedding)가 없다. 그가 모자이크 비유를 통해 말하고자 하는 것은, 우리의 경험이 어떤 정형화된 틀로 끼워 맞춰지는 것이 아니라, 주변 경험들의 접합에 의해 자체적으로 끊임없이 변화하고 비결정적으로 확산되어간다는 데에 있다. 제임스에 의하면, 이러한 변화와 확산이 '초월'(beyond)이라든가 '그 이상'(a more)을 지향하는 '순수경험'의 면모를 드러낸다고 할수 있다.[10]

우리가 경험하는 세계는 초월자에 의해 일정하게 구획된 세계가 아니라 우리의 유목적적 활동에 따라 늘 새롭고 다양한 그림이 그려지는 세계이다. 그리하여 전통적 인식론에서 가정해온 인간과 분리된 궁극적 실재라든가 초월적 세계는 부정되고 만다. "우리의 철학에서 초월자란 항상 그 자체로 경험적인 성격을 띠고 있다"(James, 1904b: 213). '초월자'도 인간의 경험과 분리된 것이 아니라 경험적 맥락 속에서 기능하는 것이 될 때 비로소 의미를 가진다는 것이다. 제임스의 모자이크 철학은 우리가 사는 세계가 '내폐적 우주'(block universe)가 아니라 다양한 경험들의 접합 속에서 지속적으로 변모해 가는 세계임을 보여준다. 확실히 이러한 관점에는 진리의 다원성과 가변성을 인정하는 '상대적 진리관'이 담겨 있다. 세계가 운명론적으로 결정되어 있는 것이 아닌 것처럼, 진리도 고정된 것이 아니라 바로 우리들 자신에 의해 구성되어간다. 그렇다면, 여기서 다시 제기될 수 있는 질문은 그의 진리관이 어떻게 극단적 상대주의와 차별화되는가 하는 것이다. 가령 진리 구성의 주체로서 우리는 각자의 자유의지에 따라 기존의 지식을 폐기처분해도 되는가? 그렇지 않다. 앞장에서 살펴본 만족의 '전체론적 관점'과 진리의 '간접적 증명'은 제임스가 사회적으로 통용되는 기존의 어휘와 지식들을 명백히 수용한다는 것을 보여준다.

예컨대, "줄리어스 시저도 참이고 대홍수 이전의 괴물들도 참이고, 모두가 그것들의 고유한 때와 상황 속에서 참이다. 과거의 시간

---

10) 제임스의 '순수경험'은 "주객이 미분화된 경험"(James, 1904a: 177; 1904b: 208)으로서, 우리의 모든 확대된 인식과 반성적 경험들이 그것에 근거해 기능한다는 점에서 가장 근원적인 경험이라고 할 수 있겠다. 순수경험의 의미와 전개 양상에 대한 자세한 논의는 제3장 2절 참조.

자체가 있었다는 것은 현전하는 모든 것과의 정합성에 의해 보장된다"(James, 1907b: 187). 이와 같이 보면, 제임스의 관점은 진리의 다원성과 가변성을 인정하면서도 무의심으로 받아들여야 할 기존의 어휘와 지식들이 있음을 인정하는 것이다. 이 점에서 그의 관점은 소위 극단적 상대주의와 차별화된다. 제임스의 이와 같은 관점은 절대주의와 상대주의라는 이분법적 도식을 부정하는 것이며, 동시에 경험의 전체적 정합성을 중심으로 하여 진리 생성의 역동적 면모를 보여주고자 하는 것이다.

그렇다면, 제임스의 프래그머티즘에 있어 '옛것'은 진리의 생성에서 정확히 어떤 위치를 차지하는 것일까? 이러한 질문에 대한 제임스의 대답을 알아보기 위해서는 그가 규정하는 옛것과 새것의 관련성을 살펴볼 필요가 있다. 제임스는 그의 "프래그머티즘의 의미"(1907a)라는 글에서 진리의 연속성에 대해 다음과 같이 말하고 있다.

> 새로운 진리는 항상 이행의 매개자이고 중재자이다. 그것은 오래된 의견을 새로운 사실과 결합시켜 충격을 최소한으로 줄이고 연속성이 최대화되도록 한다. 우리는 한 이론이 이 '최대와 최소의 문제'를 성공적으로 해결하는 것에 정비례하여 그것을 참이라고 주장한다. 그러나 이 문제를 해결하는 데 성공한다는 것은 현저히 근사치의 문제이다. 우리는 이 이론이 대체로 저 이론보다 더 만족스럽게 문제를 해결한다고 말한다. …… 이제 내가 여러분에게 특별히 주목하기를 간청하는 것은 옛 진리들이 하는 역할이다. 그것을 설명하는 데 실패했던 것이 대부분 프래그머티즘에 대해 제기된 불공정한 비판의 원천이다. 옛 진리들의 영향은 절대적으로 통제적이다. 옛 진리들에 대한 충실성이 제일 원리이며 대부분의 경우 유일한 원리이다(James, 1907a: 383).

위 인용문에서 드러나듯이, 제임스는 프래그머티즘에 관한 통념과 달리 옛것을 소홀히 한 사람이 아니다. 그는 오히려 옛것이 새로운 진리 생성을 위한 필수 조건이라고 말하고 있다. 곧, 새로운 진리의 창출은 언제나 이전의 진리로부터 만들어지며, 그런 만큼 옛것은 우리가 의존해야 할 유일한 디딤돌의 역할을 한다는 것이다. "우리의 이론은 모두 기존의 진리들과 새로운 특정한 경험들을 매개해야한다. …… 기존의 진리와 새로운 사실 간의 일관성이 항상 중요하게 고려되어야 한다"(James, 1907b: 188 – 189). 말할 필요도 없이, 제임스의 이러한 관점은 불변적 진리관을 고수하는 절대주의 인식론과 동일한 것이 아니다. 제임스에 있어 진리의 생성은 옛것과 새것의 연속적 상호작용에 그 기반을 둔 것이기 때문이다.

사실, 옛 진리의 어떠한 사실들을 나열하는 것은 단순한 재생일뿐, 진정한 의미에서의 진리의 생성이 아니다. 그것은 옛 진리에 아무런 변화를 일으키지 못하는 것이다. 그리하여 진정한 의미에서 진리가 창출되려면 옛 진리에 무엇인가 변화와 재배열이 일어나야 한다. 제임스는 진리의 생성을 나무의 성장에 비유한다. 즉, 진리의 생성은 마치 "동일한 나무에 새로운 형성층이 성장하는 것"(James, 1907a: 384)과 같다는 것이다. 나무에 새로운 형성층이 움터서 성장하는 것과 마찬가지로, 진리의 대상도 고정된 것이 아니라 새롭게 수정, 변모해갈 수 있다는 것이다. 제임스에 있어 "교조적이거나 닫힌 해석의 틀이 부정되고 현재의 상황에 따른 진리 인식의 다양성이 인정되는"(김재영, 1994: 140) 까닭도 여기에 있다. 요컨대, 옛것에 비추어 새것을 안다는 것은 옛 진리를 액면 그대로 수용한다는 것이 아니라, "옛것과 새것의 결합 기능(marriage function)"(James, 1907a:

384)을 통하여 옛 진리의 대상에 무엇인가 변질이 초래되는 것으로 보아야 한다.

여기서 주목할 점은, 제임스의 이와 같은 진리관 밑바탕에는 '의식의 흐름'을 중심으로 하는 그의 심리학이 자리 잡고 있다는 것이다. 종래의 경험론은 우리가 의식하는 사태의 연관성보다 분리를 강조해온 경향이 있다. 예컨대, 버클리(G. Berkeley)와 흄(D. Hume)은 우리가 구별하는 사태들이 아무런 연관이 없는 '느슨하고 분리된 사태'라고 보았으며, 존 밀(J. Mill)은 자아와 사물이 불연속성을 띠는 것으로 보았다. 이들 모두는 의식의 연속성보다는 분절성을 강조하는 것이다. 특히 흄과 같은 사람은 회의주의에 입각하여 과거의 의식과 현재의 의식 간에 존재하는 연속성을 부정하는 경향을 보였다. 즉, 그는 의식의 확실성을 보장하기 위해 과거의 의식과 단절된 상태로, 지나치게 현재 눈앞에 드러나는 현상적 요인들의 관계성만을 부각시킨 경향이 있는 것이다. 그러나 제임스의 심리학에 의하면, 우리의 의식은 분절된 것이 아니라 상호 연속적인 관계를 맺고 있다. 그가 비유한 바와 같이, "의식은 끊어진 마디를 접합한 것이 아니고 흐르는 것이다. '강물'이나 '흐름'이 가장 자연스럽게 의식을 기술하는 비유적인 말이다"(James, 1890: 435). 이처럼 의식이 끊임없는 흐름과 같다면, 인간이 만들어낸 모든 지식의 대상도 장차 의식과 사고의 흐름 속에서 변모할 가능성을 품고 있다고 보아야 할 것이다.

제임스의 심리학에서 의식을 설명하는 중요한 개념은 '외변'(外邊, fringe)이다. 외변은 주변(edge), 여백(margin), 배음(overtone)과 유사한 말로 쓰이는 현상학적 용어로서,[11] 존재하는 사고 대상과 부재하는 사고 대상 사이의 관계를 보여주는 '경향감'(feeling of tendency)을 의미한다. 이와 같은 경향감은 우리의 의식이 늘 이전에 경험한 대상에 의해 각인(刻印)된 가운데, 새로운 대상을 지향하고 있다는 것을 의미한다. 제임스의 표현대로 하면, 경향감은 사라져가는 여운 혹은 심상(心想)들과 새롭게 동트는 심상들 사이에 존재하는 관계의 이행감으로 엮어져 있다(조상식, 2005: 261-262; James, 1890: 455). 예컨대, 우리는 천둥이 정적(靜寂)을 없애버리고 배제한다고 믿지만, 천둥에 대한 우리의 느낌은 바로 앞에 사라진 정적에 대한 느낌이기도 하다. 인간의 구체적인 의식 속에서는, 바로 앞에 지나간 어떤 것에 대한 낌새조차 알아차리지 못한 채, 현재에만 국한된 느낌이란 찾아보기 어려운 것이다(James, 1890: 437). 곧, 우리의 의식은 불연속적인 '단순관념들'의 집합체가 아니라, 시공간상 연속된 과정적인 흐름인 것이다. 제임스는 이러한 의식의 특성을 비유적으로 표현하여 "염색성(染色性)의 외변"이라든가, "정신 속에 있는 각각의 뚜렷한 심상들은 그 둘레를 흐르는 물속에 잠겨 있으며, 그 자유로운 물에 의해 착색된다"(James, 1904b: 207; 1890: 455)고 말한 바 있다.

'외변'은 의식의 두 요소인 '실체소'(substantive parts)와 '이행소'(transitive parts)의 연동에 의해 끊임없이 변화된다. 의식이 변이를 일으켜 옮겨가는 부분이 '이행소'라면, 의식이 일시적으로 정지하는

11) 음악에서 '배음'(倍音)이란 용어는 기음(基音) 위에 희미하게 들리는 음을 가리킨다. 제임스는 '배음'의 비유를 들어 우리의 의식 작용이 고정된 것이 아니라 매 순간 '외변'에 의해 변화해가고 있음을 말한다. 제임스의 설명을 그대로 옮겨보면 다음과 같다. "화음은 하나씩 떨어져 귀에 들리는 것이 아니라, 기음과 혼합되어 기음에 침투하고 기음을 변용시킨다. 그리고 이와 마찬가지로, 커지고 줄어들고 하는 뇌의 과정이, 매 순간 정점에 있는 뇌의 과정에 해당되는 정신적 결과와 융합하고 그 결과에 침투하여 결과를 변용시킨다. …… 희미하게 지각되는 것과 같은 미약한 뇌의 과정이 우리 사고에 미치는 영향을 지칭하기 위해, 우리는 정신적 배음, 정신적 침투, 또는 정신적 외변이라는 말을 사용하기로 한다"(James, 1890: 459-460).

부분이 '실체소'이다. 우리의 사고는 언제나 우리가 지금 막 버리고 나온 실체소와는 다른 실체소를 향하는 것이다. 비유컨대, 의식의 흐름은 마치 날짐승의 비상과 착륙이 연속되는 것처럼 안정적이고 정지된 실체소와, ,의식 대상이 다른 대상으로 옮겨가는 이행소 사이를 번갈아 왔다 갔다 하며 끊임없이 변화하는 것이다(조상식, 2005: 176−178; James, 1890: 440−441). 곧, 외변은 우리의 의식이 실체소처럼 양식적으로 존재할 뿐만 아니라 이행소처럼 시간적으로 활동하는 측면을 동시에 내포하고 있음을 보여준다(조상식, 2005: 276−277).

예컨대, 우리가 어두운 방 안에 들어가서 촛불을 켠다고 했을 때, 촛불이 켜지는 바로 그 순간 우리의 초점(focus)은 일시적이나마 촛불에 모아지고 의식의 흐름은 중단된다고 말할 수 있다. 그러나 말할 필요도 없이 우리의 의식은 촛불 자체에만 머물지 않는다. 우리는 당장 촛불을 둘러싼 주변 여건을 의식하거나, 어렴풋한 상념을 떠올리거나, 혹은 무엇인가 해야 할 다른 과제로 이행하게 되는 것이다. 극단적으로 말해, 우리의 의식이 항상 촛불이라는 '실체소'에만 머문다면 그것은 그야말로 두뇌의 이상이거나 의식이 '죽어 있는' 것에 다름 아니다. 제임스는 외변이 개입되는 의식의 연속성에 대해 다음과 같이 부연 설명한다.

> 실제 경험에 있어 실체소와 이행소가 상호 지속적으로 침투하기 때문에, 일반적으로 어떤 외적 접합제에 의해 극복될 필요가 있는 분리란 존재하지 않는다. 실제로 경험된 분리가 무엇이든지 간에 분리는 극복되는 것이 아니라 목적상 분리로 머무는 것이고 분리로 간주되는 것이다. 그러나 그 비유는 다음 사실을 상징화하

는 데에 도움을 준다. 즉, 대체로 보아 경험 그 자체는 경험의 주
변부(edges)에 의해 성장할 수 있다는 것이다. 어떤 순간의 경험은
그것이 접속이든 이접이든 간에 경험적 조직을 지속시키는 변이
에 의해 다음 경험으로 증식(增殖)되어 간다. 이것은 부정될 수 없
다(James, 1904b: 212).

우리의 의식은 실체소와 이행소가 연동하는 관계적 경향감 속에
서 새로운 의식적 감응을 일으키며 끊임없이 탈바꿈되어 간다. 따라
서 의식이라는 것은 고정된 실체가 아니라 실체소와 이행소 사이의
연동 작용을 기반으로 하여 무수히 많은 변이와 확대를 일으키는 과
정적 흐름인 셈이다. "우리의 경험과 관점의 영역은 모두 지속적으
로 발달하며, 삶이 진행됨에 따라 특정 경험과 관점을 대체하는 '그
이상'(a more)에 의해 영구히 외변에 있다"(James, 1904b: 207). 따라
서 진리의 생성은 초월자로부터 구획된 세계를 관조함으로써 이루
어지는 것이 아니라, 의식의 연속성에 근거하여 옛 경험과 새로운
경험 간의 접합이라는 '모자이크' 활동에 그 기반을 두는 것이다. 이
러한 의미의 모자이크 활동에서는 어떤 기본적인 틀이 주어진 것이
아니라 그때그때의 여건이나 상황에 따라 끊임없이 새로운 모양을
만들어가게 된다. 지식의 대상이란 바로 이러한 과정에서 당사자의
주의 혹은 주목(attention)을 통해 특정 대상에 대해 의미부여를 한
결과이다. 곧, 새롭게 포착된 지식의 대상은 "연속적인 의식의 흐름
을 특정한 목적에 따라 자르고 이 조각들을 정태적 형식으로 고정시
킨 결과"(조상식, 2005: 151)인 것이다. 요컨대, 옛것과 새것의 연속
성에는 '의식의 흐름'이라는 심리학적 기반이 깔려 있으며, 우리는
이러한 기반 위에서 특정한 목적에 따라 의식의 내용을 포착, 분리

시켜서 새로운 지식의 대상을 생성하는 것이다.

어찌 보면, 의식의 연속성에 따른 이러한 지식의 생성은, -비록 공자(孔子)의 관점을 액면 그대로 제임스 심리학과 동일한 것으로 보기는 어렵겠지만, - 『論語』에 나타난 '溫故而知新'의 정신과 유의미하게 비교될 수 있다.[12] 즉, 우리가 새로운 지식을 획득하는 데 있어 의존할 것은 오직 옛 지식밖에 없다는 것, 그러나 그 옛 지식은 결코 화석화된 진리가 아니라, 현재의 상황 속에서 교호작용을 하여 변화를 초래하며, 그러한 변화가 새로운 지식을 창출해낸다는 것이다. 그러나 여기서 누군가 주관과 객관의 교호작용이 결국 주관으로 환원되는 것이 아닌가 하는 질문을 제기할지도 모른다. 곧, 주객의 교호작용은 순전히 임의적이고 상대적인 인식으로만 치닫는 것은 아닌가 하는 것이다. 그러나 그렇지 않다. 제임스가 말한 바와 같이, 새로운 지식은 오직 기존의 지식이나 간접적 진리 체계와 연계해서만 파생될 수 있기 때문이다. "우주는 옛 경험 전체에 접목되는 새로운 경험에 의해 지속적으로 성장해간다. 그렇지만, 바로 그 새로운 경험들은 흔히 옛 경험 전체가 좀 더 공고한 형태가 되도록 돕기도 한다"(James, 1904b: 214). 옛것과 새것은 불가분의 관계 속에서 상호 영향을 주고받으며 다양한 인식을 역동적으로 발전시켜간다.

---

12) 주자(朱子)는 이 구절의 의미를 다음과 같이 풀이하고 있다. "溫은 찾고 演繹하는 것이다. 故는 예전에 들은 것이요, 新은 지금 새로 터득한 것이다. 배움에 있어 예전에 들은 것을 때때로 익히고 항상 새로 터득함이 있으면 배운 것이 나에게 있어서 그 응용이 끝이 없다. 그러므로 남의 스승이 될 수 있는 것이다"(溫尋繹也 故者舊所聞 新者今所得 言學能時習舊聞 而每有新得則 所學在我 而其應不窮故 可以爲人師矣夫『論語集註』爲政篇). 주자의 이러한 주해를 교육학적으로 재해석하는 것은 별도의 심도 있는 검토를 요하는 일일 것이다. 다만 제임스의 '옛것'과 '새것'의 연속성에 비추어보면, '溫故知新'의 의미를 단지 시간 계열상 옛것을 공부하고 나서야 새것을 알게 된다는 의미로만 파악해서는 안 될 것이다. 옛것과 새것은 분리된 것이 아니라, 현재의 시공간적 상황 속에서 교호작용을 함으로써 정합성을 갖춘 앎을 연속적으로 창출하기 때문이다. 최근에 공자의 '溫故知新'의 의미를 '述而不作'과 관련하여 재해석한 연구로는 이재준(2011)의 "술이부작과 온고지신의 교육학적 해석"을 참조할 것.

이와 같이 보면, 제임스의 진리관은 진리의 고유한 속성에 대한 규정이라기보다는, 새로운 진리 생성의 기능적 조건을 밝힘으로써 고정 불변하는 진리의 대상을 가정해온 전통적 인식론을 경계하고자 하는 것이다.

이제까지의 논의로 보아, 옛것과 새것의 연속성은 두 가지 상호 관련된 측면에서 이해될 수 있다. 하나는 제임스의 심리학이요, 다른 하나는 그의 진리관이다. 우선, 우리가 새로운 발견이나 지식에 이르는 것은 그 이전에 이미 우리의 마음이 옛 관념이나 지식으로 착색되어 있기에 가능한 것이다. 제임스가 말하는 외변이라든가 실체소와 이행소의 연동 작용은 결코 진공 상태에서 일어나는 것이 아니다. 그것은 이미 과거의 앎이나 관계적 경향감을 배태한 상태에서 진행되는 것으로 보아야 한다. 왜냐하면, 모든 새로운 지식의 생성은 학습자의 이전의 경험으로부터 연속된 의식의 경향성과 선택적 반응을 통해 옛것에 무엇인가 변질이 일어날 때 가능한 것이기 때문이다. 이렇듯 옛 지식은 학습자와 분리된 것이 아니라 그가 처한 현재 상황 속에 용해되어 새로운 의미를 생성해내는 것이다(時而中). 동시에 주목할 점은, 제임스가 말하는 진리에는 개인이 받아들여야 하는 간접적 진리가 있다는 것, 그리고 그런 간접적 진리가 현재의 문제의식과 교호작용을 하여 정합성을 갖춤으로써 새로운 진리 생성을 가능하게 한다는 것이다. 이 점에 비추어 보면, 옛것과 새것의 교호작용을 순수 주관적 환원으로만 보는 것은 잘못이며, 주관적 신념과 사회적 믿음 간에 정합성을 갖춘 인식의 관계망을 재구축해가는 노력으로 보아야 할 것이다.

V. 맺음말

덴마크 사상가 키에르케고르(Kierkegaard)가 말한 바와 같이, 우리는 미래를 향해 살아가지만, 과거를 향해 이해한다. 현재는 세상의 이전 과정들에 대한 회고적 빛을 비춰준다(James, 1907c: 309). 제임스에 있어서 지식의 대상은 시간적 측면에서는 과거와 현재, 미래 간의 연속성을, 공간적 측면에서는 인간들 간의 교류와 소통을 기반으로 해서 생성된다. 그야말로 진공 상태에서 지식의 생성은 일어나지 않는다. 무인도처럼 동떨어진 소통 불가한 관념은 참된 지식의 생성과 거리가 먼 것이다. 제임스는 절대주의 인식론을 부정하지만, 그렇다고 하여 극단적인 상대주의 인식론을 지지하지 않는다. 제임스가 말한 바와 같이, "객관적 확실성의 교조를 포기한다고 해서, 진리 자체에 대한 추구와 소망을 포기하는 것은 아니다"(James, 1897: 726). 그가 말하고자 하는 것은 비록 우리가 절대적 진리를 확정지을 수 없다고 하더라도, 진리에의 믿음은 가질 수 있다는 것이다. 다시 말해, 진리는 삶의 상황과 결부하여 다원성을 띨 수 있지만, 그것은 '무정부적 상대주의'가 아니라 보다 나은 진리를 지향하는 '구성적 상대주의'를 담지하고 있다는 것이다. 제임스가 이른바 '파스칼의 도박 논변'(Pascal's wager)(James, 1897: 719-721)을 인용하며 말하고자 한 것도 회의론이나 불가지론보다 '믿음에의 의지'를 가지는 것이 보다 낫다는 데에 있었다.[13] 가령 그릇된 믿음을 피한다고 하

---

13) 파스칼의 '도박 논변'을 요약하면 다음과 같다. 만약 당신이 신의 존재를 믿는다면 신이 실지로 존재하지 않는다고 하더라도 당신에게 특별히 해가 될 것은 없다. 그러나 만약 당신이 신의 존재를 부인한다면 신이 실지로 존재할 경우 당신에게 고통이 뒤따를지도 모른다. 따라서 파스칼의 도박 논변은 신의 존재를 믿는 것이 신의 존재를 부인하는 것보다 낫다는 것을 보여줌

여 회의론이나 불가지론을 견지하는 것은, 마치 "장군이 병사에게 상처 하나 얻느니보다 전투를 영원히 피하라"(James, 1897: 727)고 권고하는 것과 같다.

제임스의 프래그머티즘은 운명론이나 결정론을 반대하고 "능동적인 삶의 기능"(James, 1904b: 208)을 강조한다. 지식과 진리는 늘 그 상태 그대로 고정된 것이 아니다. 우리의 삶이 멈춤이 없이 변화하듯이 진리도 미래를 향해 열려 있다. 제임스에 있어 진리는 우리의 인식을 기다리는 초월적 실재가 아니라, 우리가 삶의 세계에 참여하여 끊임없이 만들어가는 것이다. 그렇기 때문에 진리의 발원지는 현실적 삶의 세계이며, 진리의 발전은 인간의 경험적 산물인 것이다. 제임스의 진리관을 통해서 보면, 옛것은 우리가 배워야 할 가치 있는 지적 자산이지만, 동시에 그것은 항상 우리의 삶의 맥락과 결부되어야만 그 의미가 새롭게 되살아난다. 다시 말해, 학습자의 삶과 경험 속에 용해되지 않는 고립적 지식은 마치 역사적 박물관에 박제된 상태로 남은 유물과 같은 것이 되고 만다. 오늘날 교육에서 학습자에게 전달되는 수많은 관념적 어휘들이 학습자 개개인의 경험 상황과 유의미하게 관련되어야 하는 까닭도 여기에 있다. 학습자들의 문제의식이나 삶과 무관하게 전달되는 지식은 그야말로 그들의 마음 밖을 겉돌며 무거운 압박감과 짐으로만 작용하기 쉽다. 최소한 이러한 불행한 사태를 막으려면, 우리는 교과로서의 지식을 액면 그대로 강조할 것이 아니라, 지식과의 교섭이 학습자들의 삶과 경험에 구체적으로 어떤 새롭고 실질적인 가치를 가져다주는지를 진지하게

으로써 인간을 기독교적 신앙의 길로 이끌려는 의도를 함축하고 있다.

고려할 필요가 있다.

　교육적 사태에서 당면하는 문제 중 하나는 정형화된 텍스트에 대한 학습자들의 학습의욕이나 동기의 결여 문제이다. 물론 이 문제를 해결하기 위해 교과를 소홀히 하고 학습자의 욕구나 흥밋거리에 영합해서도 안 되지만, 그렇다고 하여 학습을 위한 학습 일변도로 치닫는 것도 사태의 개선에 도움을 주지 못한다. 제임스의 진리관은 이러한 문제에 대한 특정한 교육학적 대답을 보여준다. 즉, 학습의 진정한 동기를 유발시키기 위해서는 텍스트와 학습자의 경험을 상호 관계성 하에서 보아야 하며, 지식이 학습자의 경험 안에서 활성화되는 과정을 중시해야 한다는 것이다. 지식이 경험 안에서 활성화된다는 것은, 지식과 경험이 온전히 교호작용을 하여 학습자 나름대로 지적 완성감이나 심미적 만족감을 맛본다는 것(自得)을 의미한다. 이러한 경험은 적어도 텍스트로서의 지식과 학습자의 경험이 상호 별개의 것으로 떨어져 나가는 불행한 사태를 예방해준다. 왜냐하면, 학습자가 느끼는 '만족감'은 일회성의 만족이 아니라 교과가 주는 경험의 실제적 가치의 전부이며, 장차 그의 삶과 경험이 변모해감에 따라 교과에 대한 새로운 의문과 믿음을 추구하는 원동력이 될 수 있기 때문이다. 따라서 교육적 사태에서는 궁극적이고 고정된 결론을 앞세우기보다는, 현재 배우는 교과가 학습자가 이전에 생각하지 못했던 새로운 경험적 정합성을 가져다줄 수 있도록, 동시에 그 정합성의 수준이 연속적으로 향상될 수 있도록 교과의 재조직 측면에서 진지한 교육적 노력이 필요할 것이다.

　또 다른 한편으로, 제임스의 진리관은 교육에서 지성적 탐구 공동체의 중요성을 보여준다. 앞서의 논의에서 드러나듯이, 진리 준거로서의 만족과 유용성은 '사회적 정합성'을 충족시키는 것이다. 따라서 새로운 진리의 주장(truth-claim)은 공동체 안에서 그 주장의 타당성이 확보되어야 한다. 이 점에서 진리의 요구는 공적 책임성이 따르는 행위이다. 통용이 불가한 관념은 진리로서 주장될 수 없다. 물론 종교적인 '과—믿음'(over-belief)이나 신앙의 다원성이 인정된다고 하더라도(James, 1907c: 237—239), 적어도 일반적 의미에서 진리의 주장은 타인이 수긍할 만한 객관적 근거를 제시할 수 있는 것이어야 한다. 왜냐하면, '과—믿음'은 증명할 수 없는 것이라서 일반적 의미의 합리적 믿음과는 구별되어야 하기 때문이다.

제임스의 의도는 순전히 사변적인 데에 치중하여 진리와 실천적 삶의 관계성을 도외시해 온 종래의 관념론을 비판하고, 휴머니즘에 입각하여 삶에 유용한 진리의 생성을 강조하는 데에 있다. 이러한 진리의 생성은 타자와의 충돌이나 대립이 아닌, 공동체의 협력과 사회적 상호작용을 통해 보다 지속적으로 발전될 수 있다. 왜냐하면, 삶에 유용한 진리는 원천적으로 사회적 상호작용을 통해 발아된 것이며, 동시에 그러한 진리가 공동 사회의 실질적 개선에 기여할 수 있기 때문이다. 따라서 교육적 사태에서는 학습자로 하여금 나만의 고립적 믿음이 아니라, 교실 공동체와의 연속적 관계 속에서 공동의 합리적 믿음을 발전시켜가는 태도의 함양이 필요하다. 이를 위해서 교육자는 타인과 믿음을 교류하고 자신의 믿음을 끊임없이 반성, 발전시켜갈 수 있도록 개방적인 의사소통의 분위기를 조성할 필요가 있을 것이다.

끝으로, 앞으로의 연구 과제를 제기하면서 글을 맺기로 하겠다. 우선 이 장에서는 옛것과 새것, 직접적 경험과 간접적 진리의 연속성을 중심으로 제임스의 일반적 진리관을 다루었기 때문에, 종교적 경험의 다양성 문제를 세부적으로 다루지 못했다. 이제까지의 논의에서 드러나는 바와 같이, 제임스의 진리관에는 '사회적 정합성'으로서의 일반적 진리 개념과, 주관성을 강하게 부각시키는 '종교적 믿음에의 의지'가 동시에 투영되어 있다. 따라서 앞으로 제임스의 진리관을 보다 포괄적으로 조망하기 위해서는 그의 종교적 진리 이론과 일반적 진리 이론 간의 연관성을 독립적 연구 주제로 탐색해볼 필요가 있다. 둘째, 제임스의 '의식의 흐름' 테제는 분절적 의식 개념을 앞세우는 기계론적 행동주의와 연합심리학을 부정한다는 점에서, 자극과 반응의 관계를 통합적으로 보는 듀이의 '의식의 회로' 개념 형성에 영향을 미쳤다. 이 점에서, 앞으로 교육사상사의 측면에서 제임스가 듀이의 초기 심리학에 미친 영향을 구체적으로 분석해볼 필요가 있다. 셋째, 제임스의 심리학은 고정 불변의 궁극적 실재를 부정하고 모든 의식을 끊임없는 변화의 흐름으로 본다는 점에서, 의식의 텍스트(texte)성을 강조하는 데리다(J. Derrida)의 포스트모던 철학이나, 일체의 법집(法執)을 경계하고 의식의 인과적 관계성을 통찰하는 불교 유식학(唯識學)의 관점과 비교 연구해볼 필요가 있다.

제3장 듀이의 의식이론에 미친 윌리엄 제임스의 영향

　현상학에서는 전통적 인식론을 부정하고 인식의 근원적 기초로서 일상 세계의 경험을 중시한다. 듀이의 '일차적 경험' 개념은 인식에 있어 주객이 통합된 삶의 상황을 중시한다는 점에서 현상학적 문제의식과 맞닿아 있다. 그런데 듀이의 현상학적 측면은 사상사적 측면에서 보면, 미국 프래그머티즘의 주요 사상가인 윌리엄 제임스의 영향을 반영한다. 왜냐하면, 제임스의 '순수경험'과 듀이의 '일차적 경험'은 상호 유사한 현상학적 특성을 담지하고 있을 뿐만 아니라, 듀이 자신이 회고한 바와 같이, 제임스의 심리학은 그의 "옛 믿음들을 개조하는 하나의 효소"로 작용하였기 때문이다. 그렇다면, 제임스의 사상은 구체적으로 어떤 면에서 '하나의 효소'로 작용하고 있는 것일까? 이 글에서는 이 질문에 대한 대답을 탐색하기 위해, 듀이의 의식이론을 의식의 유목적성, 상황의 통합성, 경험의 연속성 등 세 측면으로 구분하고 각각에 투영된 제임스의 영향을 검토해 보았다. 다만 한 가지 주목할 점은, 양자의 유사성이 인정된다고 해서 듀이의 독자성을 간과해서는 안 된다는 것이다. 듀이는 제임스의 의식이론에만 머문 것이 아니라, 자연주의적 형이상학의 관점에서 인간과 환경의 교호작용을 통한 경험의 발달을 강조했을 뿐만 아니라, 참여와 탐구를 중시하는 도구주의적인 지식론을 체계화했기 때문이다.

I. 문제의 제기

현상학적 관점에서는 의식작용과 대상의 관계를 밀접한 공속(公屬) 관계로 파악하고 어떤 외부적 진리도 전제하지 않은 채, 의식현상의 서술을 주요 연구과제로 삼는다. 따라서 전통적 이원론에서 가정해 온 외부의 고정된 본질이나 형이상학적 실재는 부정되고, 인간이 지각하는 구체적인 삶의 상황 맥락이 중요시된다. 그런데 이러한 현상학적 관점은 듀이 철학에도 내재해 있다고 파악된다. 왜냐하면, 듀이의 '일차적 경험'(primary experience) 개념은 선반성적, 선언어적, 선인지적인 일체의 경험으로서, 삶의 상황을 있는 그대로 지각하는 현상학적 특질을 함유(含有)하고 있기 때문이다. 듀이의 표현대로 하면, 일차적 경험은 "조야하고 육안으로 보이는, 있는 그대로의"(Dewey, 1925: 15) 소박한 경험인 것이다. 듀이가 일차적 경험을 통해 말하고자 한 바는 우리의 경험이 근본적으로 비인지적인 상황 맥락의 인식에 기초한다는 것, 그리하여 일차적 경험과 분리된 추상적이고 개념적인 지식은 우리에게 어떤 명증성(明證性)도 가져다주지 못한다는 데에 있다. 왜냐하면, 추상적이고 개념화된 지식은 일차적 경험과 통합됨으로써 비로소 생생한 의미를 부여받고 의미의 확장을 이루게 되기 때문이다(Dewey, 1925: 16).

이렇듯 듀이의 일차적 경험 개념이 현상학적 관점을 내포하는 까닭은, 그것이 의식 바깥에 존재하는 고정된 진리를 받아들이지 않으며, 인식의 근원적 기초로서 있는 그대로의 일상세계의 경험을 중시한다는 점에 있다. 다시 말해, 듀이는 전통적 형이상학에서 가정해 온 초월적 실재라든가 고정적 진리의 대상을 거부하고, 삶속에서 개별적 의미부여를 통한 인식의 확장을 중시하고 있는 것이다. 이 점에서 듀이의 관점은 하이데거와 후설, 퐁티 등 유럽의 현상학자들과 유사한 사상적 면모를 보여준다(김무길, 2007: 37-40). 그러나 엄격히 말해 듀이가 유럽 현상학자들과 유사한 면모를 보여준다는 것과, 듀이가 그들로부터 직접적인 영향을 받았다는 것은 별개의 문제이다. 사상사적 측면에서 보면, 듀이 철학의 현상학적 면모는 오히려 미국에서 자체적으로 전개된 프래그머티즘의 전통, 특히 윌리엄 제임스(William James)의 심리학에 영향을 받았다고 보아야 한다.[14] 왜냐하면, 제임스는 유럽 현상학이 전개될 무렵에 이미 독창적인 현상학적 아이디어를 내고 있었고, 일찍이 듀이는 "절대주의에서 실험주의로"(1930)라는 유명한 글에서, 제임스의 심리학에 영향받은 바를 분명히 언급하고 있기 때문이다. 듀이는 제임스의 영향을 다음과 같이 회고한 바 있다.

> 나의 사고에 새로운 방향성과 특징을 부여해준 하나의 명확한 철학적 요인이 있다면, 그것은 바로 윌리엄 제임스의 영향이다. 제임스의 영향은 그의 『믿음에의 의지』나 『다원적 세계』 혹은 『프래그머티즘』에 수록된 논문들로부터 온 것이 아니라 그의 『심리학원리』로부터 온 것이다. …… 그의 영향력은 나의 모든 관념에 스며들어 옛 믿음들을 개조하는 하나의 효소(酵素)로 작용하였다 (Dewey, 1930a: 157).

듀이는 젊은 시절에 제임스의 영향은 물론이거니와 콩트와 헤겔,

---

14) 듀이는 제임스의 저작 『심리학 원리』를 높이 평가하고 있다. 예컨대, 듀이는 뉴욕시의 새로운 사회연구 모임에서 개최한, 제임스 탄생 백주년을 기념하는 자리에서 그 저작을 "제임스의 위대한 저작들 중에서도 가장 위대한 저작"이라고 격찬한 바 있으며, "교사와의 대화"(1900)라는 글에서는 "현존하는 진보적 심리학의 전체적 문제를 가장 잘 다룬 책"으로 평가한 바가 있다(Dewey, 1900: 321; Reck, 1984: 96-97).

다윈 등 여러 사상가들의 영향을 받았다. 듀이의 표현대로 하면, 그는 "다양하고 심지어 양립할 수 없는 영향력들" 속에서 "카멜레온과 같은" 변신을 거듭한 것이다(Dewey, 1930a: 155). 그러나 우리가 이러한 듀이의 고백을 받아들인다고 하더라도, 그의 의식이론에 제임스의 영향이 강하게 침투되었다는 것은 부인할 수 없는 사실이다. 특히, 듀이의 일차적 경험 개념은 제임스의 '순수경험'의 테제에 직접적 영향을 받아 주객이 분리되지 않는 현상학적 속성을 담지하고 있는 것이다. 여기서 '현상학적' 속성이라는 것은 유럽의 현상학에서 드러나는 바와 같이 의식의 근원으로서 생활세계를 중시하는 관점을 의미한다. 즉, 우리가 직접적으로 경험하고 의미부여를 하는 것 그 이상의 초월적 진리라든가 고정된 본질은 따로 존재하지 않는다는 것이다. 이 글에서 제임스가 듀이에게 미친 영향을 이해하고자 하는 것도 이러한 현상학적 관점에 기반을 둔다. 특히 현상학적 관점에서 제임스와 듀이의 관계를 이해하는 일은, 미국 프래그머티즘의 자체적 전통 내에서 듀이 의식이론의 현상학적 위치를 자리매김 하는 일이 된다는 점에서 그 중요성이 있다. 이러한 중요성에도 불구하고, 이제까지 국내에서 제임스와 듀이의 현상학적 관련성을 고찰하는 연구는 이루어지지 않았다.[15]

이 글은 제임스의 '의식의 흐름' 및 '순수경험'의 테제, 그리고 듀

---

15) 국내 교육학계에서 듀이 교육사상에 대한 연구가 활발히 이루어진 것에 비하면, 제임스 사상의 연구는 거의 이루어지지 않았다고 해도 과언이 아닐 듯싶다. 국내에서 제임스에 대한 대표적인 연구물로는 김동식(2003)의 『프래그머티즘』(아카넷)과 조상식(2005)의 『윌리엄 제임스: 교육론』(문음사)을 들 수 있다. 김동식의 연구에서는 프래그머티즘의 사상사적 조망 하에 제임스의 인본적 프래그머티즘을 심층적으로 분석하고 있으며, 조상식의 연구에서는 제임스 철학을 중심으로 그의 프래그머티즘의 의미와 의식이론, 그리고 교육이론을 다각적으로 고찰하고 있다. 특히 제임스가 듀이에 미친 영향에 대해서는, 조상식의 연구에서 '기능주의 심리학'과 '반사호 이론'을 중심으로 하여 심도 있게 분석되고 있다. 다만, 본고에서 관심을 두는 현상학적 측면에서의 제임스와 듀이의 관계에 대해서는 본격적으로 다루어지지 않았다고 판단된다.

이의 '일차적 경험' 개념을 중심으로 하여, 그 각각에 나타난 현상학적 요소들을 분석함으로써 제임스가 듀이의 의식이론에 미친 영향을 명료히 하는 데에 목적을 둔다. 이러한 연구 목적을 달성하기 위해 먼저 예비적 고찰로서 현상학적 키워드인 제임스의 '순수경험'과 듀이의 '일차적 경험'의 개념을 살펴보고자 한다. 그리고 두 경험에 나타난 의식작용의 전개 양상을 중심으로 양자의 관계성을 논의하고자 한다. 이어서 듀이의 의식이론에 투영된 제임스의 영향을 구체적으로 파악하기 위해 의식의 유목적성, 상황의 통합성 그리고 경험의 연속성이라는 상호 관련된 세 측면에서 현상학적 의미를 드러내고자 한다. 특히, 의식의 유목적성은 '외변'과 '선택적 반응' 개념을 중심으로, 상황의 통합성은 '기능주의 심리학'과 '맥락적 전체'로서의 상황 개념을 중심으로, 경험의 연속성은 '의식의 흐름'과 '의식의 회로' 테제를 중심으로 검토하고자 한다. 이어서 이상의 논의를 바탕으로 하여, 제임스의 심리학이 듀이에게 미친 영향을 요약하고 듀이의 의식이론의 현상학적 의의와 앞으로의 연구 과제를 모색하고자 한다.

Ⅱ. 순수경험과 일차적 경험

1. 순수경험과 일차적 경험의 개념

제임스 이전의 근대 심리학은 의식과 대상을 상호 분리된 불연속적 실체로 파악하고 그 각각을 별도로 연구해온 경향이 있다. 예컨대, 내관심리학은 의식의 내관을 통한 서술만을 중시함으로써 외부 대상과의 관계성을 간과한 면이 있으며, 연합주의 심리학은 의식의 내용을 외부 감각적 요소들과의 기계론적 접합으로만 봄으로써 의식주체의 능동성을 간과한 면이 있다(James, 1904b: 195 – 196). 제임스가 보기에 "주체와 객체, 사물과 사고는 오직 '기능적' 차원의 구분일 뿐, 고전적 이원론에서 말하는 존재론적 구분이 아니다"(James, 1905a: 194). 만약 누군가 의식을 독립적 실체라고 가정하고 그 실체를 확인하려고 든다면, 그것은 제임스가 비유한 바와 같이 마치 "돌아가는 팽이를 잡아 팽이의 운동을 붙잡으려고 하거나, 눈송이를 붙잡아 눈송이의 결정을 확인하려고 하는 것"(James, 1890: 441)과 같다. 왜냐하면, 의식은 실체가 아니라 유동적 흐름으로 보아야 하기 때문이다.16) 이와 같은 '의식의 흐름' 테제 이면에는 제임스의 후기 형이상학인 '순수경험'의 테제가 녹아들어 있다.

제임스는 그의 초기 심리학 연구에서 다윈(C. Darwin)의 영향을 받아 형이상학적 요소를 배제하고 주체와 객체를 분리하는 자연과학적 관점을 채택하고 있었다. 그리하여 제임스의 초기 심리학은 다

---

16) 제임스 당시의 철학은 크게 두 가지 유형의 철학이 있었다. 그 하나가 유물론이나 실증주의라면, 다른 하나는 독일의 관념론이었다. 유물론이나 실증주의는 과학이라는 이름하에 모호하고 신비스럽거나, 혹은 어쨌든 감각으로 증명 가능한 사실 영역을 벗어난 모든 미지의 것을 추방할 것을 주장하였다. 제임스는 이러한 철학적 경향이 삶의 심미적 측면에 대한 잔인함과 무감각을 드러낸다고 보았다. 제임스는 실천과 과학적 검증을 중시하였지만, 동시에 지나친 과학주의를 경계하였다. '과학'이 고정된 한계와 경계를 놓는 것으로 가정되고, 일반적 법칙이라는 이름하에 자유를 부정하고 개별적 생활을 의미 없는 공론으로 환원시켜버릴 때, 제임스는 과학 그 자체는 어디까지나 인간적 삶을 보다 자유롭고 행복하게 하는 봉사에서 정당화되는 것이라고 주장하였다. 반면, 독일의 관념론은 유물론과 실증주의에서 벗어난 대다수의 사람들이 추구했던 안식처였다. 많은 사람들이 칸트와 헤겔의 사고를 받아들였다. 그러나 제임스는 이러한 독일의 관념론에도 만족을 느낄 수 없었다. 왜냐하면, 제임스의 자연과학적 방법론의 훈련은 그로 하여금 신칸트학파와 헤겔학파가 오히려 형식적이고 공허하다는 것을 깨닫게 했기 때문이다. 그들은 일반적으로 지나칠 정도로 개념 중시 쪽으로 나아갔으며, 제임스가 주목한 구체적인 사실성을 존중하는 태도가 결여되어 있었던 것이다(Dewey, 1910: 94 – 95). 요컨대, 제임스가 보기에 형식적 사고를 강조하고 인간 경험을 도외시하는 관념론이나, 경험의 질적, 심미적인 측면을 간과하는 과학적 실증주의는 모두 유동적 흐름으로서의 인간 의식의 본질을 바로 보지 못한 것이다.

원의 '자극－중추신경계－반응'이라는 반사호 모델을 기본적으로 받아들였으며, 다만 모델의 순서 중 '중추신경계'와 '반응'의 순서만을 바꾸어 놓았을 뿐이다. 예컨대, 우리는 울기 때문에 슬픔을 느끼고 부딪쳤기 때문에 노여워한다는 것이다(Garrison, 2003: 411). 곧, 자극에 따른 반응이 먼저 일어나고 중추신경계의 작용으로 그 반응을 지각하게 된다는 것이다. 그러나 제임스의 『심리학원리』(1890)에 나타난 '의식의 흐름' 테제는 초기의 자연과학적 입장으로부터 벗어나 있다. 그는 '의식의 흐름' 테제를 통해 반사호 모델의 분절적 의식개념을 부정하였으며,[17] 동시에 의식의 흐름 저변에 깔려있는 '외변'(fringe) 개념을 통해 주객의 상호 관계성을 보여주고 있다. 그는 "순수경험의 세계"(1904b)라는 글에서 '외변' 개념을 재차 심도 있게 다루면서, 그 개념과 관련된 '순수경험'에 대해 논의하고 있다. 순수경험이 무엇인가 하는 것은 시디스와 굿 하트(Sidis & Goodhart)의 주요 저작인 『복합적 인격』에서 기억상실증의 특수 사례를 살펴보는 것이 도움이 된다.

> 환자가 처음 의식을 회복해서, "방을 걸어가는 간호사를 목격했을 때, 그는 그녀의 움직임과 자기 자신의 움직임을 동일시하였다. 그는 자신과 타인의 움직임을 아직 구별하지 못하였다." 그러한

---

17) 제임스의 『심리학원리』에 나타난 '의식의 흐름' 테제 중 네 번째 것인 "사고는 언제나 자신으로부터 독립된 대상을 다룬다."는 테제는 그의 초기 심리학의 이원론적 관점을 보여준다. 따라서 그의 '의식의 흐름' 테제가 전적으로 반이원론적 관점에 입각한 것인가 하는 데에는 의문의 여지가 있다. 그러나 흥미로운 점은, 제임스가 『심리학원리』의 요약본인 『심리학: 요약본』에서는 외적 대상의 실재에 대한 네 번째 테제를 생략해버렸다는 사실이다. 소칼(M. M. Sokal)은 이에 대해 네 번째 테제의 누락이 제임스가 이원론적 잔재를 완전히 제거하고자 하는 그의 의도를 보여주며, 동시에 이 점이 제임스 사상의 중요한 전기가 된다고 지적한다(조상식, 2005: 149－150 참조). 사실, 제임스의 초기 심리학과 후기 형이상학이라는 표면상의 차이에도 불구하고, '의식의 흐름'과 '순수경험'의 테제가 상호 조응(照應)될 수 있는 까닭도 바로 이와 같은 관점의 '전환'과 무관하지 않다.

경험은 장차 식별이 요청되지만, 아직은 식별이 이루어지지 않은 초보적 지각의 국면을 가리킨다. 확정적 부류의 경험이 있지만, 처음에는 '순수' 사실로 있다. 원천적으로 운동은 단순히 '있는' 것이다. 오직 뒤에 가서만 그 운동을 이런저런 사태라고 한정하는 것이다. 이는 아무리 복잡하다 해도, 실제적으로 현존하는 모든 경험에도 해당된다. 독자들이 이 글을 읽는 자기 자신의 행위를 포착해보라. '지금', 이것이 순수경험이고, 현상 혹은 자료이며, 단순한 '그것' 혹은 사실의 내용인 것이다. …… 거기에 의식적인 특성이 있는가, 혹은 물리적인 특성이 있는가 하는 질문은 아직 제기되지 않는다(James, 1905b: 274).

우리의 의식이 움직임을 향한 것이든, 풍경을 보는 것이든, 책의 내용에 대한 것이든 관계없이, 최초의 의식에는 움직임 자체, 보는 것 자체, 읽는 것 자체만이 존재할 뿐이다. 최초의 의식은 의식의 내용에 대한 분석이 이루어지기 전의 상태이며, 이것이 이후 진행되는 모든 의식작용의 근원에 해당한다. "우리들 각자의 세계는 우리의 사고에 단순히 구별 없는 소재(stuff)를 제공해주는 감각의 원초적 혼돈 속에 이미 파묻혀 있는 세계이다"(James, 1890: 510). "만약 세계에 유일하게 원시적인 소재가 있고, 그런 소재를 통해 모든 것이 구성된다면, 그리고 그런 소재를 '순수경험'이라고 부른다면, 인식작용이라는 것은 순수경험의 여러 부분들이 접합되고 중첩되어 맺어지는 특별한 관계로 설명할 수 있을 것이다"(James, 1904a: 177). 이렇듯 단순하고 소박한 경험의 세계가 순수경험이다. 곧, 순수경험은 주객이 분화되지 않은 원초적 경험으로서, 반성적인 의식작용 이전에 우리들이 갖는 가장 근원적인 경험을 가리키는 것이다. 제임스는 주객이 미분화된 순수경험의 특질을 다음과 같이 설명하고 있다.

현재의 즉각적인 장(場)은 아직 사물과 사고로 분화되지 않은 것으로서, 단지 실질적으로 객관적 사실 혹은 사실에 관한 개인적 견해로 분류될 수 있는 '순수한' 상태요, 제한 없는 현실성이며 단순한 경험인 것이다. …… 내가 기념관(Memorial Hall) 앞에 섰을 때처럼 기념관은 내 관념 속 거기에 있다. 어느 쪽이 되었든 나는 기념관을 고려해서 행동하기 시작한다. 오직 현재 경험을 대체하는 장차 경험을 통해서만 이 조야한 임박성(immediacy)은 반성적으로 두 부분, 즉 '의식'과 '의식의 내용'으로 구분되고 의식의 내용도 또한 교정되고 확언되는 것이다(James, 1904b: 208).

순수경험의 즉각적인 장은 단순한 경험 자체일 뿐, 사고와 대상이 분리된 상태가 아니다. 가령 우리가 아름다운 음악을 들을 때 최초의 경험은 '아름답다'는 것 자체일 뿐, '나'와 '음악'을 분리해서 아름다움을 느끼는 것이 아니다. 또한 더운 여름철에 차가운 계곡물에 발을 담글 때에도 마찬가지이다. 최초의 경험은 '차갑다'는 사태 자체일 뿐, '나'와 '물'을 분리해서 차가움을 느끼는 것이 아니다. '나'와 '음악', '나'와 '물'을 구분하여 파악하는 것은 반성적 의식작용을 통해 순수경험을 분석한 결과일 뿐이다. 이렇듯 반성적 의식 이전에는 '아름답다'거나 '차갑다'라는 '순수경험'만이 존재할 뿐, 주체와 객체가 분리되어 있지 않은 것이다. 말할 필요도 없이, 이와 같은 순수경험론은 종래 객관적 실재론이나 주관적 관념론과는 차별화된다. 객관적 실재론에서는 실재를 인식주체의 의식작용으로부터 분리시키고 있으며, 주관적 관념론에서는 독립적 마음의 작용을 강조한 나머지, 인식의 계기가 되는 객체로서의 세계를 주관으로부터 분리시키고 있기 때문이다. 이와 달리 순수경험론에서 주체와 객체는 그중 어느 것도 상대를 빼고는 존재할 수 없다. 우리가 구분하는 주체와 객체, 의식과 대상이라는 것은 반성적 의식을 통해 순수경험의 총체적인 덩어리를 분석해낸 결과일 뿐이다.

이상에서 살펴본 제임스의 '순수경험'의 개념은 듀이의 『경험과 자연』(1925)에 나타난 '일차적 경험' 개념에 거의 그대로 투영되어 있다. 곧, 듀이의 일차적 경험은 순수경험과 마찬가지로 주객이 분리되어 있지 않은 근원적 경험인 것이다. 전통적 이원론에서는 주체와 객체를 분리시키고, 일차적 경험은 궁극적 실재와는 거리가 먼 것으로 평가절하하였다. 왜냐하면, 일차적 경험은 일정하지 않고 변덕스러운 것이기에 이성적 통제를 받지 않는 한 진리성을 담보할 수 없기 때문이다. 전통적 이원론에서 거의 예외 없이 명상 혹은 관조를 통해 인식해야 할 궁극적 진리의 대상을 부각시킨 까닭도 여기에 있다. 그러나 듀이가 보기에, 주체와 분리된 궁극적인 진리의 대상이란 존재하지 않는 허구이며, 우리는 전통적 이원론에서 평가절하했던 '일차적 경험'으로 되돌아가야 한다. 왜냐하면, '일차적 경험'을 배제한 채 불변하는 지식의 대상만을 추구한다면, "검증의 노력이 없고 의미의 확대와 풍부함을 가지지 못하며, 그 내용이 독단적이고 초연한, 추상적인 것이 되고 말기 때문이다"(Dewey, 1925: 17). 듀이는 일차적 경험의 특성을 다음과 같이 설명하고 있다.

> 경험은 일차적인 통합 안에서는 행동과 재료, 주체와 객체 간에 어떤 분리도 인정하지 않으며, 분해되지 않는 총체성 속에서 주체와 객체를 모두 포함한다는 의미에서 이중적인 것이다. 이런 맥락에서 제임스가 말한 바와 같이, '사물'과 '사고'는 하나에 속하는 것임에 틀림없다. 사물과 사고는 반성을 통하여 일차적 경험을 분별한 결과일 뿐이다(Dewey, 1925: 18−19).

일차적 경험 속에서 주체와 객체는 그 속성을 확정지을 수 없을 만큼 원천적인 통합성을 띠고 있다. "의식은 의심할 여지가 없이 개별적 의식과 개인과 대조된 외적 세계로 구분된다. 그러나 의식은 두 종류의 의식이 있어 그중 어느 하나가 전체적 의식으로부터 공제되고 그 나머지를 남겨두는 그런 것이 아니다. 두 종류의 의식은 단지 하나의 국면에 관한 의식일 뿐이다"(Dewey, 1886a: 137). 이와 같은 듀이의 발언은 확실히 제임스의 '순수경험'의 관점을 그대로 받아들인 것으로 평가된다. 왜냐하면, 일차적 경험은 순수경험과 마찬가지로 의식과 대상이 불가분리성의 관계를 맺는 경험이기 때문이다. 가령, 담장에 핀 장미를 보는 경우, 우리는 '나'와 분리된 장미를 보는 것이 아니라, 장미와 나와의 관계성 속에서 장미를 보고 있는 것이다. 장미와 그것을 보는 '내'가 구분되는 것은 반성(이차적 경험)을 통해 일차적 경험의 내용을 분석한 결과일 뿐이다. 요컨대, 순수경험과 일차적 경험의 관점에서 보면, 본래부터 주체와 객체 혹은 언어와 대상이 분리되어 있는 것이 아니다. 양자 간에 객관적 지시의 관계가 성립하는 것은 순수경험 혹은 일차적 경험을 분석하고 그 구성요소들에 대해 의미부여를 한 결과라고 보아야 한다.

그렇다면, 사고가 개입된 이차적 경험에서는 주객이 '분리'되어 있다고 말할 수 있는가? 그렇지 않다. 비록 이차적 경험에서 주객을 '구분'할 수 있다고 하더라도, 그러한 사실로 인해 주객이 '분리'되어 있다고 말하기 어렵다. 가령, 우리가 보는 장미는 누구에게나 동일한 의미를 갖는 분리된 대상이 아니다. 그것은 개인의 이런저런 기대나 용도, 관심에 비추어 다양한 의미를 부여받는다. 예컨대, 장미는 식물학자에게는 그 생장과정이 관심인 조사대상일 수 있고, 사랑하는 연인에게는 '러브레터'와 함께 동봉된 선물일 수도 있으며,

실향민에게는 어릴 적 고향집의 정경일 수도 있다. 듀이가 "동일한 존재적 사건도 무한한 의미를 가질 수 있다"(Dewey, 1925: 241)고 말한 까닭도 여기에 있다. 그럼에도 불구하고, 사람들은 흔히 나와 분리된 실체로서의 장미가 존재한다는 착각에 빠지기 쉽다. 그것은 '장미'라는 명칭에 집착한 '언어적 고정화'의 산물일 뿐이다. 제임스는 사람들이 지나치게 명칭에 집착하는 경향을 비판적으로 지적한 바 있다. 즉, "실체 부분의 존재만을 확인하는 우리의 습관이 끈질기게 남아 있어, 우리의 언어는 실체 이외의 것을 표현하는 용도로는 거의 사용할 수 없게 되었다"(James, 1890: 445)는 것이다.[18] 요컨대, 이차적 경험에서 주객의 '구분'이 가능하지만, 그렇다고 하여 대상을 의식과 '분리'된 실체로 볼 수 없다. 대상은 주객의 관계성으로부터 빚어지는 '의식 속의 대상'(noema)이며, 의식 속의 대상은 또한 그 외연의 경계선을 확정할 수 없을 만큼 다른 사물, 사건과 무수히 다양한 관계 맺기를 전개하기 때문이다.

2. 순수경험과 일차적 경험에서 의식작용의 전개 양상

그렇다면, 제임스의 순수경험과 듀이의 일차적 경험에서 의식작

---

18) 제임스와 듀이에 있어 언어의 비실체성은 베르그송(H. L. Bergson)의 언어관과 유사성이 있다고 보인다. "언어는 감각의 불변성을 믿게 할 뿐만 아니라, 때로는 경험된 감각의 성격에 대해 우리를 속인다"(Bergson, 2001: 168). 베르그송은 결정론적, 유물론적 세계관을 비판하고 기존의 언어의 위치에 대해 불신감을 드러낸다. 그에 의하면, 인식주관은 객관과 하나로 뒤엉켜져 있어서 끊임없이 변화하는 객관을 따라잡으려는 역동적인 과정을 드러낸다. 이러한 '의식의 역동성'으로 말미암아 주체의 의식은 그 사용 매체인 언어의 공간화 작업에 의해 이해될 수 없으며, 의식의 사유 대상도 역시 언어적 표현을 뛰어넘는다는 것이다. 예컨대, '어른'이라는 용어는 어떤 고정된 대상을 지시하는 것이 아니라, 어른으로 되어 가는 과정만이 있을 뿐이다. 그럼에도 불구하고 우리의 언어 습관은 어른이면 어른, 아이라면 아이를 말하는 고착화된 면모를 보여주는 것이다(홍경실, 2005: 24 - 29).

용은 구체적으로 어떻게 전개되는 것일까? 이 점을 살펴보기 위해 우리는 제임스가 "순수경험의 세계"(1904b)에서 말한 인식주체와 인식대상의 관련 방식을 살펴볼 필요가 있다. 제임스는 세 가지 측면에서 인식주체와 대상의 관련 방식을 설명한다. 첫째, 인식주체와 대상은 별개의 실체가 아니라 동일한 경험을 상이한 맥락에서 두 번 고려한 것이다. 이것은 현존 대상과의 '접촉'(acquaintance)을 통해 나오는 '지각'이라고 불리는 앎의 부류이다(James, 1904b: 199−200). 예컨대, 우리 눈앞에 보이는 방을 생각해보자. 대상으로서 '보이는 방'은 주체에 의해 '생각된 방'과 별개의 방이 아니다. 두 종류의 방은 단지 회고에 의해 동일한 경험을 두 번 헤아린 결과일 뿐이다. 다시 말해, '보이는 방'과 '생각된 방'은 본래부터 상이한 실체가 아니라 동일한 경험을 '기능적 속성'에 따라 분류한 것에 지나지 않는다(James, 1904a: 177). 제임스가 우리의 경험이 공제(subtraction)가 아니라 추가(addition)의 방식에 의해 성립된다고 말한 까닭도 여기에 있다(James, 1905a: 192). 인식주체와 대상은 마치 동전의 양면과도 같이 따라붙는 '중첩'의 관계일 뿐, 서로가 서로를 배제시켜 설명할 수 없기 때문이다.

둘째, 인식주체와 대상은 동일한 주체에 속한 두 부류의 '사실적' 경험으로서, 두 경험 간에는 접속(conjunction)과 이행(transition)이라는 두 가지 경험적 관(管)이 존재한다.[19] 두 경험적 관을 통해 나오는 앎은 현존하지 않는 대상에 대한 반성적인 앎이라고 볼 수 있다

---

19) 제1유형의 앎인 '직접적 지식'은 불어의 'connaitre', 제2유형의 앎인 '개념적 지식'은 불어의 'savoir'의 의미와 관련된다. connaitre가 익숙함이나 친숙함을 의미한다면, savoir는 사실을 기억하거나 무엇인가를 할 줄 아는 능력을 의미한다. 전자의 앎이 사물에 대한 감정을 통해 얻어지는 데 비해, 후자의 앎은 사고를 통해 얻어진다(James, 1890: 401−404).

(James, 1904b: 200). 현존하지 않는 대상을 떠올린다는 것은, 그 대상이 나의 의식과 '접속'해 있기에 가능한 일이다. 동시에 우리가 현존하지 않는 대상을 떠올린다는 것은 그 인식대상을 향해 우리의 의식의 초점이 '이행'한다는 것을 의미한다. 이러한 의식의 접속과 이행에서 중요한 역할을 하는 것이 '관계적 경향감'으로서의 '외변'(fringe)이다. "우리는 대부분의 사물의 관계를 그 사물에 관한 뚜렷하지 않은 친화성을 가진 '외변'의 탄생 중인 여운에서 알게 될 뿐이다"(James, 1890: 460). 외변은 의식의 흐름이 정지된 '실체소'와 의식이 이동하는 '이행소'의 연동을 통해 우리의 의식 가장자리에서 드러나며 끊임없이 새로운 인식대상을 지향하게 한다.[20] 이 제2유형에서 생성되는 앎을 '개념적 지식'이라고 부르는 까닭은, 그것이 현재 직접적으로 존재하지 않는 대상을 포착하고(실체소), 거기에 의미를 부여하는 것이기 때문이다.

셋째, 인식주체와 대상은 동일한 경험의 연속선상에 놓여 있으므로, 인식대상은 특정 주체에 있어 '하나의 가능한 경험'(a possible experience)이다. 이것은 형식상 제2유형으로 환원될 수 있는 앎이다 (James, 1904b: 200). 왜냐하면, 장차 가능한 경험으로서의 인식대상은 제2유형에서와 같이 현존하는 것이 아니며, 의식의 접속과 이행에 따른 시간적 흐름을 전제로 하기 때문이다. 다만, 제3유형의 앎은 인식주체와 대상의 관계를 하나의 경험이 완료되는 과정으로 규정

---

20) 제임스는 그의 『심리학원리』에서 '의식의 흐름'에 대해 다음과 같은 유명한 비유를 들어 설명하고 있다. "우리의 의식의 흐름은 날짐승의 생활처럼 비상과 정지의 교대로 되어있는 것 같다. …… 사고가 정지하는 장소는 흔히 감각적 상상으로 채워지며, …… 비상하는 장소는 정적이든 역동적이든 관계들에 관한 사고로 채워진다. 정지 부분을 '실체소', 비상 부분을 '이행소'라고 부른다. 우리의 사고의 끝마침은 지금 막 버리고 나온 실체소에서 다른 실체소로 이동하는 것이다"(James, 1890: 440–441).

하는 데에 차이가 있다. 가령, 누군가 '기념관'(Memorial Hall)을 찾아가는 일은 인식주체가 마음속에 품은 기념관에 대한 지각과 실물 대상이 일치할 때 완료되는 것이다. 제임스가, "하나의 경험의 과정이 완성된다고 할 때, 그 출발점이 인식자이고 종점이 인식대상"(James, 1904b: 201)이라고 말한 것도 이 점을 반영한다. 곧, 인식주체와 대상의 관계는 분리된 것이 아니라 동일한 경험의 양 극단, 즉 주체가 대상의 동일성 혹은 닮음의 경험을 확증하면서 대상의 인식에 도달해가는 과정으로 보아야 하는 것이다.

제임스가 말하고자 하는 것은, 제1유형의 직접적 앎이든, 제2유형의 반성적 앎이든, 혹은 제3유형의 가능적 앎이든 관계없이, 우리의 모든 앎의 기저에는 인식주체와 대상이 분리 불가능한 순수경험이 깔려 있다는 것이다. 가령, 보이는 방과 생각된 방을 구분하기 이전의 상태가 순수경험이라면, 회고에 의해 두 가지 방을 구분하는 것은 직접적 앎 혹은 직접적 지식에 해당한다. 또한 제2유형에서 반성하기 이전의 의식의 흐름 상태가 순수경험이라면, 의식의 흐름 속에서 특정한 대상과 '접속'하여 그것에 초점을 두고 의미를 부여하는 것은 반성적 앎 혹은 개념적 지식에 해당한다. 또한 제3유형에서 인식주체와 대상이 구분되기 이전의 상태가 순수경험이라면, 대상을 지각하고 거기에 도달하는 인식과정은 가능적 앎에 해당한다고 볼 수 있다. 그런데 직접적 앎과 반성적 앎, 그리고 가능적 앎은 분리된 것이 아니라 연속적인 관계를 맺고 있다. 왜냐하면, 이 세 가지 앎은 외변이라는 관계적 경향감을 매개로 상호 연접(連接)되어 앎의 지평을 확장시키고 있기 때문이다.

요컨대, 제임스가 말하고자 하는 것은 모든 앎의 이면에는 어렴풋이 떠오르는 '외변'이라는 현상학적 요소가 배어 있어, 우리는 주객이 용해된 관계적 경향감에 물들은 채 대상을 인식하게 된다는 것이다. 따라서 일체의 경험이나 지식의 발달은 순수경험의 통합성을 머금은 채 직접적, 반성적, 가능적 앎이 서로 연속적 관계를 맺음으로써 가능하다고 보아야 한다.

그런데 제임스가 말하는 인식주체와 대상의 관련 방식은 듀이의 일차적 경험에 나타난 의식작용의 전개 양상과 대단히 유사한 의미를 가진다. 제임스의 직접적 접촉을 통한 앎이 반성에 의한 앎과 분리된 것이 아니듯이, 듀이의 일차적 경험과 이차적 경험도 분리된 것이 아니다. 듀이는 제임스의 '이중적 통합성'(double barrelled)(Dewey, 1925: 18, 25-26) 논의를 적극 수용하여, '일차적 경험'이 변덕스러운 감각 경험의 덩어리들로만 가득 차있는 것이 아니라, 언제든지 '이차적 경험'과 교섭할 생동적 가능성을 품고 있다고 본다. 다시 말해, 일차적 경험의 불확실한 상황은 이차적 경험을 통해 문제의 의미를 명료히 하고 문제 해결의 실마리를 얻는 계기를 마련해준다는 것이다. 물론 '이차적 경험'을 위해서는 일차적 경험과는 달리 본격적이고 과학적인 사고, 즉 반성적 사고(reflective thinking)의 개입이 필수적이다. 그러나 일차적 경험과 이차적 경험이 개념상 '구분'된다고 해서, 사실상 양자가 '분리'되어 있는 것은 아니다. 왜냐하면, 비록 정도상의 차이는 있다고 하더라도, 일차적 경험 안에는 이차적 경험의 요소가, 이차적 경험 안에는 일차적 경험의 요소가 일정 부분 녹아들어 있다고 보아야 하기 때문이다.

예컨대, 모종의 실험을 하는 과학자는 자신의 연구를 오직 '냉정한' 과학적 논리로만 보는 것이 아니다. 실험에 임하는 과학자의 마음에는 이제까지 과학적 탐구와 헌신을 통해 얻어진 학문적 감(感)이라든가 정서적 열정 등 언어로 표현하기 어려운 일차적 경험의 특성들이 녹아들어 있다. 다시 말해, 실험 활동을 하는 과학자의 마음에는 일차적 경험으로서의 정서적 특질과 이차적 경험으로서의 과학적 지식이 동시에 용해되어 있는 것이다. 사실 듀이가, "정련된 과학적 방법의 재료는 구체적으로 경험된 실제적 세계의 재료와 연속적 관계성을 지닌다"(Dewey, 1925: 38)고 말한 까닭도 여기에 있다. 듀이는 그의 저작『경험으로서의 예술』(1934)에서 이차적 경험에 일차적 경험의 요소가 내포되어 있음을 다음과 같이 설명한다.

> 더욱 중요한 것은, 정서적인 질적 특성이 지적인 탐구를 수행하고 그 탐구를 정당화하는 중요한 동인이 된다는 것이다. 만약 탐구가 이러한 정서적인 특성과 더불어 완성되지 않는다면, 어떤 지적 활동도 하나의 통합적 사건, 즉 '하나의' 경험이 되지 못할 것이다(Dewey, 1934: 45).

이차적 경험을 통해 얻어지는 과학적 탐구의 결론에는 탐구 당사자의 만족감이라든가 희열 등 '질적 경험'(qualitative experience)의 특질이 배태되어 있다. 왜냐하면, 듀이에 있어 정서적 느낌과 반성적 사고는 그물망처럼 한데 얽혀 끊임없이 상호작용을 하고 있기 때문이다. "사고의 경험은 그 자체의 심미적 특질을 갖추고 있다. …… 경험 그 자체는 질서 있고 조직화된 운동을 통하여 도달한 내적 통합과 완성을 갖추고 있다"(Dewey, 1934: 45). 그런데 특정한 탐구를 완료한 단위경험은 문자 그대로 '완결된 것'이 아니다. 그 경험은 우리의 일상적 삶에 녹아들어가 '불확정적 영속성'의 성격을 내포하며,

그것이 다시 새로운 문제 상황과 대면하여 이차적 경험을 통해 문제를 해결함으로써 끊임없이 경험의 지평을 확장해간다. "분명히 일차적 경험의 내용이 문제를 제기하고, 이차적 대상을 구성하는 반성의 최초의 자료를 풍부하게 한다. 이차적 경험의 대상에 대한 검증과 증명도 역시 있는 그대로, 혹은 육안으로 보이는 경험적 대상들에게로 되돌아옴으로써 확인된다"(Dewey, 1925: 16). 요컨대, 일차적 경험에서 의식작용의 전개 양상은 단지 산발적이거나 고립적인 것이 아니라 현재 경험을 대체하는 반성적 경험과의 기능적 협력을 거쳐 끊임없이 앎의 지평을 확산시키는 계기가 되는 것이다.

물론 듀이는 『민주주의와 교육』(1916a)이나 『사고하는 방법』(1933)에서 일차적 경험과 별도로 이차적 경험인 '반성적 사고'의 중요성을 부각시키며, 그것에 대한 상세한 분석을 제시하고 있다(Dewey, 1916a: ch. 11; 1933: ch. 7). 그러나 앞서 여러 차례 언급한 바와 같이, 듀이가 의도한 '반성적 사고'는 일차적 경험과 분리된 것이 아니라, 일차적 경험과 교섭하여 인식의 '역동적 변전'(dynamic flux)(Dewey, 1925: 55)을 일으키고 있다. 다시 말해, 이차적 경험은 일차적 경험으로부터 파생되지만, 그 이차적 경험은 다시 일차적 경험으로 녹아들어감으로써 생생한 의미를 띠게 되며, 이것이 새로운 이차적 경험으로 나아갈 장(場)을 제공하게 되는 것이다. 이렇듯 일차적 경험과 이차적 경험을 상호 관련시키는 듀이의 관점 이면에는 제임스의 순수경험론의 관점이 반영되어 있다. 왜냐하면, 듀이의 일차적 경험과 이차적 경험의 관계는 제임스가 순수경험론에서 말한 직접적 앎과 반성적 앎의 관련 방식을 반영하는 것이기 때문이다. 동시에 순수경험과 일차적 경험은 그야말로 소박하고 조야한 경험으로 그치는 것이 아니라, 반성적 앎 혹은 이차적 경험과 연계되어 경험의 발달을 촉진하는 근원적 계기가 된다는 점에서도 공통된 면모를 보여준다. 특히 듀이가 말하는, 이차적 경험을 통해 얻어지는 만족감이라든가 희열 등 질적 경험은 언어로 정확히 형언하기 어려운 경험이라는 점에서, 제임스가 말하는 외변, 즉 관계적 경향감이라는 현상학적 요소를 이미 깔고 있다고 볼 수 있을 것이다.

Ⅲ. 제임스와 듀이의 의식이론: 현상학적 측면

현상학의 기본 모토인 후설(E. Husserl)의 "사물 자체로 돌아가라"는 말은 실증주의나 기계론적 세계관을 거부하고 사물이 우리의 의식현상 속에서만 의미를 가진다는 것을 보여준다. 의식과 대상은 고립된 채 정착된 것이 아니라 긴밀하게 상호작용을 하여 양자 사이에 간격이 없는 것이다(박이문, 2000: 80−83). 앞서 논의한 바와 같이, 듀이는 제임스의 순수경험론의 영향을 받아 의식과 대상을 대립된 것으로 파악하는 전통적 이원론으로부터 벗어나, 마음의 비실체성과 유동적 흐름을 강조한다. 듀이에 있어 의식은 실체가 아니라 "사건들의 의미"(Dewey, 1925: 223)이며, 사건의 의미는 또한 비지적이고 감정적인 특질을 함유하고 있다. 이 점은 듀이 프래그머티즘과 현상학의 연관성을 보여준다. 그렇다면, 듀이의 일차적 경험에 기초한 의식이론의 구체적 특성은 무엇이며, 그의 의식이론에 반영된 제임스의 영향은 어떠한 것일까? 이 장에서는 이 질문에 대한 대답을 살펴보기 위해, 듀이의 의식이론을 의식의 유목적성, 상황의 통합성 그리고 경험의 연속성이라는 상호 관련된 세 측면으로 나누어 고찰하고, 그 각각에 투영된 제임스의 영향과 현상학적 의미를 살펴보고 자 한다.

1. 의식의 유목적성

'의식의 유목적성'은 의식이 고정된 실체가 아니라 상황 맥락 속에서 외부 대상을 지향하는 유동적 성격을 가진다는 것을 보여준다. 제임스가 '의식의 유목적성'과 관련하여 쓰는 용어는 '외변'(fringe)과 '초월'(beyond)이라는 용어이다. 우리가 무엇인가 의식하는바 그 저변에는 '외변'이라는 관계적 경향감이 깔려 있으며, 그러한 관계적 경향감이 변화함에 따라 우리의 의식의 초점도 끊임없이 탈바꿈되어 간다. 또한 '초월'은 전통적 이원론에서 말하는, 초월적 존재자에 접근해간다는 의미가 아니라, 현재 의식의 초점이 바뀜에 따라 보다 확대된 인식의 지평으로 나아가려는 '탈존적'(脫存的) 지향성을 의미한다.[21] 탈존적 지향성은 객관화할 수 있는 성질의 것이 아니라, 현재의 상태를 부단히 벗어나고자 하는 현상학적 의식의 지향성으로 보아야 한다. 따라서 '초월'의 경험은 어렴풋이 그것을 느낄수 있다는 점에서 외변의 경향감 속에 자리 잡고 있으며, 동시에 확정된 경계나 종착점을 지니지 않은 채 새로운 경험으로 연접된다는 점에서 끊임없이 인식의 지평이 확대되는 면모를 보여준다.

이러한 '초월'과 '외변'이 의식의 유목적성을 동반한다. 제임스가 말한 바와 같이, "초월은 목표를 실제적으로 자명한 것으로 가정하

---

21) '탈존'(Ex-sistenz)은 하이데거(Heidegger)가 쓴 용어이다. 현상학적 지각과 관련된 탈존과 초월의 의미에 대해서는 제5장의 3절 참조.

는 경험과 더불어 동시에 존재할 수 있다"(James, 1904b: 214). "직관적으로 분별되는 원천적인 존재의 정신성이나 물질성은 없다. 다만 한 세계로부터 다른 세계로 이동하는 경험의 자리바꿈, 혹은 명확히 실제적이거나 지적인 목적 달성을 위해 이러저러한 일련의 연상 관념들을 분류하는 일만이 존재할 뿐이다"(James, 1905b: 275). 우리는 의식의 유목적성으로 인해 매 순간 현재의 목적에 합당한 대상을 취사선택하고 그 대상에 주의와 관심을 기울이게 된다. 사고는 "대상들의 어떤 부분에만 관심이 있고 다른 부분은 제외하며, 언제나 관심을 가지는 부분을 환영하거나 거부한다. ― 한 마디로 대상들 중에서 선택을 하는 것이다"(James, 1890: 411). 이와 같은 의식의 유목적성은 듀이의 초기 생리학적 심리학의 연구에 의해서도 지지된다. 듀이의 생리학적 심리학에서 보면, 가장 단순한 신경 작용조차 유목적적인 요소를 배제할 만큼 단순한 것이 아니다. 왜냐하면, 유기체에 작용하는 수많은 자극들은 그 자체로 고정된 의미를 가지는 것이 아니라 현재 목적에 따라 중요한 것과 중요하지 않은 것이 선별된다고 보아야 하기 때문이다.

듀이는 "영혼과 육체"(1886b: 94-98)라는 글에서 생리학적 심리학의 관점을 두 가지 측면에서 파악한다. 첫째, 신경 체계는 크게 섬유 조직과 세포 조직으로 구별된다. 섬유 조직은 신경 에너지를 수행하고 세포 조직은 신경 에너지를 산출하거나 에너지의 재분배를 조절하는 일을 담당한다. 그리하여 전통적으로 섬유 조직은 말초 신경에 대응하는 수동적인, 물적인 것이고 세포 조직은 중추 신경에 대응하는 능동적인, 심적인 것이라는 이원론이 견지되어 왔다. 그러나 듀이가 보기에 섬유 조직과 세포 조직의 구분은 상대적인 것이며, 섬유 조직도 세포 조직과 연결되어 자체적인 반응을 하고 있다. 그리하여 심적인 것과 물적인 것, 정신적인 것과 생리학적인 것은 분리된 것이 아니라 상호 기능적 협력 관계에 놓여 있는 것으로 보아야 한다. 둘째, 신경 활동은 자극과 반응의 관계를 조절하는 과정이다. 우리는 외부 자극에 무조건 반응하거나 전체 힘을 다 쏟아내지 않는다. 우리는 자극 자체를 선별하고 또한 상황에 따라 반응을 조절해서 예비적인 힘을 축적해두기도 한다. 비축된 에너지가 있다는 것은 자극만이 유일한 활동 요인이 아니며, 오히려 자극이 억제라는 반응 주체의 선택적 활동에 의해 이끌어진다는 것을 의미한다. 이와 같이 보면, 신경 활동에는 자극과 반응을 유목적적으로 조절하는 의식 주체의 능동적 경향성이 내재해 있는 것이다.

사실, 인간의 '마음'에는 단순한 자극-반응의 활동과 비교가 되지 않을 정도로 상당히 복잡한 목적과 수단 간의 연동이 일어난다. 우리는 목적에 비추어 어떤 활동을 선택하고 어떤 활동을 금지하며, 또 어떤 활동에는 반응하고 또 어떤 활동은 통제하며, 가장 단순하고 낭비가 덜한 방식으로 복합적 전체를 조절, 조정함으로써 선택한 목적에 도달하게 된다(Dewey, 1886b: 103-104). 우리는 환경적 자극들에 일일이 반응하는 것이 아니라 '예견된 결과'(end-in-view)를 기초로 해서 장차 우리의 목적 달성에 필요한 자극만을 선택하게 되는 것이다. 이러한 의식의 유목적성에 비추어 보면, 자극과 반응의 관계는 다윈(C. Darwin)의 정서 표출이론에서 나타나듯이 '감각 자극-중추신경계-신체적 반응'이라는 기계론적이고 수동적인 의미를 갖는 것이 아니라(Garrison, 2003: 406), 목적을 달성하기 위한 인식주체의 의지와 능동성을 반영한다. 듀이가 말한 바와 같이, "마음은 장차 일어날 가능성이 있는 결과에 대한 예견을 기초로 하여, 일어나기를 바라는 결과를 얻을 목적으로, 현재의 자극에 대하여 반응을 하는 능력으로 등장한다"(Dewey, 1916a: 137).

그런데 듀이의 이러한 마음의 개념을 오직 과학적 예견과 실행으로만 해석해서는 안 된다. 왜냐하면, 듀이의 '예견된 결과'에 의해 조정되는 '선택적 반응' 개념은 제임스가 말한 '예견된 경험' 혹은 '가능적 사태'(things-in-posse)(James, 1904b: 213)를 반영하는 것이기 때문이다. 제임스의 '예견된 경험'이나 '가능적 사태'에는 목적 달성을 위한 인지적 측면뿐만 아니라 목적 달성에 대한 당사자의 의지와 관심이 배어 있다. 이 점은 듀이의 '선택적 반응'에도 동일하게 해당된다. 목적이 이루어지려면 그 수단이 되는 대상의 선택은 물론, 목적 달성을 위한 인내와 집중력이 요구된다. 여기서 주목할 점은, 이러한 선택적 반응에는 인지적인 측면은 물론 선택된 반응에 대한 만족감이라든가 신뢰감 등, 언어로 형용할 수 없는 경험의 질적인 측면이 동시에 수반된다는 것이다. 듀이가 말한 바와 같이, "최고도의 지적 작용도 '외변'이라는 감정에 의존한다"(Dewey, 1925: 227). 아닌 게 아니라, 듀이는 후기 저작인『경험과 자연』에서 제임스의 '외변' 개념이 의식의 과정을 타당하게 설명했다고 평가하면서, 실지로 그 용어를 써서 의식의 과정을 설명하고 있다(Dewey, 1925: 227－236). 이러한 사실은, 우리의 의식이 단지 인지적인 것만이 아니라 모종의 감정이나 정서를 함유(含有)한 채 외부 대상을 지향한다는 것, 따라서 목적을 위한 수단의 선택에는 인지적, 질적 요소가 함께 얽혀 상호작용을 하고 있다는 것을 보여준다.

요컨대, 듀이의 선택적 반응은 기존의 마음의 경향성을 담지한 것이며, 기존의 마음의 경향성은 또한 제임스의 외변 개념을 반영한다. 왜냐하면, 우리가 무엇인가 의도적으로 선택하는 활동은 순전한 인지적 활동이 아니라 마음의 관계적 경향감인 '외변'에 물들어 있다고 보아야 하기 때문이다. 바꾸어 말하면, 정서에도 "유목적적 대상으로 기능하는 어떤 대상이나 이상(理想)이 들어 있는 것이다"(Garrison, 2003: 416). 또한 듀이에 있어 의식의 유목적성은 현재의 인식의 지평을 끊임없이 대체하려는 제임스의 '초월'의 경험을 반영한다. 목적의 변화는 제임스의 '초월'의 경험과 마찬가지로 끊임없이 새로운 경험의 연접을 가능하게 하는 촉매 작용을 일으키고 있다. 이상의 논의에서 보면, 듀이의 '의식의 유목적성' 논의가 현상학적 면모를 드러내는 까닭은, 거기에 자발적 관심(interest)과 선택에 따라 목적을 바꾸어가는 의식의 지향성이 배태되어 있기 때문이다. 다시 말해, 의식의 유목적성 논의는 전통적 이원론에서 드러나는 바와 같이 고정된 실재의 대상을 지향한다는 의미가 아니라, 우리의 의식이 상황 맥락적인 의미를 띠는 것이며, 동시에 의식과 대상의 연동을 통해 목적 자체가 끊임없이 변화한다는 사실을 보여주는 것이다.

2. 상황의 통합성

'상황의 통합성'은 '의식의 유목적성' 논의와 유사하게 의식과 대상이 불가분리성의 관계를 맺는다는 것을 보여준다. 모든 인식된 존재는 의식의 지향성이 투영된 존재이며, 그런 만큼 의식과 대상은 상호 긴밀한 관계성 속에 놓여 있다. 다만 '의식의 유목적성'이 의식의 초점이나 선택적 반응을 부각시키는 데에 비해서, '상황의 통합성'은 주객이 통합되는 전체적 의식의 맥락을 부각시킨다. 이러한 상황의 통합성에는 제임스의 '기능주의 심리학'의 관점이 들어 있다. 제임스는 의식을 '실체'가 아니라 '기능'의 측면에서 파악한다. 의식을 기능적 측면에서 파악한다는 것은, 의식과 대상의 상호 관계성을 통하여 고정된 의식도, 고정된 대상도 존재할 수 없으며, 다만 주객을 관련짓는 경험상의 기능만이 존재한다는 것을 의미한다. 이러한 관점에 따르면, 의식을 물리적 연장(extension)과 대립된 비연장의 '실체'로 규정하는 데카르트(Descartes)의 이원론은 근본적으로 그릇된 것이다. 왜냐하면, 주관적 의식에도 연장의 요소가 내포될 수 있기 때문이다.[22] 제임스는 "의식은 존재하는가?"(1904a)라는 유명한 글에서 의식의 기능적 측면을 다음과 같이 설명하고 있다.

> 나는 의식이라는 것을 하나의 실체로 보는 생각을 부정한다. 내가 단호히 주장하는 바는 의식이 다름 아니라 하나의 기능을 나타낸다는 것이다. 다시 말해, 물질적 대상들을 구성하는 재료나 질적 특성과 대조해서, 명백히 우리의 사고를 구성하는 존재의 원천적 재료나 질적 특성은 존재하지 않는다는 것이다. 단지 사고가 수행하는 경험상의 기능만이 있을 뿐이다(James, 1904a: 170).

제임스의 주장은 의식이 외적 자극을 그대로 담아내는 빈 용기와 같은 것이 아니라 경험상의 기능이며, 그리하여 상황에 따라 가변성을 지닌다는 것이다. 물론 의식의 가변성은 아무렇게나 이루어지는

---

22) 제임스는 "의식의 관념"(1905a)이라는 글에서 의식의 비실체성과 관련하여 다음과 같이 말한다. "가령 내 앞에 좀 떨어진 거리에 있는 탁자 위에 놓인 컵을 지각한다고 해보자. 그 지각적 사실은 두 가지 요소에 기인한다. 하나는 공간적 연장을 차지하는 컵이라는 물질이요, 다른 하나는 그 사물을 컵으로 분류하고 해석하는 관념이다. 그러나 과연 탁자 위에 놓인 컵을 놓고 누가 컵의 감각과 컵의 관념을 구분하겠는가? 객관적 사물의 연장과 주관적 사물의 연장은 하나의 지각적 경험 속에 융합되어 해체 불가능한 결합을 이루고 있다"(James, 1905a: 187-188).

것이 아니다. 의식은 특정한 상황 속에서 전체적 균형감을 추구하는 쪽으로 움직이게 된다. 왜냐하면, 우리의 의식은 "분리와 균열의 틈이 없으므로"(James, 1904b: 199), 그 자체로 끊어진 것이 아니며 조각조각으로 나타낼 수도 없기 때문이다. 그리하여 의식의 변화는 상황을 이루는 전체적 관계들의 변화를 전제로 하게 된다. 일찍이 제임스는 그의 『심리학원리』에서, "관계에 의하여 사고되는 사물은 어떤 사물이든 …… 단일한 주관적 맥박(pulse)에서 사고되며, 단일한 정신성, 단일한 감정 또는 단일한 정신 상태에서 사고된다"(James, 1890: 493)고 발언한 바 있다. 이것은 우리의 의식이 상황 전체의 통합성 속에서 외부 자극을 포섭하려는 능동적 기능을 수반한다는 것을 보여준다. 이러한 의식의 능동적 측면에 주목한다면, 종래 이원론에서 간주해온 대상과 분리된 정태적 의식, 누구에게나 평균적 의미를 갖는 획일적인 대상이란 것은 그 힘을 잃어버리게 된다.

제임스가 말하는 의식의 통합성은 듀이에 있어서 '맥락적 전체'(Dewey, 1938a: 72)로서의 상황 개념에 투영되어 있다. 듀이가 말하는 '맥락적 전체'라는 것은 단순히 우리를 둘러싼 사물들의 산술적 집합체를 말하는 것이 아니라, 상황을 구성하는 모든 요소들이 하나의 유기적인 맥락 속에서 질적 통일성을 띠고 있다는 것을 의미한다. 따라서 우리의 의식은 고립적인 것이 아니라, 전체적 상황과 분리 불가능한 관계를 맺고 있는 것이다. 이러한 전체적 의식 상황에서는 감정과 인지, 주체와 객체 간에 어떤 분리도 찾아볼 수 없다. 왜냐하면, 우리들의 경험이나 판단은 결코 하나의 독립된 사물과의 상호작용을 통해서 이루어지는 것이 아니라 상황 맥락의 전체적 지각 속에서 이루어지기 때문이다. 물론 듀이의 '맥락적 전체'와 제임스의 "분할되지 않는 하나의 단위 의식"(James, 1890: 491)이 전적으로 동일한 것인가 하는 데에는 의문의 여지가 있다. 그러나 적어도 듀이가 말하는 '맥락적 전체'에 제임스의 비분절적인 전체론적 의식이론의 영향이 투영되어 있음은 분명하다. 듀이와 제임스에 있어서 외부의 사물은 공통으로 물리적 실체로서가 아니라 독특한 질적 특성을 띤 상황 전체 속에서 드러나기 때문이다.

요컨대, 듀이의 '상황의 통합성'은 제임스의 기능주의 의식이론을 수용하여 주객의 이분법적 구도를 거부한다. 우리의 의식은 마치 사진 찍듯이 외부 사물을 그대로 재현하는 수동적 실체가 아니며, 그렇다고 하여 단순히 물질적 부분들과 기계론적 상호작용을 하고 있는 것도 아니다. 주관과 객관, 자극과 반응, 인지와 정서는 이원론적으로 분리된 실체가 아니라, 단일한 의식의 전체적 경향감 속에 한데 얽혀 전개되고 있다. 그런데 듀이의 통합성의 관점이 오직 제임스의 영향에 의한 것만으로는 볼 수 없다. 왜냐하면, 듀이는 제임스의 『심리학원리』(1890)로부터 사상적 영향을 받기 이전의 초기 논문인 "심리학적 관점"(Dewey, 1886a: 139)이라는 글에서, "의식은 주체와 객체의 통합성을 나타내는 것이어서, 순전히 주관적인 것도, 순전히 객관적인 것도 있을 수 없다"고 발언한 바 있기 때문이다. 이 점은 듀이가 비록 맹아적 형태로나마 일찍부터 주객이 상호작용을 하는 현상학적 아이디어를 담지하고 있었다는 것을 보여준다. 이상의 논의에서 보면, 듀이의 '상황의 통합성' 논의가 현상학적 면모를 드러내는 까닭은, 현상학적 의식과 마찬가지로 의식과 대상이 전체로서의 상황 속에 분리 불가능한 상태로 용해되어 있다는 데서 찾아볼 수 있다.

3. 경험의 연속성

'경험의 연속성'은 개별적 경험들이 분절적인 것이 아니라 시간상의 연속성을 전제로 한 것임을 의미한다. 말할 필요도 없이, 경험의 연속성에는 의식의 연속성이 전제되어 있다. 제임스는 의식이 실체가 아니라 연속성을 띤다는 사실을 '의식의 흐름'(stream of consciousness)으로 명명하면서, 이를 헤라클레이토스(Heraclitos)적 '강물의 비유'라든가 음악적 멜로디의 흐름에 비유하고 있다. 그가 말한 바와 같이, 우리의 의식작용은 마치 음악에서 중심가락인 기음(基音) 위에 희미하게 들리는 배음(倍音)과도 같이, 매 순간 새로운 것이 침투하고 변화해가는 양상을 드러낸다(James, 1890: 459-460). 듀이도 제임스의 '멜로디의 비유'와 유사한 발언을 하고 있다. "하나의 음은 단순한 하나의 음이 아니라, 음에 대한 감각이 위치한 시간적 관계에 따라 여러 가지 복합적 단위요소들이 얽혀 있어서, 음의 흐름으로서의 멜로디는 한층 더 복잡한 관계를 일으킨다"(Dewey, 1884: 54).

듀이가 "심리학에서 반사호 개념"(1896)에서 말하는 '의식의 회로'(circuit of consciousness)는 강물과 멜로디의 흐름에 비유되는 제임스의 '의식의 흐름' 테제를 적극 수용한 것이다. 왜냐하면, 듀이의 '의식의 회로'는 "의식은 재조정 과정에서 기능적으로 능동적"이라는 제임스의 주장을 받아들인 것이기 때문이다(조상식, 2005: 94, 114-115). 그리하여 '의식의 회로'이든, '의식의 흐름'이든 간에, 양자가 의식을 비실체적, 연속적인 개념으로 취급한다는 점에서는 동일하다. 이처럼 의식이 유동적인 성격을 띠는 것이라면, 의식을 수동적 반응체로 취급하는 종래의 '반사호' 개념은 당장 비판의 대상이 되고 만다. 반사호 개념은 인간 의식을 '감각 자극－중추 신경계의 작용－반응 행동' 식의 따로따로 분리된 요소들 간의 기계론적 접합으로만 봄으로써 인간 의식의 능동적 측면을 올바르게 설명해 내지 못한다(Dewey, 1896: 100). 듀이는 종래 반사호 개념의 문제점을 다음과 같이 지적하고 있다.

> 기존의 반사호 개념은 감각 자극과 운동 반응을 분리된 심적 존재들로 간주한다는 데에 그 첫 번째 결함이 있다. 이에 비해, 사실상 감각 자극과 운동 반응은 항상 하나의 조정 내부에 존재하며, 그리하여 양자는 순전히 조정을 유지하고 재구성하는 역할을 담당한다는 점에서 의미를 가진다. 기존의 반사호 개념의 두 번째 결함은 '운동' 국면보다 선행하는 경험의 특질, 그리고 그것에 뒤이어 나오는 경험의 특질이 전적으로 상이한 상태라고 가정한다는 점에 있다. 오히려 나중의 경험은 항상 먼저의 경험이 재구성된 것이고 운동 국면은 오직 그런 중재를 위해서만 출현한다고 보아야 한다. 결과적으로, 반사호 개념은 개인의 관점에서 보든, 종족 발달의 관점에서 보든, 혹은 원숙한 분석적 의식의 관점에서 보든 간에, 우리를 불연속적 심리학의 상태에 빠뜨리고 만다(Dewey, 1896: 99).

기존의 반사호 개념은 의식이 사실상 하나의 회로이며 경험의 연속적 특질을 담지한다는 사실을 간과한 데에 치명적인 약점이 있다. 자극과 중추신경, 그리고 반응은 상호 분리된 것이 아니라 하나의 회로 속에서 기능적인 조정(co-ordination)의 관계에 놓여 있다. 이 삼자가 분리되어 있다고 보는 것이 이른바 종래의 '심리학자의 오류'(Garrison, 2003: 417)이다. 듀이가 말한 바와 같이, "우리는 (외부의) 감각적 자극으로부터 시작하는 것이 아니라 시각이라는 하나의 감각적 운동의 조정으로부터 시작한다"(Dewey, 1896: 97). 예컨대, 불에 데어본 아이에게 '불꽃'은 수동적 반응을 일으키는 자극이 아니라 기존의 시각적 경험 속에서 '화상'(火傷)이라는 의미로 나타나는 그런 불꽃이다. 그리하여 아이는 자신이 대면하는 불꽃의 자극을 기존의 시각적 경험 속에서 감각적 '고통'으로 해석하고 눈과 팔, 손의 협응(協應)을 거쳐 불꽃을 피하게 된다. 이러한 감각 운동의 조정은 기계론적인 것이 아니라 기존의 경험과 연속선상에 놓여 현재 상황에 맞게 행위를 수정해가는 것이다. 그리하여 듀이가 말하고자 하는 것은, "감각적 자극과 중추신경의 작용, 그리고 운동 반응은 그것들 자체로 분리된 실체가 아니라, '반사원'(reflex circle)이라고 명명된 단일한 구체적 전체 속에 기능하는 요소들 간의 분업적 역할 구분으로 보아야 한다는 것이다"(Dewey, 1896: 96-97).

물론 바크(A. Barke)는 제임스의 『심리학원리』(1890)가 출간되기 이전의 듀이 저작은 물론이거니와, 1890년 이후에 나온 듀이 저작 "심리학에서 반사호 개념"(1896)도 제임스의 영향보다는 헤겔의 영향력을 더 크게 반영한 것이라고 본다. 왜냐하면, 바크가 보기에 자극과 반응을 기능적으로 조절해가는 과정은 그것을 하나의 보다 확대된 조정의 일부로 간주하는 헤겔의 통합(unity)에 관한 아이디어를 수용하는 것이기 때문이다. 곧, 듀이의 '조정'의 과정은, 진리가 유기적 통합 속에 존재하며, 동시에 통합을 이루는 원천적 요소들 간의 대립과 차별이 일어날 때 통합의 수준이 발달한다는 헤겔의 관념을 받아들이고 있다는 것이다(Backe, 1999: 312-322).[23] 그러나 렉

---

23) 슈크(J. R. Shook)는 듀이의 사고에 퍼스와 제임스보다는 헤겔의 영향력이 더 강하게 남아 있다고 평가하며, 달톤(T. C. Dalton)은 바크보다 한 걸음 더 나아가, 듀이의 헤겔에의 심취가 20세기로의 진입과 더불어 끝났다는 일반적 평가에 대해 이의를 제기한다. 그러나 게리슨이 보기에, 달톤은 듀이가 심리학적 측면에서 제임스의 기능주의로부터 받은 영향력을 과소평가하고

크(A. J. Reck)는 바크와 관점을 달리한다. 렉크는 『심리학원리』이전과 이후에 나온 듀이의 심리학적 저작들 간에 불연속성이 존재한다고 본다. 즉, 그는 듀이의 글, "심리학에서 반사호 개념"에 사고의 기능적 측면을 강조하는 제임스의 영향이 보다 강하게 스며들어 있다고 보는 것이다(Reck, 1984: 106). 이와 같이 보면, 비록 듀이의 '조정' 개념에 헤겔의 관점이 잔존한다는 점을 인정한다고 하더라도, 듀이의 의식이론이 전적으로 헤겔에만 의존한다고 볼 수 없다. 왜냐하면, 듀이의 '의식의 회로'는 관념의 운동이 정지된 헤겔의 '절대정신'과 달리 그 끝이 보이지 않는 '열린회로'이기 때문이다.

제임스는 "경험이 동일한 자아의 것일 때, 하나의 경험으로부터 다른 경험으로 이동하며, 가장 밀접한 접속 관계 속에서 균열이 없는 연속성의 감(感)이 있다"(James, 1904b: 198)고 말한 바 있다. 듀이도 제임스와 대단히 유사한 발언을 하고 있다. "경험에서 흐름은 무엇인가로부터 다른 무엇인가로 흘러가는 것이다. 한 부분이 다른 부분으로 유입되고, 한 부분이 앞서의 경험의 부분을 수행함에 따라 각 경험의 부분들은 그 자체의 독특성을 확보하게 된다"(Dewey, 1934: 43). 이러한 듀이의 발언은, 우리의 모든 경험이 시공간적 연속선상에 놓여, 고립적인(part-in-itself) 경험은 존재할 수 없음을 보여준다. 이미 언급한 바와 같이, 듀이의 이와 같은 '경험의 연속성'에는 제임스의 '의식의 흐름' 테제의 영향이 강하게 침투되어 있다. 이 점은 듀이가 제임스의 '의식의 흐름'을 평가한 다음의 구절에서도 확인할 수 있다. "제임스가 의식의 과정을 그것의 간헐적인 성격

있다(Garrison, 2003: 423).

에도 불구하고 하나의 흐름에 비유한 것은 적절하다. …… 초점과 외변의 유추, 횃대 끝에 앉았다가 날아가는 것, 실체소와 이행소의 운동 비유도 적절하다"(Dewey, 1925: 236). 더 나아가, 듀이는 제임스의 '의식의 흐름'에 나타난 '실체소'와 '이행소' 개념을 수용하여, "경험이란 일련의 다양한 사건들을 통해 그 자체의 완성으로 향하는, 운동과 일시적 정지를 포함하는"(Dewey, 1934: 49) 과정이라고 말하고 있다.

요컨대, 듀이의 '경험의 연속성'에는 '의식의 회로'라는 심리학적 기반이 깔려 있으며, 동시에 그 회로는 다람쥐 쳇바퀴 돌 듯 고정된 순환운동을 하는 것이 아니라, 개인의 지각 방식(제임스의 용어로는 '실체소'와 '이행소'의 연동 작용)에 따라 끊임없이 그 방향성이 바뀔 수 있다. 듀이는 제임스의 '의식의 흐름' 테제를 적극 수용하여 '의식의 회로' 개념을 발전시켰고, 그것을 또한 '경험의 계속성' 원리의 심리학적 기반으로 삼았다. 다시 말해, 주의의 초점이 운동하는 이행소는 듀이의 전반성적, 전인지적인 일차적 경험에 상응하며, 주의의 초점이 정지하는 실체소는 의식의 대상을 반성적 차원에서 분석하는 이차적 경험의 기반이 되는 것이다. 이상의 논의에서 보면, '경험의 연속성' 논의가 현상학적 면모를 띠는 까닭은, 의식을 자극과 반응의 기계론적 접합이 아니라, 인지와 감정이 한데 얽혀 흐르는 통합적 의식의 회로로 본다는 데에 기인한다. 제임스가 의식의 흐름 테제에서 '관계감'이라든가 '이행감'이라는 표현을 쓰는 것, 그리고 듀이가 경험의 계속성 원리에서 경험의 '정지'와 '운동'을 통해 의식의 반연적(攀緣的) 확산 가능성을 말한 점은, 우리의 의식 저변에 현상학적 '경향감'을 동반한 질적 특성이나 정서의 요소가 배어 있다는 점을 보여준다.

Ⅳ. 맺음말

듀이 의식이론의 현상학적 면모는 1890년 제임스의『심리학원리』가 출간되기 이전부터 그 맹아(萌芽)가 싹트고 있었다. 물론 1890년대 이전의 듀이의 심리학적 저작들이 '보편적 의식'과 '객관성'을 강조한다는 점에서 헤겔의 관념론적 틀을 벗어나지 못하고 있다는 평가(이병승, 2009: 194-195)가 있고, 더욱이 1890년대 이후 듀이의 저작들에도 헤겔의 관념론의 영향이 여전히 강하게 스며들어 있다는 주장(Backe, 1999)도 있다. 그러나 분명한 것은 듀이에게 미친 헤겔의 영향과 별개의 문제로서, 1890년대 이전에 나온 듀이의 심리학적 저작들은 그 자체로 현상학적 아이디어를 배태하고 있다는 점이다. 예컨대, 듀이의 "새로운 심리학"(1884)에서는 의식의 정태적 개념을 부정하고 생생한 경험에 기초한 과정적이고 역동적인 의식관을 드러내고 있으며, "심리학적 관점"(1886a)이라는 글에서는 주관적 관념론을 배제하고 의식이 주체와 객체의 통합성에서 생성되는 것임을 보여주고 있다. 뿐만 아니라, 그의 "영혼과 육체"(1886b)라는 글에서는 유심론과 유물론을 부정하고 심적인 것과 물적인 것이 의식적 목적을 중심으로 상호 기능적으로 통합되는 것임을 보여주고 있다. 이와 같은 듀이의 면모는 그가 의식했건, 의식하지 않았건, 그의 초기 저작들이 생활세계의 지각과 능동적 의미부여를 중시하는 현상학적 면모를 내포한다고 볼 수 있을 것이다.

그러나 이제까지의 논의에 비추어볼 때 분명한 것은, 듀이 의식이론의 현상학적 면모가 확고히 된 것은 무엇보다도 제임스의 『심리학원리』의 영향으로 보아야 한다는 것이다. 듀이는 제임스의 기능주의 심리학이 당시 미국 사상계와 교육에 미친 파급력을 '혁명'이라고 표현할 정도로, 그의 심리학의 영향을 높이 평가하고 있다(Dewey, 1930a: 158). 제임스 심리학의 영향은 1891년에 나온 듀이의 『심리학』제3판에 침투되어, 듀이로 하여금 감각작용을 연속의 관점에서 보게 해주었고, 지각이나 개념을 활동을 위한 도구로 보게 해주었다(이병승, 2009: 197－198). 특히 1896년에 나온 듀이의 유명한 논문, "심리학에서 반사호 개념"에서는, 제임스의 관점을 수용하여 의식을 종래의 '반사호'가 아니라 그 끝이 열려 있는 '반사원'의 순환적 흐름으로 보아야 한다고 말하고 있다. 이러한 듀이의 주장은 제임스의 '의식의 흐름' 테제에 나타난 유동적 의식관을 그대로 받아들인 것이다. 요컨대, 제임스의 '의식의 흐름' 테제는 듀이로 하여금 의식을 '심적 기계'처럼 간주하는 행동주의 심리학을 직접적으로 비판하는 계기를 마련해주었고, 동시에 제임스의 '순수경험' 테제는 주객이 분리되지 않는 현상학적 경험철학의 단초를 제공해주었다고 볼 수 있다.

듀이의 일차적 경험은 제임스의 순수경험의 영향을 받아 우리들이 보고 듣고 느끼는, 있는 그대로의 경험을 중시한다. 바로 이러한 일상적 지각과 감정이 우리의 모든 인식의 출발점이며 경험 발달의 기초가 된다. 듀이가 주객을 분리된 것으로 보는 종래의 이원론을 거부하는 까닭도 여기에 있다. 양 측면은 서로 떼어낼 수 없을 만큼 밀접한 관계성을 맺고 있으므로, 외부 사물은 의식주체와 상호작용을 함으로써만 의미를 갖게 된다. 그리하여 종래 이원론에서 강조해온, 일차적 경험과 분리된 추상적 관념들은 그 힘을 잃고 만다. 왜냐하면, 일차적 경험과 분리된 추상적인 앎은 엄연히 존재하는 개별 주체의 의식작용을 부당하게 외면하고 있기 때문이다. 앞서 살펴본 바와 같이, 듀이 의식이론의 세 측면, 즉 의식의 유목적성과 상황의 통합성, 그리고 경험의 연속성은 공통으로 의식의 출발점을 종래의 인식론적 차원이 아닌, 선반성적, 선인지적인 차원에 두고 있다. 그리하여 듀이에 있어 유의미한 앎의 근원은 주객이 밀접한 공명(共鳴) 관계를 이루는 가운데 상황 맥락을 지각하는 현상학적 의식현상에 기반을 두는 것이며, 이러한 현상학적 기반 위에서 우리는 인지적이고 반성적인 경험을 통해 끊임없이 경험의 의미를 확장하게 되는 것이다.

그런데, 여기서 주목할 점은 제임스가 듀이에게 미친 이러한 영향에도 불구하고 듀이의 관점이 모든 면에서 제임스와 일치한다고 말하기 어렵다는 것이다. 예컨대, 듀이는 제임스의 초기 심리학 연구에서 드러나는 '지각'의 수동성을 받아들이지 않았다. 제임스는 그의 초기 심리학 연구에서 자연과학의 실험적 방법을 심리학에 적용하고자 했기 때문에, 형이상학적 요소들을 제거하기 위해 심신이원론을 감수해야 했다. 가령, 그의 두뇌의 기능 연구는 의식과 두뇌의 심리학적 이원론을 가정하는 것이었다(조상식, 2005: 141－142). 비록 제임스가 그의 『심리학: 요약본』이나 후기 순수경험의 형이상학에서 초기의 이원론적 심리학 연구로부터 탈피하여 의식과 대상이 불가분리성의 관계를 맺고 있음을 보여준다고 하더라도, 그의 초기 심리학 연구에서는 분명히 의식과 대상을 분리된 것으로 보는 경향이 드러난다. 1890년을 전후로 하는 듀이의 심리학적 저술에 헤겔의 영향력이 잔존한다는 것을 인정할 때, 게리슨이 지적한 바 있는, '듀이의 제임스에 대한 비판'(Garrison, 2003: 411)은 바로 이러한 제임스의 이원론적 경향에 비판의 초점을 둔 것으로 보아야 한다.

한 가지 더 주목할 점은, 듀이가 단지 제임스의 현상학적 의식이론을 수용하는 데에만 그친 것이 아니라, 한 걸음 더 나아가 상호작용의 맥락에서 의식과 정신의 관계를 구체화했다는 것이다. 듀이는 그의 『경험과 자연』에서 의식을 물적 단계의 의식, 심적·물적 단계의 의식, 그리고 정신적 단계의 의식으로 구분하고(Dewey, 1925: 200－201), 세 단계의 의식 수준이 복합성의 정도와 기능면에서 차이가 있을 뿐, 공통으로 상호작용의 맥락에서 보아야 한다는 점을 지적하였다. 듀이가 모든 지식의 진보가 인간과 환경의 교섭을 통해 질적 통합성을 달성하려는 인간 요구를 담지한 것으로 평가한 까닭도 이러한 관점에 기인한다. 특히 우리는 듀이에 있어 정신적인 장(場)이 의식의 장보다 훨씬 넓으며, 사회, 문화, 역사적 삶이라는 전체적 상황 맥락과 유기적 관계를 맺고 발전할 수 있다는 사실에 주목해야 한다. 왜냐하면, "의식의 장은 초점적이고 이동적인 것인 데 비해, 정신의 장은 맥락적이고 지속적인 것이기 때문이다"(Dewey, 1925: 229－230). 사실 듀이가 체계화한 도구주의 지식론은 바로 이러한 정신의 장을 구체화하여 현재의 불안정하고 불확정적인 상황을 보다 안정적이고 확정적인 상황으로 바꾸고자 하는 참여와 탐구의 논리인 셈이다. 이와 같이 보면, 듀이는 제임스의 심리학에서 드러나는 의식과 대상의 상호 기능적 관계성을 교호작용을 통한 정신의 발달에 적극적으로 확대 적용함으로써, 끊임없이 새롭게 재창조되는 지성적 작용을 중시했다고 볼 수 있겠다.

끝으로 앞으로 제기되는 두 가지 연구 과제를 제기하면서 글을 맺기로 하겠다. 첫째, 이 글은 현상학적 관점에 초점을 두어 제임스가 듀이의 의식이론에 미친 영향을 고찰하였기 때문에, 퍼스(C. S. Peirce)의 기호학이라든가 미드(G. H. Mead)의 사회적 자아 이론 등 고전적 프래그머티즘의 전반적 관점을 포괄했다고 볼 수 없다. 이들의 관점은 특정한 측면에서 현상학적 의미를 내포한다고 파악된다. 퍼스의 기호학에서 제1성의 '아이콘' 자체가 비인지적인 상황을 의미하는 것이며, 미드는 '제스처'라는 언어 이전의 상호작용적 행위를 통해 서로의 영향력이 상감(象嵌)된 자아의 형성을 논의하고 있다. 만약 듀이의 현상학적 측면에 이들의 관점이 투영되어 있다면, 앞으로 보다 포괄적인 관점에서 고전적 프래그머티즘이 듀이에게 미친 영향을 규명할 필요가 있을 것이다.

둘째, 제임스와 듀이의 의식이론은 의식의 연속성을 전제로 한다는 점에서, 의식을 시간적 '지속'(la durée)으로 보는 베르그송의 관점과 유사성을 보인다. 베르그송에 의하면, '지속'은 변화와 생성이며 시간의 계기적 흐름이다. 시간은 단 한순간이라도 동질적일 수 없는 이질적 흐름의 연속으로서, 이것이 '의식에 직접적으로 주어지는 것'이다(홍경실, 2005: 85, 142-147). 이처럼 베르그송의 '의식' 개념이 시간적 '지속'을 가리킨다고 볼 때, 그의 '의식'이 제임스와 듀이가 말하는 의식 혹은 경험의 연속성과 어떻게 비교되는지에 대해서 앞으로 깊이 있게 검토해볼 만한 가치가 있다. 또한 베르그송이 비록 정신과 물질, 관념과 행위의 이원론을 완전히 탈피하지 못했다고 하더라도, 소위 '중성적 일원론'(dualisme neutralisé)을 통해 의식과 대상의 공존과 조화를 추구한다는 점에서, 앞으로 그의 관점을 듀이의 일차적 경험에 나타난 주객의 통합성과 비교 연구해볼 필요가 있을 것이다.

제2부

듀이의 상황 개념과 교육

제4장 듀이의 상황
개념과 교육적 함의

　듀이의 상황 개념은 전통적 이원론과 결별하고 유기체와 환경의 교호 작용에 입각하여 인식의 통합적 맥락을 강조하고 있다. 즉, 그의 상황 개념에서는 삶과 학습, 경험과 교과, 지식과 행위 등 종래에 대립적으로 간주되던 양 측면들이 문제 상황이라는 하나의 맥락적 전체 속에 녹아들어 통합되고 있는 것이다. 듀이의 문제 상황은 행위 당사자에게 곤혹스러움과 심각한 혼란을 야기할 때 대두되는 것이지만, 이것이 교육적 맥락에서는 학습 당사자에게 진정한 사고와 탐구를 일으키며 유의미한 지식을 생성시키는 계기가 된다. 듀이는 분명히 종래의 일방 통행적인 지식교육의 양상을 경계하고 있지만, 지식의 가치 그 자체를 부정한 것은 아니다. 다만 듀이가 보기에 지식은 학습자의 경험적 문제 상황과 관련될 때에만 그 교육적 의미가 되살아나는 것이다. 학습자가 자신의 사고를 통해 어떤 문제를 심각하게 다룰 때에만 그것은 학습자 자신의 것으로 돌아가기 때문이다. 이러한 듀이의 상황 개념은 오늘날 지식교육에서 문제 상황의 탐구가 차지하는 지위가 무엇이며, 교과로서의 지식과 삶의 문제사태가 어떻게 상호 관련되어야 하는지, 또한 문제해결학습의 올바른 적용 가능성이 어떠한지에 대해 의미 있는 시사점을 제시해준다.

Ⅰ. 문제의 제기

우리의 일상적인 삶은 고립된 것이 아니라, 수많은 삶의 사건들이 복잡하게 얽혀 영향을 주고받는 상황에 놓여 있다. 이와 같이 변화하는 상황으로 말미암아 우리의 삶에서는 가치의 갈등이 일어나기도 하고 혼란스럽고 곤혹스러운 상황이 야기되기도 한다. 현대 교육에 지대한 영향을 미친 존 듀이의 교육이론은 이러한 삶의 불확정한 상황을 교육의 장으로 끌어들이고자 한 이론이라고 볼 수 있다. 왜냐하면, 이러한 시도를 통해 전통교육의 맹점인 이른바 "현실과는 멀리 떨어진 죽은 교육"(Dewey, 1916a: 11)의 사태, 즉 삶의 맥락과 유리(遊離)된 지식, 학습자의 사고와 분리된 무기력한 정보를 가르치는 사태를 예방할 수 있기 때문이다. 그러나 삶의 상황을 교육의 장으로 끌어들이고자 한 듀이의 의도는 여러 가지 오해나 왜곡된 실천 양상을 낳게 하기도 하였다.

예컨대, 듀이의 교육론에서 종래 교과의 지식은 무조건 배제해도 된다거나, 아동에게 삶의 문젯거리를 던져주고 스스로 해결하게만 하면 된다거나, 아동이 흥미 있어 하는 활동만 시키면 된다거나, 혹은 장차 생활에 필요한 신체적 기능이나 기술을 가르치면 된다거나 하는 것 등이 그것이다. 이와 같은 오해들의 한 가지 중요한 원천은 듀이가 말하는 삶의 상황이 교육의 맥락에서 정확히 무엇을 가리키는지를 규명하지 않고 삶의 상황을 교육에 끌어들이고자 한 데에 있다. 다시 말해, 삶과 학습을 통합한다거나 지식과 행위를 결합한다는 것이 어떠한 성격을 갖는 것인지 불분명한 상태에서 삶의 상황을 교육에 끌어들이고자 하는 데에 오해의 원인이 있는 것이다. 만약 이러한 관점이 타당한 것이라면, 이제까지 듀이 교육철학에 대한 오해나 그릇된 교육실천 양상은 일찍이 다께다(竹田加壽雄)(1969: 204; 김재만, 1980: 214)가 지적한 바 있듯이 그가 말하는 '상황'의 성격을 올바르게 파악하지 않은 데서 비롯된 것이라고 말할 수 있을 것이다. 사실, 듀이 자신도 "나의 경험 이론에 대한 여러 비판들은 내가 말하는 경험의 '상황'이라는 것과 관련성이 있다"(Dewey, 1939b: 28)고 하면서 그의 교육이론에서 '상황'에 대한 올바른 이해가 중요함을 말하고 있는 것이다.

물론, 듀이의 상황 개념을 그의 '반성적 사고'(reflective thinking) 단계에 나타난 삶의 문제 상황으로 보고, 그것을 '문제해결학습'[1]의 일환으로 적용하고자 한 실천적 시도가 있었다. 이것은 충분히 의미 있는 시도라고 파악된다. 그러나 여기서 말하고자 하는 것은, 문제해결학습의 형식화와 그 적용에 앞서서, 우리가 제시하는 문제 상황이 과연 듀이가 의도한 문제 상황과 동일한 것인지를 재고할 필요가 있다는 것이다. 다시 말해, 우리는 그의 상황 이론에 비추어 문제 상황의 개념을 좀 더 포괄적으로 재음미할 필요가 있는 것이다. 왜냐하면, 듀이가 추구한 상황 개념은 오직 특정한 수업모형이나 절차의 적용으로만 그치는 것이 아니라, 근본적으로는 사물과 마음, 지식과

---

[1] 문제해결학습은 듀이의 '반성적 사고'의 5단계, 즉 '문제 상황-잠정적 가설의 형성-현 사태의 조사-가설의 정련(精練)-가설의 검증'(이홍우 역, 역자주, 1987: 239)의 과정을 거치는 학습방법이다. 이와 유사한 학습방법으로는 듀이의 후계자로 알려져 있는 킬패트릭(W. H. Kilpatrick)의 구안법(project method)이 있다. 이것은 실천적, 작업적 행동을 요구하는 '목적설정-계획수립-실행-평가'의 4단계를 거치는 학습방법이다. 문제는 이와 같은 문제해결학습이 과연 교과의 지식을 전적으로 배제하는 것인가 하는 데에 있다. 물론, 문제해결학습은 브루너(J. S. Bruner)의 '지식의 구조'(이홍우 역, 1977: 73-99)를 학습하는 발견학습(discovery learning)과 달리 학습의 시작이 학문적 교과의 지식으로부터 출발하지는 않는다. 그러나 그렇다고 하여 듀이가 추구한 문제해결학습이 일체의 지식과 유리(遊離)된 채 철저히 삶의 문제만을 해결하는 학습인가 하는 데에는 의문의 여지가 있다.

행위, 삶과 교육의 상황을 통합하여, 이후 학습자의 계속적 탐구 활동을 이끄는 중요한 원천이 된다고 보아야 하기 때문이다.

이제까지 국내에서 듀이의 상황 개념을 독립적 주제로서 다룬 연구로는 김재만(1980)의 연구가 유일하다고 보인다. 김재만의 연구에서는 듀이의 상황 개념의 구조와 원리를 탐색하고 교육의 장(場)이나 목적과 관련된 상황의 의미를 깊이 있게 논의하고 있으나, 그의 상황 개념에서 드러나는 인식작용의 양상과 그에 따른 교육적 시사점이 구체적으로 규명되지 않은 것으로 파악된다. 비교적 최근에, 연구의 일부에서 듀이의 상황 개념을 다룬 연구로는, 그 개념을 반성적 사고와 관련하여 다룬 노진호(2002: 43-47)의 연구와, 탐구의 연속성 및 지식교육의 원리와 관련하여 다룬 양은주(2001: 125-133)의 연구, 상호작용의 관계성과 관련하여 다룬 정덕희(1997: 87-91)의 연구, 경험의 총체성 및 질성적 사고(qualitative thinking)와 관련하여 다룬 박철홍(1996: 297-308; 1999: 97-107)의 연구 등을 들 수 있다. 이 연구들은 모두 듀이의 상황 개념을 그의 경험 또는 탐구의 원리와 관련하여 심도 있게 분석하여 듀이 교육철학에 대한 우리의 이해를 넓혀주고 있다.

이 글은 이와 같은 선행연구들과 듀이의 저작을 바탕으로 하여, 상황의 개념과 인식구조를 고찰하고 문제 상황의 탐구에서 드러난 인식작용의 역동적 전개 양상을 규명함으로써, 듀이의 상황 개념이 현대 교육에 주는 시사점을 모색하는 데에 그 목적이 있다. 이러한 연구 목적을 달성하기 위해 먼저 II장에서는 듀이의 상황 개념을 이해하고자 하며, III장에서는 문제 상황의 본질과 구조를 파악하기 위해 '문제'의 의미가 무엇이며, 문제 상황의 시공간적 구조가 어떤 것인지를 살펴보고자 한다. Ⅳ장에서는 문제 상황의 탐구에 따른 인식 작용의 전개 양상을 규명하며, 끝으로 Ⅴ장에서는 이상의 논의를 바탕으로 하여 듀이의 상황 개념이 오늘날 교육에 주는 시사점과 앞으로의 연구 과제를 제시하고자 한다.

Ⅱ. 듀이의 상황 개념

듀이의 '상황'(situation) 개념을 명확히 파악하기 위해서는 그것이 '환경'(environment)이나 '주위물상'(周圍物象; surrounding)[2]의 개념과 어떻게 구별되며, 또한 그 용어들 간의 관련성이 어떠한지를 이해할 필요가 있다. 일상적으로 그 용어들은 상호 유사한 의미로 쓰이기도 하지만, 듀이의 관점에 입각해볼 때에는 다음과 같이 구분될 수 있다.

첫째, '주위물상'은 환경과 상황을 포함하는 가장 넓은 의미의 환경적 개념이다. 듀이는 후기 저작 『논리학: 탐구의 이론』(1938a: 27)에서 주위물상을 "물리적인 주변의 사물들"(physical surroundings)이라고 표현하고 있다. 이것은 주위물상이 유기체로서의 인간을 에워싸고 있는 가장 넓은 의미의 환경, 또는 단순히 환경을 구성하는 사물이나 제반 물리적 여건을 가리키는 것임을 보여준다. 예컨대, 주위물상은 우리가 무심코 지나치는 돌, 풀이라든가 도로나 아파트 등 우리를 둘러싸고 있는 모든 사물들을 가리키는 것이다. 이 점에서

---

2) 영어의 'surrounding'은 사전적 어의로는 '주위의 모든 사물'이나 '주위의 상황' 또는 '여건' 등으로 번역된다. 그러나 이와 같은 말들은 본 연구에서 구분하는 '환경'이나 '상황'이라는 말과 혼동될 우려가 있으므로, 여기에서는 '주위물상'으로 번역하고자 한다. 이 용어는 흔히 쓰이는 말은 아니나 뉘앙스 상 단순히 유기체를 에워싸고 있는 모든 사물들이라는 의미를 부각시킨다.

주위 물상이 인간의 행동에 미치는 직접적 영향력은 미약하다고 보아야 한다(김재만, 1988: 52). 왜냐하면, 그것은 인간을 둘러싼 광범위한 환경적 조건이라는 점에서, 거기에서부터 적극적인 의미에서 인간과의 상호작용이 일어난다고 보기 어렵기 때문이다. 주위물상은 우리가 그 속에서 존재한다는 광범위한 존재론적 의미를 갖기에 '자연적 세계'(natural world)와도 유사한 의미를 가지는 것이다.

둘째, '환경'은 우리를 둘러싼 주위물상이 아니라 우리와 상호작용을 하는 환경을 가리킨다. 듀이는 환경을 "환경적 조건"(environmental conditions)(Dewey, 1938a: 39, 41, 51)이라고도 표현하고 있는데, 이는 환경이 "단순한 주위의 사물들을 가리키는 것이 아니라, 개인 자신의 능동적인 경향과 그를 둘러싸고 있는 주위 사물 사이의 특수한 연속성"(Dewey, 1916a: 15)을 함의하는 것임을 보여준다. 다시 말해, 주위물상이 우리의 주위를 둘러싼 모든 사물들이라면, 환경은 개인과 상호작용을 하는 역학적 관계에 놓여 있는 것이다. 예컨대, 인간의 호흡은 공기라는 환경적 조건과의 상호작용이며, 열의 발산, 감각기관과 근육의 효과 등은 외부 환경과의 관련성 때문에 그 의미와 존재를 가질 수 있는 것이다. 뿐만 아니라 인간은 그를 둘러싼 광범위한 사회, 문화적 환경 속에서 직접, 간접으로 영향을 받으며 살아가고 있다. 이처럼 환경은 주위물상과 달리 인간의 활동과 연속적인 관계성을 맺고 있다. 듀이가, "자연적 세계가 '환경'이 되는 것은 오직 그것이 직접, 간접으로 삶의 기능 안으로 들어올 때에 한해서"(Dewey, 1938a: 40)라고 말한 까닭도 이러한 맥락과 무관하지 않은 것이다.

셋째, '상황'은 우리말로 '장면'이라든가 '사태', '국면' 등으로도 번역될 수 있는 것으로서, 앞서 언급한 환경의 의미가 더욱 제한적으로 쓰인 것이라고 말할 수 있다. 즉, 그것은 "유기체가 의식하는 환경"(Kilpatrick, 1952: 20; 김재만, 1980: 179)이라는 의미를 가진다. 다시 말해, 환경이 유기체로서의 인간과 직접, 간접으로 상호작용 하는 물리적, 사회적 환경을 의미한다면, 상황은 인간이 '의식하는' 환경, 즉 인간이 마음을 쓰고 사고하는 대상의 존재 범위나 의식의 영향권을 가리킨다고 할 수 있다. 물론, 듀이가 항상 '환경'과 '상황'의 개념을 구별해서 사용했는가 하는 데에는 의문의 여지가 있다. 예컨대, 듀이가 유기체로서의 인간과 환경의 상호작용으로 인해 경험이 성립한다고 말할 때(Dewey, 1938b: 25), '환경'은 분명히 '상황'을 포괄한 의미를 갖고 있는 것이다. 그러나 그렇다고 하더라도 엄밀한 의미에서 양자가 구분되지 않는 것은 아니다. 왜냐하면, 환경은 인간이 무의식적으로 상호작용하는 물리적 환경까지 포함하기 때문이다. 요컨대, 상황의 의미는 상식적 의미의 상황이 아니라 개인이 무엇인가 지적, 정서적 관심과 주의를 기울이고 있는(이돈희, 1993: 95) 관계적 장(場)을 일컫는 것이다.

듀이는 이와 같은 상황의 개념이 하나의 '맥락적 전체'(a contextual whole)의 의미와 관련되어 있다고 말한다. 상황이 하나의 맥락적 전체와 관련되어 있다는 것은, 인간이 지각하고 의식하는 상황이 어떤 단일한 대상이나 사건, 또는 일련의 대상이나 사건에 대한 고립적 인식의 사태가 아니라(Dewey, 1938a: 72) '상황 전체'(full situation)라는 것, 즉 하나의 유기적 맥락을 갖춘, "그 자체로서 하나의 독특한 질성(質性; quality)을 가진 상황"(Dewey, 1938a: 109)이라는 것을 의미한다.[3] '질성'은 언어로 표현되기 이전의 사물의 성질, 특징, 속성 등과 같이 사물 자체가 지니는 질적 특성일 뿐만 아니라, 우리들이 모종의 사물이나 상황 또는 과정이나 구조를 하나의 통일체로 지각하는 마음의 작용이나 상태를 가리킨다. 이러한 질성으로 인하여 우리는 어떤 상황을 다른 상황과 변별하여 볼 수 있으며(이돈희, 1993: 94-95; 1994: 33), 또한 해당 상황을 단일하고 총체적인 상황으로 지각하게 되는 것이다. 듀이는 그의 "질성적 사고"(1930a)라는 글에서 예술작품 감상의 예를 들어 '질성'의 의미에 대해 설명하고 있다.

> 하나의 그림의 경우를 생각해보자. 만약 그 그림이 그야말로 인쇄된 것이나 기계적인 생산품이 아니라 예술작품이라고 한다면, 그것의 질성은 그 그림 내부의 어떤 속성들에 무엇인가를 덧붙여 말하는 것이 아니다. 질성은 외부적으로는 그 그림을 다른 그림과 구별하게 하는 것이며, 내부적으로는 그 작품의 모든 세부적 내용과 관계들 곳곳에 스며들어 채색하고 색조를 더하고 무게를 느끼게 해주는 것이다(Dewey, 1930a: 245).

상황은 하나의 예술작품의 경우와 유사하게 그 자체 내에 작용하는 요소들의 복잡성에도 불구하고 질성으로 인해 함께 결합되며(Dewey, 1930a: 246), 거기에 속한 모든 구성요소들을 하나의 독특한 전체로 통합시켜주는 것이다(Dewey, 1938a: 74). 사실, 감탄사라든가 '예', '아니오'와 같은 짤막한 긍정과 부정의 표현들은 어떤 전체로서의 상황의 질성에 대한 통합적 태도를 상징적으로 표현하는

---

3) 듀이의 '질성'이라는 용어는 일반적으로 '질적 특성'이라고 번역되는 영어의 'quality'를 편리하게 표현하기 위해 조어(造語)한 것이다. 특정한 대상의 질성이라고 할 때, 그것은 일차적으로 언어라는 상징적 수단에 의해 규정된 것이 아니라, 우리의 지각 혹은 구체적 경험을 통해 직접적으로 식별되는 대상을 의미한다(이돈희, 1993: 94-95). 이하 문맥에 따라서 '질성'은 '질적 특성'과, '질성적'(qualitative)은 '질적'이라는 말과 혼용하였다.

것이다(Dewey, 1930a: 250). 이 점에서 상황은 심리적, 정적(情的) 관계까지 포함하고 있는 것이다(김재만, 1980: 214). 이러한 질성은 '문제 상황'(problematic situation)의 지각에도 그대로 배어 있다. 즉, 어떤 상황을 문제 상황으로 지각하는 데에도 그 상황을 파악하는 개인의 질적 특성이 투영되고 있는 것이다. 다만, 문제 상황은 이하에서 논의되겠지만 의식되는 상황이 개인에게 본격적 관심사나 심각한 문제로 떠오를 때, 즉 문제의 해결을 위한 치밀한 사고가 요구될 때 대두되는 것이다. 이상에서 다룬 용어들 간의 개념적 관련성은 다음과 같은 도식으로 이해할 수 있을 것이다.

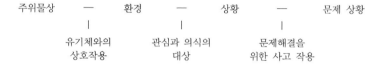

주위물상은 유기체를 둘러싼 주변의 모든 사물이며, 이러한 주위물상이 유기체와 직접, 간접으로 영향을 주고받으며 상호작용을 하는 것이 될 때 환경이 된다. 또한 환경은 유기체로서의 인간이 참으로 마음을 쓰고 사고하는 대상이 될 때 하나의 상황으로 바뀌는 것이다. 특히, 문제 상황은 그 범위상 주위물상, 환경, 상황에 모두 포함되는 부분집합이 되는 동시에, 현재의 문제해결을 중심으로 의식되는 시공간적 장(場)이라는 점에서 인식작용상 중요한 위치를 점하고 있다. 그러나 여기서 주의할 점은, 위 도식을 고정적으로 따라가야 하는 순차적인 관계로 파악해서는 안 된다는 것이다. 왜냐하면, 만약 우리가 연필에 주의를 두면 연필이 상황이고 책상에 주의를 두면 책상이 상황이며, 연구실이 위치한 건물에 주의를 두면 연구실이 위치한 건물이 상황이 될 수 있기 때문이다(이돈희, 1993: 96). 이것은 주위물상 수준의 사물이라고 하더라도 그것이 관심이나 의식의 대상이 될 때 곧바로 상황이나 문제 상황으로 진입할 수 있다는 것을 의미한다. 따라서 이 네 가지 요소의 관계를 고정된 도식적 관계로 보아서는 안 되며, 개인의 의식이나 사고의 요소가 개입함으로써 상호 환류적(還流的)인 역동적 관계를 맺는 것으로 보아야 할 것이다.

Ⅲ. 문제 상황의 특성과 구조

상황은 개인에게 하나의 직접적 질적 특성을 가진 전체적 상황이며, 이것이 해결을 요하는 심각한 사고의 대상으로 포착될 때 문제 상황으로 변모한다(Dewey, 1930a: 249). 이 장에서는 문제 상황의 의미가 구체적으로 무엇이며, 문제 상황의 시공간적 인식구조가 어떻게 파악될 수 있는지를 살펴보고자 한다.

1. 문제 상황의 특성

문제 상황의 특징은 한 마디로 '불확실성'에 있다고 말할 수 있다. 불확실하다는 것은 "아직 성격이 충분히 파악되지 않은 불완전한 사태에 처하여 우리가 느끼는 곤혹, 혼란, 의심"(Dewey, 1916a: 157)과 같은 것으로서, 현재의 상황이 개인의 행동에 일정한 방향성을 주지 못하고 혼란이나 갈등을 야기하는 것을 의미한다. 그것은 예컨대 음악 감상이나 영화 관람에서와 같이 현재 행위의 사태와 무관한, 일방적인 관조나 음미에서 나오는 것이 아니라 현재 행위의 순조로운 진전을 가로막는 존재적 삶의 사태에서 비롯된 것이다. 말하자면, 문제 상황은 "기로적 상황"(forked-road situation), 즉 "애매하고 모순되며 양자택일을 요구하는 상황"(Dewey, 1933: 122)인 것이다. 듀이는 문제 상황이라는 말에서 '문제'의 의미를 다음과 같이 분석하고 있다.

> 문제가 된다는 것은 '혼란스러운'(confusing), '당황스러운'(perplexing), '어지러운'(disturbed), '불안정한'(unsettled), '엉거주춤한'(indecisive) 등의 형용사들이 가리키는 특징을 포함하고 있다. 동시에 그 말은 '거슬림'이라든가 '걸림돌', '분기점', '장애물' 등의 명사들이 가리키는 특징도 내포하고 있다. 요컨대, 문제가 된다는 것은 순조롭고 직접적인 행동의 방향을 가로막는 모든 사건들을 포괄하는 말이다(Dewey, 1949a: 282).

문제 상황은 인간의 마음 내부에만 머무는 순수한 사고 작용에서 나오는 것이 아니라 현재 개인의 행위의 진전을 방해하는 실존적 문제에서 야기된다. 다시 말해, 문제 상황은 현재의 행위에 따른 예견되는 결과가 분명치 않다는 것이며(Dewey, 1938a: 110), 따라서 그것은 "하나의 단일한 '편재적 질성'(pervasive quality)에 의한 통제가 결여된"(Dewey, 1930a: 247), 불안정하고 혼란스러운 상황인 것이다. 이와 같은 문제 상황은 곧 현재 어떻게 행동해야 하는가 하는 문제가 개인에게 심각한 문제로 대두되는 사태이며, 유기체로서의 인간의 균형 상태를 깨뜨리고 장애물과 걸림돌로 남아 그 해결을 강요하고 있는 것이다.

듀이에 의하면, 인간을 포함한 모든 유기체는 상호작용적 장 내에서 살아가고 있으며 자신을 둘러싼 "상황의 연속 안"(Dewey, 1938b: 25)에서 그 상호 관계적 활동에 무엇인가 관여하고 변화를 일으키며 수정을 가하기도 한다. "유기체와 환경의 상호작용은 원천적 사실이며 근본적 범주에 해당한다."(Interaction of organism and environment is the primary fact, the basic category)(Dewey, 1920: 87). 다윈(C. Darwin)의 생물학적 진화론을 바탕으로 형성된 듀이의 상호작용적 관점은 관계적 맥락을 벗어나는 초월적, 고정적인 존재를 부정하는 것이며, 모든 변화와 진보를 반이원론적, 유동적인 맥락에서 해석하고 있는 것이다. 특히, 문제 상황이 주목되는 이유는, 그것이 삶의 상호작용적 상황에서 경험을 성장시키는 동인(動因)이 되기 때문이다. 하나의 경험이 행위의 원인과 결과 또는 능동과 수동의 측면을 결합하는 관계성을 파악하는 데서 나온다고 볼 때, 문제 상황은 이러한 정상적 관계성이 파기(破棄)될 때 등장하는 것이다. 동시에 바로 그러한 문제 상황이 우리에게 문제의 해결과 심적 균형을 회복하기 위한 진지한 사고를 요청하고 있는 것이다.

요컨대, 문제 상황은 무엇인가 혼란스럽고 앞뒤가 맞지 않으며 의심스러움이 존재하는 불확실성의 장을 의미하지만, 동시에 "조사와 검토, 논의를 요구하고 탐구를 자극한다는"(Dewey, 1949a: 282) 점에서 발전 지향적인 장을 의미하기도 한다. 다시 말해, 문제 상황이 인간의 순조로운 행위를 가로막는 불확실성을 지닌다는, 바로 그 점이 경험의 성장을 촉진하는 사고와 탐구의 계기를 만들어주는 것이다. 환경이나 상황은 문제 상황으로 변모함으로써 본격적 경험의 장으로 성립되는 것이다. 이는 비트겐슈타인이 "의심이 없는 곳에 앎도 없다"(Wittgenstein, 1991: 명제 121)고 말한 맥락과 마찬가지로 유의미한 경험이나 지식 획득을 위한 의문과 탐구의 중요성을 말해주는 것이다. 만약 문제 상황을 문제 상황으로 인식하지 못하고 무심코 지나친다면, 혹은 문제의 초점이나 의심스러움이 없는 상황으로 일관한다면, 그것은 경험에 어떠한 질적 변화도 일으키지 못할 것이다. 더욱이 그와 같은 경험은 본격적 사고나 탐구가 개입되지 않는다는 점에서 인식수준의 향상이나 발전적 도약을 담보하지 못하는 것이다.

2. 문제 상황의 구조

듀이가 말한 바와 같이, "상황과 상호작용의 두 개념은 서로 떠날 수 없는 관계"(Dewey, 1938b: 25)에 있다. 유기체로서의 인간은 항상 그를 둘러싼 상황 속에서 환경과 상호작용을 하는 관계적 장 속에서 살아가고 있다. 이 점은 듀이가 말하는 문제 상황을 시공간상의 구조적 측면에서 파악할 수 있다는 것을 시사한다. 물론, 이것은 문제 상황이 어떤 고정된 틀이나 불변의 구조를 가지고 있다는 것을 의미하는 것은 아니다. 다만, 듀이의 문제 상황이 인간과 환경 간의 '교호작용'(transaction)의 맥락에 따라 변화되는 것인 한, 그런 시공간적 관계망에 비추어 문제 상황의 의미 구조를 재해석해볼 필요가 있다는 것이다. '교호작용'은 듀이가 기존의 '상호작용'(interaction)을 대체한 용어로서, 상호작용을 하는 양자가 서로 영향을 주고받아 양쪽 모두 변화하는, 시공간상 확대된 인식작용을 가리킨다(Dewey, 1949: 60, 113; 김무길, 2001: 19－24; 2002: 57－61). 다시 말해, 교호작용은 시간적 깊이와 공간적 넓이가 확대되는 인식작용으로서 현재 문제 상황의 인식과 탐구, 그리고 그 해결과정에 개입하고 있는 것이다.

확실히, 문제 상황의 탐구에는 광범위한 시공간을 가로질러 존재하는 수많은 인식의 요소들이 서로 교호작용을 일으키며, 그런 교호작용의 결과로 현재의 문제 상황은 단일한 안정적 상황으로 변모하게 되는 것이다. 왜냐하면, 거기에는 연속적 사고가 개입되어 있기 때문이다. 듀이가 말한 '맥락적 전체'(Dewey, 1938a: 72)라는 용어도 이와 같은 교호작용을 통해 파악되는 상황의 전체적, 질적 특성을 의미하는 것이다. 이처럼 문제 상황의 탐구를 교호작용이 전개되는 장으로 본다면, 우리는 그것을 시간성을 나타내는 종적 구조와 공간성을 나타내는 횡적 구조로 구분하여 살펴볼 수 있을 것이다. 먼저, 문제 상황의 시간적 구조를 부호를 써서 간략히 나타내면 다음과 같다.

$$T_1 : S_1 \rightarrow T_2 : S_2 \rightarrow T_3 : S_3 \rightarrow \cdots\cdots$$

위 도식에서 T는 시간을, S는 상황을 나타내며, 또한 T_1, T_2, T_3는 시간의 계열을, S_1, S_2, S_3는 인간이 당면하는 상황의 변화를 의미한다. 유기체가 의식하는 상황은 시간의 흐름에 따라 변화해간다. 유기체가 하나의 상황으로부터 다른 상황으로 옮겨간다는 것은 별개의 세계로 옮겨간다는 뜻이 아니라, 동일한 세계의 상이한 국면에서 자신의 위치나 의미를 발견해 나간다는 것을 의미한다. 앞의 상황과 뒤의 상황 사이에는 상호 영향을 주고받아 변화를 일으키는 연속성이 존재하기 때문이다(정건영, 1995: 77). 예컨대, 한 학생이 자신의 진로에 대해 심각하게 고민하고 있다면(T_1) 그것은 분명히 문제 상황(S_1)인 것이다. 만약 그 학생이 본격적이고 치밀한 사고의 결과 모종의 진로를 택했다면(T_2), 그것은 그 학생이 갖는 경험의 의미가 변화된 것이며, 동시에 그가 당면하는 상황이 변화(S_2)되었다는 것을 의미하는 것이다. 이와 같은 연속적 관계는 마치 주머니 속의 동전과 같이 상호 별개로 존재하는 동전과 주머니의 관계가 아니라, 유기체와 그를 둘러싼 환경적 조건이 상호 영향을 주고받아 양쪽 모두 변화를 일으키고 있다는 것을 의미한다. 다시 말해, 인간의 행위와 경험은 주머니 안에 있으나 밖에 있으나 항상 일정한 가치를 지니는 동전과 달리, 상황 맥락에 따라 그 의미가 유동적으로 변화해 가는 것이다.

한편, 문제 상황의 공간적 구조로는, 우선 나가노(永野芳夫)(1950: 17; 김재만, 1980: 219)가 제시한 다음의 그림을 살펴볼 필요가 있다.

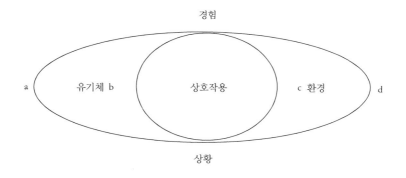

나가노에 의하면, 위 그림에서 타원형의 유기체 ac와 타원형의 환경 bd가 상호작용 하는 bc의 부분이 곧 상황이요, 경험이 된다. 위 그림의 이점은 유기체와 환경이 상호작용을 해서 상황이 의식되고

경험이 성립된다는 것을 부각시킨다는 점에 있다. 그러나 김재만 (1980: 219)의 지적대로 상황을 이와 같이 설명한다면, 유기체의 ab 부분이 환경 밖에 있고 환경의 cd 부분이 유기체 밖에 있는 것으로 설정된다는 것이 문제점으로 남는다. 듀이가 말하는 유기체는 항상 환경 내에 있는 것이며, 유기체를 벗어난 별도의 환경, 환경을 벗어난 고립된 유기체는 존재할 수 없기 때문이다. 따라서 저자는 환경－상황－유기체의 포함관계를 고려하여 문제 상황의 횡적 구조를 다음과 같이 나타내고자 한다.

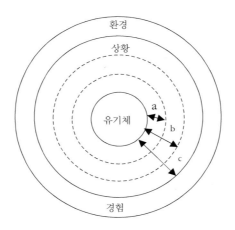

위 그림에서 보면, 일체의 유기체는 그가 지각하는 상황 내부에 들어 있고 상황은 또한 환경 내부에 포함되어 있다. 여기서 a, b, c부분은 유기체가 의식하는 상황의 범위를 가리키는 동시에, 유기체가 관심을 기울이는 상황의 존재 범위가 가변적이라는 점을 나타낸다. 물론, 이와 같은 그림은 나가노가 제시하는 그림에서처럼 유기체와 환경이 상호작용하는 부분이 상황이 된다는 것을 선명하게 드러내지 못하는 면이 있다. 그러나 만약 유기체가 상황 속에 존재한다는 사실 자체가 이미 환경과의 교호작용을 논리적으로 함의하는 것이라면, 위 그림은 나가노의 설명에서 드러나는 난점을 배제할 수 있을 것이다. 즉, 위 그림은 문제 상황이 유기체를 둘러싼 하나의 맥락적 전체라는 것, 따라서 유기체는 상황 속에서 그를 둘러싼 환경과 온전히 상호작용 하고 있어서 유기체와 환경 중 어느 부분이라도 따로 고립되어 있지 않다는 것을 드러내고 있는 것이다. 다시 말해, 유기체로서의 인간은 어떤 고립된 사물과 일대일의 상호작용을 하는 것이 아니라 맥락적 전체 속에서 환경과 교호작용을 하여 하나의 유의미한 경험을 성립시키고 있다는 것이다.

이상에서 살펴본 문제 상황의 시공간적 구조는 개념상으로만 구분될 뿐, 사실상으로는 상호 맞물려 진행되는 것으로 보아야 한다. 모든 인간의 인식작용은 오직 시공간적 교호작용이 일어나는 상호 관계망 내에서만 가능하기 때문이다. 만약 이와 같은 문제 상황의 공간적(횡적) 구조를 앞서 제시한 시간적(종적) 구조와 함께 표현한다면, 그것은 평면상의 공간적 넓이에 시간적 깊이가 추가되어 여러 개의 평면적 공간이 연속적으로 겹쳐지는 입체적인 이미지를 띠게 될 것이다. 요컨대, 문제 상황의 구조는 고정된 것이 아니라 시간적 연장과 공간적 확대를 포함하는 변화의 양상을 띠고 있으며, 그런 양상 속에서 유기체와 상황의 관계망은 끊임없이 변화를 거듭하게 되는 것이다. 따라서 우리는 듀이가 말하는 상황의 범위를 러셀(B. Russell)이 해석한 바와 같이 반드시 '우주 전체'(entire universe)라는 전체론적 의미와 동일시 할 필요가 없으며(Dewey, 1939b: 33), 그렇다고 하여 제한적으로 작용하는 좁은 범위의 상황으로만 해석해서도 안 될 것이다. 이미 언급한 바와 같이, 상황은 개인의 의식과 사고가 미치는 관계적 장이며, 그런 만큼 변화하는 상황 지각에 따라 그 범위의 경계가 축소 또는 확대될 수 있기 때문이다.

Ⅲ. 문제 상황의 탐구와 그 전개 양상

이 장에서는 문제 상황의 탐구에서 인식작용의 구체적 양상이 어떠한 것인지를 이해하고자 한다. 이를 위해 먼저 문제 상황을 탐구한다는 것이 어떤 성격을 갖는 활동인지를 살펴보고, 이어서 문제 상황의 탐구에서 드러나는 인식의 전개 양상을 지식과 행위, 사물과 마음, 활동과 결과의 통합이라는 세 측면으로 나누어 검토해보고자 한다.

1. 문제 상황 탐구의 두 측면

현실적으로 부딪치고 있는 문제 상황이 사고를 유발한다. 이것은 상황에 내재된 의문점과 곤란점이 상황 속에 있는 인간에게 그대로 연결된다는 것을 보여준다. 듀이가 말한 바와 같이, "우리는 상황이 본질적으로 의심스럽기 때문에 의심을 품게 된다"(We are doubtful because the situation is inherently doubtful)(Dewey, 1938a: 109). 이 말은 주의를 요한다. 즉, 그것은 상황과 개인의 의심을 '분리'시켜서는 안 된다는 것이다. 만약 상황과 개인의 의심을 분리시킨다면 그때 나타나는 의심스러움은 순전히 개인적 의심의 상태가 되고 말 것

이다. 듀이에 의하면, 의심의 원천을 상황과 분리된 개인에게 두는
것은 그릇된 주관주의적 심리학의 유산이다. 상황과 관련 없는 개인
적 의심의 상태는 병적인 것이며, 그런 의심이 극단적인 것이 될 때
이른바 '의심광'(疑心狂)이 된다는 것이다(Dewey, 1938a: 109－110).
듀이가 말하고자 하는 것은, 우리가 의심을 품는 것은 바로 우리를
포함한 '불확정적 상황'(indeterminate situation)으로부터 비롯되었다
는 것, 말하자면 의심스러운 상황은 유기체의 굶주림이라는 생물학
적 불균형 상태와 꼭 마찬가지로 실존적 원인에서 비롯되었다는 것
이다(Dewey, 1938a: 111, 121).

따라서 문제 상황의 해결은 절실하고 근본적인 문제이며, 그런 문
제 상황을 해결하고자 하는 것이 탐구의 첫걸음에 해당한다. 우리는
탐구를 통하여 무엇인가 불안정하고 혼란스러운 상황으로부터 '확
정적 상황'으로 나아갈 수 있게 된다. 이처럼 문제 상황을 탐구한다
는 것은 애매하고 의혹스러운 상황을 명료하고 전후가 일관된 안정
된 상황으로 전환시키는 일이다. 듀이가 말하는 '반성적 사고'의 본
질적 기능은 바로 이러한 상황의 전환을 촉진하는 데에 있다. 반성
적 사고는 '탐구'와 동의어로서(Dewey, 1938a: iii), 가공적인 상상이
나 허황된 사고처럼 이것저것 잡동사니가 되어 왔다 갔다 하는 것이
아니라, 타당하고 견실한 결론을 얻기 위한 목표를 가지고 세밀하게
사고하는 것을 가리킨다(Dewey, 1933: 115).

반성적 사고의 과정은 일반적으로 다음의 다섯 단계를 거치
는 것으로 설명된다. 즉, "암시(suggestion)－문제 상황의 지적 정리
(intellectualization)－주도적 관념(leading idea)이나 가설의 설정－추
리작용(reasoning)－행동에 의한 가설의 검증(testing)"(Dewey, 1933: 200－

206)이 그것이다. 이러한 사고과정이 중요한 것은, 그 다섯 단계를 하나하나 거치는 데에 있는 것이 아니라, 그것이 바로 문제 상황을 탐구하여 보다 확실하고 안정된 상황으로 나아가는 방법이며, 바로 거기서부터 온전한 의미의 하나의 경험, 하나의 보다 확실한 지식이 생성된다는 데에 있다. 즉, 문제 상황에 대한 탐구는 불확정적 상황을 확정적 상황으로 바꿈으로써 맥락적 의미를 갖는 하나의 '보증된 단언'(warranted assertion)(Dewey, 1938a: 46)을 획득하는 데에 그 중요성이 있는 것이다. 이러한 듀이의 관점은, 최종적으로 완결된 실체화된 지식의 대상이란 없으며 모든 지식은 실험적 가정(postulate)의 성격을 지닌다는 것을 보여준다.[4] 다시 말해, 지식은 항상 보편타당한 것이 아니라 그것이 성립된 맥락적인 조건하에서만 그 정당성이 보장된다는 것이다(노진호, 2002: 45). 그런데 여기서 주목할 점은, 문제 상황 탐구의 배면(背面)에는 '질성적 사고'라는 또 하나의 사고의 측면이 동시에 수반되고 있다는 것이다.

앞서 언급한 바와 같이, '질성'이 사물이나 사태를 지각하는 선언어적 마음의 작용이라고 볼 때, 이런 질성적 사고는 문제 상황을 탐구하는 반성적 사고의 전체 과정에 스며들어 있다고 보아야 한다. 즉, 문제 상황의 해결을 위한 반성적 사고에는 그 상황에 주의와 관심을 기울이고 탐구의 과정에 따라 자신의 앎의 총체로서의 그때그때 순간적인 느낌과 판단을 형성하며(박철홍, 1999: 97-99), 가설의

---

4) 듀이는 그의 『논리학: 탐구의 이론』(1938a: 25)에서 탐구 활동에서 드러나는 '가정'의 성격에 대해 다음과 같이 말하고 있다. "하나의 가정이라는 것은 '임의적'인 것이 아니요, 그렇다고 하여 '선험적'인 것도 아니다. 임의적이지 않은 이유는 가정이 수단-목적의 관계성으로부터 나온 것이기 때문이며, 선험적이지 않은 이유는 가정이 외부에서 부과된 것이 아니라 우리에게 탐구 활동이 위임된다는 하나의 승인의 표시이기 때문이다."

검증을 통한 성취에서 정서적인 만족감을 느끼는, 그런 심미적 측면이 내재해 있는 것이다(이돈희, 1993: 235-236). 듀이에 의하면, 엄밀한 과학적 사고도 그 자체의 질성적 통제를 받고 있는 것이며, 따라서 과학이 좀 더 형식화되고 수학적 특징을 띠게 되면 될수록 그만큼 특수한 질성적 고려사항들에 대한 민감성이 높아지며 또한 그것들에 의해 통제될 가능성이 높아지는 것이다(Dewey, 1930a: 252). 요컨대, 문제 상황을 탐구한다는 것은 '반성적 사고'와 '질성적 사고'가 상호 분리될 수 없는 상태로 맞물려 전개되는 것이며, 바로 그러한 탐구과정이 탐구 당사자에게는 지식을 획득하는 확실한 방법이 된다. 왜냐하면, 다른 사람으로부터 일방적으로 전달받은 지식이나 경험 바깥에 존재하는 지식은 그의 마음의 일부로 체화되기 어렵기 때문이다. 진정한 자기 자신의 지식이 되려면 본격적인 사고를 통하여 나름대로 심각하게 사고하고 관찰하고 검증하는 일이 필요할 뿐만 아니라, 삶의 상황 속에서 순간순간 자신의 활동에 대한 총체적 지각이라든가 성취감, 정서적 만족감 등 정의적, 심미적인 측면이 동반되어야 하는 것이다.

2. 문제 상황 탐구의 전개 양상

가. 행위와 지식의 통합

행위와 지식의 대립은 고대 희랍철학이나 근대철학에서 일관되게 견지되어 온 흐름이었다. 예컨대, 희랍철학에서 행위나 경험은 이성적인 앎에 비해 불완전하고 미천한 것이었으며 오직 이성만이 우리를 진리의 대상으로 인도한다고 가정하였다. 또한 근대철학의 경험론은 감각경험의 반복적 각인(刻印)에 의해 지식의 확실성을 보장할 수 있다고 봄으로써, 결과적으로 행위와 지식을 원인과 결과의 관계로 분리시켰다. 반면, 합리론은 감각경험의 불완전성을 지적하고 순수 관념적 작용으로부터 지식의 확실성을 추구하고자 하였으나, 사고의 중요성을 지나치게 강조한 나머지 인식에 있어 행위의 요소를 평가절하고 말았다. 물론, 경험론과 합리론에서는 희랍철학과 다르게 지식획득의 주체로서의 개인을 부각시킨 것이 사실이다. 그러나 이들은 "지식이 본질적으로 안정되고 확실한 것에 이르는 유일한 길"(Dewey, 1929: 41)이라는 믿음 하에 근본적으로 인간의 행위와 분리된 고정 불변하는 지식의 대상을 상정함으로써 희랍철학의 이원론적 전통을 그대로 답습한 측면이 있다. 물론, 칸트(Kant)는 오성(悟性)의 개념을 도입하여 경험론과 합리론의 대립을 해소하고자 하였다. 그러나 칸트는 오성의 개념적 판단 능력이 이미 개인에게 선험적으로 주어져 있다고 봄으로써, 행위와 대립된 정신작용을 부각시키는 합리론의 이원론적 관점을 크게 벗어나지 못한 것으로 평가된다.

사실, 듀이 철학의 탁월한 공헌은 이와 같은 전통적인 이분법적 인식을 지양하는 새로운 인식의 패러다임을 제시한 데에 있다. 즉, 그의 관점에서 지식과 행위, 개념과 경험은 문제의 해결이라는 실존적 문제 상황 속에 녹아들어 상호 통합적으로 작용하게 되는 것이다. 이 경우, 개념이나 지식은 행위와 분리된 것이 아니라 행위에 수반되어 문제해결을 위한 수단으로 나타나는 것이다. 지식은 "현재 일어나고 있는 일, 앞으로 해야 할 일을 이해하고 그것에 의미를 부여하는 수단"(Dewey, 1916a: 351)이 되기 때문이다. 그렇다면, 듀이는 소위 '문제 상황' 이전에 존재하는 기존의 정보적 지식들이나 과학적 법칙들, 이른바 '선지식'(先知識; pre-knowledge)의 지위를 어떻게 보고 있는 것인가? 만약 선지식이 인정된다면 그것은 어떻게 해석되어야 하며, 그것과 문제 상황의 탐구는 어떤 관계에 놓여 있는 것인가?

우선, 듀이는 "우리는 어느 누구도 어떤 것에 관한 경험이나 지식 없이는 그것에 대해 어떤 것도 사고할 수 없다"(Dewey, 1933: 139)고 말하면서 지식 획득의 전제조건으로 과거에 획득된 지식과 정보의 중요성을 인정하고 있다. 예컨대, 열에 관한 어떤 예비지식을 가진 마음만이 열은 팽창을 뜻하는 것이라고 추리할 수 있으며, 또한 팽창을 작업가설로 쓸 수 있다. 즉, 관념의 연속적 연장은 마음이 이미 소유하고 있는 지식의 축적에 의해 좌우된다는 것이다(Dewey, 1933: 203-204). 이처럼 듀이는 과거에 획득된 지식의 역할을 과소평가하거나 배제하지 않는다. 확실히 기존의 지식은 현재의 사고를 통제하며 그 사고가 결실을 맺게 해주기 때문이다. 다시 말해, 정보라는 의미에서의 기존의 지식은 앞으로 더 알아내고 더 배우고 하는 데에 없어서는 안 될 자원이며 요긴한 자본의 구실을 하는 것이다(Dewey, 1916a: 157, 165). 그러나 듀이가 도저히 인정할 수 없었던 것은 과거의 선지식 그 자체를 도달해야 할 목적으로 보고 그것의 습득에만 매몰되는 태도였다. 듀이가 보기에 그렇게 해서 배운 지식은 다른 사람들의 사고로만 가득 차 있을 뿐, 자기 자신의 사고를 통한 결과물이 아니라는 점에서 경험의 성장에 도움을 주지 못하고, 종국적으로는 "사고를 삼켜 버리는" 불행한 결과를 낳을 수 있다.

사실, 선지식이 중요하다는 것과 선지식이 반드시 그 자체로 추구되어야 한다는 것은 별개의 문제이다. 다시 말해, 기존의 지식이 가치 있다고 해서 그것이 반드시 독립적으로 추구되어야 할 고정된 목적일 필요는 없다는 것이다. 듀이가 말하고자 하는 것은, 기존의 지식은 고정 불변의 대상이 아니라 문제 해결의 수단으로 자리매김된다는 것, 그리고 그것은 모든 문제 상황에 적용되는 유일 타당한 '만병통치약'이 아니라, "적재적소에 이루어질 수 있는 한 가치를 가진다는 것"(Dewey, 1933: 172-173)이었다. 기존의 특정한 지식은 문제 상황의 해결이라는 목적을 위한 수단으로 적용될 때 비로소 그 생동적 의미가 되살아나며, 장차 새로운 지식의 창출에 기여할 수 있기 때문이다. 이처럼 기존의 지식이 주는 의미는 고정되고 일의적인 의미를 갖는 것이 아니라 현재 문제 상황의 맥락에 따라 다양한 활용 가능성을 열어두고 있는 것이다. 듀이는 이 점을 의사와 환자의 관계에 비유하여 다음과 같이 설명하고 있다.

> 의사가 어떤 질병을 진단한다는 것은 특수화된 사건을 취급하는 것이다. 의사는 이미 알고 있는 생리학 등에 관한 일반적 원리들을 이끌어낸다 이런 개념적 자료가 없다면 그는 환자에게 아무런 도움을 주지 못할 것이다. 그러나 의사는 그가 가지고 있는 생리학이나 병리학의 어떤 정확한 법칙적 표본에 환자를 맞추는 것이 아니며, …… 일반적 원리의 설명을 환자의 특수한 사건의 관찰에 도움이 되도록 이용하는 것이다. 그 경우, 일반적 법칙은 지적인 도구나 기구로서의 기능을 발휘한다(Dewey, 1929: 165-166).

의사가 가진 기존의 의학적 지식은 환자의 진료에 도움을 주는 것이 사실이지만, 그것이 현재 그가 당면한 환자의 문제 상황에 그대로 적용된다고 볼 수 없다. 기존의 의학적 지식은 현재 환자의 체온이라든가 호흡, 심장의 고동 등 현재 관찰된 환자의 특수화된 사실과 관련하여 수단으로 활용될 뿐이다. 환자의 진단에는 의사의 판단이나 추리 등 사고 작용이 개입하게 되며, 이때 그가 가진 선지식은 문제 상황과의 관계성 하에 새로운 지식 생성의 수단이 되는 것이다. 의사에게 참된 지식은, "기존에 축적되고 보존된 지식이 아니라 '이해된' 지식이며, 이해된 지식은 이미 획득된 지식의 여러 부분들이 상호 관계적 상황 속에서 파악되는 것"(Dewey, 1933: 177)이다. 따라서 듀이에 있어서 문제는 과연 선지식이 있느냐, 없느냐 하는 데 있었던 것이 아니라, 그것이 현재 당사자가 처한 문제 상황과 어떤 관련을 맺고 어떤 의미를 시사해주느냐 하는 데 있었다. 선지식 자체에 대한 인식론적 검토는 듀이의 주요 관심사가 아니었기 때문이다.

듀이가 그의 최종 저서 『인식작용과 인식대상』(1949: 114)에서 "교호작용의 관점에서는 유기체이든, 환경이든 간에 그것들 따로따로의 선지식을 가정하지 않는다"고 말한 이유가 바로 여기에 있다. 즉, 그것은 선지식이 무가치하고 불필요하다는 것이 아니라, 지식은 항상 고정되어 있는 것이 아니라서 문제 상황의 맥락에 따라 유기적으로 변화되어갈 수 있음을 지적하는 것이다. 요컨대, 듀이 지식론의 의도는 선지식 자체에 있기보다는 그것이 현재의 문제 상황과 맺어지는 '기능적 상관성'(양은주, 2001: 129−130; 노진호, 2002: 83−85; Dewey, 1933: 198)을 강조하는 데에 있었다. 선지식은 항상 본래의 면모를 유지하는 것이 아니라 현재의 문제 상황에 맞게 조절되고 수정될 수 있기 때문이다. 다시 말해, 지식과 행위는 수단−목적의 관계라는 의식의 관계망 내에서 통합적 교호작용을 하며, 이때의 지식은 고정적인 지식이 아니라 문제해결을 위한 가변적인 행위 수단으로 바뀌게 되는 것이다.

나. 사물과 마음의 통합

듀이에 의하면, 감각적 경험에만 치중하는 실물교육, 관념적 어휘에만 매몰되는 언어중심교육은 모두 그릇된 것이다. 실물교육의 관점은 사물과 마음을 인과적 관계로 파악함으로써, 결과적으로 사물에 대한 감각적 접촉으로부터 지식이 획득된다는 종래 경험론의 오류를 범하였다. 즉, 실물교육의 원리만으로는 경험론에서와 동일하게, 감각경험을 통하여 지식을 획득하는 일이 어떻게 가능한지를 충분히 설명할 수 없는 것이다. 듀이가 언급한 바 있듯이, "마음에 관념을 주입하기 위해 오관(五官)앞에 물리적 사물을 갖다 놓아야 한다는 생각은 거의 미신(迷信)에 가까운 것이다"(Dewey, 1933: 297). 또한 언어중심교육에서는 사물의 경험과 분리된 관념적 어휘들이나 지식의 확대에만 치중함으로써 구체적 경험과 거리가 멀고 활용 가능성이 희박한 정보의 무더기만 축적하는 결과를 초래하였다. 이러한 언어중심교육에서 "어휘의 확대란 때로는 명목에 불과하며 그 의미나 용어상에 있어서 활용이 안 되는 '적극적이지 못한 퇴적물(堆積物)'을 추가하는 것이 되고 만다"(Dewey, 1933: 310).

듀이가 보기에 실물교육과 언어중심교육의 이러한 문제점은 근본적으로 사물이나 언어를 마음이 작동되는 삶의 구체적 상황으로부터 분리시킨 데서 비롯된 것이다. 즉, 실물교육은 상황과 분리된 독립적 사물에 대한 경험만을 강조함으로써, 또한 언어중심교육은 상황과 분리된 언어적 지식이나 정보 주입에만 주력함으로써 각각 학습자의 지력의 성장에 도움을 주지 못했다는 것이다. 듀이에 의하면, 사물이나 언어는 개인을 둘러싼 상황과 분리된 것이 아니라 상황 속에서 마음과 긴밀하게 교호작용을 하는 것이다. 지력의 성장은 단순한 감각경험이나 언어적 정보의 축적에서 나오는 것이 아니라 삶의 상황 속에서 사물과 언어를 유목적적으로 사용하는 데서 비롯되는 것이다. 사물이나 언어를 유목적적으로 사용한다는 것은 그것들을 모종의 상황 속에서 특수한 관계적 의미를 가진 것으로 활용한다는 뜻을 지닌다. 쉬운 예를 들어 보더라도 특정 사물의 의미는 독립적 사물 자체가 아니라 상황 속에 들여왔을 때 그 의미가 분명해진다. 공은 튕김으로써 탄력성을 알게 되고 어떤 물체는 들어봄으로써 그 무게를 비교할 수 있다(Dewey, 1933: 229). 이때 상황은 실제적으로 무엇인가 튕겨보고 들어보는 작동이 일어나는 사태를 가리킨다. 특히, 사물이 심각한 문제 상황 속에 들어왔을 때 그것은 마음과의 교호작용에 의해 보다 확실한 관계적인 의미를 부여받는 것이며, 이때 사물은 그냥 '사물'(thing)이 아니라 수단-목적의 관계적 맥락에 놓인 '대상'(object)이 되는 것이다.[5]

문제 상황이 아닌 곳에서 하나의 사물은 우리가 우연히 마주치거나 무심코 지나치는 '주위물상'에 불과한 것이지만, 그것이 모종의 문제 상황 내로 들어올 때에는 새로운 관계적 의미를 부여받게 된다. 개인이 지각하는 상황에 따라 사물은 그 의미를 달리할 수 있기 때

---

5) 듀이는 『인식작용과 인식대상』(1949: 110-111)에서 '대상'의 의미에 대해 다음과 같이 말하였다. "어떤 명명된 것이 '사건'(event)이라면, 탐구를 통해 명명된 사건을 확정한 것이 '대상'(object)이다." 이는 '대상'이 우리와 동떨어져 있는 무정(無情)한 사물이 아니라 하나의 사건이라는 유기적 맥락 속에 놓여 있으며, 동시에 우리의 마음이 개입하여 일정한 의미가 부여된 그런 사물임을 보여준다.

문이다. 예컨대, 암석을 심각하게 연구하는 사람에게 한 개의 돌 조각은 단순한 돌 조각이 아니라, 이전에 어떤 조건에서 구성된 수성암의 성층(成層)과 관계된 것으로 이해될 수 있다(Dewey, 1933: 226). 만약 우리가 인간의 삶을 끊임없는 문제 상황의 연속으로 본다면, 이제까지 수많은 지식의 획득과 인류 문명의 진보는 이러한 문제 상황에의 진지한 참여와 탐구로부터 비롯된 것이라고 말할 수 있을 것이다. 예컨대, 탄소(炭素)라는 섬유가 전등의 발명을 통하여 새로운 의미를 얻게 된 것, 과거에 거의 무용(無用)의 부산물이었던 휘발유가 내연기관(內燃機關)이 발명되었을 때 새로운 의미를 얻게 된 것 등(Dewey, 1933: 233)은, 사물이 문제 상황의 해결을 위한 지성적 수단으로 변환되었음을 알려준다. 동시에 그러한 탐구의 결과로 주위물상 수준의 '사물'이 일정한 의미를 갖는 '대상'으로 전환되었음을 보여준다. 듀이는 탐구에서 '대상'이 차지하는 위치를 다음과 같이 설명하고 있다.

> '대상'이라는 명칭은 그것이 탐구의 수단으로서 안정적인 형식으로 산출되고 배열되는 한 탐구의 소재(subject-matter)로 확보될 수 있다. 대상은 예견적으로 말한다면 바로 탐구의 대상인 것이다(Dewey, 1938a: 119).

위 인용문에서 '안정적'이라는 것은, 가령 구름의 위치라든가 변덕스러운 날씨와 같은 일상적 사건들(occurrences)과 달리, 탐구에서의 대상은 좀 더 확고하게 안정적인 형식을 취한다는 것을 의미한다. 자주 쉽게 변화되는 것은 탐구의 변인으로 활용하기 어렵기 때문이다. 그러나 대상이 비교적 안정된 형식을 취한다고 해서, 그것을 최종적으로 고정된 상태에 있는 것으로 보아서는 안 된다. 하나의 문제 상황에서 수단으로 활용된 대상은 다른 문제 상황에서는 얼마든지 다른 위상을 차지할 수 있기 때문이다. 다시 말해, 대상은 "하나의 상황 속에서는 특수한 부분, 국면 또는 측면"(Dewey, 1938a: 72)이 되며, 그것이 다시 새로운 상황에서는 그 유기적 맥락으로 인해 그 의미나 위치의 변화 가능성을 내포하고 있는 것이다. 요컨대, 사물은 당사자가 포착하는 문제 상황 속에서는 하나의 단순한 사물 그 이상의 의미를 가지게 된다(Dewey, 1933: 127). 문제 상황 속에서 사물은 개인의 마음과 무관한 고정적 의미를 탈피하고 특정한 수단－목적의 기능적 상호 관계성을 맺는 '대상'으로 전환하게 되는 것이다.

다. 활동과 결과의 통합

듀이에 의하면, 지식의 획득은 그 획득되는 지식이 무엇이든지 간에 "활동과 유리된 그 자체로 완전한 어떤 것이 아니라 활동을 재조직하는 것과 관련하여 의미를 가지는 말이다"(Dewey, 1916a: 347). 이와 마찬가지로 모든 지적인 행동의 본질적인 조건 또는 요소도 "앞으로 있을 법한 상황 속에서의 행위를 준비하는 것"(Dewey, 1938a: 55)이다. 현재의 활동을 통하여 '예견된 결과'(end-in-view)를 의식하는 것이 지적인 행동의 특징이라면, "활동의 수단과 결과의 관계성을 파악하는 것은 모든 이해작용의 중심이요, 핵심이 된다"(Dewey, 1933: 233). 이와 같은 관점에서 관념이라는 것은 결코 '백일몽'과 같은 맥락 무관의 관념 자체로 머무는 것이 아니라 새로운 관찰이나 반성을 이끌기 위한 수단으로 사용된다. 듀이는 활동과 결과를 통합적으로 파악하는 행위를 '지성적 행위'라고 명명하면서 다음과 같이 설명한다.

> 모든 지성적 행위에는 결과에 도달하기 위한 수단으로서 모종
> 의 사물들을 선택하는 일이 포함된다. …… 방을 환하게 하려면 램
> 프를 켜거나 스위치를 눌러야 하며, 몸의 열을 식히려면 어떤 치
> 료가 있어야 한다. 의도된 결과는 사용된 수단이 '원인'이 되는 그
> 런 관계 하에서의 결과이다. 일반적으로 말하여, 실제적인 탐구는
> 도달해야 할 목적을 가지고 시작되며, 그 목적을 달성할 수 있는
> 수단을 탐색하는 일이다(Dewey, 1938a: 454－455).

예견된 결과에 의해 조정되는 모든 탐구에서는 수단으로서의 현
재 조건을 선택적으로 배열하는 일이 뒤따르게 된다(Dewey, 1938a:
455). 이 경우 하나의 관념은 모종의 실행적 조치가 관찰된 조건에
비추어 어떤 결과로 연결될 것인가를 예견하는 일이 된다. 하나의
관념은 무엇보다도 앞으로 일어날 수 있는 것을 예견하는 것이며,
따라서 하나의 '가능성'을 표시하는 것이다. 우리가 일반적으로
과학을 '예측'이라고 부르는 까닭도 여기에 있다. 즉, 과학은 일련
의 통제된 관찰과 그 관찰 결과를 해석하는 일련의 조절된 개념적
방식에 의해 장차 예측되는 결과를 하나의 관념으로 구성하는 것
이다(Dewey, 1938a: 113). 이와 같이, 듀이에 있어서 현재의 활동
은 비록 그 정도 상의 차이는 있지만, 미래의 예견된 결과와 관련
해서만 의미를 가진다. 활동과 결과의 이러한 연속성은 철저히 '상
보적인'(reciprocal) 것이다. 즉, 활동의 결과는 선택된 활동의 수단에
의해 결정되는 것이며, 장차 활동의 수단은 현재의 활동 결과에 의
해 새롭게 선택되는 것이다(Dewey, 1949b: 333). 특히 유목적적 실
험이나 탐구과정에서 활동과 그 결과는 보다 긴밀하게 상호 관련되며,

장차 보다 개선된 탐구활동을 가능하게 한다. 만약 이와 같은 활동과 결과의 관련성과 무관한 활동이 있다면 그것은 습관적 행동이거나 그야말로 무턱대고 하는 맹목적 활동에 다름 아닐 것이다(Dewey, 1916a: 138). 활동과 결과의 연속성에 입각해볼 때, 인간의 탐구나 사고 행위와 분리된 선험적 이성은 부정되며, 모든 유의미한 지식의 기원이 유목적적 문제의 해결이라는 존재론적 상황에서 비롯되었다고 간주되는 것이다.

이제까지의 논의를 요약하면, 행위와 지식, 사물과 마음, 활동과 결과의 통합은 문제 상황 탐구의 맥락 속에서 상호 기능적 관련성을 맺고 있으며, 지식 생성의 복합적 동인(動因)이 되고 있다. 지식은 행위와 교호작용하여 문제를 해결하는 행위적 수단으로 바뀌고, 독립적 사물은 마음과 교호작용하여 하나의 맥락 속에서 의미를 갖는 대상으로 바뀌며, 활동은 활동의 결과와 교호작용하여 예견된 결과를 검증하는 탐구적 행위의 의미를 띠게 된다. 그러나 여기서 다시 주목할 점은, 이제까지 드러난 문제 상황 탐구의 전개 양상에 인지적 사고의 측면이 부각되어 있다고 해서, 거기에 배어 있는 질성적 사고의 존재마저 부정되지 않는다는 점이다. 즉, 문제 상황 탐구의 저변에는 인지적 탐구 못지않게 정의적, 심미적인 측면의 사고가 동시에 반영되어 있다는 것이다. 왜냐하면, 탐구 활동에는 그것이 즐거움이든 고통이든 무엇인가 정서적 느낌이나 판단을 수반하며 그러한 순간적 느낌이나 판단은 모두 명백히 질성적인 고려에 의해 조절되는 것이기 때문이다(Dewey, 1930a: 243). 다시 말해, 행위와 지식, 사물과 마음, 활동과 결과 간의 통합은 모두 인지적 사고 활동을 매개로 이루어지는 것이지만, 그 사고 활동 자체는 질성적 측면에서 개별적 관심이나 주의의 대상으로 포착되고 있기 때문에 성립되고 있는 것이다. 이와 같은 듀이의 관점은 진정한 지식 획득이 문제 상황이라는 하나의 맥락적 전체 속에서 반성적 사고와 질성적 사고 간의 상호작용을 통하여 가능하다는 것을 보여준다.

V. 결론: 논의 및 과제

듀이의 교육이론과 관련된 흔한 오해 중 한 가지는, 서론에서 제기한 바 있듯이 지식교육은 무조건 배제해도 된다거나 삶의 문젯거리나 아동의 흥밋거리만 교육의 장에 들여오면 된다는 통념에 있다. 사실, 듀이는 소크라테스적 대화법에서 나타나는 것과 같이 지식의 일방적인 전달이 불가능하다고 보았다. 즉, 그는 "어떠한 사고나 아이디어도 한 사람에게서 다른 사람에게 아이디어로서 전달될 수 없다. 언어에 의한 전달은 지적 관심을 파괴하고 사고를 자극하려는 노력의 싹을 짓밟을 수도 있다"(Dewey, 1916a: 166－167)고 하면서, 종래 지식교육의 폐해를 분명히 경계하고 있는 것이다. 그러나 주목할 점은, 듀이는 교과로서의 지식 그 자체의 가치를 부정하지는 않았다는 것이다. 듀이가 부정한 것은 지식이나 문화적 유산 그 자체가 아니라 학습자들을 지식으로 인도하는 성과 없는 지도 방향이었다(정건영, 1995: 162). 지식의 가치는 분명히 인정되지만, 그렇다고 하여 종래의 교육에서와 같이 고정된 지식 그 자체를 목적으로 취급하여 일방적인 전달과 암기, 암송으로 일관하는 교육이 되어서는 안 된다는 것이었다. 그렇게 받아들인 지식은 학습자에게 체화된 지식이 아니라 무기력한 정보로 전락하여, 이른바 학습자의 마음밖에 머무는 '주위물상'의 수준으로 격하될 우려가 있기 때문이다.

듀이의 대안은 한 마디로 말하여 기존의 지식을 경험적 문제 상황으로 끌어들여 새로운 문제해결의 수단이 되도록 활용하는 것이다. 학습자가 자신의 사고를 통하여 어떤 문제를 심각하게 다룰 때에만 그것은 학습자 자신의 것으로 돌아가는 것이다. 물론 모든 문제 상황이 교육적인 것은 아니다. 그것이 교과로서의 지식과 유의미하게 관련될 때에만 교육적 의미가 되살아나는 것이다. 따라서 문제 상황을 제시하는 것은 교과로서의 지식과 삶의 문제사태가 긴밀하게 교호작용하여 보다 의미 있는 지식을 획득해가도록 경험의 장(場)을 마련하는 일이 된다. 이 점에서 듀이가 상황 개념을 통해 추구하고자 한 것은, 그의 교육이론에 대한 흔한 오해에서와 같이 아동들로 하여금 단순히 흥미 있는 가게놀이나 은행놀이를 하게 한다거나 또는 교과와 무관한 생활의 문젯거리만을 다루게 하는 것이 아니며, 또한 킬패트릭(Kilpatrick)의 구안법에서 나타나는 바와 같이 모종의 실천적 작업 수행을 강조하는 것도 아니다. 듀이가 의도한 것은 학습자의 경험과 교과의 지식이 유목적적 문제해결의 상황에서 긴밀하게 상호작용하도록 학습 여건을 조성하는 것이다.

듀이가 비유적으로 표현한 바와 같이, 마치 탐험의 결과로 얻어진 완성된 지도가 탐험 당사자의 내면적 동기나 욕구 등 심리적 과정과 무관한 것이 아니듯이(Dewey, 1933: 173), 현재의 교과의 내용도 학습 당사자의 경험적 과정과 무관한 것으로만 보아서는 안 된다. 왜냐하면, 지식으로서의 교과는 학습자의 경험 속에 포괄되어 그 내용이 의미 있게 재구성되고 재조정되고 있기 때문이다(Dewey, 1898: 416). 사실, 학습자들은 항상 텍스트의 지식을 액면 그대로 받아들이는 존재가 아니라 그들 나름대로 지식을 재해석하고 내면화하는 능동적 존재이다. 이 점을 고려하면, 교육적 사태에서 주목해야 할 것은 형식적 교과의 단순 재생된 지식이 아니라 학습자에 의해 재해석되고 재진술된 지식이며, 또한 그러한 지식이 어떤 방향으로 변형, 생성되는가 하는 데에 있는 것이다(박철홍 외, 2004: 35－37). 듀이의 상황 개념은 바로 이러한 교호작용의 맥락에서 어떻게 하면 교과로서의 지식과 학습자의 경험이 온전히 상호작용을 하여 학습 당사자에게 보다 더 확실하고 진정한 의미에서의 지식 획득을 자극하고 촉진시킬 수 있는가 하는 원리적 기준을 제시해준다.

듀이가 의도한 상황 개념에 비추어 보면, 문제해결학습의 '문제 상황'은 반성적 사고의 절차에 따라 단위 수업의 첫 단계에서 '동기 유발'의 일환으로 잠깐 다루고 지나가는 것이 아니라, 수업의 도입에서 종결 부분에 이르기까지 사고와 토론의 구심점이며, 동시에 이후 학습자의 삶 속에서 경험의 의미를 재구성하고 본격적 사고를 유발하는 동인으로 보아야 할 것이다. 분명히 문제해결학습의 절차는 해당 수업을 유목적적으로 이끄는 지침의 구실을 한다. 그러나 만약 반성적 사고와 질성적 사고가 상호 맞물려 전개되는 탐구의 본질적 의미가 퇴색된 채 문제해결의 고정된 절차만 부각될 경우, 자칫하면 그것은 형식화된 공식의 지위로 전락될지도 모를 일이다. 사실 문제해결학습의 절차 자체는 그 학습을 하기 위한 '최저 기준'의 모델로서 의미를 가질 뿐이다.

요컨대, 문제해결학습에서 핵심은 그것의 절차를 하나하나 순서대로 준수하는 데에 있는 것이 아니라 혼란스러운 상황을 지적인 문제 상황으로 정리하는 학습 당사자의 진정한 관심과 사고의 개입에 있는 것이다. 이를 위해서, 교사가 제시하는 학습문제는 그야말로 문제로서의 문제가 아니라 학습자의 경험적 조건과 온전히 상호작용 하여 사고를 뒤흔들 만한 침투력이 있어야 하는 것이다. 예컨대, 이것은 삶의 '기로적 상황'과 같은 실존적이고 심각한 문제 상황이 해당 교과의 학습과 가능한 유의미하게 접목되어야 한다는 것을 의미한다. 그렇게 될 때 비로소 우리는 학습자들을 고립적이고 메마른 지식이 아니라 삶의 생동감이 넘치는 유의미한 지식의 내면화로 인도해줄 수 있을 것이다. 이제, 이 글에서 논의한 듀이의 상황 개념이 현대 교육에 주는 시사점 및 앞으로의 연구 과제를 제시하며 글을 맺고자 한다.

첫째, 교육의 관계적 상황 측면에서 볼 때, 듀이의 상황 개념은 전통적인 '교사-교과-학생'의 관계를 평면적인 것이 아니라 '입체적' 시각에서 파악할 것을 요청하고 있다. 여기서 '입체적'이라는 것은 교육현상을 눈앞에 보이는 지식의 전달과 습득의 관계로만 볼 것이 아니라 그 이면에 전제된 학생의 이전의 경험, 이전의 지식, 이전의 의미 체계들이 교사와 교육내용과의 만남을 통하여 다면적으로 접합되고 있음을 의미한다. 현재의 수업에는 학생이 과거에 배운 지식과 이전에 겪은 경험들이 함께 맞물려 작용하고 있기 때문이다. 교육의 사태가 이처럼 교사와 학생, 그리고 교육내용이 시공간적 맥락에서 다면적으로 교섭하는 사태라면, 단선적인 지식의 전달로 일관하는 교육이 학습자의 경험의 성장을 담보할 수 있는가 하는 데에는 의문의 여지가 있다. 우리는 어느 순간이라도 삶의 관계적 상황으로부터 벗어날 수 없다. 만약 이와 같은 삶의 상황이 교육의 사태와 분리되지 않고 교호작용을 하고 있다면, 교육적 상황의 조성은 학습자의 경험과 교과의 관계를 고려한 총체적 관점에서 접근할 필요가 있을 것이다. 즉, 학습자의 일시적 흥밋거리나 삶의 주변 환경 이것저것을 교육에 들여오는 것이 아니라, 학습자의 사고와 탐구 의욕을 불러일으킬 수 있고 "다양한 환경 요소들이 하나의 유기적 맥락에서 공동으로 참여하는 통일된 상황을 조성할 필요가 있는 것이다"(노진호, 2002: 52). 이와 관련하여 앞으로 사고력 신장을 위한 교육적 환경 조성에 대한 실증적 연구가 필요할 것이다.

둘째, 지성(intellect)의 함양 측면에서 볼 때 듀이의 상황 개념은 교사가 학습자의 사고과정에 민감한 주의를 기울일 것을 요청한다. 앞서 지적한 바와 같이, 듀이의 지성은 어떤 선험적 의미의 이성을 가리키는 것이 아니라 문제 상황의 해결에 작용하는 유목적적 사고의 작용을 가리킨다. 즉, 지성은 예견되는 결과에 비추어 현재의 조건을 검토하고 장차 행위를 조절하는 연속적 탐구의 맥락에 입각해 있는 것이다. 듀이에 있어서 사고의 요소는 "학습은 사고하는 것을 배우는 일"(Dewey, 1933: 176)이라 할 만큼 중요한 위치를 차지하고 있다. 따라서 학습자의 사고를 촉진하는 교사의 역할이 대단히 중요한 의미를 띠게 된다. 사실, "지성의 함양에 있어 교사는 반응을 일으킬 수 있는 자극"(Dewey, 1933: 159)을 제공하는 자이며, 가장 중요한 학습 모델인 것이다. '지성적 지도자'로서 교사는 학습자와의 공동 경험에 들어가서 의사를 교환하고 학습자의 사고와 탐구의욕을 불러일으킬 뿐만 아니라, 교사 스스로 지적 사고를 시범하는 또 하나의 탐구자가 되는 것이다. 이것은 교사가 미리 결론을 제시한다거나 토론을 독점한다는 것과는 다르다. 적어도 학습자의 지성을 함양하는 교육이 되려면 교사는 너무나 성급히 교재의 의미를 읽어내게 하는 습관을 지양해야 하고, 학습자들이 주도면밀한 관찰과 자료 수집, 그리고 추론을 하는 지적 습관을 갖도록 세심히 지도할 필요가 있다. 요컨대, 교사는 많은 양의 지식을 주입하는 데에 힘쓸 것이 아니라, 작은 부분이라도 학습한 내용이 새로운 깨달음을 주고 새로운 의문점을 불러일으키는 주체적 사고의 수단으로 활용되도록 유도해야 한다. 이를 위해서는 탐문적(探問的)인 관점에서 현재 학습한 내용 중에서 새로운 의문점과 곤란점을 찾아내고 이를 연속적으로 탐구해가는 역동적 수업 유형에 대한 연구가 필요할 것이다.[6]

셋째, 현상학적 측면에서 볼 때 듀이의 상황 개념은 사물이나 사태의 의미를 지각하는 학습자들의 생각과 목소리에 귀 기울일 필요가 있음을 보여준다. 학습자들이 느끼고 고민하며 판단하는 삶의 경험적 상황이 현재 학습의 사태와 교호작용을 하고 있기 때문이다. 사실, 학습 당사자에게 하나의 진정한 지식이 성립되는 것은 근본적으로 그가 겪은 경험 전체에 기반을 둔 개별적 의미 부여에서 비롯된 것으로 보아야 한다. 이것은 학습 당사자에게 지각되는 상황의 특수성이 중요하다는 것을 의미한다. 즉, 개별 학습자들은 전체적으로 평균화된 집단이 아닌 것이며, 따라서 개별 학습자들의 동기나 욕구, 의도 등 상황 맥락성을 고려하여 학습 활동이 이루어져야 하는 것이다. 이러한 상황 개념은 "사태 그 자체로 돌아가라"는 말로 유명한 후설(E. Husserl)의 현상학과 의미 있는 관련성을 맺고 있다고 보인다. 후설의 현상학에서는 사물이나 현상을 선입견이나 편견

---

6) 비교적 최근에 듀이의 상황 개념을 실제 수업에 적용한 연구로는, '문제 상황' 자료를 개발하여 초등학교 사회과 문제해결학습에 적용한 박용조(2006)의 연구와 정호범, 박용조, 이수경(2006)의 연구를 참조할 것.

에 의해 재단(裁斷)하고 축소하고 분류, 유목화하여 보는 관점을 경계한다. 그것은 사물이나 사태의 본질을 보는 것이 아니라 왜곡된 변형을 보고 있을 가능성이 높기 때문이다. 후설에 의하면, 우리는 우리의 의식 속에 나타나는 있는 그대로의 경험을 중시해야 하며, 사물의 본질에 도달하기 위해서는 사물 그 자체의 경험을 직관에 의해 드러내어 순수한 의식의 참 모습을 찾는 것이 중요하다(홍기형, 1997: 293 - 297; 박이문, 2000: 80 - 85). 이처럼 현상학적 관점은 의식과 대상의 긴밀한 관계성을 통해 생성되는 경험의 의미를 소중히 여긴다는 점에서, 앞으로 듀이가 말하는 '유기체와 환경의 교호작용'을 통한 경험의 재구성 과정과 비교해볼 필요가 있을 것이다.

넷째, 정서교육의 측면에서 볼 때 듀이의 상황 개념은 질성적 사고에도 진지한 교육적 관심을 기울일 것을 요청하고 있다. 탐구과정에서 대상들을 선택하고 그것들의 관계를 결정하는 것은 하나의 지각된 상황과 상관하여 통제되며, 그 때의 상황은 내적으로 통합된 질적 특성에 의해 구성되는 것이다(Dewey, 1930a: 246). 그런 만큼 과학적 탐구 활동이라고 하더라도, 거기에는 반드시 그 탐구과정이나 결과를 평가하는 당사자의 비언어적인 총체적 느낌이나 판단이 개입하기 마련이다. 사실, 우리가 무엇인가 활동을 할 때에는 오로지 그 활동만을 하는 것이 아니라, 전체적 상황을 지각하면서 활동을 하고 있는 것이다. 특히 듀이가 말하는 문제 상황이 유기체로서의 인간이 심각하게 관심을 기울이는 사태라고 할 때 문제 상황의 해결은 오로지 인지적 사고를 통해서만 이루어지는 것이 아니라 상황 전체를 인식하는 질성적 사고가 뒷받침되어 이루어진다고 보아야 한다(박철홍, 1999: 99). 따라서 질성적 사고는 인지적 사고에 못지않게 교육적 관심의 대상이 되어야 한다. 왜냐하면, 지성의 교육과 감성의 교육은 함께 맞물려 개인의 경험을 계속적으로 재구성해 가는 두 축이 되기 때문이다. 우리는 교육의 사태를 언어적, 명제적, 상징적 측면에서만 보는 일반적 경향을 벗어나서, 교육의 사태 저변에 깔린 암묵적(暗黙的) 차원(tacit dimension)[7], 즉 학습자의 지각이나 정서, 느낌 등 질성적 측면을 소중히 여기면서 교육에 임할 필요가 있다. 앞으로 이와 관련하여, 문제 상황의 해결에 동반되는 예술적, 심미적 사고의 측면에 대한 연구가 필요할 것이다.

---

7) '암묵지'(暗黙知; tacit knowing)는 '인격적 지식'(personal knowledge)으로 유명한 폴라니(M. Polanyi)가 쓴 용어이다. 폴라니는 우리의 앎에는 언어로 설명할 수 없는 암묵적 차원이 필연적으로 존재한다고 보면서, 인간의 인식과정을 보조식(subsidiary awareness)에서 초점식(focal awareness)으로 옮겨가는 'from-to'의 역동적 과정으로 설명한다. 폴라니에 의하면, 우리의 인식은 언어로 명시할 수 없는 '보조식'에 기반을 두기 때문에 언어를 써서 우리의 의식과 이해를 온전히 드러내는 일이 불가능하다. 폴라니가 때때로 자신의 인식론이 '말할 수 있는' 것이라기 보다는, '알고 있는' 것이라고 진술한 까닭도 여기에 있다(Brownhill, 1983: 43-44. 참조). 암묵지는 사물, 사태의 명시적 인식 이면에 깔려있는 비언어적 인식작용이라는 점에서 듀이의 '질성적 사고'와 유사한 면모를 보여준다. 비록 질성적 사고와 암묵지가 전적으로 동일한 차원에 입각해 있다고 말하기는 어렵지만, 적어도 언어적, 분절적 인식과 비언어적, 비분절적 인식이 상호 밀접한 관계를 맺는다는 점에서는 유사한 면모를 드러낸다고 파악된다.

제5장 듀이의 상황 개념에 대한 교육현상학적 이해

듀이의 상황 개념에는 주체와 객체, 인식작용과 대상을 갈라서 보는 종래의 이원론적 인식론에 대한 그의 반성이 들어 있다. 종래의 인식론은 개별적 경험 상황 속에서 주관화되는 지식획득의 과정을 소홀히 함으로써 이른바 '상황 상실'이라는 고립적 지식관으로 연결될 위험성을 지닌 것이었다. 듀이는 전통적 인식론의 난점을 직시하고 삶의 상황을 교육의 장으로 끌어들여 생동적인 교육을 추구하고자 하였다. 듀이의 교육론에는 유기체로서의 인간이 상황 속에서 환경과 교호작용을 함으로써 경험을 재구성해간다는 그의 반이원론적인 세계관이 들어있다. 후설(Husserl)의 '사태 그 자체로'라는 말로 대변되는 현상학적 관점에서는 '현존재'의 실존을 중심으로 하여, 의식과 대상의 통합적 관계 속에서 생성되는 경험적 의미에 주목하고 있다. 이렇듯 주객 간의 틈이 없는 현상학적 관점은 듀이의 '맥락적 전체'로서의 상황 개념과 유의미하게 비교될 계기를 마련해 준다. 이 글에서는 듀이의 상황 개념을 교호작용성, 전체성, 그리고 초월성이라는 세 측면으로 구분하여 이해하고 그의 상황 개념에 내재한 교육현상학적 시사점을 탐색해 보았다.

Ⅰ. 문제의 제기

현대 철학사조에 새로운 전환점을 마련한 현상학(phenomenology)은 외계의 고정 불변하는 존재자로부터 앎의 근거를 찾았던 전통 철학의 흐름을 거부하고 존재의 경험, 즉 우리들의 의식 현상에서 확실한 앎의 근거를 찾고자 한다. 전통적 이원론에서는 주체와 분리된 외적 실재나 궁극적 존재자를 관조하는 것을 지식 획득의 과정으로 봄으로써, 하이데거의 표현대로 하면 인간이라는 '현존재'(Dasein)의 개념은 "가장 어두운 개념"(Heidegger, 2005: 17)이 되고 말았다. 곧, 전통적 이원론은 외부의 존재자에 경도(傾倒)된 나머지 엄연히 존재하는 인간과 그를 둘러싼 세계와의 역동적 관계를 부당하게 은닉(隱匿)하는 오류를 범한 것이다. 현상학적 관점에서 보면, 플라톤적 이데아나 아리스토텔레스의 부동의 동자, 데카르트적 사고, 헤겔의 절대정신 등 고정된 '본질'을 강조하는 전통적 인식론은 주객이 상호작용을 하는 우리의 인식작용의 성격을 여실히 드러내주지 못한다. 이러한 인식작용의 맥락성을 드러내기 위해서는 그동안 은닉되어 왔던 '현존재'의 상황 지각에 주의를 기울일 필요가 있다.

후설(E. Husserl)의 유명한 표어인 "사태 그 자체로!"라는 말도 바로 이런 맥락에서 이해할 수 있다. 즉, 우리는 어떤 선입견도 배제하고 특정한 사태를 사태 '그 자체'로 봄으로써 사태의 순수한 본질을 파악할 수 있다는 것이다. 후설에 의하면, 의식(noesis)과 대상(noema)은 분리된 것이 아니라 긴밀하게 상호작용을 하여 양자 사이에는 간격이 없다. 그의 '의식의 지향성'에서도 드러나듯이 의식은 반드시 '무엇에 대한 의식'일 뿐, 결코 그냥 정착(定着)된 채 고립된 것이 아니기 때문이다. 후설의 뒤를 따라 사르트르(J. P. Sartre)도 철학의 유일한 방법은 현상학적 방법이라고 믿는다. 모든 철학적 주장의 근거는 궁극적으로 우리들 자신의 경험이어야 하며, 우리들 경험 이상으로 더 확실한 앎의 근거는 없다는 것이다(박이문, 2000: 80－83, 112). 따라서 본질의 인식이란 것은 전통적 인식론에서 드러나는 바와 같이 우리의 삶 저편에 별도로 존재하는 것이 아니라 삶의 상황 맥락성과 결부되어 변화 가능한 것으로 보아야 한다. 이러한 현상학적 관점은 현대 교육에 지대한 영향을 끼친 듀이 철학과 특정한 관련성을 드러낸다. 왜냐하면, 듀이도 현상학적 관점과 유사하게 외부의 궁극적 실재를 전제하는 전통적 인식론과 결별하고, 인식의 기초로서 경험 세계에 대한 의미부여를 중시하고 있기 때문이다.

일찍이 이와 같은 듀이의 현상학적 측면에 주목하여 캐슈텐바움은 듀이의 저작 『경험과 자연』에 나타난 '일차적 경험'(primary experience)이 하이데거의 '맥락으로서의 존재'와 유사하다고 주장한 바 있다. 왜냐하면, 듀이의 일차적 경험은 하이데거의 '존재의 장(場)'과 유사하게 행위와 물질, 주체와 객체의 통합성을 배태한 것이기 때문이다(Kestenbaum, 1972: 107－108). 또한 트라우트너도 비록 듀이와 현상학의 관계를 놓고 캐슈텐바움과 견해의 차이를 보이며 논쟁을 전개한 바 있지만,8) 적어도 듀이가 말하는 '유기체와 환경의 상호작용'이 하

---

8) 듀이 철학과 현상학의 관계에 대한 캐슈텐바움과 트라우트너의 논쟁에서 캐슈텐바움이 듀이와 현상학 간의 적극적 관련성을 주장한다면, 트라우트너는 그 차별성을 주장한다고 볼 수 있다. 이 글의 Ⅱ장에서 양자의 논쟁에 대해 다시 살펴보겠지만, 트라우트너는 듀이 철학이 근본적으로 불안의 분위기를 배태하지 않았다는 점에서 현상학과 차별화되는 것으로 평가한다(Troutner, 1972: 214－217). 그러나 캐슈텐바움은, 듀이의 일차적 경험이 하이데거의 맥락으로서의 존재와 유사하게 실존적 분위기를 내포하고 있다고 본다(Kestenbaum, 1972: 106). 캐슈텐바움은 트라우트너가 현상학의 의미를 피상적으로 이해했다고 비판하면서 다음과 같이 말한다. "확실히 트라우트너는 듀이의 경험주의가 하나의 현상학으로서 자격을 주기에는 불충분하게 '급진적'이라고 생각한다. 트라우트너가 이런 제안을 했다는 것은 놀랄 만한 일이 아니다. 왜냐하면, 그는 자신

이데거의 '세계−내−존재'(Das In-der-Welt-Sein)와 유사하다는 데에는 동의한다. 왜냐하면, 듀이와 하이데거는 공통으로 경험의 세계에 기초하여 주객의 이원론적 분리를 거부하고 있기 때문이다(Troutner, 1972: 217−220). 또한 게리슨과 샤겔도 듀이가 『민주주의와 교육』과 『경험과 자연』에서 다룬 주제들이 후설이 『유럽과학의 위기』에서 다룬 주제들과 유사하다고 말한다. 특히 게리슨과 샤겔은, 후설이 칸트(I. Kant)의 '신비한 개념적 구성'을 거부할 때 염두에 둔 것은 듀이도 의견을 함께할 수 있는 '자연주의적 실재론'이었다고 평가한다. 후설의 '생활세계'(life-world)는 듀이가 말하는 '실제적 경험'(existential experience) 세계와 유사한 것으로서, 양자 모두 의미부여의 근거로서 삶의 일상 세계를 중요시하는 데에는 일치하고 있다는 것이다(Garrison & Shargel, 1988: 239−244).

이렇듯 듀이의 관점에서 드러나는 상황과 경험 세계는 현상학적 인식의 장과 특정한 관련성을 맺고 있다. 듀이에 있어 외부의 대상은 액면 그대로 고정된 상태로 받아들여지는 것이 아니라 상황 지각과 의식적 참여로 말미암아 다양하게 변형되고 있기 때문이다. 물론 듀이가 과연 현상학자들과 전적으로 일치한다고 볼 수 있는가, 또한 그가 반드시 현상학적 관점을 전제로 하여 논의를 전개했는가 하는 의문이 제기될 수도 있다(Troutner, 1972: 남궁달화, 1985). 사실, 듀이가 말하는 경험 상황이 현상학자들의 관점과 백 퍼센트 일치한다고 말하기는 어려울 것이며, 오히려 그 차이점이 주목될 필요도 있

의 현상학의 개념이 엄밀히 무엇인지 명료화 하는 데에 실패했기 때문이다. 사실, 어떤 면에서는 트라우트너의 듀이 현상학에 대한 해석보다 듀이가 자신의 현상학에서 더 명료하다고 보아야 한다"(Kestenbaum, 1972: 100).

을 것이다. 그러나 이 글에서 추구하고자 하는 바는 "내밀(內密)한 현상학자로서의 듀이의 재발견"(Garrison & Shargel, 1988: 239)에 있는 것이 아니다. 여기서 말하고자 하는 것은 다만, 듀이가 말하는 상황 개념의 심층에서 현상학적 관점과 상호 조응하는 측면이 있다는 것, 그리하여 양자의 관계성을 규명함으로써 보다 확대된 인식의 지평에서 듀이를 재해석할 여지가 있다는 것이다. 특히 이 글에서 듀이의 '상황' 개념을 중심으로 현상학적 해석을 모색하는 까닭은 주객을 철저히 갈라서 보는 종래의 인식론에 대한 반성이 그의 상황 개념에 응축(凝縮)되어 있다고 파악되기 때문이다.

듀이의 상황 개념과 현상학의 관련성에도 불구하고 이제까지 그의 상황 개념에 대한 현상학적 접근은 본격적으로 이루어지지 않았다.[9] 이 글은 이런 맥락에서 듀이의 상황 개념을 현상학적으로 재해석하고 그 교육학적 시사점을 밝히는 데에 목적을 둔다. 현상학에 비추어 듀이의 상황 개념을 재해석한다는 것은 경험 상황에 담겨 있는 현상학적 요소들을 드러내고 이들이 학습자들의 존재와 인식, 그리고 인식수준의 향상과 관련하여 어떤 의미를 갖는지를 분석하는 일이다. 이러한 작업은 듀이의 상황 개념에 대한 인식의 지평을 넓혀줄 뿐만 아니라 그의 철학적 진의를 보다 풍부하게 재해석한다는 점에서도 그 의의를 찾을 수 있을 것이다. 이와 같은 연구 목적을 달

---

9) 저자가 확인한 바에 따르면, 이제까지 국내에서 듀이 사상에 대한 상당한 연구가 축적되었음에도 불구하고, 현상학적 관점에서 듀이의 '상황' 개념을 단독으로 다룬 연구는 없었다. 다만 듀이와 현상학의 관점을 비교한 글은 몇 편 찾아볼 수 있었다. 김채영(1979)은 듀이의 과학적 방법과 현상학적 방법을 비교하고 거기서 도출되는 교육방법을 모색하고 있으며, 김춘일(1985: 126－134)은 캐슈텐바움과 트라우트너의 논쟁과 관련하여 듀이와 현상학의 관련성에 대한 이견을 다루고 있다. 또한 남궁달화(1985: 119－130)는 듀이와 하이데거의 인간 존재의 모습을 비교함으로써 통합적 교육이론을 탐색하고 있으며, 정덕희(1997: 77－98)는 듀이의 상호작용 및 반이원론적 세계관과 관련하여 듀이의 상황 개념에 대한 현상학적 해석 가능성을 시사하고 있다.

성하기 위해, 먼저 예비적 고찰로서 현상학과 듀이 철학의 관계성을 상이하게 파악하는 관점들을 비교 검토하고 양자의 관계성을 어떻게 파악해야 하는가 하는 문제를 다루고자 한다. 이어서 본론으로서 듀이의 상황 개념에 내재된 세 가지 상호 관련된 측면들, 즉 교호작용성, 전체성, 초월성이 현상학적 관점에 비추어 어떤 의미를 지니는 것인지를 논의하며, 끝으로 듀이의 상황 개념이 지닌 교육현상학적 의의를 탐색하고자 한다.

Ⅱ. 현상학과 듀이 철학

현상학에서 '현상'이라는 것은 단순한 사실 세계를 가리키는 것이 아니라 반성의 작업을 의미한다. 산업혁명 이후 형성되어온 실증주의적 인간관과 세계관으로 인하여 인간 자신의 평가절하 현상이 출현하였고, 이에 인간과 그의 실존, 삶 등 인간중심의 소박하고 순수한 철학적 방법의 필요성이 제기되었다(김춘일, 1985: 10 - 11). 실증과학에 의해 주도되는 "사실학은 단순한 사실인(事實人)을 만들 뿐이며, …… 우리 삶의 급박함에 있어 우리에게 아무것도 말해주지 않는다"(Husserl, 1989: 6). 따라서 현상학적 접근에서는 생활 세계에 대한 인간의 의미부여와 의식작용을 파악하는 일이 중요한 과제로 대두된다. 왜냐하면, 생활 세계라는 것은 인간이 부여하는 가치 체계이며, 동시에 실천적 행동의 상호작용에 의해 일정한 질서나 제도 등이 마련되는 의미의 복합 체계이기 때문이다(홍기형, 1997: 293 - 296). 현상학에서 '사태 자체'라는 것도 바로 이러한 '인간중심'의 철학적 방법과 직결된다. '사태 자체'는 후설의 표현으로는 "자기 자신의 소여성(所與性)에서 주어지는 것", "몸소 주어지는 것", "근원적으로 주어지는 것"이며, 하이데거의 표현으로는 "자신을 자기 자신에서 드러내거나 내보이는 것"을 의미한다.[10] 이러한 '사태 자체'는 전제들로부터 추리되거나 인식될 수 없으며, 과학과 같은 실증주의적 인식의 범주에 의해서도 구성될 수 없다(여종현, 2001: 56). 왜냐하면, 현상학적 삶의 세계는 인간과의 상호 관계성으로 인해 성립가능하며, 인간은 결코 그냥 살아가는 존재가 아니라 그를 둘러싼 삶의 상황 맥락과의 공속 관계에 의거해 살아간다고 보아야 하기 때문이다.

이렇듯 의식의 상호 관계성과 삶의 근원적인 인식을 중시하는 현상학의 관점이 과연 듀이의 경험중심철학과 동일한 것인가 하는 데에는 이견이 제시되어 왔다. 예컨대, 트라우트너나 바레트는 듀이가 두려움이나 전율과 같은 실존적 문제에 대해 언급한 바가 없으며, 따라서 듀이와 현상학을 동일선상에 놓기 어렵다고 본다(Troutner, 1972: 214; Barret, 1958: 19-20). 칼렌도 듀이 철학이 개인들의 순수한 개별성을 명확히 인식하지 않았으며, 특히 다양한 선(善)의 충돌이라든가 고통, 악(惡)에 대한 인간의 심층적 의식이나 민감성을 드러내지 못하고 있다고 평가한다(Kallen, 1969: 313). 또한 남궁달화는 듀이의 '세계'가 과학적, 객관적 범주의 세계라면, 실존적 현상학자들의 '세계'는 서술 이전, 객관 이전의 세계라고 하면서, 듀이는

---

10) 하이데거에 의하면, '현상'이라는 용어는 희랍어 '파이노메논'(φαινόμενον)이라는 말로 소급해 올라갈 수 있으며, 이 파이노메논은 '자신을 내보여준다'를 의미하는 동사 '파이네스타이'(φαινεσθαι)에서 나온 것이다. 따라서 파이노메논은 '자신을 내보여주고 있는 그것', '스스로를 내보여주는 것', '드러나는 것'을 말한다. 물론 파이노메논에는 '겉보기의 것', '가상' 등의 의미도 담겨있으나 이러한 표면적 의미의 현상도 오직 '스스로를 내보여주는 것'이라는 현상의 근원적 의미에 기초해서만 의미를 가진다(Heidegger, 2005: 48-49).

과학적 방법으로 다루기 어려운 '즉시적 경험'의 문제를 소홀히 취급했다고 지적한다(남궁달화, 1985: 119-124). 그러나 이와 대조적으로, 듀이와 현상학을 동일 연속선상에서 파악하는 학자들이 있다. 캐슈텐바움은 트라우트너가 듀이의 경험적 방법과 현상학 간에 존재하는 관계성을 체계적으로 주목하는 데에 실패했다고 비판한다. 그에 의하면, 듀이는 현상학과 유사하게 주객 분리를 부정하면서 경험의 통합성을 강조하고 있다(Kestenbaum, 1972: 101). 뿐만 아니라 게리슨과 샤겔도 듀이의 '일차적 경험'에 주목하면서 그것이 후설의 근원적 의미에서의 삶의 세계와 유사하다고 평가한다(Garrison & Shargel, 1988: 244).

듀이 철학과 현상학을 이질적인 것으로 보는 트라우트너나 칼렌, 남궁달화의 관점은 듀이의 인지적이고 과학적인 관점을 부각시키는 것이며, 양자의 동질적 관계성을 주장하는 캐슈텐바움이나 게리슨, 샤겔의 관점은 듀이의 일차적 경험에 내재된 전인지적이고 전반성적인 의식을 부각시키는 것이라고 볼 수 있다. 이러한 상이한 관점들은 현상학과 관련된 듀이의 경험 상황을 보다 의미 있게 재해석할 계기를 마련해준다. 과연 듀이가 말하는 경험 상황에 현상학적 요소가 내포되어 있는가, 만약 그렇다면 그것은 어떤 성격의 것으로 해석되어야 하는가? 이 질문에 대한 대답을 살펴보기 위해서는 듀이의 현상학적 키워드인 '일차적 경험' 개념을 재음미할 필요가 있다. 일차적 경험은 "조야(粗野)하고 육안으로 보이며, 있는 그대로의 경험"(Dewey, 1925: 15)이다. 즉, 그것은 정련되고 객관화된 경험이 아니라, "직접적으로 행동하고 무엇인가 영향을 받고 사용하고 또 즐거워하는"(Dewey, 1925: 26) 일상적 삶의 사태로부터 오는 소박한 경험인 것이다. 이러한 일차적 경험은 과학적 경험과는 달리 "거기에 속한 어떤 대상도 명료히 표현할 수 없는"(Dewey, 1925: 28) 전인지적 측면을 담지하고 있다. 그렇기 때문에 듀이는 일차적 경험을 '직접적 경험'(first-hand experience) 혹은 '일상적 경험'(ordinary experience)과 유사한 의미로 쓰고 있다(Dewey, 1925: 40−41).

가령, 우리가 일상적 사태에서 접할 수 있는 향기로운 꽃의 느낌이라든가 지난번에 보았던 감동적인 영화의 한 장면, 명백히 형언할 수 없지만 베토벤의 운명 교향곡을 듣고 느껴지는 고난 극복의 의지, 마음속 깊이 샘솟는 희망, 어째서 그런지 모르지만 기가 한풀 꺾여 보이는 사람의 모습 등등, 이 모든 것들이 일차적 경험 안에 포괄되는 것이다. 이렇듯 일차적 경험은 사물이나 사태를 지각하는, 언어로 명료화할 수 없는 모든 경험을 가리킨다는 점에서 '질성적 사고'와 결합되어 있으며, 동시에 그것은 과학적 지식처럼 증명을 요하는 대상이 아니라는 점에서 현재 지각된 사태의 모습 그대로 소중히 받아들여지게 되는 것이다. 여기서 주목할 점은, 듀이에 있어 일차적 경험은 이차적 경험(secondary experience)과 상호 긴밀하게 교류하는 관계성을 맺고 있다는 것이다. 듀이는 이러한 관계성을 '이중적 통합성'(double barrelled)(Dewey, 1925: 18, 25−26; 1930b: 228, 1938a: 76; 1949: 249)이라고 부른다.

예컨대, 환자와의 첫 대면이나 환자에 대한 첫 인상은 의사에게는 일차적 경험이며, 의사가 현재 환자의 질병을 진단하고 이제까지의 의학적 지식과 임상 경험을 총동원해서 올바른 치료를 탐색하는 과정은 이차적 경험에 해당한다고 볼 수 있다. 곧, 일상적 삶(상식)의 문제 사태는 이차적 경험(과학)과 연계되어 본격적인 사고의 대상이 되며, 동시에 이차적 경험은 다시 일상적 삶으로 되돌아가 그 효과성이 검증됨으로써, 의사 자신에게 하나의 완성된 경험, 하나의 참된 지식이 생성되는 것이다. "일차적 경험이 이차적 경험을 위한 풍부한 자료를 제시해주는 것이라면, 이차적 경험은 일차적 경험으로 되돌아가 일차적 경험의 대상을 지시하고 그것을 과학적으로 검증함으로써 그 의미를 명료히 이해 또는 설명하는 역할을 한다"(Dewey, 1925: 16). 이처럼 일차적 경험과 이차적 경험이 상호 역동적으로 교섭하는 것이라면, 이차적 경험에는 항상 개별 당사자의 독특한 지각이나 경험하는 방식이 스며들어 있다고 보아야 할 것이다. 만약 두 경험 사이에 이러한 연속적 관계성이 없다면, 일차적 경험은 단편적 조각들로 분리된 고립적이고 산발적인 경험이 될 것이며, 이차적 경험은 삶과 동떨어진 추상적 관념의 덩어리로 전락될지도 모른다.

사실, 듀이가 근대적 경험론과 합리론을 그토록 비판한 까닭도 여기에 있다. 즉, 이들의 오류는 감각경험이나 이성적 사고에 인식의 근거를 둔다는 사실 자체에 있다기보다는, 경험과 이성 간에 엄연히 존재하는 교호작용의 국면을 부당하게 외면한다는 데에 있다. 듀이가 말하는 경험의 '이중적 통합성'에 주목할 때, 우리는 트라우트너가 주장한 듀이와 현상학 간의 이질성을 비판적으로 재검토할 수 있다. 트라우트너에 의하면, 듀이 철학의 출발점은 실존적 개인의 두려움과 전율이 아니라 유기체와 환경의 상호작용으로 환원되는 경험 개념에 있다. 그는 듀이의 『경험과 자연』에 나타난 '주관성'이라는 용어를 인간에게 고유한 '실존적' 존재 방식이 아니라, '자아' 혹은 '주체'와 관련된 인식론적 개념으로 평가한다(Troutner, 1972: 216 – 217). 그러나 트라우트너의 근본적 오류는 듀이의 경험 개념에 내포된 독특한 질적 성격을 도외시하고 경험을 인식론적으로만 본다는 데에 있다. 듀이의 '완성된 경험'은 결코 인식론적 함의들로만 가득 차 있는 것이 아니라, "미적인 특질이 수반되는 경험"(Dewey, 1934: 45)이며, 동시에 일차적 경험과 이차적 경험의 역동적 교류를 통한 독특한 질적 특성을 내포한 것으로 보아야 한다.

이 점에서 보면, 듀이가 과학적이고 객관적인 측면에 치중함으로써 심층적 인간성의 문제를 소홀히 취급했다는 칼렌이나 남궁달화의 관점에도 의문이 제기된다. 듀이가 말하는 '과학'은 "순수 물리학적인 또는 좁은 의미에서의 과학이 아니라 최선의 관찰과 탐구 기술을 적용할 때 나타날 것으로 기대하는 것"(Dewey, 1949: 152)이다. 다시 말해, '과학'은 "경험이 합리적 성격을 띠는 과정"(Dewey, 1916a: 233)으로서, 일상적으로 보고 듣고 느끼는 일차적 경험의 사태로부터 비롯된 문제의식이 이차적 경험과 통합되는 인식과정을 가리킨다고 보아야 한다. 이른바 듀이의 유명한 '반성적 사고'는 일차적 경험과 이차적 경험이 상호 교섭하여 문제를 해결해가는 과정을 잘 보여준다. 이와 같이 보면, 듀이의 '과학'은 인간이 경험하는 일상적 삶의 사실 안에 원래의 자리를 차지하는 가운데, 경험의 질을 고양(高揚)시키는 원동력이 되는 것이다 (Dewey, 1916a: 233).

물론 듀이의 과학이 하이데거의 현상학에서 드러나듯이 두려움과 전율 혹은 죽음이라는 실존적 사건의 대면을 반드시 염두에 두고 있었는가 하는 데에는 의문의 여지가 있을 수 있다. 그러나 바로 그 점으로 인하여 듀이의 과학적 방법에 일체의 '현상학적' 측면이 배제된다고 보는 것은 잘못이다. 왜냐하면, 앞서 언급한 바와 같이 듀이가 말하는 과학에는 인지적 사고뿐만 아니라 상황 전체의 질적 특성을 지각하는 일차적이고 질성적인 사고가 동시에 투영되어 있기 때문이다(Dewey, 1930a: 243－246). 칼렌이나 트라우트너 등이 간과한 것은 바로 이러한 듀이의 상황 개념이 갖는 전인지적, 전반성적인 경험의 측면이다. 요컨대, 듀이에 있어 개인의 상황 지각에는－그것이 과학적 경험이든, 사회적 경험이든, 혹은 언어적 경험이든 관계없이－특정 상황을 하나의 통일적 현상으로 포착하는 감정이나 느낌, 열정 등 현상학적 의식의 요소가 작용하고 있다고 보아야 한다. 현상학의 관점에 비추어 듀이의 상황 개념이 구체적으로 어떤 의미를 드러내는가 하는 문제는 다음 장에서 다루고자 한다.

Ⅲ. 상황의 현상학적 이해

듀이에 있어 상황은 개인의 내부적 조건과 환경의 객관적 조건 간에 상호작용이 일어나는 장(場)이다(Dewey, 1938b: 24).[11] 인간이 이러한 상황의 연속 '안에' 살아간다는 것은, 예컨대 동전이 호주머니 안에 있다거나 페인트가 페인트 통 안에 있다거나 하는 것과는 다르다. 왜냐하면, 동전과 호주머니, 페인트와 페인트 통 간에는 서로 변화를 유발하는 상호작용이 일어나지 않기 때문이다(Dewey, 1938b: 25－26). 이와 달리 인간은 상황 속에서 자신을 둘러싼 환경과 역동적인 교호작용을 하면서 서로가 서로에게 변화를 일으키고 있다. 더욱이 주목할 점은, 하나의 상황은 그 자체로 전체적 통일성을 띠는

---

11) 상황을 구성하는 '객관적 조건'이라는 것은 교사의 발화나 어조(語調), 서적, 여러 가지 설비는 물론 한 개인이 참여하고 있는 제반 사회적 여건을 모두 포괄한다. 물론 상황 자체는 개인의 '의식의 영향권'을 가리킨다는 점에서 상호작용을 하는 정도에 따라 그 범위가 확장될 수도, 축소될 수도 있다.

"직접적인 질적 특성"(Dewey, 1938a: 203)을 담지하고 있으며, 동시에 "시공간적 맥락에 따라 다양한 자료들을 포괄할 수 있는 통합성"(Dewey, 1949: 281)을 지닌다는 것이다. 이와 같이 보면, 듀이의 상황 개념은 주객의 교호작용과 질적인 전체성, 그리고 시공간적 맥락에 따른 인식수준의 가변성을 내포하고 있다. 따라서 이 장에서는 듀이의 상황 개념에 나타난 현상학적 요소를 교호작용성, 전체성, 초월성이라는 상호 관련된 세 측면에서 살펴보고자 한다.

1. 상황의 교호작용성

우리의 삶의 상황은 고정된 것이 아니라 수시로 변화되어 간다. 이러한 변화는 듀이의 관점에서 보면, 원천적으로 유기체로서의 인간이 상황 속에서 환경과 교호작용을 하는 데서 비롯된 것이다. 듀이가 말한 바와 같이, "존재하는 모든 사물은 그것이 알려지고 알려질 수 있는 한 다른 사물들과 상호작용을 하는 것이다"(Dewey, 1925: 138). 인간의 마음이나 경험도 이와 마찬가지이다. 인간은 상황 속에서 환경과 영향을 주고받아 자신의 경험을 계속적으로 재구성해가고 있는 것이다. 확실히 이러한 교호작용의 관점은 종래 연합 심리학이나 행동주의 심리학의 관점과는 다른 것으로 보아야 한다. 연합심리학에서는 마음을 독립적 의식들 간의 기계적 결합으로 보고 있으며, 행동주의 심리학에서는 마음을 자극에 반응하는 수동적 실체로 취급한다. 그러나 듀이에 있어 마음은 분리된 관념들의 집합체가 아니라 행위와 연속성을 띤 것이며, 동시에 마음은 자극에 수동적 반응을 하는 것이 아니라 '예견된 결과'를 통해 자신에게 필요한 자극만을 취사선택하여 반응을 하게 되는 것이다. 듀이는 그의 초기 저작 "심리학에서 반사호(反射弧) 개념"(The Reflex Arc Concept in Psychology)에서 자극과 반응을 분리시키는 종래의 행동주의 심리학을 다음과 같이 비판하고 있다.

> 자극과 반응이라는 용어는 그것들이 오직 모종의 조직화된 조정(co-ordination)의 유지에 기여하는 작은 행위들일 때에 한해서 적용할 만한 것이다. 의식적 자극이나 감각, 그리고 의식적 반응이나 운동은 특수한 기원이나 동기 부여를 지니며, 또 특수한 목적이나 기능도 가진다. '반사호' 이론은 이런 기원과 기능을 무시하고 자극과 반응을 관념화함으로써, 하나의 과정에서 분리해낸 부분을 마치 전체인 것처럼 우리에게 제시하고 있다. 반사호 이론은 문자 그대로 회로(circuit) 대신에 하나의 호(arc)를 제시해줄 뿐이다. …… 이러한 호는 다시 기계적 혹은 외부적으로 상호 응접해야 하는 두 가지 분리된 존재로 떨어져 나가게 된다(Dewey, 1896: 108 – 109).

듀이에 의하면, 자극과 반응의 관계는 그 자체로 분리된 것이 아니라, 양자가 긴밀하게 상호작용을 하는 하나의 '조정' 국면에 놓여 있다. 왜냐하면, 인간은 그야말로 '반응하는 유기체'가 아니기 때문이다. 예컨대, 손을 뻗을 것인가, 말 것인가 하는 것은 다음 행위에 대한 의심의 상태이며, 바로 그것이 행위를 검토하는 동기를 부여한다. 이런 맥락에서 보면, 오히려 뒤따르게 될 결과가 자극이 된다. 그 뒤따르게 될 결과에 대한 인식은 막 일어났던 것에 주의를 기울이고 그것을 좀 더 주의 깊게 규정할 동기를 부여해준다. 다시 말해, 자극으로서의 감각은 어떤 특별한 정신적 '존재'가 아니며, 이와 유사하게 반응으로서의 운동도 분리된 자극에 대한 단순한 반응이 아닌 것이다. 자극과 반응은 하나의 기능적 차원에서 행위의 '조정'을 완성하는 데에 도움을 줄 뿐이다. 감각의 발견이 문제의 설정에 해당한다면, 반응의 구성은 문제의 해결에 해당하는 것이다(Dewey, 1896: 106-108). 이렇듯 자극과 반응의 구분은 현재, 그리고 장차 경험의 방향성을 조절하는 수단으로만 의미를 지닐 뿐이다. 따라서 인간에게 주어지는 어떠한 자극도 행위 자체에 대한 자극이 아니라 장차 행위의 방향이나 강도(强度)에 변화를 주는 그런 자극으로 보아야 한다(Dewey, 1930b: 224).

그런데 듀이의 자극과 반응 간의 기능적 통합은 특정한 상황 속에서 주객의 교호작용을 반영한다. 말할 필요도 없이, 외부 자극이 객체라면 반응은 주체의 행위이며, 이들이 교호작용을 하여 소위 '상황'을 성립시키기 때문이다. 듀이가 말한 바와 같이, "상황과 상호작용의 두 개념은 서로 떠날 수 없는 관계"(Dewey, 1938b: 25)에 있다. 곧, 듀이의 '상황'은 과학적으로 계량화되는 고정된 공간을 가리키는 이름이 아니라 주객의 상호작용으로 인해 항상 의식의 변화가 꿈틀거리는 관계적 장인 것이다. 확실히 이러한 상황 개념은 하이데거의 현상학적 삶의 세계와 유사한 면모를 보여준다. 왜냐하면, 듀이의 상황 개념은 하이데거의 '세계-내-존재'에서 드러나는 '실존론적 사실성'을 내포할 수 있기 때문이다. 하이데거에 있어 '세계-내-존재'는 책이 연구실 안에 있듯이 존재하는 범주론적 내폐성(內閉性)이 아니라, '그 속에 거주한다'는 실존론적 의미를 담고 있다. 따라서 "주체에는 언제나 객체가 속해 있으며, 그 하나는 다른 하나 없이는 생각될 수 없다"(Heidegger, 1998: 228). 즉, '현존재'는 타인들과 분리된 것이 아니라, 타인들을 향해 실존론적으로 열려 있으며,

타인들과 더불어서 함께 나누며 살아가는 존재인 것이다(Heidegger, 1998: 396; 2005: 222−231).

메를로퐁티도 하이데거와 유사하게 상호작용적 관점에서 몸과 세계의 관계를 해석한다. 퐁티에 의하면, 우리가 신체를 가진다는 것은 단순히 물리적인 의미로서가 아니라, 신체를 매개하여 일정한 환경에 가담하는 것이고 어떤 기획과 일체가 되는 것이며, 동시에 계속적으로 거기에 참여한다는 뜻이다(Ponty, 2006: 22−32, 143). 몸이 세계 속에 있다는 것은 세계 속에 '거주한다'는 뜻이며, 세계 속에 거주한다는 것은 다시, 참여하는 존재로서 우리가 세계를 향해 열려 있고, 그 세계와 의사소통을 하고 있다는 것을 의미한다. 따라서 타자와 독립적인 '내적 인간'이란 없으며, 인간은 오직 세계 내에서만 자기 자신을 알게 된다(Ponty, 2006: 18−27). 이러한 퐁티의 관점은 극단적 주관주의와 극단적 객관주의를 세계 또는 합리성의 개념 속에서 결합시키고 있는 것이다. 그리하여 경험주의는 '내면성 없는 외부'로, 합리주의는 '외면성 없는 내부'로 비판받는다. 말하자면, 퐁티는 고유한 의식의 반성적 능력을 실체화하는 대신에 '의식−육체−세계'라는 연결망을 구축하려고 한다(조상식, 2002: 77). 이렇듯 현상학적 세계는 나와 무관한 물리적 세계가 아니라, 주객이 맞물린 가운데 나와 타자의 경험들이 상호 교차하는 그런 세계이다.

이미 지적한 바와 같이, 듀이의 상황 개념도 현상학적 세계와 유사하게 '실존론적' 차원에서 조명될 수 있다. '상황'은 마치 폐와 공기, 소화기관과 음식물, 그리고 식물과 태양 간의 광합성 관계처럼 맥락적 상호작용을 통하여 변화를 일으키고 있다. 다시 말해, 상황은 고정된 범주론적 공간을 가리키는 이름이 아니라 상호작용으로 인해 그 범위가 축소되기도 하고 확대되기도 하는 의식의 영향권을 가리키는 것이다. 개인이 의식하는 상황은 시공간적 맥락에 따라 얼마든지 그 범위가 변화될 수 있기 때문이다. 이것은 원천적으로 인간이 세계 속에 거주하면서 세계와 타자를 향해 실존론적으로 열린 존재이기 때문에 가능하다고 볼 수 있다. 이처럼 듀이의 상황 개념이 '실존론적 사실성'의 요소를 내포한다면, 듀이의 '상황-내-개인'[12]은 퐁티의 '세계-에로의-존재'와 유사하게 자기 몸을 가담하여 환경에 참여하는 존재이며, 동시에 하이데거의 '세계-내-존재'와 유사하게 자기를 둘러싼 삶의 세계에 이미 '던져져' 있고, 또한 불확정적 미래에 자신을 '던지는' 일종의 '기투'(企投; Entwurf)의 행위를 한다고 볼 수 있을 것이다.

물론, 바레트나 트라우트너의 주장과 같이 듀이 철학은 죽음과 절망, 두려움과 전율과 같은 근원적 불안의 분위기를 상정한 것이 아닐지도 모른다(Barrett, 1958: 19-20; Troutner, 1972: 214). 뿐만 아니라, 듀이 철학이 과연 '에포케'(epoche)라든가 선입견 없는 사물의 순수한 지각과 같은 현상학적 의식을 염두에 두고 있었는가 하는 데에도 의문의 여지가 있을 수 있다. 다만 여기서 말하고자 하는 것은, 그 점을 인정한다고 하더라도 듀이와 현상학이 전적으로 통약 불가능하다는 결론은 타당하게 도출되지 않는다는 것이다. 왜냐하면, 개인이 의식하는 상황은 우선적으로 "진술되기 이전에 느껴지는 것"

---

12) 듀이의 '상황'은 시공간적으로 연속된 하나의 장(場)이라는 점에서 단순히 물리적인 '범주론적' 관계가 아니라 '실존론적' 차원에서 해석될 수 있다고 파악된다. 즉, 삶의 상황 밖에 따로 개인이 존재할 수 없고, 개인 밖에 별도의 삶의 상황이 존재하는 것도 아닌 것이다. 이러한 불가분리성의 측면에서 본다면, 듀이의 '상황-내-개인'은 하이데거의 '세계-내-존재'(Das In-der-Welt-Sein)나 퐁티의 '세계-에로의-존재'(être-au-monde)의 표현 방식처럼 하이픈을 붙여 쓰는 것이 보다 적합하다고 판단된다.

(Dewey, 1938a: 76)이기 때문이다. 곧, 듀이의 상황 개념은 이미 그 안에 사물이나 사태에 대한 전인지적이고 전술어적인 지각, 즉 개인의 두려움과 좌절, 어떤 일에의 몰입, 새로운 욕구와 희망 등 일차적 경험의 질적 특질을 함장(含藏)하고 있는 것이다. 이와 관련하여 캐슈텐바움은 듀이 철학의 심미적, 도덕적 차원을 배제한 채, 그의 철학을 오직 유물론적 환원주의로 보는 입장을 다음과 같이 비판하고 있다.

> 아마도 듀이에 대한 곡해와 오해 중에서도 특히 용납할 수 없는 것은 듀이 철학의 심미적, 도덕적 차원을 고려하지 않은 해석일 것이다. 확실히 듀이의 경험론이 환원론적인 유물론적 형이상학이라면, 이상(理想)과 정신의 결여를 한탄할 수 있을 것이다. 그러나 듀이는 일차적, 통합적 경험의 내용을 임의적으로 한정하는 어떤 환원론적 입장에도 반대했다. 듀이 자신은 '모든' 일차적인 경험들의 잠재적 재료를 존중하지 않는, 그런 인간적 조망(眺望)을 공식화하려는 시도에 맹렬히 투쟁했다(Kestenbaum, 1972: 106).

캐슈텐바움이 지적한 바와 같이, 듀이의 경험 철학은 결코 환원론적 경험론이 아니라 일차적이고 질적인 경험의 통합성을 담지하고 있다. 다시 말해, 듀이의 경험 상황은 하이데거의 '맥락으로서의 존재'와 유사하게 실존적인 분위기를 내포한 것이며, 이로부터 출발하여 확대된 인간주의적 경험론을 추구하고자 한 것이다(Kestenbaum, 1972: 106). 그러나 누군가 듀이의 '예견된 결과'가 매개된 상황 개념은 과학적 예견과 검증을 강조한다는 점에서 현상학적 개념으로 보기 어려운 것이 아닌가 하는 반문을 제기할 수도 있다. 사실, 이제까지 듀이의 '예견된 결과'는 흔히 반성적 사고 과정과 관련하여 과학적 측면에서만 보는 경향이 있었다. 그러나 이미 지적한 바와 같이, 듀이의 과학적 경험에는 인지적 사고는 물론 질성적 사고가 동시에 들어 있다. 왜냐하면, '예견된 결과'의 검증을 통해 하나의 유의미한 경험이 성립된다는 것에는 말로 형언하기 어려운 독특한 상황 지각이 투영되어 있기 때문이다.

만약 이러한 관점이 크게 틀리지 않는다면, 듀이의 예견된 결과에는 불확정한 미래를 질성적 차원에서 예지(豫知)하는 현상학적 요소가 투영되어 있다고 볼 수 있을 것이다.[13] 이것은, 듀이에 있어 표면상 죽음이나 불안, 공포의 문제가 부각되지 않았다는 사실과 별개로, 일차적이고 질적인 경험이 결부된 그의 상황 개념에서 따라 나오는 논리적 귀결이다. 요컨대, 듀이의 '예견된 결과'가 매개된 상황은 단지 과학적 예견과 검증의 관계로만 보아서는 안 되며, 불확정한 미래 상황 전체를 질성적 차원에서 예지하고 그에 따라 현재의 행위를 선택하고 그 선택 결과에 자기 몸을 맡기는 현상학적 면모를 드러내고 있는 것이다. 왜냐하면, 듀이의 '상황-내-개인'은 다양하고 불확정한 삶의 관계망 속에 자기 몸을 가담하여 삶의 조건을 변화시키는, 일종의 존재적 '모험 행위'를 감행한다고 볼 수 있기 때문이다.

이상의 논의에 비추어보면, 듀이가 말하는 상황의 교호작용성은

---

13) 만약 우리가 듀이의 상황 개념을 그 궁극으로까지 밀고 나아간다면, ― 비록 지나친 논리적 비약이 될지도 모르지만, ― 하이데거의 '죽음에로의 선구(先驅)'라는 실존적 사건도 듀이의 상황 개념 안에 '포괄'될 성질의 것이라고 말할 수 있을 것이다. 하이데거의 '죽음에로의 선구'는 삶 속에서 누구나 당면하는 '죽음'이라는 실존적 사건을 회피하지 않고 현재의 시간으로 예지하여 끌어옴으로써 인간의 '평균적 일상성'을 극복하고 근원적 삶에의 의지와 결단을 추구하는 모습을 보여준다. 그가 말한 바와 같이, "죽음을 향한 존재는 하나의 가능성을 향한 존재로서, 그것도 현존재 자신의 탁월한 가능성을 향한 존재로 특징지어진다"(Heidegger, 1993: 348). 이러한 '죽음에로의 선구'가 듀이의 상황 개념에 포괄될 수 있다고 하는 까닭은, 듀이의 교호작용적 상황은 그 시공간적 범위가 상당히 확대될 수 있을 뿐만 아니라, 예술적 경험 상황이든, 종교적 경험 상황이든, 혹은 죽음의 대면 상황이든 간에, 도대체 상황이 상황으로서의 의미를 갖는다는 것은 그 이전에 이미 개인의 의식과 사건이 교호작용을 하고 있다는 사실을 반영하기 때문이다.

현상학적 측면에서 다음과 같은 의미를 지니게 된다. 상황 속에서 전개되는 개인과 환경의 교호작용에는 인지적 사고는 물론 현상학적 의미를 품은 질성적 사고가 개입하고 있다. 그런 만큼 우리가 지각하는 삶의 상황에는 인지적인 사고는 물론 선인지적, 선언어적 지각이 동시에 투영되어 있다고 보아야 한다. 따라서 듀이의 상황 개념을 인식론적 차원에 국한해서 해석해서는 안 되며, 의식(見分)과 대상(相分)이 역동적으로 열린 관계 맺기를 하는 실존론적 측면에서 조망할 필요가 있는 것이다. 확실히 개인의 의식이 대상의 의미를 빚어내지만 상황은 개인의 의식이 작용하는 존재론적 기반이다. 개인은 라이프니츠(Leibniz)식 모나드(monad)라는 고립적 창(窓)을 통해 세계를 바라보는 것이 아니라 이미 세상이라는 '문 밖'에 있는 것이다(Troutner, 1972: 106; Heidegger, 1998: 426−427). 이로써 전통적 인식론에서 등장하는 궁극적 실재나 근대 과학적 신념에서 드러나는 '대상 가능성'으로서의 세계는 듀이에 있어 그 힘을 상실하게 된다. 그와 같은 실재와 세계는 교호작용적 삶의 상황을 벗어난 추상적 허구이며, 삶의 세계를 특정하게 억류(抑留)한 데서 나온 것에 불과하기 때문이다.

2. 상황의 전체성

듀이에 의하면, 개인이 의식하는 상황은 '하나의 맥락적 전체'(a contextual whole)와 관련되어 있다. 상황이 맥락적 전체와 관련되어 있다는 것은, 인간이 지각하고 의식하는 상황이 단일한 대상이나 사건, 혹은 일련의 대상이나 사건에 대한 고립적 인식의 사태가 아니라, 하나의 유기적 맥락을 갖춘 전체적 의식의 장이라는 것을 의미한다. 곧, 상황은 그 자체로 개인이 지각하는 의식 전체이며 하나의 독특한 '질성'을 갖춘 사태인 것이다(Dewey, 1938a: 72, 109). "편재적 질성(pervasive quality)은 모든 구성요소들을 하나의 전체로 결합시킬 뿐만 아니라 독특한 것이다. 편재적 질성은 각각의 상황 안에서 분리 불가능하고 복제 불가능한 상황을 구성한다"(Dewey, 1938a: 74). 이러한 상황 개념은 하나하나의 독립적인 사물들의 집합체를 가리키는 것이 아니라, 상황 전체를 지각하는 독특한 질적 특성을 담지하는 것으로 보아야 한다. 듀이는 이러한 상황의 질적 특성에 대해 다음과 같은 예를 들어 설명하고 있다.

> 어떤 그림이 티치아노(Titian)나 렘브란트(Rembrandt)의 질적인 특성을 띠고 있다고 하자. 이때 질적 특성이란 말은 확실히 그 그림의 어떤 특별한 선이라든가 색깔 혹은 어떤 특수 부분을 가리키는 것이 아니다. 그 말이 뜻하는 바는 그 그림을 구성하는 모든 요소들과 그 관계성에 영향을 주고 또 거기에 변경을 가하는 그런 것이다(Dewey, 1938a: 75).

상황 속에서 특정한 대상은 고립된 세목(細目)으로서가 아니라, 전체적 의식의 조망 속에서 의미를 얻게 된다. "판단의 대상은 행위가 발생하는 상황 전체이다"(Dewey, 1938a: 168). 가령, 어떤 그림의 질적 특성은 그것의 특수한 부분이나 요소를 가리키는 것이 아니라 그 그림을 다른 그림과 구별하게 해주는 독특한 전체적 특성으로 보아야 한다. 따라서 하나의 창의적 예술작품을 감상할 때 그 작품의 질적 특성은 단지 그 작품의 부분적 요소들에 국한된 것이 아니라, 그 그림 전체와 의식적 구성과의 관계 속에서 파악되어야 하는 것이다(Dewey, 1934: 57).

다른 예를 들어 보자. 만약 우리가 밤늦게 어두운 숲 속에서 길을 잃어버렸다고 하면, 길을 잃어버렸다는 당혹스러움이나 두려움의 느낌은 상황의 특정한 요소가 아닌, 상황 전체에 스며들어 영향을 미치고 있는 것이다(Dewey, 1938a: 203). 이처럼 우리는 특정한 대상이나 사건들의 의미를 '상황 전체'(full situation) 속에서 지각하고 있다(Dewey, 1938a: 73). 앞서 언급한 행동주의의 자극－반응 이론은 바로 이러한 상황의 전체성을 무시하고 유기체로서의 인간 의식을 단순한 자극과 반응의 관계로 다루었기 때문에 '상황－내－개인'의 인식작용을 올바로 다루지 못한 것이다. 곧, 상황－내－개인의 의식작용은 단순한 기계론적 반응이 아닌, 하나의 전체적 의식으로서의 질적 특성을 갖추고 있는 것이다. 이러한 상황의 전체성은 하이데거가 말하는 '사용 사태의 전체성'(Heidegger, 2005: 122, 207; 1998: 413－418)과 의미 있게 비교될 수 있다.

하이데거에 의하면, 존재자가 무엇을 하기 위한 '도구'로서 나타날 때 그것은 자신의 존재 의미를 목적들의 지시 연관의 전체 안에서 갖게 된다. "우리가 도구로 발견하는 개개의 존재자에는 모두 특정한 사용 사태와 결부되어 있다. '무엇을 위함'이라는 연관 맥락이 사용 사태의 관련 전체이다"(Heidegger, 1998: 240). 예컨대, 내가 X라는 사물을 '망치'로 보고, Y라는 사물을 '의자'로 인식하는 것은 단지 기호와 사물 간의 대응 관계에 의한 것이 아니라, 그 사물들 각각이 무엇을 하는 데에 쓰일 수 있다고 생각했기 때문에 가능한 것이다. 전체적 지시 연관으로서의 세계 속에서 우리는 존재자들을 하나씩 접한 뒤에 그러한 존재자들 사이의 지시 연관을 파악하는 것이 아니라, 오히려 우리가 추구하는 목적을 중심으로 구조화된 목적과 수단의 연관 체계에 근거하여 세계를 접하게 된다(엄태동, 2005: 143; Heidegger, 2005: 101－103). 이런 목적 연관의 전체는 인간이 어떤 특정한 존재자 혹은 도구를 사용하기 이전에 이미 그가 거주하는 세계 속에 밝혀져 있는 것이다.[14] 곧, 하이데거의 '세계'는 세계를 내 앞에 객관적으로 대기시키는 실증주의가 아니라, 기존의 의식의 총체적 그물망 속에서 비춰지는 그런 관계적 세계임을 보여주는 것이다.

확실히 이러한 현상학적 세계는 듀이가 말하는 맥락적 전체로서의 상황과 유사한 면모를 드러낸다. 왜냐하면, 듀이의 상황 개념은 하이데거의 '지시 연쇄성'과 유사하게, 상황을 구성하는 모든 요소들이 분리되어 독립적으로 존재하는 것이 아니라, 상호 연계된 의식의 통일성을 드러내기 때문이다. 물론 듀이는 하이데거의 '사용 사태의 전체성'이라든가 '사물의 지시 연쇄성'이라는 말을 직접적으로 쓴 바는 없다. 그러나 그렇다고 하여 듀이와 하이데거의 관점이 전적으로 상이하다는 결론은 나오기 어렵다. 왜냐하면, 우리는 듀이의 상황 개념에서도 수단－목적이 매개된 의식의 연쇄성을 찾아볼 수 있기 때문이다. 예컨대, 테이블에 놓인 연필을 응시한다고 할 때 우리의 시각의 초점은 연필에 있지만, 그렇다고 하여 우리의 의식이 오직 그 연필에만 국한된 것이라고 말할 수 없다.[15] 말할 필요도 없

---

14) 하이데거는 현상학적 세계를 물리적 의미의 범주론적 세계와 대비시켜 다음과 같이 진술하고 있다. "세계란 우리가 존재자를 총합해서 나온 결과라고 계산해낸 추후의 어떤 것이 아니다. 세계는 나중에 나온 것이 아니라, 오히려 엄밀한 의미로 앞서 있는 것이다. 앞서 있는 것이란 이런저런 존재자에 대한 모든 파악함에 앞서 미리부터 이미 모든 개개의 실존하는 현존재 안에 밝혀져 있고 이해되어 있는 것이다"(Heidegger, 1998: 242).

15) 듀이에 있어서 이해와 탐구 작용에는 의식의 초점으로 떠오른 대상을 문제 상황으로 지각하는

이, 우리는 단지 연필의 색깔이나 모양에만 관심을 두는 것이 아니라, 현재 특정한 활동의 목적을 이루는 데 필요한 수단으로 연필을 보고 있는 것이다. 듀이는 사물의 지시 연관성에 대해서 다음과 같이 말하고 있다.

> 하나의 도구는 특수한 사물 그 이상의 것이다. 왜냐하면, 그것은 하나의 관련성, 즉 자연의 연속적인 결속이 구체화된, 그런 사물이기 때문이다. 도구는 자기 스스로를 드러내는 속성으로서 하나의 객관적인 관계를 소유한다. 도구의 실제적인 사용과 도구에 대한 인식은 다른 사물에 관심을 갖도록 한다. 창은 축제를 암시한다. 그러나 그러한 암시는 직접적인 것이 아니다. 그것은 무기를 봄으로써 상상력을 가져오는 시합이나 사냥과 같이 다른 외적인 것을 매개로 하여 일어난다. 자기 자신을 향한 인간의 편견은 쉽게 자신의 눈과 손의 관계에서만 도구를 생각하게 하지만, 도구의 일차적인 관계는 망치가 못에, 쟁기가 땅에 가지는 관계처럼 다른 외적 사물을 향해 있는 것이다(Dewey, 1925: 101).

위 인용문에서 드러나듯이, 듀이가 말하는 사물이나 도구는 일련의 지시 연관적 의미를 가지고 있다. 예컨대, 창은 '축제'를 암시할 수 있으나 그것은 일대일의 대응관계가 아니라 다양한 매개 변인들로 인해 얼마든지 그 지시 관계가 변경될 수 있다. 그리하여 지시 관계가 변경되면 창은 단지 축제의 도구가 아니라, 역사적인 유품이라든가 행진의식의 도구, 혹은 금속 가공제품 등등 얼마든지 그 의미

맥락적인 인식이 전제되어 있다. 즉, 탐구의 초점과 중심은 그 자체로 독립된 것이 아니라 상황이 가지고 있는 전체 맥락을 배경으로 하는 것이다(박철홍 외, 2007: 99). 이러한 상황의 의식은 비록 문맥은 다르지만, 폴라니(M. Polany)의 암묵지(tacit knowledge) 이론에 나타난 '초점식'과 '보조식'이라는 개념과 의미 있게 비교될 수 있다. 폴라니에 의하면, 초점식이 의식의 전면에 떠오르는 것이라면, 보조식은 그런 초점식을 가능하게 하는, 특수한 의식의 세부사항들을 의미한다. 일단의 서로 연결되지 않은 보조식들이 하나의 전체 속의 부분들로 파악될 때, 즉 폴라니의 용어로 새로운 형태(pattern)가 출현할 때 '의미화' 혹은 '이해'가 가능하게 된다(Brownhill, 1983: 39-40; 장상호, 1994: 31-37).

가 변화될 수 있는 것이다. 물론 누군가 우리는 사물을 오직 이러한 지시 연관에 의거해서 파악하지 않는다고 반문할지도 모른다. 예컨대, 표면상 지시 관계가 끊어진 백일몽(白日夢)의 경우를 상정해볼 수 있다는 것이다. 그러나 엄격히 말해 백일몽이라고 해도 그것이 가능한 것은 개인이 이미 모종의 목적 지시의 연관 체계 안에 들어와 있기 때문이다. 비트겐슈타인의 말을 빌면, "다른 것이 함께 움직이지 않는데도 돌릴 수 있는 바퀴가 있다면 그것은 기계에 속하지 않는 것"(Wittgenstein, 1994: 명제 271)과 마찬가지로, 지시 연관에서 이탈한 언어는 도저히 그 의미를 알 수 없는 신비한 언어가 되고 말 것이다. 요컨대, 하이데거에 있어서 "도구의 특수한 구조가 '무엇을 위함'이라는 어떤 연관 맥락에 의해 구성된 것"(Heidegger, 1998: 240)처럼, 듀이에 있어 하나의 상황은 목적과 수단을 매개하는 의식 작용을 중심으로 질적 통일성을 이루고 있는 것이다.

이상의 논의에 비추어 보면, 듀이가 말하는 상황의 전체성은 현상학적 의미에서 다음과 같은 의미를 지니게 된다. 우리가 지각하는 상황은 독립적 사물들의 집합체가 아니라 "하나의 분해되지 않은 총체"(Dewey, 1925: 18)로서 독특한 질적 특성을 드러낸다. 그렇기 때문에 듀이의 맥락적 전체로서의 '상황'은 하이데거의 지시 전체성으로서의 세계와 유사하게 개별적 의지와 관심이 복합적으로 얽힌 하나의 의식의 관계망으로 볼 수 있는 것이다. 더욱이, 듀이의 '상황'은 목적과 수단이 변증법적으로 연계된 연쇄 반응을 일으킨다는 점에서 늘 새로운 변전(變轉)을 거듭하게 된다. 물론 이러한 연쇄 반응은 단선적인 것이 아니라 상황 전체의 지각 속에 일어나고 있는 것이다. 퐁티가 말한 바와 같이, 연쇄 반응은 상황에 대한 "통일성으로서의 지각을 끊임없이 해체하고 재형성하는"(Ponty, 2006: 87) 인간 의식의 역동적 면모를 보여주는 것에 다름 아니다. 요컨대, 듀이의 '상황'과 현상학적 '삶의 세계'는 공통으로 수단과 목적이 연계된 의식의 전체적 관계망을 함유하고 있다는 점에서 상호 조응된다. 이로 써 우리들 눈앞에 드러나는 사물은 일의적 의미를 갖는 고정적 구성 요소가 아니라 상황 전체의 지각에 따라 그 의미가 역동적으로 변화해가는 모습을 드러내는 것이다.

3. 상황의 초월성

우리의 인식작용은 상황 속에서 환경과의 교호작용으로 말미암아 '불균형'을 시정하는 유동적인 변화를 거듭할 뿐, 어떤 궁극적인 종착 지점을 지향하는 것이 아니다. 이러한 변화에는 현재의 불만족스럽고 불안정한 상황을 만족스럽고 안정적인 상황으로 바꾸고자 하는 당사자의 의지와 관심이 투영되어 있다. 그런데 현재 해결된 상황이라고 하더라도 그것이 미래에도 반드시 확정적 상황이 된다는 보장을 할 수 없으므로, 현재의 상황을 개선하고자 하는 시도는 끊임없이 연속된다. 이러한 상황의 개선은 단지 인지적이고 과학적인 관점에서만 보아서는 안 되며 질적인 차원을 동시에 반영하는 것으로 보아야 한다. 왜냐하면, 상황의 개선에는 문제를 해결한 결과로 얻어지는 탐구 당사자의 만족감이라든가 완성감 등 질적 특성이 녹아들어 있기 때문이다. 우리는 이와 같은 상황의 개선에 따른 자아의 확장을 '초월'(beyond)이라고 부르고자 한다. 여기서의 '초월'은 제임스(W. James)의 순수경험론에서 드러나듯이, 현재의 인식의 지평을 끊임없이 변화시키고 비결정적으로 확산시키는 인식작용을 의미한다. 물론 일반적 뉘앙스로 보면, 초월이라는 용어는 전통적 이원론에서 말하는 '초월'(transcendence), 즉 궁극적 존재자나 고정 불변하는 실재에의 접근을 부각시킨다.

그러나 듀이에 의하면 전통적 의미의 '초월'은 오직 형이상학적 독단의 산물일 뿐, 실제로 존재하지 않는 허구이다. 궁극적 실재라는 것은 불안정하고 불확정한 삶의 세계에서 벗어나고자 하는 인간적 희구(希求)의 산물에 다름 아닌 것이다. 듀이에 있어 '실재'라는 말이 의미를 갖는다면 그것은 오직 삶의 상황 속에서 무엇인가 보고 듣고 느끼고 만들고 사고하는 것 등등 일체의 인간 활동과 관련될 때에 한해서이다. 곧, 실재 자체도 인간이 경험하고 의미를 부여하는 대상 그 이상의 것이 아니라는 것이다. 이와 같이 보면, 전통적 의미의 '초월'을 부정하는 듀이의 관점을 다시 그 용어를 써서 다루는 것은 자칫하면 오해를 불러일으키기 쉽다. 그럼에도 불구하고 여기서 굳이 '초월'이라는 용어를 쓴 까닭은 듀이의 상황 개념을 하이데거의 '존재론적 초월'의 관점에 입각해서 읽을 수 있음을 보이기 위한 것이다. 왜냐하면, 상황의 개선이나 자아의 확장을 의미하는 듀이의 '초월'(beyond)은 존재론적 초월의 양식(樣式)인 '탈존'(脫存; Ex-sistenz)을 가정하고도 성립할 수 있기 때문이다. '탈존'은 존재가 정체된 상태로 머무는 것이 아니라 항상 존재 밖을 향하여 뻗어 나아가려는 탈자적(脫自的) 존재 양식을 가지고 있음을 의미한다. 그가 말한 바와 같이, "존재는 앞서 던지는 가운데 언제나 이미 자기 밖으로 나가 있다"(Heidegger, 1998: 249).

하이데거의 '초월'은 전통적 인식론에서 말하는 궁극적 실재에로의 도약이나 종교적 의미에서 인간 영혼이 신(神)의 세계로 가까이 가는 수직적 상승 운동을 뜻하는 것이 아니다. 그것은 '현존재'의 존재 양식으로서의 탈존, 즉 존재가 바깥세상을 향해 수평적으로 뻗어 나아가는 그런 반연(攀緣)의 방향성을 지시하고 있다. 왜냐하면, 초월에의 관심(Sorge)은 보통 말하는 의식적, 의지적 의미가 아니라 무의식적으로 지향하는 마음의 작용, 다시 말해 인간의 모든 욕구와 심적 경향, 충동을 가능하게 해주는 존재론적 뿌리에 해당하기 때문이다(김형효, 2002: 68-73, 51-53). 물론 여기서 듀이가 과연 하이데거의 '초월'을 염두에 두고 있었는가, 또한 그의 상황 개념이 무의식적 마음의 지향성까지 포괄하는 하이데거의 '근원적 존재론'(fundamental ontology)과 동일한 차원에서 비교될 수 있는가 하는 의문이 제기될 수도 있다.

가령, 듀이의 '예견된 결과'에 따른 행위는 본격적 사고라든가 행위적 검증 등 의식적이고 의도적인 성격을 더 부각시키고 있는 것이다. 그러나 그렇다고 하여 듀이와 하이데거의 '초월'이 전적으로 통약 불가능하다는 결론은 도출되지 않는다. 왜냐하면, 듀이가 말하는 상황의 개선은 그가 특별히 의식했건, 안 했건 간에, 정체된 자아로부터 벗어나려는 마음의 '탈존' 운동을 이미 머금고 있다고 볼 수 있기 때문이다. 다시 말해, 듀이의 상황 개념은 존재가 자신의 '피부' 내에만 함몰되는 것이 아니라, 존재 '밖'의 상황으로 뻗어 나아가려는 의식의 '탈자성'(脫自性)을 전제하고도 성립 가능하다는 것이다.

듀이의 상황 개념은 또한 후설의 현상학에 나타난 인식수준의 '초월'과도 유의미하게 비교될 수 있다. 후설에 의하면, 비록 우리의 삶의 세계를 구성하는 실체와 사건들이 막연하고 부정확하게 결정된 다고 하더라도, 장차 좀 더 철저한 결정 가능성을 내포한다. 현재의 경험은 장차 추구되어야 할 인식의 개방된 '지평'(horizon)을 제시해 준다. 이러한 지평은 듀이의 '예견된 결과' 개념과 유사하게 'if-then' 의 관계에 의해 구조화된다. 말하자면, 하나의 대상이나 사건에 대한 해석은 그것에 대한 가설적 예견을 통해 우리의 직접적 경험을 초월하여 좀 더 주도면밀하게 발전할 수 있는 것이다. 이러한 초월에 대한 기대가 후설이 말하는 '기대의 지평'(expectation horizon)이다(Garrison & Shargel, 1988: 242). 우리는 '기대의 지평'으로 인해 고정적 인식수준에 머무는 것이 아니라 새로운 인식의 지평을 끊임없이 열어가게 된다. 말할 필요도 없이, 여기에는 과거와 현재의 경험, 그리고 미래의 가능성을 연결하는 사고 작용이 개입하게 된다. 후설은 현재 주어진 낮은 단계의 의미를 넘어서는 의식작용을 '구성 작용' 혹은 '초월작용'이라고 부른다. 이와 같은 초월작용이 가능한 것은, 지각의 지향성이 과거에 주어진 의미를 현재 생생하게 주어지는 의미와 결합시키면서 더 높은 단계의 새로운 의미를 사념(思念)하기 때문이다(이남인, 2001: 30-33). 이른바 후설의 '초월적 자아'의 개념은 이렇듯 현재의 경험을 초월해서 새로운 경험의 조건을 만드는 의식의 주체로서의 초험적 자아를 부각시키는 것이다.[16]

후설에 있어 미확정된 일련의 사건들이 '기대의 지평'과 관련하여

---

16) 후설에 있어 명증(明證)한 앎을 추구하기 위해서는 '에포케'(epoche)와 사태에 대한 순수한 지각이 필요하다. 그의 '현상학적 환원'에서 드러나듯이, 진정한 앎은 의식 바깥의 사물이 아니라 의식 현상에 비추어진 대상뿐이기 때문이다. 그러나 만약 우리들 각자의 의식과 체험을 통해 드러난 것만 확실한 앎으로 인정한다면, 세계에 대한 공통된 이해를 보장하는 준거를 찾을 수 없을 것이다. 예컨대, 사과를 보고 배라고 부르고, 책상을 보고 의자로 부르는 오류가 그것이다. 후설이 구체적 경험을 중시하는 '현상학적 환원'과 더불어, 현상의 본질을 일관성 있게 통찰하는 주체의 '초험적 환원'을 중시한 까닭도 여기에 있다.

장차 그 이상의 결정을 위한 의미 강화 가능성을 가지듯이, 듀이의 '예견된 결과'에 따른 경험의 이중적 통합성은 일차적 경험과 이차적 경험을 상호 역동적으로 관련시킴으로써 자아의 인식의 확장을 가능하게 한다. 곧, 자아의 인식의 확장은 상황을 구성하는 요소들의 관련성과 범위가 확장됨에 따라 일어나는 것이다. 듀이가 말한 바와 같이, "보다 넓고 큰 자아는 관계를 거부하는 것이 아니라 포섭하는 자아이며, 이러한 자아는 이때까지 예측하지 못했던 관련을 자기 자신의 것으로 받아들여서 점점 확대되는 것이다"(Dewey, 1916a: 362). 물론 듀이가 과연 후설이 말한 '초월'의 의미를 염두에 두고 그의 논의를 전개했는가 하는 데에는 의문의 여지가 있을 수 있다. 그러나 게리슨과 샤겔이 지적한 바와 같이, 후설과 듀이는 적어도 한 가지 점에서 일치하고 있다. 즉, 우리의 사고 작용은 삶의 일상 속에서 나타나는 문제들에 대한 반성에서 비롯되므로, 사고나 인식의 확장을 가져오는 힘은 실제적으로 얽혀진 문제들로부터 기원한다는 것이다(Garrison & Shargel, 1988: 242-244). 다시 말해, 양자에 있어서 인식수준의 향상은 공통으로 일상적 삶 속에서 가지고 있던 개별적 지각의 층위를 바탕으로 하여 이루어질 수밖에 없다는 것이다.

이상의 논의에 비추어 보면, 듀이가 말하는 상황의 초월성은 현상학적 의미에서 다음과 같은 의미를 지니게 된다. 개인의 인식작용은 항상 그가 지각하는 상황 내부에 들어 있으며, 동시에 사물과 사태의 관계성을 새롭게 파악하는 인식작용이 자아를 끊임없이 확장시키는 추진력이 된다. 하이데거에 있어서 존재 밖으로 나아가려는 탈존의 존재 양상이 실타래처럼 얽혀 '초월'의 인식작용을 일으키듯이,

듀이에 있어서는 외부 상황의 관계적 지각이 끊임없이 탈바꿈됨으로써 자아의 인식을 확장하게 된다. 또한 후설의 관점에서 '기대의 지평'으로 인해 인식의 초월이 일어나듯이, 듀이에 있어서는 일차적 경험과 이차적 경험이 상호 결합됨으로써 정체된 자아를 초월하는 인식의 변전을 거듭하게 된다. 확실히 이러한 인식의 변전은 결코 그럭저럭 살아가는 '일상적 관심'(Besorgen)만으로는 이루어지지 않는다. 그것은 자신이 부딪친 불확정적 상황을 회피하지 않고 있는 그대로 받아들이며, 그 해결책을 진지하게 고민하고 탐색하는 과정에서 파생되는 것이다. 요컨대, 듀이가 추구한 상황 개념은 새로운 사물, 사태와의 관계성에 비추어 외부 상황과의 관계적 지각을 끊임없이 재구성하려는 현상학적 '초월'의 일단(一端)을 보여준다. 이러한 면모는 듀이에 대한 흔한 오해에서 드러나듯이, 그가 즉시적 필요나 욕구 충족 등 '평균적 일상성'을 강조한 것이 아니라, 상황의 개선을 통하여 그 평균적 일상성에로의 전락(轉落)을 극복하고자 노력하였음을 보여준다.

Ⅳ. 교육현상학적 시사

듀이의 경험중심철학은 이제까지 그의 마음(mind)의 개념이나 실험적 지식론 혹은 반성적 탐구의 논리 등 주로 과학적이고 인지적인 측면에 초점을 맞추어 연구되어 온 경향이 있었다. 물론 이러한 연구들은 듀이 철학을 이해하는 중요한 요소임에 틀림없으나, 우리는 그와 동시에 인지적 경험 이면에 깔린 현상학적 측면에 주목할 필요가 있다. 왜냐하면, 듀이의 상황 개념에는 현상학적 의미를 머금은

'일차적 경험'이 내재해 있기 때문이다. 일차적 경험은 전인지적이고 전반성적인 개인의 의식작용을 의미하며, 동시에 이것이 반성적, 과학적인 경험과 결부되어 의식의 계속적 변전을 일으키는 동인이 된다. 확실히 이러한 듀이의 관점은 개별적이고 특수한 의식작용을 중시함으로써 인간의 지각과 의지의 세계를 폄하하는 이원론적 인식론을 비판하는 것일 뿐만 아니라, 기계론적, 결정론적 세계관에 배태된 어떤 고정된 틀과 절대적 관념도 부정하고 있는 것이다. 그러나 지금까지 듀이의 '일차적 경험'은 인지적인 과학적 경험에 비해 주목의 대상이 되지 못한 경향이 있었다. 본고에서는 바로 이 점에 초점을 맞추어 듀이의 일차적 경험과 결부된 상황의 현상학적 측면을 교호작용성과 전체성, 그리고 초월성의 측면으로 구분하여 고찰하였다.

본고의 논의를 요약하자면, 우선 상황의 교호작용성은 우리가 사는 세상이 고정된 '범주론적' 세계가 아니라, 주객이 상호 밀접하게 관여하고 변화를 일으키는 '실존론적' 의미를 내포한다고 말하였다. 또한 상황의 전체성은 단일한 질적 특성을 지닌 '맥락적 전체'로서의 상황을 의미하며, 이것은 하이데거의 '사용 사태의 전체성'으로 얽혀 있는 의식의 관계망과 유사하다고 말하였다. 그리고 상황의 초월성은 고정된 초월적 실재에로의 접근이 아니라 상황 지각의 개선을 통한 자아의 인식의 확장을 의미하며, 이는 반연(攀緣)과 탈존(脫存)이라는 현상학의 존재론적 뿌리를 부정하지 않고도 성립된다는 점을 논의하였다. 곧, 듀이의 상황 개념에는 이미 자아의 밖을 향해 뻗어 나아가는 관심(Sorge)의 탈자적(脫自的) 운동이 논리적으로 가정되어 있다는 것이다. 물론, 이제까지 살펴본 상황 개념의 세 측면,

즉 교호작용성과 전체성, 그리고 초월성의 측면은 상호 분리된 것이 아니라, 동일한 경험 상황에서 상호작용하면서 인식수준의 상승을 촉진해간다고 보아야 한다.

상황 개념의 현상학적 측면은 현상학과 교육을 접목시킨 '교육현상학'의 관점에서 재음미될 수 있다. 교육현상학은 현상학적 사고방법을 교육학에 적용하려는 시도로서, 그 주요 과제는 교육 및 도야와 밀접한 관련을 맺는 인간학적 현상을 본질적인 측면에서 서술하고 교육학의 학문적 기초를 마련해주는 데에 있다(정혜영, 2006: 139). 전통적 이원론은 인간 외부에 존재하는 궁극적 실재를 부각시킴으로써 이른바 '현존재'의 은닉(隱匿)과 '상황의 상실'의 오류를 범하였다. 이에 따라 교육의 사태에서는 학습자의 경험 상황과 분리된 고립적 지식만을 앞세울 위험성을 안고 있었다. 다시 말해, 종래 교육의 사태에서는 개별적 경험 상황 속에서 지식이 '자기화'되는 과정을 소홀히 취급하는 경향이 있었고, 이에 따라 소위 '무기력한' 지식교육으로 전락할 개연성을 지니고 있었던 것이다. 교육현상학은 바로 이 점에서 종래의 이원론적 인식론에 따른 그릇된 교육 양상을 성찰할 계기를 마련해준다. 교육현상학에서는 학습자들의 전인지적 지각작용이나 개별적 삶의 역사에서 자연스럽게 배어 나오는 정서나 느낌, 동기 등을 소중히 여길 것을 요청한다. 왜냐하면, 학습자들은 전인지적인 지각 층위에서 외부 상황을 지각하므로, 교사의 발화가 그대로 학습자들에게 전달, 기억된다는 보장을 할 수 없기 때문이다. 곧, 학습자들은 교사의 발화를 각자의 전술어적인 지각 내부로 포섭하여 그들 나름대로 지각한 수준만큼 이해의 밑그림을 그려 가게 되는 것이다.

이 점을 고려한다면 교육적 사태에서는 학습자들이 지각하는 상황을 진솔하게 대면하면서 그들의 현재 지각 층위로 내려와 그들의 인식과 정서를 공유하도록 노력할 필요가 있다. 이를 간과한 채 일방적으로 전달되는 의미 체계나 상징적 명제들은 학습자들의 관심사나 그들이 일상적 삶에서 소중히 여기는 가치와 무관한 '정보의 무더기'로 전락할 가능성이 있는 것이다. 교육의 출발점에 선 교사가 특히 학습자의 내면적 동기 유발에 민감한 주의를 기울여야 하는 까닭도 바로 여기에 있다. 그런데 이와 같은 교육현상학적 관심은 듀이의 상황 개념에도 그대로 녹아들어 있다고 파악된다. 왜냐하면, 듀이에 있어 지식의 '체득'이나 '자기화'는 학습자가 보고 듣고 느끼고 생각하는 삶의 일차적 상황 맥락과 연계됨으로써 가능한 것이기 때문이다. 곧, 진정한 지식의 획득은 학습자가 외부의 표준화된 지식을 일방적으로 수용하는 데서 나오는 것이 아니라, 학습자가 상황 속에 자기 몸을 가담하여 어떤 모양으로든지 외부 사태와 지식을 변형시키는 데서 이루어진다는 것이다.[17]

---

17) 주체와 객체를 분리된 요소로 간주하는 근대적 인식론을 부정하는 듀이의 교호작용적 관점은 동양 철학에서는 주희(朱熹)의 격물치지론(格物致知論)과 의미 있게 비교될 수 있다. '격물치지'를 흔히 객관적 이치에 대한 탐구로만 보는 경향이 있다. 그러나 주희에 의하면, 참다운 이치의 체득은 주체와 분리된 고정된 외물(外物)의 탐구에 의해서가 아니라, 일상적 삶 속에서 반추되는 현실적 마음에 의해 이루어진다. 이것은 '격물'과 '치지'가 인과적 관계로 분리된 독립적 요소가 아니라 삶의 상황 속에서 상호 영향을 주고받아 서로 변화해갈 수 있음을 보여준다. 격물치지의 과정은 크게 세 단계로 이루어진다. 즉, 즉물(卽物), 궁리(窮理), 지극(至極)의 과정이 그것이다. 먼저, '즉물'은 '나'와 분리된 '외물'을 일방적으로 수용하는 것이 아니라 삶의 상황 속에서 사물에 다가서려는 노력을 의미한다. '궁리'는 현재적 상태에 의존하여 사물의 이치를 대면하고자 하는 노력을 말하며, '지극'은 참된 사물의 이치를 온전히 자기 안에서 풀어내는 것을 의미한다. 이러한 격물치지의 과정이 오래 쌓이다 보면, 마음의 안과 밖이 온전히 조응(照應)하는 질적 전환의 경지인 활연관통(豁然貫通)에 이르게 된다(이재준, 2006: 14-16; 2007: 136-143. 참조). 요컨대, 주희와 듀이의 유사점은 지식의 획득이 '나'의 문제의식과 분리된 외부의 텍스트를 통해서가 아니라, 자신이 처한 삶의 문제 상황에 능동적으로 참여하여 적합한 깨달음(時前中)을 추구하는 과정에서 이루어진다는 데에 있다. 격물치지론의 교육학적 함의에 대한 자세한 논의는 이재준(2007)의 『우리는 왜 주희인가?: 격물치지론의 탈근대 교육학적 해석』, 제Ⅳ장 참조.

그러나 한 가지 주목할 점은, '지식의 자기화 과정'에 대한 듀이와 현상학의 유사성에도 불구하고, 듀이가 주는 교육적 메시지가 현상학의 그것과 전적으로 동일하지 않다는 것이다. 듀이는 현상학적 관점과 유사하게 개별 학습자의 독특한 지각 방식을 고려하면서도, 보다 적극적인 측면에서 학습자의 내부 의식과 외부 교과의 논리를 하나의 유기적 맥락에서 연계시키고자 한다. 왜냐하면, 듀이의 의도는 학습자들로 하여금 현재의 지각이나 경험 수준에 머물게 하는 것이 아니라, 외부 지식과 상황 전체 간의 관계 맥락적 의미를 동시에 배우게 함으로써 그들의 경험내용과 방식에 끊임없이 변화를 주는 데에 있기 때문이다. 다시 말해, 듀이는 학습자의 관심이나 상황 지각을 '문제해결'이라는 탐구 상황의 맥락으로 수렴시킴으로써 학습자의 진정한 사고를 자극하고 계속적인 경험의 성장을 촉진하고자 한 것이다. 듀이에 있어 교사의 적절한 개입과 지도가 요청되는 까닭도 여기에 있다. 즉, 교사는 학습자들의 상황 지각이나 느낌 혹은 정서를 공유하는 수준에만 머물러서는 안 되며, 보다 적극적인 측면에서 학습자의 사고를 자극할 수 있는 학습 환경의 조성을 연구할 필요가 있는 것이다. 요컨대, 교육적 사태에서는 지식이 학습자에게 체화되고 의미화되는 과정에서 일차적 경험의 중요성을 재인식할 필요가 있을 뿐만 아니라, 일차적 경험이 장차 이차적 경험과 통합적 교호작용을 일으킬 수 있도록 탐구적 상황의 조성에도 진지한 관심을 기울일 필요가 있을 것이다.

끝으로, 이 글은 시론적 수준에서 듀이의 상황 개념이 갖는 현상학적 성격을 논의하는 데에 그쳤으나, 앞으로는 듀이의 상황 개념이 갖는 심미적이고 질적인 성격을 보다 심층적으로 다루어볼 필요가 있을 것이다. 이와 관련하여 듀이의 '상황-내-개인'과 하이데거의 '세계-내-존재'에서 드러나는 의식의 변전 과정을 독립적으로 깊이 있게 비교, 검토할 필요가 있을 것이다. 아울러, 듀이의 예견된 결과가 개입된 '경험의 진보적 재구성'과 후설의 '기대의 지평'과 관련된 인식의 초월성을 보다 심층적으로 비교 연구해볼 필요도 있을 것이다. 이러한 논의들이 이루어지면, 듀이와 현상학은 서로의 관점에 비추어 쌍방 간의 이해를 더욱 풍부하게 할 수 있을 것이며, 듀이 프래그머티즘과 현상학 전반의 관련성을 보다 폭넓은 맥락에서 조명할 수 있을 것이다.

제3부

듀이의 흥미와 놀이, 그리고 성장 개념과 교육

제6장 듀이의 흥미 개념과 그 교육적 함의

　　듀이의 흥미 개념은 그의 교육이론에서 핵심적인 위치를 차지함에도 불구하고 이제까지 특정한 측면에서 오해되어 온 경향이 있었다. 즉, 그의 흥미 개념은 아동의 심리적 욕구나 필요 충족을 강조한 나머지, 교과교육의 가치를 소홀히 취급하고 있다는 것이다. 듀이의 흥미 개념에 대한 대표적인 비판의 근거로서 피터스의 흥미 구분을 들 수 있다. 피터스는 흥미를 '심리적 흥미'와 '규범적 흥미'로 구분한다. 전자가 아동의 즉시적 욕구나 관심거리를 의미한다면, 후자는 교육의 결과로 형성되는 흥미이다. 피터스의 구분에 입각해보면, 듀이에 대한 비판은 주로 그가 흥미의 심리적 측면만을 부각시킬 뿐, 규범적 측면을 도외시하고 있다는 데에 그 초점이 모아진다. 그러나 듀이가 추구한 흥미는 단순히 현재의 매혹거리나 심리적 차원에 매몰되는 흥미가 아니다. 그것은 시공간적 연속성의 차원에서 자아와 대상이 함께 교호작용을 함으로써 양자 모두 변화를 일으키는 그런 역동적 흥미이다. 이러한 흥미에는 목적과 수단, 흥미와 노력, 흥미와 흥미 간의 교호작용이 일어나고 있으며, 이로 말미암아 학습자의 인식의 지평은 지속적으로 확장될 수 있다. 교육적 사태에서 흥미의 발달을 위해서는 교사의 적절한 개입은 물론, 학습자가 진정으로 몰입할 수 있는 유목적적 활동과 탐구적 환경의 조성이 요구된다.

Ⅰ. 문제의 제기

교육적 사태에서 아동의 흥미(interest)를 존중해서 가르쳐야 한다는 데에는 아마 누구나 동의할 것이다. 확실히 흥미 존중의 교육은 일반적으로 지식의 전달을 위주로 하는 전통적 교육과 달리, 아동의 자발적 활동과 학습의 효과를 촉진한다는 점에서 의미를 지닌다. 그런 만큼 아동의 흥미는 교사가 어떤 교과의 어떤 지식을 가르치는 데 있어서나 고려해야 할 교육적 요소인 셈이다. 그러나 아동의 흥미와 교과의 지식의 관계는 정확히 어떻게 파악해야 하는가? 본고에서 이러한 질문을 다시 제기하는 까닭은 교육적 사태에서 흥미가 차지하는 지위를 엄격히 규정하고자 할 때 여전히 불분명한 문제가 남아있다고 보이기 때문이다. 즉, 아동의 흥미를 존중한다는 것과 사회적으로 가치 있는 지식을 가르친다는 것이 정확히 어떤 관계성을 맺는지가 명료하지 않다는 것이다. 이러한 문제 제기는 흥미에 관한 논의가 자칫하면 '흥미냐, 노력이냐' 하는 이분법적 사고로 흘러 흥미와 지식 중 어느 한쪽을 소홀히 하기 쉽다는 우려와 맞닿아 있다. 만약 이러한 지적이 타당한 것이라면, 이때까지 교육적 논의에서 회자(膾炙)되어 온 '흥미 존중'이라는 말은 표면상으로 드러나는 바와 같이 그다지 명백한 말은 아니며, 그 의미상 애매성(ambiguity)을 지닌 말로 보아야 할 것이다.

교육학적 논의에서 널리 알려진 바 있는 피터스(R. S. Peters)의 '흥미의 구분'은 이러한 흥미의 애매성을 배제하고 그 의미를 명료히 하고자 한 시도라고 볼 수 있다. 그는 아동에게 가치 있고 '이익'이 되는 규범적 흥미(normative interest)와 아동이 현재 필요로 하거나 '재미'를 느끼는 차원의 심리적 흥미(psychological interest)를 구분하였다(Peters, 1966: 167-170). 이러한 피터스의 구분은 분석철학적 관점에서 흥미의 의미를 명료히 하는 데 공헌하였다. 즉, 그의 구분은 흥미라는 말이 문맥상 정확히 어떤 의미로 쓰이는지를 밝히는 분석 도구가 된다는 점에서 교육학적 논의에 기여하고 있는 셈이다. 그러나 그의 흥미의 구분은 이러한 공헌에도 불구하고 결과적으로 심리적 흥미보다 규범적 흥미를 존중해야 한다는 주장으로 귀결될 수 있었다. 왜냐하면 심리적 흥미는 이를테면 각자의 흥밋거리에 푹 빠지는 것과 연관되어 있으며, 이는 교육적 차원에서 교사가 고려해야 할 하나의 요소일 뿐, 그 자체가 교육의 목적이 될 수 없기 때문이다. 더욱이 문제가 되는 것은, 피터스의 이와 같은 구분이 아동의 흥미를 존중하는 사태보다 교과를 가르치는 사태를 상대적으로 부각시킴으로써 지식의 전수를 위주로 하는 주입식 교육을 정당화할 우려가 있다는 것이다.

그렇다면 여기서 당연히 제기되는 질문은 교육에서 초점을 두어야 할 흥미는 과연 심리적 흥미와 '대립된' 규범적 흥미이어야 하는가 하는 것이다. 이러한 문제를 비판적으로 검토한 학자로서 듀이(J. Dewey)를 들 수 있다. 듀이는 일체의 이원론을 극복한 '종합의 철학자'로 알려져 있듯이, 교육의 사태에서 심리와 논리, 흥미와 노력, 놀이와 일의 대립을 견지하는 전통적 교육관에 정면으로 도전을 한 학자이다. 그는 전통적으로 내려온 이원론적 대립을 지양하고 양자를 교호작용(transaction)의 관점에서 종합하고자 하였다. 이러한 종합의 밑바탕에는 종래의 이분법적 방식과 다르게 흥미 개념을 파악하는 듀이의 특정한 관점이 내재해 있다. 즉, 아동의 흥미를 존중한다는 것과 교과로서의 지식을 가르치는 사태는 별개의 사태가 아니라 서로 영향을 주고받아 변화를 일으키고 있다는 것이다. 듀이의 이와 같은 관점에서 보면, 흥미의 규범적 측면과 심리적 측면은 머릿속 구분(distinction)일 뿐, 실질적으로 분리(separation)되는 것이 아니다. 다시 말해 듀이에 있어 규범적 흥미와 심리적 흥미는 피터스의 구분에서와 같이 독자적인 의미를 가지는 것이 아니라 오직 교호작용을 함으로써만 의미를 지니게 된다.

듀이가 규정하는 흥미 개념의 대표적인 것으로는 "자아와 대상의 일체화(identification)"의 규정을 들 수 있다(Dewey, 1895: 121). 이것은 자아와 대상이 분리된 것이 아니라 교호작용적 사태 속에 놓여 상호 긴밀한 관계성을 맺고 있다는 것을 의미한다. 그러나 여기서 중요한 반문이 제기될 수 있다. 즉, 듀이가 규정하는 자아와 대상의 일체화가 결국 각자의 흥밋거리에 빠지는 심리적 흥미에로 귀결되는 것이 아닌가 하는 것이다. 예컨대, 윌슨(P. S. Wilson)은 듀이의 '흥미를 통한 학습'이 과연 바람직한 교육의 결과로 연결될 수 있는지에 대해 의문을 제기하고 있으며(Wilson, 1971: 39−41), 스미스(M. Smith)는 아동의 즉흥적 흥미에 의한 교육과정의 선정이 듀이로부터 비롯된 것이라고 비판하고 있다(정건영, 1995: 152에서 재인용). 또한 화이트(A. R. White)는 듀이의 '자아와 대상의 일체화'가 흥미의 대상을 흥미의 주체에 잘못 통합시킨 것이라고 비판하고 있다(White, 1986: 79−81). 그리고 이환기는 듀이의 '흥미'에 대한 주장을 끝까지 밀고 나아가면, 아동에게 흥미 있는 내용만이 교육적 가치를 지니며, 흥미 있는 내용을 결정하는 주체는 아동이어야 하므로 교육을 전적으로 아동의 손에 맡겨야 한다는 결론이 나온다고 지적하고 있다(이환기, 1988: 70-75).

어찌 보면 이러한 비판의 원천은 듀이 자신의 흥미 개념이 애매한 데서 비롯된 것인지도 모른다. 표면상 자아와 대상의 일체화로서의 흥미가 정확히 무엇을 뜻하는지가 불분명하다고 보이기 때문이다. (그러나 그 불분명함은 문자 그대로 듀이 자신의 흥미 개념이 애매한 데서 야기된 것인가? 아니면, 듀이의 흥미 개념의 진의가 올바로 파악되지 않은 데서 비롯된 것인가?) 어찌되었든 간에 피터스의 흥미 구분은 역으로 듀이의 흥미 개념의 올바른 의미를 탐색하게 하는 계기를 마련해준다. 어째서 듀이의 관점에서는 피터스의 두 구분이 더 이상 견지될 수 없는가? 만약 듀이가 말하는 흥미 개념이 심리적 차원의 흥미에만 머무는 것이 아니라면, 그의 흥미가 어떻게 규범적 의미의 흥미와 맞물려 나아가게 되는가? 다시 말하면, 듀이의 자아와 대상의 일체화로서의 흥미가 어떻게 정체된 심리적 차원에 함몰되지 않고 학습자의 인식수준의 향상을 담보할 수 있는가? 이에 대한 듀이의 대답은 무엇이며, 그것은 어떻게 정당화되는가? 이런 질문들에 대한 대답을 탐색하기 위해서는 듀이 자신이 규정하는 흥미 개념을 심층적으로 검토할 필요가 있다.

이제까지 듀이의 흥미 개념을 탐색한 대표적인 연구로서, 김태오 (1992)는 듀이의 흥미 개념과 하버마스의 관심 개념을 비교하여 그 교육적 의미를 탐색하고 있으며, 오정인(1996)은 직접적 흥미와 간접적 흥미, 욕구와 노력 등의 측면에서 듀이의 교육적 흥미 개념을 분석하고 있다. 또한 이기영(1998)은 듀이의 흥미 개념에 입각하여 아동중심교육의 방법적 원리를 모색하고 있으며, 김정국(1999)은 헤르바르트와 듀이의 흥미 개념을 비교하고 도덕교육에서의 흥미 존중의 의미를 분석하고 있다. 또한 양은주(2003)는 듀이의 직접적 흥미와 간접적 흥미 간의 역동적 관계성을 분석하고 총체적 자아의 성장에 기초하여 학생중심 교육과정의 실제적 가능성을 모색하고 있다. 그러나 피터스의 흥미 구분의 문제와 직접적으로 관련시켜 듀이의 흥미 개념의 진의와 교사의 역할을 다룬 연구는 없었다.

이 글은 이러한 맥락에서 듀이의 흥미 개념을 피터스의 흥미 구분과 관련하여 재이해하고 교육 사태에서 흥미가 차지하는 지위를 명료히 하는 데에 그 목적이 있다. 특히 피터스의 흥미 구분을 듀이의 흥미 개념을 재이해하는 준거로 삼은 이유는, 피터스의 구분이 듀이에 있어 흥미의 지위를 명료히 하는 데에 도움을 줄 것으로 파악되기 때문이다. 이러한 문제의식 하에 이 글에서는 먼저 피터스가 구분하는 흥미의 두 측면을 살펴보고, 그 두 측면이 종래의 노력 이론이나 흥미 이론과 어떻게 상응되는지 살펴보고자 한다. 이어서 듀이의 '자아와 대상의 일체화'로서의 흥미 개념을 살펴보고, 이에 비추어 피터스의 구분의 문제점을 비판적으로 검토하고자 한다. 그 다음, 듀이의 교육적 흥미가 어떻게 자아의 인식수준을 확대, 상승시킨다고 볼 수 있는지, 흥미의 동태적 차원에서 그 역동적 전개 양상을 탐색하고자 한다. 이러한 논의를 통해 우리는 교육적 논의에서 회자되는 '흥미존중 교육'이나 '흥미를 통한 학습'을 둘러싼 사고의 혼란을 줄일 수 있을 뿐만 아니라, 교육과정과 흥미의 관계성, 그리고 흥미와 관련된 교사의 역할이 어떠한지를 의미 있게 규명할 수 있을 것이다.

Ⅱ. 피터스: 흥미 개념의 두 측면

흥미는 영어의 'interest'를 번역한 말로서, 그것은 "흥미를 느낀다"(to feel interest)고 할 때의 흥미와 "이익이 된다"(to be in one's interest) 고 할 때의 이익이라는 의미를 동시에 가지고 있다. 피터스는 이와 같은 두 차원의 흥미, 즉 아동이 재미를 느끼는 차원의 흥미와 아동에게 이익이 되는 차원의 흥미를 구분하여 각각 '심리적 흥미'와 '규범적 흥미'로 부르고 있다. 심리적 흥미가 어떤 일에 주의가 끌리는 개별적인 성향을 의미하는 것이라면, 규범적 흥미는 법률적 의미에서의 권리 주장이나 일반적 의미에서 개인에게 이익이 되는 것을 의미한다(Peters, 1966: 167-170). 이러한 피터스의 구분은 교육적 논의에서 흔히 쓰이는 흥미의 개념을 명료히 분석하는 데에 도움을 준다. 즉, 흥미라는 말은 피터스가 구분한 두 가지 흥미 중 어느 쪽으로 쓰이는가에 따라 전혀 다른 의미를 지니게 되는 것이다. 왜냐하면, 아동이 자기가 하고 싶어 하는 활동을 한다는 것과 아동에게 바람직한 이익이 되는 것을 추구하도록 도와주는 것은 동일한 의미를 가질 수 없기 때문이다. 피터스의 흥미의 구분을 좀 더 알기 쉽게 일상적인 용어를 써서 나타내어보면 다음과 같다.

> (1) 아동은 '흥미'를 느끼는 일에 몰두한다.
> (2) 아동이 현재 가지고 있는 '흥미'는 교과를 배운 결과로 형성된 것이다.

위 두 명제 중에서 명제(1)이 심리적 흥미와 관련된다면, 명제(2)는 규범적 흥미와 관련된다. 명제(1)의 '흥미'가 아동에게 물어보면 당장 알 수 있는 그런 것임에 비해, 명제(2)의 '흥미'는 사실상 아동 밖에 존재하는 외부의 교과를 배운 결과로 형성된 것이다. 다시 말해, 명제(1)의 흥미가 현재 아동이 가지고 있는 심리적 욕구나 관심거리를 말한다면, 명제(2)의 흥미는 교사의 지도와 학습자의 노력의 결과로 얻어지는 것이라고 볼 수 있다. 물론 명제(2)의 '규범적' 흥미에도 명제(1)의 '심리적'인 요소가 내재한다고 볼 수 있을 것이다. 왜냐하면, 교과를 배우는 실제적 과정에는 학습자의 심리적 과정이 동반될 수밖에 없기 때문이다. 그러나 엄격히 보아 피터스의 관심은 학습의 실제적 사태에 있다기보다는, 심리적 흥미와 규범적 흥미 간의 개념적 구분에 있었다. 이와 같은 피터스의 분석적 관점에서 보면, 규범적 흥미의 형성에 '사실상' 심리적 측면이 개입한다고 해서 '개념상'으로 규범적 흥미와 심리적 흥미가 구분되지 않는 것은 아니다. 다시 말해, 규범적 흥미에 심리적이고 경험적인 요소가 개입한다는 사실이 명제(1)과 명제(2)를 논리적으로 구분하는 일에는 하등 영향을 미치지 못한다는 것이다.

확실히 이러한 피터스의 구분은, 아동에게 '이익'이 되는 교육 활동이 되려면 흥미의 심리적 의미에 머물러서는 안 되며, 규범적 의미를 충분히 고려해야 함을 시사하고 있다.[1] 또 한편, 피터스의 관

---

1) 피터스의 구분에 의거하여 보자면, 예컨대 니일(Neill)의 섬머힐(Summer-Hill) 학교는 지식교육의 당위성을 거부하고 아동이 '흥미' 있어 하는 활동을 하도록 허용한다는 점(Neill, 1988: 22 – 23)에서 흥미의 심리학적 측면에만 관심을 쏟는 학교일 것이다. 아마도 피터스는 니일의 학교가 아동의 권리와 자율성을 신장하는 혁신적 '자유교육'을 추구하였으나, 거기에만 지나치게 강조점을 둔 나머지(즉, 흥미의 두 가지 의미를 정당하게 존중하지 않은 결과) 교과를 소홀히 하고 극단적인 '아동중심교육'으로 귀결되었다고 말했을지도 모른다. 물론, 니일의 교육방식을 '아동중심교육'의 올바른 전형이라고 볼 수 없으며, 더욱이 니일의 입장을 듀이와 동일시하는 것도 그릇된 것이다. 왜냐하면, 이하의 논의에서 드러나겠지만, 듀이는 교과의 지식이 아동의 경험과 교호작용을 일으킬 때에 교육적 가치를 가진다고 보았으며, 동시에 학습자의 탐구 활동을 이끄는 교사의 지도적 역할을 강조하였기 때문이다.

점에서 보면, 명제(1)의 흥미는 그 내용이 무엇이든 간에 다소간은 명제(2)의 흥미의 형성 결과로 파생된 것이라고 보아야 한다. 왜냐하면, 현재 개인의 흥미는 현재까지 그 개인이 받은 교육의 결과라고 보아야 하기 때문이다(이홍우, 1987: 118). 곧, 현재의 흥미는 문자 그대로 '진공상태'에서 생성된 것이 아니라, 외부 교과를 약간이라도 배운 결과로 형성된 것으로 보아야 하는 것이다. 확실히 이러한 피터스의 관점은 교육 사태에서 심리적 흥미보다 규범적 흥미에 '논리적 우선권'을 부여하는 것이라고 볼 수 있다. 한편, 챔버스(J. H. Chambers)는 피터스의 흥미 구분을 전반적으로 받아들이면서, 심리적 흥미를 '느낀 흥미'(felt interest)로, 규범적 흥미를 흥미 개념의 '가치 용도'(value use)로 규정한다. 그리고 심리적 흥미인 '느낀 흥미'를 다시 '우발적 흥미'(occurrent interest)와 '성향적 흥미'(dispositional interest)로 구분한다.2)

'우발적 흥미'는 사람들이 특정 순간에 그때그때 관심을 가지는 것, 예컨대 낯선 풍경이나 진기한 장면에 주의를 기울인다든가, 새로운 뉴스거리에 관심을 두는 것 등을 의미한다. 반면 '성향적 흥미'는 우발적 흥미에 비하여 지속적인 것이며, 기존에 형성된 비교적 일관된 흥미의 습관을 나타낸다. 예컨대, 개인의 취미나 스포츠에 대한 흥미가 그것이다. 곧, 우발적 흥미가 즉시적인 것이라면, 성향적 흥미는 비교적 장기간에 걸쳐 형성된 것이다. 챔버스는 이와 같

---

2) 심리적 흥미에 속하는 '우발적 흥미'와 '성향적 흥미'라는 용어는 화이트(A. R. White)가 명명한 것으로서, 챔버스나 윌슨은 화이트의 이 구분을 따르고 있다(White, 1964: 42; Wilson, 1971: 43, 67; Chambers, 1983: 71−72). 피터스도 그의 『윤리학과 교육』에서 화이트의 구분에 따라 심리적 흥미를 두 측면으로 나누어 언급하지만, '성향적 의미'(Peters, 1966: 168)만을 언급할 뿐, 직접적으로 '우발적 흥미'라는 용어를 쓰지 않는다. '우발적 흥미'는 지속적이지 않은, 일시적인 주의나 관심을 의미한다는 점에서 'occasional interest'(Wilson, 1971: 39)와 유사한 의미를 가진다.

은 심리적 흥미들에 교육적 가능성이 있다는 것을 부정하지는 않지만, 지나치게 거기에만 머물려는 태도를 경계해야 한다고 말한다. 예컨대, 한 소녀가 자기의 장래 희망이 뇌수술을 하는 외과의사라고 말한다면, 그것은 어른으로부터 대단히 큰 포부라고 칭찬받을 만한 일일 것이다. 그러나 "왜 그런 외과의사가 되고 싶니?"라고 물었을 때 소녀가 "저는 이 나이프를 보았거든요."라고 말한다면 이는 어른이 기대하는 대답이 아닐 것이다. 이 경우, 사실 소녀는 외과의사의 일에 관심을 가진 것이 아니라 그야말로 '칼'이라는 물건에 '흥미'를 가진 것이기 때문이다. 챔버스가 보기에, 교육은 아이의 마음을 이러한 즉흥적이고 우발적인 흥미 수준에 머물게 하는 일이 아니라 규범적 흥미의 수준으로 이끌어 올리는 일이다. 왜냐하면, 학교는 단순한 오락거리나 놀이의 장소가 아니기 때문이다(Chambers, 1983: 71-76). 그가 말하고자 하는 것은, 교육자는 피터스의 구분을 정당하게 존중해야 할 뿐만 아니라 "학교교육의 영역에서 규범적 흥미가 심리적 흥미보다 도덕적 우선권을 가지는 것"(Chambers, 1983: 74)으로 보아야 한다는 것이다.

물론 피터스와 챔버스가 '심리적 흥미'의 중요성을 간과한 것은 아니다. 아동의 심리적 흥미는 적어도 교육의 출발점에 선 교사가 민감하게 고려해야 할 요소라고 볼 수 있다. 그렇지만, 이들은 공통으로 학습자에게 '이익'이 되는 흥미와 단순한 심리적 '욕망'을 구분하고 교육적으로 바람직한 흥미는 상대적으로 '규범적 흥미'임을 부각시키고 있다. "학교에서 아동들로 하여금 그들의 심리적 흥미를 따르도록 허용하는 한 가지 이유는, 그런 '느낀 흥미'가 어떤 식으로든 교육적 가능성을 가지고 있다는 것, 즉 느낀 흥미가 아동의 규범적 흥미 안에 내포된다는 데에 암묵적으로 동의하기 때문이다"(Chambers, 1983: 74). 요컨대, 피터스나 챔버스에 의하면 심리적 흥미 일반은 오직 규범적 흥미 안에 포괄되는 한에서만 교육적 의미를 지닌다. 심리적 흥미는 그 자체로 교육적인 결과를 산출한다는 보장을 할 수 없기 때문이다. 그러나 우리는 이들의 입장에 대해 다음과 같은 질문을 제기해볼 수 있다. 즉, 교육 사태에서 규범적 흥미가 갖는 중요성을 인정한다고 하더라도, 이들의 구분으로부터 부당하게 배제되는 흥미의 중요한 측면이 있다면 그것은 어떤 성격의 것인가? 더욱이, 이들은 흥미의 개념적 구분에 강조를 둔 나머지, 사실상 심리적 흥미와 규범적 흥미 간에 존재하는 상호작용의 가능성을 간과한 것이 아닌가? 다음 장에서는 바로 이러한 질문에 대한 대답을 듀이의 흥미 개념에 근거하여 찾아보기로 한다.

Ⅲ. 듀이의 흥미 개념

이 장에서는 앞서 언급한 피터스의 흥미 구분과 관련하여 전통적인 노력 이론과 흥미 이론의 특징을 살펴보고, '노력'과 '흥미'의 양 측면을 통합하고자 하는 듀이의 흥미 개념의 진의가 무엇인지를 살펴보고자 한다. 이러한 논의를 통해 우리는 피터스의 흥미 구분에서 간과되는 문제가 무엇이며, 듀이의 '자아와 대상의 일체화'로서의 흥미가 어떤 점에서 전통적 흥미 개념에 대한 대안적 관점이 될 수 있는지를 규명할 수 있을 것이다.

1. 노력 이론과 흥미 이론의 오류

교육사상사에서 흥미에 관한 논의는 '마음'(mind)의 발달을 중심으로 하여 '노력'과 '흥미'의 측면 중 어느 한쪽을 상대적으로 강조하면서 발달해왔다. 노력 이론이 전통적인 마음의 도야를 강조하는 이론이라면, 흥미 이론은 낭만적 자연주의 교육사상이나 진보주의 교육사조에서 나타나듯이 아동의 현재의 필요나 요구 혹은 관심거리를 강조하는 이론이라고 볼 수 있다.[3] 노력 이론에 의하면, 노력의 가치는 그것이 장차 삶의 '든든한' 기초가 된다는 데에 있다. 예컨대, 우리 속담에 "고생 끝에 낙이 온다"거나 "인내는 쓰나 그 열매는 달다"라는 말이 있다. 현재는 힘들고 고생스럽지만 나중에는 그런 노력의 과정이 '좋은 약'이 된다는 것이다. 이러한 속담은 그 구체적 문맥을 떠나 일반적으로 말하자면 노력 이론의 입장을 대변하는 것으로 평가될 수 있다. 이것은 마치 에머슨(R. W. Emerson)이 말한 일반적 '보상'(compensation)의 경구에서 드러나듯이, 현재를 희생시키는 것이 미래에 더 많은 것을 누리게 될 것이라는 믿음과 관련되어 있다(Dewey, 1895: 115). 요컨대 노력 이론의 가정은, 미래의 삶은 심각한 것이어서 현재의 교육활동이 단순한 매혹거리나 심

---

[3] 듀이가 진보주의 교육과 유사하게 전통적 교육을 비판하는 개혁적 노선에 있다는 것은 주지의 사실이다. 그러나 바로 그러한 유사성으로 인하여 진보주의 교육과 듀이 사상을 동일시하는 것은 오류이다. 듀이는 그의 후기 저작 『경험과 교육』에서 전통적 교육과 진보주의 교육의 문제점을 동시에 비판적으로 검토하고 있다(Dewey, 1938b: ch. 1.; Cahn, 1938: xiii). 전통적 교육에서는 교과의 이해를 위한 '노력'의 측면만을 강조함으로써 아동 개개인에게 유의미한 경험의 성장을 촉진할 수 없었으며, 진보주의 교육에서는, 예컨대 "학습은 재미있어야 한다"(Learning should be fun)는 슬로건에서 드러나듯이 아동의 '심리적 흥미'의 측면을 앞세움으로써 듀이가 추구한 반성적 사고력의 함양과는 거리가 멀었던 것이다. 요컨대, 듀이는 교육에서 전통적 교육과 진보적 교육의 입장 중 어느 한쪽을 편든 것이 아니라 양자의 균형과 조화를 통한 경험의 계속적 성장을 추구하였다고 볼 수 있다.

리적 흥미의 충족으로 전락되어서는 안 된다는 데에 있다.

헤르바르트(J. F. Herbart)의 관점은 이러한 노력 이론의 관점과 전적으로 동일한 것은 아니다. 확실히 헤르바르트도 '흥미'의 중요성을 강조하였기 때문이다. 그러나 그가 추구한 흥미는 영혼에 아무런 감동을 주지 못하는, 순간순간 사라지는 일시적 흥미가 아니다. 그것은 구표상군(舊表象群)과 신표상군(新表象群)이 결합하는 통각(apperception)의 과정에서 유발되는 '이론적 흥미'라고 보아야 한다. 그가 '흥미'와 '욕망'을 구분하고 바람직한 흥미는 '주의'와 '기대'의 차원에서 순환해야 할 뿐, '요구'나 '행위'의 수준으로까지 나아가면 안 된다고 경계한 까닭도 바로 여기에 있다. 요구나 행위의 수준으로 나아가는 것은 흥미의 수준을 높이는 것이 아니라 특정 사물이나 사태에 대한 욕구를 해소시켜 더 이상 그것에 대한 흥미를 일으킬 수 없기 때문이다(Herbart, 1988: 79-82; 이환기, 1995: 83-101). 곧, 헤르바르트에 있어 진정한 흥미는 심리적 욕망이 아니라 인류의 사고권(思考圈; range of thought)인 교과로서의 지식을 배움으로써 획득되는 것이다(Herbart, 1988: 81-82). 헤르바르트의 흥미 개념이 노력 이론과 관련되는 까닭이 바로 여기에 있다. 헤르바르트가 보기에 교육은 아동 신변(身邊)의 재미거리에 영합(迎合)하는 일이 아니며, "교육학은 어린이의 세계를 강조하는 학파들에 의해 놀이 공처럼 우롱당해서는 안 된다"(Herbart, 1988: 28). 따라서 이리저리 흩어지는 아동의 산발적이고 단편적인 욕구들은 교육 사태에서는 오히려 억제의 대상이 되어야 한다.

이처럼 헤르바르트에 있어서 교육적 흥미는 쉽사리 울고 웃는 충동의 발산으로부터 나오는 것이 아니라, 교과의 학습을 통한 마음의 확대 과정에서 빚어지는 결과이다. 비유컨대, 아이는 교실 창문 너머 뛰노는 아이들의 즐거운 비명에 유혹되어서는 안 되며, 또한 개울가에서 물놀이하고 싶은 충동도 억제하지 않으면 안 된다. 그야말로 시종일관 노는 데에만 정신이 팔려 있다거나 물놀이만 즐기는 것은 욕망의 충족일 뿐, 마음의 성장에 아무런 보탬이 되지 않기 때문이다. 가령, '2 더하기 2는 4가 된다'는 수적 관계를 가르쳐야 할 경우, 아이에게 새나 민들레에 관한 재미있는 이야기에만 집중하도록 한다면 어떤 결과가 초래될 것인가? 그 경우 아이가 획득할 수 있는 사실은 틀림없이 적어질 것이다. 아이는 틈만 나면 수적 관계에서 빠져나와 그 수적 관계와 연상되는 이미지를 즐기는 쪽으로 나아가게 되기 때문이다(Dewey, 1895: 116-117). 이 점에서 보면, 인류의 가치 있는 문화유산인 사고권을 가르치는 일은 교육에서 그 무엇보다도 우선권을 지니는 일이어야 한다. 듀이는 그의 『민주주의와 교육』에서 헤르바르트가 가르치는 일을 전례답습(前例踏襲)이나 우연의 영역으로부터 벗어나 '의식적(意識的) 방법'의 영역으로 끌어 올렸다는 점에서 교육학적 공헌이 크다는 점을 인정하면서도, 그가 학습자의 참여나 능동적 경향성의 측면을 간과했다는 점에서 비판을 하고 있다(Dewey, 1916a: 76-77).

반면, 흥미 이론에 따르면 아동의 흥미와 무관하게 일방적으로 주입되는 지식은 겉껍데기의 '단편적 지식'일 뿐, 아동에게 내면화된 지식이 되기 어렵다. 낭만적 자연주의의 대표적 사상가인 루소(J. J. Rousseau)가 말한 바와 같이, 외부로부터 강제로 부과되는 인위적 지식은 아동기의 발달에 악영향을 끼칠 뿐이다. 루소에 의하면, 아동은 '성숙한 아동'(mature child)의 시기를 보냄으로써 장차 지식교육의 튼튼한 기초를 쌓을 수 있다. 오직 아동의 흥미나 특수성을 존중해갈 때 그들 나름대로의 진정한 앎을 촉진할 수 있다는 것이다. 루소가 철저하게 주입식 교육을 반대하고 '소극교육'이나 '실물교육'을 강조한 까닭도 바로 여기에 있다. 그가 말한 바와 같이, "무엇이든 만져보고 잡아보려는 욕구를 억제해서는 안 된다. 그것은 아이에게 절대적으로 귀중한 학습을 제공하기 때문이다"(Rousseau, 1989: 62). 아이의 욕구 충족은 그 자체로 중요한 것이라기보다는, 이후의 학습 발달에 효과적인 기여를 한다는 점에서 중요하다. 이렇듯 루소를 필두로 하는 흥미 이론에서는 노력 이론에서 평가절하한 아동의 충동이나 욕구가 장차 학습과제를 효율적으로 수행하기 위한 중요한 요소로 고려되고 있다.

그러나 듀이가 보기에 노력 이론과 흥미 이론은 모두 오류를 범하고 있다. 양자의 공통된 문제점은 한 마디로 말해 '자아와 대상의 분리'를 가정한다는 데에 있다. 노력 이론은 자아와 분리된 외부의 목표를 향해 억지로 아동을 이끌기 때문에 탐구 정신을 억누른다는 데에 문제가 있다. 이러한 노력만을 강조한 결과, "주의력의 분산"(divided attention)(Dewey, 1895: 119)은 물론, 진정한 목표나 정신적 가치가 결여된 채 기계처럼 반복하는 습관을 길러낼 우려가 있는 것이다(Dewey, 1913: 154, 159; 1895: 115). 반면, 흥미 이론은 대상과 분리된 심리적 욕구 해소의 측면을 지나치게 강조함으로써 아동의 활동은 '단절된 반응 조각'으로 전락하고, 그들이 가진 대부분의 흥미는 그야말로 순간순간 사라지는 우발적인 흥미에 그치고 말 위험성을 안고 있다. 재미있지 않은 것에는 무조건 등을 돌리는 '버릇없는 아이'(spoiled child)(Dewey, 1913: 154−155)는 극단적인 흥미 이론의 불행한 귀결이다. 형편이 이러함에도 불구하고, 노력 이론과 흥미 이론은 서로 간의 '조화'를 위해 진지하게 노력하기보다는, "상대방의 논리 중 약한 부분을 공격하고 상대의 부정에 강한"(Dewey, 1913: 155; 1895: 117) 면모를 보여줌으로써, 흥미와 노력의 요소가 양 극단으로 떨어져 나가는 비교육적인 양상을 띠고 만 것이다. 듀이가 '자아와 대상의 일체화'로서의 흥미 개념을 강조하게 된 배경도 바로 이러한 비교육적 양상을 극복하고자 하는 데에 기인한다고 볼 수 있다.

2. 자아와 대상의 일체화로서의 흥미

흥미라는 말은 어원적으로 "사이에 있는 것"(inter+esse; what is between), 즉 거리가 있는 두 사물을 상호 관련짓는다는 의미를 지닌다. 이러한 상호 관련성에 입각하여 듀이는 흥미를 "자아와 대상의 일체화"(Dewey, 1895: 121)로 규정한다. 그것은 자아와 대상이 상호 긴밀하게 맞물려 있거나, 자아가 대상 속에 몰입되어 있는 상태를 의미한다(Dewey, 1916a: 132-134). 그런데 '자아와 대상의 일체화'라는 말은 표면상 그 의미가 분명치 않은 것으로 보일 수 있다. 왜냐하면, '일체화'라는 말 자체가 다소간 추상적으로 들릴 뿐만 아니라, 자아와 대상은 엄연히 다른 존재로 보이기 때문이다. 그리하여 자아와 대상이 일체화된다는 것은, 흥미의 대상을 흥미의 주체에 잘못 통합시키는 것이 아닌가 하는 의문이 제기될 수 있다. 예컨대, 내가 플라톤의 대화편이나 형상(形相) 이론에 흥미 있다고 해서, 나와 플라톤의 그것들이 일치한다고 보는 것은 불합리한 것으로 보일 수 있다. 또한 새 알에 대한 나의 흥미와 나의 흥미인 새 알은 엄연히 다른 것이다(White, 1986: 79−81). 이러한 의문의 제기는 듀이가 규정하는 자아와 대상의 '일체화' 혹은 '동일시'가 과연 무엇을 뜻하는지가 모호하다는 비판이라고 할 수 있다. 그러나 이러한 비판은 오히려 듀이의 흥미 개념을 명료히 재이해하는 계기를 마련해준다.

듀이가 규정하는 자아와 대상의 '일체화' 혹은 '동일시'로서의 흥미는 순수 주관적인 것이거나 고정적 대상에 대해 갖는 우발적 흥미가 아니다. 그것은 대상과의 긴밀한 상호작용을 통해 자아와 대상이 함께 맞물려 변화해 가는 그런 통합적 맥락에서 파악해야 한다. "사물에 대해 개인이 어떤 태도를 지닌다는 것은 곧 사물의 변화가 자아의 활동과 무관하지 않다는 것을 보여준다"(Dewey, 1916a: 132). 곧, 자아와 대상은 '그냥 자아', '그냥 대상'(mere self; mere object)이 아니라, 교호작용으로 인하여 서로 영향을 주고받으며 변화하는 자아요, 변화하는 대상이라고 보아야 한다. 확실히 이와 같은 자아와 대상의 변화에는 행위의 개입(능동적 요소)과 변화된 사물(수동적 요소)의 결합이 반영되어 있으며, 흥미는 바로 그 변화하는 관계 속에 내재해 있는 것이다.

예컨대, 초등과학 수업에서 아동이 두꺼운 종이를 써서 지층의 휘어짐을 관찰하는 경우를 생각해보자. 아동이 지층의 휘어짐을 확인하기 위해 양손으로 두꺼운 종이의 양 끝에 가하는 압력은 곧바로 휘어진 종이의 모습과 손바닥에 느껴지는 떨림으로 이어진다. 이 경우, 휘어진 두꺼운 종이의 모습과 학습자가 느끼는 손바닥의 떨림은 하나의 행위의 연속적 과정에 놓여 있는 셈이다. 아동은 바로 이러한 연속적 관계를 지각함으로써 흥미를 갖게 되고, 사고 작용을 통하여 자신의 행위 결과를 파악함으로써, 이른바 지층의 '습곡' 현상에 관한 하나의 기초적인 경험을 획득하게 된다.

이렇듯 자아와 대상의 일체화로서의 흥미는 자아와 대상 간에 상호 관계성이 지각될 때 생성된다. 그러나 여기서 주목할 점은 듀이의 흥미가 일시적 호기심을 일으키는 정서적인 반응이나, 혹은 학습자와 학습자료 간에 개입하는 제3의 매혹거리가 아니라는 것이다. 앞서 지층모형의 실험에서, 만약 아동이 그야말로 두꺼운 종이가 휘어지는 장면 그 자체에 재미있어 하는 것으로 그친다면, 그것은 듀이가 경계한 또 하나의 '고립적 경험'이 될 뿐이다. 우리는, 예컨대 인간의 삶과 지층의 역사라든가, 지층과 지진, 혹은 생태계와의 관련성 등 습곡 생성과 관련된 아동의 인식의 지평이 확대되도록 하는 데에 관심을 기울여야 한다. 왜냐하면, 듀이가 추구한 흥미는 학습자료가 즉각적인 '설탕발림' 식으로 학습자의 마음을 끄는 힘이 아니라 학습자의 흥미가 연속적으로 확대되도록 하는 데에 있었기 때문이다. 듀이가, "학습 자료가 학생의 활동을 일으키고 그것을 일관성 있게 또 지속적으로 수행하도록 하는 기능이 있다면 그 기능이 바로 흥미"(Dewey, 1916a: 133)라고 말한 까닭이 바로 여기에 있다. 듀이의 흥미 개념을 앞서 언급한 피터스의 흥미 구분에 대한 대안적 관점으로 제시하여보면 다음과 같다.

(a) 흥미는 자아와 대상의 일체화를 반영한다.
(b) 아동이 현재 가지고 있는 '흥미'는 자아와 교과 간의 상호 변용의 결과를 나타낸다.

위 구분에서 흥미의 심리적 의미와 규범적 의미는 따로 구분되어 있지 않다. 듀이의 '자아와 대상의 일체화'로서의 흥미 개념에서는 심리적 흥미와 규범적 흥미가 서로 영향을 주고받아 변화하고 있기 때문이다. 여기서 명제(a)가 흥미의 기원을 나타낸다면, 명제(b)는 흥미의 역동적인 작용 양상을 나타낸다고 볼 수 있다. 다시 말해, 명제(a)는 흥미가 고립적 자아를 벗어나 대상과의 관련성 하에서 생성된다는 것을 보여주며, 명제(b)는 그처럼 생성된 흥미가 일회성으로 그치는 것이 아니라, 자아와 대상(교과)의 교호작용을 통하여 계속적으로 변화해가는 것임을 보여준다. 그러나 다시, 어째서 피터스의 흥미의 구분만으로는 불충분한가? 그것은, 피터스의 구분이 개별 학습자가 갖는 흥미의 과정적, 동태적인 전개 양상을 드러낼 수 없다는 데에 있다. 다시 말해, 피터스의 구분은 교육 사태에서 규범적 흥미가 심리적 흥미보다 '우선권'을 가지고 있다는 것, 그리하여 외부 지식의 가치가 중요하다는 사실만을 부각시킬 뿐, 학습자가 어떻게 지식을 생동감 있게 배울 수 있는가 하는 '교육적인' 물음은 충분히 다루지 않고 있는 것이다. 피터스의 규범적 흥미에서 외부 지식이 마치 영원불변의 고정된 형태로 존재하는 듯한 인상을 강하게 주는 까닭도 바로 여기에 있다.

형편이 이러한 데도 불구하고, 만약 누군가 '이것 아니면 저것' 식의 이분법적 사고로 피터스의 흥미 구분을 도식화해서 받아들인다면, 일체의 흥미는 자아와 분리되어 있는 교과의 지식을 받아들인 결과라는 '노력 이론'의 입장으로 되돌아가는 일이 될지도 모른다. 이것은 지식의 전수를 위주로 하는 주입식 교육을 정당화할 위험성이 있다. 앞서 언급한 화이트의 관점도 피터스와 동일한 정태적 입장을 취한다는 점에서 문제를 지닌다. 새 알이라는 대상과 새 알에 관심을 가진 자아는 물리적으로 별개의 존재이지만, 그렇다고 하여 자아와 대상을 '분리'된 것으로는 볼 수 없다. 새 알에 흥미를 가진다고 할 때, 자아와 새 알의 관계는 일의적으로 가치 매겨진 고정된 관계가 아니기 때문이다. 그것은 자아와 새 알이라는 대상이 함께 얽혀 그 관계적 의미가 변화해가는 맥락 속에 들어온 것으로 보아야 한다. 예컨대, 새 알은 누구에게나 획일적이고 평균적인 의미를 갖는 것이 아니라, 시공간적 맥락에 따라 그 표면적 촉각이나 경과 기간, 혹은 새로운 생명의 꿈틀거림이 관심거리가 되는 그런 새 알인 것이다. 화이트의 비판은 바로 이러한 흥미의 특수적이고 관계적인 맥락을 간과한 데서 나온 것이라고 볼 수 있다.

요컨대, 피터스의 흥미 구분은 전통적인 흥미 이론과 노력 이론에서 각각 강조되는 '아동의 심리적 욕구'와 '교과의 가치' 간의 대립을 그 안에 담고 있는 것이며, 그것을 '흥미'의 상이한 용법으로 쓰고 있는 셈이다. 이미 지적한 바와 같이, 이러한 피터스의 흥미 구분은 오직 정태적 차원에서만 의미를 가질 뿐이다. 왜냐하면, 그의 구분은 외부 교과의 지식을 받아들임으로써 규범적 흥미가 형성된다는 사실을 부각시킬 뿐, 흥미의 생성과 변화에 관여하는 개별 학습자의 의미 부여나 사고의 과정을 온전히 드러낼 수 없기 때문이다. 듀이의 입장에서 말하자면, 심리적 흥미와 규범적 흥미는 그 자체로 독자적 의미를 가지는 것이 아니라 교호작용을 함으로써만 의미를 가지게 된다. 즉, 듀이에 있어 심리적 흥미와 규범적 흥미는 독립적인 두 구성요소로서가 아니라 하나의 덩어리와 같은 혼융적(混融的) 관련성을 맺는 한에서만 의미를 가지는 것이다. 학습자가 현재 가지고 있는 흥미가 소위 규범적인 것이든, 심리적인 것이든 간에, 그것은 자아와 대상 간에 존재하는 연속성으로 인해 변화를 거듭하고 있기 때문이다. 교육적 맥락에서 교과로서의 지식 자체보다는, 그것이 학습자의 경험과 어떤 관계를 맺느냐 하는 데에 관심을 기울여야 하는 까닭도 바로 여기에 있다.

Ⅳ. 듀이의 교육적 흥미와 그 전개 양상

그렇다면, 듀이의 흥미 개념이 지향하는 바는 무엇이며, 흥미의 변화 양상은 인식수준의 상승과 어떠한 관계를 맺는 것일까? 말할 필요도 없이, 현재 학습자가 정체된 심리 상태를 벗어나 자아의 향상과 확대를 가져오는 것은 결코 아무렇게나 해도 이루어지는 것이 아니다. 그것은, '자아와 대상의 일체화'가 담지된 흥미가 수단과 목적, 흥미와 노력 간의 연속적 교호작용을 거치면서 이루어진다고 보아야 한다. 사실, 이와 같은 흥미는 외부의 대상이 자아가 추구하는 목적이 될 때 보다 쉽게 발생할 수 있다. 듀이가 흥미를 "유목적적인 경험 안에서 사물이 우리의 마음을 움직이는 힘"(Dewey, 1916a: 137)이라고 정의한 까닭도 이와 궤를 같이한다. 현재 내 눈앞에 무심코 보이는 사물은 물리적인 대상에 불과할 뿐이지만, 만약 그 사물이 내가 개입할 여지를 가지고 있고, 그리하여 그 변화된 사물의 상태가 내가 추구해야 할 목적이라면, 그 대상은 '나'에게 흥미로운 것이 될 것이다. 이런 맥락에서 흥미가 없다는 것은 사물을 고정되고 일의적인 상태로 보거나, 혹은 지적 숙고의 결여로 인해 사물을 수단과 목적의 관계성 속에서 파악하지 못한 데서 야기되는 것이다.

그런데 흥미가 유목적성을 가진다는 것은 두 가지 측면에서 고려해볼 수 있다. 하나는 목적 자체가 흥미의 대상이 되는 '놀이'(play)

의 경우이며, 다른 하나는 목적 달성을 위한 수단에 관심을 가지는 '일'(work)의 경우이다. 놀이에서는 활동의 수단과 목적 사이에 간격이 없어서 긴 시간과 깊은 사고를 요하지 않지만, 일에서는 목적 달성을 위한 수단의 선택과 실행, 난관의 극복 등에 노력과 사고의 요소가 더 필요하게 된다. 이것은 놀이와 일의 구분이 목적 달성에 걸리는 시간의 길이와 관련되어 있다는 것을 보여준다. "활동이 점점 복잡해짐에 따라, 거기에는 최종적으로 달성될 특정한 결과에 주의를 더 많이 기울여야 하며, 따라서 새로운 의미가 추가된다. 이리하여 활동은 놀이에서 점점 일로 넘어간다"(Dewey, 1916a: 214).

예컨대, 구슬치기나 공놀이에 집중하는 소년들은 처음에는 그 놀이 자체에 흥미를 느끼다가, 점차적으로 목표지점에 넣기나 던지기, 잡기 등 효과적 놀이의 수단이 되는 활동에 더 관심을 갖게 된다. 또한 인형놀이에 흥미 있는 소녀는 인형놀이 자체를 즐기다가, 이후 인형 옷을 만드는 데에 더 깊은 관심을 가질 수 있다(Dewey, 1913: 171). 이렇듯 흥미의 발전적 양태는 '놀이'로부터 '일'로의 변화에 비견될 수 있다. 그러나 이러한 변화는 문자 그대로 '놀이' 대신에 '일'을, 혹은 '직접적 흥미' 대신에 '간접적 흥미'의 일에만 종사한다는 뜻이 아니라, '흥미'의 요소가 내포된 유목적적 활동을 한다는 뜻으로 해석해야 한다.4)

---

4) '놀이'와 '일'에 내재된 흥미는 '직접적 흥미'와 '간접적 흥미'에 각각 상응한다고 볼 수 있다. 직접적 흥미는 목적과 수단이 따로 구분되지 않고 활동 자체가 만족을 주는 것이라면, 간접적 흥미는 목적과 수단이 구분되며 목적 달성에 필요한 수단에 관심을 두는 흥미이다. 직접적 흥미는 점차적으로 다른 목적을 위한 간접적 흥미로 전이되며, 간접적 흥미는 다시 직접적 흥미 속에 포괄되어 다양한 영역에서의 깊은 이해로 발달되어 간다(양은주, 2003: 187-189). "행동의 범위가 연장됨에 따라 사물의 직접적 관심이 점차적으로, 그리고 자연스럽게 간접적 관심으로 넘어갈 뿐만 아니라 그 반대의 작업도 실행된다. 간접적 가치가 직접적인 것이 된다"(Dewey, 1913: 171). 이와 같은 직접적 흥미와 간접적 흥미의 역동적 교호작용은 곧 '놀이'에서 '일'의 요소, '일'에서 '놀이'(흥미)의 요소를 찾아볼 수 있으며, 그러한 과정을 연속적으로 거치면서 개

듀이가 말하는 '일'은 그의 독특한 '작업'(occupation) 개념에서 드러나듯이, '생존의 압력'을 받지 않는 가운데 일이 그 자체의 목적을 위해 수행될 수 있는 활동을 말한다. 예컨대, 거기에는 역사적 사료 수집이라든가, 특별한 실험의 수행, 지역공동체의 생태학적 문제 해결, 시어(詩語)의 구상, 음악적 멜로디의 구성 등등 다양한 탐구 활동이 포함될 수 있다. 곧, 듀이의 작업 활동으로서의 일은 단순한 수공 훈련(manual training)이나 생계유지를 위한 노동(labor)이 아니라, 흥미의 요소가 가미된 유목적적 활동을 통하여 유의미한 지적, 사회적, 예술적 가치를 추구하고자 하는 것이다(Dewey, 1916a: 212-213; 김무길, 2006: 180). 이렇듯 '놀이'로부터 '일'에로의 변전 과정에는 목적 달성을 위한 노력의 요소가 뒤따르기 마련이며, 거기에는 또한 목적과 수단, 흥미와 노력 간의 긴밀한 교호작용이 투영되어 있다. 비록 정도상의 차이는 있다고 하더라도, 모종의 활동 목적을 달성하기 위해서는 제반 수단을 고려해야 하며, 이를 위해서는 의식적인 노력의 요소가 동반되어야 하는 것이다. 유목적적 활동을 통하여 흥미와 노력 간의 조화를 추구한 듀이의 의도는 다음과 같은 그의 발언에 잘 드러나 있다.

> 성장을 위해 요구되는 특정한 힘이 아이들에게 있다는 것을 인식하면 우리는 지식을 쌓기에 단단한 기초를 가지고 있는 것이다. 최대한도의 활동을 위해 노력의 마음이 생긴다. 이런 노력으로 인하여 더 성장하고 완전하게 되어간다. …… 노력에는 흥미가 체류한다. 그렇기 때문에 노력은 절대 고역이나 긴장으로 퇴화하지 않는다(Dewey, 1913: 159-160).

인의 흥미가 무한히 확대될 수 있음을 보여준다.

수단과 목적, 흥미와 노력의 교호작용을 통해 흥미가 확대된다는 것은 어떤 고정된 목적을 지향한다거나, 즉각적 충동(impulse)을 표출한다는 뜻이 아니다.[5] 흥미는 목적 자체를 변화시키고 수단을 탐색하는, 바로 그 활동 속에 들어 있으며, 동시에 그러한 흥미가 교호작용의 수준과 범위를 무한히 탈바꿈시키고 확산시켜간다. 그러나 누군가 이러한 흥미 개념이 종국적으로 피터스가 구분한 심리적 흥미로 통합되는 것이 아닌가 하는 반문을 여전히 제기할지도 모른다. 곧, 듀이의 "동태적이고 유목적적이고 감정적 측면을 지닌 흥미"(Dewey, 1913: 160; 1895: 122)는 여전히 심리적 차원, 즉 자아가 관심을 두고 '재미'를 느끼는 활동에서만 맴도는 것이 아닌가 하는 의문이 그것이다. 만약 듀이의 흥미가 순전히 주관적 욕구의 차원에 머무는 것이라면 그것은 학습자를 일회성으로 자극한다거나 매료시킨다는 것 그 이상의 의미를 지니지 못할 것이다. 그러나 듀이가 의도한 흥미는 그런 것이 아니다. 왜냐하면, 흥미의 범위와 수준은 '예견된 결과'에 의해 계속적으로 조정되고 수정되어 가기 때문이다. "흥미는 목적 달성을 위한 수단을 제공한다는 점에서 가치를 지닌다. …… 의식으로부터 나오는 힘의 참된 의미는 좀 더 높은 수준으로 나아가게 하는 추진력을 제공한다는 데에 있다"(Dewey, 1902: 280-281).

'예견된 결과'란 문자 그대로 마음속에서 미리 그려본 예상되는

---

5) 듀이는 교육에서 충동의 지위와 관련하여 다음과 같이 말하고 있다. "충동이나 욕구가 처음 표출될 때 그것이 띠고 있는 형태를 무엇인가 재구성하고 개조하지 않으면, 지성적 성장이라는 것은 있을 수 없다. 이러한 개조를 하려고 하면, 처음 표출될 당시의 충동을 억제하지 않을 수 없다"(Dewey, 1938: 41). 아동의 욕망이나 충동은 교육적 성장의 출발점으로 고려될 수 있지만, 그것은 어디까지나 출발점에 머무는 것일 뿐이다. 욕망이나 충동은 그 자체로서 경험의 성장 가능성을 담보할 수 없기 때문이다. 학습자가 단순한 충동이나 욕구의 발산으로부터 벗어나 유목적적 '흥미'의 상태로 나아가야 하는 까닭도 여기에 있다.

결과이다. 이것이 분명할 때 우리는 그 예견된 사태에 흥미를 갖고 그 결과를 실현하기 위해 현재 사태에 개입하게 된다(Dewey, 1939a: 206). 그런데 예견된 결과를 통하여 설정된 현재의 목적은 미래의 탐구에 있어서는 수단이 되며, 그 수단을 통해 달성된 목적은 다시 미래의 목적을 위한 수단이 되어 목적 자체가 끊임없이 변화하게 된다(김무길, 2005: 161). 곧, 한 번 목적이 성취되면 그것으로 끝이 아니라, 목적 성취의 만족감이나 흥미가 질적(qualitative) 경험의 형태로 녹아서 다음의 새로운 상황에 유효한 수단으로 쓰이게 되는 것이다. 이 경우 '예견된 결과'에 의해 주도되기 이전의 활동과 이후의 활동은 동일한 의미를 지닐 수 없다. 왜냐하면, 예견된 결과에 의해 조정되고 수정되는 목적-수단의 관계는 활동의 목적 자체가 변화하는 것일 뿐만 아니라 그에 따른 개별적 흥미의 질적 수준도 변화하는 것이기 때문이다. 다시 말해, 목적과 수단의 교호작용은 처음에 가졌던 심리적 차원의 흥미에 영원히 머무는 것이 아니라, 장차 발전된 흥미 구현을 위한 연속적 사고 활동으로 통합되어가는 것이다.

예컨대, 빛의 직진 현상에 대한 흥미는 그 자체로 끝나고 마는 고립적 흥미가 아니다. 그것은 시공간적 계열을 따라 나아가면서 다양한 자연 현상들, 즉 빛의 반사라든가 프리즘 현상 혹은 무지개의 생성에 대한 흥미와 얽혀 다른 흥미를 유발하는 동력이 될 수 있다. 이 경우, 빛의 직진 현상은 더 이상 직접적인 탐구의 목적이 될 수 없다. 이제 그것은 다른 탐구 목적을 위한 수단적 경험으로 녹아들게 된다. 여기서 학습자가 보여주는 현재의 흥미 수준이 흥미의 현실태(現實態)라면, 학습자가 앞으로 도달할 것으로 전망되는 흥미 수준은 흥미의 가능태(可能態)라고 할 수 있다(Dewey, 1916a: 190). 가능태로서의 흥미가 실현되면 이는 다시 개인의 경험 속에 녹아들어가 현실태로서의 흥미를 이루게 되며, 이것은 장차 보다 발전된 흥미 수준에 도달하기 위한 가능성을 내포하게 된다.[6] 이렇듯 현실태로서 학습자의 흥미는 '예견된 결과'에 의해 새로운 탐구 목적을 지향하며 장차 흥미의 발전 가능성을 담지하게 된다. 더욱이, "정상적 성장에 있어서 어떤 것에 관한 흥미는 단지 외부적으로 다른 흥미에 매어있는 것이 아니라, 다른 흥미를 덮고 다른 흥미에 배어들어 그 흥미를 변형시키기도 한다. 하나의 흥미가 다른 흥미를 해석하여 재평가한다"(Dewey, 1895: 127). 이렇듯 학습자가 가진 현실태로서의 흥미는 목적과 수단, 흥미와 노력, 흥미와 흥미 간의 끊임없는 혼입적인 관계로 표출되며 장차 발전적 가능태로서의 흥미를 무한히 확대시켜 나아간다.

이제까지의 논의를 요약하면, 듀이의 흥미는 즉흥적이거나 정체된 심리적 욕구를 말하는 것이 아니라, 외부적 사태와 관계를 맺는 방식이 변화하면서 역동적으로 발달해간다고 볼 수 있다. 여기서 흥미의 시간적 차원이 예견된 결과에 의해 조정되고 수정되는 목적-수단의 연속적 계열을 의미한다면, 공간적 차원은 현재의 흥미가 다른 흥미들과 복잡하게 얽혀 그 흥미의 범위가 확대해가는 것을 의미

---

6) 가능태(possibilities)와 현실태(actuality)라는 용어는 아리스토텔레스(Aristoteles)의 논의까지 거슬러 올라갈 수 있지만, 그 용법은 상이하다. 아리스토텔레스에 있어 가장 완전한 '현실태'는 제일 원인자인 '부동의 동자'(아퀴나스에 있어서는 신적 상태일 뿐이다. 가능태로서의 인간은 각자의 이성을 활용하여 - 물론 인간은 신적 상태에 이를 수 없다 - 점차적으로 궁극적인 목적인 신적 지성에로 접근하려고 하는 존재이다(Aquinas, 2001: 43). 이에 반해, 듀이에 있어서는 완전한 현실태나 고정된 추상적 목적이란 존재할 수 없으며, 오직 인간과 환경의 교호작용을 통해 열린 가능태로 나아가는 현실적 지성의 변화만이 일어날 뿐이다. 이 점을 고려하면, 인간 지성의 발전은 아리스토텔레스나 아퀴나스에 있어 '가능태 → (불변적) 현실태'로 '수렴'되는 것이라면, 듀이에 있어서는 역으로 '현실태 → (가변적) 가능태'로 '확산'되는 것이라고 표현할 수 있을 것이다.

한다고 볼 수 있다. 수단과 목적, 흥미와 노력의 관계가 그러하듯이 흥미와 흥미도 서로 영향을 주고받는 교호작용을 하고 있기 때문이다. 물론 흥미의 시간적 차원과 공간적 차원은 머릿속 구분일 뿐, 실제적으로는 상호 얽혀 학습자의 경험을 재구성하며, 그러한 재구성의 결과만큼 경험의 계속적 성장을 가져온다. 현재는 어렴풋하지만, 학습자가 새롭게 예견된 결과를 통하여 그 결과에 주의하고 그 결과에 대한 강한 기대감을 갖게 되며, 그러한 결과에 도달하기 위해 실지로 수단을 쓰고 난관을 극복하는 활동을 해나간다. 이와 같은 유목적적 활동에는 자아와 대상의 일체감이 담겨 활동에로의 몰입을 이끌고 있기 때문이다. 현실태로서의 흥미가 무한히 열린 가능태로서의 세계로 확산되어가는 것도 바로 이러한 과정에서 오는 것이라고 볼 수 있다.

이러한 흥미의 역동적 전개 양상은 현대 교육과정(教育課程)을 보는 시각에도 유의미한 시사를 제시해준다. 흔히 교육과정을 문서나 인쇄된 매체로서의 교육내용 등 정태적 관점에서 바라보는 경향이 있다. 이러한 교육과정관은 살아 꿈틀거리는 생동적 학습의 가능성을 설명해주지 못한다. 듀이의 흥미 개념은 '교과의 진보적 조직'(Dewey, 1938: ch. 7)이라는 그의 아이디어에서도 드러나듯이, 교육과정을 보는 눈을 근본적인 측면에서 전환할 것을 요청하고 있다. 즉, 교육과정은 학습자의 인식을 기다리는 고정불변의 지식의 조직체가 아니라, 학습자의 경험과 교재의 내용이 서로 교류하고 상호작용을 하는 가운데 흥미의 질적 수준이 점진적으로 확대되어 가는, 유동적 조직으로 볼 필요가 있다는 것이다. "아동과 교육과정은 동일한 연장선상에 있는 두 개의 극점이다"(Dewey, 1902: 278). 교육과정은 아동과 분리된 것이 아니라, 아동 자신의 경험으로부터 시작하여 성인의 발달된 교과로 나아가는 그런 경험의 재구성 과정이다.

물론 듀이에 있어서도 현존하는 지식의 조직체로서의 교육과정 자체가 무시되거나 소홀히 취급되지는 않는다. 그것은 듀이가 말한 바와 같이 현재 탐구의 결과를 점검하는 수단으로서의 지위를 가진다. 그러나 만약 '수단적' 의미를 갖는 교육과정이 고정된 목적으로 자리 잡는다면, 그것은 언제든지 학습자의 흥미와 '분리'된 메마른 정보의 무더기로 전락할 위험성이 있다. 교육의 목적이 그야말로 '지식의 박물관'을 머리에 이고 다니게 하는 일이 아니라 학습자의 경험의 성장을 촉진하는 데에 있다면, 우리는 학습자와 교육내용이 교호작용을 하여 일으키는 흥미의 변형과 인식의 확대 과정에 진지한 관심을 기울일 필요가 있을 것이다.

V. 맺음말

현대 교육사에서 드러나는 듀이에 대한 흔한 오해 중 하나는 그가 교과의 가치를 무시하고 아동의 흥미나 욕구만을 존중하는 교육을 강조하였다는 데에 있다. 이러한 오해는 흥미와 노력의 측면을 가르는 전통적인 이원론적 시각에 의해 강화되어왔다. 더욱이 그러한 오해는 듀이 교육이론 전체에 대한 곡해나 왜곡된 교육 실천으로 치달을 수 있다는 점에서 심각성이 있다. 예컨대, 미국에서 진보주의 교육의 실천은 널리 알려진 바와 같이 듀이의 의도와 다르게 교육에서 아동의 흥미나 욕구, 생활적응의 요소를 지나치게 강조함으로써 아동의 지력의 저하를 초래했다는 비판을 받아왔다. 그러나 듀이는 진보주의교육과 같이 교과나 지력의 가치를 무시하지 않았다. 다만 듀이의 의도는 기존의 성과 없는 지식교육의 폐해를 지적하고, 아동의 경험과 교과로서의 지식을 유의미하게 통합시킴으로써 경험의 계속적 성장을 추구하는 데에 있었다. 듀이의 흥미 개념을 일상적 의미 (common sense)가 아닌, 전문적 의미(technical sense)로 읽어야 하는 까닭도 여기에 있다. 즉, 듀이의 흥미는 보통 말하는 단순한 관심거리가 아니라, 놀이와 일, 흥미와 노력, 수단과 목적의 요소가 유목적적 탐구 활동 속에서 상호 맞물려 작용할 때 파생되는 것이다. 이러한 흥미 개념의 원천에는 어떻게 하면 가치 있는 지식을 흥미 있게 가르칠 수 있는가 하는 듀이 자신의 교육적 관심이 녹아들어 있다. 개인이 삶의 단순한 관람자나 구경꾼이 아니라면, 그는 삶 속에서 새로운 상황을 접하게 되며, 거기에 참여하여 새롭게 목적을 설정하고 목적 달성을 위한 수단의 탐색에 노력하게 된다. 듀이의 흥미 개념은 바로 이러한 삶의 경험 상황과 교과를 상호 관련시키는 데서 파생된다.

피터스나 챔버스는 전통적 흥미관과 관련하여 흥미의 심리적 의미와 규범적 의미를 분석해냄으로써 흥미의 개념을 명료화하는 데에 기여하였다. 그러나 그들이 보기에 흥미의 발달은 심리적 흥미를 벗어나 규범적 흥미로 수렴되는 한에서만 의미를 지니게 된다. 다시 말해, 그들은 교육 사태에서 규범적 흥미의 당위성만을 부각시킬 뿐, 규범적 흥미와 심리적 흥미가 맺는 상관성에 대해서는 구체적 논의를 결여하고 있는 셈이다. 그것은 그들의 관심이 흥미의 구체적 작용 양상보다는, 흥미의 개념적 구분에 있었기 때문이다. 이 점에서 피터스의 관점에서 듀이의 흥미 개념을 비판하는 것은 온당한 것이라고 보기 어렵다. 왜냐하면, 그것은 듀이가 부정하는 이원론적인 정태적 시각에 입각해 있기 때문이다. 듀이에 있어서 규범적 흥미는 사실상 심리적 흥미와 대립되는 것이 아니다. 그것은 오직 심리적 흥미와 관련해서만 의미를 지닌다. 이러한 의미의 흥미존중 교육은 피터스가 드러내지 못한 학습의 생동적 과정을 보여준다. 왜냐하면, 그러한 교육 활동에서는 자아의 목적과 학습의 대상이 일치하기 때문이다. 곧, 자기가 추구하는 대상이 자아의 표현이요, 자아의 성장임을 자각하게 될 때 목적 달성을 위한 노력이 자발적으로 이루어지게 되는 것이다.

그러나 누군가 반문할지 모른다. 즉, 이제까지 살펴본 듀이의 '흥미'가 자아와 대상, 흥미와 노력, 수단과 목적 간의 상호 혼입적 교류로부터 발전, 확대되는 것을 인정한다고 하더라도, 그것이 반드시 '바람직한' 방향으로 나아간다는 보장이 있는가? 다시 말하면, 교육적으로 좋지 못한 흥미로의 탐닉 가능성도 있지 않은가 하는 것이다. 이러한 반문은 일면 타당성을 지닐 수 있다. 왜냐하면, 아동이 가진 흥미가 비도덕적이거나 그릇된 방향으로 나아갈 개연성도 전적으로 배제할 수 없기 때문이다. 이것은 곧 성장의 방향성을 명확히 해야 한다는 요구라고 볼 수 있다. 그러나 듀이가 보기에, 그런 이의 제기를 받아들인다고 해서 학습자의 성장을 고정된 목적에로의 접근으로 본다거나, 하나의 특수한 사건의 단면으로만 볼 필요는 없다.

고정된 목적에로의 일방적 접근은 생동적 학습을 어렵게 만들며, 성장을 특수한 사건의 단면으로만 보는 것은 특수한 방향으로의 제한된 성장만을 조장할 우려가 있다. 적어도 '교육적 의미의 성장'은 고정되고 단편적인 경험이 아니라, 학습자 개인의 총체적 성장의 측면에서 바라보아야 한다. 우리는 전체적 측면에서 현재 아동이 가진 흥미가 그의 경험의 '계속적 성장'을 촉진하는가, 아니면 저해하는가 하는 데에 주목해야 하는 것이다(Dewey, 1938b: 19). 왜냐하면, 현재 아동이 가진 흥미는 그의 전체적 경험과 상호 영향을 주고받고 있기 때문이다. 사실 아동의 흥미 존중과 관련된 교육자의 개입이 필요한 부분이 바로 여기에 있다. 즉, 교육자는 현재 아동이 가진 흥미의 질적 특성(quality)과 그 연속성을 주목하고(Dewey, 1938b: 13), 그것이 전체적인 면에서 경험의 '계속적 성장'으로 이어질 수 있도록 어른으로서의 '대리적 판단'(vicarious prudence)을 신중히 해야 하는 것이다.

이상의 논의를 통해서 이 글에서 말하고자 하는 바는, 듀이의 '흥미'가 아동과 교과 간에 개재하는 부수적인 매혹거리가 아니라, 아동이 그의 경험의 전체적 측면에서 교과를 이해하고 탐구하도록 해주는 적극적인 심적 세력이라는 것, 그리고 이러한 흥미를 발전시키기 위해서는 학습자가 진정으로 몰입할 수 있는 유목적적 활동이 요구된다는 것이다. 확실히, 현재 학습자가 지닌 흥미에는 살아 꿈틀거리는 개별적 삶의 총체적 역사가 반영되어 있으며 그러한 흥미가 교과와 끊임없이 상호작용을 하여 변화를 유발하고 있다. 이러한 '흥미를 통한 학습'은 학습자의 자율적이고 주체적인 사고과정을 부각시키는 것이지만, 그와 동시에 특정한 측면에서 교육자의 적절한 지도(direction)를 요청하고 있다. 즉, 그것은 '노력'의 측면만을 부각시키는 전통적 교육방식과 분명히 다른 것이지만, 그렇다고 하여 순전히 학습자의 심리적 '욕망'을 부채질하는 쪽으로 그들을 몰아가는 교육을 뜻하는 것도 아니다. 그것은 듀이의 '교과의 진보적 조직'에 서도 잘 드러나듯이, 학습자가 유목적적인 활동을 추구하는 가운데, 자아를 점진적으로 확대하는 경험을 가질 수 있어야 한다는 뜻이다. 이러한 활동을 통하여 학습자 나름대로 지적 도전감을 맛보게 되며 (여기에는 필연적으로 흥미와 통합된 노력의 요소가 투영되어 있다), 동시에 그러한 활동 속에서 새롭게 자기를 발견하고 자아를 표현하 며 흥미의 수준을 계속적으로 탈바꿈시켜갈 수 있다.

요컨대, 듀이가 말하는 '흥미를 통한 학습'은 가령 타일러(R. W. Tyler)가 말하듯이 '교육목표 설정'의 한 원천으로서 필요하다거나, 혹은 단위수업에서 일시적으로 학습자의 주의를 끌기 위해 동기유 발이 필요하다는, 그런 뜻이 아니다. 흥미는 목적을 지속적으로 탐 색하는 활동 속에서 나오며, 동시에 목적 그 자체가 성장함으로써 학습자의 흥미도 확대되어 간다. 학습자가 가지는 이러한 흥미는 목 적과 수단, 흥미와 노력, 그리고 흥미와 흥미 간의 교호작용을 통하 여 무한히 열린 가능태로서의 세계를 향해 확산될 수 있다. 따라서 흥미의 발전적 변전과 확대를 위한 교사의 역할은 결코 학습자의 재 미나 우발적 욕망의 수준에 영합(迎合)하는 것이 아니라, 학습자의 흥미가 총체적인 면에서 계속적 성장을 해나갈 수 있도록 교재를 점 진적으로 재구성하고 탐구적 경험 상황을 조성해주는 데에 있다. 사 실 학습자의 현재 흥미가 가치 있는 흥미 수준으로 전이(轉移)되는 것도 바로 이러한 탐구활동의 과정에서 파생되는 것이라고 보아야 한다. 이로부터 흥미는 지식교육과 대립적인 긴장 관계에 놓여 있는 것이 아니라 지식교육을 보다 생동적으로 이끌며, 지식을 보다 의미 있게 체화하는 심리적 동력이 된다. 결과적으로 올바른 의미에서의 흥미 존중의 교육을 위해서는 학습자와 교육내용이 함께 변화해가는 역동적 발달 과정에 진지한 관심을 기울임은 물론, '교과의 진보적 조직'을 위한 치밀하고 다각적인 교육적 실천 연구가 누적되어야 할 것이다.

제7장 듀이와 디어든의 놀이 개념과 교육

이제까지 놀이의 교육적 의미에 대해서는 주로 아동의 지적, 사회적, 신체적 발달에 미치는 효과를 중심으로 논의되어 온 경향이 있다. 본고의 관심은 놀이의 효과나 기능에 대한 것이 아니라 교육철학적 관점에서 놀이의 위상을 명료히 하는 데에 있다. 이런 관점에서 보면 놀이의 위상에는 적어도 두 가지 상반된 견해가 존재한다. 즉, 놀이를 아동의 이해 수단으로 보는 것과 교육방법으로 보는 것이 그것이다. 디어든은 놀이를 아동의 이해 수단으로 본다. 디어든에 의하면, 놀이는 어떤 의무의 이행이나 심각한 목적 추구의 활동이 아니라는 점에서 순전한 놀이 자체일 뿐이다. 따라서 놀이는 아동 발달을 이해하는 수단으로만 의미를 가지게 된다. 반면, 듀이에 의하면 놀이에서도 의무의 이행이나 유목적성을 찾아볼 수 있다는 점에서, 놀이 역시 '심각한' 활동이며 모종의 교육목적을 달성하는 수단이 될 수 있다. 이와 같은 상이한 두 관점은 교육에서 놀이의 위상을 보다 의미 있게 재해석할 수 있는 계기를 마련해준다. 이 글에서는 듀이와 디어든의 놀이에 대한 상이한 관점의 근거를 살펴보고, 이른바 '교육적 놀이'라는 것이 과연 성립할 수 있는지, 만약 성립 가능하다면 그 가능성과 한계는 각각 어떠한지를 탐색하였다.

I. 문제의 제기

플라톤은 『국가론』 제7권에서 "아동의 교육은 강제로 할 것이 아니라 놀이를 통해서 해야 한다"(537a)고 말한 바 있다. 플라톤의 발언은 아동 교육에서 지식의 강제적 주입의 위험성을 경고한 말이라고 볼 수 있으며, 이때까지 놀이 이론가들도 플라톤의 이 말을 원용하여 아동 교육에서 놀이가 차지하는 중요성을 강조해왔다(Barrow, 1987: 91-92). 적어도 아동 교육에서 놀이적 요소가 차지하는 비중은 결코 무시되거나 과소평가되어서는 안 될 것이다. 말할 필요도 없이, 가능한 흥미 있게 자발적으로 학습하는 것이 강제성을 띤 학습보다 바람직한 교육 효과를 낼 수 있기 때문이다. 그렇다면, 놀이의 교육적 의미는 무엇인가? 이 질문에 대한 대답으로 우리는 흔히 놀이를 통해 얻어지는 교육적 효과들을 거론한다. 예컨대, 아동들이 또래집단과 능동적으로 어울리기를 배운다거나 신체적 건강을 증진한다거나, 타인과의 의사소통능력을 개발한다거나, 아동의 심리 치료에 도움을 준다거나 하는 것 등등이 그것이다. 이처럼 놀이는 분명히 아동의 발달에 긍정적 영향을 끼치고 있으며, 그 교육적 효과는 지적, 사회적, 심리적, 신체적 측면 등등 다양한 측면에서 검토될 수 있을 것이다.

그러나 이 글에서 놀이의 교육적 의미가 무엇인가 하는 질문은, 놀이의 심리학적 의의나 아동 발달에 미치는 효과를 묻는 것이 아니라, 놀이가 교육적 맥락에서 정확히 어떤 위상(位相)을 차지하는 것인지를 묻는 것이다. 다시 말하면, 이 질문은 놀이를 교육적 맥락으로 끌어들여 그 본질적 위상이나 역할을 재해석하고자 할 때, 과연 놀이를 아동의 발달단계나 심리적 특성을 이해하는 수단 정도로 이해해야 하는지, 아니면 적극적으로, 교육방법으로 적용 가능한 것으로 보아야 하는지 하는 문제와 관련된 것이다. 교육적 맥락에서 놀이를 '아동의 이해 수단'으로 보는 입장과 '교육방법'으로 적용 가능하다고 보는 입장(유한구, 1987: 235)은 동일한 관점이 아니다. 사실, 이 두 가지 상이한 관점이 심각한 의미를 띠는 것은, 두 관점 중 어느 입장을 취하는가에 따라서 교육 실제의 양상은 판이하게 전개될 수 있기 때문이다.

놀이를 아동의 이해 수단으로 본다는 것은, 놀이는 순전한 놀이 그 자체일 뿐이며 심각한 교육적 활동에 직접적으로 활용할 수 없다는 생각을 반영한다. 이 입장에서 보면, 놀이를 통하여 '교육'한다는 것은 엄연한 한계를 지니며, 교육을 하려면 그야말로 놀이가 아닌 별도의 의도적이고 계획적인 교육활동이 필요한 것이다. 반면, 놀이를 교육방법으로 적용 가능하다고 보는 것은 놀이를 교육활동에서의 적극적 지침 혹은 수단으로 활용할 수 있다는 생각을 나타낸다. 이 편에서 말한다면, 놀이는 단순한 오락거리나 기분 전환의 수단으로 머무는 것이 아니라 모종의 교육목적을 달성하는 교육방법으로서의 의미를 가지게 된다. 곧, 놀이는 교육활동의 효과성을 촉진하기 위해 교육의 장(場)으로 끌어들여 활용될 여지가 충분히 있다는 것이다.

교육철학적 관점에서 놀이를 아동 발달의 이해 수단으로 파악하는 대표적 학자는 디어든(R. F. Dearden)이며, 교육방법으로 적용 가능한 것으로 파악하는 대표적 학자는 듀이(J. Dewey)이다. 일반적으로 말하여 하나의 개념에 대하여 상이한 관점이 존재한다는 것은 그 개념의 중의성(重義性)을 반영하는 것이지만, 동시에 그러한 중의성은 오히려 그 개념의 의미를 보다 올바르게 재해석할 계기를 마련해 준다고 볼 수 있다. 그렇다면, 어째서 듀이와 디어든은 놀이의 교육적 의미를 상이하게 파악하는가? 그 분기점의 원천은 어디에 있는가? 이른바 '교육적 놀이'라는 것이 과연 성립할 수 있는가? 만약 성립 가능하다면, 그 가능성과 난점은 각각 무엇인가? 본고는 이러한 문제의식에서 출발하여, 놀이에 대한 양자의 상이한 관점의 근거가 무엇인지를 고찰하고, '교육적 놀이'의 성립 가능성을 탐색하는 데에 그 목적이 있다. 이러한 검토 작업을 통해 교육적 놀이의 가능성과 난점이 밝혀진다면, 우리는 교육적 논의에서 흔히 회자되는 '놀이중심교육'이라든가 '놀이를 통한 학습'이라는 말의 진의나 위치를 보다 명료히 자리매김할 수 있을 것이다.

이러한 연구의 목적을 달성하기 위한 논의 순서는 다음과 같다. 먼저, Ⅱ장에서는 놀이의 개념과 관련된 이론적 문제를 이해하고자 하며, Ⅲ장에서는 놀이의 교육적 의미에 대한 디어든과 듀이의 상이한 관점을 살펴보고 두 상이한 관점의 근거가 무엇인지를 비교하고자 한다. 이어서 Ⅳ장에서는 앞서의 논의를 바탕으로 하여 '교육적 놀이'의 성립 가능성과 한계가 각각 무엇인지를 규명하고자 하며, 끝으로 Ⅴ장에서는 '교육적 놀이'의 개념이 교육 실제에 주는 시사점을 모색하고자 한다.

Ⅱ. 놀이의 개념

놀이가 무엇인지에 관해서는 이때까지 학자들의 강조점에 따라 다양하게 정의되어 왔다. 예컨대, 놀이가 활동을 하고 남은 에너지를 발산하기 위한 행동이라는 스펜서(H. Spencer)의 잉여 에너지 가설이론, 놀이가 발달 단계에서 반드시 거치게 되는 것이라는 홀(G. S. Hall)의 반복설, 놀이가 불안을 해소하고 욕구를 충족시키기 위한 것이라는 프로이드(S. Freud)의 정신분석이론, 놀이가 정서적 측면보다는 아동의 지적 발달을 촉진시킨다는 피아제(J. Piaget)의 인지발달이론, 놀이가 아동의 상징적 사고능력과 잠재적 가능성의 발달을 촉진시킨다는 비고츠키(L. Vygotsky)의 사회 역사적 이론 등등이 그것이다(심우엽, 2005: 41-45 참조). 그러나 이러한 놀이에 관한 이론적 관점들은 주로 지적, 심리학적 발달의 측면에서 놀이의 특성이라든가 그 실질적 효과를 해석한 것일 뿐, 놀이가 본질상 다른 활동과 어떤 차이가 나며 그 차이점의 준거가 정확히 무엇인지를 제시하는 것은 아니다.

사실 놀이의 개념이 무엇인가 하는 질문은 놀이의 원인이나 효과를 묻는 질문과 동일한 것이 아니다. 놀이의 원인이나 효과를 묻는 질문은 놀이라고 불리는 어린이들의 활동을 경험적으로 조사해볼 것을 요구하는 것이다. 이에 비해, 놀이의 개념을 묻는 질문은 놀이와 다른 활동이 차별화되는 본질적 차이를 제시하고 그 근거를 정당화할 것을 요구하고 있는 것이다.[7] 이 점에서 놀이의 개념을 탐색하

---

[7] 어린이의 놀이의 종류는 수없이 다양하지만, 대략적으로 세 가지로 구분될 수 있다. 즉, 역할 놀이, 조작 놀이, 신체 놀이가 그것이다. 첫째, 역할 놀이는 성인이나 다른 사람의 역할을 모방하는 놀이이다. 예컨대, 엄마, 아빠 놀이와 같은 소꿉장난이나 간호사, 환자 역할을 흉내 내는 병원놀이 등이 그것이다. 이러한 놀이는 곧 무엇인가를 '하고 노는' 것이라고 볼 수 있다. 둘째, 조작 놀이는 사람의 역할을 흉내 내는 것이 아니라, 무엇인가 대상물을 '가지고 노는' 것을 의미한다. 예컨대 모래, 물, 흙, 벽돌을 가지고 논다거나, 혹은 막대기로 총 놀이를 한다거나, 조각그림 맞추기를 한다거나 하는 것 등이 그것이다. 셋째, 신체 놀이는 문자 그대로 신체를 움직여서 하는 놀이로서, 뜀뛰기, 오르기, 추적하기, 공놀이, 스케이트 타기 등등이 그것에 속한다(Dearden, 1967a: 76).

는 일은 그다지 쉬운 일이 아니다. 그리하여 놀이의 개념적 준거를 탐색하기 위해 흔히 등장되는 것이 '놀이'(play)와 '일'(work)의 대비이다. 말할 필요도 없이, 아동들은 일반적으로 놀이를 즐긴다. 아동들은 그야말로 시간가는 줄을 모르고 놀이에 '빠지는' 것이다. 그러나 성인들이 소년기를 회상하면 알 수 있듯이, 아동들은 성장하면서 점차로 '놀이'로부터 벗어나, 어른들을 실질적으로 도울 수 있는 '일'을 하는 것을 좋아하기도 한다. 일이 놀이와 다른 한 가지 중요한 측면은 타인과의 관계에 있어 모종의 실제적인 효과를 수반한다는 것이다. 예컨대, 그릇을 닦는다든가, 청소를 한다든가 하는 것은 놀이와 달리 타인과의 관계성 속에서 무엇인가 관여하고 변화를 동반하기도 하는 것이다. 심지어 순전히 어의상으로 보면, 어린이들이 보통 학교에 가서 공부를 하는 것도 부분적으로는 '일'로 간주되기도 한다.

그러나 디어든의 분석에 따르면 이러한 일과 놀이의 구분이 아동이 하는 일체의 활동을 포괄적으로 고려한 것이라고는 볼 수 없다. 왜냐하면, 일이라고도, 놀이라고도 할 수 없는 활동들이 있기 때문이다. 예컨대, 몸 씻기, 밥 먹기, 옷 갈아입기, 잠자리에 들 준비하기 등과 같은 일상적 활동들은 일이라고도, 놀이라고도 할 수 없으며, 그렇다고 하여 그런 활동들을 남의 집 방문이나 담화, '외출'과 같은 성인의 사회적 활동의 범주 속에 포함시킬 수도 없다. 이런 맥락에서 디어든은, 놀이의 개념적 기준을 올바로 파악한다는 것은 반드시 '일'과의 대비를 통해야만 가능한 것이 아니라, 오히려 '놀이'(play)와 '놀이 아닌 것'(non-play)의 대비를 통하여 가능하다는 제안을 한다. 왜냐하면, 그런 접근은 '일'의 의미나 범위에 대한 개념적 혼란이라든가, 일과 놀이의 단순한 비교 혹은 그릇된 대조의 위험성으로부터 벗어날 수 있기 때문이다(Dearden, 1967a: 76-77). 그렇다면, 놀이와 놀이 아닌 것을 구분하는 개념적 기준은 무엇인가? 디어든은 이때까지 일반적으로 인정되고 있는 세 가지의 심리학적 기준, 즉 자발성과 흥미, 정서적 만족이라는 기준을 제시하고 있다.

첫째, 놀이는 '자발적인' 활동이어야 한다는 기준이다. 어린이들의 자발적 활동은 가끔 예측할 수 없는 방식으로 '일어나기도 한다.' 심리학적으로 보면 이러한 자발성이 곧 놀이와 놀이 아닌 것을 구분하는 기준이 된다는 것이다. 그러나 엄격히 보면 이 기준은 확실히 놀이의 충분조건이 될 수 없다. 왜냐하면, 놀이가 아닌 활동에서도 그런 자발적인 관심의 대상이 나타날 수 있기 때문이다. 예컨대, 어른이 시키지도 않았는데도 아이가 '자발적으로' 공부를 열심히 한다거나 관심 있는 문제에 대해 스스로 이것저것 알아보고 조사에 몰두하는 경우가 그것이다. 그렇다면, 자발성은 놀이의 필요조건이 되는가? 디어든에 의하면, 이 기준은 놀이의 필요조건도 될 수 없다. 왜냐하면, 놀이는 때로는 다른 사람의 제안에 의해 이루어질 뿐만 아니라 엄격한 규칙의 적용을 받는 놀이도 있을 수 있기 때문이다. 따라서 '자발성'이라는 것은 놀이의 개념을 적용하는 기준으로는 합당치 않다는 것이다.

둘째, 놀이는 '흥미 있게 몰두하는' 활동이어야 한다는 기준이다. 칼드웰 쿡(C. Cook)이 주장한 바 있듯이, "무엇인가 흥미를 가지고 하는 것, 사건의 핵심을 파악하여 거기서 능동적인 상태를 지속시키는 것, 바로 그것이 놀이이다"(Cook, 1917: 9; Dearden, 1967a: 78에서 재인용). 사실 어린이들은 때때로 그들의 놀이에 집중하며 또 거기에 빠진다. 그런 놀이에서는 누군가의 간섭이나 중재라는 것이 없다. 그러나 엄밀히 보면, 무엇인가에 흥미 있게 몰두한다는 것은 편지를 쓴다거나 모종의 학교 과제를 한다거나 하는, 놀이가 아닌 활동에서도 쉽게 찾아볼 수 있다는 점에서 놀이의 충분조건이 될 수 없다. 또 다른 한편에서, 그것은 모든 놀이가 이와 같은 흥밋거리가 아니라는 점에서 놀이의 필요조건도 될 수 없다. 예컨대, 어린이들은 크리켓(criket) 경기가 지루해지면 무엇인가 다른 물건을 가지고 놀기도 한다(Dearden, 1967a: 78). 이는 곧 활동 자체에 대한 흥미가 없이 무심코 하는, 그런 놀이가 있을 수 있다는 것을 보여준다.

셋째, 놀이는 '정서적 만족'을 주는 활동이어야 한다는 기준이다. 피아제(J. Piaget)의 견해가 여기에 속한다. 피아제에 의하면, 인간을 포함한 모든 유기체는 '동화'와 '조절'을 통해 환경에 적응하려는 선천적 경향성을 가지고 있다. 널리 알려진 바와 같이, '동화'라는 것은, 유기체가 환경적인 대상물들을 액면 그대로 수용하는 것이 아니라 그것들을 자신이 가지고 있는 기존의 '인지 구조'(schema)에 부합시키는 것을 뜻한다. 반면, '조절'이라는 것은 이미 가지고 있는 유기체의 인지 구조를 환경적 상황이나 압력에 부합되도록 변형시키는 과정을 뜻한다. 그는 여기서 놀이를 동화의 개념에 포함시킨다. 그것은, 놀이가 조절을 위한 활동이라기보다는 당사자적 만족을 위한 활동을 의미하기 때문이다(Dearden, 1967a: 78－79). 이 점에서 놀이는 조절에 대한 동화의 우위(優位)로 정의된다. 모방은 조절이 동화를 능가하는 상태로서 새로운 셰마의 형성과 관계가 있다면, 놀이는 모방에 의한 셰마를 자유롭게 활용하는 것과 관계가 있는 것이다(유한구, 1987: 250).

디어든에 의하면, 정서적 만족이라는 기준은 대부분의 놀이에서 그러한 특징을 끌어낼 수 있다고 하더라도, 그 기준 역시 놀이가 아닌 다른 활동에서도 찾아볼 수 있다는 점에서 놀이의 충분조건이 될 수 없다. 가령 우리는 미술 회화 작품을 감상하면서 정서적 만족감을 맛볼 수 있고, 힘든 과제를 수행하고 나서 모종의 보람이나 만족감을 느낄 수도 있다. 뿐만 아니라, 정서적 만족이라는 기준은 놀이의 필요조건도 될 수 없다. 왜냐하면, 단어 놀이라든가 독서퀴즈와 같이 정서적 만족보다는 이해력을 훈련시키는 지적 형태의 놀이도 있기 때문이다. 그리하여 우리는 비트겐슈타인(L. Wittgenstein)이 모든 놀이의 공통된 속성이 있는지 탐구했을 때 그가 부딪쳤던 '아포리아'(aporia)의 상태와 마주하게 된다. 즉, 그것은 모든 놀이에 공통된 본질적 속성을 규정할 수 없다는 것이다. 가령, 우리는 체스와 카드 게임, 공놀이, 올림픽 게임, 참고 견디기와 같은 단독 게임, 자리차지하기 놀이, 벽에 공치기와 같은 자발적 게임 등등, 이들 모든 놀이의 공통적 속성을 말할 수 있는가? 놀이나 게임은[8] 그야말로 오락이나 경연대회를 가리키는 것이 아니요, 그렇다고 해서 어떤 기능이나 운 좋은 일을 가리키는 것도 아닌 것이다. 비트겐슈타인은 다음과 같이 말하고 있다.

우리가 '놀이'라고 부르는 과정을 한 번 고찰해보라. 나는 판 위에서 하는 놀이들, 카드놀이, 공놀이, 격투 시합 등을 뜻하고 있

---

8) 영어의 'play'와 'game'은 모두 '놀이'로 번역될 수 있다는 점에서 동일한 맥락에서 사용되기도 하지만, 용어상의 뉘앙스로 보면 다소간의 차이가 있을 수 있다. 즉, 놀이가 대체적으로 즉흥적이고 비정형화된, '노는 일'이나 유희 활동을 부각시킨다면, 게임은 다분히 정형화되고 규칙성이 뚜렷한 경기 혹은 시합을 연상하게 하는 것이다. 그러나 예컨대 아동들의 술래잡기나 수건돌리기와 같은 놀이에서도 게임에서 드러나는 모종의 정형화된 틀이나 규칙성을 충분히 찾아볼 수 있다는 점에서 여기에서는 양자의 의미를 별도로 구분하지 않고 사용한다.

다. 이 모든 것들에 공통적인 것은 무엇인가? - "그것들은 무엇인
가 공통적이어야 한다. 그렇지 않으면 '놀이'라고 불리지 않을 것
이다"라고 말하지 말라. …… 당신은 그 모든 것에 공통적인 어떤
것을 볼 수 없을 것이지만, 유사성들, 근친성(近親性)들은 보게 될
것이다. …… 이미 말한 바와 같이, 생각하지 말고 보라!(Wittgenstein,
1994: 명제 66).

비트겐슈타인에 의하면, '놀이'라고 불리는 다양한 활동들은 '가족
유사성'의 망(網)을 보여주는 것일 뿐, 결코 놀이 전체에 공통적인 본
질을 가지고 있지 않다. 만약 우리가 어린이들뿐만 아니라 어른들도
'놀이'를 할 수 있다는 것, 그리고 성인의 놀이나 게임은 어린이의 그
것보다 훨씬 더 복잡하고 형식화되고 구조화된 것임을 생각한다면,
우리는 놀이의 공통적 본질을 찾지 말고 유사성만을 보라는 비트겐
슈타인의 관점으로 결말을 내고 싶을지도 모른다. 그러나 여기에도
여전히 의문이 남는다. 즉, '돌차기 놀이'와 '체스' 간의 유사한 점,
'공굴리기'와 '소꿉놀이' 간의 유사한 점은 무엇이란 말인가? 우리는
그것들 모두를 분명히 '놀이'라고 부르고 있다. 비트겐슈타인은 "생
각하지 말고 보라"고 말하지만, 그 놀이들의 유사성이 또한 무엇인지
에 대해서는 여전히 이러한 의문이 남는 것이다(Dearden, 1967a: 79).

따라서 디어든은, '놀이'의 개념적 기준이란 놀이 활동에 내재한
어떤 공통적 특징을 추출함으로써 제시될 성질의 것이 아니라, 보통
의 놀이 활동과는 상당히 구별되는 다른 활동이 있기에 성립하는 것
이 아닌가 하는 관점을 피력한다. 그 구별되는 다른 활동이라는 것
은 이른바 성인의 전형적인 활동들을 가리킨다. 그가 보기에 놀이와
놀이 아닌 것은 '심각성'(seriousness)과 '비심각성'(non-seriousness)의
개념을 준거로 하여, '심각한' 성인의 활동과 '심각하지 않은' 어린

이의 놀이로 구분할 수 있다는 것이다.[9] 성인의 활동이 심각한 것이라면, 놀이는 심각한 것이 아니다. 그렇다면, 그 '심각성'이라는 것은 과연 어떤 기준에 의거한 것인가? 놀이는 과연 '심각한' 활동이 아닌가? 여기서 '심각하다'는 것은 정확히 무엇을 뜻하는가? 이러한 문제들에 대해서는 다음 장에서 고찰하도록 한다.

Ⅲ. 놀이에 대한 두 관점

앞 장에서 살펴본 바와 같이, 디어든은 놀이와 놀이 아닌 것을 '심각성'이라는 준거로 구분하고 놀이는 심각한 활동이 아니라고 본다. 그런데, 듀이는 디어든과 달리 놀이도 심각한 활동이며 성인의 전형적인 활동에서 찾아볼 수 있는 목적성을 가지고 있다고 주장한다. 놀이의 의미를 상이하게 파악하는 두 관점은 교육적 사태에서 놀이의 위상에 대한 상이한 견해로 연결된다. 즉, 디어든에 있어서 놀이는 아동의 이해 수단으로서의 의미를 가진다면, 듀이에 있어서 놀이는 교육목적을 달성하는 방법 혹은 수단으로서의 의미를 가지게 되는 것이다. 두 상이한 관점의 원천은 무엇인가? 이 장에서는 이 질문에 대한 대답을 모색하기 위해서 놀이에 대한 양자의 관점을 비교, 검토해보고자 한다.

---

9) 다음 장에서 자세히 살펴보겠지만, 디어든이 말하는 '심각성'이라는 것은 보통 말하는 얼굴 표정의 진지함이나 심각함을 의미하는 것이 아니다. 그것은 무엇인가 목적을 지향하는 사고 활동을 의미하며, 동시에 그 활동에 따른 사회적 영향력의 개연성이 크다는 것을 의미한다. 가령 성인들의 활동은 특정한 목적을 지향하는 활동이며, 그의 활동은 다른 사람에게 직간접적으로 영향을 줄 수 있다. 그런 만큼 성인의 활동은 독립적인 것이 아니라 삶의 실제적 맥락과 복잡하게 얽혀 있는 것이다. 이 점에서 디어든이 말하는 '심각성'이라는 것은 자기 충족적이고 독립적인 성격을 갖는 놀이와 달리, 성인들의 유목적적이고 사회적인 활동에서 나타나는 전형적인 속성으로 파악해야 한다.

1. 아동의 이해수단으로서의 놀이: 디어든

디어든에 의하면, 아동의 놀이는 따로 배워야 할 대상이 아니다. 아동이 '놀이'라고 부르는 활동에 참여하려는 충동은 이미 그 놀이 활동에 녹아들어 있으며, 그런 의미에서 자연스러운 것이다. 이처럼 놀이가 별도로 배워야 하는 것이 아니라 아동의 선천적 충동에 따른 자연스러운 활동이라면, 교육에서는 아동들에게 놀이 그 자체를 가르치려고 할 것이 아니라, 어떤 것이 놀이이고 어떤 것이 놀이가 아닌지를 구분하는 능력을 가르쳐주어야 한다. 예컨대, 교육에서 물을 튀기고 싶어 하는 충동, 무엇인가 생각나는 대로 꾸민다든가 추적하려는 충동은 따로 가르칠 필요가 없다. 오히려 교육에서는 '놀이'에 어떤 활동들이 포함되는지 분류한다거나, 또는 놀이를 다른 종류의 활동과 대조하는 능력을 기르도록 가르치는 일이 필요한 것이다. 물론, 이러한 구분의 능력은 저절로 길러지는 것이 아니라 어른들의 가르침에 의해서 길러진다. 곧, 아이들은 사회생활의 형식을 구성하는 다양한 활동 가운데서 어른들이 모종의 활동을 어떻게 인식하고 있는가를 보고 배움으로써 그러한 구분의 능력을 함양할 수 있는 것이다.

이미 언급한 바와 같이, 디어든은 놀이와 놀이 아닌 것을 '심각성'을 준거로 하여 구분한다. 즉, 놀이가 심각하지 않은 활동인 데 비하여, 성인들의 전형적인 활동들은 대부분 심각하다는 것이다. 구체적으로 어떤 점에서 성인들의 활동이 심각한가? 디어든은 이 점에 대해 다음과 같이 설명하고 있다.

성인들의 활동이 심각하다는 것은, 그것이 모종의 목적을 추구하는 활동이라는 데에 있다. 만약 그런 목적을 소홀히 한다면 그것은 태만에 다름 아닐 것이다. 그런 목적은 일반적으로 우리들 자신의 이익을 신중히 고려하여 세워질 수도 있고, 짐작컨대 법률, 종교, 도덕 또는 해당 사회의 관습에서 파생되는 책임이나 의무를 고려하여 세워질 수도 있다. 이런 의미에서 성인들의 전형적인 활동이 심각하다고 말하는 것은, 웃음을 띤다든가 근엄한 모습을 짓는다든가 하는 성인들의 얼굴 표정과는 관계없는 것이며, 모종의 활동에 대한 객관적 '평가'(evaluation)일 뿐이다(Dearden, 1967a: 80).

성인들의 활동이 심각하다는 것은 다름 아니라 그것이 모종의 목적을 추구한다는 데에 있다. 그 목적은 개인적 입장에서는 당사자의 이익을 고려하여, 사회적 입장에서는 법률, 종교, 관습 등을 고려하여 설정된다. 만약 누군가가 이와 같은 고려를 배제한 채 그야말로 아무런 대책 없이 활동한다면, 그는 필경 자기 자신의 이익이나 타인의 이익 중 어느 하나를 소홀히 다루고 있으며, 더 나아가 일상적인 삶의 일도 소홀히 하는 사람일지도 모른다. 말할 필요도 없이, 일상적인 삶에 대해 주의를 기울이는 일이야말로 개인과 사회가 존속하는 데 필요한 조건이기 때문이다.

삶의 형식에 있어서 무엇이 심각한 것인가 하는 문제에는, 사실상 우리 자신과 우리를 둘러싼 상황에 대한 이해, 즉 '실재'(reality)의 본질—여기서 말하는 '실재'는 형이상학적 의미의 실재가 아니라, 우리들의 일상적 삶의 사태 자체를 가리킨다— 에 대한 심상(心像)이 깔려 있다. 예컨대, 안전한 항해를 위해 바다를 달래야만 한다든가, 어떤 부락에서 부족들의 춤이 비가 오게 할 수 있다든가 하는 믿음 등이 그것이다. 이는 현대 과학의 입장에서 보면 명백히 삶의 상황에 대한 그릇된 심상이다. 그러나 분명한 것은, 비록 그러한 믿음이 미신에 근거한다고 하더라도 그것 역시 '심각하다'는 것이다. 왜냐하면, 과학적으로는 명백히 오류임에도 불구하고 그러한 믿음에 따른 활동은 한 개인의 문제로만 머무는 것이 아니라 자신을 포함한 타인의 일상사에게까지 영향을 미치기 때문이다. 이처럼 성인들의 활동에는 실재에 대한 모종의 심상이 전제되어 있으며, 그것은 또한 다양한 삶의 실제적 목적들을 추구하는 활동 배경이 된다는 점에서 심각한 의미를 가진다.

디어든에 의하면, 이러한 성인의 활동과 달리 아동의 놀이는 심각한 활동이 아니다. 왜냐하면, 놀이는 앞서 말한 성인들의 활동처럼 개인적으로 신중히 고려해서 세워진 목적의 추구도 아니요, 어떤 책임을 완수하는 것도 아니기 때문이다. 물론, 놀이도 '심각하게' 할 수 있다. 그러나 그때의 심각성은 사회적 평가와는 무관한 것이며 '객관적으로' 심각한 것이 아니다. 디어든은 성인들의 전형적인 활동에서 나타나는 심각성을 '객관적 심각성'(the objectively serious)으로, 놀이에서 나타나는 심각성을 '가장된 심각성'(the pretend seriousness)으로 명명한다(Dearden, 1967a: 80-82). '가장된 심각성'이라는 것은 문자 그대로 표면상으로만 심각하게 보이는 것을 뜻한다. 예컨대, 아동이 물놀이나 장기놀이를 아무리 심각하게 한다고 하더라도, 그것은 아동의 마음 내부에서만 '심각한' 놀이일 뿐이다. 왜냐하면, 그때 나타나는 심각성은 일상적 삶과 관련된 어떤 목적의 추구나 의무의 이행과 관련된 것이 아니라, 단지 놀이 활동 자체에만 빠져드는 것이기 때문이다. 그러나 누군가 디어든의 이러한 논의에 대해 다음과 같은 두 가지 반문을 제기할 수 있을 것이다.

첫째로, 아동이 심각한 목적을 가지고 놀이를 할 수도 있지 않은가 하는 것이다. 다시 말해, 만약 놀이가 목적을 가지고 있다면, 그 목적을 추구하는 놀이는 분명히 심각한 활동이 아닌가 하는 질문이다. 그러나 디어든에 의하면, 그때의 놀이는 이미 '놀이'가 아니라 '일' 또는 '놀이 아닌 것'으로 그 성격이 변질된 것으로 보아야 한다. 왜냐하면, 그때의 놀이는 자발적이고 재미있는 놀이 자체라기보다는, 모종의 의무나 책임이 따르는 일이 되고 말기 때문이다. 예컨대, 인형 놀이를 하는 소녀에게 "무엇을 하고 있니?"라고 묻는다면, "밥을 먹이고 있어요.", "옷을 갈아입혀요.", "장난꾸러기라고 했어요." 등과 같은 대답은 우리가 충분히 예상할 수 있는 대답이지만, 만약 그 아이가, "엄마가 되었을 때를 준비하고 있어요."라든가 "어머니 역할을 공부하고 있어요.", 혹은 "공격성 이완 요법을 쓰고 있어요." 라고 대답했다면, 우리는 그 아이의 능숙한 언어 구사력에 놀랄 뿐만 아니라, 그 놀이 활동은 더 이상 놀이가 아니라고 단정 지을 것이다. 왜냐하면, 의도적으로 삶을 준비하는 것과 구체적 삶의 방안을 신중히 찾아내는 것은 놀이가 아니라 분명히 심각한 일이 되기 때문이다(Dearden, 1967a: 86).

둘째로, 예술과 학문은 물론 사회적 교제라든가 직업적 일의 수행 등 성인의 활동들도 놀이가 가지고 있는 '내재적 만족'의 측면을 가지고 있지 않은가, 그리하여 성인의 심각한 사회적 활동과 아동의 놀이가 확연히 구분되는 것이 아니라 모종의 유사점이 있지 않은가 하는 질문이다. 그러나 디어든은 그렇지 않다고 말한다. 왜냐하면, 앞서 언급한 성인의 다양한 활동들은 놀이와 마찬가지로 내적 만족감을 가져다줄 수도 있지만, 그 활동을 추구하는 '이유'가 놀이와 다르기 때문이다. 디어든은 특히 성인의 활동 중에서 예술가나 학자들이 하는 일을 예로 들면서 그 이유를 다음과 같이 설명하고 있다.

> 예술이나 학문은 그 대상이 수학적 증명이든, 과학적 법칙이든, 심미적으로 취할만한 대상이든 간에 객관적으로 가치 있는 것을 확립하고 창조하고자 하는 것이다. 따라서 그것들은 우선적으로 활동을 통해서 얻는 만족감을 가지고 평가될 것이 아니라, 진리나 공적 등 개인적 특성과 무관한(impersonal) 기준에 의해서 평가되어야 한다. 물론, 예술이나 학문은 신중함이라든가 의무감으로 이루어진 것이 아니어서 심각하지 않다는 생각이 들 수도 있겠지만, 사실은 그렇지 않은 것이다. 그것들은 우리들 자신과 우리의 상황에 대한 개념을 탐색한다는 점에서 심각성과 매우 밀접한 관련을 맺고 있다(Dearden, 1967a: 85).

예술이나 학문을 포함한 성인의 활동은 객관적 평가의 대상으로서, 놀이에서와 같이 내재적 만족이라는 기준에서 평가될 것이 아니라, 간주관적이고 객관적인 준거에 의해서 평가되어야 한다. 이러한 활동의 심각성은 곧 그 활동이 그들 자신은 물론 그들 자신을 둘러싼 상황의 개념들을 탐색하는 활동이라는 데에 있다. 그러나 놀이는 예술이나 학문 활동과 달리 어디까지나 놀이 그 자체일 뿐이다. 앞서 언급한 바와 같이, 아동의 놀이는 어떤 심각한 목적의 추구도 아니요, 도덕적 책임이나 사회적 의무가 뒤따르는 일도 아니다. 따라서 디어든은, "놀이가 다른 심각한 목적들의 망(網)과 별개로 떨어져 있다는 점에서 '자기 충족적'(self-contained) 성격을 가진다"(Dearden, 1967a: 84)고 말하고 있다. 놀이의 '자기 충족성'이라는 것은 심각하고 복잡성을 띤 성인들의 활동 망으로부터 떨어진 독립적 활동이라는 것을 의미한다.

피터스(R. S. Peters)에 의하면, 교육은 아동을 문명된 삶의 양식에로 입문시키는 일이다. 교육은 무기력한 것이어서는 안 되며 모종의 '지적 안목'과 '이해'를 길러주는 일이어야 한다(이홍우, 1991: 76 - 77; Peters, 1980: 35 - 37). 피터스에 있어서 '지적 안목'과 '이해'는 모종의 활동이 '교육적 과정'이 될 수 있는지, 없는지를 선별해내는 인지적 준거가 된다. 사실 이하에서 살펴볼 디어든의 '교육적 과정'은 피터스가 말하는 교육의 인지적 준거와 직접적 관련을 맺는다. 왜냐하면, 지적 안목과 이해력을 길러주는 교육활동은 상당히 진지한 지적 활동을 전제로 하지 않으면 안 되기 때문이다. 따라서 그런 교육활동을, 목적성도 없고 진지함이 결여된 놀이를 통해서는 도저히 수행할 수 없다. 이런 관점에서 보면, 분명히 '교육방법으로서의 놀이'라는 말은 일종의 패러독스이다. 즉, 교육방법으로서의 놀이는 '심각하지 않은 활동의 심각한 활동화'라는 패러독스를 나타내는 것이다(유한구, 1987: 250). 왜냐하면, 심각한 가치 추구의 활동이 아닌 놀이를 통해서 심각한 가치 추구의 활동인 교육을 한다는 것은 논리적 모순이기 때문이다.

이러한 논의는 예컨대 보육원(nursery)에서의 놀이 활동이 과연 '교육적 과정'이 될 수 있는가 하는 문제에 대해서도 직접적인 대답을 제시해준다. 흔히 보육원이나 어린이 놀이방에서는 '교육적 과정'의 일환으로 놀이를 지도하기도 한다. 또한 보육원에 종사하는 사람들도 스스로를 '교사'로 생각하고 그들의 기관을 일종의 육아 학교와 같은 것으로 간주하기도 한다. 그러나 디어든에 의하면, 보육원의 놀이 활동은 '훈육'이라고 볼 수 있을 뿐, '교육적 과정'은 될 수 없다. 왜냐하면, 예컨대 구두끈 묶는 것을 가르치는 것은 분명히 유용한 일이기는 하지만 인지적 안목을 형성시켜주는 활동으로 보기 어렵기 때문이다. 적어도 교육적 과정이 되려면 어른이 그때그때 임박한 상황에 알맞게 가르치는 '훈육'(teaching)이 아니라 상당히 체계적인 '수업'(instructing)을 진행해야 할 것이다.[10] 만약 보육원의 훈육 활동이 참으로 '교육적인' 활동으로 간주되려면, 그것은 상위 학교의 교육내용과 연계성을 가지고 지속적으로 이루어져야만 하며, 결코 '건강에 대한 주의'라든가 안전한 오락 등으로 채워져서는 안 될 것이다. 학교 학습의 대부분은 놀이가 아니라 체계적인 교육과정에 따른 활동이기 때문이다.

결국, 놀이를 통해 실질적인 교육적 가치를 성취할 가능성은 희박하다. 그러나 그렇다고 하여, 놀이 활동이 여섯 살 이후 초등학교 단계에서부터 갑자기 모두 사라져야만 한다는 것은 아니다. 디어든이 말하고자 하는 것은, 교육에서는 아동으로 하여금 서서히 놀이에서 벗어나 놀이가 아닌 심각한 활동으로 접근하도록 이끌어야 한다는 것이다(Dearden, 1967a: 88 - 90). 교육활동은 결코 아동의 흥미나 오락 위주로 수행될 수 없으며, 오직 별도의 계획적인 활동에 입각해서만 이루어질 수 있기 때문이다. 결론적으로 이러한 디어든의 관점은, 놀이와 놀이 아닌 것을 엄격히 구분하는 그의 견해에서 비롯된 것이며, 이러한 견해에 따라서 말한다면 교육적 맥락에서의 놀이는 단지 아동의 사고나 발달 특성을 이해하는 수단이 될 뿐, 교육방법으로서의 지위를 차지할 수 없는 것이다.

---

10) 디어든은 계획적 활동으로서의 학교 학습과 관련하여 다음과 같이 말하고 있다. "어떤 과학적 문제를 인식하기 위해서는 단순한 호기심 이상의 것이 필요하다. 실험이라는 개념 속에는 물체를 민다거나 무엇인가 콕콕 찔러 본다든가 하는 일보다 상위 차원의 활동이 합의되어 있다. …… 과학적 발견은 우연적으로 일어날 수도 있다. 그러나 여기서 주목해야 할 점은, 과학적 발견은 오직 모종의 과학적 훈련을 받은 사람에게만 일어날 수 있다는 것이다"(Dearden, 1967b: 143).

2. 교육방법으로서의 놀이: 듀이

이제까지 살펴본 디어든의 관점과 다르게 듀이는 놀이가 아동 이해의 수단으로만 머무는 것이 아니라 적극적 의미에서 교육방법으로 적용 가능하다고 본다. 디어든의 관점이 놀이와 놀이 아닌 것, 놀이와 일을 철저하게 가르는 데 비하여, 듀이는 사실상 양 측면이 상호작용하는 것으로 간주한다. 이 절에서 특히 디어든의 관점과 대비하여 듀이의 관점을 살펴보는 까닭은 놀이에 대한 상반된 시각을 검토함으로써 놀이의 교육적 의미를 좀 더 명료히 하고자 하는 데에 있다. 널리 알려져 있는 바와 같이, '경험중심 교육철학'으로 대변되는 듀이 사상에서 학습자의 능동적 참여라든가 타인과의 의사소통 등 경험적 요소는 매우 큰 비중을 차지한다. 사실 듀이가 놀이도 심각하며 목적을 가진 활동이라고 말하면서(Dewey, 1916a: 210−212), 교육방법으로서의 놀이를 적극 제안하고 있는 까닭도 이러한 경험중심 관점과 무관하지 않은 것이다. 그렇다면 어째서 듀이는 놀이도 심각하고 유목적적인 활동이라고 보는가? 그때의 심각성과 유목적적 활동이란 도대체 어떤 의미를 가진 것인가? 과연 듀이의 주장대로 놀이를 교육방법으로 적용하는 일이 가능한 것인가? 이러한 질문들에 대한 대답을 탐색하기 위해서는 먼저 듀이의 다음과 같은 발언에 주목할 필요가 있다.

> 놀이에도 목적이 있다. 그리고 그 목적은 다음에 따라오는 행동에 의미와 방향을 부여하는 아이디어의 형태를 띤다. 놀이를 하는 사람은 그냥 아무것이나(즉, 순전히 신체적 동작만을) 하는 것이 아니다. 그 사람은 무엇인가를 이룩하려고 하며, 여기에는

미래를 예견하고 그 예견에 따라 현재의 반응을 조정하려는 태도
가 반드시 들어 있다. …… 진짜로 놀이를 하는 아이들의 모습을 지
켜본 사람이라면 놀이에서 아이들이 얼마나 심각하게 몰두(serious
absorption)해 있는가를 알 것이다. 이러한 몰입의 태도는 이미 그
것이 시시해져서 자극이 될 수 없는 상태에서는 생기지 않는다
(Dewey, 1916a: 211-212).

명백히, 성인들의 일에는 어떤 목적이 있으며 또한 다른 사회적
활동과 밀접한 관련성을 맺고 있다. 그런데, 듀이는 일반적으로 성
인들의 활동에서 찾아볼 수 있는 유목적성이나 심각성이 아동의 놀
이에도 들어 있다고 본다. 왜냐하면, 위 인용문에서 드러나듯이 놀
이에도 미래의 결과를 예견하고 현재의 반응을 조절하려는 태도, 즉
유목적적 활동의 성격을 찾아볼 수 있기 때문이다. 듀이에 의하면,
비록 성인의 활동과 비교해서 정도상의 차이는 있지만, 아동의 놀이
에서도 무엇인가 활동의 목적을 의도적으로 실현하기 위한 지적, 의
식적 요소가 개입하게 된다. 즉, 놀이에서도 진지하게 사고하고 판
단하는 일이 요구된다는 것이다. 듀이는 이 점을 다음과 같이 설명
하고 있다.

개인이 관여하는 활동이라는 것은, 그것이 놀이든지 유용한 일
이든지 간에 그 결과가 개인에게 중요한 것으로서 인식되는 것들
이며, 관찰하고 돌이켜보는 내용을 선택하는 데에 사고와 판단을
쓰지 않고는 제대로 수행될 수 없는 것들이다(Dewey, 1916a: 139).

놀이와 일이 동일하게 유목적적 활동이라면, 순전히 놀이를 하는
시간과 순전히 일을 하는 시간이 명확히 구분될 수 없을 것이다. 듀
이에 의하면, 양자 사이의 구분은 강조의 차이에 불과하다. 양자 간

에 차이점이 있다면, 그것은 주로 각각의 활동에 걸리는 시간의 길이에 있으며, 이것은 '목적과 수단의 관련'[11])이 어느 정도로 직접적인가에 영향을 받는다는 것이다. 다시 말해, 예견되는 결과가 비교적 명확하고 장기적인 성격을 가지고 있고, 그것을 이룩하는 데에 지속적인 노력이 필요할 때, 놀이는 일로 바뀐다는 것이다. 일이 놀이와 다른 점은 활동이 외적 결과에 종속되어 있다는 데에 있는 것이 아니라, 그 결과를 얻기 위하여 더 긴 과정이 필요하다는 데에 있다. 일에 있어서는 계속적인 주의를 기울여야 한다는 요구가 더 크고, 수단을 선택하고 가다듬는 데에 지능이 더 요구되는 것이다 (Dewey, 1916a: 212). 듀이의 이러한 관점은 놀이와 일을 개념상으로만 구분할 뿐, 사실상으로는 양자를 상호 관련된 것으로 파악하고 있는 것이다. 즉, 일에서 드러나는 심각성이 놀이에도 반영될 수 있다는 것이다. 만약 일의 심각성이 놀이에도 반영되고 있다면, 놀이는 디어든의 관점에서와 같이 순전히 자기 충족적이고 독립적인 활동이 아니라, 모종의 사회성을 띠는 활동이라고 보아야 할 것이다.

그러나 누군가 다음과 같은 의문을 제기할 수 있을 것이다. 즉, 놀이를 통하여 지적인 학습을 할 수 있는 측면이 있다고 치자. 그렇다면, 학교의 교육과정 전부를 놀이로 배울 수 있는가? 놀이를 통하여 심각한 지적 활동을 하는 데에는 엄연한 한계가 있는 것이 아닌가? 물론, 듀이는 이러한 질문을 염두에 두었다고 볼 수 있다. 왜냐하면,

---

11) '목적과 수단의 연속성'은 듀이의 교육적 경험론에서 핵심적 위치를 차지하는 원리이다. 듀이는 이와 관련하여 다음과 같이 말한다. "판단력이나 이해력의 성장이라는 것은 그 본질에 있어 목적을 형성하고 이를 실현하기 위해 수단을 선택하고 배치하는 능력의 성장이다"(Dewey, 1938b: 56). 이러한 연속성 개념은 곧 목적과 수단의 교호작용을 통하여 아동의 경험이 어떤 지점에서 완결되는 것이 아니라 끊임없이 성장해가는 것임을 보여준다.

듀이는 교육방법으로서의 놀이의 가능성을 인정하고 있지만, 사실상 놀이나 일은 아동 초기의 교육과정에 적용 가능하다고 파악하기 때문이다. 이와 관련하여 듀이는 학습자의 발달 수준이나 교육 수준이 높아짐에 따라서 교육내용의 차원을 달리할 것을 제안하고 있다. 즉, 놀이와 일의 단계, 문제의 해결을 위해 기존의 확립된 지식을 활용하는 정보로서의 교과(지리와 역사)의 단계, 그리고 엄밀한 반성적 사고를 강조하는 과학의 단계가 그것이다(Dewey, 1916a: 192−199). 물론 이 세 단계의 교육내용은 상호 불연속적인 것은 아니다. 왜냐하면, 비록 그 수준과 정도상의 차이는 있지만, 세 단계의 교육내용에는 공통으로 반성적 사고와 함께 질성적 사고(qualitative thinking)의 요소가 깔려 있기 때문이다.

반성적 사고가 삶의 문제 상황을 해결하기 위한 엄밀한 탐구의 과정을 의미한다면(Dewey, 1933: 200−206), 질성적 사고는 인지적 측면의 사고와 구분되는 것으로서 문제 상황을 포함한 일체의 경험 상황을 하나의 통일체로 지각하는 마음의 작용을 의미한다. 듀이가 말한 바와 같이, 우리가 의식하는 대상은 그냥 대상이 아니며, 어떤 복합적 전체 속에서 지각되는 한 부분인 것이다. 다시 말해, 특정한 대상은 '편재적 질성'에 의해 지각된 상황 속에서 통제되고 있는 것이다(Dewey, 1930a: 246). 확실히 이러한 질성적 사고는 반성적 사고와 불가분리성의 상태로 진행되어간다. 왜냐하면, 사고 활동이 경험 상황에 대한 지각과 무관한 것이 아닌 한, 우리의 사고와 경험에는 항상 질적 특성을 지닌 상황 전체에 대한 마음의 작용이 동반되기 때문이다(박철홍 외, 2004: 27−28). 우리가 무엇인가 놀이나 게임을 한다든가, 기존의 정보를 활용하여 문제를 해결한다거나, 혹은 실험실에서 과학적 관찰이나 검증 활동을 한다거나 할 때에는, 무심코 그 일을 하는 것이 아니라 각각의 상황에 마음을 쓰고 관심을 기울이며 그 상황을 총체적으로 지각하는 마음의 작용이 동반되기 마련인 것이다. 요컨대, 아동은 그야말로 그냥 놀이를 하는 것이 아니라, 특정한 놀이의 목적을 실현하기 위한 활동을 하는 것이며, 동시에 나름대로 놀이라는 경험 상황 전체를 지각하며 그 놀이를 하고 있다고 보아야 한다.

그렇다면, 어째서 놀이와 일이 교육내용의 첫째 단계에 속해야 하는가? 또한 놀이와 일이 지식의 획득과정에서 차지하는 지위는 무엇인가? 이러한 질문에 대한 듀이의 대답에는 발생론적 맥락에서 인간의 지식획득 현상을 해석하는 관점이 깔려 있다. 듀이에 의하면, 사람이 가지게 되는 최초의 지식, 그리고 마음속에 가장 뿌리박혀 있는 지식은 무엇인가 할 줄 아는 것, 말하자면 걷고 말하고 읽고 쓰고 스케이트를 타고 자전거를 타고 기계를 조작하고 계산하고 말을 몰고 물건을 팔고 사람을 다루는 것 등등을 할 줄 안다는 것이다. 무엇인가 할 줄 아는 것이 최초의 지식이라는 것은, 유목적적 수단으로서의 행위를 지적으로 통제하는 사고방식이 우리 마음속에 강하게 자리 잡고 있다는 것을 알려준다. 이것은 학습자가 무엇인가를 직접 해보는 활동이 유의미한 지식 형성의 기저를 이루고 있다는 것을 의미한다. 듀이가 교육과정의 초기 단계로서 아동의 발달 수준을 고려하여 몸과 손을 움직여서 실지로 일을 해 보는 것으로 구성되어야 한다고 말한 까닭도 여기에 있다(Dewey, 1916a: 192). 듀이는 놀이의 교육적 이점을 다시 다음과 같이 설명하고 있다.

초기의 교육과정에서 놀이와 일에 결정적인 지위를 부여하는
것은 잠정적인 편의나 순간적인 기분 전환을 위한 조치가 아니라,
지적, 사회적 근거에서 당연히 취해져야 할 조치이다. 이와 비슷
한 조치를 취하지 않고는 효과적인 학습의 정상적인 조건을 확보
하는 일, 다시 말하면 지식의 획득이 단순히 학교 공부로서가 아
니라 유목적적인 활동을 통하여 저절로 가능하게 되도록 하는 일
이 불가능하다(Dewey, 1916a: 202-203).

사실 듀이가 초기의 교육과정에서 놀이와 일을 강조하는 데에는,
학교 공부가 본래 신체 활동과 무관한, 마음의 단련에 있다는 종래
의 전통적 형식도야이론을 부정하는 관점이 깔려 있다. 종래의 형식
도야이론은 상호 밀접한 관련성을 가지는 마음과 신체를 부당하게
분리하는 이원론의 오류를 범하고 있다(Dewey, 1938b: 6). 듀이는
바로 이러한 형식도야이론의 교육적 폐해를 지적하면서 아동의 현
재 경험을 중요시하고, 거기서부터 시작하여 성인의 발달된 교과로
점진적으로 나아가야 한다고 주장하는 것이다. 특히, 듀이는 놀이에
서 찾아볼 수 있는 흥미의 요소가 좀 더 높은 교육의 단계에서도 포
함될 수 있도록 교육과정을 재조직할 것을 요청하고 있다. 듀이의
표현대로 하면 "일속에 놀이의 요소가 포함되도록"(Dewey, 1916a:
325) 해야 한다는 것이다.12) 왜냐하면, 경험과 교과를 분리시키는
종래의 전통적 교육방식으로는 아동의 유목적적 활동을 통한 생동
적인 지식획득의 가능성을 담보할 수 없기 때문이다. 듀이의 의도는

---

12) "일 속에 놀이의 요소가 포함된 것"이 곧 듀이가 말하는 '작업'(occupation)이다. 구체적으로 말
하면, 그의 '작업' 개념은 일반적 의미의 일(work)이나 노동(labour)과는 차별화되는 것으로서,
학습자가 경제적 압력을 받지 않는 가운데 수행해야 할 과제가 있고, 그러한 과제의 수행 과정
에서 놀이(흥미)의 요소가 개입된 교육적 활동이라고 할 수 있다(Dewey, 1916a: 213-214). 약
어를 써서 나타내면, 듀이의 작업 개념은 '일＋놀이-경제적 압력'이라고 표현할 수 있다. 곧,
듀이의 의도는 일과 놀이를 철저하게 구분하는 종래의 이원론을 비판하고 양자를 하나의 활동
속에 포함시켜 지적, 사회적으로 유의미한 교육적 가치를 추구하고자 하는 것이다.

곧 교육적 사태에서 흥미 있는 유목적적 활동을 통해 가치 있는 교과를 배우게 하는 데에 있었다. 이러한 활동이 아동의 진정한 경험의 성장에 기여할 수 있기 때문이다. 듀이는 이 점을 다음과 같이 설명하고 있다.

> 수단과 결과의 관련성을 충분히 인식하면서 활동이 조직되어야 한다는 원리는 극히 어린 사람의 경우에도 적용되어야 할 것이다. 그렇지 않으면 활동은 맹목적이 되고 따라서 교육적 가치를 잃는다. 성숙의 정도가 높아짐에 따라 수단과 수단 간의 상호 관련성은 더욱 긴급한 문제이다(Dewey, 1938b: 57).

듀이는 유목적적인 놀이와 일을 도입하여, 아동으로 하여금 능동적으로 사고하고 참여할 수 있는 교육의 장을 마련하고자 하였다. 물론, 놀이에는 좋지 못한 것도 있을 수 있다. 성인 생활의 조악(粗惡)한 측면이 아동의 놀이에도 반영될 위험성이 있는 것이다. 그러나 듀이에 의하면, 바로 거기에 학교의 과업이 있다. 즉, "학교의 과업은 놀이와 일이 바람직한 정신적, 도덕적 성장을 촉진하는 방향으로 수행될 수 있도록 환경을 만들어주는 것이다"(Dewey, 1916a: 204). 학교에서는 놀이가 아동의 경험의 성장에 기여할 수 있도록, 놀이 활동의 종류를 선택하고 좋지 못한 놀이를 배제하며 바람직한 놀이를 교육에 활용해야 한다. 결론적으로, 교육과정의 초기 단계에서 놀이는 교육방법으로 적용할 수 있다. 이것은, 초기 교육과정에서 아동의 학습이 모두 놀이 식으로 이루어져야 한다는 것이 아니라, 아동의 학습과정에 '흥미의 요소'가 가미되어야 한다는 뜻으로 해석해야 한다. 놀이에는 흥미의 요소가 들어 있음은 물론, 일과 동일하게 지적 사고가 수반되고 유목적적, 사회적 활동이 내포되어 있다. 이러한 관점을 받아들인다면, 교육적 사태에서는 아동들로 하여금 흥미 있는 활동을 경험하는 가운데, 바로 거기서부터 유의미한 지식의 획득이 가능하도록 유도할 필요가 있을 것이다.

3. 두 관점의 비교

이 절에서는 이제까지의 논의에서 드러난 디어든과 듀이의 상이한 관점을 비심각성 대 심각성, 무목적성 대 유목적성, 자기 충족성 대 사회성 등 세 가지 측면으로 구분하여 비교, 검토해보고자 한다.

첫째, 비심각성 대 심각성의 측면이다. 디어든이 놀이를 심각한 활동이 아니라고 하는 근거는 그것이 모종의 목적이나 책임의 완수와 같은 '객관적인' 심각성을 띠지 않는 활동이라는 데에 있다. 반면, 듀이가 놀이를 심각한 활동이라고 보는 근거는 놀이 활동에서도 유목적성을 찾아볼 수 있다는 데에 있다. 예컨대, 아동들은 특정 놀이에 그야말로 한눈팔지 않고 진지하게 '몰두'한다. 아마도 디어든은, 듀이가 말하는 놀이의 '심각성'을 표면상으로만 심각한 것, 즉 '가장된 심각성'에 불과하다고 말할지도 모른다. 왜냐하면, 디어든이 보기에 놀이는 자신은 물론 타인의 이익을 신중히 고려한다든가 법률, 종교, 도덕 또는 해당 사회의 관습을 고려한 활동이라고 말할 수 없기 때문이다. 그러나 듀이의 관점에서 보면, 놀이 속에서도 미래의 결과를 예견하고 현재의 반응을 조절하는 활동을 찾아볼 수 있다. 놀이에 참여하는 아동은 모종의 활동 목적을 성취하기 위해 제반 수단을 고려하게 되고, 이 과정에 사고가 개입하게 된다. 다시 말해, 비록 정도상의 차이는 있다고 하더라도 놀이에도 디어든이 말한 의무감이나 신중한 고려, 사회적 책임성이 따르는 의사소통의 측면이 반영되어 있는 것이다. 요컨대, 놀이가 심각한 활동인가, 아닌가 하는 문제는 양자의 심각성의 기준이 상이하다는 데서 비롯된 것이다. 즉, 디어든이 심각성의 준거를 사회적, 객관적 평가의 가능성에 둔다면, 듀이는 '예견된 결과'가 매개된 목적과 수단의 계속성(정덕희, 1997: 74)에 그 초점을 맞추고 있는 것이다.

둘째, 무목적성 대 유목적성의 측면이다. 놀이에도 과연 목적이 있는가 하는 문제는 사실상 놀이와 일의 관련성을 어떻게 파악하는가 하는 문제와 관련된다. 양자를 개념상으로 엄격히 분리된 것으로 파악하는 디어든의 관점에서는 놀이는 놀이 자체일 뿐, 일에서 찾아볼 수 있는 목적을 가질 수 없다. 만약 놀이가 목적을 가진다면 그것은 개념상 '놀이'가 아니라 '일'로 바뀌어버린다는 것이다. 그러나 양자를 사실상 상호작용하는 것으로 파악하는 듀이의 관점에서는 일에서 찾아볼 수 있는 심각성이나 목적성이 그대로 놀이에도 투영될 수 있으며, 동시에 놀이에서 찾아볼 수 있는 흥미의 요소가 일에서도 드러날 수 있다. 다시 말해, 놀이와 일은 공통으로 목적의식, 자료나 내용에 대한 통달, 기구의 자유로운 구사, 확실한 절차를 알게 해준다는 점에서 양자 모두 유목적적인 활동이며 지적인 가치를 가지고 있다는 것이다(오혁진, 1990: 32−33). 이러한 듀이의 관점은 곧 아이가 놀이 활동을 통해 가치 있는 교육목적을 성취할 가능성을 열어두고 있는 셈이다.

셋째, 자기 충족성 대 사회성의 측면이다. 놀이가 자기 충족적 성격을 가지느냐, 사회적 성격을 가지느냐 하는 문제는, 곧 놀이와 사회의 일상적 활동(특히, 전형적인 어른의 일)의 관련성을 어떻게 파악하는가 하는 문제로 귀착된다고 볼 수 있다. 디어든은 놀이와 일의 관계에서와 마찬가지로 놀이와 사회적 활동의 관계를 엄격히 분리된 것으로 파악한다. 왜냐하면, 사회의 일상적 활동은 대부분 경제적 압력의 영향을 받는 데 비해, 놀이는 그런 영향으로부터 자유롭기 때문이다. 그러나 듀이는 양자를 긴밀하게 상호 관련된 것으로 파악하고 있다. 왜냐하면, 그가 보기에 놀이도 심각하고 목적을 가진 사회적 활동이기 때문이다. 물론, 놀이는 디어든이 말하듯이 경제적 압력으로부터 독립되어 있다. 그런데, 듀이가 보기에 경제적 압력으로부터 독립되어 있다는 것이 곧 사회적 독립성을 의미하는 것은 아니다. 듀이에 의하면, 놀이가 경제적 압력으로부터 자유로운 활동이라는, 바로 그 점이 오히려 놀이의 교육적 가치를 높이는 계기가 될 수 있다.[13) 아동들은 놀이를 하는 가운데, 경제적 압력을 받지 않으면서도 유의미한 사회적 상호작용, 즉 또래집단에의 능동적 참여라든가 의사소통, 그리고 모종의 문제 사태를 해결하는 사회적 경험을 쌓을 수 있기 때문이다. 학교가 '축도사회'(miniature community)(Dewey, 1899: 12)가 되어야 한다는 듀이의 주장도 바로 이러한 맥락에서 이해될 수 있다. 즉, 초기 교육과정에서는 학교 밖 사회적 삶의 유의미한 경험들을 학교 안으로 끌어들여 어떤 경제적 압력을 받지 않으면서도 놀이와 일을 통하여 생생하게 배우게 할 수 있다는 것이다. 요컨대, 디어든이 생존의 압력을 받지 않는다는 준거에서

---

13) 이 점과 관련하여 듀이는 다음과 같이 말하고 있다. "학교에서는 일을 금전적인 이득을 위해서가 아니라 일의 내용 자체를 위하여 하도록 할 수 있다. 일 자체의 의미가 아닌, 그 밖의 외적 관계나 임금 획득의 압력에서 벗어나 있기 때문에, 학교에서 하는 일은 내재적으로 가치 있는 경험의 양식을 제공한다"(Dewey, 1916a: 208).

놀이를 독립적이고 자기 충족적인 활동이라고 본다면, 듀이는 놀이에도 상황에의 참여와 상호작용의 요소가 반영되어 있다는 점에서 사회적 활동의 성격을 가지고 있다고 보는 것이다.

이제까지 살펴본 놀이에 대한 상이한 두 관점은, 놀이가 교육방법으로 적용될 수 있는가 하는 문제에 대한 상이한 대답으로 연결된다. 교육방법으로서의 놀이의 가능성은 디어든에게 있어서는 부정되지만, 듀이에게 있어서는 긍정된다. 어째서 양자의 관점에 차이가 생겼는가? 그것은 이제까지의 논의로 미루어보아, 디어든이 '인식론적 관점'에서 심각하지 않은 놀이와 심각한 교육활동을 구분하고, 아동이 모종의 가치 있는 교육목적에 도달하려면 놀이가 아니라 교과를 따로 배워야 한다고 주장한다면, 듀이는 '상호작용적 관점'에서 놀이와 교육활동이 관련되어 있다고 보고, 아동이 유목적적이고 생생한 놀이를 통해 교육내용을 좀 더 의미 있게 배울 수 있다고 주장하는 데서 비롯된 것이다.

IV. 교육적 놀이의 성립 가능성 검토

그렇다면, 과연 '교육적 놀이'는 성립 가능한가? 만약 교육적 놀이가 성립 가능하다면 어떤 점에서 그러하며,[14] 한계가 있다면 그것은

---

14) 이와 관련하여 심규장(1990)의 연구에서는 디어든의 놀이에 대한 분석이 교육적 놀이의 현상을 충분히 설명해내기 어렵다는 점을 지적하고 있다. 그는 놀이가 무의식적 과정에서 배우게 되는 '합리외적'(合理外的; non-rational) 성격을 지니며, 이러한 무의식적 과정을 거쳐 소위 '무논리적'(無論理的; non-logical) 지식을 획득할 가능성은 없는가 하는 문제를 탐색하고 있다(심규장, 1990: 69-79). 이러한 논의는 디어든의 인식론적 분석에 대한 대안적 관점으로서, 무의식적이고 간접적인 놀이의 교육적 가치를 제안하는 것이다. 이하 본 연구에서 논의하는 교육적 놀이는 이와 달리 주로 듀이적 관점에 입각하여 의식적이고 직접적인 놀이, 즉 실제적으로 교과의 지식과 상호작용을 하는 유목적적 놀이의 성격에 초점을 두고 있다.

또한 어떤 점에서인가? 이러한 질문들이 이 장에서 검토할 문제들이다. 먼저, 만약 '교육적 놀이'가 성립 가능하다면, 우리는 놀이 활동을 통해서 특정한 교육목적을 성취할 수 있을 것이다. 예컨대, 과학 기술이 발전되어 온 대략적 과정을 익히기 위해 주사위를 던져 말을 움직이는 말판 놀이를 한다거나, 혹은 인구 문제의 심각성을 올바르게 이해하기 위해 '바둑알 가져가기 놀이'[15]를 하는 것 등이 그것이다. 여기서, '과학 기술의 발전 과정 이해', '인구 문제의 심각성 이해'가 교육목적에 해당된다면, 주사위 놀이, 바둑알 가져가기 놀이는 그러한 교육목적을 달성하는 수단으로서 의미를 가진다. '바둑알 가져가기 놀이'의 경우, 교사는 아동들이 그 놀이 자체에 흥미 있게 참여하게 유도할 수 있으며, 동시에 그 놀이가 단순한 놀이로 끝나지 않고 사전에 의도한 교육목적으로 이끌어지도록 배려할 수 있을 것이다. 물론, 만약 '주사위 놀이'가 단지 그 놀이 자체에만 치중된다거나, '바둑알 가져가기 놀이'가 순전히 경쟁을 통한 바둑알 가져가기로만 끝난다면 그것은 교육적 의미를 잃어버릴 것이다. 그러나 '주사위 놀이'가 여러 가지 과학 기술 발전의 사실들을 확인하는 기회를 제공하고, '바둑알 가져가기 놀이'가 인구 증가에 따른 식량부족 현상의 심각성을 이해하는 데에 도움을 준다고 하면, 거기에는 충분히 교육적 의미가 살아 있는 것이다.

그러나 여기서 다음과 같은 인식론적 질문이 제기될 수 있다. 예

---

15) 이 놀이는 초등 사회과 수업에서 인구 증가에 따른 문제점을 학습하기 위해 수업의 도입 단계에서 활용되기도 한다. 바둑알의 개수는 일정하게 하고 처음에는 가령 네 사람이 똑같은 개수의 바둑알을 가져가게 한다. (여기서 바둑알은 예컨대 '식량'을 상징한다.) 그다음에는 인원을 점차 늘려가면서 똑같은 개수의 바둑알을 가져가게 한다. 이와 같이 해서, 아동 스스로 자신이 가져가는 바둑알(식량)의 개수가 인원수가 늘어남에 따라 오히려 줄어듦을 느끼게 하는 것이다. 물론, 교육적 맥락에서 중요한 것은 그 놀이 자체가 아니라, 인구 증가와 식량 부족의 관계를 아동으로 하여금 이해하게 하는 데에 있다.

컨대, 위의 '바둑알 가져가기 놀이'의 경우, 만약 교사가 인구 문제의 심각성을 인식시키기 위해 무엇인가 미묘한 언어 구사를 함으로써 아동의 사고를 이끌지 않는다면, 과연 아동들이 놀이를 통해 인구 증가에 따른 식량부족 현상의 심각성을 깨달을 수 있겠는가 하는 것이다. 또한 '주사위 놀이'의 경우에도 교사가 따로 언어적 설명을 가하지 않는다면 아동들이 반드시 과학 기술의 발전 과정에 대해 관심을 갖는다는 보장을 할 수 있겠는가 하는 것이다. 요컨대, 놀이 자체가 교육적인 것이 아니라, 교사의 언어적 설명이 개입된 '교수 활동'이 교육적이라는 것이다. 물론, 이러한 인식론적 관점은 그 자체로는 타당한 면이 있다. 왜냐하면, 도대체 교사의 언어적 설명이 개입되지 않은 채 놀이 활동만을 하게 놔둔다면, 그것은 교육적 의도성을 잃고 그야말로 '재미'로 끝나버릴지도 모르기 때문이다. 이러한 입장에서 말한다면, 놀이는 엄연히 교육방법으로서 한계가 있는 것이다. 우리는 '놀이'가 아니라 '교육'을 해야 하기 때문이다. 이처럼 교육방법으로서의 놀이의 난점은 '놀이'와 '놀이 아닌 것'을 개념적으로 엄격히 구분하는 데서 비롯된 것이다. 이러한 구분에 의하면, 오직 놀이는 놀이, 일은 일이라는 식으로 분리되고 교과를 배우기 위해서는 교과의 내용을 따로 받아들여야만 한다는 귀결로 봉착되고 만다.

그렇다면, 놀이의 성격을 온전히 살리면서 놀이를 교육방법으로 쓸 수 있는 여지는 없는가? 한 가지 분명한 것은, 디어든의 인식론적 관점에서와 같이 놀이와 놀이 아닌 것을 엄격히 구분하고 교육 실제를 바라본다면 거기에서는 교육방법으로서의 놀이의 가능성이 여지없이 봉쇄되어 있다는 것이다. 심규장(1990: 69)이 지적한 바와 같이, 디어든의 이와 같은 관점은 교육적 놀이의 기능을 비관적으로 보는 측면이 있다. 왜냐하면, 디어든의 논의는 놀이를 통해 유의미한 학습을 할 '실제적 가능성'에 대한 관심을 배제하고 있기 때문이다. (예컨대, 디어든의 관점에서 보면 '바둑알 가져가기 놀이'나 '주사위 놀이'는 더 이상 진정한 의미에서의 '놀이'가 아니다.) 그러나 우리는 다시 놀이와 일, 놀이와 놀이 아닌 것이 개념상으로 구분된다고 하더라도, 그것이 곧 교육적 놀이의 '실제적 가능성'마저 부정하는 것은 아니라는 데에 유의해야 한다.

'실제적 가능성'의 관점은 듀이의 관점에서 드러나는 바와 같이 놀이와 교육목적을 '하나의 활동'에 내포된 수단과 목적의 관계성 속에서 파악하는 것이다. 이런 측면에서 보면 놀이와 교육목적이 상호 교차되는 사실적 부분들이 충분히 존재할 수 있을 것이다. 예컨대, 문장 이해력의 증진을 위해 흥미 있는 단어놀이를 하고, 전통 민속놀이를 체험하기 위해 강강술래 놀이를 하고, 협동심을 기르기 위해 팀별 공놀이를 하는 경우 등이 그것이다. 곧, 교육적 놀이가 성립될 수 있다는 주장은 교육적 놀이의 '실제적 가능성'에 대한 신뢰에 근거한 것이며, 이때 놀이의 기능은 '놀이의 패러독스'라기보다는, 교육활동의 목적에 도달하기 위한 의도적 교육방법으로서의 의미를 갖는다고 보아야 할 것이다.

물론, 누군가 앞서의 '인식론적 관점'에 입각하여, 그때의 놀이는 성격상 놀이의 본질을 벗어났다는 점에서 '놀이'가 아닌, '일'이라고 말할지도 모른다. 그러나 그것은 놀이와 일, 놀이와 공부, 흥미와 교과를 철저하게 가르는 이원론적 관점에 의거한 것이다. 우리가 생각해볼 점은, 교과로서의 지식의 가치가 인정된다고 해서 그 지식을 일방적으로 전달하는 것이 곧 교육적으로 정당화되는 것은 아니라는 점이다. 이원론에 근거한 교수방안은 교과의 지식과 아동의 경험을 원천적으로 별개의 것으로 분리하고 있다는 점에서 자칫하면 '고립적 지식' 교육의 폐해를 낳기 쉬운 것이다. 일방적으로 전달된 기존의 정형화된 지식이 과연 아동에게 어떤 경험의 성장을 촉진시킬 수 있는지는 의문이다. 적어도 유의미한 교육 활동이 아동의 경험적 과정과 별개로 성립되는 것이 아니라면, 우리는 놀이와 교육활동이 개념상 구분된다고 하더라도 양자를 실제적으로 관련시키려는 교육적 시도와 노력들을 결코 외면해서는 안 될 것이다. 이런 맥락에서 보면, 아동이 특정한 놀이를 통해 실지로 보다 흥미 있고 생생하게 교과를 배운다면, 또는 그렇게 배울 수 있는 계기를 마련해준다면, 그것은 교육적 놀이의 실제적 역할은 다한 것이라고 보아야 한다. 초기 교육과정에서 놀이를 통한 교육 방안을 진지하게 고려해볼 필요가 있는 까닭도 바로 여기에 있는 것이다.

그러나 '실제적 가능성'이란 맥락에서 볼 때에도 교육적 놀이에 한계가 없는 것은 아니다. 즉, 그것은 앞서 지적한 바와 같이 모든 교과를 전적으로 놀이의 형태로 가르칠 수는 없다는 것, 그리고 일반적으로 말해 학습자의 연령이나 지적 수준이 높아질수록 흥미 유발을 위한 교육적 놀이의 필요성은 줄어들고, 놀이 활동보다 더 긴 시간과 깊은 사고를 요하는 심각한 지적 활동이 요구된다는 것이다. 왜냐하면, 학습자의 연령이나 지적 수준이 높아질수록 요구되는 것은 놀이가 매개된 학습이 아니라 반성적 사고능력과 지적으로 확대된 안목을 갖추는 일이기 때문이다. 이런 관점에서 보면, 교육적 놀이의 한계라는 것은, 사실상 그런 놀이가 교육적으로 활용될 수 있다는 점을 인정한다고 하더라도, 교사는 교육의 어떤 수준 또는 지점에서는 놀이적 요소의 매개 없이 유의미한 방식으로 교육내용으로서의 지식을 내면화하도록 해야 한다는 데에 있다. 이러한 한계는 교육적 놀이가 학습 동기의 유발 수단이 된다는 사실을 부정하지 않고도 성립된다. 결론적으로, 교사는 교육적 놀이의 가능성과 한계를 동시에 인식하고 교육활동에 임해야 할 것이다.

V. 맺음말

서양교육사에서 놀이와 흥미를 통한 학습의 중요성에 대한 인식은 뿌리 깊다. 사실 플라톤을 위시해서 마틴 루터, 코메니우스, 루소, 페스탈로치, 그리고 프뢰벨 등에 이르기까지 많은 교육사상가들이 아동 교육의 실제에서 놀이가 차지하는 비중을 깊이 인식하고 가능한 주입식 교육을 배제하고 자연스러운 놀이나 활동을 중심으로 하는 능동적 교육원리를 권장하였다. 그러나 본 연구에서 관심을 두었던 교육적 놀이의 가능성 문제는 이러한 놀이의 중요성에 대한 재인식이라기보다는, 교육철학적 관점에서 놀이 자체가 차지하는 위상이나 역할이 정확히 어떤 것인지를 탐색하는 것이었다. 즉, 놀이가 과연 아동의 이해 수단 정도의 소극적인 위치를 차지하는 것인지, 아니면 교육방법으로서 적용할만한 적극적 가치를 가지는 것인지, 그리고 만약 교육방법으로서의 놀이가 성립된다면 그 가능성과 한계는 각각 어떤 것인지를 탐색하는 것이었다. 이제, 서론에서 제기한 이러한 문제의식과 관련하여 교육적 놀이의 성립 가능성과 교육 실제에 주는 시사점을 중심으로 이 글의 결론을 맺고자 한다.

우선, 놀이가 교육적 맥락에서 중요한 의미를 갖는다는 것은 부정할 수 없을 것이다. 플라톤이 『국가론』(536e)에서 말한 바와 같이, "영혼의 경우, 강제적인 공부는 아무것도 그 안에 남게 되지 않는다." 만약 아이들이 그야말로 다람쥐 쳇바퀴 돌듯이 무미건조하게 교과를 배운다면 그것은 학습 당사자에게는 그야말로 '무기력한 정보의 무더기'로 전락할지도 모를 일이다. 분명히 '교육적 지식'이란 예컨대 박물관에 전시된 품목 명을 머릿속에 마구 집어넣은 그런 상태의 지식을 가리키는 것이 아니다. 적어도 유의미한 지식이 강제적 주입에 의해서가 아니라 공동으로 참여하는 능동적 상호작용 속에서 획득되는 것이라면, 우리는 그 방법적 원리로서 놀이를 제안할 수 있을 것이다.

물론 이것은 모든 교과의 학습이 '놀이 식'으로 이루어져야 한다거나 '재미'로 일관해야 한다고 말하는 것은 아니다. 여기서 말하고자 하는 것은 다만, 어떻게 하면 가치 있는 지식을 흥미 있게 가르칠 수 있는가 하는 문제가 교육방법의 핵심적 문제이며, 그 대안으로서, 적어도 초기 교육과정의 수준에서는 교육적 놀이를 적극 고려할 필요가 있다는 것이다. 이것은 교육적으로 의도된 놀이가 사회적인 상호작용을 촉진시키며, 동시에 아이의 마음과 교과의 지식을 연계시키는 동기유발 수단으로서 기능할 개연성을 충분히 가지고 있음을 의미한다. 이 점을 고려해볼 때, 교사의 입장에서는 어떻게 하면 단위 수업에서 유의미한 놀이 활동을 통하여 교육목적에 도달할 수 있는가 하는 문제를 다각도로 연구할 필요가 있을 것이다.

그러나 교사는 이러한 교육적 놀이의 가능성은 물론, 그 한계에 대해서도 인식할 필요가 있다. 왜냐하면, 지적 수준이나 교육의 수준이 높아질수록 거기서 요구되는 것은 놀이 형태를 매개로 하는 학습이 아니라, 유의미한 방식으로 교육내용으로서의 지식을 내면화하는 일이기 때문이다. 아마도 디어든의 인식론적 관점이 우리에게 주는 한 가지 시사점이 있다면, 그것은 교육적 놀이의 가치를 마치 '만병통치약'처럼 여기는 지나친 확신을 경계하는 데에 있을 것이다. 그러나 또 한편 우리가 주목해야 할 것은 이와 같은 경계심이 교육적 놀이의 가능성마저 봉쇄하는 것으로 연결되어서는 안 된다는 것이다. 앞서 여러 차례 언급한 바와 같이, 놀이에도 다소간이나마 활동의 목적을 이루기 위해 '행동의 수단을 선택하고 배열하는' 사고의 요소가 들어 있는 것이며, 이 점에서 놀이는 분명히 교육적 활용 가능성을 가지고 있는 것이다. 그렇기는 하지만, 사실 학습자의 지적 수준이 높아짐에 따라 대두되는 문제해결의 수준은 도저히 놀이로써 해결될 수 없을 만큼 복잡하고 그 공간적 폭과 시간적 깊이가 확대, 심화되어 나아간다. 문제 해결을 위한 깊은 사고능력이 요구되는 까닭도 바로 여기에 있는 것이다.

듀이의 관점은 특히 이 문제와 관련하여 우리에게 유용한 시사를 제시해준다. 즉, 우리는 학습자의 지적 수준이 높아짐에 따라 놀이 활동을 원천적으로 배제하는 것이 아니라 그것이 치밀한 사고와 검증을 요하는 반성적 사고의 활동으로 연결되도록 배려할 필요가 있다는 것이다. 다시 말해, 이것은 놀이가 반성적 사고와 이분법적으로 분리되어 있는 것이 아니라, 오히려 효과적인 사고와 유의미한 경험의 성장을 위한 활동의 원천이 될 수 있다는 것을 시사한다. 왜냐하면, 놀이에도 비록 정도상의 차이는 있지만 유목적성과 심각성, 그리고 경험 상황을 지각하는 총체적 마음의 작용이 내재해 있기 때문이다.

놀이 활동과 본격적인 사고 활동에 차이가 있다면 그것은 활동의 목적에 도달하기 위해 들이는 시간과 노력, 그리고 특정 상황의 질적 특성을 지각하는 의식의 수준 혹은 사고의 범위에 있을 뿐이다. 이 점에서, 놀이의 난점은 디어든의 인식론적 분석에서와 같이 원천적으로 놀이가 심각하지 않은 활동이라는 점에서 나오는 것이 아니라, 놀이에서 사고 작용이 미치는 정도나 범위의 한계로부터 비롯된 것으로 보아야 한다. 따라서 교육적 맥락에서는 흥미가 가미된 놀이적 요소를 고려하되, 동시에 학습자의 사고가 점차적으로 보다 깊은 이해와 확대된 시공간으로 나아갈 수 있도록 교육방법과 교육내용의 재구성 측면에서 심도 있는 탐색이 필요할 것이다.

끝으로, 이 글의 제한점과 이에 따른 앞으로의 연구 과제를 간략히 밝힌다면 다음과 같다. 이 글은 교육적 놀이의 가능성을 주로 개념적 측면에서 밝히는 데에 논의의 초점을 두었을 뿐, 구체적 맥락 속에서 놀이의 실증적인 가능성을 검토하지 못했다는 한계점을 가지고 있다. 이를 위해서는 특히 초등학교 교육과정 수준에서 특정 단원의 목표라든가 단위 수업목표를 달성하기 위한 다각적인 교육적 놀이의 방안을 연구하고 그 효과를 검증할 필요성이 있을 것이다. 또한 놀이의 한계점 및 이에 따르는 사고력 함양의 교육과 관련해서는, 앞으로 교육내용의 측면, 특히 지식을 가르치는 교사의 스타일이나 의사소통 양태를 중심으로 개념적, 실증적인 연구가 모색될 필요가 있을 것이다. 뿐만 아니라, 통시적 관점에서 서양교육사에서 놀이가 교육방법으로서 어떤 지위와 성격을 지니고 어떤 흐름으로 변모해 왔는가 하는 것도 탐색해볼 가치가 있을 것이다.

제8장 듀이의 성장 개념과 좋은 수업의 조건

　　현행 좋은 수업에 대한 관점은 주로 수업의 형태나 효율성 측면에 초점을 두는 경향이 있다. 가령, 학교현장에서 실시되는 연구수업의 평가 항목에는, 동기유발이 잘 이루어졌는지, 아동의 흥미와 참여도가 높은 수업이었는지, 학습 집단의 구성이 효과적이었는지 등등의 항목이 나타나 있다. 이러한 항목들은 좋은 수업을 위한 최소한의 가이드와 평가 준거를 제공한다는 점에서 유용한 것이다. 그러나 말할 필요도 없이, 좋은 수업의 조건을 오직 이러한 평가 척도에만 의존해서 보아서는 안 된다. 왜냐하면, 좋은 수업은 다소간 장기적인 안목에서 특정 수업이 어떤 교육적 의미를 실현하고 어떤 교육적 가치를 추구하느냐에 의해서도 규정될 수 있기 때문이다. 이 문제와 관련하여, 듀이의 교육철학은 이제까지 좋은 수업의 연구에 대한 반성의 계기를 마련해준다. 듀이의 성장 개념이 시사해주는 바에 의하면, 좋은 수업에 관한 현행 일반적 아이디어가 반드시 좋은 수업을 위한 충분조건은 아니며, 오히려 전체적인 면에서 학습자의 경험의 성장을 추구하는 것일 때에만 좋은 수업에 접근하는 것이 된다. 그리하여 이 글에서는 좋은 수업에 관한 기존의 지배적 아이디어들을 비판적으로 검토해보고, 듀이의 성장 개념에 입각하여 좋은 수업을 위한 보완적 조건들을 탐색해보고자 한다.

I. 문제의 제기

좋은 수업이 무엇인가 하는 것은 일률적으로 규정짓기 어렵지만, 교육적 맥락에서 좋은 수업의 추구는 교육자라면 누구나 희구하는 당면 과제이다. 이제까지 좋은 수업에 관한 논의는 크게 보아 내용과 형태의 측면에서 전개되어왔다고 볼 수 있다. 내용의 측면에서 좋은 수업은 목표에 비추어 수업내용이 적절하였는지, 학습자의 사고력을 신장시키는 수업이었는지, 혹은 교사가 의도한 교육내용을 학습자에게 의미 있게 내면화시키는 수업이었는지 등등의 문제와 관련된다면, 형태의 측면에서 좋은 수업이란 적합한 수업모형을 활용하였는지, 학습 집단의 구성이 효율적이었는지, 다양하고 풍부한 교수매체를 활용하였는지 등등, 주로 수업의 외형적 모습과 관련된 것이다.[16)]

그런데 현행 좋은 수업에 대해서는 적어도 하나의 일반적인 인식 경향이 증가하는 추세로 보인다. 즉, 좋은 수업은 소위 '맨손수업'과는 거리가 멀며, 다양한 교수매체를 활용하여 학습자의 흥미와 참여

---

16) 예컨대, 김종서(1974: 12)는 좋은 수업이 내용적인 면과 형태적인 면이 조화되어 상호 보강적인 표리의 관계에 있는 수업으로 보고 있으며, 김순택(1978: 159−181)은 좋은 수업의 기준으로 수업목표와 수업과정의 적절성을 들고 있다. 또한 박성익(1987: 269)은 학습활동을 성공적으로 이끌어갈 수 있는 수업조건을 구비시켜줌으로써 학생들의 학습력을 증진시키는 수업을 좋은 수업으로 규정하면서, 그런 목적을 성취하기 위한 방법으로 소집단 수업전략을 제안한다. Gagné(1987: 76)는 그의 『수업기술의 정초』(Instructional Technology: Foundation)에서 좋은 수업을 문제 곤란도, 개별학습자의 학업성취도, 문제해결과정 등 학습자의 특성을 고려하여 계획되는 수업으로 본다. 소위 TTI(trait-treatment interaction) 혹은 AT(aptitude treatment)라는 수업기법은 이러한 Gagné의 관점에 근거한 것이다. 또한 기존에 널리 알려진 Flanders의 언어 상호작용 분석법(김종서 외, 1974: 58−109)에서는 좋은 수업이 교사의 비지시적 언어가 지시적 17890-언어의 비율보다 높은 수업으로 규정된다. 이상의 관점에서 보면, 김종서는 내용과 형태가 상호 조화된 수업을 좋은 수업으로 보고 있으며, 김순택과 박성익, Gagné와 Flanders의 관점은 다소간의 차이는 있으나 수업목표에 따른 학습 집단의 구성이나 수업 설계 면을 강조한다는 점에서 수업의 형태적 측면을 부각시킨다고 볼 수 있다.

도를 높이면서 자발적이고 능동적인 활동을 진작시키는 수업이라는 것이다. 따라서 전통적인 수업방식인 판서라든가 설명 위주의 수업은 비효율적인 수업으로 지양해야 할 것으로 여겨진다. 이와 같은 인식 경향은 교사들로 하여금 획일적인 수업형태에서 벗어나 보다 효과적인 수업방식을 연구 개발하려는 노력을 자극하는 유용한 촉진제로 작용할 수 있다. 그러나 여기서 말하고자 하는 것은, 다수가 선택하는 좋은 수업에 관한 인식과 그 인식의 타당성은 별개의 문제이며, 좋은 수업에 관한 일반적 인식이 좋은 수업을 위한 충분조건이 되는가 하는 문제는 별도의 심층적인 반성과 재평가를 요구한다는 것이다.

이러한 문제와 관련하여 듀이의 교육철학은 우리에게 유의미한 시사점을 제시해준다. 왜냐하면, 앞서 언급한 좋은 수업에 관한 일반적 인식 경향들은 이른바 '학습자중심 교육'의 아이디어와 관련된 것으로서, 이는 듀이의 경험중심 교육철학을 반영하는 것으로 보일 수 있기 때문이다. 사실, 이제까지 듀이의 교육철학은 주로 그의 경험 개념을 중심으로 하여 교육자의 관점보다는, 상대적으로 학습자의 활동과 흥미를 강조하는 '진보적' 교육철학으로 인식되어온 경향이 있었다. 그러나 듀이는 그의 후기 저작『경험과 교육』(1938b)에서 언명한 바 있듯이, 전통적 교육을 무조건 배격하고 진보적 교육만을 옹호한 사람이 아니다. 그는 오히려 아동의 진정한 성장을 위해 전통적 교육과 진보적 교육의 절충과 조화를 추구한 사람이었다. 널리 알려진 바와 같이, 듀이가 교육적 맥락에서 경계하는 것은 이른바 '이것 아니면 저것'이라는 이분법적 사고에 빠져(Dewey, 1938b: ch. 1), 전통과 진보, 교육자와 학습자, 교과와 경험, 통제와 자율 등을 대립 구도에 놓는 시각이다. 그러한 이분법적 시각은 양 측면들을 상호 분리된 것으로 보고, 지나치게 어느 한 편만을 강조함으로써, 전체적인 면에서 학습자의 경험의 성장이라는 교육의 목적을 퇴색시킬 우려가 있다.

듀이가 말한 바 있듯이, 학교교육의 목적은 "성장하는 힘을 조직적으로 길러줌으로써 교육을 계속해 나갈 수 있도록 하는 데 있을 뿐"(Dewey, 1916a: 56), 그 이외의 부가적 목적을 설정할 필요가 없다. 이러한 경험의 성장은 계속되는 과정일 뿐, 어떤 종착점이 따로 존재하는 것은 아니다. 듀이의 "경험의 끊임없는 재조직 또는 재구성"(Dewey, 1916a: 82)이라는 교육의 정의도 바로 이와 같은 경험의 성장 과정을 염두에 둔 것으로 보아야 한다. 이처럼 교육의 목적이 학습자의 성장 그 자체에 있다면, 좋은 수업의 여부는 현재의 인식 경향에서 드러나듯이 단지 학습동기와 참여도가 높다거나, 교수매체가 풍부하다거나, 효율적 수업모형을 활용한다거나 하는 표면적 활동만으로 재단할 수 없으며, 전체적인 면에서 학습자의 성장을 지속시키는가 하는 데서 찾아보아야 할 것이다.

그리하여 이 글의 목적은 좋은 수업에 관한 기존의 아이디어들을 종합하는 데 있는 것이 아니라, 듀이의 성장 개념에 비추어 좋은 수업에 관한 기존의 지배적 아이디어들을 비판적으로 검토하고 좋은 수업의 조건을 규명하는 데에 있다. 이러한 작업은 듀이 철학의 입장에서 좋은 수업을 보는 대안적 관점을 제시해주는 일이 될 뿐만 아니라, 좋은 수업에 대한 현행의 일반적 인식 경향에 보완적 시사점을 제시해줄 것으로 기대된다.

Ⅱ. 좋은 수업에 관한 인식 경향

'좋은'이라는 말이 가치판단을 머금고 있다는 점에서 알 수 있듯이, 좋은 수업은 개인이나 사회집단의 관점에 따라서 얼마든지 다양한 스펙트럼을 보일 수 있으며, 더욱이 수업의 목적이나 내용에 따라서도 다양한 면모를 띨 수 있다. 그리하여 좋은 수업은 만인이 공유할 수 있는 어떤 고정된 실체를 지닌 것이 아니다. 그러나 그렇다고 해서, 좋은 수업에 대해 다수의 사람들이 공감하는 요소들을 추출할 수 없는 것은 아니다. 사실, 이제까지 좋은 수업을 다룬 대부분의 연구들은 경험적 측면에서 좋은 수업에 관한 인식 경향을 조사하고, 거기서 장차 좋은 수업을 위해 고려해야 할 요소들을 추출하는 데에 중점을 두어왔다.[17] 가령 교사나 예비교사, 학부모 혹은 학생이 선호하는 수업의 특징을 파악한다거나, 교과별로 좋은 수업의 사례를 분석한다거나, 학교급별 혹은 지역별로 좋은 수업에 관한 인식

---

17) 물론 교육철학적 관점에서 '좋은 수업'에 대한 검토가 없었던 것은 아니다. 그 대표적인 예가 2006년 11월에 '좋은 교육'을 주제로 개최된 교육철학회 연차학술대회이다. 여기서 김창환 (2006: 133)은 개발, 관계, 설명, 참여라는 네 측면에서 좋은 수업의 의미를 규정한다. 즉, 좋은 수업은 학생의 발달이란 목적 아래서 교사와 학생의 우호적이고 인간적인 관계 내에서, 한편으로 교사가 수업내용을 잘 이해하도록 설명하고, 다른 한편으로는 학생들의 참여를 촉진하면서 학생들이 폭넓은 경험을 쌓게 하는 수업이라는 것이다. 이러한 규정은 수업 내용의 이해와 학습자의 참여를 강조한다는 점에서 수업의 내용과 형태를 포괄하는 정의라고 볼 수 있다. 또한 손승남(2006: 155-156)은 좋은 수업을 위해서는 분명한 수업목적의 설정이 있어야 하고, 수업내용의 측면에서는 내용의 선정과 조직과 관련된 다양한 질문을 탐구할 필요가 있으며, 수업방법의 측면에서는 일률적인 수업형식이나 방법을 권장하기보다는 상황적 요소를 고려해야 함을 지적한다. 가령 미국식 진보주의에 입각한 교육이 반드시 좋은 수업이라는 생각은 반성의 여지가 있다는 것이다. 이러한 관점은 좋은 수업과 관련된 다양한 변인들을 반성적으로 고찰하는 일이 좋은 수업의 규정보다 선행해야 한다는 점을 보여주고 있다. 한편, 김재춘 등 (2005: 373-382)은 이제까지 좋은 수업에 대한 선행연구들을 비판적으로 검토하면서, 좋은 수업은 외부적인 어떤 조건이나 기준보다는 수업의 본질적, 내재적인 특징에 비추어서 규정되어야 한다고 제안한다. 즉, 좋은 수업은 교육적 사태 속에서 일어나는 상호작용 활동을 통해 학생들의 경험의 의미를 확대시켜주는 수업이라는 것이다. 이러한 규정은 좋은 수업을 도구적, 기능적인 관점이 아닌, 교사와 학생 간의 의미 공유, 그리고 이를 통한 학생들의 인식의 확장이라는 수업의 본질적 측면에 비추어 파악하는 것이다.

경향을 비교한다거나 하는 것 등이 그것이다. 이러한 연구 경향은 분명히 우리에게 좋은 수업에 관한 유용한 참고자료를 제시해준다. 그러나 적어도 질적 측면에서 좋은 수업의 의미를 분석하고 그 정당성을 검토하는 데에는 한계가 있다고 파악된다.

최근의 주요 연구들을 살펴보면, 서경혜(2004)는 교사와 학생의 면담을 기초로 하여, 좋은 수업에 관한 인식을 네 가지 측면에서 규정한다. 즉, 전달의 관점에서는 학생들에게 교과 내용을 명확하고 효과적으로 전달해주는 수업, 구성의 관점에서는 학생들의 현 수준으로부터 출발하여 학생들의 지식을 보다 높은 수준으로 재구성해주는 수업, 관계의 관점에서는 교사와 학생 간의 활발한 상호작용을 통하여 서로간의 신뢰를 쌓아가는 수업, 결과의 측면에서는 의도한 수업목표를 성취하는 수업을 들고 있다. 강나영(2006)은 좋은 수업에 관한 초등학교 교사들의 인식을 내용, 전략, 관리의 차원으로 나누어 분석하였다. 내용의 차원에서 좋은 수업은 교사가 중요한 수업 내용을 반복하고 어려운 내용을 자세히 설명해주거나, 수업내용의 전체적 연관 체계를 염두에 두고 이전에 배운 내용을 점검하는 수업이다. 전략의 차원에서 좋은 수업은 교사가 학생들의 학습동기를 유발하는 효율적 질문을 구사하거나, 수업내용을 잘 이해할 수 있도록 실생활 관련 소재를 다양하게 제시해주는 수업이다. 관리의 차원에서 좋은 수업은 교사가 수업을 방해하는 행동을 사전에 예방하는 규칙을 설정하고, 학생들을 대하는 일관되고 분명한 원칙을 가지고 있는 수업이다.

이한영(2007)은 교사의 교육과정 재구성에 대한 쟁점을 분석하면서 좋은 수업의 교과별 사례 목록을 제시하고 있다. 예컨대, 국어과의 경우 "교과서의 내용에 따라 협동학습의 구조의 개수와 순서, 학습지와 준비물이 미리 계획된 수업" 등을 들고 있으며, 수학과에서는 "학생의 동기를 유발할 수 있는 자료와 실생활에 활용 가능한 소재를 사용하는 수업" 등을 들고 있다. 또한 사회과의 경우, "사회생활에 밀접한 내용으로 탐구과제를 만들어 제시하는 수업" 혹은 "수업에 수행평가를 적극적으로 활용하거나 모둠활동을 비롯한 다양한 활동으로 구성된 수업" 등을 들고 있으며, 과학과의 경우 "학습자의 다양한 수준에 반응하기 위해 협동학습을 적극적으로 활용하는 수업" 등을 좋은 수업의 사례로 들고 있다. 또한 엄미리 등(2009)은 교사가 지양(止揚)해야 할 수업에 대한 현직교사와 예비교사의 인식을 조사하였다. 조사의 결과, 우선적으로 현직교사와 예비교사 모두 단일한 수업 형태인 교과서 위주 수업과 교사의 일방적인 지시적 수업을 가장 지양해야 할 수업으로 보았으며, 좋은 수업을 위해서는 학습자 스스로 주도적이고 창의적으로 지식을 구성해가는 교수전략이 요구된다고 보았다. 두 번째로 지양해야 할 수업으로는 사전 준비가 결여된 비체계적인 수업 진행이다. 수업의 질을 높이기 위해서는 사전에 체계적인 교수전략을 수립하고 수업목표와 내용의 밀접한 관련성을 고려해야 하며, 이를 위해서는 효율적인 교수 설계의 연구가 필수적으로 요구된다고 보았다.

이상의 선행연구들에서 드러나듯이, 좋은 수업에 대한 인식은 다양한 변인들이 복합적으로 작용하는 것이라서 일률적인 카테고리로 묶기에는 어려움이 따를 수 있다. 그러나 좋은 수업의 인식 경향에서 두드러지는 특징으로서 최소한 다음의 세 가지 요소를 추출해볼 수 있다. 첫째, 좋은 수업은 학습자의 능동적 학습을 유도하기 위해 다양한 매체나 실물자료를 활용하는 수업이라는 것이다. 이것은 각종 교구와 매체들이 풍부하게 구비되어 있을 때 그만큼 동기유발이 쉽고 좋은 수업에 가까워진다는 생각이다. 둘째, 좋은 수업은 소집단 학습설계나 체계적 수업전략 등 방법적 측면이 잘 연구된 수업이라는 것이다. 가령, 교사와 학생 간의 상호작용이 활발한 수업, 수행평가를 활용하는 수업, 모둠별 협동학습 전략을 활용하는 수업 등은 그러한 방법적 면모를 잘 보여준다. 셋째, 좋은 수업은 전통적 교과중심 혹은 통제 위주의 수업이 아니라 학습자가 자율적으로 지식을 구성해가는 수업이라는 것이다. 최근에 회자되고 있는 '자기 주도적 학습'은 바로 그러한 수업의 면모를 잘 보여준다. 요컨대, 좋은 수업에 대한 일반적 인식 경향은 풍부한 교수매체가 활용되는 수업, 효율적 교수전략이 수립된 수업, 그리고 학습자가 주도적으로 지식을 구성해가는 수업이라는 세 측면으로 요약될 수 있으며, 이러한 수업들은 공통으로 학습자의 능동적 활동에 초점을 둔다는 점에서 이른바 '학습자중심 수업'이라는 말로 압축될 수 있을 것이다.

본래 '학습자중심 수업'의 의도는 종래의 획일화된 일제 수업, 설명 일변도의 수업을 지양하고 학습자가 중심이 되는 다양한 수업활동을 전개함으로써 학습자에게 생생한 경험과 자율적이고 창의적인 학습기회를 부여하는 데에 있다고 파악된다. 말할 필요도 없이, 이러한 의미의 학습자중심 수업을 위해서는 교사의 치밀한 수업계획 연구가 필요하며, 동시에 수업의 과정에서 능동적 학습을 진작시키기 위한 교사와 학생 간의 상호작용을 중요한 변수로 고려해야 한다. 문제는, 학습자중심 수업 그 자체라기보다는, 그것을 문자 그대로 교사주도 수업 혹은 교과중심 수업과 '대립적'으로 인식하는 경향에 있다. 즉, 학습자중심 수업은 수업 형태상 교사주도 혹은 교과중심 수업과는 상반되는 수업이며, 따라서 교사의 설명이나 통제보다는 학습자의 관심과 흥미에 따른 다양한 활동이 전개되는 수업이라는 것이다.

물론 이러한 인식 경향이 그 자체로 해롭거나 문제가 되는 것은 아니다. 그것은 전통적 수업 방식으로부터 초래된 학습동기의 결여를 예방하고 학습자의 능동적 참여를 촉진할 수 있기 때문이다. 다만 여기서 말하고자 하는 것은, 학습자중심 수업을 교사주도 혹은 교과중심 수업과 대립적으로 인식하는 경향을 지나치게 밀고 나아가면, 그것은 수업의 내용이나 질적 측면보다는 수업 형태나 학습자 활동의 양에만 초점을 두게 될 우려가 있다는 것이다. 곧, 표면상 교수매체가 풍부하다거나, 효율적 교수전략이 수립되어 있다거나, 학습자의 능동적 활동이 전개되면 곧바로 좋은 수업이고, 교사 활동의 양이 많다거나 언어적 설명이 위주가 되면 곧바로 좋지 못한 수업이라는 '이분법적인' 결론으로 이어질 위험성이 있다는 것이다.[18]

확실히 이러한 위험성은 교사의 지도적 역할이나 수업내용의 내면화보다는 수업의 외적 조건이나 학습자의 가시적인 활동에 상대적으로 높은 비중을 두는 데서 따라 나오는 결과이다. 만약 본고의 이와

---

18) 철학에서 이원론(dualism)은 실재와 현상, 진리와 무지를 이분법적으로 철저히 가르는 전통적 인식론의 관점을 의미한다. 이러한 이원론에 의하면, 실재는 인식작용에 선행(先行)하여 고정 불변하는 상태로 존재하는 것이기에 실재의 인식을 위해서는 외부 대상과 다소간 거리를 두고 이성적으로 관조하는 일이 요청된다. 그러나 듀이의 반이원론적인 세계관에 의하면, 존재하는 모든 것이 상호작용을 통해 변화되어 가는 만큼, 실재와 현상, 진리와 무지라는 이분법적 구도는 더 이상 성립될 수 없다. 오직 인간의 탐구를 통한 보다 확실한 지식이 생성되고 있을 뿐이다. 말할 필요도 없이, 좋은 수업의 인식 경향에서 드러날 수 있는 이분법적 관점은 듀이가 비판하는 철학적 이원론과 직접 관련된 것은 아니다. 다만 여기서 말하고자 하는 것은, 교사와 학생, 교과와 경험 등 상호 긴밀한 관련성을 맺는 두 측면을 전체적으로 취급하지 않은 채 어느 한 면만을 떼어내어 지나치게 옹호하는 것은, 좋은 수업에 관한 특정한 이원론적 인식 경향을 파생시킬 수 있다는 것이다.

같은 관점이 타당한 것이라면, 좋은 수업의 일반적 인식 경향은 그 이면에 '학습자중심 수업'을 그릇된 방향으로 몰아갈 가능성을 담지하고 있는 것인지도 모른다. 물론, 이제까지 좋은 수업을 위한 내용적 측면의 강조가 없었던 것은 아니라고 하더라도, ─예컨대 교육과정과 학습자 특성의 연구, 수업내용의 명료한 전달과 이해 혹은 사고력을 신장시키는 수업의 강조 등 ─ 좋은 수업을 보는 실질적 관점에 영향을 준 것으로는 수업의 가시적인 형태적 측면이라고 파악된다. 어째서 그러한가? 그 이유는 표면상 교수방법 개선의 의도에서도 찾아볼 수 있지만, 아마도 보다 실질적인 이유로는 형태의 측면이 내용의 측면에 비해 평가가 용이하다는 데에 기인한 것일 수 있다.

가령, 교실수업을 참관한다고 할 때 교과의 내면화나 사고력의 함양 등 내용적 측면만 가지고서는 도대체 현재 진행되는 수업평가 기준이 그다지 명확하지 않은 것이다. 예컨대, 학교현장에서 연구수업을 평가하는 척도에는 교수학습 전략의 수립 여부라든가, 교사의 효율적 발문, 학습자료와 평가결과의 활용 등 수업의 효율화를 기하기 위한 형태적 측면이 부각되고 있다.[19] 물론 이러한 평가척도가 전통적 교과중심의 수업방식을 지양하고 수업 개선을 위한 최소한의 지표와 반성의 자료를 제공해준다는 점에는 이론(異論)의 여지가 없다. 다만 여기서 말하고자 하는 바는, 만약 수업의 효율성이나 형태적 측면이 부각되는 평가척도 자체가 '학습자중심 수업'에 대한 일반적

---

19) 서울시 Y초등학교의 2011학년도 수업 평가척도를 분석해보면, 총 36개의 평가 지표 중 '교육과정의 이해'와 '교과 내용 및 학습자 특성의 분석' 등 다소간 장기적 관점을 요하는 항목을 제외하면, 약 30개의 항목인 83%가 가시적 수업 형태나 수업의 효율성과 관련된 것이었다. 예컨대, 학습목표의 명확한 전달, 교사의 허용적 태도, 학습자의 적극적 참여 유도, 학습자의 반응에 대한 교사의 적절한 칭찬과 격려, 교사의 안정감 있는 태도와 자신감, 학습에 대한 교정적인 피드백 제공 여부, 적절한 시기에 학습자료의 활용 여부, 흥미를 지속시키는 수업내용의 제시, 학습내용에 대한 전체적 정리 및 요약 지도 등등이 그것이다.

인식 경향과 맞물려서 좋은 수업의 '기준'으로 인식된다면, 그것은 이른바 숲을 보지 않고 나무만 보는 오류를 범할 우려가 있다는 것이다. 더욱이 문제가 되는 것은, '학습자중심 수업'이라든가 '자기주도적 학습'이라는 아이디어가 교육청 차원에서 수업의 질을 관리하기 위한 표준화된 지침으로 시달된다거나, 혹은 일종의 교육적 슬로건으로 작용한다면, 그것은 그 의미가 명료히 분석되지 않은 채 교사들로 하여금 좋은 수업의 초점을 주로 표면적 수업 형태나 활동 중심 학습에만 두게 할 우려가 있다는 것이다.[20]

좋은 수업에 관한 일반적 인식 경향이 어디서 연유하든 간에, 그러한 인식 경향은 다음의 몇 가지 근본적인 질문들을 불가피하게 야기한다. 우선, 교수매체의 활용 측면에서 보면, 실물자료나 교수매체가 불충분한 수업, 다시 말해 학습자의 오관을 자극하여 동기유발을 일으키지 못하는 소위 '맨손수업'을 반드시 '좋지 못한' 수업으로 보아야 하는가 하는 문제가 야기될 수 있다. 둘째, 수업방법의 개선 측면에서 보면, 수업방법의 개선 그 자체가 수업내용과 무슨 관련을 맺으며, 그것이 과연 좋은 수업의 의미와 어떤 개념적 관련을 맺는가 하는 문제가 야기될 수 있다. 셋째, 학습자의 자율적 활동 측면에서 보면, 학습자의 지식 구성과 교사의 설명은 어떤 관계를 맺는 것

---

20) 셰플러에 의하면, 슬로건은 상징적 표현으로 나타나는 하나의 직접적 주장이다. 예컨대, "우리는 아동을 가르칠 뿐, 교과를 가르치는 것이 아니다."라는 진보주의의 유명한 슬로건이 그 대표적 예이며, 최근 한국에서 회자되었던 '열린교육'이니, '수요자 중심 교육'이니, 혹은 '자기주도적 학습'이니 하는 아이디어의 표방도 일종의 교육적 슬로건에 해당한다고 볼 수 있다. 그런데 슬로건은 논리적 분석보다는 감정에 호소하는 특성을 지니며, 시간이 경과함에 따라 하나의 직접적 주장을 넘어 일종의 교조나 사회운동의 형태로 변모해간다. 따라서 그 의미를 면밀히 검토하지 않은 채 특정한 슬로건을 성급하게 교육의 실제를 이끄는 지침으로 삼는다면, 교육 현장에 불필요한 혼란을 초래할 수도 있다. 이러한 혼란을 예방하려면 특정한 교육적 슬로건을 앞세우기 이전에, 축어적(literal) 혹은 실제적(practical) 측면에서 슬로건의 의미에 대한 치밀한 분석이 선행되어야 한다(Scheffler, 1974: 36-46 참조).

인지, 혹은 교사의 학급 통제나 지시에 따른 수업이 과연 전적으로 지양해야 할 수업인지 하는 문제가 야기될 수 있다. 요컨대, 전체적으로 보면 현재 좋은 수업의 전형으로 여겨지는 '학습자중심 수업'이 과연 진정으로 학습자의 경험의 성장을 추구하는 수업이 될 수 있는가 하는 문제는 심층적으로 재검토될 필요가 있다는 것이다.

분명한 점은, 좋은 수업에서 외적 형태나 효율성의 측면이 부각될 때, 이러한 물음들은 소홀히 취급되거나 혹은 간과되기 쉽다는 것이다. 왜냐하면, 그러한 물음들은 지금 당장 평가해야 할 효율적 수업의 준거와는 거리가 멀기 때문이다. 물론 좋은 수업에 관한 일반적 인식 경향은 전통적 수업에서 드러나는 '기계적이고 죽은 듯한 수업'을 예방하고 수업 개선을 위한 다양한 교육적 노력을 유발한다는 점에서 의미가 있다. 그러나 엄격히 말해, 수업의 형태나 기술적 측면의 부각은 자칫하면 좋은 수업을 활동의 효율성으로만 귀결시켜, 장기적이고 연속적인 안목에서 학습자의 성장이라는 교육적 가치의 문제를 놓치게 하기 쉽다. 손승남(2006: 156)이 지적한 바와 같이, "하나의 특정한 방법이 좋은 수업을 이끌 것이라는 가정은 옳지 않으며, 오히려 수업목적과 내용, 수업대상인 학생들의 성향이나 수업 분위기, 외적 조건에 따라 수업방법이 달리 적용될 수 있을 뿐이다. 이 점은 전통수업과 열린 수업, 강의법과 토론법, 교사중심 수업과 학습자중심 수업의 선택과 판단에 신중함이 필요하다는 것을 간접적으로 시사해준다." 이러한 지적은 좋은 수업을 일의적으로 규정짓기 어려움은 물론, 좋은 수업의 일반화가 자칫하면 표면적 수업형태에만 초점을 두게 되어 좋은 수업과 관련된 근본적 물음들을 소홀히 취급할 위험성이 있음을 시사해준다.

Ⅲ. 듀이의 성장 개념

듀이에 의하면, "교육의 목적은 개인들로 하여금 자기 자신의 교육을 계속할 수 있도록 하는 데에 있으며, 학습의 목적과 보람은 성장의 능력이 계속 증대하는 데에 있다"(Dewey, 1916a: 107). 학교 교육의 목적은 성장하는 힘을 조직적으로 길러줌으로써 교육을 계속해 나갈 수 있도록 하는 데에 있을 뿐(Dewey, 1916a: 56), 그 이외의 어떤 부가적 목적을 설정할 필요가 없다. 듀이의 교육목적을 이른바 교육의 내재적인 목적으로 간주하는 까닭도 교육활동이 어떤 외적 목적의 달성을 위한 수단이 아니라 학습자의 경험의 성장 그 자체가 교육의 목적이 되어야 한다는 듀이 자신의 견해 때문이다. 듀이의 성장으로서의 내재적 목적에서는 교육활동이 추구해야 할 고정된 목적이 따로 주어지는 것이 아니라, 성장하는 과정 안에 목적이 들어있으며 동시에 미래를 향해 목적 자체가 끊임없이 재구성되고 있는 것이다. 물론 듀이의 성장으로서의 내재적 목적은 피터스(Peters)가 말하는 내재적 목적의 논의와는 다르다. 피터스의 내재적 목적 개념은 주로 교과나 지식 그 자체의 가치를 주장하거나 교과의 정당화에 중점을 둔 것이기 때문이다. 이와 달리, 듀이는 경험의 맥락을 떠나서 그 자체로 가치를 가지는 욕구나 지식은 없다고 보면서 경험을 중심으로 하는 내재적 가치를 주장한다(허경섭, 2009: 99).

본래, 성장은 그 어의 자체가 계속되는 과정을 일컫는 것이며, 어떤 종착점이 있어 완결된 성격을 가지는 것이 아니다. 이 점에서 듀이의 성장은 성장 밖에서 주어지는 목적의 성취가 아닌 동사적 의미의 'growing', 즉 지속적인 성장이라는 과정적 개념으로 읽어야 한다. 그렇기 때문에 듀이의 성장 개념은 프뢰벨(Froebel)이 말하는 인간 내면의 신성(神性)의 발현이라든가 헤겔(Hegel)이 말하는 절대정신의 접근과 같이 고정된 궁극적 목적이 아닌 것이다. 성장은 경험의 성장 자체를 의미하는 것이므로, 그 끝이 열려 있는 지속적이고 유동적인 성장 과정에 다름 아니다. 이러한 듀이의 관점에는 교육이 어떤 고정된 목적이나 표준을 지향하는 활동이 아니며, 동시에 교육이 구체적인 외적 목적의 수단이 되어서는 안 된다는 생각이 들어있다. 왜냐하면, 고정된 목적에 따른 교육은 학습자의 삶과 분리되어 전체적인 면에서 학습자의 성장을 저해하기 쉬우며, 구체적인 외적 목적의 수단으로서의 교육은 경험의 성장이라는 내재적 목적을 훼손할 뿐만 아니라, 교육을 편파적 이념의 도구로 전락시킬 위험성이 있기 때문이다. 듀이가 이렇듯 고정된 목적관을 비판하는 배경에는, '성장하는 힘'으로서 아동의 '미성숙'을 바라보는 그의 독특한 관점이 깔려 있다.

전통적 교육에서는 미성숙을 무엇인가 모자라거나 결여된 상태로 보고 성장을 미성숙과 성숙의 틈을 메우는 것으로만 생각하였다. 그러나 듀이에 의하면 미성숙은 문자 그대로 모자라는 상태가 아니라 오히려 성장의 조건으로서 현재보다 더 성장하려는 잠재적인 능력으로 보아야 한다. 왜냐하면, 미성숙은 의존성(dependence)과 가소성(plasticity)이라는 두 가지 능동적 경향성을 지니고 있기 때문이다. 의존성이 아동들이 가지는 강한 사회적 관심과 주의력을 의미한다면, 가소성은 경험을 통해 학습하는 능력, 즉 이전의 경험을 활용하여 현재의 문제를 해결하는 능력이라고 말할 수 있다(Dewey, 1916a: 47−49). 아동은 어른과 달리 타인의 활동에 민감성을 가지고 상호작용을 하려는 욕구를 지니며, 동시에 이전의 경험을 바탕으로 해서 현재 당면한 문제를 해결하는 마음의 경향성을 가지고 있다. 이와 같은 마음의 경향성은 듀이의 생리학적 심리학에 그 원천을 두고 있다. 즉, 마음은 형식도야이론에서 말하는 기성의 능력이 아니라 다수의 생득적 경향성, 본능적 행동 양식이며, 이것은 중추신경계(中樞神經系)의 원초적인 신경조직에 기초를 두고 있다는 것이다. 따라서 아동의 마음은 연습을 통해 완성될 성질의 것이 아니라, 본질적으로 외부의 자극이나 환경의 변화에 특정한 방식으로 반응하는 능동적 경향성으로 보아야 한다는 것이다(Dewey, 1916a: 67－68).

아동의 이와 같은 능동적 성향을 무시한 채 성인에 의해 일방적으로 제시되는 목적은 마치 "농부가 농사의 조건을 고려하지 않은 채 농사의 이상을 세우는 것"(Dewey, 1916a: 114)과 마찬가지로 교육에 있어서 우(愚)를 범하게 된다. 그것은 마치 비프스테이크가 영양 가치가 있다고 하여 갓난아이에게 먹이고, 삼각함수가 학문적 가치가 있다고 하여 초등학교 1학년이나 5학년 학생에게 가르치는 사태와 다를 바 없기 때문이다(Dewey, 1938b: 27). 따라서 우리는 아동의 미성숙을 좀 더 넉넉한 마음으로 바라보고 아동 각자의 경험이 유의미하게 성장하도록 학습내용을 재구성할 필요가 있다. 듀이는 교육 목적으로서의 성장에 대해 다음과 같이 말하고 있다.

> 교육은 그 자체 이외의 다른 목적이 없다. 학교 교육의 가치를 판단하는 기준은 그것이 계속적 성장에의 열의를 얼마나 일으키는가, 그리고 그 열의를 실천에 옮기는 수단을 얼마나 제공하는가 하는 데에 있다(Dewey, 1916a: 58).

위 인용문에서 드러나듯이, 교육에서는 더 교육받는 것 이외의 다른 고려사항이 없듯이, 성장에는 더 성장한다는 것 이외의 다른 목적이 없다. 경험의 성장에 기여하는 목적은 외부에서 부과되는 완결되고 정지된 목적이 아니라, 학습자의 계속적 성장에 보탬이 되는 목적이다. 듀이가 말하는 계속성(continuity)과 상호작용(interaction)의 원리는 바로 이러한 경험의 성장을 판단하는 두 척도로서, 학습자의 성장 속에 함께 녹아들어 있으면서, 동시에 성장을 촉진하는 핵심적 원리이다. 먼저, 계속성의 원리는 영국의 경험론에서 드러나듯이 이전 경험과 이후 경험이 분절적인 것이 아니라, 상호 연속되어 경험의 질에 변화를 초래한다는 것을 의미한다. 곧, 경험의 성장이란 감각경험의 단편적 조각들을 짜 맞추어 이루어지는 것이 아니라 이전 경험과 이후 경험이 상호 연속되어 끊임없이 미래를 향해 조절, 수정되고 발전된다는 것이다. 듀이의 "경험의 끊임없는 재조직 또는 재구성"(Dewey, 1916a: 82)이라는 교육의 유명한 정의도 이러한 계속성의 원리를 담지하고 있다.

한편, 상호작용의 원리는 개인의 내부적 조건과 환경의 외부적 조건에 평등한 권리를 부여하는 것을 의미한다. 다시 말해, 두 조건 중 어느 한쪽이 떨어져 나간 고립적인 경험은 정상적 의미에서 경험으로 성립될 수 없는 것이다. 상호작용의 원리에 비추어보면, 전통적 교육과 진보적 교육은 둘 다 문제점을 지니고 있다. 전통적 교육은 상호작용을 하는 두 요소 중 학습자의 내부적 조건을 무시한 경향이 있고, 진보적 교육은 기존의 지식이나 교사의 언어적 설명 등 개인을 둘러싼 외부적 조건들을 무시한 경향이 있다. 그리하여 듀이가 말하고자 하는 바는, 경험의 성장을 추구하는 교육이 되려면 학습자의 내부적 조건과 외부적 조건을 동등하게 고려해야 한다는 데에 있다. "개인의 요구와 능력에 교과를 적합하게 하지 못하는 것은, 개인이 자기 자신을 교과에 적용시키지 못하는 것과 마찬가지로 경험을 비교육적인 것으로 만든다"(Dewey, 1938b: 27).

이와 같이 보면, 듀이의 관심은 학습자와 교과 중 어느 한쪽에 치중한 것이 아니라, 성장의 조건으로서의 학습자의 능동적 성향과 사회적으로 가치 있는 지식을 동등하게 고려하면서, 어떻게 하면 학습자의 인식수준과 경험을 확대시킬 수 있는가 하는 데에 있었다고 보아야 한다. 그런데 여기서 주목할 점은 이러한 경험의 성장이 가능하려면 반성적 사고(reflective thinking)의 요소가 동반되어야 한다는 것이다. 널리 알려진 바와 같이, 반성적 사고는 문제 상황에 부딪쳐 주도적 가설을 수립하고 추리작용과 행동을 통해 가설을 검증함으로써 문제를 해결하는 과학적 사고 방법이라고 말할 수 있다(Dewey, 1933: 200－206). 비록 정도상의 차이는 있다고 하더라도, 모든 인간의 유의미한 경험에는 이러한 사고의 요소가 작용하고 있다. 왜냐하면, 사고가 개입하지 않고서는 '하나의 경험' 자체가 성립되지 않을뿐더러 개인에게 지속적인 경험의 성장이 일어난다는 보장도 할 수 없기 때문이다. 학습자의 인식의 지평이 단편적인 상호작용의 수준을 벗어나, "시간적으로 연장되고 공간적으로 확대"(Dewey, 1949: 60, 113)될 수 있는 까닭도 바로 이러한 반성적 사고에 의한 결과라고 보아야 한다. 요컨대, 듀이의 성장 개념은 교육에서 학습자의 이전의 경험과 새로운 경험이 진보적으로 연속되는 학습 상황의 조성은 물론, 학습자들의 능동적 성향이 반성적 사고의 습관으로 발전되도록 풍부한 탐구의 기회를 부여하는 일이 중요하다는 사실을 보여준다.

Ⅳ. 성장 개념에 비추어 본 좋은 수업의 조건 탐색

듀이의 성장 개념은 '경험의 계속적 재구성'으로 진술되는 바와 같이, 학습자의 경험의 질이 변화되고 경험적 의미부여가 확대된다는 것을 의미한다. 이러한 경험의 변화와 확대에는 인지적, 질적 측면에서 상호작용과 계속성의 결합이 들어 있으며, 동시에 거기에는 학습자의 반성적 사고 혹은 탐구의 요소가 개입되어 있다. 이러한 경험의 성장은 고정된 지점을 향해 나아가는 것이 아니라 열린 미래를 향해 끊임없이 수정, 변화되고 발전되어간다. 만약 교육의 목적이 이처럼 경험의 성장 그 자체를 촉진하는 데에 있다면, 좋은 수업을 위해서는 어떤 조건에 유의해야 하는가? 그리고 듀이의 성장 개념에 비추어 볼 때, 앞서 살펴본 좋은 수업에 대한 세 가지 일반적인 인식 경향들, 즉 풍부한 교수매체가 활용되는 수업, 효율적 수업전략이 적용되는 수업, 그리고 자율적 활동이 전개되는 수업은 어떻게 평가될 수 있는가? 이러한 질문과 관련하여 이 장에서는 듀이의 성장 개념에서 시사되는 좋은 수업의 조건을 교수매체와 사고, 수업내용과 방법, 자율과 통제의 연속성이라는 세 가지 측면에서 살펴보고자 한다.

1. 교수매체와 사고의 연속성

학습자의 동기와 학습의욕을 자극하는 교수매체가 풍부해야 좋은 수업에 접근할 수 있다는 일반적인 인식 경향이 있다. 이러한 생각에는 이른바 '맨손수업'이나 종래의 일방통행식 수업이 좋은 수업이 될 수 없다는 비판적 관념이 들어 있다. 그리하여 교육현장에서는 학습자의 오관(五官)을 자극하고 주의를 환기시키는 실물이나 매체가 수업의 과정에서 많이 활용되고 있다. 예컨대, 동영상을 보여준다거나 PPT 자료를 활용한다거나 다양한 실물자료를 제시하는 것 등등이 그것이다. 물론, 교수매체나 실물자료는 문자 그대로 '무미건조한' 수업 형태에서 벗어나 학습자의 흥미를 끌고 생기 넘치는 수업을 위한 촉진제 구실을 하기도 한다.

그러나 엄격히 말해 수업 보조물이나 교수매체가 풍부하다는 것 자체가 곧바로 좋은 수업이 되는 것은 아니다. 왜냐하면, 교수매체 자체가 곧바로 학습자의 경험의 성장으로 연결되는 것은 아니기 때문이다. 듀이가 말한 바 있듯이, "마음에 관념을 주입하기 위해 오관 앞에 물리적 사물을 갖다 놓아야 한다는 생각은 거의 미신에 가까운 것이다"(Dewey, 1933: 297). 다양한 교수매체나 실물자료는 좋은 수업을 위한 보조 자료일 뿐, 그 자체가 좋은 수업의 충분조건은 아니다. 교수매체나 실물은 오직 그것이 학습자의 경험과 지속적인 상호작용을 일으키고 진지한 사고를 불러일으킬 때 한해서만 교육적 의미를 가지는 것이다.

이러한 사실은 듀이의 흥미(interest) 개념에서도 잘 드러난다. 흥미의 어원은 "사이에 있는 것", 즉 거리가 있는 두 사물을 상호 관련 짓는다는 의미를 지닌다(Dewey, 1916a: 134; 1913: 160; 1895: 122). 이러한 상호 관련성에 입각하여 듀이는 흥미를 "자아와 대상의 맞물림" 혹은 "자아가 대상에 몰입되어 있는 상태"(Dewey, 1916a: 132 – 133) 등으로 규정한다. 듀이가 규정하는 흥미는 고립적 대상에 대해 갖는 우발적 관심이 아니라, 대상과의 긴밀한 상호작용을 통해 자아와 대상이 함께 맞물려 변화해가는 맥락에서 파악해야 한다. 확실히 이와 같은 자아와 대상의 변화에는 사고가 개입되어 있으며, 진정한 흥미는 바로 그 변화하는 관계 속에 내재해 있는 것이다.

여기서 다시 주목할 점은, 듀이가 말하는 흥미는 "아이들에게 관심이 없는 학습자료에 유혹적인 면을 가미하는 것, 또는 다른 말로, 쾌락의 뇌물로 주의를 끌고 노력을 짜내려는"(Dewey, 1916a: 133) 것을 의미하지 않는다는 것이다. 진정한 흥미는 학습자료가 일시적으로 학습자의 마음을 끄는 힘이 아니라 학습자의 흥미가 연속적으로 확대되어 경험의 성장을 촉진하는 데에 있기 때문이다.[21] 이러한 흥미의 연속적 발달에는 사고 혹은 노력의 요소가 수반되기 마련이다. 왜냐하면, 교육적 흥미는 '예견된 결과'에 의해 계속적으로 조정되고 확대되는 것인 만큼, 이러한 흥미의 확대를 위해서는 필연적으로 사고나 노력의 요소가 개입되어야 하기 때문이다(김무길, 2008: 16-21).

따라서 학습자의 사고를 촉진하는 교사의 역할이 매우 중요한 의미를 띠게 된다. 듀이는 "학습은 사고하는 것을 배우는 일"(Dewey, 1933: 176)이라고 말할 정도로 사고하는 습관의 중요성을 강조하고 있다. "지성의 함양에 있어 교사는 반응을 일으킬 수 있는 자극"(Dewey, 1933: 159)을 제공하는 자이며, 가장 중요하고 직접적인 학습 모델인 것이다. '지성적 지도자'로서 교사는 학습자와의 공동 경

---

21) 교육적 흥미의 발달 측면에서 볼 때, 현행 교육과정이나 교과서의 체제가 학습자의 흥미 발달을 위해 적합한 것인가, 혹은 교과서가 실제 수업에서 차지하는 비중을 고려할 때 현행 교과서 체제가 과연 좋은 수업을 추구하기에 알맞은 것인가 하는 의문이 있을 수 있다. 물론 교육과정이나 교과서는 교과별, 학년별로 필수적으로 알아야 할 지식과 정보, 사실들을 압축적으로 제시하고 있는 만큼, 개별 학습자들의 경험과 흥미를 일일이 고려하여 구성된 것이라고 말하기 어렵다. 교사가 학습자의 교육적 흥미의 발달을 위해 자신이 가르치는 교재의 내용과 성격을 재해석하고 재구성할 필요가 있는 까닭도 여기에 있다. 이른바 듀이의 '교과의 진보적 조직'(Dewey, 1938: 48-60)은 바로 이러한 사태를 염두에 두고 학생의 현재 관심과 이해 수준에 맞게 교과의 수준을 단계적, 점진적으로 재조직해서 제시해야 한다는 교육적 주장이다.

험에 들어가서 의사를 교환하고 학습자의 사고와 탐구의욕을 불러일으킬 뿐만 아니라, 교사 스스로 지적 사고와 활동을 시범하는 또 하나의 탐구자가 되는 것이다(김무길, 2004: 21). 이러한 점을 고려해볼 때, 어찌 보면 수업에서 가장 중요한 교수매체는 바로 교사 자신인 것이다. 교사의 중요한 역할은 스스로 탐구를 시범하며 학습자와의 상호작용을 통해 그들의 사고를 지속적으로 일깨워주는 데에 있다. 학습자들은 교사의 매개 역할을 통해 그들 나름대로 진지한 사고를 해 보고 이를 통해 모종의 완성된 경험을 맛보기도 하며, 장차 활동의 목적을 재구성해가는 원동력을 얻게 된다.[22]

만약 교사의 수업이 이처럼 학습자의 사고를 자극하고 경험을 성장시키는 데에 도움을 준다고 한다면, 소위 '맨손수업'이라고 해도 좋은 수업으로 볼 수 있을 것이다. 단지 교수매체가 결여되어 있다는 점에서 특정 수업을 부정적으로 평가하는 것은 수업을 표피적으로 본 결과일 뿐이다. 왜냐하면, 그것은 가시적 교수매체에만 관심을 둘 뿐, 수업의 질적 측면, 가령 학생과 교사의 교육적 관계라든가 학생의 사고력에 영향을 미치는 모델로서의 교사의 역할을 간과하는 것이기 때문이다. 물론, 그렇다고 하여 풍부한 교수매체나 실물자료가 좋은 수업을 위해 필요치 않다는 것은 아니다. 다만 여기서 말하고자 하는 것은, 그러한 자료들이 교육적 의미를 갖는 것은 학

---

22) 물론 경험을 성장시키는 추진력으로서 사고가 중요하다고 해서, 사고를 순전히 인지적인 차원에서만 볼 수 없다. 왜냐하면, 듀이에 있어 반성적 사고(reflective thinking)와 질적 사고(qualitative thinking)는 분리된 것이 아니라 한데 얽혀 상호작용을 하고 있기 때문이다. "사고와 경험은 그 자체로 심미적인 특질을 갖추고 있다"(Dewey, 1934: 45). 가령 진지한 사고를 통해 모종의 어려운 문제를 해결했을 때 그것은 단지 문제해결만으로 끝나는 것이 아니라 당사자에게는 모종의 완성감과 희열 등 말로 형언할 수 없는 질적 경험의 성장을 가져다줄 수 있다. 이와 관련하여, 앞으로 질적 경험 혹은 예술적 경험의 차원에서 좋은 수업의 의미를 탐색하는 것은 별도로 깊이 있게 논의할 만한 주제이다.

습자의 사고와 유기적인 맥락에 놓일 때에 한해서라는 것이다.

이 점에서 교사는 맨손수업이냐, 아니면 교수매체가 풍부한 수업이냐 하는 것을 이분법적으로 보기보다는, 교수매체와 학습자의 사고가 맺는 연속성에 관심을 기울여야 한다. 다시 한 번 더 말하면, 좋은 수업은 학습자들의 오관을 자극하는 자료가 풍부한 데서 이루어지는 것이 아니라, 그들의 사고를 자극하는 데서부터 시작되는 것이다. "일단 멈추고 생각하고 표현하라"라는 말이 있듯이, 사고가 결락(缺落)된 일시적 자극이나 충동의 해소만으로는 경험의 계속적 성장을 담보할 수 없기 때문이다. 요컨대, 좋은 수업을 위해서는 학습자의 관심을 끄는 교수매체나 실물 자체보다는, 그것과 학습자의 사고가 연속적 관계에 놓이도록 하는 일이 중요한 것이다. 교사는 교수매체와 사고의 연속적 관계 속에서 학습자들로 하여금 흥미의 질적 수준을 확대하고 경험적 의미를 능동적으로 재구성해갈 수 있도록 조력해야 할 것이다.

2. 수업내용과 방법의 연속성

좋은 수업에 대한 일반적 인식에서 부각되는 또 하나의 주요한 측면은 교수 학습전략의 설계라든가, 학습 집단의 구성, 학습 활동의 다양화 등 수업의 형태적 측면이다. 이미 여러 차례 언급한 바와 같이, 좋은 수업에 대한 이와 같은 일반적 인식 경향은 자연스럽게 수업의 효율성에 주목하게 되며, 이는 또한 수업기술이나 전략의 측면에 중점을 두게 된다. 물론 교육현장에서 학습자의 능동적 참여를 유도하기 위해 다양한 학습활동을 설계하고 실천하는 노력은 그 자체로 높이 평가되어야 한다. 교육현장에서 실천되는 소집단 탐구학습이라든가 '모둠별' 선택활동, 학습심화를 위한 놀이 활동 등은 다양한 학습 경험을 제공하기 위한 교육적 노력을 반영한다.

가령 초등 사회과 수업에서 환경오염 실태에 대해 소집단별 조사학습을 한 경우, 조사의 결과를 획일적인 방식이 아니라 보고서 식, 인터뷰 식, 연극 식, 캠페인 식 등등 교사의 '임상적' 경험에 따라 얼마든지 다양한 형태로 발표하게 할 수 있다. 이러한 수업은 확실히 종래의 획일적인 수업방식에 비해 학습자의 자발적이고 능동적인 학습활동을 촉진할 수 있다. 다만 여기서 주목해야 할 점은, 좋은 수업을 위해서 교사는 최소한 그러한 활동들이 수업내용과 어떤 관계를 맺는가 하는 점을 염두에 둘 필요가 있다는 것이다. 왜냐하면, 내용과 방법이 서로 분리되어 있는 경우에는 심각한 교육적 폐단이 따라 나올 수 있기 때문이다.

가령, 전통적 교육에서와 같이 기억된 지식을 묘하게 암송시킨다거나, 그 지식을 나열시키기 위하여 학생을 격려하는 교육적 습관은 사고 훈련의 참된 방법이 아닐 뿐 아니라(Dewey, 1933: 148), 내용과 방법이 분리된 그릇된 사례의 전형(典型)이다. 이러한 듀이의 관점에는 내용과 방법이 별개의 것이 아니라, 본질적으로 동질적인 것에 대한 상이한 두 측면이라는 생각이 반영되어 있다. 내용과 방법을 동질적인 것으로 본다는 것은 양자가 오직 개념상의 구분일 뿐, 사실적으로는 분리된 상태로 존재할 수 없다는 것을 의미한다. 듀이가 예로 든 바 있듯이, 어떤 사람이 먹을 때 그는 당연히 음식을 먹고 있는 것이다. 그 사람은 먹는 것과 음식으로 구분하여 자신의 행위를 파악하지 않는다.

여기서 '음식'이 내용에 해당한다면, '먹는 것'은 방법에 해당한다고 볼 수 있다. 실지로, 음식을 떠나서 먹는 것이 성립할 수 없고, 먹는 것을 떠나서 음식이라는 것이 성립할 수 없다. 그것은 가령 산보하고 먹고 학습하는 행위 그것을 떠나서 산보하는 '방법', 먹는 '방법', 학습하는 '방법'이라는 것이 있을 수 없는 것과 마찬가지 이치이다(Dewey, 1916a: 173－174). 이렇듯 내용과 방법을 상호 불가분의 관계로 파악하는 듀이의 관점에서는, 방법은 바로 '내용에 관한' 것이며, 내용을 효율적으로 다루는 것을 일컫는 것 이외의 아무것도 아니다. 이것은 교과와 방법의 관계에도 그대로 적용된다. 방법이라는 것은 교과와 다른 것이 아니라 바로 교과가 배열된 모양을 가리키며, 다만 그 배열이 교과를 가장 잘 활용할 수 있도록 이루어진 것을 가리킨다.

듀이에 의하면, 방법은 내용과 대립적인 것이 아니라 그것을 우리가 바라는 결과를 향하여 효과적으로 이끌어 나가는 것을 의미한다(Dewey, 1916a: 172). 이처럼 교과로서의 지식이 사고 활동으로서의 경험의 산물이라면, 내용은 특정한 측면에서 이미 '방법화'되어 있는 것이며, 방법 또한 이미 '내용화'되어 있다고 보아야 할 것이다. 가령 NIE 학습이라든가 동영상 활용 수업, 소집단별 협력학습 등은 어떤 의미에서는 상당한 정도로 '내용화된 방법'이라고 볼 수 있다. 왜냐하면, 그러한 수업방법들은 학습자의 경험을 성장시키기 위해 교사가 단위수업의 내용을 심사숙고하여 활용하는 것일 수 있기 때문이다. 이런 관점에서 보면, 다양한 수업방법이나 교수전략은 그 자체로 내용과 무관한 것이라고 말할 수는 없을 것이다. 다만 여기서 말하고자 하는 것은, 특정한 수업방식을 옹호하여 그것을 광범위한 영역에 걸쳐 적용하려는 시도가 있다면, 거기에는 당연히 신중한 숙고가 뒤따라야 한다는 것이다. 왜냐하면, 가령 소집단 협력학습이나 NIE 학습 혹은 비지시적 학습이 효율적인 수업전략이 된다고 하여 특별히 수업내용에 구애받지 않고 포괄적으로 적용하려고 든다면, 그때의 수업전략이란 내용과 분리된 일종의 수업기법이나 절차의 지위로 전락될 수 있기 때문이다.

요컨대, 수업내용과 방법은 상호 분리된 요소가 아니라 연속적 관계를 맺고 있다. '수업의 개선'은 내용과 분리된 수업모형이나 수업전략의 탐구로만 이루어질 수 없으며, 수업내용과 방법이 상호 밀접한 관계를 맺는 가운데 학습자들의 경험의 질을 변화시키고 경험을 성장시켜 나가는 데서 찾아보아야 한다. 만약 누군가 이미 '방법화된 내용'이 있음에도 불구하고 '내용'과 무관한 효율적인 수업전략을 모색하거나, '내용화된 방법'이 있음에도 불구하고 '방법'과 무관한 별도의 수업방식을 적용하려고 든다면, 그때의 방법이란 듀이가 지적한 바와 같이 "기계적으로 처방된 단계를 따르는"(Dewey, 1916a: 175-177) 교수절차의 지위에만 머물게 될지도 모른다. 그러한 방법은 이른바 '공학적 수업모델'은 될지언정, 수업내용과 논리적 관련을 맺기 어렵다. 교사가 현재 자신이 가르치고 있는 수업내용과 방법의 상관관계에 대해 지속적인 주의와 관심을 기울여야 하는 까닭도 바로 여기에 있다. 비유컨대, 아스피린으로 모든 질병을 치유할 수 없듯이, 교과의 내용과 무관하게 적용되는 유일 타당한 수업모델이나 절차란 있을 수 없다. 따라서 경험의 성장을 추구하는 수업이 되려면 교과의 내용에 담긴 경험적 과정을 탐색하고, 그러한 경험적 과정이 현재 학습자들의 능력이나 상황에 맞게 번역되고 재구성될 수 있도록 충실한 수업계획의 연구가 필요할 것이다.

3. 자율과 통제의 연속성

전통적 교육에서 교사의 일방적 통제나 훈육의 요소가 많았다는 것, 그리하여 그것이 학습자의 자율성을 위축시키고 수동적 태도를 조장하는 경우가 많았다는 것은 주지의 사실이다. 그리하여 좋은 수업에 대한 일반적 인식 경향에서는 이른바 교사의 일방적 통제나 지시의 요소보다는 학습자의 주체적이고 능동적인 활동이 부각된다. 앞서 말한 '학습자중심 수업'이나 '자기 주도적 학습'은 교사의 일방적 통제로부터 벗어나 자율적인 선택학습과 능동적인 지식구성 활동의 모습을 부각시킨다. 전통적 교육의 폐해에 대해서는 듀이도 의견을 같이한다. 듀이가 지적한 바와 같이, "침묵과 순종이 강요되는 분위기 속에서는 학생들이 그들의 진정한 성품을 드러낼 수가 없다. 강요된 침묵과 순종은 학생들에게 획일성을 인위적으로 강제한다"(Dewey, 1938b: 39). 이렇듯 강요되는 수업 분위기 속에서는 학습자들이 주체적이고 창의적인 활동을 해나가기 어려우며, 오히려 잠재적 교육과정(latent curriculum)의 역기능에서 드러나듯이, 겉으로만 순종하는 척하고 속으로는 반항심을 갖거나 엉뚱한 상상을 한다거나 혹은 교사 몰래 은밀한 활동을 전개할 수도 있다. 그러나 여기서 주목할 점은 수업에서 통제의 요소가 문제된다고 해서 모든 통제가 해롭다고 말하기는 어렵다는 것이다.

듀이에 의하면 통제에는 두 가지 종류가 있다. 하나는 교사에 의한 직접적 통제이고 다른 하나는 구성원 모두가 참여하고 있는 상황에 의한 통제이다. 직접적인 통제가 교사가 문제되는 학생을 직접적으로 훈육하는 일에 해당한다면, 공동의 상황에 의한 통제는 가령 놀이에서 드러나는 규칙과도 같이, 공동체의 구성원 모두가 자발적으로 따르지 않으면 안 되는 규칙의 요소를 지닌다. "개인의 행위를 통제하는 일은 개인들 각각이 관여되어 있는 전체적인 상황, 즉 그들 각자가 함께 참여하는 가운데 그들 스스로 상호작용하면서 협동적인 관계를 맺고 있는 전체적인 상황에 의해 이루어진다"(Dewey, 1938b: 33). 우리들은 그 규모가 크든 작든 간에, 모두 공동체의 구성원이며, 누구도 공동체 밖에 존재할 수 없다. 따라서 공동의 상황에 의한 통제는 사회적인 것이며 개인이 공동체에 참여하기 위한 필수조건이 된다. 듀이가 말하고자 하는 것은, 수업에서의 통제는 종래의 직접적 통제와 다르게, 마치 놀이에 따른 규칙처럼 모두가 참여하는 공동 상황에 의한 통제가 이루어져야 한다는 데에 있다. 그것은 교사와 학생 모두 참여하는 상황에서 지켜야 할 자율적 통제이다. 이 점에서 공동의 상황에 의한 통제는 학습자의 자율성과 대립되는 것이 아니며, 공동 집단에의 참여와 민주적 의사소통을 기반으로 하는 것이다.

이런 공동의 상황에 의한 통제에 입각해보면, 교사의 역할은 "학생들을 통제하는 감독자나 명령권자가 아니라 집단의 활동을 이끄는 지도자"(Dewey, 1938b: 37)의 지위를 차지하게 된다. 그러나 '집단의 활동을 이끄는 지도자'라는 말은 주의를 요한다. 그것은 종래 교사의 지시나 통제를 무조건 '좋지 못한' 것으로 규정하고 학습자의 자율적인 활동만을 부각시킨다는 뜻이 아니라, 구성원들 상호 간의 '적응과 조절'을 통해, 필요할 경우에는 교사가 언어적 설명과 지시의 역할을 수행할 수 있다는 것을 의미한다. "공동체의 활동 방향을 모색하는 일과 관련하여 교사가 적극적이고 주도적인 역할을 하지 못하도록 막는 것은 하나의 극단을 피하려다가 정반대의 극단에 빠져버리는 또 하나의 우(憂)를 범하는 일이 된다"(Dewey, 1938b: 37). 따라서 경험의 성장을 지향하는 교육에서 교사의 역할은 자유방임적인 것이 아니라, 학생의 능력과 필요를 고려하는 동시에 경험을 성장으로 이끄는 사회적, 물리적 환경을 적절히 통제하는 데에 있다(노진호, 2002: 140-141). 수업에서 시종일관 학생의 자율적 활동만을 부각시킨다거나, 혹은 항상 지시나 통제로 일관하는 것은 집단 활동의 지도자로서의 교사 역할을 포기하는 셈이 된다. 왜냐하면, 공동의 상황에서 민주적 참여와 의사소통이 이루어지도록 활동의 조건이나 학습의 환경을 조성해주는 것은 교사의 몫이기 때문이다.

사실, 자율과 통제의 연속성은 성장의 조건으로서의 가소성과 의존성의 상호작용을 반영하는 것이기도 하다. 왜냐하면, 가소성이 이전의 경험을 활용하여 자율적으로 문제를 해결해가는 능동적 성향을 의미한다면, 의존성은 공동체 내에서 사회적 주의력을 동반한다는 점에서 사회적 적응과 조절의 면을 내포하고 있기 때문이다. 이와 같이 보면, 자율과 통제의 연속성은 그 밑바탕에 성장의 조건으로서 가소성과 의존성을 반영하고 있으며, 동시에 그것은 학습자의 사회적 성장을 촉진시키는 경험의 원리가 된다. 곧, 자아의 확장이나 경험의 성장은 독립적 자아나 고립적 경험이 아닌, 개인과 그를 둘러싼 교실 공동체와의 상호작용을 통해 촉진될 수 있다는 것이다. 요컨대, 우리는 좋은 수업에서 교사의 통제위주 수업이냐, 혹은 학생의 자율적 수업이냐 하는 것을 이분법적 시각으로 나누어 볼 것이 아니라, 자율과 통제, 개인과 집단, 학습과 교수의 요소가 공동의 수업 상황에서 어떻게 상호 적응되고 조절되고 있으며, 동시에 그러한 상호작용이 전체적인 면에서 학생의 경험의 성장에 어떤 질적 변화를 초래하는가 하는 데에 관심을 두어야 할 것이다.

V. 요약 및 제언

본고의 중심과제는 이제까지 좋은 수업에 대한 일반적인 아이디어들을 비판적으로 검토하고, 듀이의 성장 개념에 비추어 좋은 수업의 조건을 모색하는 것이었다. 물론 본고의 의도는 교육실제에서 이렇게, 저렇게 가르쳐야 한다는 좋은 수업의 구체적 지침을 밝히는 것이 아니었다. 그도 그럴 것이, 좋은 수업을 위한 구체적 지침이란 수업목적이나 내용에 따라서 다양성을 띨 수밖에 없으며, 더욱이 좋은 수업을 특정하게 범주화해서 제시하는 일은 자칫하면 '단순화의 오류'를 범하기 쉽기 때문이다. 따라서 연구자가 택한 것은 기존의 좋은 수업에 대한 아이디어를 종합 요약한다거나 좋은 수업의 범주를 구성하는 일이 아니라, 듀이의 교육철학에 입각하여 그동안 부각되지 않았던 측면들을 드러내어 좋은 수업을 보는 인식의 지평을 확대하는 것이었다.

이제까지의 논의에서 드러난 바와 같이, 좋은 수업에 대한 일반적 인식 경향은 주로 교사중심의 수업을 지양하고 다양한 교수매체를 활용하여 학습자의 참여도를 높이고 자기 주도적 활동을 촉진하는 '학습자중심 수업'에 초점이 맞춰져 있다. 물론 이러한 인식 경향은 듀이의 관점과 상충된다고 볼 필요는 없으며, 오히려 듀이가 말하는 경험의 성장을 촉진하는 수업의 계기를 마련할 수 있다. 듀이도 전통적 수업방식을 비판하며 학습자의 흥미를 고려한 수업이나 구성적인 활동중심의 수업을 강조하고 있기 때문이다.

그러나 본고에서 말하고자 한 바는, 좋은 수업으로서의 '학습자중심 수업'을 문자 그대로 교사주도 수업이나 교과중심 수업과 대립된 의미로만 인식한다면, 그것은 교사의 지도적 역할을 축소하고 수업의 외적 형태나 가시적인 학습자의 활동만을 부각시킬 위험성이 있다는 것이었다. 말할 필요도 없이, 교수매체가 풍부하거나 학습자의 활동량이 많다고 해서 반드시 좋은 수업으로 연결되는 것은 아니다. 사실, 듀이는 일체의 이원론에 대해 '투쟁'을 벌일 만큼 이분법적 시각에 대한 비판적 입장을 취하고 있으며, 그리하여 교육적 맥락에서 전통과 진보, 흥미와 지식, 활동과 교과를 상호 대립되는 요소로 보지 않고, 양 측면이 상호작용을 하는 것으로 본다. 이러한 관점에서 본다면, 좋은 수업에 있어서는 학습자중심 수업이냐, 교사주도 수업이냐 하는 표면적 양상이 중요한 것이 아니라, 현재의 수업이 진정으로 학습자의 사고를 불러일으켜서 학습자의 경험과 인식의 지평을 확대해갈 수 있는가 하는 것이 중요하다고 보아야 한다. 요컨대, 듀이의 성장 개념에 비추어 본 좋은 수업의 준거는 수업의 형태나 외적 조건에 있다기보다는, 교수매체와 사고, 수업내용과 방법, 자율과 통제의 측면이 상호 교호작용을 하는 가운데 경험의 전체적인 성장에 기여하는가 하는 데서 찾아보아야 할 것이다. 이제, 이상의 논의를 바탕으로 하여 세 가지 측면에서 장차 좋은 수업을 위한 제언을 하고자 한다.

첫째, 좋은 수업을 위해서는 비교적 장기적인 안목에서 사고력의 함양과 경험의 재구성이 주목의 대상이 되어야 한다는 것이다. 현재 좋은 수업에 대한 인식은 일반적으로 교수매체나 수업활동의 기술적 전략에 그 초점이 모아지는 경향이 있다. 물론 풍부한 교수매체를 활용하여 학습동기를 부여하고 수업목표를 달성하기 위해 다양한 학습활동을 전개하는 것은 좋은 수업을 위한 필요조건이 될 수 있다. 그러나 만약 좋은 수업을 외적 조건이나 효율성 측면에서만 파악하는 경향이 확산된다면, 그것은 교사들로 하여금 지성적 경험의 성장보다는 학습자의 활동량이라든가 학습자의 관심과 주의를 끄는 교수매체에만 매달리게 부추길 위험성이 있을지도 모른다. 그리하여 여기서 말하고자 하는 바는, 좀 더 긴 안목에서 학습자의 사고력을 함양하고 경험적 의미를 지속적으로 재구성해가는 수업연구가 활성화되어야 한다는 것이다.

예컨대, 지금 이 수업이 학습자의 경험에 어떤 질적 변화를 야기하는가, 학습자에게 수업이 종료된 후에도 수업의 효과가 학습자의 삶에 침투되어 장차 문제 해결에 연속적으로 영향을 주는가 하는 것이 중요하다는 것이다. 물론 내면적 사고력의 함양이나 경험의 재구성 과정은 지금 눈앞에 그대로 드러나지 않는 만큼, 실물자료나 교수매체에 비해 그냥 지나치기 쉬운 면이 있다. 그러나 말할 필요도 없이 교육에서는 사고력의 함양과 경험의 성장 과정에 보다 더 깊은 관심을 기울여야 한다. 왜냐하면, 좋은 수업은 단지 학습자의 활동량이 많다거나 교수매체가 풍부한 데에 있다기보다는, 학습자의 사고를 촉진하고 경험의 질적 변환을 가져다주는 성장을 지속시키는가 하는 데서 찾아보아야 하기 때문이다.

둘째, 좋은 수업을 위해서는 교실공동체를 이끄는 교사의 지도적 역할을 재고려할 필요가 있다는 것이다. 학교현장의 연구수업에서는 효율적 수업형태와 관련하여 학습자중심 수업이나 자기 주도적 학습을 권장하고 있다. 또한 교육청의 지시나 권고에 따라 흔히 교사의 지시나 설명식 수업을 지양하고 학습자가 흥미 있게 참여하는 수업이나 자율적인 선택학습을 권장하기도 한다. 분명히 학습자중심 수업이나 자기 주도적 학습은 전통적 수업에서 결여된 학습동기를 유발시켜 흥미 있는 학습 기회를 부여하고 특정한 측면에서 '수업의 질'을 관리할 수도 있다. 그러나 그 점을 인정한다고 해서, 좋은 수업에서 반드시 교사의 지시나 설명을 '터부시'하거나, 심지어는 배제해야 할 것인지에 대해서는 의문의 여지가 있다. "교사가 자기의 보다 큰 통찰력을 미성숙자의 경험의 조건 또는 상황을 조정하는 데 쓰지 않고 공연히 내버려둔다면, 교사가 보다 성숙하다는 것이 아무런 가치도 발휘하지 못하게 될 것이다"(Dewey, 1938b: 21).

현재 학습자가 무엇을 어떻게 해야 할지를 결정짓는 교사의 지도성은 외적으로 부과된 구체적 목적과 달리 학습자의 성장을 촉진하는 안내자의 역할을 할 수 있다. 그리하여 만약 교사의 지시나 설명이 수업 상황에서 공동의 필수적 활동을 적합하게 안내하거나 그들의 경험에 모종의 질적 변화를 가져다준다면, 그리고 교사의 가르치는 태도와 어조에서 느껴지는 탐구와 교육의 열정이 학습자들과 민감하게 교호작용을 하여 그들에게 영감을 불러일으키고 새로운 경험의 성장을 촉진하는 자극제가 된다면, 그것은 충분히 좋은 수업으로 볼 수 있을 것이다.[23] 여기서 말하고자 하는 바는, 근본적인 측면

---

23) 본고의 논의 범위에서는 다소 벗어나지만, 교사의 지도적 역할과 관련된 길버트 하이에트(G. Highet)의 관점은 좋은 수업에 대한 유의미한 시사를 제공해준다. 하이에트는 그의 『교단의 예

에서 가장 훌륭한 교육의 매개체는 바로 교사라는 것, 그리하여 학습자의 개별적 특성이나 능력을 파악하는 일의 중요성 못지않게, 학습자의 지성을 함양하는 교사의 전문적 자질이나 자율적 권한에도 많은 관심을 기울일 필요가 있다는 것이다.

셋째, 좋은 수업을 위해서는 교사의 통제와 학생의 자율을 조화와 균형이라는 통합적 시각에서 볼 필요가 있다는 것이다. 사실, 통제와 자율 중 어느 일방으로만 치닫는 수업은 교실 공동체 구성원들 간의 상호 조절과 적응이라는 협력적 요소를 배제하기 쉽다. 우리가 주목해야 할 사실은 전체적으로 교실 공동체의 수업 상황 자체가 하나의 협력적 활동이며 그 활동에는 마치 놀이 규칙에서 드러나듯이 통제와 자율의 요소가 혼재해 있다는 것이다. 물론, 가능한 통제와 지시의 요소를 줄이고 학습자의 자율적 선택에 따른 활동을 늘려야 좋은 수업에 접근해간다는 것은 학습자의 능동적 성향을 고려해볼 때 타당한 생각이다. 말할 필요도 없이, 교사의 일방적인 강요와 통제만으로는 바람직한 학습자의 성장을 담보할 수 없기 때문이다.

그러나 그렇다고 해서 자율적 활동중심 수업은 '좋은 수업'이고 교사주도 수업은 무조건 '좋지 못한 수업'이라고 간주한다면, 그것은 듀이가 그토록 경계했던 이분법적 사고에 빠지는 우(愚)를 범하

술』(The Art of Teaching)에서 좋은 가르침의 특징으로서, 교사는 자신이 가르치는 과목을 잘 알아야 하고 그 과목을 좋아해야 하며, 또한 자신이 가르치는 학생들을 좋아하고 그들의 특성에 대해서도 잘 파악해야 한다는 점을 들고 있다. 하이에트는 자신의 학창시절을 돌이켜보면서, 기억에 남는 교사상으로서 빅토르 위고를 무척 좋아했던 불어교사 맥크론(McCrone)의 예를 들고 있다. 하이에트는 맥크론 선생이 장쾌한 워털루 전쟁 장면을 묘사한 부분을 읽어줄 때를 여전히 기억한다. 하이에트는 맥크론 선생의 목소리가 떨렸지만 그녀의 얼굴에 나타난 진지함과 위고의 시의 위대성에 대한 감탄으로, 오랜 세월이 지난 후에도 그녀의 생기 있는 목소리 속에서 위고의 음성을 들을 수 있다고 회고한다(Highet, 1950: 12−33). 사실, 교사의 영향을 받아 학생이 특정 과목을 좋아하게 되거나, 심지어는 자신의 삶의 방향을 결정짓는 사례까지 있는 것을 보면, 좋은 수업의 관건은 그야말로 완비된 교수 기자재나 환경여건보다는, 좋은 교사의 지도로부터 오는 것이라고 말할 수 있다.

는 일이 될 것이다. 공동체를 이끄는 지도자로서 교사는 그런 도식적인 사고를 경계해야 하며, 학습자들로 하여금 통제와 자율의 통합적 관계 속에서 그들 스스로 행동을 통제하고 반성적 사고를 통해 문제를 해결하는 경험을 가질 수 있도록 사전 연구를 철저히 해야 한다. 이 점에서 듀이가 말하는 좋은 수업은 공동의 의사소통과 참여를 통한 민주적 교실 공동체의 수업에 다름 아닌 것이며, 이러한 수업을 위해서는 수업의 계획과 과정 면에서 전통적 교육이나 진보적 교육에서보다 훨씬 더 치밀한 연구가 뒤따라야 할 것이다.

그런데 민주적 공동체에서 수업 상황은 시공간적 상황에 따라 다양하게 변화할 수 있기 때문에 단순한 범주화를 통해 제시하기 어렵다. 아마도 듀이가 경험의 성장을 추구하기 위한 수업계획안을 종합적이고 체계적으로 제시하지 않은 것도 이 점에서 보면 너무도 당연한 일인지도 모른다. 왜냐하면, 듀이가 그토록 열정적으로 추구한 교육적 성장이란 하나의 궁극적이고 고정된 원리로 수렴되는 것이 아니라, 시공간적 상황이나 개별 학습자의 능력 혹은 특성에 따라 다양하게 나타날 수 있는 것이기 때문이다. 그리하여 우리는 듀이에게서 마치 '사막의 오아시스'를 찾아가듯 만병통치약 식의 지침을 찾으려고 해서는 안 된다. 학습자의 경험의 성장을 지속시키는 데에는 어떤 고정 불변하는 목적을 설정할 수 없으며, 경험의 성장 자체가 교육목적이 되어야 하기 때문이다.

따라서 우리는 교실 상황에서 '잘 가르친다'는 것의 의미를 끊임없이 반추해보며, 현재 학습자의 능력과 교과와의 관계를 지속적으로 탐구해가야 한다. 이러한 노력은 스스로의 가르침을 반성한다는 점에서 교사 자신의 성장에도 기여할 것이다. 우리에게 남겨진 과제는 듀이의 경험의 성장이라는 교육적 아이디어를 현재 상황에 맞게 재해석하고 꾸준히 실천해보고자 하는 시도이다. 듀이의 교육적 성장 이론은 곧 좋은 교육 그 자체를 탐구하는 것에 다름 아니며, 이 점에서 듀이가 남긴 메시지는 현재에도 유효하며 교육자들에게 좋은 수업을 위한 여전한 탐구거리를 제시해주고 있는 셈이다.

제4부

듀이의 언어관과 교육

제9장 듀이와 비트겐슈타인의 언어관

듀이와 비트겐슈타인은 철학적 위상의 차이에도 불구하고, 다음과 같은 세 가지 측면에서 상호 유사한 면모를 드러낸다. 첫째, 언어에 활동적 측면이 수반된다고 보는 것이 공통적이다. 양자에 있어 언어의 사용은 타자와의 관계성 속에서 빚어지는 행위적 요소를 내포하게 된다. 둘째, 언어가 삶의 맥락 속에서 가변성을 띤다고 보는 것이 공통적이다. 양자에 있어 언어는 새롭게 변화, 생성될 수 있으므로 고립적이고 초월적인 언어는 '죽은 언어'와 다름없게 된다. 셋째, 언어가 사회적 측면을 내포한다고 보는 것이 공통적이다. 양자에 있어 '사적 언어'라는 것은 부정되며, 언어는 오직 타인이 알아들을 수 있는 하나의 객관적 보고이어야만 한다. 이와 같은 유사점 밑바탕에는 종래의 탈맥락적인 언어관을 부정하고 언어와 삶의 불가분리성을 주장하는 양자의 공통된 언어관이 들어 있다. 그러나 양자 간에는 한 가지 차이점이 존재한다. 듀이에 있어서 언어가 의사소통과 탐구의 수단이라면, 비트겐슈타인에 있어서 언어는 그 자체로 받아들여야 할 삶의 전통의 일부이다. 따라서 비트겐슈타인에 있어서는 교육 사태에서 아이가 어른의 언어사용의 시범을 아무런 의심 없이 받아들이는 일이 중요하다. 양자의 언어관은 오늘날 한국의 언어교육의 현실과 관련하여 유용한 시사를 제시해준다.

Ⅰ. 문제의 제기

전통적인 언어관에 의하면, 언어는 모종의 실체나 관념을 지시하는 도구이다. 예컨대, '책상'이라는 단어는 실물로서의 책상과 대응되고, '걸음'이라는 단어는 실지로 걷는 동작과 대응되며, '상식', '신념', '초월' 등등의 단어는 그 각각에 해당하는 특정한 정신적 관념들과 대응된다. 그러나 이러한 언어관이 유일 타당한 것은 아니다. 왜냐하면, 언어는 그것이 쓰이는 맥락과 관련해서 다양한 의미를 가질 수 있기 때문이다. 다시 말해, 언어는 오직 하나의 실체나 관념만을 지칭하는 것이 아니라 삶의 맥락 속에서 다양하고 풍부한 의미를 생성해낸다는 것이다. 언어에 대한 이와 같은 관점을 제안한 대표적 학자는 듀이(J. Dewey)와 비트겐슈타인(L. Wittgenstein)이다. 듀이는 언어를 '교호작용'의 측면에서 파악한다. 즉, 언어는 화자(話者)와 대상이라는 분리된 요소를 연결하는 제3의 매개요소가 아니라, 양자 모두와 결부된 행동적 개념으로 보아야 한다는 것이다. 듀이가 교호 작용으로서의 언어를 강조하는 이유는, 종래의 탈맥락적인 언어관이 교육적 사태에 미치는 폐해가 심각하다고 보았기 때문이다. 곧, 언어가 맥락과 무관하게 일방적으로 받아들여야 할 고정된 상징으로 간주될 때, 그만큼 생동적인 언어학습이 어렵고 "기계적이고 죽은듯한 수업"(Dewey, 1902: 287)이 초래될 수 있다는 것이다.

비트겐슈타인도 듀이와 유사하게 전통적인 언어관을 비판하고 있다. 즉, 언어의 의미는 그것이 지시하는 고정된 실체나 관념에서 찾을 것이 아니라, 그 용도에서 찾아야 한다는 것이다. 비트겐슈타인이 언어의 의미를 용도에서 찾아야 한다고 한 것은, 종래의 '의미지시론'만으로는 삶의 맥락 속에서 생성되는 언어의 풍부한 의미를 드러내기 어렵다고 보았기 때문이다. '의미지시론'이란 언어가 어떤 실체나 관념 또는 자극에 따른 반응 행동을 가리킨다고 하는, 종래의 경험론, 관념론, 그리고 S-R 이론의 언어관을 통틀어 말한 것이다. 이 세 가지 전통적 관점은 모두 언어의 의미를 그것과 대응되는 실체에 입각하여 밝힌다는 점에서(정연희, 1993: 1-2), 언어가 쓰이는 풍부한 맥락적 의미를 결락(缺落)하고 있다. 비트겐슈타인에 의하면, 언어는 비언어적 실체에 대응하는 고정된 명칭이 아니라, 그 용도에 따라 다양하고 풍부한 의미를 생성해낸다. 이것은 비트겐슈타인이 종래의 '본질주의적' 언어관, 즉 언어 속에 어떤 형이상학적 실체가 들어 있다는 관점을 부정한다는 것을 의미한다.

이 글은 듀이와 비트겐슈타인의 언어관을 비교하고 그 교육적 시사점을 밝히는 데에 목적이 있다.[1] 물론, 듀이의 행동적인 언어관과 비트겐슈타인의 '언어적 전회'(linguistic turn)에 따른 의미용도론을

---

[1] 듀이와 비트겐슈타인의 언어관 이외에 현대의 대표적인 언어관으로서 먼저 소쉬르(F. D. Saussure)의 언어모델을 들 수 있다. 소쉬르는 플로베르(G. Flaubert)의 '일물일어설'과 같은 지시론적 언어관을 비판하고 '기의'(signified), 즉 어떤 말의 의미는 말의 음성적 이미지와 감각적 측면을 나타내는 '기표'(signifier)들 간의 차이에 의해 그 값이 매겨진다고 주장한다. 즉, 소쉬르는 언어의 의미를 그것이 가리키는 지시대상이 아닌, 언어 체계 안에서 찾고 있는 것이다(양운덕, 1996: 350-351). 또한 번스타인(B. Bernstein)은 언어를 '제한된 언어'(restricted code)와 '정교한 언어'(elaborated code)로 나누고, 이른바 하층 사회에서는 제한된 언어를, 상류 사회에서는 정교한 언어를 학습하게 된다고 본다. 번스타인은 행동주의 입장에서, 어린아이는 자신이 속한 사회에서 사용되는 언어를 듣고 흉내 내어 배우게 되므로 언어 학습에 있어서 무엇보다도 습관화가 중요하다고 주장한다. 촘스키(N. Chomsky)는, 기본적으로 인간은 나면서부터 언어능력을 가지고 있으며, 이 능력이 성장하면서 단계적으로 말하기를 터득하게 된다고 본다. 이러한 선천적 언어능력을 흔히 '언어습득장치'(language acquisition device: LAD)라고 부른다. 한편 블룸(L. Bloom)은, 언어는 의사소통을 위한 의미의 전달에 주요 목적이 있으므로, 표현된 언어의 진정한 의미를 이해하는 것이 언어 습득이라고 주장한다(장신재, 1996: 60-83 참조). 본 연구에서 이들 여러 가지 언어관들 중에서 특히 듀이와 비트겐슈타인의 언어관을 비교하고자 하는 것은, 양자의 언어관이 좁은 의미의 자극 반응식 행동주의를 벗어날 뿐만 아니라, 다른 언어관들과는 달리 언어학 자체의 관심에만 머물지 않고, 사회, 문화, 역사적 맥락 속에서 언어에 대한 폭넓은 조망을 보여주기 때문이다.

동일한 차원에서 비교할 수 있는가 하는 데에는 의문의 여지가 있을 수 있다.[2] 두 학자의 철학적 위상(位相)의 차이로 말미암아 양자의 언어관을 비교하는 일은 문자 그대로 '논리적 비약'을 수반하는 일이 될지도 모른다. 그럼에도 불구하고 이 글에서 듀이와 비트겐슈타인의 언어관을 비교하고자 하는 까닭은 양자가 원천적으로 통약 불가능한 위치에 있다기보다는, 적어도 인식의 확고한 기초를 설정하는 '정초주의'를 부정하고 언어와 삶, 언어와 활동의 불가분리성을 주장한다는 점에서는 동일한 인식의 전제 위에서 출발한다고 파악되기 때문이다. 만약 이 글의 이러한 전제가 크게 그릇된 것이 아니라면, 양자의 언어관을 비교하여 그 공통점과 차이점을 규명하는 것은, 양자의 언어관과 언어학습관을 보다 명확히 이해하는 일이 될 뿐만 아니라, 특히 현재 한국에서 이루어지고 있는 언어교육의 현실에 대해서도 유용한 시사점을 제시해줄 것이다.

Ⅱ. 전통적 언어관 비판

전통적 언어관에서는 언어와 활동, 언어와 삶을 분리시키는 이원론에 근거하여, 언어 그 자체를 순수한 고찰의 대상으로 삼는다. 이러한 관점은 언어의 쓰임새와는 별개로, 고정된 단어나 명칭의 의미를 궁구하는 입장으로 귀결하게 된다. 즉, 언어의 활동적 측면이 아닌, 독립적으로 떨어져 나간 언어 그 자체에 초점을 두게 되는 것이

---

2) 전기 비트겐슈타인이 그의 『논리철학논고』를 중심으로 하는 '의미지시론'으로 대변된다면, 후기 비트겐슈타인은 그의 『철학적 탐구』를 중심으로 하는 '의미용도론'으로 대변된다. '언어적 전회'는 이와 같은 전후기 관점의 변화를 의미한다. 본고에서 논의하는 비트겐슈타인의 관점은 후기의 언어관을 중심으로 한 것이다.

다. 듀이와 비트겐슈타인은 바로 이러한 관점에 이의를 제기하고 있다. 즉, 언어의 의미는 독립적 명칭으로서가 아니라, 그 기능과 사용면에서 새롭게 조명되어야 한다는 것이다. 이하, 이 장에서는 듀이와 비트겐슈타인이 어떤 근거에서 전통적 언어관을 비판하고 있으며, 양자의 관점이 어떻게 비교되는지 살펴보고자 한다. 이를 위해 듀이에 있어서는 '탈맥락적 언어관 비판'을 중심으로, 비트겐슈타인에 있어서는 '본질주의적 언어관 비판'을 중심으로 살펴보고자 한다.[3]

1. 듀이: 탈맥락적 언어관 비판

듀이는 『경험과 자연』(1925)에서 전통적 언어관인 초월론과 경험론, 그리고 유명론(唯名論)의 입장을 각각 비판하고 있다. 우선, 초월론자들은 언어(logos)를 인간의 정신과 동일시하고 행동을 초월한 어떤 것으로 생각하였으며, 동시에 그런 언어가 인간과 동물을 구별하는 중요한 준거라고 보았다. 그러나 그들은 언어와 정신을 초자연적인 것으로만 해석함으로써, 언어의 자연주의적 개념을 결여하게 되었다. 듀이에 의하면, 언어의 발생은 원초적으로 보아 자연과 무관한 것이 아니라, 바로 그 자연 속에서 발생한 것이며, 이후 사회적 상호작용을 통해서 진화, 발전되어왔다고 보아야 한다. 초월론은 결과적으로 물질적인 것과 합리적인 것, 현실적인 것과 이상적인 것을

---

3) 전통적인 '탈맥락적 언어관'과 '본질주의적 언어관'은 공통으로 언어와 활동을 분리시키고 언어를 고정된 명칭으로 간주한다는 점에서 상호 유사한 의미를 가진다. 그럼에도 불구하고, 본 연구에서 두 가지 언어관을 구분하는 까닭은, 듀이와 비트겐슈타인의 언어관에서 부각되는 강조점의 차이, 즉 듀이가 교호작용에 입각하여 종래의 탈맥락적 언어관을 비판한다면, 비트겐슈타인은 의미용도론에 입각하여 종래 회자되어온 철학적 개념들의 비본질성을 비판하고 있기 때문이다.

이원론적으로 분리하는 전통적인 공식화를 계승하고 있는 셈이다.

반면, 경험론에서는 언어를 인간의 뇌 구조의 어떤 특색이나 내적 상태의 외적 표현으로 보지 않고, 관념을 전달하는 '기계적 중개자'(mechanical go-between)로만 보았다. 언어는 그 자체로 지적 의미를 가지는 것이 아니라 단순한 단어들, 음성들로 구성되어 있으며, 이것들은 또한 언어 이전에 완성된 지각, 감정, 사상과 우연히 결합되어 있다. 그리하여, 언어는 마치 송수관이 물을 인도하듯이 사상을 '표현'하는 것일 뿐, 포도즙 짜는 기구가 포도즙을 '짤' 때 나타내는, 그런 사소한 변형의 기능마저 수행할 수 없다. 듀이에 의하면, 경험론은 언어에 반성이나 선견, 회상을 가져오는 역할이 있음을 간과하고, 언어의 기능을 지나치게 단순화하는 오류를 범하고 있다 (Dewey, 1925: 134).

또한 유명론에서는 언어를 순전히 개인적 정신상태의 표현으로 간주하였다. 유명론자들은 우리가 경험하는 것은 개별적 사물 그 자체가 전부이며 그것을 초월하는 보편적 실재란 없다고 본다.[4] 따라서 감각이나 영상 이미지나 감정 등을 표시하는 것들은 모두 특수한 정신상태의 언어적 표현이라는 것이다. 그러나 듀이는, 정신적인 존재는 그것을 선언함으로써 말이 되는 것이 아니라 의미를 가져야 말이 되며, 그러한 의미는 말의 사용이 행동의 진정한 공동체를 성립

---

[4] 교육사상사에서 유명론(nominalism)이 본격적으로 대두된 것은 르네상스의 대두와 그 궤를 같이 한다. 르네상스 휴머니즘은 최초의 인문주의자로 평가되는 페트라르카(F. Petrarca, 1304~1374)가 '신(神)과의 결별'을 선언한 이후 촉발된 것으로 볼 수 있다. 그것은 곧 인간사의 가치가 초월적 신앙에 의해 결정된다는 중세적 사고에 대한 반발이었던 것이다. 유명론은 이러한 휴머니즘을 뒷받침하는 사상적 배경으로 작용하였다. 유명론은 개개 인간의 가치와 존엄성을 드높이는 결과를 가져왔지만, 동시에 인간의 문제에 대한 형이상학적 사고의 영향을 감소시키는 결과를 낳았다. 그런데 듀이가 보기에, 유명론은 개인적 실물경험의 가치를 강조한다는 점에서 의의가 있지만, 언어와 인식의 사회적인 성격을 놓치고 있다는 점에서는 비판의 대상이 된다.

시킬 때에 가능하다고 본다. 듀이에 의하면, 유명론자들은 언어가 특수한 조건 속에서 상호작용의 결과로 얻어진다는 사실을 도외시하고 있다(Dewey, 1925: 141 – 145).

이상에서 살펴본 바와 같이, 전통적 언어관들은 각각 문제점을 지니고 있다. 초월론은 언어와 인간의 경험을 분리시키고 언어를 행동을 초월한 신비스러운 요소로만 취급한 데에 문제가 있다. 경험론은 언어를 초경험적인 것으로 간주하지는 않지만, 관념을 전달하는 기계적 매개체 정도로만 파악하여 언어의 지위를 부당하게 축소시킨 데에 문제가 있다. 또한, 유명론은 언어가 개별적 정신상태의 표현이라는 점을 지나치게 강조한 나머지, 언어의 사회적 측면을 간과한 데에 문제가 있다. 언어는 단지 어떤 사물에 대한 '표현'만을 가리키는 것이 아니며, 선행(先行)하는 감각이나 사상을 실어 나르는 매개체에 불과한 것도 아니다. 그것은 의사소통이며 동반자가 있는 활동, 즉 각각의 활동이 참여에 의해 수정, 통제되는 활동에서 협력 관계를 확립하는 것이다. 듀이는 이 점과 관련하여 다음과 같이 말하고 있다.

> 내적 경험의 세계가 하나의 사회적 산물이며 활동인 언어의 연장(extension)에 의존한다는 사실을 인정하지 않는 것이 현대 사상에 있어서 주관주의적, 유아론적(solipsistic), 이기주의적인 경향으로 연결되었다. 고전적인 사상가들이 합리적 특성들에 구성력과 통제력을 부여하면서 변증법적 모델을 따라 우주를 창조했다면, 현대 사상가들은 개인적 독백의 모델을 따라 자연을 구성했다. …… 언어는 인간 사회의 자연적 기능이다. 우리는 언어를 써서 물질적, 인간적인 다른 사건들과 반응하게 되며 사건들의 의미나 의의를 제공한다. 대상이 되는 사건 혹은 의미 있는 사건들은 하나의 맥락 속에 존재하며 거기서 새로운 활동 양식과 속성들을 획득한다(Dewey, 1925: 137).

언어는 인간 사회의 자연적 기능으로 발전해왔으며 거기에는 필연적으로 활동적 요소가 들어 있다. 언어가 지닌 이와 같은 성격을 간과하면 이른바 주관주의나 유아론(唯我論)의 오류에 빠지기 쉽다. 말할 필요도 없이, 언어는 고립적인 것이 아니라 사회적인 것이기 때문이다. "언어는 최소한 두 사람, 즉 화자와 청자 간의 상호작용의 양식이다"(Dewey, 1925: 145). 우리는 언어적 상호작용을 통해 의사를 교환하고 상호 협력하여 문제를 해결하기도 하며, 때로는 의견을 수정하고 장차 행위의 방향성을 조절하기도 한다. 만약 언어에 이런 관계적 맥락이 제거된다면, 우리가 쓰는 말은 전혀 의미를 가질 수 없을지도 모른다. 왜냐하면, 내가 쓰는 언어는 순전히 나만의 사적 언어가 아니며, 거기에는 반드시 사회적 상호작용이 반영되어 있기 때문이다. 예컨대, 독백은 타인들과의 대화의 산물이며 그 반영이기도 하다. 그것은 사회적 의사소통의 결과이지, 독백의 결과는 아니다. 만약 우리가 다른 사람들과, 다른 사람들이 우리와 대화하지 않았다면, 우리는 우리들 자신에게 결코 말할 수 없을 것이다(Dewey, 1925: 139).

요컨대, 듀이가 보기에 전통적 언어관은 '맥락 무시'의 오류, 즉 언어와 불가분의 관계에 있는 삶의 맥락으로부터 언어를 떼어놓으려고 하는 오류를 범하고 있다. 단어나 낱말이라는 것은 그 자체로 의미를 가지는 것이 아니라, 원천적으로 무엇인가 사물을 다루거나 다른 사람들과 교류하거나 하는 상호작용의 측면을 지니고 있다. 언어는 전통적 언어관에서 드러나듯이 인간의 경험과 무관한 초월적인 것이 아니며, 단순히 기계론적 매체에 불과한 것도 아니다. 뿐만 아니라 언어는 어떤 내성(內省)이나 순수한 정신세계의 독백도 아니다. 언어는 오직 "상호 협력과 지도라는 맥락"(Dewey, 1925: 139) 안에서 사용될 때에 한해서 진정한 의미를 갖게 된다. 가령, 감각이 니, 기억이니, 이해니 하는 말들도 경험과 무관한 순수 내관적(內觀 的)인 것이 아니라, "특수한 행동 양식으로 구별하고 인식할 수 있는 질적 특성이 부여된"(Dewey, 1930b: 225) 것으로 보아야 한다. 이처 럼 언어는 의사소통과 참여의 양식이요, 자신은 물론 상대방의 행동 도 조절해주는 역할을 한다. 다시 말해, 언어는 공동의 행위를 가능 하게 하는 사회적 맥락 안에 들어와 있을 때 비로소 의미를 갖게 되 는 것이다.

2. 비트겐슈타인: 본질주의적 언어관 비판

'본질주의적 언어관'은 언어 속에 무엇인가 현상을 초월한 독립적 의미가 내재한다고 보는 관점을 의미한다. 즉, 그것은 다양한 현상 의 배후에서 보편적인 것을 찾고, 모든 보편적인 것에서 공통적인 것을 찾으며, 또한 이것을 현상의 참된 근거라고 주장하는 태도인 것이다(Fromm, 1996: 96-106). 본질주의적 언어관의 이러한 가정은 정확성의 이념인 "수정 같은 순수성의 선입견"(Wittgenstein, 1994: 명제 108)에서 출발하여 모든 경험적인 것의 본질을 규명하려는 태 도에서 비롯된 것이다. 그러나 비트겐슈타인에 의하면, 이러한 가정 은 폐기되지 않으면 안 된다. 왜냐하면, 언어가 사용되는 표현 형식 들의 다양한 기능에 주의를 기울이면 숨겨진 것이란 아무 것도 없기 때문이다. 예컨대, "다섯 개의 빨간 사과"(Wittgenstein, 1994: 명제 1)라는 말에서 '빨강'의 본질이라든가 '다섯'의 본질을 추구한다는 것은 확실히 이상하고 어색하게 들린다. 우리는 도대체 '빨강'이 무엇인가, '다섯'이 무엇인가를 놓고 고민할 필요가 없으며, 상황에 맞게 '빨간' 사과 '다섯 개'를 꺼낸다거나 가져오면 되는 것이다. 모든 언어에 숨어 있는 어떤 공통점이나 본질적인 것을 찾으려고 하는 시도는 언어의 오용에 다름 아니다. 비트겐슈타인이 보기에 본질주의적 언어관의 근본적인 오류는 바로 이러한 언어의 일상적 쓰임을 무시하고 언어를 지나치게 높여 바로 그 언어를 초월하려고 하는 데에 있다.

이미 언급한 바와 같이, 본질주의 언어론자들은 언어 속에 어떤 초월적인 의미가 들어 있다고 생각하였다. 이러한 생각을 하고 있었기 때문에 그들은 특정한 단어나 낱말 속에 숨어 있는 추상적 관념의 의미를 추구하고자 골머리를 앓았고, 구체적이고 특별한 사례를 등한시하는 오류를 범했던 것이다. 그러나 비트겐슈타인이 보기에, 하나의 단어나 관념에 어떤 경우에도 적용 가능한 공통적 요소라든가 본질이 들어 있다는 가정은 확실히 철학적 탐구의 장애물이 된다. 비트겐슈타인은 본질주의적 언어관의 문제점을 다음과 같이 지적하고 있다.

> 우리는, 우리의 탐구의 특색, 깊이, 본질이 …… 명제, 낱말, 추론, 진리, 경험 등의 개념들 사이에 존립하는 질서를 파악하려고 노력하는 데 있다는 착각에 빠져 있다. 이러한 질서는 - 말하자면 - 초(超) 개념 들 사이의 초(超) 질서이다. 하지만 '언어', '경험', '세계'라는 낱말들이 어떤 사용을 가지고 있다면, 그것은 '책상', '램프', '문'이라는 낱말들처럼 낮은 사용을 가져야 한다(Wittgenstein, 1994: 명제 97).

하나의 단어는 본질주의적 언어관에서처럼 그 속에 어떤 고유한 초월적 의미를 함유하는 것이 아니다. 그것은 전후 맥락에서의 쓰임에 따라 그때그때의 다양한 의미가 존재할 뿐이다. 비트겐슈타인이 비유한 바와 같이, 언어는 마치 공구 통에 있는 상이한 연장과도 같다. "거기에는 망치, 집게, 톱, 나사돌리개, 자, 아교 단지, 아교, 못과 나사들이 있다. ─ 이들 대상들의 기능이 다르듯이, 그처럼 낱말들의 기능들도 다르다"(Wittgenstein, 1994: 명제 11). 용도에 따라 연장을 골라서 쓰는 것과 마찬가지로, 단어나 문장에 단 하나의 본질적 용법이란 없으며 그때그때의 상황에 알맞게 언어를 쓰면 되는 것이다. 바로 이와 같은 맥락에서 비트겐슈타인은 개념에는 공통적 본질이란 없으며, 오직 '가족유사성'(family resemblance)만이 인정된다고 말한다.

> 언어라고 부르는 모든 것에 공통적인 어떤 것을 진술하는 대신, …… 나는 그것들이 서로 매우 다양한 방식으로 유사성이 있다고 말한다(Wittgenstein, 1994: 명제 65). …… 이런 유사성들은 '가족유사성'이란 낱말 말고는 더 잘 특징지을 말이 없다. 왜냐하면, 몸집, 용모, 눈 색깔, 걸음걸이, 기질 등 한 가족의 구성원들 사이에 존재하는 다양한 유사성들은 그렇게 겹치고 교차하기 때문이다(Wittgenstein, 1994: 명제 67).

비트겐슈타인의 '가족유사성'은 우리가 쓰는 단어 하나하나에 어떤 근본적 속성이 들어 있는 것이 아니라, 서로 중복되는 유사성(overlapping similarities)만이 존재한다는 것을 보여주는 용어이다. 비트겐슈타인이 그 말을 쓰는 까닭은, 언어 속에 숨은 본질을 추구할 것이 아니라, 언어가 쓰이는 다양한 용도에 우리의 관심과 주의를 돌려야 한다는 데에 있다. 가령, 우리는 '푸르다'라는 말의 본질을 규정할 수 있는가? 아무리 그 말의 의미를 정교하게 서술한다고 해도, 여전히 그것이 과연 그 말의 본질인가 하는 의문이 일어날 수 있다. 오히려 '푸르다'라는 말은 일상적 쓰임에서 '붉다', '검다'라는 말과 다르고, '파랗다', '푸르스름하다'와 유사하기 때문에 의미를 가진다고 보는 것이 더 타당하다. 이와 마찬가지로, '가족'이라는 말도 그 안에 어떤 근본적 속성이나 순수한 본질을 내포한 것이 아니라, 가족 구성원들 사이에는 서로서로 닮은 점들이 교차하고 있기에 의미를 지닌다고 보아야 한다. 언어 자체의 본질을 추구하는 것은 곧 쓰이지 않는 죽은 언어를 탐색하려는 것과 동일하다. 언어라는 것은 '가족유사성' 그 이상의 것이 될 수 없기 때문이다. "생각하지 말고 보라"(Wittgenstein, 1994: 명제 66)는 비트겐슈타인의 단언이 갖는 의미가 바로 여기에 있다.

요컨대, 비트겐슈타인이 본질주의적 언어관을 비판하는 이유는, 그것이 언어를 삶의 구체적 맥락으로부터 분리시킨다는 데에 있다. 전통 철학은 언어를 삶에서 유리시켜 '순수하게 고찰함으로써' 환상에 빠지게 된 것이다(이훈, 1984: 271). 전통 철학은 예컨대 '가족'의 본질이 무엇인가, '실재'의 본질이 무엇인가 하는 것을 놓고 공연한 입씨름을 벌여온 셈이다. 전통 철학이 이러한 환상에서 빠져나오려면, 언어의 독립적 의미를 추구할 것이 아니라, 삶의 상황에 따른 언어적 의미의 다양성에 주목해야 한다. 언어는 "비시간적, 비공간적 허깨비"(Wittgenstein, 1994: 명제 108)와 같은 것이 아니라, 일상생활에서 주고받는 여러 가지 형식의 담화 그 자체일 뿐이다. 언어는 삶과 분리 불가능한 것이며, 언어를 이해하는 것은 곧 삶을 이해하는 것이다. 우리가 쓰는 언어의 세계를 떠나서는 그 어떤 것도 의미를 가질 수 없다. 비트겐슈타인은 바로 이와 같은 맥락에서, "우리가 해야 할 일은 낱말들을 그것들의 형이상학적 사용으로부터 일상적 사용으로 다시 돌려보내는 것"(Wittgenstein, 1994: 명제 116)이라고 말하고 있는 것이다. 이 점에서 그는 희랍 시대로부터 내려온, 개념의 본질을 추구하는 형이상학적 전통과 정확성의 이상을 추구하는 전통 논리학의 관점을 부정하면서, 이른바 '언어관의 대전환'을 촉구하고 있는 것으로 보아야 한다.

이상에서 살펴보았듯이, 듀이와 비트겐슈타인은 비록 프래그머티즘과 분석철학이라는 철학적 위상의 차이가 있다고 하더라도, 언어를 '본질'이 아닌 '활동'의 측면에서 보아야 한다는 것, 다시 말해 언어가 삶의 활동의 일부이고 삶의 상황 맥락과 맞물려 있다고 보는 점에서는 상호 유사한 입장을 취한다. 이 점은 듀이와 비트겐슈타인이 독립적, 초월적인 언어를 부정하고 언어의 일상적 기능과 사용을 부각시켰다는 데서 따라 나오는 논리적 귀결이다. 그러나 우리는 양자의 유사점 못지않게 그 차이점에도 주목해야 한다. 왜냐하면, 듀이의 언어관이 유기체로서의 인간과 환경의 연속성에 근거하여 언어가 진화해왔다는 '교호작용'을 부각시키는 데 비해, 비트겐슈타인의 언어관은 '언어게임'(language game)을 배움으로써 인간다운 삶에 입문할 수 있다는 '삶의 전통'을 부각시키고 있기 때문이다. 양자의 관점의 차이에 대해서는 이하 양자의 언어관 및 언어학습관을 다루는 부분에서 자세히 논의하고자 한다.

Ⅲ. 듀이와 비트겐슈타인의 언어관

듀이와 비트겐슈타인은 언어와 삶의 불가분리성을 주장하고 언어를 초월적인 지위로부터 구체적인 삶의 맥락으로 끌어내리고 있다. 확실히 양자는 언어에 삶의 맥락이 결부되어 있다고 보는 점에서 유사한 면모를 드러낸다. 그러나 앞서 언급한 바와 같이 양자의 언어관의 기저에는 '교호작용'과 '언어게임'이라는 상이한 관점이 깔려 있다. 이 장에서는 이 두 가지 관점을 중심으로 양자의 언어관을 '교호작용으로서의 언어'와 '삶의 전통으로서의 언어'로 나누어 살펴보고, 양자의 관점이 언어활동의 과정적 측면과 전통적 측면을 상대적으로 부각시키고 있다는 점을 밝히고자 한다.

1. 듀이: 교호작용으로서의 언어

듀이에 의하면, 어떤 유기체이든 자기가 살고 있는 환경에서 떨어져 나와 홀로 존재할 수 없다. 인간을 포함한 일체의 유기체가 존재할 수 있는 것은 오직 환경과 능동적인 관련성을 맺고 있기에 가능한 것이다(Dewey, 1938a: 40). 예컨대, 인간의 감각기관, 근육의 효과, 눈과 손은 외부 환경과의 관련성 때문에 그 의미와 존재를 가질 수 있다(Dewey, 1930b: 220). 이처럼 인간은 '교호작용'을 하는 존재, 즉 환경과의 연속적 관계성 속에서 '활동하는 인간'인 것이다. 듀이의 교호작용은 기존의 상호작용이라는 용어를 보다 정련한 개념으로서, 생물학적 차원에서는 유기체의 생존 그 자체의 조건을 가리키며, 사회, 문화적 차원에서는 시공간상 광범위한 상호 관계적 활동과 거기에 수반되는 지적 상호작용을 의미한다.[5] 이러한 교호작용의 관점은, 인간을 세계를 관조하는 존재로 보는 것이 아니라, 삶의 상황 속에서 환경의 영향을 받으며 동시에 그 환경에 변화를 가하기도 하는 능동적 존재로 보는 것이다.

듀이에 있어 주체와 객체, 인식작용과 대상의 분리가 용인되지 않는 까닭도 여기에 있다. 우리의 인식작용은 결코 고립적이거나 초연한 것이 아니라, 인식대상과의 교호작용을 통해 계속적 변화를 일으키고 있기 때문이다. 다시 말해, 인식대상이란 그 자체의 궁극적 속성으로 귀착될 수 있는 실체가 아니라, 우리의 인식과 항상 끊임없이 영향을 주고받는 역동적 관계 속에 놓여 있는 것이다. 원천적으로 "존재하는 모든 것은 그것이 알려지고 알려질 수 있는 한, 다른 사물들과 상호작용을 하는 것이다"(Dewey, 1925: 138). 예컨대, '읽는 것' 없이 '쓰는 것'이 있을 수 없고, '듣는 것' 없이 '말하는 것'이 있을 수 없다. 또한, '구매자' 없이 '판매자'가 있을 수 없고, '생산자' 없이 '소비자'가 있을 수 없다. 이것은 읽는 것과 쓰는 것, 듣는 것과 말하는 것 등등의 관계가 이미 존재하는 어떤 독립적 구성요소로서가 아니라, 오직 교호작용의 결과로만 의미를 가진다는 것을 보여준다(Dewey & Bentley, 1949: 242). 이와 같은 교호작용의 관점은 독립적 언어관을 부정하는 듀이의 언어관에 그대로 투영되어 있다.

---

5) 듀이의 '교호작용'은 종래 그가 교육적 경험의 한 척도로 언급했던 기존의 '상호작용'(interaction)을 대체한 용어로서, 주로 그의 후기 저작(1925~1953)에서 쓰기 시작한 용어이다. 인식작용으로서의 교호작용의 개념은 분리된 실체 간에 일어나는 자극−반응식의 기계론적 상호작용이 아니라 시공간상 광범위한 지적, 통합적인 상호작용을 의미한다(김무길, 2001a: 28−29). 교호작용은 듀이가 의도한 기존의 상호작용의 의미를 정련한 용어라는 점에서, 이하 문맥에 따라서는 상호작용과 교호작용을 혼용하기도 하였다. 듀이의 교호작용에 대한 자세한 논의는 이 책의 제12장 참조.

A가 B에게 어떤 것을 가져오도록, 예컨대 꽃을 가져오도록 요구한다. A가 지시한 행동에 B가 반응하는 것은 …… 행동에 대한 것이지, 지시나 지시된 대상에 대한 것은 아니다. …… B는 자기중심적으로 반응하는 것이 아니라, A의 경험 속에 그 사물이 기능을 발휘하는 대로 인식한다. 이와 마찬가지로, 요구를 한 A는 그 사물과 자기와의 직접적 관계뿐만 아니라 B에 의해 포착, 취급될 수 있는 사물로 인식한다. …… 이해한다는 것은 함께 기대한다는 것이다. 그것은 행동을 할 때 공동의 총괄적인 일의 수행에 있어 참여를 가져오는, 그런 상호 관계성을 맺는 것이다(Dewey, 1925: 140−141).

위 인용문에서 드러나듯이, A의 지시대로 B가 꽃을 가져오는 것은 자극에 따른 단순한 반응이라기보다는, 두 사람이 함께 참여하는 교호작용의 성취를 위한 것이다. 사실, 비슷한 개념 또는 의미가 생겨나는 것은 두 사람이 하나의 활동에 동업자로 종사하고 있어서, 한 사람이 하는 일이 다른 사람의 일에 의존하고, 또 그것에 영향을 미칠 때 한해서이다(Dewey, 1916a: 19). A가 B의 행위를 매개 또는 수단으로 하여 꽃을 소유할 것을 제안한다. 이때 B는 A의 제안에 협력하거나 거부할 수 있다. 그러한 관계 속에서 '꽃'은 무정하게 존재하는 사물이 아니다. A가 B의 협력을 기대하고 B가 A의 의도에 따라 반응하려고 할 때, 꽃은 지금 실지로 움직여지지 않더라도 '운반 가능성'을 함의하게 된다(Dewey, 1925: 141−145). 여기서 '운반 가능성'이란 B가 당장 꽃을 가지고 오건, 가지고 오지 않건 간에 두 사람과 꽃이 공통으로 참여하는 상황 전체(the full situation)의 의미라고 보아야 한다.

듀이의 이러한 관점은 확실히 행동주의적 언어관과는 다른 것이다. 왜냐하면, 행동주의적 언어관에서는 상호작용 하는 양자를 분리된 실체로 간주하고, 언어를 양자 사이에 작용하는 자극-반응식의 기계론적 기제로 보기 때문이다. 거기에는 의식이나 사고의 요소가 빠져 있으며, 오직 단편적인 반응 행동만이 있을 뿐이다. 듀이는 행동주의적 언어관을 다음과 같이 비판하고 있다.

> 내가 좁은 의미의 행동주의를 비판하는 주요 이유는 이것이다. 즉, 그것은 …… '정신적인 것'(the mental)에 대한 강박관념을 가지고 있어서, 정신에 대한 탐구는 아예 그 문턱에서부터 봉쇄해버리고 만다는 데에 있다. 비록 '의식'이 어떤 근본적인 실체나 원인, 원천은 아니라고 하더라도, …… 그것은 모종의 행동 형식을 구체화한 어떤 질적 특성으로 간주할 수 있다(Dewey, 1930b: 227).

행동주의는 인간의 의식을 자극에 따른 단순한 반응으로 보기 때문에 인간의 능동적 정신작용을 간과하는 오류를 범하고 있다. 말할 필요도 없이, 인간은 자극에 반응하는 유기체가 아니라 장차 예견된 결과에 따라 자신에게 필요한 자극만을 선별하여 반응할 수 있다. 듀이에 있어 '의식'(consciousness)이라는 말이 '의식하는'(conscious)이라는 형용사형으로 쓰일 때 더 적합한 의미를 갖는 까닭도 여기에 있다. 왜냐하면, 환경의 자극에 따른 의식의 방향성은 개인적 선택과 관심에 따라 얼마든지 다양하게 변화할 수 있기 때문이다. 예컨대, "물을 H_2O라는 본질로 설명하더라도 물은 일상생활의 경험에서의 의미들을 가지고 있다. 만약 그렇지 않다면, H_2O는 전적으로 무의미하고 단순한 소리에 지나지 않는, 이해 불가능한 명칭이 되고 말 것이다"(Dewey, 1925: 152). 예컨대, 물은 목이 마를 때에는 '갈증의 해소'를 의미하지만, 상황에 따라서는 요리의 재료나 실험도구, 농사의 필수품 혹은 화재 진압 수단 등등 얼마든지 다양한 의미를 지닐 수 있다. 이와 같은 삶의 맥락과 무관하게 언어에 모종의 형이 상학적 실체가 들어 있다고 주장하는 것은 전통적 언어관에서 드러 나는 바와 같이 "존재와 본질의 간격"(Dewey, 1925: 133)이라는 이 원론적 분리를 초래하고 만다.

언어는 본래부터 하나의 사회적 사실이며, 사회적 접촉에서 일어 나는 공동의 행동양식이므로, 인간의 상호 이해와 행동 수정과 규정 에 도움을 준다(米盛裕二, 1963: 16). 발생론적 맥락에서 보더라도, 인간의 언어는 단순히 사물이나 관념에 대한 고정된 '명칭'이 아니 라, 상호 이해와 교류의 필요라는 사회적, 자연적 기능으로부터 진 화, 발전되어왔다. 그렇기 때문에 언어는 엄밀하게 개인적인 것이 아닌, 어떤 공동의 일을 수행하는 데에 참여자 또는 당사자로서 그 들 모두에게 공통적인 관점에서 보고 탐구하고 하지 않을 수 없게 한다(Dewey, 1938a: 52). 이때 상호작용을 하는 양자는 공동의 사건, 상황에 참여하며 협력하는 관계에 놓이게 된다. 요컨대, 듀이는 언 어를 독립적 실체나 관념에 대한 명칭으로만 간주하는 전통적 언어 관을 반박하고, 다양한 의미의 생성과 상호 교류라는 교호작용의 맥 락에서 언어의 기능을 새롭게 파악할 것을 요청하고 있는 셈이다.

2. 비트겐슈타인: 삶의 전통으로서의 언어

비트겐슈타인은 "한 낱말의 의미는 언어에서의 그것의 사용" (Wittgen- stein, 1994: 명제 43)이며, "사용을 통해서 모든 기호는 생명을 얻는 다" (Wittgenstein, 1994: 명제 432)라고 말한다. 이것은, 비트겐슈타 인이 종래 '명찰 언어' 식의 고정된 명칭관을 부정하고 언어의 용도에 주목하고 있다는 것을 뜻한다. 즉, 단어나 낱말의 의미는 고정된 것이 아니라 그때그때의 삶의 상황에 따라 다양한 의미를 띨 수 있다는 것이다. "우리의 말이라는 것은 행동에 의해 그 뜻을 얻는다"(Wittgenstein, 1991: 명제 229). 그런 만큼 언어는 삶의 다양한 활동적 맥락을 배태(胚胎)하고 있다. 그러나 이때까지 사람들은 언어란 단순한 의사 교환의 수단일 뿐이라는 생각에 지나치게 사로잡힌 나머지, 언어란 인간의 인식에 있어서도 오직 그런 수단으로서만 필요한 것이라고 믿는 경향이 있다. 그들은 언어를 말하는 것도 인간 활동의 중요한 한 부분이라는 것을 깨닫지 못하고 있는 것이다(김안중, 1982: 83). 이미 지적한 바와 같이, 언어를 활동과 독립적인 것으로만 볼 때에는 언어가 쓰이는 맥락이 떨어져 나가고, 언어 대 사물, 언어 대 관념 식의 고정된 명칭관으로 회귀하게 된다. 이것은 언어의 의미를 부당하게 축소시킬 위험성이 있다. 비트겐슈타인은 이 점과 관련하여 다음과 같이 말하고 있다.

> 우리가 '기호들', '낱말들', '문장들'이라고 부르는 …… 무수히 많은 상이한 종류의 사용이 존재한다. 이 다양성은 고정된 것, 딱 잘라서 주어진 것이 아니다. 오히려 언어의 새로운 유형들, 새로운 언어게임들이라고 말할 수 있는 것들이 생기고, 다른 것들은 낡은 것이 되어 잊혀진다. …… '언어게임'이라는 낱말은 여기서, 언어를 말한다는 것이 어떤 활동의 일부 또는 삶의 형식의 일부임을 부각시키고자 의도된 것이다(Wittgenstein, 1994: 명제 23).

하나의 단어는 단일한 의미만을 갖는 것이 아니라, 실제적 용도에 따라 다양한 의미를 갖게 된다. 예컨대, '장기 한 수'라는 것은 단지 어떤 하나의 말이 판 위에서 이러저러하게 옮겨진다는 것을 뜻하는 것이 아니다. 그것은 마치 "장기 시합을 하다", "장기 문제를 풀다" 등으로 부르는 상황에 놓여 있는 것과 같다(Wittgenstein, 1994: 명제 33). 비트겐슈타인은 언어의 이러한 측면을 '언어게임'이라고 부른다. 그의 표현대로 하면, 언어게임이란 "언어와 그 언어가 뒤얽혀 있는 활동들의 전체"(Wittgenstein, 1994: 명제 7)인 것이다. 언어를 배운다는 것은 바로 이러한 언어게임에 참여하여 특정한 용도를 지닌 언어를 배운다는 것을 의미한다. 언어게임에 의존하지 않는 언어는 더 이상 쓰이지 않는 '죽은 언어'가 되고 만다.

비트겐슈타인은 이 점을 건축가(A)와 그의 조수(B)의 예를 들어 설명하고 있다. 가령 벽돌, 기둥, 석판, 들보라는 낱말을 사용하는 데 있어, "A가 그 낱말을 외치면, B는 그렇게 외치면 가져오도록 배운 석재를 가져간다"(Wittgenstein, 1994: 명제 2). 이것은 벽돌, 기둥, 석판, 들보 등의 낱말이 활동의 맥락에 따른 의미를 가지고 있으며, 그러한 말의 의미는 오직 해당 언어게임에 참여함으로써 배울 수 있다는 것을 의미한다. 만약 A가 "석판!"이라고 외쳤을 때, B가 제대로 물건을 가지고 오지 못한다면, 그것은 언어게임이 성립된 것이 아니다. 이와 마찬가지로, '붉은색'을 보고 누군가 동일하게 붉은색으로 인식하지 못한다면, 색깔의 언어게임이 온전히 이루어졌다고 볼 수 없다. 오직 그 반응이 일치될 때에만 '붉음'이라는 색깔의 언어게임이 성립되었다고 말할 수 있다.

비트겐슈타인에 의하면, 언어게임은 항상 인간 활동과 결부되어 있으므로, 언어게임을 배우기 위해서는 특정한 '삶의 형식'(forms of life)에 참여하여 해당 언어사용의 규칙을 배워야만 한다. 비트겐슈타인은 '삶의 형식'을 "정당화를 뛰어넘어 있는 어떤 것"(Wittgenstein,

1991: 명제 359)이라고 말할 뿐, 구체적으로 정의하고 있지는 않다. 엄정식(1984: 318)은 비트겐슈타인이 '삶의 형식'을 구체적으로 정의하고 있지 않은 것을 지적하여, 그의 철학을 '비일상적 일상언어 철학'(extraordinary-language philosophy)이라고 부르기도 한다.

그러나 한 가지 분명한 것은, '삶의 형식'이 우리에게 전통으로 이어져 내려왔으며, 따라서 그러한 전통을 누군가 임의적으로 거부할 수 없다는 것이다. 왜냐하면, 인간은 태어나는 그 순간부터 해당 사회의 삶과 언어, 문화적 전통의 영향을 받고 있고, 그 영향으로부터 벗어날 수 없기 때문이다. 그리하여 어떤 사람이 특정 언어를 의미 있게 사용하고 있다는 것은, 이미 그가 공적인 삶의 형식 속으로 들어와 있다는 사실을 함의한다. 비트겐슈타인이 삶의 형식을 "받아들여야만 하는 것, 주어진 것"(Wittgenstein, 1994: 제2부, 336)이라고 표현한 까닭도 여기에 있다. 이와 관련하여 김여수(1984: 30)는 삶의 형식이야말로 "언어 행위를 포함하는, 모든 인간의 행위와 그 행위의 배경을 이루는 인간과 세계에 대한 일련의 전제들의 총체"라고 규정하고 있다. 비트겐슈타인은 '삶의 형식'이 갖는 성격에 대해 다음과 같은 예를 들어 설명하고 있다.

> 나는 지구가 내가 태어나기 전에 오랫동안 존재해 왔다는 것뿐만 아니라, 지구는 하나의 커다란 물체라는 것, 나와 다른 사람들에게는 많은 선조들이 있는 것으로 확정되어 있다는 것, 그 모든 것에 관한 책들이 존재한다는 것 …… 등등도 역시 안다. …… 이 앎의 덩어리는 나에게 전승되었으며, 나는 그것을 의심할 아무런 근거도 가지고 있지 않다. 오히려, 가지가지의 확증들을 가지고 있다(Wittgenstein, 1991: 명제 288).

우리가 사는 지구는 우리들 각자의 출생과 무관하게 이미 오랜 삶의 역사를 지니고 있다. 인류의 삶의 역사를 이루는 수많은 앎의 덩어리들은 그것들을 의심할 아무런 근거가 없으며, 오히려 여러 가지 측면에서 그 진실성이 확증되고 있다. 그렇기 때문에 우리는 각자의 의견이나 선호와 무관하게 우리에게 주어진 '삶의 형식'을 받아들여야 한다. 비트겐슈타인이 말한 바와 같이, 삶의 형식은 정당화 논의를 필요로 하지 않는다. 우리가 살아가고 있다는 것 자체가 그것의 '논리적 가정'으로 삶의 형식을 받아들이는 것이기 때문이다. 삶의 형식에는 인간 활동의 전통이 배어 있으며, 그런 전통을 떠나서는 언어가 의미를 가질 수 없다. 요컨대, 언어를 이해하는 것은 삶의 형식에 참여하여 언어게임을 배우는 일이다. 그것은 곧 언어를 규칙에 맞게 사용할 줄 알며, 동시에 언어를 통해 삶을 이해한다는 것을 의미한다.

이상의 논의에서 보면, 듀이와 비트겐슈타인은 공통으로 언어 사용의 맥락과 그 활동적 측면에 초점을 맞추고 있다. 곧, 양자에 있어 언어는 실체에 대응하는 고정된 명칭이 아니라 타자와 함께 그 의미를 공유할 수 있는 사회적 기능을 지니고 있는 것이다. 그러나 한 가지 주목할 점은 양자의 언어관에서 부각되는 강조점이 상이하다는 데에 있다. 듀이가 언어의 '과정적 측면'을 부각시킨다면, 비트겐슈타인은 '전통적 측면'을 부각시킨다고 볼 수 있다.[6] 언어의 과정적

---

[6] 이것은, 듀이가 언어의 과정적 측면만을 중시하고 전통적 측면을 소홀히 했다거나, 비트겐슈타인이 언어의 전통적 측면만을 강조하고 과정적 측면을 과소평가 했다는 뜻은 아니다. 다만, 듀이에 있어서는 과정적 측면이, 비트겐슈타인에 있어서는 전통적 측면이 상대적으로 더 부각된다는 뜻으로 보아야 한다. 왜냐하면, 언어와 삶의 불가분리성 논의에서 시사되듯이, 사실상 현재의 언어활동에는 그 이전의 언어적 전통이 깔려 있다고 보지 않으면 안 되며, 기존의 언어적 전통은 또한 수많은 언어적 소통 과정들을 거쳐 이루어져 온 것이기 때문이다.

측면이라는 것은, 언어가 항상 인간 활동과 결부하여 의미를 가지며, 동시에 그런 활동 속에서 언어가 끊임없이 변화되고 새롭게 생성될 수 있다는 것을 의미한다. 다시 말해, 언어는 무엇인가 의사소통하고 사고하고 마음을 쓰는 과정에서 도구로 활용되며, 동시에 그런 과정에서 언어는 인간의 삶과 교호작용을 하여 변형되고 재구성될 가능성을 지니고 있다는 것이다. 듀이에게 있어 언어는 원초적으로 주객이 분리되지 않는 상호작용의 맥락에서 발생된 것이며, 이후 인간과 인간, 인간과 환경 간에 일어나는 개별적, 집단적 상호작용과 맞물려 역동적으로 진화, 발전되어 온 것이기 때문이다.

반면, 비트겐슈타인은 언어의 전통적 측면을 부각시키고 있다. 삶의 형식으로서의 언어적 전통은 개인이 임의적으로 거부할 것이 못된다. 언어는 삶의 공적 전통으로 내려온 것이므로, 개인이 공동체 구성원으로 살아가기 위해서는 해당 언어의 사용 규칙을 따로 배워야만 한다. 그러나 그렇다고 해서 우리가 배워야 할 언어가 항상 엄격히 제한된 체제로 구성되어 있다는 뜻은 아니다. 언어는 마치 "하나의 오래된 도시에 새로운 길과 집들이 들어서고 또 사라질 수 있는 것과 같이"(Wittgenstein, 1994: 명제 18), 얼마든지 다양한 변화와 생성을 일으킬 수 있다. 이것은 기존의 언어게임이 항상 고정된 것이 아니라 변화의 여지가 있음을 보여준다. 그러나 비트겐슈타인이 보기에 언어게임의 변화는 오직 삶의 형식 안에서 일어나는 것이며, 그 삶의 형식을 벗어난 것은 아니다. 만약 누군가 삶의 형식의 당위성을 부정한다면, 그것은 우리가 살고 있는 시공간적 삶과 분리된, 신비한 외계를 상정하는 일이 될지도 모른다. 예컨대, 강바닥 위에서의 물의 운동은 모래알의 위치를 옮길 수 있으나, 그것이 강바닥의 위치를 옮길 수는 없다(Wittgenstein, 1991: 명제 97). 삶의 형식으로서의 언어는 마치 강바닥과 같이 우리의 삶의 기본적 조건으로 이미 우리에게 주어져 있다. 새로운 언어게임의 생성은 그러한 삶의 언어적 전통을 받아들이는 가운데 일어나는 점진적인 변화일 뿐이다.

IV. 듀이와 비트겐슈타인의 언어학습관

언어의 성격을 어떻게 파악하는가 하는 문제는 언어를 어떻게 배워야 하는가 하는 문제와 직접적으로 연결된다. 왜냐하면, 언어관에는 언어 습득에 관한 특정한 관점이 내포되어 있기 때문이다. 듀이의 언어학습관에서는 모종의 활동에 참여하고 의사소통 하는 경험의 과정이 중요한 의미를 가진다. 그것은 삶의 맥락과 무관한, 이른바 "무기력한 정보의 무더기"(Dewey, 1916: 229)를 배우는 사태를 예방할 수 있기 때문이다. 비트겐슈타인의 언어학습관에서는 삶의 형식에 참여하여 그 속에서 언어의 용도를 익히는 것이 중요한 의미를 가진다. 그것이 바로 인류의 삶의 전통에 입문하는 길이기 때문이다. 이 장에서는 듀이와 비트겐슈타인의 언어학습관을 '활동에의 참여와 의사소통', '삶의 형식에의 참여와 무의심'으로 나누어 살펴보고, 양자의 관점에서 나타나는 공통점과 차이점이 무엇인지 밝혀보고자 한다.

1. 듀이: 활동에의 참여와 의사소통

언어의 문제는, 언어의 습득이 곧 지식의 획득을 의미한다는 점 (정연희, 1993: 4)에서 교육의 문제와 관련된다. 듀이가 말한 바와 같이, "언어의 획득은 올바른 교육적 성장의 대표적인 보기"(Dewey, 1916a: 120)이다. 우리는 언어를 써서 여러 가지 교육활동을 전개하고, 또 언어 교육 자체를 실시하기도 하는 것이다. 그러나 종래 교육에서의 언어의 역할은 주로 지식전달의 대상으로 전락되었다는 데에 근본적 문제가 있다. 언어 자체를 일체의 언어 교육이 따라야 할 '표준'으로 보거나, 단어의 의미를 외우고 재생하는 데에 치중하는 수업은 형식화된 수업으로 흘러, 의미를 알 수 없는 상징을 배우거나, "현실과는 멀리 떨어진 죽은 교육"(Dewey, 1916a: 11)이 되기 쉽다. 표준화된 언어 자체를 받아들이는 것에 국한될 때 일체의 언어교육은 그 웅얼거리는 소리를 되풀이하게 하는 것에 지나지 않는다 (Dewey, 1916a: 120). 듀이가 활동에의 참여와 의사소통을 강조하는 까닭도 바로 이와 같은 고립적 언어교육의 폐해를 경계하는 데에 있다.

듀이에 있어 유의미한 언어의 학습은 독립된 단어나 낱말 자체를 배우는 것이 아니라, 항상 "공동의 활동과 관련하여"(Dewey, 1916a: 44) 배운다는 뜻을 가진다. 언어가 공동의 활동과 관련된다는 것은, 언어를 배우는 것이 항상 사회적, 물리적인 상호 관계적 맥락 속에서 일어난다는 것을 함의한다. 예컨대, 아이가 모자의 개념을 가지게 되는 것은 다른 사람이 하듯이 머리에 모자를 얹어본다든지, 다른 사람에게 주어서 쓰도록 해 본다든지, 바깥에 나갈 때에 다른 사람이 씌워준다든지 등등과 같이, 실지로 그것을 사용해볼 때 한해서이다. '무ㅗ즈ㅏ'라는 소리는, 여러 사람들이 함께 참여하는 활동과 관련을 맺지 않는 한, 그 뜻을 전혀 분간할 수 없는 무의미한 소리에 지나지 않는다(Dewey, 1916a: 18-19). 듀이는 언어와 활동의 관련성을 다음과 같이 설명하고 있다.

> 이해한다는 것과 말을 사용한다는 것을 배우는 아동에 대해서, 그 전후관계라는 것은, 대체로 말하여 그 대상 및 행위에 관한 전후관계와 같다. 아동은 외출하려고 할 때 '모자'라는 것을 머리에 쓰는 것과 결합시킨다. 또한 아동은 '꺼내본다는 것'을 책상에서 무엇을 꺼낸다는 것과 결합시키는 것이다(Dewey, 1933: 231).

위 인용문에서 드러나듯이, 언어를 배운다는 것은 항상 활동적 사태와 관련되어 있다. 그러나 예컨대 희랍의 철모와 같이 직접 사용해볼 기회가 전연 없는 경우에는 언어의 학습이 어떻게 이루어지는가 하는 의문이 제기될 수도 있다. 즉, 그러한 경우에는 추상적이거나 관념적인 언어학습이 불가피하지 않은가 하는 것이다. 그러나 듀이에 의하면, 그 경우에도 이른바 생동적인 언어의 학습이 불가능한 것이 아니다. 즉, 그것은 희랍의 철모가 본래 어떤 하나의 공동 관심과 목적을 가진 활동에 사용되어 의미를 가지게 되었다는 점에서, 머릿속으로 그런 활동을 재연(再演)하도록 한다는 것이다(Dewey, 1916a: 18-20). 학습자는 역사를 거슬러 올라가 철모가 절실하게 요구되었던 당시의 사회적, 정치적 배경을 살펴보고 각자의 의견을 진지하게 교류하는 가운데 철모의 의미를 보다 심도 있게 이해할 수 있는 것이다. 언어의 학습에 있어 이렇듯 활동에의 참여가 중요한 이유는, 그것이 무의미한 상징의 무더기를 배우는 사태를 예방하고 언어를 보다 의미 있게 배우는 전제조건이 될 수 있기 때문이다.

사실, 학교의 교과가 수많은 어휘와 언어적 정보들로 이루어진 만큼, 자칫하면 언어를 활동과 떼어내어 별도로 가르치려고 하기 쉽다. 그러나 그와 같은 교육은 언어가 자연적, 사회적 상호작용의 결과로 발전되어 온 사실을 간과하는 것이며, 소위 학습자의 삶과 동떨어진 '무기력한 지식교육'을 초래하기 쉽다. 여기서 한 가지 주목할 점은, 듀이가 말하는 언어학습을 시간계열적인 의미로 보아, 먼저 활동을 시키고 그다음 언어를 독립적으로 배워야 한다는 식으로 해석해서는 안 된다는 것이다. 그것은 다시 언어와 활동을 분리시키는 결과를 초래할 수 있기 때문이다. 듀이가 말하고자 하는 것은, 언어를 의미 있게 배우는 데에는 이미 '활동' – 단순한 신체적 활동이 아니라 사고와 참여를 수반하는 활동 – 이 논리적으로 전제되어 있다는 것, 즉 언어를 활용한 학습이든, 언어 그 자체의 학습이든 근본적 의미에서 언어와 활동은 분리 불가능하다는 데에 있다. 이 점을 고려한다면, 교육자는 현재 학습자들이 배우는 단어나 낱말 이면에 들어 있는 참여와 사고의 과정을 적절하게 탐색함으로써, 그들로 하여금 실지로 그러한 활동을 체험하도록 언어학습의 환경조건을 조성할 필요가 있을 것이다.

2. 비트겐슈타인: 삶의 형식에의 참여와 무의심

비트겐슈타인에 있어서 언어를 배운다는 것은 비언어적 실체를 지시하는 명칭을 배운다는 뜻이 아니라, '삶의 형식'에 참여하여 언어의 용도를 배운다는 뜻을 가진다. 예컨대, 어린아이는 "책들이 존재한다, 의자가 존재한다"고 하는 것을 배우는 것이 아니라, 책들을 가져오는 것, 의자에 앉는 것 등을 배운다(Wittgenstein, 1991: 명제 476). 또한 아이는 '축구공'이라든가 '붉음' 또는 '벽돌 세 개'라는 말이 지시하는 실체를 배우는 것이 아니라, 축구를 하는 방법, 붉은 색과 다른 색을 구별하는 방법, 벽돌 세 개가 쓰이는 상황과 관련하여 그 말들을 배운다. 물론 이와 같이 배운 언어는 누군가 임의적으로 고안해낸 것이 아니라 삶의 오랜 전통으로 이어져 내려온 것이다. 비트겐슈타인은 "다른 사람들은 이해 못 하지만, 나는 '이해하는 듯 보이는' 소리들"(Wittgenstein, 1991: 명제 269), 즉 '사적 언어' (private language)의 존재를 부정한다. 인간의 의식 상태를 기술하는 말들은, 그것들이 기술하는 대상들 때문에 의미를 가지는 것이 아니라, 언어게임의 규칙에 맞게 사용됨으로써 의미를 가지기 때문이다 (유한구, 1981: 278-279). 다시 말해, 언어의 습득은 오직 삶의 형식에 참여하여 공적 전통으로 내려온 언어를 따로 배워야만 가능한 것이다.

이처럼 언어학습이 삶의 형식에 참여하여 공적인 언어사용을 배우는 것이라면, 아이가 이미 언어사용에 익숙한 어른으로부터 배우는 일은 당연한 일이 된다. 그리하여 언어학습에서 중요한 것은 아이의 '무의심'이다. 왜냐하면, 이미 특정 언어게임에 익숙한 어른으로부터 해당 언어를 배우는 데에는 의심이 개재될 수 없기 때문이다. 비트겐슈타인은 이 점에 대해 다음과 같이 말하고 있다.

어린아이는 어른들을 믿음으로써 배운다(Wittgenstein, 1991: 명제 160). …… 우리가 어린아이에게 가르쳐주는 것을 그 어린아이가 어떻게 곧바로 의심할 수 있다는 말인가? 그것은 단지 그 아이가 어떤 언어게임을 배워 익히지 못했다는 것을 의미할 따름이다 (Wittgenstein, 1991: 명제 283). …… 어린아이가 언어를 배울 때, 아이는 무엇이 탐구될 수 있으며, 무엇이 탐구될 수 없는지도 동시에 배운다. 아이가 방에 장롱이 있다는 것을 배울 때, 아이는 자기가 나중에 보는 것이 여전히 변함없이 장롱인지, 또는 단지 일종의 무대장치일 뿐인지를 의심하도록 가르침 받지는 않는다 (Wittgenstein, 1991: 명제 472).

비트겐슈타인에 의하면, 특정 언어를 배우는 데에는 어른의 역할이 필수적으로 요청되며, 그때 어른이 사용하는 언어에는 의심의 여지가 있을 수 없다. 예컨대, '나무'라는 낱말을 쓰는 법을 배운 어린아이가 있다면, 우리는 그 아이와 함께 "아름다운 나무!"라고 말할 수 있다. 이때, 그 나무의 존재에 대한 의심이 그 언어게임에 들어가지 않는 점은 분명하다(Wittgenstein, 1991: 명제 480). 또한, 색깔 언어를 ─ 아울러, 그 적용을 ─ '마스터'한 아이는 흰, 검은, 붉은, 푸른 것들에다 그 색의 이름을 아무런 의심 없이 붙일 수 있어야 한다 (Wittgenstein, 1991: 명제 522). 만약 누군가가 이러한 언어사용에 대해 의심을 품는다면, 그것은 마치 "내가 앉아 있는 나뭇가지를 스스로 잘라내는"(Wittgenstein, 1994: 명제 55) 불행한 결과를 초래할 것이다. 왜냐하면, 그러한 의심은 자신이 딛고 서있는 삶의 기반을 부정하는 격이 되기 때문이다. 예컨대, "지금 해에서는 몇 시냐?"와 같은 질문(김여수, 1984: 31─32)이 성립될 수 없는 것은, 언어가 삶의 맥락에서 떨어져 나갔을 때의 불행한 결과를 보여준다. 비트겐슈타인이 비유한 바와 같이, "다른 것들이 함께 움직이지 않는데도 돌릴 수 있는 바퀴가 있다면, 그것은 기계에 속하지 않는 것"(Wittgenstein,

1994: 명제 271)과 마찬가지로, 삶의 형식과 분리된 언어를 상정하는 것은 우리가 사는 세상과는 전혀 다른, 소통 불가능한 세계를 말하는 셈이 된다.

비트겐슈타인에 있어 언어는 인간의 사회적 삶 그 속에 들어 있다. 그것을 떠나서는 개념도, 사고도 있을 수 없다. 그런 만큼 아이가 언어를 배우려면 삶의 형식에 참여하여 언어의 사용에 대한 모종의 '훈련'을 받아야만 한다. 그가 말한 바와 같이, "나는 사람들이 어떤 방식으로 나에게 전해주는 것을 믿는다. 그렇게 해서 나는 지리학적, 화학적, 역사적 사실 등을 믿는다. …… 배운다는 것은 믿는다는 것에 당연히 의거한다"(Wittgenstein, 1991: 명제 170). 가령, 아이들은 숫자들의 열(列)을 외워야 하고 그것들의 사용법을 배워야 하며(Wittgenstein, 1994: 명제 9), "이것이 의자"라는 것을 "2×2＝4"를 배울 때와 동일한 엄격성을 가지고 배워야 한다(Wittgenstein, 1991: 명제 455). 이미 언급한 바와 같이, 어른의 언어 사용에 대한 아이의 '무의심'이 중요한 의미를 지니는 까닭도 바로 여기에 있다. 비트겐슈타인에 있어 언어의 학습은 어린아이가 어른들의 언어사용을 신뢰함으로써 시작되는 것이다. 어린아이는 어른들의 다양한 언어사용을 보고 그것을 내면화함으로써 언어게임의 폭을 넓혀갈 수 있게 된다.

이상에서 살펴보았듯이, 듀이와 비트겐슈타인은 공통으로 고립적 언어 학습을 비판하고 언어 획득에 있어서의 사회적 영향력, 즉 '다른 사람의 역할'을 강조하고 있다. 그러나 그 '다른 사람'의 역할이 상이하다는 데에 양자의 분기점이 존재한다. 듀이에 있어서 '다른 사람'은 모종의 활동과 관련하여 학습자와 상호작용을 하는 존재이다. 유의미한 언어 학습이 이루어지려면, 양자 간에 공유된 활동이 일어나야 되고, 거기에 참여자의 흥미나 관심이 개입되어야 한다. 그런 흥미나 관심은 즉각적인 욕구를 말하는 것이 아니라, 양자 간의 공통된 활동에의 참여를 이끌고 공동의 목적을 달성하게 하는 추진력이 된다.[7] 이른바 '죽은 듯한' 언어 학습은 이러한 관계적 맥락을 부당하게 배제한 데서 비롯된 것이다.

반면, 비트겐슈타인에 있어서 '다른 사람'의 역할은 한 마디로 교사의 '시범'을 가리킨다고 말할 수 있다. 즉, 다양한 종류의 언어게임에 숙달되어 있는 교사가 아이들 앞에서 그 게임을 시범함으로써, 아이들로 하여금 미처 보지 못하고 있던 언어게임의 여러 측면을 보도록 해주어야 하는 것이다(유한구, 1981: 280). 아이는 활동에 참여하여 교사가 하는 언어의 시범을 의심 없이 받아들이고 그것을 따로 배워야만 한다. 그것이 곧 '삶의 형식'에 참여하는 길이기 때문이다. 요컨대, 언어학습에 대한 두 관점의 차이는 듀이가 교호작용의 맥락에서 언어에 담긴 사회적 교류라든가 공동의 활동적 측면을 부각시키고 있다면, 비트겐슈타인은 삶의 공적 전통에 입문하기 위한 언어학습의 당위성을 부각시키는 데서 비롯된 것이라고 말할 수 있다.

---

7) 인간의 인식과 지식에는 인간이 지닌 관심과 동기, 신념, 선행 지식과 경험 등이 반영되어 있다는 것이 이른바 포스트모던 철학의 가치부하설(value-ladenness thesis)이다. 말할 필요도 없이 여기에는 주객의 분리를 부정하는 관점이 깔려 있다. 듀이는 주체와 객체, 가치와 사실의 이원론적 분리를 비판한다는 점에서 일찍이 '가치부하설'의 아이디어를 제시했다고 보아야 한다(조화태, 1996: 16-17). 듀이의 논리학, 즉 고정 불변하는 지식의 대상이 따로 있는 것이 아니라, 오직 인간의 탐구와 검증을 거친 '보증된 단언'(warranted assertion)(Dewey, 1938a: 145)만이 정당한 지식이 된다는 관점은, 이른바 개념이나 원리 등 언어적 지식이라고 부르는 것들이 모두 인간의 탐구과정을 거친 산물임을 보여준다.

V. 요약 및 교육적 시사

　듀이와 비트겐슈타인은 철학적 위상의 차이에도 불구하고, 전통적인 정초주의 인식론을 부정하고 언어와 삶, 언어와 활동의 불가분리성을 주장한다는 점에서 동일한 문제의식에서 출발한다고 보인다. 이러한 동일한 기점에 초점을 맞추어 이제까지 살펴본 듀이와 비트겐슈타인의 언어관에는 몇 가지 공통점과 차이점이 존재한다. 이 장에서는 양자의 언어관에서 공통된 측면과 상이한 측면이 무엇인지 종합적으로 요약하고, 이어서 양자의 언어관이 오늘날 언어교육에 주는 시사점을 모색해보고자 한다. 먼저, 양자의 공통점은 다음과 같이 세 가지 상호 관련된 관점에서 요약될 수 있다.

　첫째, 언어에 활동적 측면이 수반된다고 보는 것이 공통적이다. 즉, 언어는 독립적이고 고정적인 언어 그 자체가 아니라 삶의 활동의 맥락에서 보아야 한다는 것이다. 우리가 쓰는 낱말이나 단어는 그야말로 고립무원(孤立無援)의 관념적 조각이나 어떤 선행된 존재적 실체를 지시하는 것이 아니다. 일차적으로, 언어는 사회적 삶, 사회적 상호작용과 분리 불가능하며, 언어의 사용은 삶의 구체적 사태에서 빚어지는 행위 요소를 내포할 수밖에 없기 때문이다. 확실히, 이러한 관점은 언어에 정신적 실체가 담겨 있다는 종래의 초월적 언어관이나, 언어를 단순히 자극 반응식의 기계론적 매체로 보는 행동주의적 언어관과는 다른 것이다. 듀이와 비트겐슈타인은 공통으로 초월적 언어관이나 좁은 의미의 행동주의적 언어관을 부정하고, 인간 활동의 관점에서 언어를 바라볼 것을 요청하고 있다. 듀이가 전통적인 탈맥락적 언어관을 비판한다거나, 비트겐슈타인이 종래의 본질주의적 언어관을 부정하는 배경에는 이처럼 언어를 삶의 활동이요 삶의 일부로 파악하는 양자의 공통된 시각이 들어 있는 것이다.

둘째, 언어가 고정적 명칭이 아니라 삶의 맥락과 맞물려 가변성을 띤다고 보는 것이 공통적이다. 인간이 쓰는 언어가 따로 있고 삶이 따로 있는 것이 아니라, 언어 속에 인간의 삶이 들어있고, 인간의 삶 그 자체에 언어가 반영되어 있다. 이미 살펴본 바와 같이, 듀이는 언어와 사회적 상호작용이 분리 불가능하다고 본다. 언어는 발생론적 맥락에서 보면 사회적 교류와 상호작용을 거쳐 진화, 발전되어 온 것이며, 장차 삶의 상황 맥락이 변화함에 따라 언어도 변화 가능성을 가지고 있다. 비트겐슈타인도 듀이와 동일하게 언어와 삶의 불가분리성을 주장한다. 즉, 언어가 삶의 형식으로부터 고립되었을 때, 그것은 '죽은 언어'나 다름없다는 것이다. 삶의 형식 안에서 '살아 있는' 언어는 고정된 것이 아니라 시공간적 상황 맥락에 따라 다양한 변화와 생성을 일으킬 수 있다. 이처럼 양자에 있어서 삶의 맥락을 벗어난 고립적 언어나 초월적 언어는 의미를 가질 수 없으며, 삶의 맥락 안에서 얼마든지 새롭게 변화되고 생성될 수 있는 것이다.

셋째, 언어가 사회적 성격을 띠고 있다고 보는 것이 공통적이다. 양자에게 있어서 고립적인 언어, 사적인 경험은 부정된다(Tiles, 1988: 28). 우리가 서로의 의견을 주고받을 수 있는 것은 언어가 지닌 이러한 사회적 의미 때문이다. 듀이가 그의『민주주의와 교육』에서 "그 시점에서의 지식"(Dewey, 1916a: 304)이라는 말을 쓴 것도 언어의 공적인 성격을 부각시킨 것이라고 보아야 한다. 고립적인 '사적 언어'가 성립 불가능한 것은, 언어가 최소한 다른 사람들도 알아들을 수 있는 하나의 '객관적 보고'이어야 하기 때문이다. 만약 우리가 사적 언어라는 것을 인정한다면, 우리는 서로 의견을 주고받는 데에 실패할 것이다. 비트겐슈타인도 이 점에서는 듀이와 마찬가지이다. 그가 말한 바와 같이, "만약 내가 참석자들이 이해하지 못하는 어떤 언어로 나 자신에게 큰 소리로 말한다면, 나의 사고는 그들에게는 숨겨져 있게 될 것이다"(Wittgenstein, 1994: 제2부, 330). 요컨대, 양자의 언어관은 언어를 순전히 '마음 안'의 정신상태의 표현으로 간주하는 유명론적 언어관을 부정하는 것이며, 언어를 '마음 밖'의 사회적 측면에서 볼 것을 주장하는 것이다.

듀이와 비트겐슈타인의 관점에서 공통으로 드러나는 세 가지 측면, 즉 언어의 활동적, 가변적, 사회적 측면은 언어의 학습이 삶과 유리된 언어 자체의 학습으로 끝날 것이 아니라 삶의 존재적 차원, 즉 사물을 다루고 문제를 처리하는 맥락적 상황과 항상 결부하여 이루어져야 한다는 것을 보여준다. 이 점에 비추어 보면, 폴(D. Pole)이 지적한 바와 같이 비트겐슈타인은 듀이가 그토록 일관되게 추구해 온 반이원론적인 세계관을 받아들이고 있다고 말할 수 있을 것이다(Fromm, 1996: 146). 왜냐하면, 삶의 활동과 분리된 초월적 언어가 존재할 수 없다는 비트겐슈타인의 관점이 바로 그 점을 명백히 입증하기 때문이다. 그러나 한 가지 주목할 점은 양자의 언어학습관에서 부각되는 강조점이 상이하다는 데에 있다. 즉, 듀이에 있어 언어학습은 공동 활동에의 참여와 의사소통을 통해 이루어지는 것이지만, 비트겐슈타인에 있어 언어학습은 어른으로부터 언어사용을 배움으로써 이루어지며, 여기에는 무의심이 핵심적 요소로 등장한다는 것이다. 다시 말해, 듀이에 있어 언어가 사회적 교류와 탐구 활동의 수단이라면, 비트겐슈타인에 있어 언어는 그 자체로 받아들여야 할 공적 전통의 일부이다. 따라서 비트겐슈타인의 언어학습관에서는 듀이의 관점과는 달리, 어른에게는 권위와 시범, 아이에게는 믿음과 신뢰가 중요한 요소로 부각되는 것이다.

확실히 교육에서 언어의 중요성은 아무리 강조해도 지나치지 않다. 교육 사태에서 가르치는 귀중한 문화유산이라든가 각종 유형, 무형의 가치 있는 지적 자산들은 대부분 언어로 구성된 것들이다. 교육 사태에서는 학습자들로 하여금 이러한 가치 있는 문화유산에 접근하도록 이끌어야 한다. 왜냐하면, 그것이 인류의 문명된 삶의 형식에 참여하는 길이기 때문이다. 그러나 우리는 또 한편, 언어교육의 당위성만을 강조하고 구체적 경험의 과정을 도외시할 경우, 자칫하면 전통적 주입식 교육이 정당화되기 쉽다는 점에 주목해야 한다. 사실, 비트겐슈타인은 언어학습의 당위성을 부각시킬 뿐, 구체적인 언어학습의 과정에 대해서는 충분한 논의를 하고 있지 않다. 듀이의 언어관은 바로 이 점에서 보완적 시사점을 제시해준다. 즉, 언어학습은 공동 활동에의 참여와 개방적 의사소통을 통해 이루어져야 하며, 이를 위해서는 특히 학습자의 능동적 사고활동을 유도할 수 있는 환경 조건이 마련되어야 한다는 것이다. 또한 교사는 언어교육에서 학습자들이 다양하게 지각한 언어적 의미들이 공동의 의사소통과 폭넓은 사고 활동으로 발전되도록 유도할 필요가 있을 것이다. 이제, 듀이와 비트겐슈타인의 언어관이 오늘날 언어교육의 현실에 주는 시사를 네 가지 측면에서 모색하고자 한다.

첫째, 언어교육은 문자 그대로 특정 단어나 문장 등 언어 그 자체를 가르치는 일로 피상적으로 규정되어서는 안 되며, '삶의 형식에의 참여'라는 언어의 전통적 측면과 '교호작용'이라는 과정적 측면에 비추어 의미 있게 규정될 수 있다는 것이다. 언어는 삶의 전통으로 받아들여야 할 무의심의 대상이며, 동시에 공동의 이해와 상호 교류를 촉진하는 수단이 된다. 언어 그 자체의 학습이든, 언어를 활용한 학습이든 간에 종래의 통념에서와 같이 언어를 사물이나 관념을 지시하는 고정된 명칭으로만 간주한다면, 언어에 담긴 삶의 문화적 전통이라든가 언어학습에 응당 뒤따라야 할 삶의 맥락이 떨어져 나가는 결과를 초래할 것이다. 양자의 언어관은 바로 이러한 사태의 위험성을 경계하고 있다. 우리는 교육에서 언어 대 사물, 언어 대 관념이라는 명찰식의 언어관을 지양하고, 학습자들이 배우는 단어나 낱말들이 그들의 삶과 활동 속에서 생생한 의미를 가질 수 있도록 통합적인 언어학습의 과정을 연구할 필요가 있을 것이다.

둘째, 언어교육은 개방적 의사소통과 활동에의 참여를 촉진하는 데에 중점을 두어야 한다는 것이다. 하나의 언어적 경험을 한다는 것은 그 자체로 독립적인 의미를 가지는 것이 아니라, 주어진 맥락과 상황 속에서 다른 언어 내적 요소, 언어 외적 요소 혹은 심리적 요소와의 관계를 형성한다는 것이며, 그 관계만큼의 넓은 세계를 가지게 된다(이돈희, 1993: 136-137). 만약 언어 교육에 있어 문장의 의미 전달이나 평가에만 치중한다면, 학습자들은 이른바 '앵무새 식' 반복 학습만을 할 우려가 있으며, 기대하는 언어능력도 향상시키기 어려울 것이다. 물론, 암기나 반복 학습도 경우에 따라서는 언어 능력의 향상에 도움이 될지도 모른다. 그러나 문제는, 그와 같이 배운 언어는 학습 당사자의 삶과 경험 속에 파고 들어가기 어려우며, 소위 생각이 빠진 '무기력한 언어', 삶과 무관한 '고립적인 상징'으로 전락할 위험성이 있다는 것이다. 이 점에 비추어 보면, 언어교육에서는 활용 빈도가 높은 단어나 문장을 조급하게 외우게 하고 단시일 내에 교육의 효과를 검증하려고 하기보다는, 좀 더 장기적인 관점에서 언어가 학습 당사자의 삶 속에서 체화될 수 있도록 다양한 의사소통의 장을 마련할 필요가 있을 것이다.

셋째, 우리의 국어교육은 한국의 사회, 문화, 역사적 맥락과 연관된 교육이 되어야 한다는 것이다. 비트겐슈타인의 언어관에서도 시사되듯이, 언어교육은 해당 언어의 저변에 깔려 있는 공동체의 전통과 문화를 동시에 가르치는 일이다. 삶의 문화나 역사적 전통과 무관하게 오직 문자 교육만을 시키는 것은 얼마든지 단편적이고 기계적인 언어교육으로 전락할 가능성이 있다.[8] 안타깝게도 오늘날 한국에서 순수 우리말은 많이 사라지고 있으며, 갈수록 소홀히 취급되는 경향이 있다. 더욱이, 최근에 많은 청소년들이 불필요한 외래어를 섞어 쓴다거나 어법에 맞지 않는 '컴퓨터 통신 언어'를 만들어 쓰는 경향이 늘어가고 있다. 이와 같은 추세가 지속적으로 확산된다면, 언어의 이중성에 따른 혼란이 야기됨은 물론, 청소년들이 쓰는 언어는 한국의 문화 전통과는 단절된 채 자신들만의 '비밀스러운' 의사교환의 수단이나 언어적 유희의 수단으로 전락될지도 모른다. 청소년들만 문제되는 것은 아니다. 기성세대들도 우리의 역사와 전통이 배어 있는 순수 우리말을 모르는 경우가 허다하다. 물론 순수 우리

---

8) 이와 관련하여 현재 우리나라에서 탈맥락적인 언어관의 사례를 찾아본다면 소위 '문제풀이식' 교육을 들 수 있을 것이다. 비록 부분적이라고는 생각되지만, 사회의 역동적인 변화나 삶의 구체적 상황과는 무관하게, 학생들이 오직 평가에서 높은 점수를 받기 위해 지식을 암기하고 예상문제를 풀고 하는 것이 그것이다. 예컨대, 호칭을 외우고 있으나 일상생활에서 사용할 줄 모른다거나, 교과서에 나온 시의 주제를 암기하고 시어의 분석을 잘 하고 있으나 그것이 과연 자신의 삶과 무슨 관계가 있으며, 자신에게 어떤 의미와 빛을 던져주고 있는가 하는 문제는 전혀 고려의 대상이 되지 않는 것이다. 물론, 이러한 문제점은 근본적으로 현재 우리나라 입시위주 교육체제에서 비롯된 것이라고 말할 수 있다. 적어도 교육적 맥락에서 언어를 가르칠 때에는 학습자의 삶이나 경험과 동떨어진 그런 고립적 언어 교육을 경계해야 할 것이다.

말을 모른다고 해서 현재의 생활에 당장 지장을 주는 것은 아니다. 그러나 말할 필요도 없이, 우리의 전통과 문화를 알고 사랑하는 것은 바로 우리의 교육이 해야 할 일이다. 따라서 국어교육에서만큼은 삶의 전통이 깃든 조상들의 아름다운 옛말을 가능한 많이 탐색하여 재음미할 가치가 있으며, 동시에 국어와 관련된 우리 문화의 멋과 우수성을 풍부하게 체험하는 교육의 장을 마련할 필요가 있을 것이다.

넷째, 최근에 한국 사회에서 퍼지고 있는 '조기 영어교육의 열풍'은 근본적으로 재검토될 필요가 있다는 것이다. 물론, 조기 영어교육의 실시에 대해서는 학자들의 관점에 따라서 찬반 논쟁이 있다.9) 그러나, 여기서 말하고자 하는 것은 현재 우리나라에서 전개되고 있는 영어교육의 현실과 그 부작용에 있다. 우리나라에서 초등 영어교육이 실시된 이후로 영어의 지도 여부가 유치원 선택의 주요 기준이 되고 있다(노명완, 1998: 37). 학부모들은 외국어 학원의 과외, 속셈학원의 영어 과외, 각종 학습지 등 다양한 외국어 공부를 서로 경쟁하듯이 시키고 있어서, 초등학생은 물론 유치원 어린이에게도 학습 부담과 심적 부담을 가중시키고 있다. 심지어는, 학부모의 과열로 미군영에도 마다 않고 영어를 배우게 하기 위해 보내고, 그것도 만

---

9) 조기 영어교육을 주장하는 학자들의 이론적 근거는 주로 '언어습득장치'와 '결정적 시기'의 가설에 있다. 앞서 언급한 바와 같이, 언어습득장치의 가설은 인간에게 생득적으로 언어를 배울 수 있는 장치가 갖추어져 있다는 촘스키(N. Chomsky)의 이론에 근거한 것이다. 또한 결정적 시기의 가설은 외국어 교육이 아동의 두뇌가 양편으로 '측위화'(lateralization)되어 경직되기 이전인, 신경근육이 유연할 때 실시되어야 한다는 것이다. 우리나라에서 조기 영어교육을 주장하는 학자들도 대체로 이 두 가설에 의존하고 있다. 그러나 조기 영어교육에 반대하는 학자들은 조기 영어교육의 이론적 근거인 '언어습득장치'라는 것이 과학적으로 규명된 것이 아니며, 외국어 학습 시기에 어떤 특별한 적정 시기가 있다고 말할 수 없다고 주장한다. 즉, 발음 학습에서는 두뇌 신경이 유연한 13세 이전이 좋지만 문자와 문법의 학습은 오히려 분석력이 발달된 시기가 더 좋다는 것이다. 그렇기 때문에 우리나라에서의 영어교육을 굳이 초등학교 3학년이 최적의 시기라고 주장할 분명한 근거를 찾을 수 없다는 것이다(노명완, 1998: 25-36). 이상의 논의를 고려하면, 조기 영어교육론은 확실한 타당성을 인정받은 이론이라기보다는, 하나의 가설에 의존하는 주장이라고 말할 수 있다.

족하지 않아 일부 학부모들은 조기 유학을 서둘러 보낼 생각까지 하며, 과외가 횡행하여 불법 외국인이 오만 명이나 체류한 바가 있었다고 한다(김민수, 1998: 69 참조). 뿐만 아니라, 출판사와 사설 학원들은 이런 조기 영어교육의 열풍을 최대한 이용하여 베스트셀러 만들기 경쟁에 골몰하고 있고, 자기만이 영어 공부의 성공 비결을 가지고 있다고 선전하기도 하며, 별별 이상한 방법이 사람들을 유혹하고 있다는 것이다(박병수, 2000).

물론, 외국어를 가르치고자 하는 학부모의 열의를 나무랄 수 없을지도 모른다. 소위 '국제화 시대'에 걸맞게 우리 어린이들이 일찍부터 영어를 잘 구사하는 능력을 갖춘다면 그것은 굳이 반대할 만한 이유가 없는 것이다. 그러나 분명히 현재 한국에서 불고 있는 조기 영어교육의 열풍은 상위 수준의 언어능력을 획득하기 위한 과열 경쟁으로 치닫는 경향이 있다. 이러한 경향이 위험한 것은, 사회적 유행과 열기를 타고 이루어지는 외국어교육이 반드시 그 성공을 보장할 수 없을 뿐만 아니라, 그것이 올바른 의미의 언어교육도 아니기 때문이다. 하나의 언어를 배운다는 것은 해당 사회의 문화와 전통을 동시에 배우는 일이다. 언어의 학습에는 해당 사회의 삶의 전통이 녹아들어 있으며, 또한 활동의 구체적 맥락이 반영되어 있다. 이 점을 고려한다면, 외국어교육은 단기간 내에 성급하게 몰아붙여서 성공하는 것이 아니라, 해당 사회의 삶과 문화를 이해하는 가운데 점진적으로, 또 지속적으로 이루어질 때 좋은 결실을 맺는다고 말할 수 있을 것이다. 그리하여 아직 모국어조차 제대로 습득하지 못한 유아들에게 삶의 형식과 문화의 배경이 다른 외국의 언어를 가르치는 것이 과연 바람직한 것인가 하는 데에는 의문의 여지가 있다. 앞

으로 조기 외국어교육의 실시 전반에 대해 진지한 성찰과 재검토가
필요할 것이다.

제10장 로티의 언어관에 담긴 듀이 사상의 수용과 변용

　　로티는 듀이의 프래그머티즘을 계승, 발전시킨 네오프래그머티즘의 사상가로 알려져 있다. 로티는 듀이와 동일하게 전통적 이원론의 관점을 부정하면서 반정초주의적 인식론을 전개하고 있다. 즉, 지식의 궁극적 토대란 존재하지 않으며 자아의 성장과 확대는 열린 대화를 통해 끊임없이 자신의 신념과 지식을 재구성해감으로써 가능하다는 것이다. 로티의 관점 밑바탕에는 일체의 신념과 지식이 의사소통과 참여를 통해 변화 가능하다는 듀이의 교호작용적 언어관이 깔려 있다. 듀이가 보기에 언어는 화자와 대상을 연결하는 제3의 매개체가 아니라, 삶의 상황에 적응하기 위한 행위적 수단이며 공동의 삶의 질을 개선하는 의사소통의 도구이다. 그런데 로티는 듀이의 행동적 언어관을 특정한 측면에서 변용시키고 있다. 그것은 메타포적 언어관, 민주적 언어관, 그리고 편재적 언어관이라는 세 가지 측면에서 조망될 수 있다. 이 글에서는 로티의 언어관에 담긴 듀이 사상의 영향이 정확히 어디까지이고, 또한 어디서부터 로티의 독자적인 변용이 일어났는지를 이해하고자 한다. 이러한 작업은 듀이의 관점에서 로티의 언어관을 비판적으로 재음미하는 일이 될 뿐만 아니라, 네오프래그머티즘의 언어관이 현대 교육에 주는 시사를 밝히는 데에도 도움이 될 것이다.

I. 서론

언어가 우리의 삶에서 차지하는 비중은 대단히 크다. 우리는 언어를 통해 자신의 생각을 표현하고 타인과 의사를 교환하며 특정한 삶의 문제를 해결하기도 한다. 교육적 사태에서 교사는 언어를 써서 특정한 지식이나 신념, 태도, 기능을 가르치며, 때로는 언어 그 자체의 교육을 실시하기도 한다. 그런 만큼 언어는 모든 인간의 유의미한 삶을 성립시키는 필수 불가결한 도구요, 수단이 되는 셈이다. 아마도 언어의 이러한 중요성에 대해서는 이론(異論)의 여지가 없을 것이다. 다만 우리가 주목할 점은, 종래 전통적 언어관에서는 의문의 여지가 있는 특정한 관점이 견지되어 왔다는 사실이다. 전통적 언어관은 적어도 두 가지 특징적인 경향을 보여주었다. 첫째로, 언어는 화자와 대상을 연결하는 제3의 매개 역할을 한다는 것이다. 이것은 전통적 논리학의 관점이나 아우구스티누스(St. Augustinus)의 '의미지시론'에서 부각되는 것으로서, 하나의 단어를 하나의 대상과 연결되는 고정된 기호로 간주하는 것이다.[10] 이렇게 되면, 언어는 행동과는 무관한 것이 되며, 단순히 특정한 대상이나 실물을 지칭하는 의미를 갖는 데 그치고 만다. 둘째로, 언어는 그 속에 어떤 정신

---

10) 중세의 대표적 신학자인 아우구스티누스의 언어관을 전통적 언어관의 한 사례로 분류하는 까닭은, 후기 비트겐슈타인이 지적한 바와 같이, 아우구스티누스가 '의미지시론'에 입각해 있다는 데에 기인한다(Wittgenstein, 1994: 명제 1-4). 의미지시론은 하나의 단어나 기호가 하나의 실재(실물)에 상응한다는 관점을 가리킨다. 곧, 하나의 기호는 음과 의미로 이루어져 있으며, 우리가 한 기호의 의미를 알게 되는 것은, "발음된 음을 들음으로써 일어나지 않고, 지시되고 있는 실재를 앎으로써 일어난다"(Augustinus, 1983: 216)는 것이다. 가령, 우리가 '걷는다'라는 말이나 '두건'이라는 말을 이해하는 것은 그 음이 가리키는 실물 영상을 파악할 때에 가능한 것이다(Augustinus, 1983: 210-217). 비록 아우구스티누스가 기독교적 관점에 입각하여 언어의 상징성과 해석의 다원적 가능성을 열어주었다고 하더라도, 그의 언어관은 기본적으로 이와 같은 의미지시론에 입각한 것이기에, 화자와 기호와 대상을 '삼각형 모델'로 연계시키는 전통적 논리학의 관점과 유사한 언어관으로 분류한 것이다.

적 실체나 심각한 독립적 의미를 내장(內藏)하고 있다는 것이다. 예컨대, '이데아'니, '보편'이니, '본질'이니 하는 전통철학의 형이상학적 어휘들은 인간의 일상적 삶과는 분리된 초경험적, 초자연적인 의미를 내포하고 있다는 것이다.

그러나 듀이(J. Dewey, 1859-1952)는 이러한 관점을 단호히 배격한다. 곧, 언어는 상호 분리된 주체와 객체를 연결하는 고정된 매개 수단이 아니며, 언어 속에 어떤 숨은 본질이 들어 있지도 않다는 것이다. 전통적 언어관에서와 같이, 언어를 특정한 실물과 대응되거나 어떤 초월적 실재를 함의하는 것으로 간주한다면, 언어에 담긴 삶의 풍부한 맥락성이 떨어져 나가는 결과를 초래하고 만다. 전통적 언어관의 경향은 곧 언어와 실물, 정신적인 것과 물질적인 것을 분리시키는 이원론을 반영할 뿐이다. 듀이에 의하면, 언어는 단순히 일대 일 대응식의 지시적 의미를 갖거나, 혹은 초자연적 의미를 내장한 것이 아니다. 언어는 "특수한 조건들 하에서 자연적 상호작용의 결과"(Dewey, 1925: 145)로 형성된 것이기에 행동적인 의미를 머금고 있으며, 공동의 이해와 상호 교섭을 가능하게 하는 의사소통의 도구이다.

마치 비트겐슈타인(Wittgenstein)이 그의 '의미용도론'을 통해 언어를 보는 관점에 대변혁을 일으킨 것과 유사하게, 듀이는 그의 행동적 언어관을 통해 기존의 전통적 언어관에 근본적인 이의를 제기하고 있는 셈이다. 그런데 듀이의 이러한 언어관은 네오프래그머티즘의 대표적 사상가인 리차드 로티(Richard Rorty, 1931~2007)의 언어관에도 상당 부분 반영되어 있다고 파악된다. 왜냐하면, 로티는 "언어는 그림이 아니라 도구라는 듀이 식의 개념은 올바르다"(Rorty,

1982: 30)고 평가하면서, 듀이와 동일하게 세상사에 잘 대처하기 위한 언어의 맥락성을 강조하고 있기 때문이다.

듀이가 프래그머티즘의 집대성자라면, 로티는 '반정초주의'에 입각하여 고전적 프래그머티즘을 발전적으로 계승한 인물로 평가된다.[11] 로티는 듀이를 하이데거, 비트겐슈타인과 더불어, "우리 시대에 가장 풍부하고도 독창적인 철학자"이며, "그들을 초월할 방도에 대해 아무 생각도 못가지고 있다"고 표현할 만큼 철학자로서의 듀이의 위치를 높이 평가하고 있다(Rorty, 1982: 163). 비록 "로티가 듀이의 어떠한 부분을 어떻게 이어받고 있는지를 명시적으로 밝힌 적은 없지만"(엄태동, 2009: 14), 듀이와 로티 모두 플라톤으로부터 '데카르트-로크-칸트'로 이어지는, 이른바 '거울의 인식론'의 전통을 거부하고 지식 형성에 참여하는 개인의 능동성을 중시한다는 점에서 일치한다.

가령 로티는, "언어는 주관과 객관 사이의 제3 중간물 혹은 실재의 그림을 그려내기 위한 매개물이 아니라 인간의 행위의 한 부분"(Rorty, 1982: 30)이라고 말하면서 듀이와 대단히 유사한 발언을 하고 있는 것이다. 다시 말해, 언어는 '거울'처럼 사물을 그대로 표상하는 매개체가 아니라, 우리들의 행위와 관련된 다양한 맥락적인 의미를 품고 있다는 것이다. 그런데 여기서 주목할 점은, 로티는 듀

---

11) 로티는 고전적 프래그머티즘의 영향을 받아들였지만, 관념의 명료화를 강조하는 퍼스(C. S. Peirce)보다는 제임스(W. James)의 실용적 진리 개념과 듀이의 참여자적 지식론을 적극 수용한 것으로 파악된다. 로티는 자신의 관점 형성에 영향을 준 제임스와 듀이에 대해 다음과 같이 말하고 있다. "진리는 '실재의 정확한 표상'이 아니라 제임스의 말대로 '믿는 편이 더 나은 것'으로 생각하게 될 것이다. …… 듀이에게 가해졌던 '상대주의' 혹은 '비합리주의'라는 비난은 그가 논박했던 철학적 전통에 입각하여 생각 없이 나온 반사적인 방어행동이다. 만일 누군가 듀이와 비트겐슈타인과 하이데거가 거울의 이미지에 가했던 비판을 진지하게 생각해본다면, 그런 상대주의니 비합리주의니 하는 비난은 아무런 힘을 발휘하지 못할 것이다"(Rorty, 1979: 18, 21).

이의 언어관보다 한 걸음 더 나아가고 있다는 것이다. 즉, 그는 듀이가 명시적으로 언급하지 않은 소위 '강한 오독(誤讀)'과 '참신한 메타포'의 창안을 통해, 기존의 진리를 비판적으로 읽고 끊임없이 자신의 인식을 개선해가는 '대담한 시인'(strong poet)의 역할을 강조하고 있는 것이다. 이 점은 로티가 소위 '탈철학시대'의 비판적 언어활동인 문예비평(literary criticism)에 입각하여 듀이 사상을 발전적으로 변용(變容)했다는 사실을 보여준다.

이 글은 로티와 듀이의 언어관을 비교하고 로티의 언어관이 현대 교육에 주는 시사를 밝히는 데에 그 목적이 있다. 로티의 네오프래그머티즘에 입각한 언어관을 다루는 이유는, 그것이 전통적 언어관의 한계를 탈피하여 언어를 보는 해석의 지평을 넓혀준다고 파악되기 때문이다. 또한 로티와 듀이의 언어관을 비교하는 것은 양자의 차이점을 밝히는 일이 될 뿐만 아니라, 듀이의 관점에 비추어 로티가 제안하는 다양한 언어적 지평의 정당성을 검토하는 일이 된다는 점에서 중요한 의미를 가진다. 이와 같은 중요성에 불구하고, 이제까지 국내에서 로티와 듀이의 언어관의 관계성을 다룬 연구는 없다.[12] 이러한 연구 경향은, 어찌 보면 듀이의 경험 개념이 로티에 있어서는 언어의 차원으로 '치환'되었다고 보고, 듀이의 '경험'을 대체

---

12) 물론 듀이의 언어관과 로티의 언어관을 별도로 다룬 연구들은 몇 편 찾아볼 수 있다. 듀이의 언어관을 다룬 국내 연구물로는 졸고, "듀이의 교호작용과 언어관"(2001)과 "듀이와 비트겐슈타인의 언어관: 교육적 시사"(2002) 등이 있으며, 로티의 언어관을 다룬 연구물로는 김동식(1992)의 논문, "로티의 언어관과 그 문제점", 김동식(2003)의 저서 『프래그머티즘』(서울: 아카넷), 곽소현(2006)의 석사학위논문, "로티의 신실용주의적 언어관", 그리고 류동국(2007)의 석사학위논문, "로티의 언어의 우연성을 넘어서" 등이 있다. 또한 로티의 듀이 해석의 정당성을 비판적으로 검토한 연구로는 노양진(1995)의 "로티의 듀이 해석"이 있으며, 로티의 네오프래그머티즘이 시사해주는 교육적 의미를 긍정적인 측면에서 재해석한 연구로는 엄태동(2009)의 저서 『로티의 네오프라그마티즘과 교육』을 참조할 수 있다. 그러나 이제까지 듀이와 로티의 언어관을 직접적으로 비교하는 연구나, 듀이의 언어관에 비추어 로티 언어관의 문제점과 의의를 다룬 연구는 이루어지지 않았다.

하는 차원에서 로티의 언어관을 다룬 데에 기인하는 것인지도 모른다.

그러나 문제가 되는 것은, 이러한 연구 경향은 로티의 언어관에 담긴 듀이 사상의 변용의 문제를 결락하게 될 수 있다는 것이다. 왜냐하면, 로티의 언어관에는 듀이 사상의 수용과 변용이 동시에 녹아들어 있기 때문이다. 사실, 로티의 언어관에서 정확히 어디까지가 듀이 사상의 수용이고, 또 어디서부터 로티의 독자적인 주장인가 하는 것은 별도의 심층적인 검토를 요하는 문제이다. 따라서 이 글에서는 로티의 언어관을 메타포적 언어관, 민주적 언어관, 그리고 편재적 언어관이라는 세 측면으로 나누어 고찰하고, 이를 통해 로티의 언어관에 담긴 듀이 언어관의 수용과 변용을 비판적으로 검토해보고자 한다. 이러한 작업은 로티의 언어관의 정당성을 재음미하는 일이 될 뿐만 아니라, 네오프래그머티즘의 언어관이 현대 교육일반에 주는 시사를 밝히는 데에도 도움이 될 것이다.

Ⅱ. 메타포적 언어관: 급진적 반정초주의와 완화된 반정초주의

로티에 의하면, 언어에 대한 데이비슨(Davidson)의 작업은 한 마디로 "언어의 우연성을 직시하려는 열망의 발로"라고 말할 수 있다. 이러한 작업은 "언어를 세계나 자아에 부합되는 어떤 것으로 보려는 발상과 완전히 결별한" 것으로 평가된다(Rorty, 1989: 40-41). 데이비슨은 그의 '찰나 이론'(passing theory)에서 드러나듯이, 언어를 사물이나 대상을 지칭하는 단순한 매개물이 아니라, 대화 당사자 간에 만남과 교섭의 의미를 수렴해가는 '메타포'로 간주한다. '찰나 이론'

은 동료 인간에 의해 지금 막 이루어지고 있는 소리와 문자에 관한 이론으로서, 언어를 단위체로 간주하는 관념들의 기초를 허물어버리고자 하는 의도를 가진다(Rorty, 1989: 48). 이와 같은 데이비슨의 언어관은 종래와 같이 언어를 정태적인 것이 아니라 그때그때의 상황에 따라 끊임없이 변모하는 생성적인 것으로 간주하는 것이다.

그런데 로티는 데이비슨의 언어관을 확장하여 기존에 언어로 간주할 수 없었던 '낯선 소리'(unfamiliar noise)나 '헛소리'(non-sense)까지 언어에 포함시킨다. 이처럼 의미를 알 수 없는 말이나 행위까지 언어에 포함시켜 언어의 외연(外延)을 광범위하게 확대해서 보는 것이 로티의 메타포적 언어관이다. 메타포적 언어관에서는 언어의 정초(定礎)라고 할 만한 것이 없다. 여기에서 언어는 마치 물 위를 떠가는 부유물(浮游物)처럼 수많은 우연성들의 결합으로 인해 끊임없이 변화되어갈 뿐이다. 로티가 말한 바와 같이, 이러한 유추는 "우리의 언어, 즉 20세기 유럽의 과학과 문화라는 것이 수많은 작은 우연성들의 결과로 형성된 어떤 것이라고 보게 해준다"(Rorty, 1989: 51-52). 따라서 이제까지 인류 역사에 등장한 수많은 어휘들은 고정된 실재에 대응된다거나 신의 섭리에 부합된다는 그런 의미를 가지는 것이 아니다. 그 어휘들은 단지 시간과 기회의 산물로서 추측과 유추를 통해 끊임없이 진화되어 온 것일 뿐이다.

이처럼 언어가 실재를 표상하는 수단이 아니라 수많은 우연성의 결합적 산물에 불과하다면, 보편적인 공약을 나타내는 진리의 대상이란 존재할 수 없다고 보아야 한다. 로티가 지적한 바와 같이, "세계와 마찬가지로 진리가 저 바깥에 존재한다는 제안은, 세계라는 것을 그 자신의 언어를 지닌 어떤 존재에 의한 피조물로 보았던 시대의 유산이다"(Rorty, 1989: 32 - 33). 궁극적 진리의 대상을 상정하는 것은 '데카르트의 불안'에서 드러나듯이, 진리를 발견하지 못하면 곧 '어둠의 구렁텅이'로 빠진다는 '강박관념'(Rorty, 1982: 96)을 반영할 뿐이다. 그러한 강박관념은 자유로운 사고와 창의를 봉쇄하고 자아의 재창조를 가로막는 걸림돌이 된다. 그리하여 로티는, 마치 데리다의 "밑바닥이 없는 바둑판"(bottomless chessboard)이라는 은유가 드러내는 바와 같이, 일체의 토대를 거부한 채 차이를 반영하는 언어들이 끊임없이 변화, 생성되고 있음을 이야기할 뿐이다. 이것이 로티의 '언어의 우연성' 논제(김동식, 1992: 277 - 278; 2003: 273)이다. 이처럼 우리가 쓰는 언어가 확고한 정초가 없이 시간과 기회에 따른 메타포적 산물에 불과하다면, 메타포에 기반을 둔 일체의 지식도 정형화된 토대 없이 얼마든지 새롭게 구성되고 또 변화될 수 있다고 보아야 할 것이다.

　로티의 유명한 '자유주의적 아이러니스트'(liberal ironist) 개념은 바로 이와 같은 '언어의 우연성' 논제에 입각해 있다. 자유주의적 아이러니스트는 궁극적 실재라는 어휘뿐만 아니라 자신의 최종적 어휘마저 부정한다는 점에서, "유명론자이면서도 역사주의자이다. 그는 아무것도 본래적 성질, 진정한 성질을 갖고 있지 않다고 생각한다"(Rorty, 1989: 148). 아이러니스트는 "자신이 현재 사용하는 마지막 어휘에 대해 근본적이고도 지속적인 의심"(Rorty, 1989: 146)을 갖기 때문에, 그러한 의심을 일거에 해소할 자신의 언어를 갖지 못한다. 자신이 사용하는 언어조차 의심의 대상이 된다는 것은, 언어가 더 이상 자연을 투명하게 비추는 수단이 아닐뿐더러, 항상 시공간적 맥락에 따라 우연성을 띠며 변화하는 것임을 다시금 보여준다.

그렇기 때문에 아이러니스트는 자신 밖에 근본적 본질이 존재한다는 것을 부정하면서도 그 근본적 본질을 분쇄할 궁극적 대안을 정립할 수 없다. 다만 그는 삶의 사태 속에서 낡은 어휘 대신에 끊임없이 새로운 '재서술'을 해나갈 뿐이다. 소위 로티의 '대담한 시인'은 바로 그 일을 하는 사람이다. 즉, 그는 "언어의 우연성에도 좌절하지 않고 그것을 긍정하며, 낙관적 태도로 참신한 메타포의 창안에 도전하는 인물인 것이다"(김동식, 2003: 274).

그러나 언어에 아무런 토대나 기반이 없다면, 우리가 공통으로 이해하는 언어사용이 가능한 일인가? 그야말로 '하늘에서 떨어지듯' 새로운 어휘의 창조는 있을 수 있는가? 그리하여 하버마스(Habermas)와 같은 학자는 로티의 언어관을 "아주 과격한 맥락주의"라고 비판하고 있다(김동식, 2003: 351). 왜냐하면, 뜻을 알 수 없는 헛소리까지 언어에 포함시키면 인식의 간주관성을 확보할 수 없을 뿐만 아니라, 소위 '토대로서의 지식'이 무력화되어 지식이나 의미의 기준이라는 것이 성립될 수 없기 때문이다. 물론 로티가 과연 언어의 사회적 기원을 무시했는가 하는 데에는 의문의 여지가 있을 수 있다. 왜냐하면, 로티는 '자문화중심주의'(ethno-centrism)를 통해, 언어의 발전에 기여하는 사회적 연대성을 동시에 강조하고 있기 때문이다. 이 점에서 패스텐스타인은 로티의 자문화중심주의를 정당화의 맥락적 판단에 근거한, '한정된 의미의 상대주의'(a limit relativism)로 읽어야 한다고 제안한다(Festenstein, 1977: 122-123).

그러나 저자가 보기에 로티의 자문화중심주의는 어디까지나 언어의 시공간적 우연성이 강하게 침투된 것이다. 왜냐하면, 로티는 "문화 전체가 시화(詩化)될 수 있으리라는 희망"(Rorty, 1989: 100-

101)에서, 언어의 확고한 토대 없이도 얼마든지 자유로운 어휘의 창안이 가능하다고 보기 때문이다. 사실, 로티가 "언어의 해석적 자의성과 비유의 역할을 지나치게 강조"했다는 비판(김동식, 1992: 285)은 바로 이러한 문제점을 직시한 데서 나온 것이다. 우리가 로티의 메타포적 언어관을 '급진적 반정초주의'로 명명할 수 있는 까닭도 여기에 있다. 비록 로티가 '자문화중심주의'를 통해 '극단적 상대주의'를 지양한다고 하더라도, 그의 반정초주의 언어관에 입각한 '우연성'의 테제를 끝까지 밀고 나아가면, 기존에 사회적으로 합의된 의미 체계마저 평가절하 하는 문제점을 노정(露呈)하기 때문이다.

듀이도 로티와 동일하게 전통적인 정초주의적 인식론을 비판한다. 비록 '정초주의'라는 용어는 로티에 의해 본격적으로 쓰인 용어로 평가되지만, 그 아이디어 자체는 듀이의 반이원론적 세계관을 반영하는 것으로 보아야 한다. 왜냐하면, 자아와 실재를 연결하는 매개 역할로서의 언어를 부정한다는 점에서는 듀이 또한 반정초주의 입장을 취하고 있기 때문이다. 듀이의 언어관은 그의 『인식작용과 인식대상』(1949)에 나타난 '기호의 과정'(sign-process)에서 찾아볼 수 있다. '기호의 과정'은 인간 언어의 발생적 기원을 보여줄 뿐만 아니라, 소위 '메타포'로부터 공적 언어로 발달해가는 언어적 전화(轉化)의 구체적 모습을 드러내준다. '기호의 과정'은 크게 세 단계로 이루어진다.

첫째 단계인 '신호작용'(signaling)은 자연적인 기호의 단계로서 단순한 지각적, 감각적, 조작적 행동을 하는 것을 가리킨다. 둘째 단계인 '의미부여'(designation)는 초보적 언어 표현인 '단서'(cue)로부터 발전적 기술(記述) 영역인 '특성부여'(characterization), 그리고 본격적 탐구과정인 '상세화'(specification)로 이행되는 세 국면으로 이루어진다. 셋째 단계인 '상징'은 후기 언어발달 단계로서, 특수한 의미 부여를 벗어나 언어가 다양한 맥락에서 효율적으로 사용되는 단계를 의미한다(Dewey & Bentley, 1949: 71−72, 140−149).[13] 요컨대, 듀이의 '기호의 과정'이 보여주는 것은 언어가 공식화되지 않은 신호작용이나 명명작용에 의해 발원한다는 것이며, 이후 발달된 언어는 인간과 환경, 인간과 사회의 교호작용으로부터 진화된 것이기에 광범위한 행동적 요소를 내포하고 있다는 것이다. 이것은 로티에 있어 공식화되지 않은 메타포적 표현이 공적 언어 발전의 추진력이 되는 것과 대단히 유사한 것이다.

그러나 로티와 듀이의 반정초주의에는 미세한 차이점이 노정된다. 왜냐하면, 로티가 '언어의 우연성' 테제에 입각하여 언어의 재서술에 대한 일체의 제약 조건을 부정한다면, 듀이는 기존의 언어적, 사회적인 전통을 받아들이면서 간주관적인 의미 체계를 중시하고 있기 때문이다. 물론, 로티가 언어의 재서술에 있어 일체의 제약 조건을 부정했는가 하는 데에는 의문의 여지가 있을 수 있다. 가령 앞서 언급한 로티의 '자문화중심주의'는 해당 사회의 합의와 연대성을 강조한다는 점에서 극단적 상대주의로 치닫지 않기 위한 '예방장치'일 수 있으며, 이 점에서 로티도 사회적으로 공유된 의미 체계를 배제하지 않았다는 것이다. 곧, 로티에 있어서도 해당 사회의 문화적 전통은 메타포의 창안을 위한 소중한 기반이 된다는 것이다. 그러나 저자가 보기에, 로티의 이러한 '보수적' 측면은 확실히 그 자신의 '혁신적' 논의들을 약화시키는 결과를 초래한다. 왜냐하면, 로티의

---

13) 듀이의 '기호의 과정'에 대한 자세한 논의는 졸고(2001) '듀이의 교호작용과 언어관' ch. Ⅳ 참조.

'자유주의적 아이러니스트'나 '강한 오독', '참신한 재서술' 등등, 일련의 혁신적 논의들은 일체의 언어적 정초로부터 자유로운 것이기 때문이다. 이로써 우리가 로티의 혁신적인 논지의 '일관성'을 살리려면, 그의 자문화중심주의는 인식의 단위가 사회적으로 확대되었을 뿐, 여전히 '토대'를 부정하는 반정초주의적 시각을 강하게 반영한다고 보아야 할 것이다.

로티와 대조적으로, 듀이의 '기호의 과정'에 나타난 언어관은 비통상적 언어 구사로부터 통상적 담론으로 이행해가는 모습을 구체적으로 잘 보여준다. 가령, '의미부여'의 후기 단계인 '상세화'의 작업은 광범위한 맥락에서 사실들을 배열하는 일이고 주도면밀한 탐구를 동반하는 것이기에 공적 담론의 지평을 확장시켜주는 역할을 한다. 물론, 듀이의 '상세화'가 언어 발달의 일반을 설명하는 개념이라기보다는, 과학적 탐구의 실제적 필요성에 의해 발달된 언어에 국한된 것이 아닌가 하는 의문이 제기될 수 있다. 확실히 상세화의 작업 자체는 엄밀한 과학적 탐구의 성격을 보여주기 때문이다.

그러나 우리는 또 한편으로 상세화의 작업이 신호작용으로부터 후기 언어발달 단계인 '상징'으로 발달해가는 기호의 진화적 노정에 놓여 있다는 점에 주목해야 한다. 듀이의 표현대로 옮기면, 상세화는 "가장 효율적인 의미부여의 형식"(Dewey & Bentley, 1949: 131)이며, 인간의 모든 명명작용을 주도면밀하게 검토하는 작업에 해당한다. 곧, 상세화는 사실에 대한 인식에 기초해서 명명한 바를 아주 개방적이고 치밀한 맥락에서 검토하는 행위의 과정에 다름 아닌 것이다. 이 점에 비추어 보면, 상세화의 작업은 비단 과학 분야뿐만 아니라, 효율적 명명작용을 하는 모든 분야의 언어 발달에 기여하는 것으로 보아야 한다. 한편, 후기 언어발달 단계인 '상징'은 사회적 합의에 따른 인위적 기호의 단계로서, 여러 종류의 담화의 그물망 속에서 다른 상징들과 관련되어 수정, 통합되기도 하면서 의미의 확장과 정련(精鍊)을 이루어나가는 단계이다.

듀이의 '기호의 과정'에 따르면, 언어는 원천적으로 삶의 사태 속에서 빚어지는 상호작용적 요소를 지닐 수밖에 없으며, 이후 공동체적 삶의 맥락 속에서 상호 교류와 수정을 거쳐 발전해온 것이다. 우리는 공동체가 공유하는 상징을 써서 공동 행위의 참여자가 되고 삶의 방식을 개선해갈 수 있게 된다. 듀이가 말한 바와 같이, 언어는 "언제나 행동의 한 형식"이며, "하나의 조직된 집단을 전제로 하므로 특수성이 아니라 하나의 관계로 보아야 한다"(Dewey, 1925: 144-145). 언어는 오직 공동의 활동을 가능하게 하는 상징적 표현으로 공유되어야만 간주관적 의미 체계로 자리 잡을 수 있다. 듀이의 이러한 관점에서 보면, 로티가 말하는, 남이 알아들을 수 없는 헛소리나 낯선 소리는 언어의 발생적 기원은 될지언정 현재의 사회적 의사소통과 지식 생성을 가로막는 걸림돌이 될 수도 있다. 왜냐하면, 듀이에 있어 공적인 언어 발전의 추진력은 사적 메타포가 아닌, 사회적 교호작용을 통한 의미의 공유와 확대에 있기 때문이다. 바로 이 점에서 듀이의 언어관은 로티보다는 오히려 공동체의 삶의 맥락을 강조하는 후기 비트겐슈타인의 언어관과 유사하다고 평가될 수 있는 것이다(김무길, 2002).[14]

---

14) 이와 관련하여 로티는, "후기 비트겐슈타인이 듀이에게 속하며, 듀이가 철학에 대한 전통적인 관념들을 제거한 것과 예술과 과학, 예술과 종교, 도덕과 과학 사이의 구분들을 파괴하고자 시도한 것들은 데카르트적 전통에 대한 비판의 자연스러운 결과에 해당한다"(Rorty, 1982: 118)고 평가한 바가 있다.

사실, 듀이의 언어관을 로티의 언어관과 대비하여 '완화된 반정초주의'로 부를 수 있는 까닭도 여기에 있다. '완화된 반정초주의'는 가령 '정초주의'와 '반정초주의'를 동일한 선분의 양 극단으로 놓고 볼 때, 상대적으로 정초주의보다는 반정초주의에 가까운 입장을 나타낸다. 완화된 반정초주의는 정초주의 인식론을 부정하지만, 그렇다고 하여 기존에 사용되는 어휘나 정당화된 의미 체계마저 배제하지 않는다. 비록 영구불변의 것은 아니라고 하더라도, 듀이에 있어 기존에 합의된 언어적 '토대'는 로티에 비해 '불확정적 영속성'을 띤다는 사실은 분명하다. 확실히 듀이는 통상적 담화에 담긴 언어의 사회성과 역사성을 존중하고 있으며, 현재 합의된 언어나 의미 체계를 수단으로 하여 경험과 지식의 성장을 추구하고 있기 때문이다.

요컨대, 로티가 유명론(nominalism)에 입각하여 일체의 언어적 정초를 부정하고 개별적 정신의 자유로운 표현을 강조한다면, 듀이는 상호작용의 맥락에 들어오는 사회적, 물질적인 토대를 인정함으로써 로티의 경우와 같이 급진적인 모습을 드러내지 않는 것이다.[15] 물론 듀이에 있어서도 자유로운 의사표현의 정신은 강조되지만, 그것은 독립적인 것이 아니라 어디까지나 공동체와의 상호작용 속에서만 의미를 지닌다고 보아야 한다. 이로써 로티는 전반적으로 듀이의 도구적이고 행동적인 언어관을 수용했다고 볼 수 있으나, 한 걸음 더 나아가 그것을 '언어의 우연성' 테제에 확대, 적용함으로써 강한 의

---

15) 듀이는 로티가 견지하는 유명론적 언어관에 대해 다음과 같이 비판한다. "유명론의 결함은 상호작용과 협력을 사실상 부인하는 데에 있다. 유명론은 말을 협력의 목적을 실현하기 위한 사회적 행동 양식으로 보지 않고 이미 이루어진, 전적으로 개인적인 정신상태의 표현으로 간주하였다. 가령 감각, 영상 혹은 감정은 하나의 존재로서 필연적으로 특수한 것이다. …… 그러나 그 특수한 정신적 존재 자체가 말은 아니다. 정신적인 존재를 선언함으로써 말이 되는 것은 아니라, 의미를 가질 때만이 말이 된다. 정신적인 존재가 의미를 갖게 되는 것은 그것의 사용이 행동의 진정한 공동체를 성립시킬 때에 한해서이다"(Dewey, 1925: 145).

미의 반정초주의로 나아갔다고 볼 수 있다.

Ⅲ. 민주적 언어관: 비통상적 담론과 통상적 담론

로티에 의하면, 통상적 담론은 동의를 획득한 일련의 규약 내에서 일어나는 담화이다. 비통상적 담론은 그러한 규약에 대해서 아무것도 모르거나 혹은 그러한 규약을 무시하는 사람이 담화에 참여했을 때 일어난다(Rorty, 1979: 346). 가령 남이 알아들을 수 없는 낯선 소리나 헛소리는 비통상적 담론에 속한다. 로티가 말하고자 하는 것은 종래 평가절하되어 온 비통상적 담론으로서의 메타포가 통상적 담론의 발전에 기여한다는 데에 있다. 왜냐하면, 로티는 언어의 창조에 '정초'라고 할 만한 것을 거부하고, 참신한 '시적 표현'이 언어의 발전을 촉진한다고 보기 때문이다. 비통상적 담론은 통상적 담론에로 항상 열려 있고, 동시에 통상적 담론은 항상 비통상적 담론에로 개방되어 있다. 다시 말해, 통상적 담론은 비통상적 담론으로서의 오독과 재서술에 항상 개방되어 있음으로 해서 그 발전과 재창조를 담보할 수 있다는 것이다. 로티의 이러한 관점은 그의 '언어의 전체성' 논제(김동식, 2003: 273)와 관련된다. '언어의 전체성'이란 언어가 마치 그물처럼 서로 얽혀 있어서, 통상적 담론도 항상 비통상적 담론과 연계되어 있음을 의미한다. '언어의 전체성'은 언어가 확정된 경계를 갖는 것이 아니라 상호 관계적 그물망 속에서만 의미를 갖는다는 점에서 일종의 아포아(apoha)론과 맞닿아 있다.16)

---

16) '아포아'론에 대해서는 이 책의 제14장 Ⅳ절 참조

로티의 '민주적 언어관'은 이러한 '언어의 전체성' 논제에 입각하여 통상적 담론과 비통상적 담론의 평등은 물론 모든 학문적 언어의 평등을 주창한다. 로티의 표현대로 하면, 이것은 "특권적인 언어, 초월적인 언어를 허락하지 않는 개방적인 언어관"(Rorty, 1989: 35－36)이다. 어느 학문의 어휘를 여타 학문보다 우선시 혹은 특권적으로 보는 것은 '비민주적' 발상에 해당할 뿐이다. 가령 과학이라는 하나의 학문 분야가 모든 학습의 기초로서의 역할을 할 수 없다는 것이다(Doll, 1993: 236). 로티가 말한 바와 같이, "자연과학의 기술은 시인, 소설가, 심층 심리학자, 조각가, 인류학자, 신비주의자 등이 제시하는 다양한 대안적 기술과 동등한 위치에 놓일 수 있다"(Rorty, 1979: 389). 그리하여 가령 과학적 언어를 문학적 언어보다 우선시 하거나 철학적 언어를 과학적 언어보다 우선시 하는 것은 언어 민주화의 정신에 위배되는 것이다. 어느 언어가 다른 언어보다 우월하다는 것이 아니라, 모든 인간의 언어가 메타포로 수렴되어 새롭게 변형되고 발전될 가능성을 가지고 있기 때문이다. 따라서 인간의 언어적 해석 밖에 존재하는 특권적 언어, 예컨대 플라톤적 '이데아'니, 아리스토텔레스적 '부동의 동자'니, 헤겔의 '절대정신'이니 하는 초월적 어휘들은 더 이상 의미를 가질 수 없는 것이다. 이러한 로티의 관점은 기존에 비통상담론을 무의미한 헛소리로 보는 차별적 시각을 벗어나서, 비통상적 담론도 통상적 담론 못지않게 중요한 역할을 한다는 점을 보여준다.

　로티의 이와 같은 관점은, 비록 그가 통상적 담론의 역할을 부정한 것은 아니라고 하더라도, 궁극적으로 언어의 진화 발전이 개별적인 비통상적 담론에 흡수되어 새로운 도약을 담보하게 됨을 말하고 있는 것이다. "비정상적이고 실존주의적 담화가 언제나 정상적인 담화에 기생하고 있고, 해석학의 가능성은 언제나 인식론의 가능성에 기생하고 있다"(Rorty, 1979: 393). 비통상적 담론으로서의 메타포가 "점차 습관화된 용법을 얻어 언어놀이 속에서 낯익은 자리를 차지하게 되면, 그 문장은 메타포이기를 멈추게 되고"(Rorty, 1989: 55) 통상적 담론에 편입된다. 동시에 통상적 담론은 다시 비통상적 담론에로 개방되어 장차 변화 가능성을 가지고 있다. 그런 만큼 로티가 말하는 언어의 발전에는 통상적 담론보다는 상대적으로 비통상적 담론이 부각되는 셈이다. "낡은 메타포들은 끊임없이 죽어가면서 문자적인 것이 되어 새로운 메타포를 위한 출발과 화석으로 봉사한다"(Rorty, 1989: 51-52).

약어로 표시하면, 로티에 있어서는 '비통상 → 통상→ 비통상 → 통상 → ……' 식으로 비통상적 담론으로서의 메타포가 끊임없이 통상적 담론에 흡수되어 무한히 발전되는 언어적 전회(轉回)의 모습을 드러내는 것이다. 언어의 발전이 '비통상'으로부터 시작하는 이유는 "토마스 쿤(T. Kuhn)의 과학 발전이 정상과학에서 시작되는 것과 달리 통상담론에 의지하지 않은 채 발생할 수 있기 때문이다"(김동식, 1992: 274-275). 로티는 비통상 담론을 폄하하는 기존의 언어관의 속성을 다음과 같이 지적한다.

> 규준을 찾으려는 유혹은 세계나 인간의 자아가 본래적인 본성, 즉 본질을 가진 것이라고 생각하려는, 더 일반적인 유혹의 한 종이다. 바꿔 말해서, 그것은 우리가 세계나 우리 자신을 습관적으로 서술하는 많은 언어들 가운데 어느 한 언어에 특권을 부여하려는 유혹이다(Rorty, 1989: 35).

로티의 유명한 저작인『철학 그리고 자연의 거울』(1979)은 특권적 언어에 대한 유혹을 분쇄하려는 그의 의도를 잘 보여준다. 로티는 그 책에서 이른바 토대로서의 지식을 무력화시키고자 하며 최종적인 어휘로 보편적인 공약을 추구하는 전통적인 '체계철학'을 공격한다. 로티가 종래 '체계철학'에 대한 대안으로 제시한 '교화철학'은 전통철학에서 추구해온 객관적 진리 자체를 거부하며, 오히려 자기기만에 빠지지 않도록 하는 대화의 진행과 구성에 중점을 둔다. 로티의 '교화철학'에서 보면, 사회적으로 구성된 지식이나 신념은 어떤 절대적인 종착점으로 수렴되는 것이 아니라 개방적 의사소통과 참여를 통해 얼마든지 변화가 가능한 것으로 보아야 한다.

말할 필요도 없이, 이러한 지식과 신념의 가변성은 듀이의 '참여자적 지식론'을 그대로 반영한다. 왜냐하면, 참여자적 지식론에서도 정초주의적 진리관을 부정하면서, 통상적 담론에 개입하는 특수한 개인의 사고 작용을 중시하기 때문이다. 다만 주목할 점은, 듀이는 탐구의 일반적 방법인 '반성적 사고'(reflective thinking)가 개입하여 (Dewey, 1916: 178) 모든 지식의 발달이 가능하다고 보았기 때문에, 언어의 민주화를 제안하는 로티에게는 비판의 대상이 되었다는 것이다. 왜냐하면, 로티가 보기에 듀이의 지식론은 궁극적으로 '과학'으로 수렴되는 것이어서, 모든 학문의 언어를 평등하게 다루는 '언어 민주화'의 발상에 위배되는 것이기 때문이다. 다시 말해, 듀이의 관점은 반성적 사고를 강조함으로써, 자칫하면 종래의 이성중심담론이나, 과학에만 특권적 지위를 부여하는 '과학주의'로 귀결될 위험성이 있다는 것이다.

그러나 듀이의 '과학'이 과연 로티가 비판하는 '과학주의'와 동일한가 하는 데에는 의문의 여지가 있다. 사실, 듀이는 객관화된 대상을 내 앞에 대기시키고 엄격한 관찰을 통해 대상의 정확한 속성을 파악한다는 근대과학의 신념에 이의를 제기하였다. 왜냐하면, 인식 대상은 인식작용과의 상호작용을 말미암아 그 독립적 속성을 잃어버리기 때문이다. 따라서 듀이의 '과학'은 근대과학의 기계론적 관점이 아니라, 상호작용적 상황 속에서 가변적인 의미를 갖는 과학적 탐구의 과정(사고와 행위적 검증이 동반되는 과정)으로 이해되어야 한다. 다시 말해, 듀이의 '과학'은 "순수 물리학적인, 또는 좁은 의미의 과학이 아니라 최선의 관찰과 탐구 기술을 적용할 때 나타날 것이라고 기대되는 것"(Dewey & Bentley, 1949: 152)이다.

듀이가 이러한 의미의 과학적 사고를 강조하는 이유는 무엇일까? 그것은 과학적 사고가 그야말로 시행착오나 주먹구구식 방법이 아니라, 삶의 상호작용적 상황 속에서 경험을 확대, 발전시키는 지성적인 방법이기 때문이다. 이 점에서 통상적 담론은 로티의 평가대로 단지 정형화되고 무기력한 것만은 아니다. 사실, 통상적 담론의 발전은 과학적 사고와 밀접한 관계를 맺고 있는 만큼, 거기에는 탐구의 역사적, 사회적 맥락이 배어 있으며, 동시에 장차 경험의 질을 개선, 확충해가는 주요한 탐구 자료와 수단들이 내장(內藏)되어 있다. 어찌 보면, 듀이에 대한 로티의 비판은 바로 이와 같은 통상적 담론의 자체적 발달 가능성을 충분히 고려하지 않고, 과학적 방법을 특권적 담론으로만 평가절하한 데에 기인한 것일 수 있다.

요컨대, 듀이와 로티 모두 정초주의적 언어관을 부정하면서 통상적 담론과 비통상적 담론 간의 긴밀한 관계성을 주장하는 것은 공통적이다. 그러나 로티와 듀이의 차이는 언어의 발전에 있어 통상적 담론의 비중이 상이하게 평가된다는 데에 있다. 로티는 '언어의 전체성' 논제를 통해 비통상적 담론과 통상적 담론의 연관성을 언급하면서도, 다른 한편으로는 '언어의 우연성' 논제에 입각하여 비통상적 담론을 강하게 부각시키는 모습을 연출한다. 로티는 비통상적 담론이 통상적 담론을 발전시키는 원동력이 된다는 사실을 지나치게 강조한 나머지, 통상적 담론이 자체의 구조 안에서 발전할 가능성을 도외시한 셈이다. 반면, 듀이는 비통상적 담론이 언어의 기원으로서 중요한 의미를 가진다는 점을 인정하면서도, 상대적으로 현재 소통 가능한 통상적 담론의 비중을 높게 평가한다. 왜냐하면, 이제까지 발전되어 온 통상적 담론들은 공동체가 공유 가능한 과학적인 사고의 결과로 가능한 것이기 때문이다. 이와 같은 맥락에서 보면, 통상적 담론을 발전시키는 메타포의 창안은 역설적으로 로티가 비판한 '과학적 방법'에 힘입은 것으로 볼 수 있다. 왜냐하면, 듀이의 과학적 방법으로서의 반성적 사고는 삶의 문제를 해결하는 합리적 탐구의 속성을 나타내며(Dewey, 1933: 113-124), 동시에 로티의 "참신한 재서술"이나 "최선의 사회적 실행"을 위한 동인으로 기능할 수 있기 때문이다.

Ⅳ. 편재적 언어관: 언어적 인지와 선언어적 인지

셀라스(Sellars)에 의하면, "모든 인지는 언어적 사태"(Rorty, 1982: 63)이다. 감각소여에 대한 직접적 접근이 지닌 역할은 외적 세계에 대한 지식의 근거가 아니라, 언어를 사용해서 세계의 일부를 지칭하기 위한 인과적 조건의 하나에 불과하다. 결국 감각소여의 인식적 지위를 박탈하고자 하는 것이 셀라스의 전략인 셈이다. 로티는 셀라스의 이러한 관점을 적극 수용하여, 언어적인 체에 걸러지지 않은 순전한 감각경험들은 의미를 가질 수 없다는 '언어의 편재성(遍在性)' 논제(김동식, 1992: 270−272; 2003: 272−273)를 발전시킨다. 이 논제는 언어 외적인 관념의 상정을 거부하는 것이며, 모든 선언어적 인지는 언어적 인지 상태로 수렴됨으로써 의미를 갖게 된다는 것을 보여준다. "언어를 사용하지 않고 세계나 목적을 생각할 수 있는 길이란 없다"(Rorty, 1982: 31). 우리가 경험하는 것은 '항상', 그리고 '이미' 철저히 하나의 언어로 구성되어 있어서, 우리는 언어로 구성된 실재만을 경험할 수 있다는 것이다(곽덕주, 2001: 4). 비록 로티가 메타포로서의 언어를 주장하며 언어의 폭을 대단히 넓게 보는 것은 사실이지만, 그는 근본적으로 '언어 편재성' 테제에 입각해 있었기 때문에 일체의 '선언어적 인지'(pre-linguistic awareness)의 가능성을 부정하고 있는 것이다.

가령 붉음의 예를 직접 안다고 해서 "이것은 붉은색 대상이다" 혹은 "붉음은 색깔이다"라는 우리의 지식이 근거 '지어진다'고 말하는 것은 언제나 잘못이다(Rorty, 1979: 201). 적절한 어휘로 파악하지 않으면 대상이 무엇인지 알 수 없기 때문에, 비언어적인 직접적 경험은 언어로 번역되지 않는 한 유의미한 개념 습득으로 연결될 수 없다. 로티에 있어서는 언어적 해석을 떠난, 별도의 실재하는 세계가 존재하지 않으며, 인간의 모든 인식은 오직 상황 맥락에 따른 언어적 해석의 산물일 뿐이다. 마치 데리다(Derrida)에 있어 텍스트(texte) 바깥 세계가 있을 수 없는 것과 마찬가지로, 로티에 있어서는 언어 바깥의 세계가 있을 수 없다.

그리하여 로티가 선언어적 인지를 부정한다는 것은 감각경험이 인식에 일조한다는 것을 부정한다는 뜻이 아니라, 약간이라도 언어적 의미부여가 일어나지 않은 단순한 감각경험을 통해서는 지식을 생성할 수 없다는 뜻으로 해석해야 한다. 이처럼 로티는 모든 앎을 언어적인 사건으로 보기 때문에 감각경험과 개념습득 간의 직접적 관계를 부정한다. 그렇기 때문에 로티에 있어 언어에 선행된 감각경험은 지식획득과 필연적인 관련이 없으며, 단지 인과적인 선행 사건의 하나에 불과한 것이다. 따라서 로티가 보기에 언어적 해석에 선행하는 '선언어적 인지'라는 것은 인식의 필수조건이 될 수 없는 것이다.

반면, 듀이에 있어서는 로티와 달리 선언어적 인지가 명백히 존재하며 인식에 있어서 대단히 중요한 위치를 차지한다. 듀이의 관점에서 보면, 우리의 경험이 모두 언어적 사태는 아닌 것이다. 듀이는 언어로 구체화할 수 없는 우리의 사고를 '질적 사고'(qualitative thinking)라고 부른다(Dewey, 1930: 250−251). 가령 언어로 충분히 표현할 수 없는 사물의 질적 특성은 질적 사고의 예가 된다. 사물의 질적 특성은 언어나 상징적 수단에 의해서 범주의 내용이 된 대상이기 이전에, 우리의 지각 혹은 구체적 경험이 '직접적으로' 식별하는 대상을 의미한다. 예컨대, 색깔, 맛, 기분, 혹은 어떤 경향성 등은 언어로써 전부 표현될 수 있는 것이 아니다. 우리가 언어로써 이름붙이기 이전의 모든 대상은 질적 특성으로만 존재하는 것이다(이돈희, 1993: 94−95). 곧, 듀이의 관점은 언어적 인지와 선언어적 인지가 상호 병존하고 혼입될 수 있음을 말하고 있는 것이다. 다시 말해, 듀이는 모든 인식 행위의 밑바탕에 말로 형언하기 어려운 선언어적 인지가 항상 깔려 있다고 보는 것이다. 마치 우리의 마음과 몸이 별개가 아니듯이, 우리의 인지적 경험에는 언어로 표현하기 어려운 감정적, 정서적 특질이 섞여 있으며, 이로 인해 인지적 경험에는 마치 동전의 양면처럼 질적 경험의 요소가 항상 따라붙고 있다는 것이다.

듀이는 이원론에 기반을 둔 근대적 인식론을 비판하였지만, 감각경험의 중요성을 간과하지는 않았다. 왜냐하면, 감각경험의 자료는 '일차적 경험'을 이루는 근원적 소재로서, 장차 이차적 경험과의 결합을 통해 하나의 의미 상황을 인지하게 되고, 경험과 지식의 발달을 촉진하는 계기를 마련해주기 때문이다.[17] 이와 관련하여 우리는 듀이의 '의미'(sense)와 '의미 표시'(signification)의 구분에 주목할 필요가 있다. '의미'가 "하나의 직접적이고 내재적인 의미이며 스스로 느껴지거나 직접적으로 소유되는 것"이라면, '의미 표시'는 가령 "붉은 등이 위험을 의미하여 차량을 정지시킬 필요가 있을 때처럼 어떤 것의 부호 또는 지표로서 사용되는 것을 의미한다"(Dewey, 1925: 200). 여기서 '의미'가 선언어적, 일차적인 경험에 해당한다면, '의미 표시'는 언어적, 반성적인 경험에 해당한다고 볼 수 있다. 듀

---

17) 듀이가 말하는 '경험의 통합성'은 일정 부분 콰인(Quine)의 관점과 유사한 측면이 있다. 왜냐하면, 콰인도 경험적 감각 소여가 지식을 변화시키는 동인이 될 수 있음을 부정하지 않기 때문이다. 콰인에 의하면, 과학적 이론은 순전한 이론으로만 구성되는 것이 아니다. 과학은 그 중심부가 비교적 확고한 이론 영역과 그 주변부가 변화 가능한 경험 영역으로 얽혀진 믿음의 총체적 그물망이다. 이로써 콰인은 분석명제와 종합명제를 구분하는 '분석주의'와, 명제의 독립적 검증 가능성을 주장하는 '환원주의'를 비판하고 있는 것이다(Quine, 1980: 55−65). 콰인의 이와 같은 전체주의적 관점은 지식과 경험, 이론과 관찰이 상호 연계되어 있다고 보는 점에서, 인간과 자연의 연속성을 강조하는 듀이의 '자연주의적 형이상학'과 유사한 맥락에 놓여 있다고 보인다. 듀이의 자연주의적 형이상학은 "물리적인 존재이건, 정신적인 존재이건 차이를 두지 않고 모든 종류의 존재들이 보여주는 일반적 특성들"을 탐색, 진술하는 데에 중점을 둔다(Dewey, 1925: 308). 듀이의 자연주의적 형이상학은, 베이컨(F. Bacon)과 같이 자연 안의 사물들이 가진 고정된 '단순 본성'(simple nature)을 전제하고 그것을 탐색하는 것이 아니다. 듀이에 의하면, "사물들의 '실재하는' 특성들을 발견한다는 믿음, 그리고 그런 특성들 중 어떤 것이 형이상학의 궁극적 기초를 제공한다는 믿음은 타당한 것이 아니다"(Murphy, 1951: 218). 왜냐하면, 사물의 존재와 우리들 눈앞에 보이는 현상은 상호작용으로 인해 끊임없이 변화를 일으키고 있기 때문이다. 요컨대, 듀이의 형이상학에서는 콰인의 관점과 유사하게 지식의 불변적 속성이 아닌, 경험적 상황에 따른 지식의 변화 가능성에 주목하고 있는 것이다.

이가 보기에 전체적 상황이 정상적으로 지각된다는 것은 바로 이 두 측면이 함께 상호작용을 하고 있기에 가능한 것이다. "하나의 상황이 의미의 이중적 기능, 즉 의미표시와 의미를 가지고 있을 때는 언제나 정신과 지성이 확실히 존재한다(Dewey, 1925: 200). 하나의 상황 지각에서 '의미'와 '의미 표시'가 상호작용을 한다는 것은 곧 우리의 언어적 인지가 항상 선언어적 인지에 물들은 채로 이루어진다는 것을 보여준다.

이와 같이 보면, 로티는 선언어적 인지의 가능성을 충분히 다루지 않은 것으로 파악된다. 물론 로티는 감정과 정서 등 질적 요인들이 인식의 진전에 중요한 역할을 한다는 점을 부정하지 않았다고 보인다. 그러나 그는 그것들이 오직 언어로 해석될 때에 한해서 의미를 가진다고 봄으로써, 언어로 구체화될 수 없으면서도 인식의 진전에 기여하는 선언어적 인지의 역할을 온당하게 존중한 것 같지 않다. 반면, 듀이에 있어 선언어적 인지는 로티와 달리 인식의 '인과조건'에 불과한 것이 아니라 '필수조건'이 될 수 있다. 왜냐하면, 언어적 인지에는 항상 선언어적 인지 혹은 선개념적 체험이 동반되기 때문이다. 듀이는 제임스 심리학의 영향을 받아 언어적 인지에 항상 '외변'(fringe)이라는 선언어적 인지의 측면이 도사리고 있다는 것을 제안한다.

'외변'은 주객이 분화되기 이전의 경험으로서, 언어로 표현하기 이전의 정서 혹은 희미하게 떠오르는 막연한 인식의 상태를 의미한다(James, 1890: 460−461). 듀이는 제임스의 '외변' 개념을 그의 '일차적 경험'에 수용하여, 언어로 구체화되지 않은 일상적이고 소박한 경험들이 인식의 근원에 해당한다고 본다. 다시 말해, 인식과 의미의 원천은 선언어적 감정들 혹은 감각들과 결부되어 있으며, 여기에 언어적 해석이 덧붙여지면서 정련된 경험으로 발전한다는 것이다. 이와 같이 보면, 로티의 편재적 인지관은 문자 그대로 듀이의 언어 관을 계승한 것이 아니다. 로티의 언어관은 '언어적 인지'에 과도한 비중을 둔 나머지, 엄연히 존재하는 비언어적, 질적 경험의 세계를 도외시한 데에 그 문제점이 있다고 파악된다.

V. 결론

이제까지의 논의에서 살펴본 바와 같이, 로티의 언어 개념은 단지 듀이의 경험 개념을 치환한 데에 그친 것이 아니라, 듀이의 언어관 을 특정 부분 수용하고 또 특정 부분을 변용했음을 알 수 있다. 로티 의 언어관에는 우리의 언어가 실재를 반영하는 제3의 매개물이 아 니라 시공간적 상황 맥락의 산물이라는 듀이의 도구적, 행동적인 언 어관이 강하게 스며들어 있다. 로티는 듀이의 언어관을 수용하여 객 관성의 열망에 사로잡힌 전통적인 '거울'의 인식론을 부정하고, 언 어가 참여와 기회의 산물이라는 네오프래그머티즘의 언어관을 발전 시킬 수가 있었다. 그러나 우리는 또 한편 로티의 듀이 사상의 '변 용'을 간과해서는 안 된다. 왜냐하면 로티는, 언어의 사회적 토대를 중시하는 듀이와 달리, 일체의 언어적 정초를 비판적으로 바라보는 자유주의 문예비평론의 관점을 견지하고 있기 때문이다. 구체적으로 말해, 로티는 듀이의 행동적, 상호작용적인 언어관으로부터 급진적 인 메타포적 언어관(언어 우연성의 논제)을, 듀이의 반성적 사고중심 의 통상적 담론으로부터 비통상적 담론중심의 민주적 언어관(언어 전체성의 논제)을, 그리고 듀이의 선언어적, 언어적 인지의 통합적 언어관으로부터 선언어적 인지를 배제한 편재적 언어관(언어 편재성의 논제)을 변용적으로 발전시켰다고 볼 수 있다. 그런데 이러한 로티의 독자적 주장은 듀이의 관점에 비추어 보면 몇 가지 측면에서 비판의 소지가 있을 수 있다. 이제까지의 논의에 비추어 그 문제점을 요약해보면 다음과 같다.

첫째, 로티의 '언어의 우연성'에 입각한 급진적 반정초주의는 현재 사회적 의사소통의 기반이 되는 간주관적 의미 체계를 소홀히 다룰 위험성을 배태하고 있다. 비록 로티의 언어관이 '언어의 우연성' 논제를 통해 언어를 보는 외연을 광범위하게 넓혔다고 하더라도, 사회적으로 공유되는 언어의 '토대'들을 평가절하할 개연성을 가지고 있는 것이다. 물론 언어의 끝을 열린 것으로 보면서 언어가 자유롭게 창조되고 변화될 수 있다는 점에서는 듀이와 로티가 일치한다. 그러나 로티는 강한 의미의 반정초주의에 입각하여 지나치게 사적 메타포의 중요성을 부각시킴으로써, 상대적으로 언어의 공적, 사회적 토대를 희석(稀釋)시키는 경향을 드러내는 것이다.

둘째, 로티의 '언어의 전체성'에 입각한 민주적 언어관은 비통상적 담론을 강조한 나머지, 통상적 담론의 구조 내에서도 참신한 담론이 탄생할 가능성을 도외시하고 있다. 왜냐하면, 로티는 통상적 담론 발전의 중심축인 듀이의 과학적 방법의 의의를 평가절하하고 있기 때문이다. 이 점에서 로티는 비록 그 자신이 언어의 민주화를 주장했음에도 불구하고, 특별히 인문학에 비해 과학의 지위를 폄하함으로써 그 자신이 '민주화'의 발상에 어긋나는 모습을 드러내는 것인지도 모른다.

셋째, 로티의 '언어의 편재성'에 입각한 언어적 인지관은 모든 경험에 항상 따라붙는 질적 경험의 요소를 배제할 위험성을 가지고 있다. 비록 로티가 민주적 대화와 참여의 정신을 중시한 점은 듀이의 언어관과 일치한다고 하더라도, 그가 모든 지식과 신념의 원천을 '언어'의 문제로 수렴시킨 점은 듀이와 분기점을 이룬다고 보아야 한다. 이러한 분기점으로 말미암아 로티는 선언어적 인지 혹은 선개념적 체험이 갖는 풍부한 가능성을 도외시했다고 볼 수 있다.

로티의 언어관이 이러한 문제점을 가진 것이라면, 도대체 그의 언어관으로부터 유의미한 교육적 시사를 추출하는 것이 가능한 일일까? 사실, 액면 그대로 로티의 관점을 읽으면 우리는 그로부터 교육적 시사를 모색하는 일에 당장 의구심을 갖게 될 것이다. 왜냐하면, 로티는 그 뜻을 알아들을 수 없는 헛소리까지 언어에 포함시키면서 언어적 해석의 자의성만을 부각시킬 뿐, 지식이나 의미의 객관적 기준 자체를 거부하고 있기 때문이다. 따라서 노양진(1995: 223−225)은 로티의 관점을 '허무적 상대주의'로 비판하고 있으며, 김동식(1992: 267−268)은 로티의 사상이 "그릇된 것이요 위험한 사상"이라고까지 비판하고 있는 것이다. 형편이 이러하다면, 로티의 사상은 전혀 교육적인 시사점을 제공해주지 못하는 것으로 보인다. 그러나 엄태동(2009: 14−15)이 지적한 바와 같이, 로티의 관점을 의미 있게 재해석하기 위해서는 그의 주장을 액면 그대로 읽어서는 안 되며 '대담하게 오독'할 필요가 있다. 즉, 로티의 의도는 현재 합의된 진리를 무조건 부정하고 사적 메타포만이 중요하다고 말하는 것이 아니라, 현재 인정된 진리를 대담하게 오독하여 새로운 메타포를 창안하며, 이를 통해 끊임없이 자신의 인식을 개선하고 자아를 재창조해가는 긍정적인 메시지로 읽을 수 있다는 것이다.

그런데 로티에 대한 이러한 긍정적 재해석은 사실 로티 자신이 부분적으로 비판한 바 있는 듀이의 관점과 상보적 시각에서 바라볼 필요가 있음을 보여준다. 로티와 듀이를 상보적 시각에서 본다는 것은, 비통상적 담론과 통상적 담론, 메타포와 과학적 방법을 서로 연계시켜 바라본다는 것을 의미한다. 왜냐하면, 로티의 '참신한 메타포'의 창안은 듀이의 반성적 사고를 머금은 것일 수 있기 때문이다. 비록 로티가 듀이의 과학적 방법을 언어의 민주화에 어긋나는 발상으로 비판하였지만, 오히려 과학적 방법으로서의 반성적 사고는 참신한 메타포의 발상을 촉진하는 계기로 작용할 수 있는 것이다. 반성적 사고에는 문제 사태를 해결하기 위해 이리저리 다각도로 생각해보는 로티적인 참신한 '재서술'의 요소가 작용하고 있으며, 동시에 로티의 비통상적 재서술에는 "세상사에 잘 대처하기 위한" 치밀한 사고의 요소를 담지하고 있기 때문이다.

이처럼 로티와 듀이의 언어관을 상호 연계시켜볼 때 로티의 관점은 문자 그대로 극단적 상대주의로 치닫는 것이 아니라, 우연성과 연대성의 조화를 통한, 상당히 건설적이고 구성적인 면모를 함유(含有)하게 된다. 다시 말해, 이것은 통상적 담론의 질서정연함으로부터 벗어나고자 하는 우연성의 욕구와, 우연성으로부터 벗어나 통상적 담론에로 편입하고자 하는 연대성의 열망이 서로 상승작용을 일으킬 때, 풍부한 교육적 의미가 되살아난다는 것을 의미한다. 아마도 로티가 고전적 프래그머티즘을 계승, 발전시킨 네오프래그머티즘의 대표적 사상가로 평가받을 수 있는 것도 이러한 상보적인 시각에 근거한 것이라고 말할 수 있을 것이다.

이러한 상보적 관점에서 보면, 로티의 언어관은 적어도 세 가지 상호 관련된 측면에서 오늘날 교육에 유의미한 시사점을 제공해준다. 첫째, 교실 공동체에서의 '대화'의 의미를 새롭게 재조명할 필요가 있다는 것이다. 말할 필요도 없이, 교육 사태에서의 대화는 궁극적 결론이나 '정답'으로만 수렴되는 것이어서는 안 된다. 텍스트에 어긋나는 발언을 배제하고 성급히 대화의 결론을 맺고자 한다면, 그것은 그야말로 학습자의 '사고를 삼켜버려' 진정한 경험의 성장을 저해할 수 있을 것이다. 물론 로티의 '대화'는 이것도 옳고 저것도 옳다는 식의 무정부적 발상을 허용하는 것이 아니다. 그것은 "자신의 인식과 견해와는 다른 새로운 인식과 접하여 자신의 것을 개선하는 데에 도움을 받기 위한 활동"으로서 "대화 자체를 종결하는 것이 아니라 대화 자체의 지속을 목적으로 하는 활동"(엄태동, 2009: 52)인 것이다.

로티의 '대화'는 현재 확정된 결론도 장차 얼마든지 수정 가능하다는 것, 그리하여 우리들의 최종적 확신에 대해서조차 끊임없이 되돌아보는 겸허한 태도(negativity)를 요청하고 있다. 만약 로티의 교육적 인간상인 '자유주의적 아이러니스트'가 바로 이러한 대화를 통해 길러지는 것이라면, 그 인간상은 단지 허무적인 것만은 아니다. 왜냐하면, 자신의 최종적 어휘마저 부정하고 끊임없는 재서술을 추구하는 데에는 상당한 정도의 지력이 요구될 뿐만 아니라, 오히려 그러한 아이러니한 태도가 개별 학습자에게 지속적인 인식의 개선을 담보해주기 때문이다. 따라서 교육 사태에서는 '지금 당장'의 수업의 효율성에만 초점을 두기보다는, 좀 더 장기적 안목에서 학습자들이 끊임없이 자신의 인식을 개선해갈 수 있도록 다양한 의사소통의 장(場)을 마련할 필요가 있을 것이다.

둘째, 학습자의 메타포적 재서술이 통상적 담론에 적극 개입되고 활성화될 수 있는 방안을 탐색할 필요가 있다는 것이다. 기존의 교육에서는 지나치게 통상적 담론으로서의 정형화된 지식만을 강조해온 경향이 있다. 이러한 경향은 학습자가 삶 속에서 관심을 두는 비통상적 담론과 차단되어 진정한 자아의 재창조에 기여하기 어렵다. 수업상황은 공적 담론의 장(場)일 뿐만 아니라 사적 경험을 교류하는 곳이기도 하다. 우리는 학습자의 메타포적인 재서술이 통상 담론에 어긋난다는 점에서 배척해서는 안 되며, 오히려 공적인 담론에 적극 개입할 수 있도록 배려해야 할 것이다. 물론, 이것은 교육이 개개인의 자유로운 욕구의 표출이나 자의적인 해석만을 부추기는 그런 활동으로 머물러도 된다는 뜻은 아니다.

그러한 활동은 그야말로 '실용적' 욕구 충족에만 머물러, 개인의 인식수준의 향상을 기대할 수 없을 뿐만 아니라, 공동체의 발전도 담보할 수 없기 때문이다. 여기서 말하고자 하는 것은 다만, 학습자의 진정한 인식의 개선을 위해서는 기존의 통상적 담론 못지않게 비통상적 담론도 교육적 경험의 내용으로 존중하는 시각이 요청된다는 것이다. 이와 같이 보면, 수업상황은 '정보의 무더기'를 배우는 사태가 아니라, 통상적 담론과 비통상적 담론을 왔다 갔다 하는 자유로운 교류와 참여라는 역동적 의미를 담지하게 된다. 이러한 교육의 일환으로 교사는 학습자들 앞에서 의도적으로 자신의 메타포적 재서술을 시범할 필요가 있으며, 동시에 학습자들로 하여금 다양하고 참신한 메타포적 재서술의 경험을 갖도록 유도할 필요가 있다. 물론 이를 위해서는 수업상황을 신축적으로 운영하는 교사의 자율적 권한이 보다 더 확대될 필요가 있을 것이다.

셋째, 학습자의 선언어적 경험과 언어적 경험의 연계성에 기반을 둔 수업상황의 현상학적 역동성을 모색할 필요가 있다는 것이다. 널리 알려진 바와 같이, 현상학에서는 앎의 근거를 존재 외부에서가 아니라 우리들의 의식 현상에서 찾고자 한다. 외부 사물이나 사태는 오직 개개인의 의식현상 속에서만 의미를 가지기 때문이다. 이런 측면에서 보면, 수업상황은 표면적으로 드러나는 바와 같이 단지 언어적 경험만으로 이루어지는 것이 아니며, 거기에는 반드시 학습자의 선언어적 인지가 함께 동반된다고 보아야 한다. 학습자들은 사실 그들이 지각하는 수준만큼 밑그림을 그려가며 교사의 발언을 이해하는 만큼, 수업상황에서는 기존의 '고정된 진리'(Truth)가 아니라 기존의 진리를 '재서술'해가는 학습자들의 개별적 인식과정에 주목할 필요가 있을 것이다.

교육에서 저마다의 '작은 깨달음'(truth)을 재서술하는 과정에 중점을 두게 될 때 우리는 최소한 지식과 학습자의 삶이 따로 겉도는 불행한 사태를 예방할 수 있을 것이다. 왜냐하면, 그것은 그야말로 남의 복제된 삶을 답습하는 것이 아니라 자기 자신의 문제를 해결하는 일이 되기 때문이다. 따라서 교육자는 가능한 학습자들의 지각 층위(層位)로 내려와서, 기존의 텍스트와 다른 학습자의 낯선 생각과 발언에도 귀담아 경청하고 그들의 아이디어를 명료히 해갈 수 있도록 조력할 필요가 있을 것이다. 이와 관련하여, 앞으로 교사의 발언과 학습자의 지각수준, 또한 학습자의 선언어적인 질적 인지와 언어적 인지가 상호 관계를 맺는 방식에 대해서 진지한 관심을 기울일 필요가 있을 것이다.

제5부

듀이의 지식교육론과 구성주의

제11장 듀이의 교육이론에
나타난 지식교육의 위상

　　현대 교육철학자 중에서 아마도 듀이만큼 찬탄과 비판을 받은 동시에 받은 사람은 드물 정도로, 그의 사상은 심층적으로 이해되었다기보다는, 표피적으로 파악되거나 왜곡된 경향이 많았다. 예컨대, 그가 일체의 지식의 가치를 소홀히 하고 학습자의 필요나 욕구 충족의 활동만을 앞세운 것이 아닌가 하는 비판적 의문이 그 대표적인 것이다. 이러한 의문의 밑바탕에는, 듀이에 있어 과거의 지식과 현재의 흥미 간의 관계가 무엇인지 불분명하다는 '인식론적' 관점이 깔려 있다. 이러한 인식론적 관점에 의하면, 학습자가 지식을 배우기 위해서는 외부에 존재하는 지식의 대상을 받아들이지 않으면 안 된다. 그러나 듀이의 '참여자적 지식론'에 의하면, 진정한 지식획득은 외부에 존재하는 지식의 대상을 관조함으로써 이루어지는 것이 아니라, 학습 당사자의 능동적 참여와 탐구과정을 통해서 이루어진다. 여기에는 주체와 대상이 상호작용을 하여 양자 모두를 변화시킨다는 듀이의 '교호작용'(트랜스액션)의 관점이 내재해 있다. 듀이의 관점은 종래 '지식교육'에 대한 통념, 즉 외부의 지식을 앞세우고 그것들을 학습자의 머릿속에 축적해 간다는 의미가 아니라, 그 방향을 거꾸로 하여 현재 학습자의 마음 전체와 교호작용을 하는 삶의 상황 속에서 '지식교육'을 바라보아야 한다는 점을 보여준다.

Ⅰ. 문제의 제기

어떻게 하면 아동들로 하여금 과거를 잘 알게 하여, 그것이 산 현재를 이해하는 데 있어 유력한 동인(動因)이 될 수 있게 할 것인가? 이 질문은 현대 교육에 지대한 영향을 끼친 교육철학자 듀이(J. Dewey)가 그의 만년의 저서인 『경험과 교육』(1938b: 10)에서 제기한 질문이다. 이 질문이 결코 사소하게 다루어져서는 안 되는 까닭은, 이때까지 듀이의 사상에 대한 빈번한 오해가 어떤 점에서는 이 한 가지 질문에 함축된 그의 의도를 심층적으로 탐색하지 않은 채, 그의 사상의 표피적인 면, 예컨대 단순한 생활 적응이나 흥미위주 활동만을 부각시켜 교육의 지침으로 삼는 경향이 있었기 때문이다. 가령, 스미스(M. Smith)는 지적 수준에 대한 무관심이나 즉흥적 흥미에 의한 교육과정의 선정이 듀이에게 그 원인이 있다고 지적하고 있으며(정건영, 1995: 152에서 재인용), 퀸톤(A. Quinton)은 아동의 활동을 중시하는 듀이의 입장을 '반지성주의'라고 명명한다(Quinton, 1977: 13－15). 또한 홉스태터(R. Hofstadter)도 듀이가 아동중심주의자로서 반지성주의의 오류를 범했다고 비판한다(Westbrook, 1994; 양은주, 2001: 122n에서 재인용).

이러한 비판은 1990년대 들어 듀이를 직, 간접으로 다룬 국내의 연구물에서도 유사하게 제기된 바 있다. 즉, 듀이에 있어 심리와 논리, 흥미와 교과의 통합적 접근은 그 성격이 불분명하며, 결국 그것이 교육의 사태를 생활에의 유용성이나 흥미위주의 활동으로 끌어내리는 것이 아닌가 하는 비판적 의문이 그것이다(박종덕, 1994: 169; 김승호, 1998: 308). 물론, 활동이나 흥미를 존중하는 교육의 실천 양상들은 일정 부분 듀이의 교육적 경험론의 원리를 담고 있는 것이 사실이다. 그러나 그럼에도 불구하고 우리는 이제까지 듀이에 대한 비판이 과연 정당한 것이었는가 하는 질문을 다시금 제기해볼 수 있다. 왜냐하면, 듀이에 대한 비판은 사실상 진보주의교육이나 아동중심교육의 문제점에 그 초점을 두고 있기 때문이다. 아닌 게 아니라, 듀이 사상과 진보주의교육 간에는 상호 유사한 점이 있다. 그러나 그렇다고 해서 양자를 동일한 것으로는 볼 수 없다. 왜냐하면, 진보주의교육의 실천은 듀이의 본의와 다르게 과거의 지식을 경시하고 현재 아동의 심리적 욕구라든가 흥미 있는 생활 경험의 요소만을 지나치게 앞세워 실천한 경향이 있었기 때문이다. 만일 이러한 지적이 옳은 것이라면, 앞서 제기한 듀이의 축약된 질문에 대한 대답의 탐색은 더욱 중요한 의미를 가지게 된다.

과연 어떻게 하면 과거를 잘 이해하여 그것을 현재의 이해에 도움이 되게 할 것인가? 듀이의 이 질문은 우선적으로 교육이 과거를 전적으로 배제하고 현재의 문제에만 매달린다는 것은 불가능한 일임을 암시하고 있다. 말할 필요도 없이, 우리의 삶과 교육은 과거와 현재, 그리고 미래의 시간적 흐름 속에 존재한다. 더욱이 시간적 계속과 공간적 상호작용의 원리가 맞물려 나아가는 듀이의 경험의 성장이론에서는 과거의 경험이나 기존의 지식이 차지하는 중요성이 결코 평가절하되어서는 안 된다. 이 점을 감안한다면, 그의 교육사상을 '반지성주의'라고 치부해버리거나 현재 눈앞의 흥밋거리나 아동의 욕망 충족만을 부각시켜 파악하는 것은 그의 의도를 부당하게 한정짓는 오류를 범하는 셈이 된다. 듀이는 "지적 판단이 배제된 채 충동에만 좌우된다면, 이것은 이익이라기보다는 도리어 손해"(Dewey,

1938b: 42)라고 말했듯이, 분명히 교육적 사태에서 아동의 즉각적 욕망 충족을 경계하였다.[1] 그러나 이러한 듀이의 의도에도 불구하고 이때까지 그의 사상에 대해 그토록 빈번한 오해들이 야기된 원천은 과연 어디에 있는가? 어째서 듀이를 읽은 사람들은 그의 교육사상의 키포인트를 놓치고 '실용적' 욕구 충족이나 단편적 흥미, 혹은 생활 적응 위주 교육으로만 그의 사상을 오해하는 경향이 있는가?

어찌 보면 듀이의 사상을 둘러싸고 일어난 많은 오해와 비판은 일정 부분 듀이 자신에게 그 원인을 찾아볼 수 있을지도 모른다. (물론 그러한 오해와 비판이 과연 듀이 자신의 논의를 온당하게 이해한 데서 나온 것인가 하는 의문은 여전히 의미 있게 성립된다.) 듀이의 지식론은 과거와 현재의 상호작용을 중시한다. 그러나 우리는 학습자로 하여금 어떻게 과거를 잘 알게 할 것인가, '과거의 지식'의 학습 그 자체를 어떻게 해야 옳은가 하는 질문을 다시 제기해볼 수 있다. 왜냐하면, 듀이는 문제해결을 위한 과거와 현재의 상호 관계성을 강조하지만, 과거의 지식의 학습 그 자체를 어떻게 보아야 하는가에 대해서는 별도의 구체적인 논의를 전개하고 있지 않기 때문이다. 즉, 그는 과거의 지식이 현재 문제사태의 해결을 위한 주요한 수단이 된다고 강조하면서도, 다른 한편으로는 과거의 지식 그 자체를 따로 습득하는 교육을 "무기력한 정보의 무더기"(Dewey, 1916a: 229) 혹은 "의미를 알 수 없는 상징"(Dewey, 1916a: 228)을 배우는 그릇된

---

1) 듀이는 이와 관련하여 다음과 같이 말하였다. 즉, "아동을 무제한 방치하여 단순히 자기표현 등의 흥미에만 빠지게 한다면, 성장이 있다고 해도 그것은 우연적인 성장일 뿐이다"(Dewey, 1899: 27). "교육상 계획에 있어서 충동과 욕망의 발생은 궁극적인 목적이 아니다. 이는 활동의 계획과 방법을 수립하는 계기요, 요구일 뿐이다"(Dewey, 1938b: 46). 듀이에 의하면 교육에서 아동의 즉각적 흥미나 욕구는 이처럼 제한된 지위에만 머물러야 한다.

교육이라고 비판하고 있는 것이다. 다시 말해, 그의 지식교육론은[2] 한편으로는 지식의 가치를 존중하면서도 다른 한편으로는 지식 자체를 평가절하하는 인상을 주고 있는 것이다. 아마도 이때까지 듀이가 일체의 지식교육을 경시한다는 비판의 일단은 지식교육에 대한 이러한 혼융적(混融的) 입장에서 비롯된 것인지도 모른다.

그렇다면, 과연 듀이에 있어 과거의 지식이 교육에서 차지하는 위상은 무엇인가? 학습자는 자기가 모르는 과거의 지식을 어떻게 문제해결의 수단으로 쓸 수 있다는 것인가? 문제해결을 위해 필요한 지식은 결국 따로 배워야 하는 것이 아닌가? 이 글은 이러한 '인식론적' 질문들에 대한 듀이의 대답을 그의 교호작용(transaction) 개념을 중심으로 해명하려는 시도이다. 여기서 '인식론적'이라는 것은 철학의 인식론 분야를 포괄적으로 가리키는 것이 아니라, 경험과 교과, 심리와 논리를 분리된 것으로 보는 '이원론적' 접근 방식을 의미한다. 이 글에서 특히 이러한 인식론적 질문에 대한 대답을 탐색하기 위해 듀이의 교호작용 개념을 중심으로 논의하고자 하는 이유는, 그것이 경험과 교과, 심리와 논리를 상호 결합시켜 교육적 성장을 이끄는 핵심적 인식작용의 원리이기 때문이다. 교호작용은 분리된 구성요소들 간의 물리적 상호작용이 아니라, 상호작용을 하는 양자 모

---

2) 표면상 '지식교육'이라는 말은 듀이가 부정하는 텍스트의 정형화된 지식을 가르치는 사태를 연상시킬 수 있다. 더욱이, 고전적 의미의 주지주의 전통을 비판하고 개혁적인 입장을 취하는 듀이에 있어서는 '지식교육'보다는 '경험중심교육'이 더 합당한 논의의 주제로 보일 수도 있다. 이때까지 듀이 교육사상의 연구에 있어 지식교육에 비해 경험중심교육이 상대적으로 많이 다루어진 까닭도 이와 무관하지 않은 것으로 보인다. 그러나 이러한 뉘앙스의 차이에도 불구하고, 듀이에 있어 '지식교육'의 중요성이 결코 과소평가되어서는 안 된다. 듀이가 추구한 '지식교육'은 학습자와 분리된 별도의 지식을 전달하는 교육이 아니라, 그의 '보증된 단언'(Dewey, 1939c: 181)이라는 지식에 대한 규정에서 드러나듯이, 항상 '탐구'라는 구체적 경험 상황과 관련해서만 의미를 가진다. 이 점에서 본고에서 말하는 듀이의 '지식교육'은 그의 '경험중심교육'과 동일한 것으로 보아도 크게 틀리지 않는다.

두 질적인 변화를 일으키는 인식작용이며(박철홍 외, 2004: 35 - 37; 김무길, 2002: 57 - 61), 동시에 시공간상 인식의 범위가 광범위하게 확대되는 지적 상호작용이다.[3] 사실 "경험의 끊임없는 재조직 또는 재구성"(Dewey, 1916a: 82)이라는 듀이의 교육목적 밑바탕에는 이와 같은 지적 상호작용으로서의 교호작용이 반영되어 있다. 왜냐하면, 경험의 성장은 현재의 고착화된 흥미 수준에 머물러서 가능한 것이 아니라, 과거의 지식과 현재의 경험 간에 끊임없는 교호작용의 결과로 가능한 것이기 때문이다. 따라서 듀이의 지식교육의 위상을 올바로 파악하기 위해서는 무엇보다도 경험의 성장 과정에 내재된 교호작용의 본질을 이해해야 할 것이다.

이 글은 이러한 문제의식 하에서 학습자의 현재의 흥미와 과거의 지식, 학습자의 심리와 교과의 논리가 만나는 교호작용의 본질이 무엇이며, 그러한 교호작용 속에서 과거의 지식이 차지하는 위상이 어떻게 해석되어야 하는지, 그리고 듀이의 지식교육의 대안인 '교과의 진보적 조직'이 구체적으로 어떤 성격을 가지는 것인지를 밝히고자 한다. 이러한 논의를 통해 우리는 듀이의 지식교육과 관련된 오해의 원천이 무엇이고 듀이에 대한 기존의 '인식론적' 비판이 어떤 점에서 문제가 되는지, 그리고 듀이의 지식교육론이 경험의 성장과 관련하여 어떤 교육적 의미를 가지는지를 명료히 밝힐 수 있을 것이다.

---

3) 과학철학사에 있어 상호작용(인터액션)은 뉴턴의 과학에서 드러나듯이 분리된 실체 간의 상호작용이며, 따라서 상호작용 하는 양자에 질적 변화를 일으키지 못한다. 이에 반해서 교호작용(트랜스액션)은 상호작용으로 인하여 양자 모두 질적으로 변화하는 상호작용을 의미한다. 본고의 논의에서는 특히 인식의 폭과 깊이의 차원에 초점을 맞춰, 교호작용이 자극 반응식의 단편적인 상호작용과는 달리 시공간상 광범위하게 상호 영향을 주고받는 '지적인 상호작용'임을 강조하였다.

Ⅱ. 교호작용의 본질: 시간성과 공간성

듀이의 교호작용의 본질을 이해하기 위해서는 인식에 있어 시공간적 맥락의 중요성을 이해하는 것이 매우 중요하다. 앞서 언급한 바와 같이, 교호작용은 고정된 실체간의 물리적 상호작용이나 일시적으로 상호 영향을 주고받는 제한된 상호작용이 아니다. 그것은 역사적 배경이라든가 사회적 상황 혹은 물리적 환경에 대한 인식이 전제된, 광범위한 '입체적' 인식작용을 의미한다(김무길, 2005: 18－20). "의미의 파악은 관련의 파악, 맥락의 파악에 달려 있다"(Dewey, 1916a: 296)는 듀이의 발언에서도 드러나듯이, 교호작용으로서의 인식과정은 고립적인 것이 아니라, "시간적으로 연장되고 공간적으로 확대된"(durational-extensional)(Dewey, 1949: 60, 113) 광범위한 인식의 맥락에 입각해 있다. 곧, 교호작용으로서의 인식의 관점은 사건이나 대상에 대한 좁은 시각이나 고정된 조망으로부터 탈피하여 과거와 현재의 사건, 그리고 미래의 예견된 결과 간의 상호작용이라는 광범위한 시공간적 의미를 내포하는 것이다. 물론 시간적 차원과 공간적 차원은 개념상의 구분일 뿐, 사실상으로는 상호 결합되어 인간 인식의 변화를 가능하게 한다. 예컨대 누군가 의미 있는 추리작용을 한다는 것은 엄격히 보면 순전한 추리 그 자체로 가능한 것이 아니라, 과거와 현재 혹은 미래 간의 시공간적 교호작용이 일어나야만 가능한 일이다. 이러한 듀이의 관점은 다음의 구절에서도 잘 드러난다.

> 추리작용에서 분명히 밝혀진 관념의 연속적 확장이란 물론 마음이 이미 소유하고 있는 지식의 축적에 좌우된다. 이러한 관념적

> 연속의 확장이란 그 연구를 진행시키는 개인의 이전 경험이나 특
> 수한 교육에 의존할 뿐만 아니라 그 시대와 장소의 문화, 과학의
> 상태에도 의존한다. 추리작용이란 지식을 확대시키는 데 도움을
> 주며 동시에 그것은 이미 알려진 것에 의존한다(Dewey, 1933: 204).

말할 필요도 없이 관념적 추리작용은 개인에 의해 일어나는 것이
다. 그러나 그것은 결코 진공 상태에서 일어나지는 못한다. 듀이가
말한 바와 같이, "암시나 추리작용은 사실에 관한 여러 지식을 학생
의 마음이 소유했을 때에만 일어날 수 있다"(Dewey, 1933: 163).
"암시(暗示)의 작용도 우리의 과거 경험의 작용으로서 일어나는 것
일 뿐, 현재 우리의 의지와 의도의 작용으로 일어나는 것은 아닌 것
이다"(Dewey, 1933: 145). 표면상으로 드러나지 않지만, 암시나 추리
작용에는 개인의 선행(先行) 지식과 경험, 그리고 그를 둘러싼 사회
적, 문화적 환경의 영향이 동시에 스며들어있다.

사실, 사람은 날 때부터 죽을 때까지 인간과 사물의 세계에서 살
게 되는데, 이 세계라는 것은 대체로 과거에 일어났던 일, 또는 선행
한 인간 활동으로부터 전달된 것으로 구성되어 있다. 이러한 사회,
역사적인 제반 조건들은 인간의 잠재력이 실현되는 데 있어서 식물
에게 수분이나 영양분이 공급되어야 하는 조건만큼 절실한 것이다
(이돈희, 1993: 25). 이러한 사실을 간과할 때 이해와 추리, 판단작용
을 포함하여 개인이 갖는 일체의 경험이 마치 순전히 개인의 몸과
마음속에서만 이루어지는 것 같이 생각할 수 있다(Dewey, 1938b:
22). 그러나 일체의 판단작용이나 경험은 독립적인 것이 아니라 오
직 과거의 경험이나 선행된 지식 등 사회, 역사적인 삶의 맥락이 전
제되어 있음으로써만 가능해진다.

예컨대, 누군가 고장 난 어떤 기계를 놓고 수리를 한다고 해 보자. 표면상 그 사태는 단순히 고장 난 기계의 부품을 갈아 끼운다거나 녹이 슨 부분들을 닦는다거나 혹은 빠진 부속품들을 보충하는 등 단순한 '기술적' 행위의 사태로 보일 수 있다. 그러나 시야를 확대해서 보면 그 사태는 이처럼 간단히 설명되는 사태가 아니다. 왜냐하면, 개인이 상호작용을 하는 기계는 단순한 기계가 아니기 때문이다. 적어도 누군가 기계를 수리하는 일은 그 이전에 그 기계가 성립, 발전되어 온 역사성을 담지하고 있으며, 동시에 그 기계가 특정한 사회 문화적 맥락 안에 들어와 있기 때문에 가능한 일이다. 다시 말해, 고장 난 기계를 수리해야 하는 사태는 오직 독립적인 문제 장면 그 자체가 아니라, 그 기계가 형성되어 온 긴 시간과, 그 기계가 쓰이는 확대된 사회 문화적 공간에 입각해서 바라볼 필요가 있는 것이다. 이 점은 곧 고장 난 기계를 수리해야 하는 문제 사태 그 밑바탕에 기계의 시간성과 공간적 맥락성이 동시에 배어 있다는 것, 그리고 그러한 시공간적 맥락성은 개인이 인식하든 인식 못하든 간에 그가 상호작용을 하는 장면 밑바탕에 깔려 있다는 것을 보여준다. 이처럼 개인이 지금 상호작용을 하는 기계는 시공간적 삶의 맥락으로부터 떨어져 나간 독립적 기계 그 자체로만 보아서는 안 되며, 특정한 사회, 문화, 역사적 삶의 맥락성을 배태(胚胎)한 그런 기계로 보아야 한다.

기계와 상호작용을 하는 개인도 이와 마찬가지의 맥락에서 해석될 수 있다. 기계를 수리하는 사람은 단순히 현재 눈에 보이는 기계와 자극—반응식으로 상호작용을 하는 존재가 아니다. 그는 현재 문제가 되는 그 기계에 대해서만 초점을 맞추는 사람이 아니라, 그 이전에 이미 사회, 문화, 역사적 맥락 속에 존재하는 개인이기 때문이다. 그는 나름대로의 선행 지식과 경험적 의미 체계를 가지고 있으며, 그런 지식과 경험을 통하여 기계와 접하고 해결 방안을 강구하는 것이다. 가령 누군가 그 고장 난 기계를 처음 접한다고 하더라도 전적인 백지 상태로 그것을 접하는 것이 아니라, 이때까지 그가 겪은 사회적, 문화적, 역사적 경험 등을 총동원해서 접하고 있다고 보아야 한다. 그는 기계 고장의 원인을 밝혀내기 위해 자신이 가지고 있는 기존의 관련된 지식을 모두 끄집어내고 머리를 써서 기계를 수리해야 할 것이다. 따라서 기계를 수리해야 하는 문제 장면은 기계 측면에서나 당사자 측면에서나 단순 '평면적'인 것이 아니라 '입체적' 차원에서 파악되어야 한다.[4] 왜냐하면, 상호작용을 하는 인식주체와 대상 모두 인식의 시간적 깊이와 공간적 넓이를 담지하고 있기 때문이다. 비록 그 정도상의 차이는 있다고 하더라도, 만약 누군가 그런 시공간적 맥락을 인식하는 가운데 어떤 대상이나 사물을 접한다면, 그는 단편적인 '상호작용'(inter-action)을 하는 것이 아니라 그것을 한 단계 뛰어넘은 '교호작용'(trans-action)을 하고 있다고 보아야 한다.

물론 고장 난 기계의 수리 사태는 광범위한 교호작용의 일례에 지나지 않는다. 이미 지적한 바와 같이, 교호작용은 시간성과 공간성이 상호 교차하여 유의미한 인식을 발생시키는 일체의 상호작용이라는 점에서, 개인의 주관적인 의식이나 좁은 범위의 관심에만 머무

---

4) 앞서의 논의에서 시사되듯이, '입체적'이라는 말은 문제 사태에 당면한 우리들의 인식이나 사고 작용이 S-R 식의 제한적이고 물리적인 상호작용이 아니라, 확대된 시공간적 맥락과 복합적으로 연계되어 있음을 의미한다.

는 것이 아니라, 과거의 탐구 결과나 지적 유산, 타인의 언설(言說) 등 직, 간접적인 모든 자료와 관계를 맺을 수 있다. "모든 상호작용은 시간적 과정을 내포하며, 어떤 순간적인 단면적 사건으로 보아서는 안 된다"(Dewey, 1938a: 110). 우리의 인식작용은 과거의 역사성을 배태하고 있으며, 동시에 그것이 현재와 미래의 삶과 경험에 영향을 주게 된다. 즉, 개인의 인식작용에는 이때까지 배운 과거의 경험과 지식이 총체적, 복합적으로 작용하며, 동시에 그러한 작용이 현재 문제사태의 이해와 해결에 영향을 미치고 있는 것이다.[5] 듀이가, "우리 자신의 활동을 시간적, 공간적 관련 속에서 파악하는 능력이 증가하면 할수록, 우리의 활동은 그만큼 중요한 의미를 가지게 된다"(Dewey, 1916a: 216)고 말한 까닭도 여기에 있다. 요컨대, 문제사태의 인지 및 해결과정에는 개별 당사자가 특별히 인식하건, 인식 못하건 간에 주체와 대상 간에 존재하는 복합적인 시공간적 인식의 망(網)이 전제되어 있다. 우리는 이러한 통합적 인식과정으로서의 교호작용을 통해 현재의 자아를 확장시키고 인식수준을 상승시켜 나아가게 된다.

---

5) 현재 문제 상황의 해결에 동반되는 인식작용에는 인지적 사고뿐만 아니라 질성적 사고가 동시에 투영되어 있다(Dewey, 1930a: 243−250). 왜냐하면, 교호작용을 통한 문제사태의 해결에는 지적인 측면 이외에도 그 문제 상황을 바라보는 비언어적인 느낌이나 질적 판단 혹은 문제해결의 성취감 등 상황 전체를 총체적으로 지각하는 마음의 작용이 항상 동반되고 있기 때문이다. 다시 말해, 문제 상황의 해결 과정에는 '예견된 결과'에 따라 행위를 옮기고 그 결과를 검증하는 인지적 사고 외에도, 문제 상황 전체에 대한 느낌이나 감(感), 혹은 문제 해결의 과정에서 맛보는 희열이나 보람 등 언어로 표현할 수 없는 감성적이고 비언어적인 질성적 사고가 동시에 수반되는 것이다.

Ⅲ. '과거의 지식'의 위상: '인식론적' 문제의 재고찰

앞 장에서 살펴본 듀이의 교호작용의 관점은 교육에서 '과거의 지식'이 차지하는 위상을 밝히는 데에 도움을 준다. 이미 언급했듯이, 듀이의 교육론에 대해 비판하는 관점은 주로 지식획득에 있어 과거가 차지하는 위상이 불분명한 점을 지적하는 데에 그 초점이 모아지고 있다. 즉, 듀이에 있어 기존의 사회적 지식이 어떻게 그것을 처음 배우려고 하는 아동에게 흥미의 대상으로 지각될 수 있는지가 명료히 대답되지 않은 상태로 남아 있다는 것이다(유한구, 1989: 88). 이는 한 마디로 말하면, 아동의 개별적 경험과 사회의 공적 지식 간의 관계가 불분명하다는 의문의 제기라고 볼 수 있다. 따라서 이 장에서는 이러한 비판적 의문과 관련하여 듀이에 있어 과거의 지식이 차지하는 위상을 명료히 해 보고자 한다. 먼저, 우리는 과거의 지식과 관련된 듀이의 다음의 발언에 주목할 필요가 있다.

> 과거의 업적은 현재를 이해하는 데 사용할 수 있는 유일한 수단을 제공한다. ······ 학습자는 깊이 뿌리박혀 있는 과거를 더듬어 보지 않고는 현재의 문제를 이해할 수 없고 그 문제를 잘 해결할 수도 없다. 다시 말해, 학습의 목적은 미래에 있고 그 직접적인 재료는 현재 경험에 있다는 원리는, 오직 현재의 경험이 말하자면 과거로 물러가는 정도에 의하여 그 효과를 나타낼 수 있는 것이다. 경험은 과거로 확대되는 그만큼 미래로 확대될 수 있는 것이다. ······ 현재 우리의 제도, 관습 혹은 사회악이라든가 혼란을 일으키는 제도나 관습 등은 결코 하룻밤에 생겨난 것이 아니라, 그 배후에 긴 역사가 숨어 있다(Dewey, 1938b: 51).

듀이에 있어 사회적 제도와 관습, 업적 등 과거의 지식은 현재와 단절되어 있는 것이 아니라 현재를 이해하는 유일한 기반이다. 다시 말해, 현재 문제사태의 인식과 그 해결과정에는 과거의 지식과 경험이 적극적으로 활용되고 있는 것이다. 따라서 현재의 문제를 심층적으로 이해하기 위해서는 그 문제 이면에 숨어 있는 긴 역사를 인지할 필요가 있다. 듀이가 말한 바 있듯이, "과거에 관한 지식은 현재를 이해하는 열쇠이다. 역사는 과거를 다루지만 이 과거는 현재의 역사이다"(Dewey, 1916a: 221 – 222). 이러한 듀이의 관점은 과거의 지식이 현재 문제의 이해와 해결을 위해 유일하게 의지할 만한 수단이며, 동시에 인식에 있어서도 대단히 중요한 위치를 차지한다는 것을 보여준다.

그렇다면, 여기서 제기되는 질문은 문제해결의 과정에서 과거의 지식을 중요시하는 듀이의 관점이 전통교육에서 강조해온 지식과 어떤 점에서 차이가 나는가 하는 것이다. 곧, 듀이에 있어 과거의 지식을 어떻게 배우며, 그것은 전통교육의 양상과 어떤 차이를 보이는가 하는 것이다. 분명한 것은, 듀이에 있어 과거의 지식이 중요하다고 해서, 그것이 곧 전통적 '주입식' 교육으로 회귀하는 것이 아니라는 점이다. 이것은 널리 알려진 바와 같이 듀이가 교육적 맥락에서 교사나 성인으로부터 과거의 지식을 액면 그대로 받아들이는 방식을 거부하고 있기 때문이다. 비록 기존의 지식의 가치는 분명히 인정된다고 하더라도, 만약 그 지식을 삶의 경험 상황과 무관하게 시종일관 암기하고 재생하는 일에만 머문다면, 수동적이고 기계적인 의존 태도를 기를 뿐, 학습자 자신의 주체적인 사고를 기대하기 어렵다는 것이다. 이 점은 다음의 인용문에서 잘 나타나 있다.

정보를 뜻하는 것으로서의 '지식'은 장차의 탐구, 다시 말하면 더 알아내고 더 배우고 하는 데에 없어서는 안 될 자원이며 요긴한 자본이다. 그런데 흔히는 그 자체가 목적처럼 취급되어서 그것을 쌓아가고 또 필요할 때 그것을 내어 보이는 데에만 주력하게 된다. 이러한 정적(靜的) 냉동저장물을 지식의 이상(理想)으로 삼는 것은 교육적 성장에 큰 장애가 된다. 그것은 사고의 계기를 그냥 흘러버리는 것에 그치는 것이 아니고 사고를 삼켜버린다(Dewey, 1916a: 165).

듀이가 단적으로 말한 바와 같이, "과거를 목적 자체로 삼은 종래 학교제도로부터 이탈하는 길은, 과거에 대한 지식을 현재를 이해하는 수단으로 삼는 데에 있다"(Dewey, 1938b: 51–52). 다시 말해, 과거의 지식은 그 자체로서가 아니라 현재의 문제해결을 위한 수단으로 활용되어야만 교육적 의미를 지니게 된다는 것이다. 이러한 듀이의 입장은 과거의 지식의 가치를 존중하되, 그것을 현재 당면한 문제 사태의 탐구와 연계되도록 가르쳐야 한다는 것을 보여준다. 이것은 독립적인 지식 그 자체가 아닌, 학습자와 교호작용을 하는 지식만이 그의 사고력 함양에 보탬이 되고 그 자신에게 참된 의미의 지식이 된다는 것을 의미한다. 듀이가, "과거와 그 유산에 관한 지식은 그것이 현재에 들어올 때에만 큰 의의를 가지며, 그렇지 않는 한 그것은 의미가 없다"(Dewey, 1916a: 81)고 언명한 까닭도 여기에 있다. 기존의 탐구결과로서의 지식이나 명제들은 그것들이 현재 문제해결에 적절하고 도움을 주는 한에서 타당한 것이다(Pring, 1973: 143).

그렇다면, 현재의 문제 사태나 관심 범위 밖에 있는 수많은 과거의 지식은 어찌되는가? 현재 개인의 관심거리가 아닌 과거의 지식은 배우지 않아도 되는가? 듀이의 말대로 하면 교육의 사태에서 인류의 지적, 문화적 유산을 차지하는 그 수많은 지식들이 단지 문제해결에 대한 흥미나 관심 범위에서 벗어나 있다고 해서 배제해도 된다는 말인가? 따라서 스미스(M. Smith)와 같은 사람은 듀이의 이러한 입장이 궁극적으로 문화적 전통의 붕괴를 초래하는 것이 아닌가 하는 의구심을 제기하고 있으며(정건영, 1995: 161에서 재인용), 더 나아가 허친스(R. M. Huchins)는 듀이즘에 입각한 교육적 오도(誤導)가 문화적 무질서를 초래했다고 비판하고 있는 것이다(김재만, 1980: 281). 아마도 듀이에 대한 이러한 극단적이고 강력한 비판의 일단은 학습자와 교호작용을 하지 않는 지식, 즉 학습자가 마음을 쓰고 사고하는 인식 범위 밖에 있는 지식에 대한 듀이의 입장이 충분히 밝혀지지 않은 데서 기인한 것일 수 있다. 이러한 질문에 대한 대답을 하기 위해서는 듀이에 있어 과거의 지식의 위상을 명료히 분석할 필요가 있다. 과거의 지식의 위상은 다음과 같은 두 가지 명제로 요약할 수 있겠다.

    (1) 과거의 지식은 학습할만한 가치가 있다.
    (2) 과거의 지식은 현재 문제의 해결을 위한 수단으로 활용되는 한에서 가치를 지닌다.

두 명제는 과거의 지식에 대한 상이한 위상을 보여준다. 명제(1)이 과거의 지식의 일반적 가치를 존중하는 규범적 의미를 담고 있다면, 명제(2)는 문제해결의 수단으로 써야만 과거의 지식이 가치를 지닌다는 교육방법적 의미를 담고 있다. 명제(1)이 지금까지 전해 내려오는 명사형으로서의 지식(knowledge)을 따로 배울 필요가 있다는 당위성을 부각시킨다면, 명제(2)는 교육자가 고려해야 할 동사형(즉,

문제해결과정)으로서의 학습행위(knowing)를 부각시킨다고 볼 수 있다. 두 명제와 관련된 지식의 위상을 살펴보면, 우선 명제(1)에서는 전통교육에서 전형적으로 드러나듯이, 학습자가 텍스트에 주어진 기존의 지식을 존중하고 이를 받아들여야 한다는 점에서 지식은 학습자의 인식을 기다리는 고정된 인식의 대상일 수 있다. 반면, 명제(2)에서는 현재의 문제해결이라는 목적 달성을 위해 과거의 지식을 수단으로 동원한다는 점에서, 지식은 그 자체로 가치를 지니는 것이 아니라 삶의 문제 사태 속에서 그 필요성이 의식되고 문제 사태에 합당한 '관계적' 의미를 부여받게 된다. 그런데, 문제해결을 위한 수단으로 활용되는 과거의 지식의 위상은 다시 다음과 같이 두 가지 의미로 구분할 수 있다.

> (2-1) 문제 사태의 해결에 직접적 수단으로 동원되는, 전문가
>   에 의해 확증된 기존의 지식
> (2-2) 문제 사태의 개별적 탐구활동을 통해 새롭게 재구성되는
>   기존의 지식

위의 구분에서 드러나듯이, 문제해결의 과정에서 활용되는 과거의 지식은 전문가에 의해 확증된 지식(2-1)을 의미할 수도 있고, 혹은 현재 개별 당사자의 탐구활동을 통해 새롭게 손질되고 변형되는 지식(2-2)을 의미할 수도 있다. 전문가에 의해 확증된 기존의 지식이 비교적 확정되고 안정된 의미를 가진다면, 현재 개인의 탐구활동 속에서 새롭게 재구성되는 기존의 지식은 가변적인 의미를 가진다고 볼 수 있다. 사실, 문제해결의 사태에는 이 두 가지 지식이 모두 관여할 수 있다고 보아야 한다. 두 가지 지식 모두 문제해결을 위한

탐구과정에 직접, 간접으로 개입될 가능성이 있는 것이다.

예컨대, 의사가 환자를 진료할 때 동원하는 의학적 지식이라든가, 과학자가 실험실에서 활용하는 과학적 지식은 기존의 확증된 지식 그 자체일 수도 있지만, 동시에 현재 그가 당면한 문제 상황에 맞게 적절히 변형되고 새롭게 재구성되는 그런 지식일 수도 있다. 그러나 전문가에 의해 확증된 기존의 지식이라고 하더라도 그것이 반드시 고정 불변하는 지식의 대상이라는 보장은 없다. 듀이에 있어 모든 지식의 대상은 장차 탐구를 통한 변화 가능성을 머금고 있는 것이기 때문이다. 이 점에서 기존의 확증된 지식(2-1)과 개인적 탐구의 역사 속에서 새롭게 재구성되는 지식(2-2)은 표면상 '확정성'과 '가변성'이라는 차이를 드러낸다고 하더라도, 두 지식 모두 문제사태의 탐구를 이끄는 수단, 그리고 그 탐구 결과로서의 지식을 산출하는 일과 관련된다는 점에서 '유동적' 성격을 지닌다.

그렇다면, 앞서 언급한 명제(1), (2)와 관련된 듀이의 관점은 정확히 어느 쪽인가? 듀이에 대한 기존의 인식론적 비판은 곧 이 질문과 관련된 듀이의 입장이 불분명함을 지적하고 있는 것이다. 표면상, 듀이의 관점에서는 지식의 일반적 가치를 강조하는 명제(1)이 아니라 문제해결수단으로서의 지식을 강조하는 명제(2)가 부각된다. 예컨대, "단일 관념이 과거, 현재, 미래의 구체적인 상황에 관한 새로운 관찰이나 새로운 반성을 이끌기 위해 사용되지 않는다면, 그것은 단지 관념일 뿐이며, 동시에 무익한 사색이고 환상이며 몽상일 뿐"(Dewey, 1933: 199)이라는 듀이의 발언은 지식의 일반적 가치를 부정하는 면모를 보여준다. 그러나 그렇다고 하여 듀이가 명제(1)에서 드러나는 지식의 가치를 전적으로 도외시했다고 볼 수 있는가? 그렇지 않다. 왜냐하면, 듀이는 "그때그때 당연한 것으로 받아들여야 할 지식"(Dewey, 1916a: 304)이 있음을 인정하였으며, 과거의 지식은 적어도 현재 학습자의 사고결과를 점검하는 '수단'이 된다고 보았기 때문이다.

기존의 지식을 담은 교과는 "경험의 새로운 발전을 이룩하기 위하여 우리가 사용할 수 있는 최선의 것이며, 우리가 기존의 지식과 예술이 이룩해 놓은 것을 조금이라도 능가하려고 하면 우리는 그 교과를 사용하지 않으면 안 된다"(Dewey, 1916a: 190). 다만 듀이가 경계한 것은 과거의 지식을 그 자체로 목적으로 취급하고 고립적이고 탈맥락적인 방식으로 지식을 가르치는 사태에 있었다. 물론 과거 위대한 사람들의 탐구 결과는 우리의 사고에 중요한 자원이 되며 지금 우리의 삶의 맥락을 구성하지만, 그렇다고 하여 그것들이 곧 우리의 삶의 의미 그 자체가 되지는 못한다(박철홍 외, 2005: 116). 외부 지식의 가치는 인정되지만, 그것이 교육적 의미를 가지는 것은 오직 개별 학습자의 탐구 경험과 관련될 때에 한해서이기 때문이다.

그러나 이러한 듀이의 의도에도 불구하고, '인식론적' 관점에서 보면 다음과 같은 심각한 질문이 제기될 수 있다. 즉, 문제해결수단으로서의 지식의 가치를 나타내는 명제(2)는 그것이 (2－1)의 지식이든, 아니면 (2－2)의 지식이든 간에 오직 명제(1)에서 파생되는 사태일 뿐이며, 따라서 명제(1)의 독립적 지식의 학습을 앞세우지 않고 어떻게 명제(2)의 문제해결학습이 가능한가 하는 것이다. 다시 말해, 이 질문은 지식을 약간이라도 따로 배우지 않고 어떻게 문제해결의 수단으로서 그 지식을 활용할 수 있는가 하는 것이다. 예컨대 함린 (D. W. Hamlyn)이 말한 바 있듯이, 특정 내용 X를 학습할 가능성은

X가 학습자에게 의미 있을 것이라는 점에 비추어, 그 X에 앞선 지식이 있음을 전제로 할 때 성립 가능한 것이다. 지식 획득의 '논리적 가정'에 관심을 둔 함린에게 있어 개인의 지식 획득 가능성은 그 개인이 가지고 있는 이전의 지식과 이해에 달려 있다(Hamlyn, 1973: 184 − 187).[6] 그리하여 문제가 되는 것은 그 X에 앞선 지식을 어떻게 학습하는가 하는 것이다.

가령, 천문학적 배경이 없는 사람에게 밤하늘에 갑자기 떠오른 섬광(閃光)은 어떤 의미를 가질 수 있는가? 그 섬광이 의미를 가지려면 약간이라도 천문학적 지식을 따로 배워야 하지 않는가? 피타고라스의 정리를 모르고 그 정리를 활용한 응용문제를 해결할 수 있는가? 피타고라스의 정리를 활용하는 응용문제를 해결하기 위해서는 적어도 '$a^2+b^2=c^2$'이라는 기본 공식은 따로 암기하고 있어야 하지 않는가? 분명히 듀이는 지식의 규범적 가치를 부정한 것은 아니지만, 그의 저서 여기저기에서 지식을 독립적으로 가르치고 배우는 사태를 강하게 경계하는 뉘앙스를 보여준다. 즉, "기계적이고 죽은 듯한 수업"(Dewey, 1902: 287)이니, "현실과 멀리 떨어진 죽은 교육"(Dewey, 1916a: 11)이니 하는 표현 등이 듀이의 그러한 관점을 잘 보여준다.

---

6) 물론 함린의 인식론적 위상은 근대적 경험론이나 합리론의 입장과는 상이한 것이다. 경험론과 합리론은 근본적으로 인식주체와 대상을 분리시키고 개인이 '홀로' 세계와 대면하여 외부의 지식을 획득하는 것으로 본다는 점에서 공통된 '인식론적 난점'을 드러내고 있다(유한구, 1989: 32). 함린에 의하면, 지식획득의 사태는 개인이 '홀로' 세계를 대면하는 사태가 아니라, '여럿이' 대면하는 사태로 보아야 하며, 따라서 개인은 지식획득의 주체일 뿐, 지식의 원천으로 볼 수 없다. 근대적 인식론의 문제는 개인의 지식획득에 영향을 미치는 '다른 사람들'의 영향, 특히 어른(corrector)의 지도적 역할을 간과한 데서 비롯된 것이다(Hamlyn, 1983: 164 − 165). 요컨대, 함린은 시간계열 상의 지식획득과정이 아니라, 획득된 지식의 '논리적 가정'을 분석하는 데에 관심이 있었다. 함린의 논의는 지식의 사회적 성격과 지식획득의 논리적 가정에 관한 철학적 질문의 중요성을 보여준다는 점에서 학문적 공헌을 하였다. 그러나 함린은 주로 지식의 원천에 대해서만 이론적 관심을 둘 뿐(Hamlyn, 1978: 166 − 167), 실제적 측면에서 학습자의 능동적 지식획득의 문제는 본격적으로 취급하지 않고 있다.

그렇다면, 사실상 독립적인 지식의 학습은 원천적으로 배제되어야 하는가? 도대체 필수적으로 알아야 할 지식의 기본 요소들을 어떻게 배운다는 말인가? 비록 듀이가 기존의 탐구 결과로서의 지식을 무시하지 않았다고 하더라도, 이러한 질문에 대한 그의 대답은 그다지 구체적으로 제시되지 않은 것으로 보인다. 바로 이 점에서 듀이의 교육사상은 기존의 '인식론적' 관점에서 비판의 표적이 되었다. 왜냐하면, 듀이는 한편으로 지식의 가치를 존중하면서 다른 한편으로는 독립적 지식의 학습을 비판함으로써, 그가 말하는 지식교육의 본질을 파악하기 어렵게 만들고 있기 때문이다. 말할 필요도 없이, 특정한 문제해결을 위해 필요한 지식을 선택, 활용하는 것도 그 지식을 따로 배워야 가능한 일이다. 예컨대, 천문학적 지식을 알아야 섬광의 의미를 해석할 수 있고, 피타고라스의 정리를 알아야 그것의 응용문제를 해결할 수 있다.

　　그러나 우리는 잠시 이와 반대편인 듀이 입장에서 생각해볼 수 있다. 즉, 우리는 어째서 듀이가 독립적 지식의 학습을 본격적으로 다루지 않았는가 하는 이유를 심각하게 고려할 필요가 있는 것이다. 확실히 그 이유는 듀이가 인식자와 인식대상을 이분법적으로 가르는 '인식론적' 관점을 벗어나 교육적 맥락과 결부된 '지식론적' 관점에 입각해 있다는 데에 기인한다.[7] 종래의 인식론적 관점은 소위

---

7) 듀이는 그의 저서 여기저기서 드러나듯이, 인식론(epistemology)이라는 말보다 지식론(theory of knowledge)이라는 말을 선호하였다(Dewey, 1929: 195; 1949: 49). 왜냐하면, 듀이가 보기에 종래의 인식론은 전통적인 관람자적 인식론의 관점, 즉 궁극적 진리(episteme)를 상정하고 주체와 객체를 원천적으로 분리하는 그릇된 관점에 입각해 있었기 때문이다. 듀이는 이러한 인식론의 관점을 "고질병인 지적 아관경직증(牙關硬直症)"(Dewey, 1908a: 138n)이라는 비유의 표현을 써서 통렬히 비판한 바 있다. 듀이에 있어서 모든 유의미한 지식은 '탐구'에 의존하는 것일 뿐, 탐구와 분리된 내재적으로 자명한 진리라든가, 오류 가능성을 원천적으로 배제하는 독단적 진술은 거부되는 것이다(Dewey, 1939c: 171-172).

'메논의 패러독스'에서 드러나듯이 '완전한 지식'과 '완전한 무지'를 상정하는(Dewey, 1916a: 155) 이원론적 시각에 입각해 있었기 때문에 생동적이고 유의미한 학습의 가능성을 보장하기 어려웠다. 기존의 인식론적 관점은 지식 획득의 당위성이나 획득된 지식의 확실성에만 주요 관심을 둘 뿐, 삶 속에서 지식 획득의 생생한 의미를 담아내지 못하는 것이다. 그리하여 듀이 편에서 본다면 다음과 같은 반문이 예상될 수 있다. 즉, 지식의 대상은 원천적으로 인식작용과 분리된 것으로 보아야 하는가? 지식 획득의 사태는 경험 상황과 무관한 고립적 성격을 띠는 사태로만 보아야 하는가? 최초로 접하는 지식의 대상은 개인의 관심과 무관하게 일방적으로 받아들여질 수밖에 없는가?

듀이의 '참여자적 지식론'(participant theory of knowledge)의 관점에서 보면, 지식의 대상은 텍스트의 정형화된 지식을 의미하는 것이 아니라 삶의 교호작용적 상황 속에서 "현재 일어나고 있는 일, 앞으로 해야 할 일을 이해하고 그것에 의미를 부여하는 수단"(Dewey, 1916a: 351)이다. 기존의 확증된 지식이든, 개인의 탐구 속에서 재구성되는 지식이든 간에, 지식은 본래부터 인간의 인식을 기다리는 고정된 대상이 아니라, 탐구의 상황 속에서 문제의 조건을 만족시키는 적합성과 효율성에 의해 확증되어 간다(Dewey, 1939c: 182). 현재 교과로서의 지식을 대면하는 개인은 결코 작용, 반작용 식으로 그것을 대면하는 것이 아니다. 거기에는 비록 정도상의 차이는 있다고 하더라도 개인과 지식 간에 상호 변질을 일으키는 교호작용이 일어나고 있는 것이다.[8] 듀이의 '지식'은 어떤 고정불변의 궁극적 대상이 아니라 항상 시공적인 제약 하에서 성취되기 때문이다(정덕희,

1997: 92-93). 그리하여 듀이가 기존의 인식론적 관점에서 제기되는 질문을 충분히 다루지 않은 까닭은, 무엇보다도 그 관점이 변전의 관계성을 배제한 채 외부의 지식을 부분부분 떨어져 있는 탈맥락적 대상으로 잘못 취급한다는 점에 있다.

이러한 인식론에 의거한 학습은 교육적 맥락에서 보더라도 생동적인 경험을 제공해주지 못한다. 즉, 독립적인 지식의 학습은 회고나 기억의 재생은 가능하게 할지 모르지만, 진정으로 내면화된 지식 혹은 새로운 지식의 창출 가능성을 담보해주지 못하는 것이다. 학습자와 외부 지식이 영향을 주고받아 서로가 서로에게 질적인 변화를 일으킬 때에만 해당 지식은 학습 당사자에게 생생한 의미를 띠게 된다. 예컨대, 피타고라스의 정리나 섬광의 의미를 처음 배운다고 하더라도, 그때 학습자가 배우는 지식은 순전히 고정되고 독립적인 상징으로서가 아니라, 그의 경험 상황 전체와 대면하여 무엇인가 질적 변화를 초래하는 '관계적' 지식이 되어야만 비로소 생동적 의미를 가지게 된다. 이 점에서 듀이는 원천적으로 외부 지식의 독립적 학습을 배제한 것이 아니라, 다만 그것이 의미를 가지는 조건을 밝힘으로써 독립적이고 일방통행적인 지식 학습의 위험성을 경고하고

---

8) 듀이의 이와 같은 지식론 밑바탕에는 인간과 삶을 바라보는 그의 반이원론적인 세계관이 반영되어 있다. 일체의 지식이 인식행위와의 교호작용을 통해 생성, 변화되어가는 것과 마찬가지로, 우리의 삶의 세계는 고립적 존재들의 산술적 집합이 아니라(박철홍 외, 2005: 112), 서로 영향을 주고받아 끊임없이 변화를 일으키는 세계이다. 듀이는 벤트리와의 공저인 그의 최종 저서 『인식작용과 인식대상』(1949)에서 다음과 같이 그의 관점을 피력하고 있다. "인간의 삶은 개별적이건, 집단적이건 교호작용으로 이루어져 있고, 그런 교호작용 속에서 인간은 타인은 물론 주변의 사물들과 함께하고 있다. 그리하여 이런 인간적 혹은 물질적인 사물들과 함께함이 없다면 우리는 어떤 일도 성취할 수 없으며, 삶 그 자체도 불가능할 것이다. …… 모든 인간은 태어나서 죽을 때까지 교호작용의 당사자들이다. 그러므로 광범위한 교호작용에 참여하고 있다는 사실을 도외시한다면, 개인은 물론 우리가 행하거나 겪는 어떤 일도 도저히 이해할 수 없게 될 것이다. 어떤 인간도 교호작용에 관여할 수 있으며 또 교호작용에 변화를 줄 수 있다. 그러나 그런 일이 가능한 것은 오직 인간이 교호작용의 당사자로 참여하고 있기 때문이다"(Dewey, 1949: 243).

있을 뿐이다.

요컨대, 듀이의 의도는 앞서 언급한 지식의 일반적 가치에 관한 명제(1)과 문제해결수단으로서의 지식에 관한 명제(2)를 동등하게 존중하는 교육에 있었다. 우리는 듀이가 지식교육의 의미를 교육적 맥락에서 제한한다고 하여 지식 그 자체의 가치마저 부정한 것은 아니라는 데에 주목해야 한다. 왜냐하면, 듀이에 있어 과거의 지식은 장차 '보다 확실한 지식' 생성의 수단이 되기 때문이다. 그럼에도 불구하고 누군가 다음과 같은 의문을 여전히 제기할지도 모른다. 즉, 학습자가 배울 만한 가치 있는 지식인데도 불구하고 그의 관심 범위에 들어오지 않는 지식이 있다면 그 지식은 어떻게 해야 하는가, 다시 말해 그런 지식은 결국 따로 배워야 하는 것이 아닌가 하는 것이다. 그러나 듀이의 입장에서 보면, 그 경우에도 외부 지식은 독립적으로 배울 것이 아니라 문제해결을 위한 탐구 상황 속에 들여와 그 수단으로서 기능하게 할 필요가 있다. 왜냐하면, 그렇게 될 때에만 외부 지식은 학습자의 경험과 따로 겉돌지 않으며 유의미한 생동적 학습을 가능하게 하기 때문이다. 이처럼 지식이 교육적인 가치를 지니려면, 교사는 해당 지식을 단편적 정보로서가 아니라 문제해결을 위한 수단으로 기능하도록 학습 환경의 조건을 적절히 통제할 필요가 있다.

이때까지 듀이를 오해한 사람들은 그가 흥미 있는 문제해결적 요소만 부각시켰을 뿐, 일반적 지식 학습의 가치는 도외시했다고 보는 경향이 있었다. 그러나 듀이에 있어 일반적 지식과 문제해결적 지식은 상호 관계성 하에서만 의미를 가진다. 말하자면, 과거의 지식은 현재 문제해결의 수단으로 활용되거나, 혹은 현재 개인의 새로운 탐구 경험 속에 개입하여 재구성됨으로써 의미를 지니게 되는 것이다. 이 점에서 명제(1)에서 시사되는 일반적 지식과 명제(2)에서 시사되는 문제해결적 지식은 상호 영향을 주고받는 기능적 보완 관계에 놓여 있는 것이다. 곧, 과거의 지식의 일반적 가치와 문제해결적 지식의 가치는 분리되어 설명될 성질의 것이 아니라 교호작용적 상황 속에 내포되어 마치 하나의 덩어리처럼 용해되어 의미를 지니게 되는 것이다.

학습자가 처음 배우는 교육내용이라고 하더라도 그때 접하는 지식은 마치 두 동강 난 통나무처럼 상호 분리되어 그 경계가 확정되어 있는 것이 아니다. 그것은 삶 속에서 끊임없이 상호 관여하고 변화를 일으키는 교호작용적 맥락에서 파악되어야 한다. 즉, 지식은 교육활동의 절대적인 목적과 방법을 나타내는 것이 아니라, 학습자의 삶에 침투되어 무엇인가 관계적 의미를 부여받게 되고, 다양한 활동의 목적을 달성하기 위한 수단으로 자리매김 되는 것이다.[9] 이 점에서 우리는 교육활동의 고정된 본질이나 실체에 관심을 갖는 대신에 교육활동의 생동적인 역학관계에 관심을 가질 필요가 있다. 만약 교육 그 자체에 내재한 궁극적 본질과 실체에 기초해서 목적과 수단을 만들어낸다면, 그것은 전통철학의 사고방식에 의거한 것일 뿐이다(對馬 登, 1974: 38). 이미 언급한 바와 같이, 지식의 획득과정을 오직 이원론적 관점에 의거해서만 파악한다면, 지식의 대상을 일

---

9) 듀이가 말하는 '활동의 목적'을 개인적 욕망이나 '실용적' 필요의 충족 정도로 폄하하는 것은 온당한 태도가 아니다. 듀이가 말하는 활동의 목적이라는 것은 복잡한 수학문제의 해결일 수도 있고, 과학적 실험결과의 분석일 수도 있고, 지역사회의 갈등을 최소화하기 위한 해결방안 수립일 수도 있고, 개인적 소망을 이루기 위한 삶의 실천적 결단일 수도 있다. 이렇듯 다양한 활동의 목적을 위한 수단으로서의 지식은 결코 편협한 욕구나 이기심의 충족 도구가 아니라, '경험의 성장'을 위한 지적, 사회적, 문화적 수단으로서의 가치를 포괄하는 것이다.

방적으로 받아들여야만 하는 '판에 박은 듯한' 학습 사태를 초래할 수 있을 것이다.

우리는 일상생활에서 너무도 흔히, 지식이 개인의 삶과 분리되는 사태를 찾아볼 수 있다. 예컨대, 머릿속에 기억된 도덕적 규칙들은 많은데 공중도덕을 제대로 지키지 않는다거나, 단지 시험 점수를 높이기 위해 특이한 방법으로 단편적 지식을 암기하는 것 등이 그것이다. 이때 지식은 당사자의 삶에 아무런 빛이나 의미를 던져주지 못하고 그야말로 수박 겉핥기식의 표피적인 지식으로 겉돌게 되는 것이다. 듀이의 관점은 이러한 사태를 예방하기 위해 종래 지식교육에 대한 통념, 즉 외부의 지식을 앞세우고 그것들을 학습자의 머릿속에 축적해간다는 의미가 아니라, 그 방향을 거꾸로 하여 현재 학습자의 마음 전체와 교호작용을 하는 삶의 상황 속에서 지식교육의 위상을 파악해야 한다는 점을 보여준다.

이상의 논의에서 드러나듯이, 듀이가 과거 지식의 독립적 학습에 대해 충분한 논의를 하지 않은 것은, 우선적으로 그가 반이원론적인 세계관에 입각하여 삶과 교과, 인식작용과 대상, 행위와 지식의 분리를 부정하는 데에서 그 이유를 찾아볼 수 있다. 그의 지식론은 일차적으로 종래 전통적 인식론에서 가정해온, 인간의 경험과 별도로 존재하는 고정된 지식의 대상을 부정하고 있다. 듀이에 있어 참으로 안다는 것은 고정된 사실을 있는 그대로 받아들여서 가능한 것이 아니라, 오직 당사자의 참여와 탐구과정을 거쳐야만 정당화된다. 직접적으로 경험된 질적 특성들(qualities)과 사건들은 탐구를 통해 지식의 대상으로 전환되며(Thayer, 1990: 456), 자기 충족적이고 자명한 진리로 인정되던 것이 특정한 탐구 상황 속에서는 검증의 대상이 되어야 하는 것이다. 이러한 듀이의 지식관은 그의 교육적 의도와 밀접히 관련되어 있다. 즉, 교과의 지식을 액면 그대로 받아들이는 사태는 비유컨대 대부분 소화하기 쉽도록 미리 만든 음식을 먹는 것과 다를 바가 없다는 것이다(Dewey, 1938b: 27). 확실히 이러한 사태는 진정한 지식의 체득에 도움이 되지 않는다. 고정적인 지식의 학습은 지식의 수용 자체가 목적이 되어 언제든지 '무기력한 지식교육'으로 전락할 위험성이 있기 때문이다. 요컨대, 과거 지식의 규범적 가치가 인정된다고 해서, 그것이 자동으로 교육적 가치를 보증하는 것은 아니다. 적어도 과거의 지식이 교육적인 의미를 지니려면 고립적 상태로서가 아니라 현재의 문제의식과 연계되어 좀 더 생생하고 살아 있는 지식 생성의 동인이 되어야 하는 것이다.

Ⅳ. 성장을 위한 교과의 진보적 조직

그렇다면 학습자의 경험의 성장을 위해서 교과는 실질적으로 어떻게 조직되어야 하는가? 분명한 것은 이제까지의 논의에서 드러나듯이 기존의 전통적 교육방식으로는 학습자의 경험의 성장을 반드시 담보할 수 없다는 것이다. 듀이가 지적한 바와 같이, "아무리 과학적인 내용이라고 하더라도 그것이 기성의 방식으로 제시된다면, 바로 그 순간에 진정한 학습의 동기가 결여될 수 있기 때문이다"(Dewey, 1902: 287). 전통적 교육에서 교과는 지식 생성의 발생론적 맥락을 간과한 채, 학습자들의 인식을 기다리는 고정된 지식의 형식을 취함으로써 생동적인 교과의 학습을 어렵게 만들었다. 다시 말해, 종래의 교육에서는 '교과 그 자체를 위한 지식' 혹은 이른바 필수적으로 알아야 할 '장식적 지식'의 가치만을 강조함으로써, 지식이 학습자의 관심과 분리된, 무기력한 정보로 전락될 개연성이 높았던 것이다. 듀이가 말하는 '교과의 진보적 조직'(progressive organization of subject-matter)(Dewey, 1938b: 48-60)은 바로 이와 같은 사태를 경계하고 학습자의 경험의 성장을 촉진하도록 교과를 점진적으로 재구성하는 것이다. 곧, 지식 생성의 발생론적 맥락을 존중하여 아동의 경험으로부터 시작하되, 단계적으로 전문가의 발달된 지식으로 이행해가는 그런 교과의 재구성 방식인 것이다.

분명히 전문가의 교과는 장차 학습의 목표 혹은 지향점은 될 수 있으나(Dewey, 1938b: 56), 그것 자체가 현재 학습의 직접적 내용이 되어서는 안 된다. 예컨대, 우리는 비프스테이크가 영양 가치가 있다고 하여 그것을 갓난아이에게 먹일 수 없으며, 삼각함수가 학문적 가치가 있다고 하여 그것을 초등학교 1학년이나 5학년생에게 가르칠 수는 없는 법이다(Dewey, 1938b: 27). 만약 지식이 가치 있다고 하여 이를 아동의 경험 수준과 무관하게 일방적으로 전달한다면, 이것은 아동이 도저히 이해할 수 없을뿐더러 경험의 성장에도 기여하지 못할 것이다. 이와 같은 사태를 경계하는 '교과의 진보적 조직'은 "아동의 직접적 경험 속에 내재한 발달의 가능성을 표현한 것"(Dewey, 1902: 279)으로서, 지식의 가치를 경험상의 발달 국면과 관련시켜 파악하는 것이다. 이러한 교육적 아이디어를 실현하기 위해서는, 전문가의 교과인 최종적 지식이 아동 학습의 출발점이 될 수 없다는 것, 그리하여 전문가의 교과와 학생의 교과가 적절히 상호작용을 함으로써 학생의 교과가 전문가의 수준으로 발전하도록 해야 한다는 것이다(노진호, 2002: 130-133). 이러한 교과의 조직은 학자들의 연구 결과물을 일방적으로 제시하는 것이 아니라 학습자가 진정으로 몰입하고 상호작용을 하여 그의 인식의 범위를 확대해갈 수 있도록 교과의 내용을 점진적으로 제시해야 함을 의미한다. 듀이에 있어 교과의 내용은 오직 학습자의 경험과 교호작용을 함으로써만 의미를 갖는 것이며, 무엇보다도 이와 같이 하지 않고서는 그들의 유의미한 경험의 성장을 담보할 수 없기 때문이다.

　그러나 다시 '인식론적' 관점에서 보면 다음과 같은 질문이 야기될지 모른다. 예컨대, 순수 이론적 지식의 경우는 문제해결학습으로 접근할 수 없는 것이며, 결국 따로 배워야 하는 지식이 아닌가? 이 점을 무시하고 교과를 조직한다는 것은 궁극적으로 기존의 교과를 개인의 욕망이나 필요와 바꿔치기 하는 것이 아닌가? 그러나 앞서 논의에서 시사되듯이, 이러한 반문이 반드시 타당한 것은 아니다. 왜냐하면, 듀이의 '교과의 진보적 조직'을 순전히 심리적인 차원에서만 볼 수 없을 뿐만 아니라, 발생론적 맥락에서 볼 때에도 '이론적 지식'은 원천적으로 독립적인 상태에서 생성된 것이 아니라 무엇인가 인간을 둘러싼 문제 상황을 해결하거나 특정한 삶의 상황을 변경하기 위해 발달된 것으로 보아야 하기 때문이다. 곧, 교과의 진보적 조직은 학습자의 경험의 성장을 위해 교과가 그 기원과 의미를 가지는 직접적이고도 개별적인 경험으로 '번역'되어야 함을 말하는 것이다(Dewey, 1902: 285 - 286). 그럼에도 불구하고 그의 '교과의 진보적 조직'을 순전한 심리적 조직으로 오해하는 것은, 듀이가 말한 바와 같이 사람들이 '이것이냐, 저것이냐' 하는 이분법적 통념(Dewey, 1938b: 5, 14)에 젖어, 기존의 지식을 '심리'와 대립된 '논리'로만 보는 데서 나온 결과이다. 이러한 이분법적 통념은 듀이가 추구한 '논리의 심리화'의 가능성을 간과하는 것임에 다름 아니다. 다음의 인용문은 듀이의 이와 같은 관점을 압축적으로 잘 표현해주고 있다.

> 아동과 교육과정은 동일한 연장선상에 있는 두 개의 극점이다. 양 극점이 하나의 직선을 규정하는 것과 마찬가지로, 현재 아동의 관점과 교과에 들어 있는 사실, 진리는 가르치는 일을 규정한다. 그것이 아동의 현재 경험으로부터 교과의 조직된 진리 체계로 나아가는 계속적 재구성인 것이다(Dewey, 1902: 278).

듀이의 교과의 진보적 조직은 결코 현재의 심리적 욕망 충족을 부채질을 하는 것이 아니라 경험과 교과의 교호작용을 통하여 학습자의 흥미의 수준을 계속적으로 변화시키는 데에 그 초점을 두고 있는 것이다. 학습자는 지식의 발생론적 맥락을 다양하게 경유하면서 그의 흥미의 수준과 인식의 지평을 종횡으로 확장시킬 수 있다. 예컨대, 목공일이나 공장 작업에 대한 흥미는 기하학이나 기계공학상의 흥미로, 요리에 대한 흥미는 화학 실험이나 신체 발달상의 생리학에 대한 흥미로, 우연히 갖게 된 그리기에 대한 흥미는 원근법의 표현 기술이나 화필(畵筆), 물감의 취급법에 관한 흥미 등으로 전환, 확대되어 가는 것이다(Dewey, 1933: 298). 이러한 과정에서 새롭게 생성되는 학습자의 지식은 구체적인 단위 상황 맥락의 산물이며, 동시에 새로운 의미와 가치를 추구하는, 주변 세계와의 연속적 상호작용의 산물인 것이다(양은주, 2001: 133). 확실히 이러한 의미의 교과는 일방적으로 배워야 할 고정된 대상이 아니라 경험과의 상호 관계성 속에서 교과 그 자체의 의미가 역동적으로 변화해가는 모습을 드러낸다. 결론적으로, 교과의 진보적 조직은 학습자의 안과 밖의 시공간적 교호작용을 통하여 흥미의 수준과 인식의 범위가 점진적으로 확대되며, 동시에 이를 통해 경험의 성장을 촉진하는 교육적 메커니즘으로 보아야 한다. 여기에는, 어떻게 하면 학습자가 삶의 일상 속에서 지적, 사회적으로 가치 있는 지식을 생동감 있게 배울 수 있는가 하는 듀이 자신의 교육적 의도가 투영되어 있다.

물론 경험과 교과를 상호 결부시키는 일은 결코 쉬운 일이 아닐 것이다(Dewey, 1938b: 50). 왜냐하면, 그것은 전통적 교육에서보다 훨씬 많은 연구와 노력을 요하기 때문이다. 그러나 교육의 진정한 목적이 고정된 지식의 전수가 아니라 학습자의 '경험의 성장' 자체에 있다고 볼 때(Dewey, 1916a: 107), 듀이가 현대 교육자에게 부과한 '교과의 진보적 조직'의 활성화 문제는 긴요한 과제라고 할 수 있겠다. 교과의 진보적 조직을 위해서는 무엇보다도 교과의 위상을 보는 시각의 전환이 필요하다. 교과는 오직 현재 학습자 눈앞에 놓인 고정된 텍스트만을 의미하는 것이 아니라, 학습자와의 교호작용을 통하여 역동적인 변화를 산출하는 다층적(多層的) 의미의 교과로 해석될 필요가 있다. 즉, 교과는 학습자들에게 전달해야 할 정보의 무더기가 아니라, 현재 학습자의 수준과 완성된 지식 사이에 숨어 있는 다양한 교육적 상호작용들을 통해 학습자와 교과 모두 상호 질적인 변형을 초래하는 인식의 동태적(動態的) 발달 과정으로 볼 필요가 있다는 것이다. 그리하여 교과의 진보적 조직에서 드러나는 교사의 중요한 역할은 학습자의 경험과 완성된 교과의 지식을 매개하는 중재자로서, 사고와 탐구를 자극하는 환경 조건을 조성하고, 학습자의 흥미와 인식의 수준이 상향, 확대되도록 교재의 내용을 '입체적'으로 재구성하는 데에 있다고 말할 수 있을 것이다.

V. 맺음말

교육의 본질을 어떻게 규정짓든지 간에, 적어도 교육은 지식을 가르치는 일과 무관할 수 없다. 그야말로 지식교육을 '낡은 교육'의 대명사처럼 여기는 것은 타당한 태도가 아니다. 이 점에서는 듀이도 예외는 아니다. 듀이도 분명히 지식의 가치를 존중하였기 때문이다. 다만 그는 종래 교육에서와 같이 학습자들에게 완성된 지식 그 자체를 전달하는 사태를 올바른 교육의 모습으로 보지 않았다. 전통교육의 폐해에서 드러나는 바와 같이, 그러한 지식은 학습자의 삶과 유리(遊離)되어 그들의 실질적인 안목의 변화나 성장에 도움을 주지 못하기 때문이다. 듀이가 교육에서 추구한 바는 경험과 교과의 교호작용을 통하여 학습자의 현재 인식수준과 범위를 향상, 확대시키는 데에 있었다. 그러나 이러한 듀이의 의도에도 불구하고, 이때까지 그가 교육에서 전통적 지식의 가치를 배제하고 아동의 욕망 충족을 앞세우며 교육의 목적성을 무시한 사람이 아닌가 하는 비판이 제기되어 왔다. 이러한 비판은 듀이에 있어 과거의 지식이 차지하는 위치가 불분명하다는 인식론적 비판과 연관되어 있다. 이 글은 듀이에 대한 이제까지의 비판이 그의 사상에 대한 오해에서 비롯된 것이라면 그 오해의 원천이 무엇인지를 밝히고, 과거와 현재의 교호작용을 중심으로 듀이 지식교육론의 위상을 명료히 하고자 하는 목적에서 수행되었다.

듀이의 사상을 오해하는 사람들은 그가 과거의 지식과 분리된 현재의 흥미 있는 활동이나 주관적 욕구 충족만을 강조한 것이 아닌가 하는 의문을 제기한다. 그러나 그러한 오해는 단적으로 말해 '이것이냐, 저것이냐' 하는 이분법적 시각에서 듀이를 볼 뿐, 그의 본래 의도를 세밀히 살피지 않은 결과이다. 말할 필요도 없이, 듀이의 의도는 학습자의 흥미나 욕구를 고려하되, 결코 그것으로만 그치는 것이 아니었다. 그가 참으로 의도한 바는 문제사태의 해결 과정을 통해서 과거의 지식과 현재의 관심이 유의미하게 접목되고 학습자의 계속적인 탐구 작용을 일으키는 그런 교육적 경험의 성장에 있었다. 이것이 이른바 '죽은듯한 수업'을 예방하고 현재의 인식수준을 실질적으로 재구성하는 계기를 마련해주기 때문이다.

이런 의미에서 우리는 듀이의 '문제해결'이 그야말로 즉각적인 유용성, 즉 당장 먹고 살아가는 문제인 실용주의적 발상(utilitarian conception)과 관련된 것이 아니라(엄태동, 2001: 210－211), 과학적 가설의 검증, 심미적 표현의 선택, 정치적, 경제적 문제의 해결 등 광범위한 지적, 사회적, 문화적 의미를 포괄한다는 점에 주목해야 한다(이돈희, 1992: 513－514). 이렇듯 다양한 삶의 문제들을 해결하기 위해서는 과거의 지식이 수단으로 동원될 수밖에 없으며, 동시에 상당한 정도로 훈련된 이해력과 사고력이 요구되는 것이다. 이와 같이 보면, 듀이가 일반적으로 개인의 욕망과 필요를 앞세우고 지성 혹은 지식의 가치를 소홀히 했다는 비판은 결코 타당하다고 볼 수 없다.

또 한 가지, 앞서 언급한 오해와 관련된 것으로서, 듀이에 있어 현재의 흥미와 과거의 지식, 혹은 심리와 논리의 관계가 애매하다는 '인식론적' 비판이 있다. 그러나 우리는 이러한 비판을 듀이에 있어서 과거와 현재의 교호작용을 명확히 규명할 필요가 있다는 요청으로 받아들일 수 있다. 표면상 듀이에 있어 과거의 지식의 학습은 약화되어 있는 모습을 노정(露呈)한다. 그러나 그것은 지식을 원천적으로 배제한 것이 아니라 지식의 학습을 교육적 가치와 관련하여 제한하려는 시도로 파악되어야 한다. 확실히 지식은 '인식론적' 분석의 대상이 될 수 있다. 그러나 그러한 분석이 교육적으로 가치 있는 경험을 보장해주지는 못한다. 적어도 바람직한 교육이 외부 지식을 마치 항아리에 물을 붓듯이 학습자에게 주입하는 것이 아니라 그의 안목과 삶의 일부로 체화되도록 도와주는 일이라면, 우리는 그 일반적 가치가 인정된다고 하여 수많은 지식을 있는 그대로 학습자에게 주입해서는 안 될 것이다. 개별적 탐구과정을 거쳐 중요하게 여기고 '내면화'된 지식은 일반적으로 '표준화'된 지식과 동일한 지위를 가질 수 없기 때문이다. 요컨대, 듀이의 지식교육에 대한 아이디어는 '인식론'이 아니라 '지식론'에 비추어서만 온당하게 이해될 수 있다. 이때 이른바 듀이의 '애매성'이란 문자 그대로 불분명함 자체가 아니라, 전통적인 '정초주의' 인식론을 거부하고 삶 속에서 지식획득 과정의 역동적 성격을 드러내려는 그의 '참여자적 지식론'의 단초로 해석해야 할 것이다.

이상의 논의와 관련하여 이 글에서 제시하고자 한 바는, 기존의 확증된 지식이든 현재 탐구과정에서 재구성 중에 있는 지식이든 간에 과거의 지식은 현재 학습자의 경험 사태와 끊임없는 교호작용으로 인하여 질적인 변화를 초래하고 있다는 것, 그리하여 지식교육의 사태를 학습자의 삶과 교과가 시공간적 차원에서 서로 교차하는 '입체적인' 과정으로 파악하는 통찰이 요구된다는 것이다. 적어도 올바른 지식교육이 '경험의 계속적 성장'을 실현시키는 일이라면, 우리는 상황적 특수성을 고려한 교육적 맥락에서 '지식교육'의 위상을 재해석할 필요가 있을 것이다. 즉, 지식교육에서는 전통적으로 구획된 고립적 지식이 아니라, 그 지식이 어떻게 학습자와 만남을 이루고 또 그 만남이 어떤 교육적 가치를 지향하고 어떤 교육적 지식을 생성해내는가 하는 관계성과 역동성이 중요한 화두가 되어야 한다는 것이다. 학습자는 교호작용을 통하여 교과의 의미를 재해석하는 "변용적 경험"(Doll, 1997: 238)을 하고 있기 때문이다. 오늘날 불행한 한국교육의 한 단면이지만, 오직 평가 결과에서 높은 점수를 올리고자 예상문제풀이에만 매달리게 한다거나, 무조건 남과의 경쟁에서 이기고 보자는 조급함에서 쫓기듯이 각종 '선행(先行) 학습'으로 학습자들을 내모는 것은 노역(勞役)에 가까울 뿐, 생동적인 경험의 성장을 촉진하기 어렵다. 따라서 경험의 성장을 지향하는 교육에서는 전통적으로 구획된 고립적 지식의 학습이 아니라, 과거의 지식이 현재 삶의 경험 상황과 연속되는 하나의 탐구행위의 맥락에 놓일 수 있도록 다각적이고 점진적인 교재의 재조직을 연구할 필요가 있을 것이다.

끝으로 첨언할 것은, 교육적 경험의 성장을 위해서는 이제까지 듀이에 대한 통념과는 달리, 올바른 의미에서 교사의 '권위'가 강조되어야 한다는 것이다. 가르치는 사람의 권위가 인정되지 않는다는 것은 곧 성인으로서의 교사의 지도적 역할을 무시하는 것과 동일하기 때문이다. 듀이가 말한 바와 같이, "외부적인 권위를 배격한다고 하는 것은 온갖 권위가 배격되어야 한다는 것을 의미하지 않는다. 오히려 보다 더 효과적인 권위의 원천을 찾아야 할 필요가 있다"(Dewey, 1938b: 8). 듀이가 말하는 교사의 권위는 학습자에 대해 누리는 성인의 일방적 권력을 의미하는 것이 아니라, 학습자의 경험의 성장을 촉진하는 학습 환경의 조건을 조성해주는 능력과 관련되어 있다. 곧, 교사는 학습자의 현재 경험에 영향을 미치는 조건을 탐색하고 학습자들이 이미 가지고 있는 경험을 새로운 탐구 영역과 접목시킬 수 있도록 학습 환경을 적절히 통제할 필요가 있는 것이다. 이와 같은 교육을 가능하게 하려면, 우리는 전통적 교육에서보다 훨씬 더 많은 연구와 노력을 기울이지 않으면 안 될 것이다. 즉, 교사 자신이 학습자의 경험의 과정을 예의 주시하고 지식과 경험의 연속적 관계성을 교육적 성장으로 이끄는 전문적 식견을 지녀야 하는 것이다. 이 점에서 보면, 듀이의 교호작용에 비추어 본 지식론은 진정한 의미에서 교사의 전문성과 권위 회복을 위한 교육적인 노력을 요청하고 있는 셈이다.

제12장 듀이의 지식론과 구성주의

　구성주의의 중요한 이론적 전제는 전통적 실재론을 거부하고 학습자를 지식을 구성하는 능동적 주체로 본다는 데에 있다. 이제까지 구성주의적 관점은 듀이의 지식론과 특정한 관련을 맺는 것으로 평가되어 왔다. 왜냐하면, 듀이의 지식론에서도 학습자를 지식 형성에 개입하는 능동적 참여자로 간주하고 있기 때문이다. 그러나 이러한 유사성에도 불구하고, 듀이의 지식론과 구성주의가 과연 동일한 것인가 하는 데에는 의문의 여지가 있다. 왜냐하면, 양자 간에는 특정한 존재론적, 인식론적 논제들이 공유되지 않는 것으로 파악되기 때문이다. 듀이는 지식획득에 있어 관념적 지식의 구성을 거부하고 개인과 환경의 교호작용이라는 존재론적 근거를 중시하고 있다. 또한 듀이는 인식에 있어서 조작적 의미의 '진리의 대응이론'을 옹호하고 있으며, 동시에 개별적 의식과 객관적 사건이 역동적으로 교호작용을 함으로써 실재를 생성한다고 본다. 이와 같이 보면, 구성주의와 듀이를 표면상 동일한 맥락에서 논의하는 것은 듀이 지식론의 핵심적 포인트를 놓치는 일이 될지도 모른다. 이 글에서는 이러한 문제의식에 입각하여 듀이와 구성주의의 관점을 비교함으로써 듀이 지식론을 재해석하고 그 교육적 시사점을 밝히고자 하였다.

I. 문제의 제기

지식이 인식주체인 개인에 의해 능동적으로 구성된다는 것은 구성주의(constructivism)의 일반적 전제이다. 구성주의는 강조점의 차이에 따라 다양한 이름들로 불리어지고 있으나,[10] 크게 보면 두 측면으로 분류된다. 즉, 지식의 구성이 순전한 개인의 인식작용에 의한 것으로 보는가, 아니면 사회적 상호작용에 의한 것으로 보는가에 따라 '급진적 구성주의'와 '사회적 구성주의'로 분류되는 것이다. 두 구성주의는 지식 획득의 구체적 관점에 대해서는 차이를 드러내고 있으나, 적어도 인식주체가 외부의 객관적 실재를 그대로 받아들이는 것이 아니라 지식의 구성에 참여한다고 보는 점에서 일치하고 있다. 다시 말해, 진리와 지식은 이미 거기에 주어진 상태로 있는 것이 아니라 근본적으로 시공간적 맥락의 산물이며 개인의 인식작용에 의해 능동적으로 구성되고 있다는 것이다.

표면상 구성주의의 이러한 논점은 개별 학습자를 '능동적 참여자'(Dewey, 1938a: 50)로 보는 듀이(J. Dewey)의 관점과 유사한 것으로 보인다. 널리 알려진 바와 같이, 듀이는 지식의 획득에 있어 개인의 위치를 전통 철학의 관람자적 위치에서 참여적이고 능동적인 위치로 전환시켰다. 이것은 지식의 획득이 단순히 기존의 지식을 회고하거나 재생하는 것이 아닌, 문제 상황에 당면하여 문제를 해결하는

---

10) 스태프와 게일은 "교육에서의 구성주의"(Constructivism in Education)라는 글에서 구성주의를 여섯 가지로 분류하고 있다. 즉, 사회적 구성주의, 급진적 구성주의, 사회적 형성주의, 정보처리적 구성주의, 인공두뇌 체제, 조정적 행위의 사회 문화적 접근 등이 그것이다(Steffe & Gale, 1995: xiii; Vanderstraeten & Biesta, 1998: 1에서 재인용). 구성주의는 이처럼 다양한 이론적 관점들을 포괄하지만, 일반적으로 실재의 객관적 표현으로서의 지식을 거부하는 데에 그 주요 특징이 있다.

과정에서 이루어진다는 그의 참여자적 지식론을 반영한다. 사실, 많은 현대 교육학자들이 듀이의 관점을 구성주의와 연관된 것으로 보는 까닭도 바로 이 점에 기인한 것으로 보인다.

예컨대, 더피와 커닝햄은 듀이가 구성주의를 지향한다고 평가하며 (Duffy & Cunningham, 1997; 조영남, 2002: 156에서 재인용), 벤트리 (Bentley)는 사회적 구성주의가 듀이의 인식론과 연관된 것으로 보고 있다. 또한 게리슨(Garrison)은 구성주의 인식론의 성격이 듀이적 프래그머티즘의 전통 속에 깊이 묻혀 있었던 것으로 평가하고, 구성주의와 듀이의 관점이 동일한 것이라고까지 말하고 있다(McCarthy & Sears, 2000: 213). 뿐만 아니라 국내 연구에서도 구성주의가 전적으로 새롭고 독창적인 관점이 아니라 듀이가 이미 오래전에 주창해온 관점과 유사하며 상호 밀접한 관련성을 맺는 것으로 평가하는 시각들이 많다(김재건, 2002: 76; 강인애, 2002: 236; 조용기, 2002: 4). 그러나 이와 달리 양자의 관계를 상이하게 보는 관점이 있다.

맥카시와 시어스에 의하면, 듀이의 프래그머티즘과 구성주의 간에는 핵심이 되는 존재론적, 인식론적 논제들이 공유되고 있지 않은 것이다. 그 공유되지 않는 부분이란 인간과 객관적 실재, 마음과 진리의 관계를 해석하는 상이한 관점에 기인한다. 이러한 입장에서 보면 듀이의 저술들을 초기 구성주의로 해석하거나 또는 구성주의와 양립 가능한 것으로 해석하는 것은 듀이 프래그머티즘의 근본 원리를 심각하게 오해하고 있는 것이다(McCarthy & Sears, 2000: 215-217). 만약 이와 같은 맥카시와 시어스의 문제 제기가 타당한 것이라면, 구성주의와 듀이 지식론은 표면상의 유사점과는 달리 상이점이 더 부각된다고 보아야 할 것이다.[11]

사실, 개인이 능동적으로 지식을 구성한다는 말은 표면상의 어의처럼 그다지 분명한 말이 아니며, 그 의미가 세밀하게 밝혀져야 그 온전한 모습을 드러내는 것이다. 즉, 능동적으로 구성되는 지식이 과연 어떤 지식이며 그러한 지식이 이른바 '실재'라든가 '진리'와 어떤 관계를 맺고 있는가 하는 것은 별도의 복잡한 분석을 요구하는 문제인 것이다. 이 글은 이러한 맥락에서 지식 구성의 측면에서 구성주의와 듀이의 지식론을 비교하고 양자의 관계를 명료히 하는 데에 그 목적을 둔다. 이러한 작업을 통하여 우리는 구성주의와 듀이가 일반적 해석에서와 같이 동일한 노선 상에 있는지, 아니면 상이한 이론적 기반에 근거한 것인지를 밝힐 수 있을 것이며, 동시에 이를 통해 듀이 지식론의 위상을 보다 명료히 할 수 있을 것이다. 이를 위해 이 글에서는 먼저 구성주의의 두 축인 급진적 구성주의와 사회적 구성주의의 입장을 살펴보고, 이어서 듀이 자신이 규정하는 '보증된 단언'(warranted assertion)으로서의 지식의 성격을 탐구, 대응, 그리고 실재라는 상호 관련된 세 측면을 중심으로 살펴보고자 한다. 그리고 앞서의 논의를 바탕으로 하여 듀이의 입장과 구성주의의 관계가 어떻게 규정되어야 하는지를 밝히며, 끝으로 본고의 논의가 현대 교육에 주는 시사점을 모색하고자 한다.

---

11) 맥카시와 시어스의 문제제기와 관련하여 양은주(2001: 124)의 연구에서는 탐구의 연속적 활동을 통하여 지식의 대상이 변형된다는 듀이의 지식관이 개인의 능동적 지식 구성을 강조하는 구성주의 관점으로 해석될 수 있는가 하는 문제가 최근에 새로운 논쟁점이 되고 있음을 시사한 바 있다.

Ⅱ. 구성주의 인식론의 성격

구성주의에 대해서는 대체적으로 한 가지 견해에 일치하고 있다고 보인다. 즉, 지식은 인식주체와 별개로 떨어져 있는 피동적 지각 대상이 아니라 인식주체와의 상호작용 속에서 능동적으로 구성되어 간다는 것이다(조용기, 2002: 4; 최신일, 2002: 31; 이명숙, 2002: 39; 조영남, 2002: 154; 목영해, 2003: 28). 앞서 언급한 바와 같이, 구성주의는 관점에 따라서는 여섯 가지로 분류되기도 하지만(Vanderstraeten & Biesta, 1998: 1), 부각되는 강조점의 차이에 따라 보통 글라저스펠트(Glasersfeld)의 '급진적 구성주의'와 비고츠키(Vygotsky)의 '사회적 구성주의'라는 두 측면으로 대별된다. 이 장에서는 이와 같은 구성주의의 대표적 두 입장이 인식론적 측면에서 어떤 의미를 가지는지 살펴보기 위해 사고, 진리, 그리고 실재라는 세 측면으로 나누어 간략히 검토해보고자 한다. 이것은 다음 장에서 고찰할 듀이 지식론과의 비교를 위한 기초적 준거가 될 것이다.

첫째, 지식 구성에 있어서 사고의 성격 문제이다. 급진적 구성주의의 주창자인 글라저스펠트는 지식 획득에 있어 인식주체로서의 개인을 부각시킨다. 그에 의하면, 지식은 객관적인 실재를 수용함으로써 획득되는 것이 아니라 우리들 각자의 경험에 의해 구성된다. 그와 같이 구성된 지식은 세계에 대한 질서화인 동시에 조직화이다. 다시 말해, 진리는 인식주체와 동떨어져 존재하는 것이 아니라 바로 인식주체인 개인에 의해 능동적으로 구성되고 있다는 것이다(Piaget, 1954; 이명숙, 2002: 39에서 재인용). 이러한 입장은 개인이 경험한 바를 자신의 개념적 수단을 써서 나타낸 것을 '지식'으로 보는 것이다(Glasersfeld, 1995: 203). 사고는 이와 같이 구성된 지식을 타당화하는 심리적 과정에 다름 아니다. 확실히 급진적 구성주의는 유기체로서의 개인이 '동화'와 '조절' 간의 불균형 현상을 해소하고 균형 상태로 나아간다는 피아제(Piaget)의 '평형화' 인식 논리와 관련을 맺고 있다.[12] 왜냐하면, 피아제의 관점은 개인이 환경과의 상호작용을 통해 끊임없이 자신의 인지구조를 수정, 재구성해간다고 보는 점에서 지식 구성의 원천을 개인에게 두는 글라저스펠트의 관점을 논리적으로 지지해주는 것이기 때문이다.

반면, 사회적 구성주의의 대표자로 평가되는 비고츠키는 지식 획득에 있어 사회적 상호작용을 부각시킨다. 그에 의하면, 지식의 획득이나 학습이라는 것은 개별적인 관점이 아닌, 사회 문화적 관점에서 바라보아야 한다. 다시 말해, 인간의 정신이나 지적인 활동은 사회, 문화적 상황 속에서 일어나는 것이며, 그리하여 학습도 사회, 문화적 실제 혹은 그때그때의 특별한 상황과 접촉하는 것으로 보아야 한다는 것이다(Vanderstraten & Biesta, 1998: 2). 이러한 관점에서 보면 상징으로서의 언어의 역할이 매우 중요한 의미를 띠게 된다. 왜냐하면, 인간의 정신이나 지적인 구성의 작용이 사회 문화적 상황 속에서 일어난다고 볼 때, 인간과 인간을 중재하는 언어가 필수 불

---

12) 급진적 구성주의는 '혁신적 구성주의' 혹은 '개인적 구성주의'로도 불린다. 동시에 급진적 구성주의는 동화와 조절의 균형을 통한 생물학적 기제로 지식획득과정을 설명하는 피아제(Piaget)의 '인지적 구성주의'와 동일시되기도 한다. 피아제의 인지심리학에서 인간의 지식획득 과정은 개별적 자기 조절과 반성, 그리고 추상에 의해서 설명된다. 이러한 피아제의 관점은 지식이 개인에 의해서 능동적으로 구성된다고 보는 점에서 칸트(Kant)의 논의와 유사하다. 그러나 피아제가 칸트와 다른 점은 '범주 개념'들이 선천적으로 주어진 것이 아니며, 지능이나 지식은 개인과 환경 간의 상호작용을 통해서 부단히 쇄신, 재구성된다는 데에 있다(장상호, 1987: 18). 함린은 피아제 인식론의 관점을 종래의 경험론이나 합리론과 대비하여 '발생 있는 구조'라는 압축적인 말로 표현하고 있다(Hamlyn, 1978; 이홍우 역, 1990: 85-117). 사실, 피아제의 인지적 구성주의가 급진적 구성주의와 동일시되는 까닭도 지식의 구성이 환경과 상호작용을 하는 '개인'에 의해 이루어진다는 '혁신적' 관점 때문일 것이다.

가결하게 개입되기 때문이다. 사실, 개인과 개인을 연결하는 사회적 수단으로서의 언어의 숙달은 지식의 획득이나 지적인 성장을 위해서는 반드시 필요한 요소이다(Vygotsky, 1962: 51). 여기서 주목할 점은 비고츠키의 관점이 지식 획득에 있어 사회적 측면을 중시한다고 해서 지식을 구성하는 개인의 중요성마저 부정하지는 않는다는 것이다. 왜냐하면, 비고츠키는 의사소통이나 타인과의 담화를 통해 듣거나 알게 되는 '개인 간 정신'으로부터 '개인 내 정신'으로 옮겨가는 개별 주체의 인식과정도 중시했기 때문이다(이종일, 2002: 90-91). 이 점에서 비고츠키에 있어서 사고 작용은 언어가 매개된 사회적 의사소통을 기초로 하고 있으며, 동시에 개인이 그러한 의사소통의 결과를 변형하고 내면화하는 기능까지 포괄하는 것이라고 볼 수 있다.

둘째, 지식 구성에 있어서 진리의 준거 문제이다. 급진적 구성주의에 있어서 진리는 인식자의 외부로부터 '발견'되는 것이 아니라 인식자의 마음 내부에서 '구성'되는 것이다. 우리가 '사실'이라고 부르는 것들이 실제로는 인식자와 외부 세계의 '대응'을 통해서가 아니라 당사자의 경험을 통해서 성립 가능한 것이기 때문이다(Glasersfeld, 1995: 201-203). 이것은 지식이 궁극적으로 개인에 의해 구성된다고 보는 글라저스펠트의 입장에서 따라 나오는 귀결이다. 그러나 이러한 입장은 개인의 지식 획득에 영향을 주는 사회적 측면을 간과했다는 점에서 비판을 받는다. 즉, 급진적 구성주의에서 개인이 만들어가는 지식이 과연 타당한 지식인지를 평가하는 사회적 합의라든가 객관적 준거가 결여되어 있다는 것이다. 다시 말해, 누군가 구성한 지식이 적합성을 가진 지식이라는 것을 보여줄 객관적 척도가 없다는 것이다. 인식론적 논의에서 '무정부적 상대주의'에 대한 비판이 야기되고, '사회적 구성주의'가 출현하게 된 배경도 바로 이러한 급진적 구성주의의 근본적 문제점에서 비롯되었다고 볼 수 있다.

반면, 사회적 구성주의에서 진리의 준거는 급진적 구성주의와 달리 서로 다른 주체들 사이의 '동의'에 있다고 본다(이명숙, 2002: 40). 곧, 진리의 준거는 개인의 임의적 판단에 의한 것이 아니라 공동체의 합의와 의견의 일치에 있다고 보는 것이다. 이와 같은 사회적 구성주의 관점은 개별적 의미 구성보다 그 의미를 공유하는 사회적 측면을 우선시하는 것이다. 물론 그렇다고 하여 사회적 구성주의에서 지식을 구성하는 개인의 중요성을 부정한다고는 볼 수 없다. 이미 언급한 바와 같이, 인식주체로서의 개인은 개별적 사고 작용을 통해 사회적 상호작용의 결과를 변형하여 내면화할 수 있기 때문이다. 만약 사회적 구성주의가, 지식의 근거가 사회에 있고 개인은 그러한 지식을 받아들이기만 하면 된다는 그런 주장이라면, 그것은 외부의 인식대상을 강조하는 전통적 인식론과 차별화될 수 없을 뿐만 아니라, 소위 '구성주의'라기보다는 '사회문화주의'에 가까운 것이 되고 말 것이다.

'사회문화주의'는 '사회적 구성주의'와 구별되는 것으로서, 우리가 얻게 되는 지식이나 가치의 연원이 사회와 문화에 있다는 주장이다. 이에 비해, 사회적 구성주의는 급진적 구성주의와 사회문화주의의 두 입장을 발전적으로 융합시킨 것으로 볼 수 있다(조용기, 2002: 5; 이종일, 2002: 127－128). 다시 말해, 사회적 구성주의는 지식의 사회적 전통과 인식주체의 능동적 의미구성을 동등하게 존중하는 입장인 것이다. 요컨대, 사회적 구성주의는 비고츠키의 유명한 '근접

발달영역'(zone of proximal development)의 논의에서도 잘 드러나듯이,[13] 학습을 이끄는 성인의 교육적 역할을 중시하면서도, 동시에 지식을 구성하는 개별 학습자들의 잠재적인 지적 능력을 신뢰하고 있는 것이다.

셋째, 지식 구성에 있어서 실재의 위치 문제이다. 급진적 구성주의에서 실재는 외부에 존재하는 것이 아니라 인식주체가 주관적 경험을 통하여 만들어내는 것이다. 일체의 지식이 개별적 사고 과정을 통해서 구성되는 것과 꼭 마찬가지로 실재, 즉 참으로 존재하는 것도 또한 개인적 구성의 산물이라는 것이다. 글라저스펠트에 의하면, 개별 인식자에게 실재의 구성을 자극하는 것은 단순히 외계에 존재하는 사물이 아니다. 그것은 삶의 상황 속에서 개인이 어떤 사물, 사태를 자기의 목표를 향한 진전에 도움을 주는 것으로 보는가, 아니면 방해가 되는 장애물로 인식하는가 하는 데에 달려 있다. 특정 문제가 자기 자신의 문제로 인식될 때 그 문제는 실재의 구성을 자극하고 그에 따라 유의미한 지식을 생성시키는 계기가 될 수 있다는 것이다 (Vanderstraten & Biesta, 1998: 2). 요컨대, 급진적 구성주의에서 실재는 개인적 구성의 산물이라는 점에서 인식주체의 밖이 아닌, 안에 들어 있는 것이다. 그러나 급진적 구성주의의 근본적 문제는 개별적 인식의 능동성을 지나치게 강조한 나머지, 사람들이 공통으로 인식 가능한 세계에 대해서는 충분한 논의를 하고 있지 않다는 점이다.

---

13) 널리 알려진 바와 같이, 비고츠키의 '근접발달영역'은 아동이 스스로 문제를 해결할 수 있는 능력인 '실제적 발달수준'과 교사의 도움을 받아 해결할 수 있는 능력인 '잠재적 발달수준' 사이의 간격을 의미한다. 비고츠키가 보기에, 아동이 새로운 인지발달을 이룩하기 위해서는 바로 이 '근접발달영역' 안에서 아동과 교사 간의 효과적인 상호작용이 일어나야 한다. 비고츠키의 관점은 아동의 인지적 능력 발달이 개인적 차원이 아닌, 교사와의 상호작용을 통해 촉진될 수 있음을 보여준다는 점에서, 인지구조의 발달을 주로 개인적인 동화와 조절의 과정으로 설명하는 피아제의 인지발달이론과 대조된다.

사회적 구성주의에서도 급진적 구성주의와 마찬가지로 인식주체가 경험을 통하여 실재를 구성하는 것으로 간주한다. 그러나 사회적 구성주의의 실재관이 급진적 구성주의의 그것과 동일한 것은 아니다. 왜냐하면, 엄밀히 말해 사회적으로 확정된 실재는 여럿이 공통으로 인식 가능한 실재를 의미한다는 점에서 개별 인식주체 밖에 위치한다고 보아야 하기 때문이다. 다만 주목할 점은, 사회적 구성주의에서 실재가 종래의 전통적 실재론에서 말하는 완전무결한 실재가 아니라 인식자의 능동적 의미부여나 사회적 제약의 영향을 받을 수 있다는 것이다(정환금, 2000: 110). 곧 사회적 구성주의의 입장은 실재의 내면화에 있어서 개인적 구성작용[14]과 사회적 동화(同化)의 측면을 동시에 고려하고 있는 셈이다. 이미 언급한 바와 같이, 이것은 사회적 구성주의에 '급진적 구성주의'와 '사회문화주의'의 두 입장이 통합적으로 작용하고 있는 데서 따라 나오는 귀결이다. 그러나 엄격히 말해 이와 같은 두 측면이 내재한다는 것은 사회적 구성주의에서 주장하는 앎과 지식의 본질이 정확히 무엇인지를 파악하는 데에 걸림돌로 작용할 수 있다. 실재가 인식주체의 내면적 사고과정을 거쳐 구성되는 것인가, 아니면 특정한 사회 문화적 영향을 수용하여 구성되는 것인가 하는 문제는 어찌 보면, 쉽사리 통합될 성질의 것이 아니라, 인식의 원천으로서 개인과 사회를 강조한다는 점에서 전적으로 상이한 인식의 패러다임에 근거한 것일 수 있기 때문이다.

---

14) 구성주의 교육론자에 따라서는, 실재가 인식자 외부에 위치한다고 보되, 인식자의 자율적 지식 구성을 강조하는 입장을 '합리적 구성주의'(rational constructivism)라고 부르기도 한다(Perkins, 1992; 정환금, 2000: 109-110에서 재인용). 그러나 이와 같은 입장은 종국적으로 실재를 내면화하는 인식주체의 사고와 의미부여를 강조한다는 점에서 '급진적 구성주의'의 주장과 유사하다고 보아야 할 것이다.

III. 듀이의 '보증된 단언'으로서의 지식론

그렇다면, 앞서 살펴본 구성주의 인식론은 듀이의 지식론과 어떤 관계에 있는 것인가? 어째서 구성주의 교육론자들은 구성주의와 관련된 이론적 배경으로서 듀이의 이론을 거론하고 있는가? 말할 필요도 없이, 듀이의 지식론에서도 구성주의와 마찬가지로 전통적인 주입식 교육 양상이 부정되고 개별 학습자의 능동적인 지식 구성이 강조된다. 그러나 표면상 구성주의와 듀이의 관점이 유사하다고 해서 곧바로 양자가 동일하다고 조급하게 결론을 내려서는 안 된다. 왜냐하면, 듀이가 말하는 지식의 구성이 과연 구성주의에서 말하는 지식의 구성과 전적으로 동일한가 하는 데에는 의문의 여지가 있기 때문이다. 다시 말해, 듀이에 있어 '개인이 능동적으로 지식을 구성한다'고 할 때 지식의 의미를 온전히 파악하기 위해서는 몇 가지 이론적 질문에 대한 해명을 필요로 하는 것이다. 즉, 지식의 구성 자체가 어떤 관점에서 해석되어야 하는지, 탐구에 있어 행위가 차지하는 위치는 어떠한지, 일체의 대응 이론은 거부되어야 하는지, 그리고 지식의 구성에 있어 실재의 위치는 어떻게 해석되어야 하는지 등등의 복잡한 문제가 얽혀 있는 것이다. 이러한 문제들이 규명될 때 비로소 우리는 구성주의와 듀이의 관계를 올바르게 파악할 수 있을 것이며, 동시에 듀이 지식론의 성격을 보다 명료히 밝힐 수 있을 것이다. 이를 위해 이 장에서는 듀이의 '보증된 단언'[15]으로서의 지식의 성격

---

15) 듀이는 현재의 탐구 결과로 도출된 지식이 고정된 것이 아니라 장차 탐구를 통하여 변화, 발전될 수 있다는 점에서 그러한 지식을 '보증된 단언'(Dewey, 1938a: 145)이라고 부른다. 보증된 단언은 검증된 '확고한 사실'을 나타내는 것이지만, 동시에 그 확고함이 탐구의 범위를 벗어나 존재하는 것은 아니다(Dewey, 1949: 87). 듀이의 관점은 곧 인간의 인식작용과 분리된 궁극적

을 탐구, 대응, 실재라는 상호 관련된 세 가지 측면에서 분석하고 구성주의와 어떻게 비교되는지 살펴보고자 한다.

1. 탐구: 사고와 행위의 결합

듀이는 개별적 탐구 이전에 이미 고정 불변하는 지식의 대상이 존재한다는 전통적 이원론의 가정을 단호히 거부한다. 지식은 이미 거기에 존재하고 있어 우리가 관조하고 도달해야 할 이상적 대상이 아니라 우리의 사고가 개입된 탐구과정의 결과물일 뿐이다. 듀이에 의하면, 지식의 대상은 당사자의 탐구와 분리되어서는 진정한 의미를 지닐 수 없다. 당사자의 참여나 사고의 개입이 없는 지식의 대상이 있다면 그것은 개인에게 내면화된 지식이라고 볼 수 없기 때문이다. 자기 자신의 사고를 거치지 않고 다른 사람으로부터 일방적으로 전달받은 지식이 그야말로 무기력하고 무의미한 정보의 무더기로 전락되기 쉬운 까닭도 여기에 있다. 확실히 이와 같은 듀이의 지식론은 개별 학습자의 의미부여와 능동적인 지식의 재구성을 강조하는 것이며, 바로 이 점이 구성주의자들로 하여금 듀이와 그들의 입장을 상호 관련짓게 했다고 볼 수 있다. 그러나 양자는 과연 동일한 것인가? 이 질문에 대답하기 위해서는 듀이에 있어 지식의 대상이 과연 어떻게 해서 생성되는 것인가를 살펴볼 필요가 있다.

지식의 대상을 부정하고 탐구에 의한 지식의 계속적 발전 가능성을 시사해주는 것이다. 이하, 이 장에서 살펴볼 사고와 대응, 실재의 세 측면 밑바탕에는 공통으로 이와 같은 보증된 단언으로서의 지식의 성격이 깔려 있다.

지식의 대상은 결과로서 일어나는 것이다. 즉, 지식의 대상은
인식작용의 행위 이전에 어떤 충분한 존재로 대기하고 있는 것이
아니라 직접적인 실험상의 조치로 일어나는 결과인 것이다. ……
감각적 요소와 합리적 요소는 서로 대립되는 것이 아니라 지식을
가능하게 하는 협동적인 두 요소이다(Dewey, 1929: 136－137).

　듀이에 있어 지식의 대상이 모종의 실험적 조치로 일어나는 결과
라는 것은, 지식이 순수 관념적 혹은 선험적 대상이 아니라 실험적
조치에 수반되는 예견과 검증, 사고와 관찰의 행위가 상호 맞물려서
형성된다는 것을 의미한다. 지식의 대상은 탐구의 결과로 생성되는
것인 만큼 고정적인 것이 아니라 무엇인가 환경에 변화를 초래하며
생성된다는 것이다. 탐구 활동에는 대상에 작용을 가하는 행위적 요
소와 그 결과를 예견하고 관찰하는 사고의 요소가 동시에 들어 있기
때문이다. 듀이가 프래그머티즘의 두 가지 명제로서 제시한 바와 같
이, "우선, 인식작용은 그 자체로서 자연적인 일의 사태에서 발생하
는 것이며, …… 둘째, 이러한 자연적 연속성 하에서 인식대상은 특
수하고 발견 가능한 질적인 변화를 겪게 되는 것이다. 전통적 실재
론자들은 이 중 첫 번째 명제를 인식하였으나 거기서 파생되어 나온
두 번째 명제의 가능성을 주목하지 못하였다"(Dewey, 1911: 121).
듀이에 있어서 "인식된 대상이란 그것에 특수하게 작용을 가한 결과
로 그러한 것임을 인지하는 새로운 방식의 실험적 작용과 관계된 것
이다"(양은주, 2001: 136).

　전통적 실재론자들은 인식작용이 자연적 사건 속에서 발생된다고
보았지만, 인식주체와 대상이 상호작용을 하여 변화될 수 있다는 사
실에는 주의를 기울이지 않았다. 그 결과, 그들은 우리들 밖에 놓여

있는 사물이 객관적으로 존재하는 것임을 부각시켰을 뿐, 그것이 실험적 조치를 통해 변화할 수 있다는 점을 간과했던 것이다. 확실히 이러한 듀이의 관점은 사고가 대상을 존재하게 한다는 '주관적 관념론'과도 차별화된다(Thayer, 1990: 444). 왜냐하면, 지식의 대상은 머릿속의 순수 관념적 작용을 통해서 구성되는 것이 아니라 사고가 동반된 행위에 의해 생성되는 것이기 때문이다. 듀이가 비판한 바와 같이, 주관적 관념론의 주장, 즉 "사고 그 자체가 직접적인 대상을 구성한다고 보는 것은 마치 기적(奇蹟)을 믿는 것과도 같다"(Dewey, 1925: 126). 요컨대, 주관적 관념론은 전통적 실재론과 마찬가지로 주객의 상호작용을 통한 변화를 배제하는 이원론적 오류를 범하고 있는 셈이다. 듀이는 인식에 있어서 사고 작용의 위치를 다음과 같이 설명하고 있다.

> 사유와 지성은 사건과 행위를 가리키는 명칭들이다. 사건과 행위가 분석적인 성찰과 계획적인 고안, 그리고 검사의 과정을 구성한다. 사건과 행위는 전적으로 자연적이고 '실재하는' 것이다. ……
> 사고 작용은 사실적 존재들이 매개되어 '이루어내는' 것일 뿐, 결코 사고 작용이 사실적 존재들을 구성하는 것이 아니다(Dewey, 1916b: 338-339).

듀이에 있어 사고와 행위는 마치 동전의 양면과 같이 불가분리성의 관계를 맺고 있다. 사고는 순전한 관념 자체로 끝나는 것이 아니라 모종의 상황 내에서 변화를 일으키는 행위와 관계된 것이기 때문이다. 테이어(Thayer)는 그의 "듀이와 지식론"(1990)이라는 논문에서 듀이의 이러한 관점에 대한 러셀(Russell)의 질문을 다루고 있다. 러셀이 제기한 질문은 다음과 같다. 만약 지식의 생성에 있어 사고가 동반되고 그 사고에 또한 행위적 요소가 개입되어 모종의 대상에 변화가 초래된다면, 가령 하늘에 반짝이는 별의 경우는 어떠한가? 별에 대해 어떻게 인간이 행위를 가하고 변화를 초래할 수 있다는 말인가? 곧, 러셀의 질문은 외부에 실재하는 별은 분명히 인식주체와는 독립적 존재라는 것, 그리하여 별과 같은 대상에 무엇인가 작용을 가해서 그 결과로 지식을 획득한다는 것이 가능한 일인가 하는 것이다. 러셀의 이러한 질문은 우리가 대상을 관찰할 뿐, 대상에 행위 작용을 가하는 데에는 한계가 있다는 것을 의미한다. 그러나 러셀의 질문은 그가 과연 듀이의 '탐구 활동'의 의미를 온당하게 이해했는가 하는 의문이 들게 한다. 왜냐하면, 러셀은 소위 독립성(independence)의 명제에 입각하여 대상의 객관적 실재성을 강조할 뿐, 탐구과정에 개입하는 주객의 상호작용적 가능성을 고려하지 않기 때문이다.

듀이에 있어 탐구 활동은 그 자체가 상호작용적 경험을 반영한다. 가령 하나의 별에 대한 지식은 러셀의 관점에서처럼 별이라는 독립적 대상으로부터 야기된 것이 아니라, 하늘에서 반짝이는 빛에 대한 직접적 경험에 기원하는 것이다. 다시 말해, 하나의 별에 대한 지식은 별 자체로부터 오는 것이 아니라 인간과 하늘에 반짝이는 빛이 함께 하는 경험 상황에서 비롯된 것으로 보아야 한다. 발생론적 맥락에서 보면, 하늘의 빛은 인간의 삶의 상황 속에 들어와 특정한 의미를 갖는 대상이 되었다. 그리하여 빛은 신화의 소재나 철학적 사색의 재료가 되기도 했고, 적절한 시기에 과학적 천문학으로서의 탐구의 대상이 되었으며, 그 결과로 새로운 지식의 대상으로서의 별이 확립된 것이다. 별은 고대에는 우주의 한 부분일 뿐이었다. 그러나 천문학적인 지식의 대상으로서의 별은 우주를 구성하는 부분들 간의 관계에 '실존적' 변화를 일으켰다. 그런 변화 중의 하나는 빛에 대해 우리들이 갖는 경험의 변화이다. 왜냐하면, 반짝거리는 빛을 별에 대한 지식과 인과적으로 연결시키는 것은 '빛을 본다'고 하는 우리의 경험적 의미를 확대, 심화시킨 것이기 때문이다(Thayer, 1990: 447). 이와 같이 보면, 러셀의 의문은 상호작용적 상황을 배제하고 주객의 관계를 상호 독립적인 것으로 다루었기 때문에 야기된 것으로 파악된다.

요컨대, '탐구 활동'에 나타난 행위는 단지 물리적 대상에 작용을 가한다는 일방적 의미로서가 아니라, 주체와 대상이 서로 영향을 주고받는 상호 관계적 맥락 속에서 일어나는 것으로 보아야 한다. 다시 말해, 탐구 행위를 통한 대상의 변화는 단순히 S-R 식의 대립적 관계에 입각해 있는 것이 아니라, 인식주체와 대상이 함께 하는, 보다 확대된 상호작용적 상황 속에서 해석해야 할 것이다.[16] 가령 하늘의 별처럼 물리적 접근이 불가능한 대상이라면 그 별을 관조함으로써가 아니라 그것과 우리의 관계성을 파악하는 경험의 방식에 변화가 일어남으로써 그 변화된 의미가 잠정적인 지식의 대상으로서 자리매김 된다고 보아야 한다. 이러한 지식 구성의 과정에는 삶의 참여적이고 행위적인 요소가 동반될 수밖에 없다. 맥카시와 시어스

---

16) 듀이는 일찍이 그의 초기의 주요 저작인 "심리학에서의 반사호(反射弧) 개념"(1896)에서 유기체와 환경을 분리시키는 당시의 자극-반응의 실험심리학을 비판하고, 유기체를 구성하는 것은 주의력의 운동 반응이며 그것은 또한 다른 행위에의 자극이 된다고 말하였다. 예컨대, 소리에 대한 의식적 감각은 - 그 소리가 단순히 신경 쇼크나 물리적 사건으로서 주어지는 경우를 제외한다면 - 소리가 먼저 주어지고 거기에 반응하는 것이 아니라, 이전에 이미 일어났던 운동 반응에 의존하는 것이다(Dewey, 1896: 101-102). 즉, 자극과 반응은 시간적 선후 관계로 파악되는 분리된 관계가 아니라 유목적적 행위의 흐름 속에서 통합되는 '조정'(co-ordination) 과정을 겪게 된다는 것이다. 그의 교호작용(transaction)의 개념도 이러한 그의 초기 아이디어에서 비롯된 것이다. 거기에서 의식과 행위, 주체와 객체는 별도의 구성요소가 아니라 항상 상호 작용을 하여 역동적인 변화를 일으키고 있는 것이다(김무길, 2003: 29-31).

는 듀이의 지식론에 나타난 사고와 행위의 관련성을 다음과 같이 설명하고 있다.

> 듀이에 있어 세계에 대한 재구성의 과정은 경험적 사태를 재배열하는, 명백히 객관적이고 능동적인 상호작용의 과정이다. 그것은 마치 부엌에서 재구성의 작업이 통상적으로 일어나는 것과 마찬가지로 자연적이고 객관적인 과정이다. …… 사고 작용은 그 자체가 객관적인 사태·사건이고 자연스럽게 일어나는 일의 사태와 결부되어 있으며, 동시에 환경 내 유기체로서의 행위의 상태에서 비롯된 것이다(McCarthy & Sears, 2000: 216).

위 인용문에서 드러나듯이, 듀이에 있어 사고 작용은 순수 관념적인 것이 아니라 삶의 상황 속에서 경험적 사태를 재배열하는 행위와 관련된 것이다. 맥카시와 시어스가 보기에, 듀이를 읽은 구성주의자들이 놓친 것은 바로 이와 같은 행위적이고 비관념론적인 사유이다. 왜냐하면, 구성의 기능은 순수 관념이 아닌, 상황 내 행위에 의해 완수되는 것이기 때문이다(McCarthy & Sears, 2000: 216). 사실, 급진적 구성주의자들은 듀이와 유사하게 플라톤적 실재론을 거부하고 개인의 능동적인 지식 구성을 강조하고 있다. 그러나 그들은 지식의 구성과 항상 결부되어 있는 행위적 측면의 중요성을 상대적으로 결락함으로써, 근본적으로 지식이 개인과 환경의 교호작용을 통해 생성된다는 듀이의 존재론적 논거를 온전히 공유하지 못하는 것으로 보인다. 또한 사회적 구성주의는 급진적 구성주의에 비해 지식의 사회적 합의라든가 공유 가능성을 강조한다는 점에서 공동체의 상호작용을 중시하는 듀이의 관점에 훨씬 가깝다고 보인다. 그러나 사회적 구성주의가 듀이적 프래그머티즘과 전적으로 동일한 것인가 하는 데에는 의문의 여지가 있다. 듀이적 프래그머티즘의 근본 원리는 일차적으로 지식의 사회적 구성이나 내면화에 초점을 둔 것이라기보다는, 삶의 불균형 상태를 균형 상태로 바꾸는 존재론적 상황과 얽혀 있는 것이기 때문이다. 행위는 그런 상황의 개선을 위해 필수적으로 동반되며, 지식의 대상은 바로 그런 상황 개선을 통해 파생되는 것이다. 이와 같이 보면, 구성주의 일반은 지식 형성에 있어 비관념론적 사유와 행위의 맥락을 강조하는 듀이의 관점과는 차이점을 드러내는 것이다.

2. 대응: 추론과 관찰의 결합

듀이는 일반적으로 구성주의와 동일하게 진리의 대응 이론을 부정한 것으로 평가된다. 그러나 듀이와 구성주의가 진리의 대응 이론을 부정한다고 해서 양자를 동일한 관점으로 볼 수 있는가 하는 데에는 의문의 여지가 있다. 왜냐하면, 듀이는 이제까지의 일반적 평가처럼 일체의 대응을 부정한 것이 아니라 조작적 의미(operational sense)의 '대응'은 오히려 강조하고 있기 때문이다. 듀이는, "대응의 조작적이고 행동적인 의미, 즉 일상적인 경험에서 명확한 대응물을 가지고 있다는 의미에서 나의 이론 유형은 진리의 대응 이론이라고 칭할 만하다"(Dewey, 1939c: 180)고 말한 바 있다. '조작적 의미의 대응'은 전통적 인식론에서 드러나는 것과 같이 개별 주체의 마음과 외부의 궁극적 실재 간의 대응이 아니라 탐구의 맥락에서 모종의 명제와 실지로 일어나는 사건 간의 긴밀한 관련성을 의미한다. 다시 말해, 듀이적 관점에서 어떤 명제와 그것과 관련된 사건은 서로 대응되는 요소로서 개방적인 것이고 사실대로 포착 가능한 사태인 것이다. 즉, 두 요소는 하나의 문제 해결을 위해 서로 대응하며 대답해 주고 있는 것이다(Dewey, 1939c: 179). 듀이는 조작적 의미의 대응에 대해 다음과 같이 부연 설명한다.

조작적 의미의 대응은 이른바 하나의 '주체'와 하나의 '객체'라는 유일무이한 인식론적 관계를 빼놓고는 모든 경우에 해당된다. 즉, 그것은 자물쇠로 채워진 조건을 푸는 답이라든가 상호 '대답하는' 두 개의 대응 요소로서 '대답한다'는 의미 혹은 일반적으로 하나의 질문이나 비판에 대한 적절한 대답 ― 요컨대, 어떤 '문제'의 요구 조건에 응답하는 '해결'로서의 의미를 지니는 것이다. 이러한 관점에서 '대응'을 하는 양쪽 파트너들은 개방적이고 솔직하다. 조작적 의미의 대응은 (종래의 대응 이론에서와 같이) 양쪽 파트너 중 하나는 영구히 경험을 초월한 존재이고 다른 하나는 어떤 '지각 대상'을 경유하는 경험적 존재인 그런 식의 대응과 다른 것이다(Dewey, 1939c: 179).

듀이에 있어 종래의 인식론적 교조에 따른 진리의 대응 이론은 부정되지만, 그가 말하는 조작적 의미의 대응 이론은 견지된다. 위 인용문에서 드러나듯이, 듀이가 견지하는 대응이란 하나의 문제의 해결을 위해 상호 기능적으로 협력하는 관계를 말한다. 즉, 그것은 "하나의 고안(考案), 그리고 그 고안을 통해 충족시키고자 하는 조건의 대응이나 일치"(Dewey, 1916b: 334-335)를 의미하는 것이다. 하나의 명제의 진위 여부는 오직 실존적 결과와 '대응'되어야만 판별될 수 있기 때문이다. "진리와 허위의 구분은 탐구 수단으로서의 명제가 '사건과 맺는 관계'에서 찾아야 한다"(Dewey, 1939c: 183).

맥카시와 시어스는 이러한 대응 개념과 관련하여 듀이의 탐구의 과정을 다음과 같이 설명하고 있다. 즉, 어떤 명제의 진위 여부를 결정하기 위한 처음의 과제는 현재 문제가 된 사건을 기술할 조건을 발견하고 형식화 하는 것이다. 이 처음의 조건을 관찰하여 형식화한 기술적(記述的) 명제는 '보증된 단언'으로서의 지식이 아니라 지식을 획득하기 위한 조건에 불과하다. 기술적 명제는 확언(確言)은 가능하나 단언(斷言)되지 못하기 때문이다.[17] 따라서 관찰 자료들의 가능한 의미에 대한 가설적 제안을 구성하는 일이 탐구의 두 번째 과제가 된다. 이것은 이를테면 'If— then—'으로 진술되는 추론적 명제를 구성하는 일이다. 우리는 추론적 명제가 타당한 것인지를 확인하기 위해 예견된 사건을 결과적 사건에 대응시켜 그 일치 여부를 조사해야 한다. 그때의 진리성은 만약 어떠어떠하다면 어떤 사태가 결과적으로 나타난다고 할 때 확인되는 그런 것이다. 예컨대, 조건을 부여하는 처음의 사건 A와 조건을 충족시키는 조작적 실험 행위를 통한 결과적 사건 B가 있을 때 명제 P의 진위 여부는 결과적 사건 B와의 일치 관계 속에 찾아야 한다. 요컨대, 추론적 명제의 진리성은 개인의 믿음과 바꿔치기 할 수 없는 객관적 사실의 문제인 것이다 (McCarthy & Sears, 2000: 222—223).

추론의 작업은 의심이 완전히 제거된 탐구의 종결 단계, 즉 불확정적 상황이 확정적 상황으로 바뀔 때까지 계속 진행된다(Dewey, 1939c:

---

17) 듀이는 그의 『논리학: 탐구의 이론』(1938a)에서 확언(affirmation)과 단언(assertion)을 다음과 같이 구분한다. "옳다고 '확언'을 한다는 것과 '단언'을 한다는 것은 일상적 담화에서는 혼용되기도 한다. 그러나 언어학적 차원에서 보면 차이점이 있다. 그 차이는 진술된 명제의 내용(subject-matter)이 수단적 사용이 고려되는 중개인 것인지, 아니면 최종적으로 마련된 것인지 하는 논리적 지위에서 드러난다. 전자를 '확언', 후자를 '단언'으로 명명하고자 한다"(Dewey, 1938a: 123). 듀이가 확언과 단언의 구분을 통해 말하고자 한 바는, 최종적 진위 여부의 판단은, 자료의 관찰에 바탕을 둔 '확언'을 기초로 하되, 그 확언이 가설적 예견과의 대응을 통하여 '단언'으로 확립될 때까지 미뤄져야 한다는 것이다.

181). 보증된 단언은 의심이나 불확정성이 해소된 확정적 상황에서 가지는 판단을 의미한다. 그것은 탐구의 종결 단계에서 개인에게 확증된 신념의 의미를 갖기에 '확신된 진리'(ascertained truth)라고도 불린다. 그런데, 탐구 결과로 드러난 '확신된 진리'도 영구불변의 것은 아니다. 왜냐하면, 우리의 삶에서 하나의 문제가 해결되면 또 다른 문제사태가 고개를 들기 마련인 것처럼, 한때 확신된 진리라고 하더라도 그것이 영속적 확실성을 담보한다고 말할 수 없기 때문이다. 그리하여 보증된 단언은 현재로서 확신된 진리이지만, 장차 새로운 단위 상황의 탐구에서는 새로운 지식 생성을 위한 수단으로 기능하게 된다. 이와 같은 듀이의 관점은 퍼스(Peirce)가 말한 '오류가능주의'(fallibilism)의 관점을 수용하고 있는 것이다. 즉, 듀이는 절대적이고 자명한 진리를 추구하는 '독단적' 진술을 거부하고, 탐구의 맥락에서 '확률성'의 관념과 실제적 결과에 따른 진리의 검증을 활용하여 보다 확실한 지식의 대상을 모색하고자 하는 것이다(Dewey, 1939c: 171).

듀이의 '보증된 단언'은 종래의 지식의 대상을 개인적 신념과 바꿔치기 한 것이 아니라, 오직 '참된 신념'만이 지식이 될 수 있다는 의미에서 지식의 성격을 새롭게 규정(re-define)한 것이다(Dewey, 1939c: 169). 듀이는 그의 이론에 대한 빈번한 오해와 같이 원천적으로 진리가(眞理價)를 지닌 일체의 지식의 대상을 포기한 것이 아니다. 듀이는 탐구 활동에서 사실에 대한 추론과 관찰의 대응을 강조함으로써 보다 확실한 지식을 지속적으로 추구하고자 한 것이다. 이것은 퍼스의 귀추법(method of abduction)의 논리와 유사하게, "의심-탐구-발견"(Dewey, 1925: 124)의 과정이 반복되면서 이미 소유한 지식의 대상의 가능성을 새로운 상황 속에서 확인해가는 작업인 것이다. 우리는 듀이가 궁극적 진리의 대상을 부정하였지만, 그렇다고 하여 탐구의 종결에서 드러나는 당사자적 진리에의 확신마저 부정한 것은 아니라는 데에 주목해야 한다. 듀이에 있어 종래의 대응 이론, 즉 경험을 초월한 선험적 진리의 대상이 존재한다는 전통적인 형이상학적 관념은 분명히 부정되지만, 그렇다고 하여 보다 확실한 지식의 대상을 추구하는 개별 당사자의 노력과 탐구에의 헌신을 평가절하해서는 안 된다.

요컨대, 듀이의 대응 이론은 세심하게 해석해야 하는 특별한 종류의 진리의 대응 이론이라고 보아야 한다(Dewey, 1939c: 179). 즉, 그것은 행위적 맥락에서 추론적 명제와 객관적 사실의 대응으로 일어나는 판단에 초점을 둔 것이다. 모종의 지식의 대상이 진리인가 허위인가 하는 것은 신념의 효과의 문제가 아니라, 어떤 대응되는 탐구의 조건과 작용이 하나의 신념을 보증하고 정당화하는가 하는 문제로 보아야 한다(Dewey, 1939c: 182). 동시에 이러한 대응은 일회성으로 그치는 것이 아니라 보다 확실한 지식을 창출하기 위해서 지속적인 대응에 따른 조사와 확인을 요청하고 있는 것이다. 구성주의가 과연 이러한 의미의 대응 이론을 가정하고 있었는가 하는 데에는 의문의 여지가 있다. 왜냐하면, 구성주의 일반에서는 지식의 대상이 외부 세계에서 '발견'되는 것이 아니라, 개인의 심리적 과정을 통해서든, 아니면 사회적 합의를 통해서든 인식자에 의해 '구성'된다고 보기 때문이다. 물론 사회적 구성주의에서는 듀이와 유사하게 지식의 준거를 공동체의 의사소통과 참여를 통한 사회적 합의에 두고 있다. 그러나 사회적 구성주의에서 부각되는 공동체의 합의가 반드시 듀이의 존재론적 대응 이론을 전제로 하고 있는 것인지는 의문이다. 우리는 사회적 구성주의가 듀이의 관점과 동일하다고 판단하기에 앞서서, 사회적 구성주의에서 말하는 사회적 합의 자체의 준거와 정당성을 어디에 두고 있는가 하는 문제를 별도로 논의할 필요가 있는 것이다.

3. 실재: 의식과 상황의 결합

일반적으로 구성주의의 입장에서는 외부의 궁극적 실재를 관조, 수용함으로써 지식이 획득된다는 전통적 이원론을 부정하고 있다. 즉, 실재는 외부에 고정 불변하는 상태로 존재하는 것이 아니라 개별적 마음의 작용이 실재와 지식의 대상을 구성한다는 것이다. 확실히 이와 같은 구성주의의 입장은 듀이의 관점과 유사하게 보인다. 널리 알려진 바와 같이, 듀이도 반이원론적 세계관에 입각하여 플라톤적 실재라든가 헤겔적인 절대 관념의 세계를 부정하고 있기 때문이다. 그러나 그렇다고 해서 양자가 전적으로 동일한가 하는 데에는 의문의 여지가 있다. 왜냐하면 듀이에 있어 실재, 즉 참으로 존재하는 것은 단지 인간 마음의 구성물에 한정된 것이 아니라 일련의 상호작용적 사태, 사건을 포괄하는 것이기 때문이다. 맥카시와 시어스는 이 점에 주목하여, 듀이의 존재론적 실재론의 요체는 우리가 배우고 알게 되는 하나의 '객관적 실재'가 있다는 가정에 있다고 본다. 그리고 그들은 이 점에서 듀이와 구성주의가 동일한 존재론적 논제를 공유하지 않는다고 본다(McCarthy & Sears, 2000: 217-220). 이와 관련하여 우리는 듀이의 다음과 같은 발언에 주목할 필요가 있다.

말할 필요도 없이 탐구와 발견에 선행(先行)하는 존재가 있다는
것은 인정된다. 그러나 다른 역사와의 관련에 있어 탐구의 역사적
사건의 결론과 다른 어떤 것이라면 그것은 더 이상 지식의 대상이
라고 볼 수 없다(Dewey, 1925: 124).

듀이는 지식의 대상이 이미 거기에 완전한 존재로 있어 우리가 그
것을 발견해야 한다는 입장을 부정한다. 일반적으로 이러한 듀이의
관점은 이른바 '선행된 실재'를 부정하는 것으로 평가된다. 그러나
위 인용문에서 드러나듯이, "탐구와 발견에 선행하는 존재가 인정된
다"는 듀이의 발언은 일반적 통념과 다르게 그가 '선행된 실재'의
가능성을 전적으로 배제하지 않았다는 것을 보여준다. 사실, 듀이는
그의 『실험적 논리학 소론』에서 자신의 '실험적 논리학'의 입장을
실재론적(realistic)인 것이라고까지 규정한다(Dewey, 1916b: 341). 따
라서 여기서 중요한 것은 '선행된 실재'의 가능성에 대한 듀이 발언
의 의도가 어디에 있는지를 밝히는 일이다. 그것은 결코 고정 불변
하는 순수 사변적 실재를 긍정한다는 의미가 아니라 현재의 탐구 활
동에 개입하는 기존의 탐구 결과들과 현재 눈앞에 의식되는 사실적
존재들을 인정한다는 것이다.

이러한 듀이의 의도는 탐구의 역사적, 경험적인 과정과 별개로 이
미 궁극적 진리의 대상이 존재한다는 전통 철학의 실재 개념을 부정
하고자 하는 것이다. 곧, 듀이가 말하는 '실재'는 우리와 시공간상
광범위하게 교호작용을 하는 삶의 사건들을 의미하는 것이다. 이러
한 의미의 실재는 문자 그대로 존재하는 현상의 실(實)모습이며(정덕
희, 1997: 96), 개별 인식자의 사고에 의해 광범위하게 탐지(探知)되
어 인식의 범위 안으로 들어오게 되는 것이다.

확실히 '실재'를 구성하는 사실적 존재들은 인간과 교호작용을 하여 인식의 범위 안으로 포섭되며, 그 안에서 탐구를 위한 '자료'로서 기능하게 된다. 듀이가, "모종의 조야(粗野)한 존재들이 모든 반성적 문제들을 결정하며, 단지 사색으로만 그칠 가능성이 있는 문제들을 검사하는 데에 도움을 준다"(Dewey, 1916b: 341)고 말한 까닭도 바로 여기에 있다. 탐구 활동에는 그 탐구와 관련된 기존에 검증된 사실과 현재의 사실적 존재들이 개입되며, 이러한 존재들이 보다 확실한 지식의 형성에 필요한 수단이 되는 것이다. 이처럼 듀이의 '실재'는 인간의 경험을 초월한 형이상학적 실재가 아니라 항상 경험적 사태, 사건으로부터 생성되는 것이다. 그리하여 실재는 새로운 상황 속에서는 다시 새로운 탐구를 통하여 그 가능성이 검사되고 변화가 가능한 것이다. 우리는 이와 같은 탐구의 과정을 거쳐서 자연의 실재에 대한 진보적 지식, 즉 "자연 그 자체의 점진적 자기 노출(self-disclosure)"(Dewey, 1925: 5)을 확인할 수 있다. 이러한 '자기 노출'은 자연에 깃든 고정 불변의 법칙들을 드러낸다는 의미가 아니라, 우리와 환경 간의 교호작용을 통하여 드러나는 변화하는 사건의 의미라고 보아야 한다. 듀이는 자신의 이와 같은 입장을 개인적 만족이나 주관적 욕구의 차원에서 해석하는 러셀의 관점을 다음과 같이 비판적으로 검토한다.

> 러셀이 나의 견해를, 개인적 욕구를 만족시키기 위한 활동의 성공 여부와 관련하여 해석한 것은 탐구의 원천으로서, 또 탐구를 통제하는 것으로서 불확정적 상황 혹은 문제 상황에 대한 나의 이론의 중요성을 간과한 데서 기인하는 것이다. …… 러셀은 의심스러운 상황을 개인적 의심으로 전환시킴으로써 논의를 시작한다. …… 그리

하여 의심스러움을 개인적인 불편함으로 바꿔치기함으로써 내가 말하는 진리를 이런 불편함의 제거와 동일시한다. …… 그러나 '만족'은 문제에 의해 규정된 조건들의 만족일 뿐이다(Dewey, 1939c: 183).

듀이에 있어 실재는 개인을 둘러싼 삶의 사태, 사건과 관련되는 것일 뿐, 개인적 욕구의 만족이나 주관적 인식의 산물이 아니다. 듀이가 말하는 '상황'이 하나의 유기적 맥락을 갖춘, 그 자체로서 "하나의 독특한 질적 특성을 갖춘 상황"(Dewey, 1938a: 109)이라고 말했을 때, 그러한 질적 특성은 단지 관념적 구성 작용으로 나오는 것이 아니라 사태, 사건의 객관적이고 사실적인 특징을 반영하는 것이다. 듀이가 말한 바 있듯이, 우리는 상황이 의심스럽기 때문에 의심을 품는 것이다. 의심의 원천을 상황과 분리된 개인에게 두는 것은 그릇된 주관주의적 심리학의 유산이다(Dewey, 1938a: 109－110). 의심은 단순한 주체의 마음 상태만은 아니며, 의심스러운 상황은 개인적 의심 없이도 존재할 수 있기 때문이다(Dewey, 1939c: 184－185). 듀이가 말하는 '의심'은 시드니 훅(Sidney Hook)이 말한 바와 같이, "세계는 불안정하고 위험성을 내포하고 있다"는 듀이 발언의 취지와 그 맥을 함께하고 있다(Hook, 1925: xi). 세계는 상호작용으로 인하여 늘 변화가 야기되는 만큼 불안정성과 위험성이 내포되어 있다. 세계가 이렇듯 불안정하고 위험성을 내포한다는 것은 주관적 의심과 별개로 존재하는 객관적 사실이며, 이는 마치 개인적 의심 없이도 존재하는 의심스러운 상황과 같은 것이다.

요컨대, 실재는 개별 인식주체가 주관적 경험을 바탕으로 확정하는 것이 아니며, 삶의 상황과 무관하게 이미 거기에 고정된 형태로 존재하는 것도 아니다. 실재는 인간의 의식과 환경이 역동적으로 교호작용을 함으로써 드러나는 삶의 사건이요, 사태이다. 유기체로서의 인간과 환경은 연속성을 띠고 있으며, 모든 사태, 사건은 다른 사태, 사건과 존재론적으로 연결되어 있다. 지식의 대상은 바로 이러한 상호작용을 기반으로 하는 탐구의 산물이다. 확실히 이러한 듀이의 입장은 지식 구성에 있어 외부의 존재적 상황을 중시하는 것이며, 개인적 마음의 작용이 지식의 대상을 구성한다고 보는 급진적 구성주의와는 차별화되는 것이다. 반면, 사회적 구성주의에서는 간주관적 합의를 통한 의미 구성을 중시한다는 점에서 듀이의 입장과 유사성이 있다. 그러나 사회적 구성주의에서 말하는 공유된 지식이 듀이의 실재론적 관점에 근거를 둔 것인지는 불분명하다. 사회적 구성주의는 한편으로는 지식 구성의 단위를 사회적으로 확대시킨 것으로 보이기도 하고, 다른 한편으로는 객관적으로 공유된 지식을 강조한다는 점에서 소위 '사회문화주의'의 입장으로 비춰질 가능성도 있기 때문이다. 따라서 사회적 구성주의가 과연 의식과 객관적 상황의 결합을 통해 지식이 끊임없이 변화한다는 듀이의 실재론적 관점을 온전히 공유하는 것인지에 대해서는 의문의 여지가 있는 것이다.

Ⅳ. 구성주의 인식론과 듀이 지식론의 관계

대체로 말하여 구성주의에서는 전통적 실재의 개념을 부정하고 실재를 개인이 구성한 마음의 산물로 본다. 이에 따라 지식도 외부 실재를 거울처럼 그대로 반영하는 것이 아니라 개별적 경험을 통해 구성해내는 것으로 본다. 구성주의는 이처럼 지식 획득의 능동적 주체로서의 개인을 강조한다는 점에서 듀이의 '참여자적 지식론'과 유사하게 보이기도 한다. 그러나 그렇다고 해서 구성주의와 듀이의 관점이 동일한 것인가? 그렇지 않다. 이미 여러 차례 지적한 바와 같이, 급진적 구성주의에서는 개인적 지식 구성의 측면을 강조한 나머지, 우리가 사회 속에서 공통으로 인식 가능한 세계에 대해서는 충분한 논의를 하고 있지 않은 것이다. 물론 급진적 구성주의에서 개별 인식주체가 구성하는 지식이 임의적인 판단을 넘어선 '실재'의 경험적 구성이라고도 볼 수 있지만, 궁극적으로 그 실재의 구성은 개별 주체가 가진 정신에 의해 이루어진 것이므로, 사회적 평가라든가 판단의 합의를 이끌어낼 객관적 준거가 결여되어 있는 것이다. 급진적 구성주의가 이른바 유아론적(solipsistic) 인식이라든가, 심지어 '지적인 무정부적 상태'를 초래할 위험성도 있다고 비판받는 까닭도 이처럼 개별적 경험에 의한 의미부여가 지나치게 강조되고 있기 때문이다. 요컨대, 급진적 구성주의는 사회적 의사소통과 상호작용을 중시하는 듀이의 관점과 차별화된다고 볼 수 있다.

그렇다면 사회적 구성주의의 경우는 어떠한가? 사회적 구성주의는 지식 구성을 위한 공동체 구성원들 간의 의사소통과 사회적 상호작용을 중시한다는 점에서 듀이 지식론에 더 근접해 있지 않은가? 물론 사회적 구성주의는 급진적 구성주의에 비해 듀이와 공유하는 측면이 훨씬 크다고 말할 수 있다. 사실 듀이도 교육적 맥락에서 의사소통과 경험을 공유하는 민주적 삶의 방식을 대단히 강조하고 있기 때문이다(Dewey, 1916a: 93). 그러나 이제까지의 논의에서 드러나듯이 양자가 전적으로 동일한가 하는 데에는 의문의 여지가 있다. 왜냐하면, 지식 형성의 사회성과 지식의 보편성을 강조하는 사회적 구성주의(김재건, 2002: 84)에서는, 학습자들의 마음 밖에 객관화된 지식의 대상을 상정해야 할 개연성이 높기 때문이다. 적어도, 사회적 구성주의가 해당 사회의 역사적, 문화적 영향으로부터 전적으로 자유롭지 않은 것이라면, 그것의 본질적 특징은 무엇보다도 지식의 사회적 전통에서 찾아야 할 것이다. 만약 사회적 구성주의가 기존에 사회적으로 구성된 지식과 별도로, 현재의 상호작용을 통해 새롭게 지식을 구성할 것을 주장하는 것이라면, 그것은 근본적 의미에서 급진적 구성주의와 차별화되기 어려울 것이다. 왜냐하면, 이 경우 사회적 구성주의는 지식을 구성하는 단위만 확대되었을 뿐, 개인이 지식 구성의 원천이라는 급진적 구성주의의 생각은 변함없이 그대로 유지되고 있기 때문이다.

사회적 구성주의는 급진적 구성주의와 마찬가지로 객관주의 실재론을 부정하는 입장을 취한다. 그러나 그럼에도 불구하고, 사회적 구성주의는 인식자 경험 바깥에 이미 객관화된 지식의 대상을 상정함으로써, 적극적인 의미에서 학습자의 지식 구성 가능성을 주장한 것으로 보기 어렵다. 지식은 이미 '사회적'으로 주어져 있는 것이며, 학습자는 기존의 지식의 이해자로 자리매김 되기 때문이다. 물론 사회적 구성주의는 공동체의 상호작용을 통한 능동적 지식 구성을 강조한다는 점에서 교육적 맥락에서 유용한 시사를 제공해준다. 즉, 교육자는 학습자들의 잠재적인 지적 능력을 신뢰하고 지식의 일방적 전달에 치중할 것이 아니라 인지 발달을 촉진하는 다양한 교육적 상호작용을 연구할 필요가 있다는 것이다. 그러나 문제는 인식론적 차원에서 볼 때 현재 능동적으로 구성하는 지식이 기존에 사회적으로 구성된 지식과 어떤 관계를 맺는지는 불분명하다는 데에 있다.

왜냐하면, 사회적 구성주의는 그 강조점에 따라 때로는 '급진적 구성주의'의 성격이, 때로는 '사회문화주의'의 성격이 부각되고 있기 때문이다. 따라서 사회적 구성주의의 진의가 좀 더 명확해지기 위해서는 현재 사회적 상호작용을 통하여 구성하는 지식이 기존에 사회적으로 공유된 지식과 무슨 관계를 맺는지를 명료히 규명할 필요가 있을 것이다.

반데슈트레텐과 비에스타(Vanderstraeten & Biesta, 1998: 4)는 구성주의의 근본적 문제점을 비판적으로 검토하고 있다. 그들에 의하면, 급진적 구성주의는 현존하는 다원적 세계의 존재를 충분히 설명하지 못한다. 또한 어떤 공통된 일반적 용어를 써서 외부 세계의 존재를 설명하는 일을 인정하지 않음으로써 이 세계가 개별 주체에게 어떻게 보이는가 하는 것이 인식의 주된 관심사가 된다. 이는 자칫하면 불가지론적 입장(agnosticism)으로 빠질 위험성이 있다. 반면, 사회적 구성주의는 사실상 심리적 발달에 대한 문화·역사적 접근 방식을 취하는 것으로서, 이미 존재하는 간주관적 지식의 내면화에 초점을 두고 있는 것이다. 물론 이러한 접근은 개별 학습자가 다양한 상호작용을 통해 지식을 획득할 가능성을 보여준다는 점에서 교육적 의미를 가지고 있다. 그러나 반데슈트레텐 등이 보기에 사회적 구성주의의 접근은 개인 간 인식의 '차이'와 '일탈'을 충분히 설명하기에는 난점을 가진다. 왜냐하면, 개별 학습자의 학습은 오직 객관적 지식 체계로만 수렴되는 것이 아니라, 외부의 환경적 요인과 학습자의 다양한 경험적 변인들로 인해 상이한 의미의 구성 가능성이 상존하기 때문이다.

물론 콥(Cobb, 1994: 18)이 시도한 바와 같이, 학생 교육의 개선을 위해 급진적 구성주의와 사회적 구성주의 양쪽을 조화시켜 무엇인가 발전적 지양을 추구하려는 시도가 있을 수 있다. 그러나 그것은 양측의 결점을 '저울질'하여 보완을 고려하는 시도이다. 만약 그러한 시도가 표면상 양측의 조화를 추구하는, 그럴듯한 것으로 보인다면, 그것은 오직 주체와 객체를 분리시키는 이원론적 시각에 근거한 것일 뿐이다(Vanderstraeten & Biesta, 1998: 4-5). 왜냐하면, 양자를 보완한다는 사고는 '개인적 주관' 대 '사회적 전통'이라는 상호 대립적인 패러다임으로부터 출발하는 것일 수 있기 때문이다. 반데슈트레텐 등에 의하면, 두 구성주의는 오랫동안 '개인 대 사회'라는 지식 구성의 기초를 놓고 긴장 관계를 유지하며 상대방을 비판하며 발달해왔다. 이러한 시각에서 보면, 양자의 관점은 상대편에 의해 야기된 비판에 의해 명백히 '면역'의 상태에 이르고 있다. 즉, 두 구성주의는 상대방의 비판에 응해 각자의 관점을 지지할 연구 결과를 충분히 제시할 수 있게 된 것이다. 이러한 면역의 상태는 토마스 쿤(Kuhn)이 말한 바 있는 패러다임의 '불가공약성'(incommensurability)과 같은 것이다(Vanderstraeten & Biesta, 1998: 2). 요컨대, 개인 대 사회, 주관 대 객관이라는 인식론적 대립이 급진적 구성주의와 사회적 구성주의의 관계에 배어, 한편으로는 인식의 주체로서의 개인이, 다른 한편으로는 인식의 원천으로서의 사회가 상대적으로 강하게 부각되고 있는 셈이다.

우리가 듀이의 지식론을 넓은 의미에서 '구성주의'에 포함시킬 수 있다면 그것은 앞서 살펴본 두 구성주의와는 차별화되는 모습을 드러낸다. 즉, 그것은 지식이 인식주체에 의해서 '구성'된다기보다는 외부 사태에서 '발견'된다는 것이며, 동시에 발견에 이르기 위해서는 자연적으로 행위의 요소가 동반될 수밖에 없다는 것이다. 듀이가 말한 바와 같이, "진리나 허위는 사람들이 반성적인 사건을 관찰하는 실험을 주의 깊게 수행할 때 '발견'된다"(Dewey, 1925: 35). 그리하여 지식의 대상은 외부의 궁극적 실재를 일방적으로 받아들이거나 개인 내부의 비행위적 관념의 작용에 의해서 성립 가능한 것이 아니라, 추론적 명제와 객관적 사실, 예견된 결과와 실험적 검증의 대응에 의해 그 타당성이 확보될 수 있다. 이때 실재는 인간과 환경이 교호작용을 하는 삶의 사건을 가리키며, 보증된 단언으로서의 지식은 그와 같은 사태, 사건 속에서 객관적인 검증을 거친 지식인 것이다.

이처럼 듀이는 구성된 지식의 정당성의 확보를 위해 관념과 사실 간의 대응 이론을 견지하고 있다. 확실히 이와 같은 대응 이론의 저변에는 구성주의 일반과 차별화되는 듀이의 존재론적 차원이 반영되어 있다. 즉, 듀이에 있어 지식의 대상은 일차적으로 개별적 관념이나 사회적 합의에 의해 구성된다기보다는, 불확정적 문제 상황을 확정적 상황으로 전환시키고자 하는 삶의 실존적 문제로부터 파생된다는 것이다. 세계에 존재하는 모든 사물이 상호작용을 통하여 질적인 변화를 거듭하는 것처럼, 인간의 삶의 상황도 끊임없이 변화를 일으키며 인간의 사고를 유발하고 있다. 지식의 대상은 이와 같은 사고 행위의 부산물인 것이다.

V. 맺음말

구성주의 교육론은 최근에 '학습자중심교육'이나 '자기 주도적 학습능력 함양'의 일환으로서 우리나라 교육의 이론과 실제에 큰 영향을 주고 있다. 예컨대, 구성주의는 '자율적이고 창의적인 한국인 육성'이라는 교육적 인간상을 설정한 제7차 교육과정의 인식론적 토대가 될 정도로(목영해, 2003: 33-34; 김회용, 2004: 86) 그 중요성이 크게 인식되고 있는 것이다. 그런데 이제까지 구성주의 인식론은 직접, 간접으로 듀이 지식론과 맞물려 있는 것으로 논의된 경향이 있었다. 표면상 구성주의와 듀이 모두 고정된 지식의 대상을 부정하고 개인적 지식의 구성을 강조하고 있기 때문이다. 그러나 이상에서 살펴본 바와 같이 구성주의와 듀이의 지식론은 일반적 평가와는 달리, 지식의 발생 조건이나 지식의 획득과정에서 볼 때 동일한 점보다는 상이한 점이 크게 부각되고 있다. 즉, 엄격히 말해 구성주의 인식론은 듀이가 말하는 탐구 상황에서의 행위적 맥락이라든가 대응의 개념, 그리고 객관적 실재의 관념을 적극적으로 공유하고 있지 않은 것이다. 듀이의 지식론에서 '사고'가 관념과 행위의 결합으로, '대응'이 추론과 관찰의 결합으로, 그리고 '실재'가 의식과 객관적 상황의 결합으로 각각 재개념화될 수 있는 것도 그와 같은 차별성의 일단을 보여주는 것이다.

급진적 구성주의는 외부의 실재를 거부하고 구성된 지식의 근거를 순전히 개별적 경험에서 찾는다는 점에서, 존재론적 대응의 관점에서 '보증된' 지식을 추구하는 듀이 지식론과는 구별된다. 반면, 사회적 구성주의는 극단적 상대주의 입장을 배제하고 지식의 준거를 공동체의 의사소통과 합의에서 찾는다는 점에서 듀이의 지식론과 유사성이 있다. 앞서 지적한 바와 같이, 듀이도 공동체 구성원들의 참여와 민주적 의사소통을 강조하며, 특히 교육적 맥락에서 아이와 어른 간의 언어적 상호작용을 강조하고 있기 때문이다(Dewey, 1916a: 8 – 12). 만약 이와 같은 사회적 상호작용에 주목한다면, 듀이와 구성주의의 차별성을 부각시킨 이 글의 접근 방식과 다르게 듀이 지식론에 내재한 사회적 구성주의의 성격을 드러낼 수도 있을 것이다.

그러나 이러한 해석 가능성과 별개의 문제로, 사회적 구성주의는 한 가지 지식론상의 애매성을 드러내고 있다. 즉, 사회적인 '지식의 구성'이 상호작용을 하는 공동체 구성원들의 범위가 확대된 지식의 구성을 가리키는지, 아니면 기존에 사회적으로 공유된 보편적 지식의 대상으로 수렴되는 지식의 구성인지가 불분명하다는 것이다. 만약 전자라면, 사회적 구성주의는 지식을 구성하는 단위만 확대되었을 뿐, 근본적 의미에서 급진적 구성주의와 차별화되기 어려울 것이며, 후자라면 능동적 지식 구성을 강조하는 듀이의 참여자적 지식론과 차이점이 드러난다고 보아야 할 것이다.

이런 맥락에서 이 글에서 말하고자 한 바는, 듀이에 있어 지식은 인식주체의 주관적 경험에 의해서 구성되는 것이 아니라, 오직 객관적 실재에 비추어 검증됨으로써만 그 정당성이 확보될 수 있다는 것이다. 다시 말해, 듀이에 있어 지식 구성의 근거는 인식자에서 찾을 것이 아니라 유기체로서의 개인과 환경 간의 교호작용을 통해 드러나는 삶의 사건, 상황에서 찾아야 한다는 것이다. 듀이와 구성주의가 차별화되는 지점도 바로 이와 같은 듀이의 존재론적 관점에 기인한다. 듀이는 능동적 지식의 구성을 강조하면서도, 지식의 정당성의 확보를 위해 삶의 사태 속에서의 대응 이론을 견지하고 있다. 그런데 삶의 사태는 고정된 것이 아니라 상호작용으로 인해 늘 변화가 일어나므로, 그의 대응 이론은 변화되는 삶의 상황에 따른 진지한 연속적 탐구를 요청하게 된다. 듀이가 그토록 강조한 학습자의 '경험의 성장'이 바로 이와 같은 탐구 행위의 연속적 맥락에서 이루어진다고 볼 때, 교육에서는 학습자들로 하여금 지식의 관념적 구성이나 표준화된 지식의 수용에 머물 것이 아니라, 사실에 대한 주도면밀한 관찰과 추론, 그리고 객관적 검증이라는 반성적 탐구의 습관을 형성하도록 지도할 필요가 있다. 이 점은 현대 교육에서 교과의 학습과 관련하여 학습자의 사고를 자극하는 경험 상황 혹은 환경적 조건의 연구가 무엇보다도 중요하다는 사실을 보여주고 있다.

제6부

듀이 철학과 불교 사상

제13장 듀이의 교호작용과 불교 연기설

　듀이의 프래그머티즘과 동양의 불교 사상은 시공적 격차와 지향하는 삶의 목적의 차이에도 불구하고, 교호작용(transaction)과 연기(緣起)라는 상호 유사한 인식의 지평을 보여준다. 즉, 듀이와 불교적 관점 모두 '나'의 인식작용이 자족적이고 고립적인 것이 아니라, 타자와의 관계맺음으로 말미암아 생성되고 변화해가는 것임을 보여주는 것이다. 그러나 양자의 차이점도 주목되어야 한다. 듀이가 인간의 욕구를 경험의 재구성을 위한 적극적 동인으로 보는 데 비해, 불교에서는 지나친 욕구가 편벽과 갈애(渴愛)로 흐르기 쉽다는 점에서 경계해야 할 대상으로 본다. 또한 욕구와 진리의 관계에 있어서도, 듀이가 당사자의 욕구와 '진리'의 구성이 분리될 수 없다고 보는 데 비해, 불교에서는 탐착(貪着)으로부터 벗어난, 청정하고 평화로운 마음의 자유를 진정한 깨달음이라고 본다. 듀이에 있어 '진리'가 계속적으로 재구성되는 것이라면, 불교에 있어 진리는 무명(無明)을 벗어나 이미 존재하는 것을 전도(顚倒)되지 않은 채 여실히 보는 것을 의미한다. 이 글에서는 듀이 철학과 불교 연기설에 드러나는 공유점과 분기점의 원천이 무엇인지를 이해하고, 동시에 이러한 논의가 현대 교육에 어떤 시사를 주는지를 탐색하였다.

Ⅰ. 문제의 제기

이 글은 제목에서 그대로 드러나듯이 듀이(J. Dewey)의 교호작용(trans-action)과 불교의 연기설(緣起說; pratitya samutpada)을 비교, 검토하는 데에 일차적인 목적이 있다. 물론, 서양 철학에서 프래그머티즘의 주창자로 알려져 있는 듀이 철학을 동양 전통의 불교 사상과 비교한다는 것은 아마도 불가능하거나, 심지어 무모한 시도로도 보일 수 있을 것이다. 분명히 불교에서 말하는 열반(涅槃)이라든가 적멸(寂滅)의 경지는 듀이적 프래그머티즘에서는 본격적으로 논의되지 않을 뿐만 아니라, 경험 개념을 중심으로 한 그의 교육적 관심과도 공유되기 어렵기 때문이다. 사실, 듀이가 불교를 언급한 구절은 쉽게 찾아보기 어려우며, 불교를 언급한 구절이 있다고 하더라도 그것이 동양적 수행(修行)의 관점을 고려하여 해석했다고는 보기 어렵다. 예컨대, 듀이가 불교를 "염세적 분위기의 종교"(Dewey, 1913: 296)로 평가한다거나, 불교의 '무위'(無爲)에 대해서 "인간 활동을 통해 도달된 결과를 단지 부정적 측면에서만 본다."라고 말하거나, "욕구의 충족을 통한 평형감 혹은 습관과 본능 간의 내적 투쟁이 없어진 경지"(Dewey, 1922: 173) 정도로 생물학적 측면에서 해석하는 것이 그것이다. 확실히 이 점은 듀이가 과연 동양 전통의 불교 사상을 정당하게 해석하고 있는가 하는 의문이 들게 한다.

형편이 이와 같다면, 도대체 이 글에서 시도하는 듀이 사상과 불교 연기설의 비교는 문자 그대로 통약(通約) 불가능한 시도일지도 모른다. 그러나 그럼에도 불구하고 본고에서 양자를 비교하고자 하는 이유는, 듀이가 인식했건, 인식하지 못했건 간에 그의 철학 밑바탕에는 불교적 인식론과 상호 관련되는 모종의 교차 지점이 있다고 파악되기 때문이다. 즉, 그것은 듀이의 상호 관계적 인식 원리로서의 교호작용과 불교의 연생연멸(緣生緣滅)의 법칙인 연기설에 관한 것이다. 이 두 가지 동서양의 인식 원리는 표면상 상이한 인간관, 세계관에 입각한 것으로 보이지만, 그 인식 원리의 밑바탕을 파고 들어가면 상호 관계성을 중심으로 한 특정한 존재론과 인식론을 공유하는 것으로 파악된다. 물론 이는 결코 듀이와 불교 사상이 일치한다거나 동일하다는 것을 말하고자 하는 것이 아니다. 본고에서 말하고자 하는 것은 다만, 이제까지 상호 별개의 영역으로만 간주해왔던 듀이와 불교 사상이 표면상의 상위(相違)에도 불구하고 존재론과 인식론의 측면에서 특정한 관련성을 드러내고 있으며, 이 관련성에 비추어 양자를 보다 의미 있게 해석할 여지가 있다는 것이다.

이러한 맥락에서 본고에서는 듀이 철학과 동양 사상을 접목하는 하나의 시론(試論)으로서, 듀이의 교호작용과 초기 불교의 『맛지마니까야』(阿含經)에 나타난 연기설을 중심으로 양자의 관련성을 비교해보고자 한다. 이러한 작업은 곧 듀이의 교호작용과 불교의 연기 사상이 어떤 점에서 공통되며, 또 어떤 점에서 차이점을 드러내는가를 밝히는 것이다. 만약 본고의 논의를 통하여 양자의 관련성이 밝혀진다면, 이는 듀이 철학과 불교 사상을 쌍방에 비추어 의미 있게 재이해하는 기회가 될 것이며, 동시에 양자의 관계성에 대한 해석의 지평을 넓히는 계기를 마련해줄 수 있을 것이다. 이러한 문제의식 하에 본고에서 다루어질 논의의 순서는 다음과 같다. 먼저 듀이와 불교 연기설에 나타난 존재론과 인식론의 제 측면들, 즉 양자의 자아관, 진리관, 그리고 욕구관을 비교, 검토하고 이를 통하여 양자에

있어 상호 조응(照應)되는 부분과 상치(相馳)되는 부분을 확인하고자
한다. 이어서 듀이 철학과 불교 사상에서 드러나는 공통점과 상이점
이 우리에게 어떤 인식의 지평을 열어주는지, 그리고 그러한 두 관
점이 현대 교육에 어떤 시사점을 제시해주는지를 모색하고자 한다.

Ⅱ. 듀이와 불교의 교차점: 교호작용과 연기

듀이의 교호작용은 우리의 인식작용을 포함하여 모든 사물이 그
자체의 독립적인 실체나 속성으로 귀착됨이 없이 항상 상호작용을
하여 변화를 일으키고 있다는 것을 보여준다(Dewey & Bentley, 1949:
101 - 102). 전통적 인식론에서와 같이 주관과 객관, 인식작용과 인
식대상은 확연히 분리된 요소가 아니라 교호작용을 통해 상호 밀접
한 영향을 주고받으며 변화되어 간다. 오직 한 방향으로만 진행하는
활동이라든가 부동의 동자(unmoved mover)와 같은 관념은 희랍 물
리학의 유산일 뿐이다(Dewey, 1925: 65). 인식작용에 있어서 "주체
와 객체의 분리에 근거한 해석은 편협한 해석"(Dewey, 1925: 184 -
185)일 뿐이며, 존재하는 모든 사물은 그것이 인식되고 인식될 수
있는 한 다른 사물들과 상호작용을 하는 것이기 때문이다(Dewey,
1925: 138). 이러한 상호작용의 결과 상호작용을 하는 양편 모두 질
적인 변화를 겪게 된다. 예컨대, 우리가 어떤 과학적 실험을 수행한
다는 것은 실험 대상에 무엇인가 작용을 가하는 것이며, 동시에 그
작용으로 말미암아 그 대상을 바라보는 우리의 인식에도 모종의 변
화가 일어난다는 것을 의미한다. 또한 예술가의 그림을 보고 나름대
로 그 의미를 해석한다는 것은 그림을 액면 그대로 받아들이는 것이

아니라 그것의 질적 특성을 변형하여 지각하는 것이며, 동시에 그처럼 지각된 그림이 개인의 의식에 변화를 일으키고 있다는 것을 의미한다.

이처럼 인식작용은 서양 철학의 이원론적 전통에서 드러나듯이 외부의 고정된 인식대상이 있어서 그것을 받아들이는 데서 이루어지는 것이 아니라, 유기체로서의 인간과 환경의 교호작용으로 말미암아 이루어진다. 여기서 주목할 점은, 교호작용으로서의 인식과정이 어떤 고정된 시공간이 아니라 "시간적 지속과 공간적 장(場)" (durations in time and areas in space)(Dewey & Bentley, 1949: 4)이라는 확대된 전망 속에서 성립된다는 것이다. 즉, 우리의 인식작용은 과거, 현재, 미래의 연속이라는 시간적 차원과 우리를 둘러싼 상황 맥락이라는 공간적 차원의 결합으로 이루어진다는 것이다. 물론 시공간적 차원의 구분은 개념상의 구분일 뿐, 사실상 분리될 수 없다. 비록 그 범위와 정도상의 차이는 있다고 하더라도, 시공간상 확대된 인식작용의 결합은 일체의 유의미한 경험이 성립하기 위해서 받아들이지 않으면 안 되는 인식원리이기 때문이다. 예컨대, 우리가 진지한 숙고 끝에 장차의 진로를 설정한다든가, 복잡한 수학문제에 대한 풀이 과정을 탐색한다든가, 환경오염의 문제에 대한 해결의 실마리를 떠올린다든가 하는 것은 결코 고립적인 관념에 의해 생기는 것이 아니라, 우리의 마음과 당면한 사건이 시공간적으로 광범위하게 교호작용을 하기 때문에 가능한 일이다.

듀이의 교호작용의 관점이 불교의 연기설과 특정한 교차점을 드러내는 것도 바로 이 점에 있다. 즉, 우리의 인식작용을 포함한 환경 내 모든 존재들이 독립적인 것이 아니라 교호작용 속에서 변화해간다는 듀이의 관점은, 이 세상에 존재하는 어떤 것도 독립적으로 항존(恒存)하는 것이 아니라 타자와의 관계 속에서 존재가 유지되고 소멸된다는 연기적 인식론과 유사한 맥락에 놓여 있는 것이다. "자연은 존재하는 모든 것 속에서 환원 불가능한 독특한 특성을 지니며, 동시에 각각의 사물은 다른 사물들과 연관되어 있어 다른 사물이 없이는 존재할 수도, 인식될 수도 없다"(Dewey, 1927: 80). 이처럼 듀이에 있어 존재와 인식은 상황 속에서 환경과 상호 영향을 주고받아 변화해가는 것이라고 볼 때, 이는 고정된 주체를 부정하는 불교 연기설의 탈자아적 관점과 유사한 맥락에 놓여 있다고 파악되는 것이다. 사실, 듀이가 미국 프래그머티즘의 비조(鼻祖)로 칭해지지만, 동시에 '가장 동양적인 철학자'로서의 재평가 가능성(박철홍, 1994: 99)이 있는 까닭도 바로 이와 같은 관계론적인 인식에 기인한 것으로 보인다. 불교의 연기 사상은 널리 알려진 바 있듯이 다음의 유명한 구절에 압축적으로 표현되어 있다.

> 이것이 있을 때 저것이 있으며, 이것이 생겨남으로써 저것이 생긴다.
> 이것이 없을 때 저것이 없으며, 이것이 소멸함으로써 저것이 소멸한다(전재성 역, 2003a: 164, 168).

문자 그대로 보면 연기(緣起)라는 말은 '말미암아 일어난다'는 뜻이다. 일체의 존재는 모두 그럴 만한 조건이 있어서 생겨났다는 것, 그리하여 우연히, 혹은 조건 없이 존재하는 것은 이 세상에 아무것도 없다는 것이다. 이를 역으로 말하면, 일체의 존재는 그것을 성립시킨 조건이 없어질 때 그 존재 또한 없어진다는 것을 의미한다(增谷文雄, 1989: 135). 현상적으로 보면 개개 사물들은 모두 떨어져 있어 서로 아무 관계가 없는 것처럼 보이지만, 내적으로는 모두 복잡한 상관관계로 얽혀 있다. 세계는 많은 존재들이 모여 생긴 것으로, 그것들은 이것이 있음으로 저것이 있고 이것이 없음으로 저것도 없어지는 그런 연기의 이치로 연결되어 있기 때문이다(정대련, 1999: 2 참조). 부처의 제자 중 소위 '지혜제일'로 알려져 있는 사리불(舍利佛)이 말한 바와 같이, 세계 안의 존재는 마치 혼자 있으면 쓰러지고 서로 의지하면 지탱할 수 있는 갈대단과 같이 오직 상호 의존 관계를 맺음으로써 성립하고 있는 것이다(相應部經傳, 12, 67; 增谷文雄, 1989: 136에서 재인용).

본래 불교의 연기설은 12연기, 즉 무명(無明)으로부터 시작하여 총 12지분으로 나아가는 연쇄적인 인연의 맺음으로 알려져 있다. 무명, 행(行), 식(識), 명색(名色), 육처(六處), 촉(觸), 수(受), 갈애(渴愛), 취(取), 유(有), 생(生), 사(死)로 나아가는 연쇄적 고리가 그것이다. 무명, 즉 '밝힘 아닌 것'을 연(緣)하여 12지분의 제 결합이 생기게 되며, 이 12지분이 모두 모여 하나의 커다란 괴로움의 근간(蘊)을 형성하게 된다. 따라서 불교의 연기설은 시간적 측면에서 볼 때 이 12지분을 통하여 인간의 생, 로, 병, 사라는 고통의 근본적 원인이 '무명'에 있으며, 이 무명의 상태를 제거하는 것이 생사의 문제를 극복하고 괴로움의 근간을 멸하는 길이 된다는 것을 설파하고 있는 것이다(최봉수, 1998: 176-177). 이른바 붓다[1]의 팔만 사천의 대기설법

---

[1] 부처는 '붓드흐'(budh)의 과거분사형의 표현인 '붓다'(buddha) 혹은 '불타'(佛陀)와 같은 말이다. 이렇게 붓다를 과거분사형으로 표현하는 것은 부처가 깨달은 진리가 인위적으로 만들어낸 것이 아니라 옛적부터 있어 온 것을 깨달은 것이기 때문이다. 따라서 진리는 만들어가는 것이 아니라 그냥 스스로 존재하는 것일 따름이다(방인, 1994: 118). 다시 말해, 깨달음은 자기 밖에 주어진 어떤 새로운 것에 대한 깨달음이 아니라 항상 거기 있었던 옛것 혹은 '오래된 길'(古道)에로 눈 뜨는 것을 의미한다(노상우 외, 2005: 196; 增谷文雄, 1989: 133-134).

(對機說法)은 이와 같은 연기의 깨달음을 그때그때의 상황이나 대화 상대방의 근기(根機) 혹은 경험에 맞게 다양한 방식으로 전달하는 것이다. 또한 붓다의 가르침의 골격이 되는 고집멸도(苦集滅道)의 사성제(四聖諦)도 집착과 탐욕을 끊는 연기의 깨달음을 가르치는 진리의 말씀인 것이다.

요컨대, 불교의 연기설은 인간의 고(苦)의 근원을 밝히고 고의 멸진(滅盡)에 이르는 부처의 인과의 법칙을 설하는 것으로서, 종적 측면에서는 무명에서 사(死)에까지 이르는 연생연멸(緣生緣滅)의 법칙을, 횡적 측면에서는 사물과 존재들 사이를 연결하는 상의상관성(相依相關性)의 법칙을 보여준다. 이와 같은 연기의 종적, 횡적 측면은 시공간적 교호작용과 마찬가지로 개념상 구분일 뿐, 사실상 분리 불가능한 상태로 전개된다고 보아야 한다. 왜냐하면, 우주 내의 모든 존재를 포함하여 우리의 삶의 조건 그 자체가 시공간적 인연의 결합으로 일어나기 때문이다. 바로 이 점에서 불교의 연기설은 듀이의 교호작용의 관점과 맥을 함께하고 있다. 즉, 듀이와 불교적 관점 모두, '나'라는 존재성과 인식작용이 고립적이거나 자기충족적인 것이 아니라 타자와의 시공간적 관계맺음 속에서 생성되고 계속적으로 변화해가는 것임을 보여주는 것이다. 이러한 공통된 인식은 경험중심교육론으로 현대 교육에 큰 영향을 끼친 듀이와, 열반2)과 깨달음의 길을 설파한 기원전의 부처를 시공을 현격히 달리하는 가운데에

---

2) '열반'은 붓다가 설정한 궁극의 목표였다. 이것은 내세에 위안을 찾으려는 것, 예컨대 상천(上天)이니 왕생(往生)이니 하는 것과 다르다. 열반은 '닙바나'(nibbana) 혹은 '니르바나'(nirvana)의 음사(音辭)인 바, 마음속에 타고 있는 격정의 불꽃이 꺼진 상태를 의미한다. 붓다는 이 말로 마음속에 어지러움이 없는 자유롭고 평화로운 경지를 가리킴으로써 그것을 인간의 이상(理想)으로 제시하고 있는 것이다(增谷文雄, 1989: 105-106).

도 서로의 관점에 비추어 비교될 수 있는 가능성을 우리에게 제시해 준다.

Ⅲ. 듀이와 불교의 자아관: 변화와 의타기성

듀이에 있어 자아는 독립적이고 고립적인 주체를 가리키는 것이 아니라 환경과 영향을 주고받는 교호작용적 자아를 의미한다. 즉, 자아는 "이미 만들어져 있는 것이 아니며 행동의 선택에 의하여 끊임없이 형성되고 있는"(Dewey, 1916a: 361) 것이다. 듀이가 그의『경험과 자연』에서 언급한 바 있듯이 "정신적 사건은 고도로 복잡한 자연적 사건들의 상호작용에서 일어나고 성취를 가져올 수 있다" (Dewey, 1925: 95−96). 듀이의 이 말은 원천적으로 환경적 맥락으로부터 떨어져 나온 독립적 유기체나 고립적 부분들은 존재할 수 없다는 것을 의미한다. 예컨대, 우리들은 섬들이 바다 위에 떠 있는 것을 볼 때 표면상 주변 매개물과 관계없이 독립적으로 떠 있는 것처럼 생각할 수도 있다. 그러나 충분히 짐작할 수 있는 바와 같이, 섬들은 홀로 존재하는 것이 아니라 우리가 걸어 다니는 바로 그 대지 위의 돌출부일 뿐이다. 육안으로 드러나지 않으나 거기에는 연속적 관계성이 배어 있기 때문이다(Dewey, 1925: 111−112). 이와 마찬가지로 자아도 환경으로부터 떨어져 나간 독립적인 존재가 아니다. 자아는 환경과의 연속적 교호작용으로 말미암아 끊임없이 변화해가는 그런 자아이다.

우리가 상호작용을 하는 대상은 환경 내의 다른 부분들과 무관하게 독자적인 위치를 확보하는 것이 아니라 하나의 인식된 전체의 부분으로 포섭된다(Dewey, 1925: 59). 예컨대, 우리는 통상적으로 설탕이 가진 고유한 속성을 '단것'으로 생각하는 경향이 있다. 그러나 엄격히 말하여 '달다'라는 것은 설탕의 고유한 내재적 속성이 아니라 환경 내 상호 관계적 변인들의 작용이나 시간계열에 따른 조작적 실험 행위의 결과로 성립된다(Dewey, 1938a: 131-132). 곧, 설탕의 맛은 그것을 둘러싼 주위의 환경 조건이라든가 우리 몸의 상태 혹은 미각의 정도에 따라 달라질 수 있는 것이다. 다시 말해 설탕은 '단것'으로 고착화된 실체가 아니라 그것과 교호작용을 하는 환경적 맥락에 따라서 얼마든지 다양한 변화를 겪을 수 있는 것이다. 이와 같은 변전으로부터 자유로운 독립적 인식의 대상이라는 것은 그 의미를 잃어버리고 만다. 왜냐하면 원천적으로 영원불변하는 실체란 존재하지 않으며, 모든 존재가 끊임없이 맞물려 돌아가는 시공간적 '톱니바퀴' 아래서 변화를 거듭하고 있기 때문이다. 듀이는 이 점에 대해 그의 "형이상학적 탐구의 내용"(1915)이라는 글에서 다음과 같이 말하고 있다.

　　누군가 물이나 쇠에 대해 충분히 알게 되는 것은, 그가 여러 가지 상이한 조건 하에서 물이나 쇠가 어떻게 작동하는지를 알게 될 때이다. 따라서 물이 본질적으로 액체이고 쇠가 본질적으로 딱딱하다는 과학적인 교조는 적합하지 않은 것이다. 우리가 말할 수 있는 것은, …… 물질은 고도로 복잡하고 강화된 상호작용의 조건 하에서 존재하고 있다는 것이다. 진화의 교조에 따라 말하자면, 물질의 상호작용과 변화는 그것들 자체가 삶의 복잡하고 강화된 상호작용을 불러일으키고 있는 셈이다(Dewey, 1915: 12-13).

　분명히 이와 같은 듀이의 상호작용적 관점은 사물의 자성(自性)은 없다는 불교의 비자성적(非自成的) 존재론과 유사한 맥락에 놓여 있다. '자성'은 물리적으로 분리된 개별 존재가 자신으로부터 원인하는 성질에 의해 존재하는 존재성을 의미한다. 이에 반해 '비자성'은 성질의 근거가 존재 자신에게 있지 않은 것으로서 타와의 관계성으로서의 존재성을 의미한다. 불교의 존재관에서는 사물의 실체가 있다는 생각을 부정하고 모든 존재를 비자성적인 관계론적 시각에서 본다.[3] 예컨대, 구리나 철은 그 존재의 성질이 그 존재 자체 내로부터 발현되는 것이 아니라 그 존재가 존재함에서 이루고 있는 관계 속에서 발현되고 있다. 다시 말하면, 구리나 철 같은 사물은 그것이 존재하는 관계의 조건을 변화시키면 다른 것으로 변화될 개연성을 가지고 있는 것이다(신용국, 2003: 23 – 25). 인식자와 인식대상의 관계에 있어서도 이와 동일한 이치가 성립된다. 즉, 인식은 인식자에 의해서만 일어나는 것이 아니라 인식자와 대상이 함께 작용함으로써 일어나는 것이다. 인식자의 성질과 대상의 성질은 별개인 듯 보이지만, 이 둘이 자타(自他)의 별개로서가 아니라 서로 의존하는 일체성이 인식과 그 인식의 현상에 실현되어 있는 것이다(신용국, 2003: 110, 124).

이러한 비자성적 존재관은 불교 유식학(唯識學)의 의타기성(依他 起性)의 관점과 밀접한 관련성을 맺고 있다. '의타기'는 범어로 '파 라탄트라'(paratantra)라고 표기되며 그 자체로 대자적(對者的) 개념

---

3) 불교에서는 고정불변의 실체가 있다는 믿음을 욕계(欲界)에 속하는 일종의 환상으로서 유신견 (有身見)이라고 부른다. 이것은 낮은 경지의 장애인 '오하분결'(五下分結) 중 하나에 속한다. '오 하분결'에는 실체가 있다는 환상인 유신견, 모든 일에 대한 의심의 상태인 의(疑), 미신과 터부 에 대한 집착인 계금취(戒禁取), 감각적 쾌락에 대한 욕망인 욕탐(欲食), 마음의 분노를 의미하 는 유대(有對)가 있다[전재성(역주), 2003a: 85].

을 나타내준다. '파라탄트라'라는 용어 자체가 '타자'(antra)에 '대한'
(para)을 뜻하기 때문이다(방인, 1994: 142−143). 의타기성이 의미하
는 것은 인간의 앎이나 존재가 의식의 지향성에 의해 연기하여 존재
한다는 것이다(이지중, 2004: 83−84). 곧 자아를 포함한 모든 사물
은 독립적으로 존재하는 것이 아니라 인식작용(能取)과 인식대상(所
取)이 함께함으로써 성립되는 것이다. 이 중 어느 하나가 없으면 양
자 모두 존재의 의미를 잃게 된다. 의미가 사라지면 대상이 사라지
며, 대상이 사라지면 의식도 사라진다. 인식대상은 실체로서 존재하
는 것이 아니라 오직 상호 관계적 의식작용에 의한 의미의 형성물일
뿐이기 때문이다. 예컨대, 구름이라든가 물결, 빛이라는 것은 고정된
실체가 따로 없으며 오직 주체의 인식작용과 맞물려 존재의 의미를
부여받게 될 뿐이다. 인간의 자아를 포함한 모든 존재는 연관 구조
로 인해서 형성된 것이며, 그 관계성이 사라지면 모든 존재도 괴공
(壞空)되고 마는 것이다.

　이처럼 우주 내의 모든 존재는 의타기성으로 인해 자기의 원인만
으로는 생기기 어렵고 서로 다른 존재와의 관계성 하에 존재가 성립
되고 또한 그 관계성이 소멸됨에 따라 존재도 소멸된다. 의타기적
관점에 따르면, 우리들의 자아라든가 마음이라는 것도 타자와의 연
기적 관계성으로 인하여 영원불변의 속성을 지닐 수 없다. 마음이란
가장 빨리 '회전'하는 것으로서 마치 "원숭이가 이 가지를 놓고 다
른 가지를 잡듯이 순간순간 바뀌어 무상한 것인데, 어리석은 자들은
이를 '자아'라고 집착하는 것이다"(최봉수, 1999: 315). 이와 같이 보
면, 불교 수행의 근본은 곧 참다운 내가 있다는 아상(我相)을 벗어나
는 데 있다고 말할 수 있다. 자아의식의 제거가 필요한 이유는, 존재

적 측면에서 원천적으로 자아 자체가 타(他) 존재에 의지하여 발생한 것이며, 수행적 측면에서는 그것이 이른바 말나식(末那識)의 작용으로 인한 번뇌로부터 벗어나는 길이 되기 때문이다. 『맛지마니까야』에서 붓다가 "이것은 나의 것이 아니고 이것이야말로 내가 아니고 이것은 나의 자아가 아니다"(전재성 역, 2002: 190)라고 말씀한 이유가 여기에 있다.4)

물론 이제까지의 논의로 보아 듀이와 불교에서 말하는 '자아'가 전적으로 동일하다고 볼 수 없을 것이다. 듀이에 있어 자아는 삶의 상황 속에서 환경과의 교호작용을 통하여 변화해가는 자아이며, 하나의 경험이 성립된다는 것은 변화하는 상황 속에서 사물과 현상의 관계성을 새롭게 파악하는 것을 의미한다. 듀이가 말한 바와 같이, "보다 넓고 큰 자아는 관계를 거부하는 것이 아니라 포섭하는 자아이며, 이러한 자아는 이때까지 예측하지 못했던 관련을 자기 자신의 것으로 받아들여서 점점 확대되는 것이다"(Dewey, 1916a: 362). 이러한 듀이의 관점은 현상의 상호 관계성의 파악이 자아의 확대와 인식수준의 향상에 기여할 수 있음을 보여준다.

반면, 불교에서 자아는 '확대'가 목적이 아니라 '초월'의 대상일 뿐이다. 불교의 수행은 근본적으로 일체의 탐착(貪着)에서 벗어나 삶의 근원적 지혜의 깨달음을 추구하는 데에 그 목적이 있으며, 이러한 깨달음에 도달하기 위해서는 자아에 대한 집착을 끊는 끊임없는 마음의 수행이 요구되는 것이다. 물론 불교에서도 미망(迷妄)의 상태인 변계소집성(遍計所執性)으로부터 벗어나야 한다는 의미에서 자아

---

4) 전재성의 역주(2002: 190)에 의하면, "이것이 나의 것이다"는 '갈애'에 대한 집착이고, "이것은 나이다"는 '자만'에 대한 집착이고, "이것은 나의 자아이다"는 '견해'에 대한 집착이다.

의 확대가 추구되는 면이 있을 수 있다. 그러나 그때의 자아의 확대는 듀이적 의미의 확대라기보다는, 자아에 대한 집착을 벗어나서 삶의 이치를 여실히 깨닫는 심적 자각(自覺)과 관련된 것으로 보아야 한다. 이렇듯 듀이적 관점에서 자아를 '확대'한다는 것과 불교적 관점에서 자아를 '초월'한다는 것은 동일한 것이 아니다. 그러나 한 가지 분명한 것은, 이러한 상위(相違)에도 불구하고 듀이 철학과 불교 연기설은 공통으로 자아를 고정된 실체가 아니라 상호작용적 변화의 관점에서 파악한다는 점에서 그 존재론적 궤(軌)를 함께한다고 볼 수 있다는 것이다.

Ⅳ. 듀이와 불교의 진리관: 보증된 단언과 제법실상

서양의 전통적 인식론에서는 인간의 인식작용과 분리된 궁극적 실재의 세계를 상정하였다. 실재는 감각이나 의견의 상태와는 달리 영원불변의 것이다. 우리들 눈앞에 보이는 존재의 다양한 변화는 그만큼 존재의 불완전한 점을 반영한다. 그리하여 그런 가변적인 대상에는 '참된 실재'라는 칭호가 부여될 수 없다. 예컨대 플라톤의 '이데아'라든가 아리스토텔레스의 '학적 인식'의 개념에 따르면, 진리는 경험적 대상과는 달리 변화가 불가능한 궁극적 인식의 대상이다. 그러나 듀이는, "움직이고 변화하는 세계, 그 위에 정태적이고 불변하는 세계를 상정하는 것은 고전적인 고대 시대로부터 이어진 철학의 중대한 오류"(Parodi, 1951: 230-231)라고 지적한다. 왜냐하면, 전통적 인식론에서 가정해온 영원불변의 진리라든가 실재의 대상은 존재하지 않는 허구이며, 모든 것이 상호 영향을 주고받는 관계적 그물망에 놓여 있기 때문이다. 우리를 둘러싼 세계는 "실체라기보다는 사건들로 구성되어 있으며, 이는 역사성, 즉 처음부터 끝까지 진전되는 변화의 연속성을 드러낸다"(Dewey, 1925: 6). "세계는 위험한 무대이고 불확실하며, 신비스러울 정도로 불안정한 것이다"(Dewey, 1925: 43). 확실히 이러한 듀이의 발언들은 우리를 둘러싼 세계가 어떤 궁극적 법칙에 의해서 움직여가는 획일적 세계가 아니라 상호 영향을 주고받는 관계성에 얽혀 항상 불확정적으로 유전(流轉)하는 세계임을 말하고 있는 것이다.

> 세계는 완성되지 않은, 어디로 가며 무엇을 할 것인지를 끊임없이 결정하지 않은 세계이다. 만약 우리가 이러한 세계를 자의적 (恣意的)인 것이라고 부른다면, 그 자의성은 우리들의 자의성이 아닌, 존재 그 자체의 것이다(Dewey, 1925: 67).

듀이가 의도하는 것은 곧 궁극적 실재를 상정하는 서양 철학의 관람자적 지식론과 절대적 신(神)의 관여를 신뢰해온 유신론(唯神論)에 대한 전면적 거부에 있다. 이러한 듀이의 의도는 '실재'가 우리와 별도로 존재하는 완전무결 그 무엇이 아니라 우리와 환경 간의 교호작용적 산물이라는 것을 보여줌으로써, 실재의 위치를 우리들의 삶과 경험의 차원으로 끌어내리고자 하는 것이다. 듀이의 이와 같은 관점에서 보면, 진리의 대상은 고정적으로 존재하고 있어 관조나 명상을 통해 도달해야 할 대상이 아니다. 그것은 사고가 개입된 탐구활동의 결과물일 뿐이다. 그러나 말할 필요도 없이 듀이의 관점을 소위 '무정부적 상대주의'로 해석해서는 안 된다. 듀이에 있어 '진리'는 각자의 주관적 판단에 따라 구성하는 것이 아니라, 예견된 결과와 행위적 검증의 교호작용으로 이루어지는, 엄격하고도 객관적인 확신에 근거해 있기 때문이다. 듀이는 이처럼 객관적 확신에 근거하여 '발견'되는 지식을 '보증된 단언'(Dewey, 1938a: 145)이라고 부른다. 곧 듀이는 경험과 분리된 궁극적 진리의 대상을 거부하고 진리의 의미를 존재적 관련(existential reference)으로 확장하여, 변화의 과정이 의도된 성취로 수렴되는가 하는 여부를 진리의 '잠정적' 준거로 삼고 있는 것이다(Dewey, 1925: 128). 왜냐하면, 객관적으로 확신된 진리는 영원불변하는 것이 아니라 새로운 단위상황 속에서는 새로운 탐구를 통하여 재구성될 수 있기 때문이다.

한편, 유식불교에 의하면 존재는 인식의 상태에 따라 유식삼성(唯識三性)이라는 세 가지 차원, 즉 허구적 존재, 현상적 존재, 그리고 궁극적 존재의 모습으로 나타난다. 유일하게 있는 것은 우리들의 의식작용(唯識)일 뿐이지만, 그 의식작용 모두가 참된 것은 아니다. 의식의 수준에 따라 베이컨(F. Bacon)이 말한 '우상'과 같이 오류투성이의 인식이 될 수도 있고, 참된 인식의 상태인 원성실성(圓成實性)에 이를 수도 있다. 허구적 존재가 범부 중생의 망정(妄情)만 있는 변계소집성(遍計所執性)으로 표현된다면, 현상적 존재는 인식의 존재 근거인 의타기성(依他起性)으로, 궁극적 존재는 사물의 실상(實相)을 꿰뚫는 참된 인식의 상태인 원성실성으로 표현된다.

이 세 가지 차원의 인식은 불가에서는 '사승마'(蛇繩麻)에 비유되어 풀이되기도 한다. 즉, 광명이 없이 어슴푸레한 때에 새끼토막이 있으면, 이를 새끼토막으로 보지 않고 뱀(蛇)으로 잘못 보는 것이 변계소집성이라면, 눈앞에 보이는 새끼토막(繩)을 있는 그대로 인식하는 것이 의타기성이다. 원성실성은 사물의 참된 모습, 즉 새끼토막을 이룬 본질인 짚이나 삼(麻)을 꿰뚫어 보는 것을 의미한다(청화스님 법문). 그리하여 유식삼성의 차원은 마치 플라톤의 '동굴 비유'에서 죄수들이 '동굴 안'의 미망(迷妄)의 세계로부터 '동굴 밖'의 실재하는 세계로 빠져나오듯이, 환영(幻影)의 세계에서 탈피하여 참된 깨달음으로 나아가는 마음의 전환의 필요성을 시사해준다.

그렇다면, '원성실성'과 '의타기성'의 관계는 어떠한가? 사실 양자는 전적으로 동일하지도 않고 전적으로 상이하지도 않다. 다시 말해, 원성실성은 깨달음의 차원에서 의타기성과 동일한 것은 아니라고 하더라도 현상적 세계를 넘어선 그 무엇이 아니라 현상적 세계와 관련된 '非異非不異'인 관계를 형성하고 있는 것이다. 원성실성의 세계는 저 피안(彼岸)의 세계에 존재하는 것이 아니라 의타기성의 세계 그 안에 들어 있기 때문이다(정화, 2004: 14; 방인, 1994: 139 − 144). 따라서 불교에서 깨달음을 증득한 상태인 '원성실성'도 홀연히 고립적으로 일어난다기보다는 이 세계에 존재하는 의타기성, 곧 연기의 이치를 올바로 깨닫는 데서 나온다고 볼 수 있다. 불교적 깨달음은 "연기를 보면 곧 법을 보고 법을 보면 곧 연기를 보리라"(中部經典, 28, 象跡喩大經 MN I: 190 − 191; 김재성 역, 2006: 105 − 106에서 재인용)라는 부처의 말씀과 같이, 편견과 아집으로 덮여 있는 '복'(覆)의 상태를 벗어나, 있는 것을 여실하게 보는(無碍正見), 소위 제법실상(諸法實相)의 상태에 이른 것을 말한다.[5] 제법실상은 '원

---

5) '복'(覆)의 의미와 관련하여 사리불은 다음과 같은 비유적 표현을 써서 목갈라나에게 말한 바 있다. "벗이여, 마치 시장이나 대장간에서 가져온 청동 발우가 먼지나 때로 덮여도, 주인이 그것을 사용하지 않고 닦아내지 않고 먼지구덩이 속에 방치해 둔다면, 벗이여, 그 청동 발우는 나중에 점점 더 더러워지고 때가 끼게 되는 것과 같습니다"(전재성 역, 2002: 155). 이는 자신에게 더러움이 있음을 알지 못하는 자를 빗대어 그 기대되는 결과를 말한 것으로, 끊임없는 수행의 필요성을 제기하고 있는 것이다.

성실성'의 개념에서도 드러나듯이, 전도(顚倒)되지 않고[6] '덮여 있지 않은' 깨달음을 의미한다는 점에서 희랍적 진리인 '알레테이아'(aletheia)와도 유사한 의미를 가진다(增谷文雄, 1989: 28).

예컨대, 물통에 물이 가득 채워져 있을 때, 그 물이 부글부글 끓거나 물결이 인다거나 이끼나 풀로 덮여 있을 때에 우리는 그 물의 참존재를 여실히 파악할 수 없다. 사물의 실상을 보는 것은 마치 횃불을 가지고 어두운 방에 들어갈 때 그 어두움이 사라지고 광명만이 남는 것과 같다. 맑은 마음으로 객관을 대할 때 일체의 존재는 그 진상을 드러내기 때문이다(增谷文雄, 1989: 27, 92). 이와 같은 진리관은 궁극적 깨달음의 경지인 불교적 '열반'의 의미에도 그대로 담겨져 있다. 불교에서 "참으로 청정한 삶은 열반으로 드는 것이며, 열반을 목표로 하는 것이며, 열반을 궁극으로 하는 것이다"(전재성 역, 2002: 289). 곧 열반은 청량(淸凉)하고 행복을 경험하며 거룩한 존재로서 스스로 지내는 경지를 일컫는 것으로 수행의 목적이 되는 것이다(전재성 역, 2003a: 384, 389). 물론 일체개고(一切皆苦)의 상태를 벗어난 이와 같은 깨달음은 단번에 이루어지는 것이 아니라, "불방일(不放逸)의 정진과 노력"(전재성 역, 2003a: 132－134)을 통하여 점진적으로 체득되어 간다고 보아야 한다.

지금까지 살펴본 바와 같이, 듀이는 인간의 사고와 검증 행위가

---

6) 본래 '전도'(顚倒)는 판단의 순서가 엇바뀌고 진상을 오해하는 일을 가리킨다(增谷文雄, 1989: 88－93).『맛지마니까야』의 여러 권 여기저기에서 재가 신도들이 부처를 칭송하거나 불교에 귀의(歸依)하는 말로서, "세존이신 고타마시여, 마치 넘어진 것을 일으켜 세우듯이, 가려진 것을 열어 보이듯이, 어리석은 자에게 길을 가리켜주듯이, 눈 있는 자는 형상을 보라고 어둠 속에 등불을 들어 올리듯이, 세존이신 고타마께서는 이와 같이 여러 방법으로 진리를 밝혀주셨습니다"(전재성 역, 2002: 152; 2003a: 425, 434, 448, 471)라는 구절이 많이 등장한다. 이 구절은 '사전도'(四顚倒), 즉 상(常), 악(樂), 정(淨), 아(我)의 전도와 관련된 것으로서, 전도의 상태를 탈피하여 진상(眞相)을 여실히 보는 데에 부처의 가르침의 본질이 있음을 시사해준다.

개입하여 진리가(眞理價)를 지닌 지식을 계속적으로 재구성하는 것으로 보는 데 비해, 불교에서는 무명(無明)에서 벗어나 존재의 실상을 여실하게 깨닫는 것을 진리의 깨달음으로 규정한다. 사실 진리가를 지닌 지식을 계속적으로 재구성해간다는 입장과 이미 존재하는 진리를 전도되지 않은 상태로 깨닫는다는 것은 동일한 입장이 아니다. 양자의 이와 같은 차이는 곧 경험의 생성적 차원과 종교의 수행적 차원의 차이를 반영한다. 그러나 우리는 이와 같은 진리의 위상의 차이에도 불구하고 듀이와 불교의 공유점을 간과해서는 안 된다. 즉, 불교의 연기설에서는 연기적 세계 속에 살아가면서 동시에 그 연기의 이치를 올바로 깨달아야 한다고 보는 점에서, 듀이가 말한 상황 탐구의 논리와 유사한 면모를 드러내는 것이다. 듀이적 관점에서 볼 때 경험의 재구성을 위해서는 변화하는 삶의 상황 속에서 상호작용에 따른 관계성을 지속적으로 파악하지 않으면 안 되는 것과 마찬가지로, 연기적 세계에 살아가는 우리들은 '연생연멸'과 '상의 상관성'이라는 관계성의 법칙을 올바로 깨달아야 하는 것이다. 이렇게 볼 때, 양자는 비록 '객관적 확신'과 '실상의 근원적 깨달음'이라는 진리에 대한 시각의 차이를 드러낸다고 하더라도, 적어도 현상 세계에 대한 반이원론적 통찰에 있어서는 상호 공유된 인식을 드러내는 것이다.

V. 듀이와 불교의 욕구관: 충족과 단절

그렇다면, 앞서 살펴본 진리와 인간의 욕구는 어떤 관계로 파악될 수 있는가? 욕구의 문제가 중요한 화두로 떠오르는 까닭은, 진리나 지식 획득의 주체가 삶을 살아가는 개인인 이상 현실적으로 작용하는 욕구의 개입을 어떻게 보아야 하는가 하는 문제가 심각하게 대두되기 때문이다. 확실히 듀이는 일체의 욕구를 부정한 것이 아니라, 진리나 지식의 생성에 개입하는 인간의 욕구를 긍정적 측면에서 고려하였다. 그러나 그가 긍정한 욕구를 즉각적 욕망이나 필요의 충족으로 해석하는 것은 듀이 프래그머티즘에 대한 근본적 오해를 반영한다. 왜냐하면, 듀이는 "즉시적 쾌락에 의해 형성된 흥미는 비정상적인 것이고 에너지 분산의 신호이며, 생활이 일련의 단절된 반응으로 절단되는 징후"(Dewey, 1913: 173)라고 말하면서 일시적 충동이나 욕구의 충족을 분명히 경계하고 있기 때문이다. 듀이가 교육적 맥락에서 강조한 '욕구'는 "활동 내부에서 목적한 바를 성취하는 데서 오는 만족한 결과로서의 흥미"(정건영, 1995: 160)와 관련된다. 이러한 욕구의 성취로부터 형성된 흥미는 학습자의 의식을 보다 높은 수준으로 상승시키는 추진력(Dewey, 1902: 281)이 된다. 요컨대, 듀이에 있어서 바람직한 욕구는 순전한 심리적 충동이 아니라, 개인과 환경 간의 교호작용을 통해 생성되는 유목적적 행위의 동인으로 보아야 한다.

한편, 불교에 있어서 욕구는 색(色), 수(受), 상(想), 행(行), 식(識) 등 오취온(五取蘊)과 연계된 것으로서 경계하거나 끊어야 할 대상이다. 왜냐하면, 일반적으로 인간의 욕구는 수행의 장애물이 되고 방해가 되는 탐착(貪着)으로 흐르기 쉽기 때문이다. 물론 불교에서 '욕구의 단절'은 주의 깊게 해석될 필요가 있다. 사실, 욕구 그 자체는 무기(無記)라고 볼 수 있으며, 『맛지마니까야』에 나타난 붓다는 일체의 욕구를 부정했다기보다는 지나친 탐착과 쾌락의 추구를 경계하였다. 이 점에서 붓다가 '소나'라는 제자에게 거문고의 줄을 비유로 들면서, 고행과 쾌락 중 어느 한쪽에 치우칠 것이 아니라 수행의 방법으로서 중도(中道)를 권했다는 것은 주목할 만한 사실이다. 이는 지나치게 편벽된 수행을 경계하는 불교적 프래그머티즘을 나타내는 것이다(增谷文雄, 1989: 53, 181 - 182). 따라서 욕구 단절이나 소멸의 상태는 서양 전통의 이원론적 사고에 배태(胚胎)된 유(有)와 대립된 무(無)의 의미가 아니라, 오히려 유와 무를 분별하지 않는 공(空) 사상이나 무분별지의 깨달음의 차원에서 이해해야 할 것이다. 이 점에서 불교에서는 인간이 가지는 욕구 전체를 부정한다기보다는, 사물이나 자아에 대한 지나친 집착이나 갈애(渴愛)와 같은 욕망을 경계한다고 보아야 한다.

'갈애'는 팔리어로 '탕하'(tanha)이며, 이는 마치 목마른 자가 물을 바라마지 않듯이 사납게 타오르는 욕망의 작용을 가리킨다(增谷文雄, 1989: 143). 인간은, "갈애를 버리고 그 뿌리를 끊고 밑둥치가 잘려진 야자수처럼 만들고 존재하지 않게 하여 더 이상 미래에 생겨나지 않게 할 때"(전재성 역, 2003b: 203) 비로소 고(苦)의 멸진(滅盡)에 도달한 자가 된다. 붓다가 출가를 결심하는 대목에서 탐착(貪着)과 진에(瞋恚), 우치(愚癡)의 불길이 꺼질 때 마음이 행복해질 것이라는 믿음도 이러한 고의 멸진과 관련된 것이다. 이와 같이 보면, 대체적으로 말해 듀이의 '욕구'가 충족의 대상으로서 전향적(forward) 의미를 가지는 데 비해, 불교에 있어서는 끊어야 할 소멸의 대상으로서 후향적(backward) 의미를 가진다.

'전향적인 것'이란 채워간다는 적극적 의미를 담고 있는 반면, '후향적인 것'이란 오히려 채운 것을 덜어내야 한다는 소극적 의미를 가진다. 물론 불교에서 말하는 욕구의 끊음이 반드시 소극적이고 부정적인 의미를 가지는 것은 아닐 것이다. 왜냐하면, 탐착과 갈애의 욕망을 끊는 일은 어떤 점에서는 상당히 적극적인 의미에서의 삶의 결단과 의지가 동반되기 때문이다. 다만 여기서 말하고자 하는 것은, 욕구를 해석하는 방식에 있어 듀이의 입장이 목적과 수단의 관계에 연속적으로 개입하는 욕구를 부각시키는 데에 비해, 불교에 있어서는 이와 반대 방향을 취하면서 자아나 대상에 지나치게 집착하는 갈애의 욕망을 경계하고 있다는 것이다.

이러한 상이한 욕구의 위치를 감안해보면 이른바 진정한 깨달음으로서의 열반(涅槃)도 듀이에 있어서는 상이하게 평가되는 것이 당연해 보인다. 불교적인 의미와 달리, 듀이에 있어 열반은 다소간 부정적인 것으로 해석되는 것이다. 듀이가 분석하기에 열반은 아리스토텔레스적 목적의 개념이 심오한 심리학과 결합하여 종국적으로 나타나는 것이다.[7] 아리스토텔레스에 있어 목적은 최고의 탁월성을 지닌 것으로서 자기의 자족(自足)만을 명상하는 자기중심적이고 자기충족적인 사고 형태일 뿐이다(Dewey, 1922: 122). 듀이의 이와 같은 해석이 과연 불교적 열반의 본질을 정당하게 해석했는가 하는 데에는 확실히 의문의 여지가 있다. 그러나 여기서 말하고자 하는 것

---

7) 아리스토텔레스에 있어 삶의 궁극적 목적은 여가(schole)를 올바르게 누리는 데에 있다. 일은 여가와 분리된 것이 아니라 여가를 위해 존재하는 것이다. 아리스토텔레스가 말하는 여가는 오늘날 일상적으로 쓰이는 단순한 휴가나 시간을 한가롭게 보내는 것 따위를 뜻하는 것이 아니라, 영혼이 신(神)의 모습을 보고 거기서 최선의 행복을 맛보는, 그런 사변적인 삶을 향유하는 것을 의미한다. 따라서 여가를 누리려면 이성(理性)의 적극적인 활동이 수행되어야 하며 이를 돕도록 하는 데에 교육의 역할이 있다(Boyd, 이홍우(역), 1994: 64−65]. 듀이가 아리스토텔레스의 목적 개념을 자족적인 사고 형태로 간주한 까닭도 바로 이와 같은 순수 형상(形相)에 대한 이성적 관조를 중심으로 하는 아리스토텔레스적 입장과 관련된 것으로 보인다. 결국, 듀이는 변화가 모든 사물과 존재의 본질임에도 불구하고 완성된 고정적 존재만이 필연적인 우월성을 지닌다고 주장하는 아리스토텔레스의 목적론적 세계관을 비판하고 있는 것이다(Dewey, 1925: 47−48).

은 듀이 해석의 정당성 여부가 아니라 그가 어째서 열반을 그와 같이 해석했는가 하는 데에 있다. 듀이는 이 점에 대해 다음과 같이 말하고 있다.

> 이러한 사상들이 나타내는 공통적 오류는 …… 어떤 조건 하에서만 참인 것이 어느덧 보편적 진리로 받아들여진다는 데에 있다. 다시 말해, 아무런 한계도 조건도 없이 참이라고 주장할 수 있다고 상상하는 데에 오류가 있는 것이다. …… 성공은 특정한 노력의 결과로서의 성공이요, 만족도 특정한 욕구의 만족이다. 따라서 성공이나 만족은 욕구나 고투(苦鬪)가 달성된 것일 뿐이다. 성공과 욕구, 만족과 욕구를 따로 분리시키거나 보편화해서 생각하는 것은 무의미한 일이다. 열반의 철학에서는 분명히 이런 사실을 인정하기는 하지만, 열반을 달성하려고 해도 영원히 달성할 수 없는 원망적(遠望的)인 것으로 생각한다(Dewey, 1922: 122-123).

불교의 열반은 개별 수행자들에게 주어져 있는 완성된 표준으로서, 수행의 출발점에서부터 지향해야 할 궁극적인 심적(心的) 상태를 의미한다. 듀이가 불교의 열반을 아리스토텔레스적 목적 개념과 결합시켜 해석한 것은 그것이 인간의 욕구 충족을 통해서는 달성될 수 없는 것으로 파악했기 때문이다. 범부중생이 도저히 열반의 경지에 이르기 어렵고 그저 원망적(遠望的) 수준에서 그 경지를 바라볼 수밖에 없다면, 그것은 듀이가 보기에 인간 경험과 분리된 초월적 경지일 뿐이다. 듀이에 있어서는 이와 같은 최종 목적으로서의 깨달음의 경지는 상정되지 않는다. 오직 탐구의 맥락과 결부된 '확신된 진리'(ascertained truth)만이 재구성되고 있을 뿐이다. 이러한 '확신된 진리'는 보편적으로 규정될 성질이 아니라 구체적이고 특수적인 삶의 맥락과 연관해서 보아야 한다. 예컨대, 누군가 모종의 과학적 진리를 발견했다는 것은 단지 물리화학적 의미에서만 볼 것이 아니라, 특수한 상황 맥락에 직접적으로 참여(partaken)한 활동의 결과로 보아야 한다. 다시 말해, 모종의 깨달음에는 어떤 질적 특성(quality)을 갖춘 특수한 깨달음의 맥락이 깔려 있다는 것이다(McCarthy & Sears, 2000: 214－215).

이와 같이 볼 때, 듀이가 불교의 열반을 궁극적 원망(遠望)의 대상으로 본 것은 '진리'의 생성과 욕구의 관계를 긴밀한 관련 하에 파악하는 데서 비롯된 것이다. 사실 듀이에 있어 확신된 진리로서의 '깨달음'은 불교에서와 같이 보편적이고 완성된 진리, 즉 삶과 무관하게 이미 정해져 있는 영원불변하는 수행 목적으로서의 경지가 아니라(박철홍 외, 2005: 109), 항상 개인의 동기와 관심, 욕구라는 특수한 맥락 속에서만 의미를 가진다. 왜냐하면, 듀이에 있어 원천적으로 목적과 활동, 존재와 본질, 현상과 실재를 가르는 고정된 장벽은 존재하지 않기 때문이다(Dewey, 1925: 27, 133).

듀이가 보기에 탐구 당사자의 깨달음의 수준은 이제까지 형성된 특수한 삶의 경험과 인식의 수준을 반영하며, 동시에 그것은 무한히 열린 목적을 향해 변화될 수 있다. 그런 만큼 듀이에 있어 '깨달음'은 고정 불변의 정지 상태로 머물러 있는 것이 아니라 환경과의 시공간적 교호작용을 통한 유동성을 담지하고 있는 셈이다. 이 점에서 불교와 듀이에 있어 진리의 '깨달음'은 각각 초월성과 가변성의 차원을 상이하게 부각시킨다고 볼 수 있다. 불교의 수행 차원에서 진정한 '깨달음'이 삶의 일체개고로부터 벗어난 해탈의 궁극적 경지를 의미한다면, 듀이가 말하는 확신된 진리로서의 '깨달음'은 인간의 욕구와 흥미가 살아 숨 쉬는 삶의 특수적 맥락과 결부하여 늘 새롭게 변화되고 생성될 수 있기 때문이다.

VI. 논의: 듀이와 불교의 상치와 조응

이상에서 살펴본 바와 같이, 듀이와 불교사상은 서로 상치(相馳)되는 측면과 조응(照應)되는 측면을 동시에 드러내고 있다. 먼저 듀이와 불교가 상치되는 측면은 다음과 같이 세 가지로 요약될 수 있다.

첫째, 자아의 문제이다. 듀이와 불교에 있어 개별 자아는 공통으로 고정된 실체가 아니라 상호 관계성으로 인해 변화가 가능하다. 그러나 그 변화 과정의 끝자락에 과연 궁극적으로 추구해야 할 지점이 있는가 하는 데서 양자는 상이점을 드러낸다. 듀이에 있어서는 궁극적 목적이란 존재하지 않으며 인식작용의 계속성이 반영된 자아의 성장 과정 자체가 부각된다. 반면, 불교에 있어서는 "육경(六境)에 머물지 않고 아무 데도 머무는 데 없이 마음을 내는"[8](홍정식 역, 1981: 81-82) 마음의 상태가 궁극적인 수행의 목적이 된다. 다시 말해, 듀이에 있어서는 현상의 상호 관계성을 파악함으로써 자아가 확대되는 과정이 중시되지만, 불교에 있어서는 삿된 탐심이 제거된 평화롭고 맑은 마음 상태가 궁극적인 목적으로 자리 잡는 것이다. 확실히, 일체개고로부터 벗어나 청정한 삶의 지혜를 추구하는 자아와, 끊임없이 변화하는 환경에 유기적으로 적응하고 삶의 문제를 해결해가는 자아는 동일한 의미를 가지지 않는다. 요컨대, 듀이와 불교의 차이는 자아의 성장을 추구하는 경험적 차원과, 불심(佛心)의 발현이라는 궁극적 깨달음의 경지를 상정하는 수행적 차원의 차이를 반영한다.

---

8) 不應住色生心 不應住聲香味觸法生心 應無所住 而生其心

둘째, 진리의 문제이다. 불교에서 참된 진리가 삶의 근원적 지혜의 깨달음이라면, 듀이에 있어 진리는 새로운 상황 속에서 변화 가능성을 열어두는 '객관적으로 확신된 진리'를 의미한다. 사실상 사람마다 상이한, 이런저런 다양한 수준의 깨달음이 존재할 수 있다. 그러나 불교에서의 참된 진리는 이런 '만들어간다'는 의미의 진리가 아니라 무명의 상태를 벗어나 참된 존재의 실상을 있는 그대로 보는 것을 의미한다. 소위 제법실상(諸法實相)으로서의 진리는 이전에는 없었던 새로운 진리를 창출한다는 의미가 아니라 예로부터 있었던 것을 여실히 본다는 의미를 가진다. 불교의 이와 같은 깨달음은 "지적인 이해나 사고의 성숙으로부터 온다기보다는 정신적 각성을 통해 이루어진다고 보아야 한다"(노상우 외, 2005: 197). 반면 듀이에 있어 진리가 변화 가능하다는 것은, '깨달음'의 인식작용이 초월적 세계에 대한 관조로부터 야기되는 것이 아니라 다양하게 변화하는 삶의 맥락에 참여하여 현상이나 존재의 관계성을 새롭게 포착하는 것을 의미한다. 듀이에 있어 진리치를 가진 지식은 항상 '시간성'(temporalization)과 결부된 경험의 산물이기 때문이다. 요컨대, 듀이와 불교의 차이는 '진리의 맥락적 재구성'과 '이미 존재하는 진리의 깨달음'이라는 진리의 위상의 차이를 드러낸다.

셋째, 욕구의 문제이다. 듀이와 불교에 있어서 공통으로 지나친 욕구는 부정되지만 적절한 욕구의 개입은 인간의 삶에 불가피한 것으로 인정된다. 다만 듀이와 불교에서 인간의 욕구 일반을 바라보는 시각이 상이한 것으로 보인다. 즉, 듀이에 있어 적절한 욕구는 경험의 성장을 일으키는 행위의 동인이 되지만, 불교에 있어 욕구 일반은 자칫하면 집착과 갈애로 흐르기 쉬운 것으로서 진정한 깨달음에 이르기 위해 반드시 경계해야 할 대상인 것이다. 이는 누구든지 몸과 목숨을 가지고 있는 한 사적인 욕망이나 탐착에 흐를 수 있음을 경계하는 것이다. 이로써 듀이에 있어 욕구가 경험의 성장을 위한 긍정적 고려의 요소가 되지만, 불교에 있어 욕구는 지나친 욕망이나 갈애로 흐르지 않기 위한 부정적 경계의 대상이 된다. 이러한 차이는 양자가 추구하는 삶의 목적이 상이한 데서 비롯된 것이라고 볼 수 있다. 즉, 듀이에 있어서는 유목적적 욕구가 개입된 경험의 계속적 재구성을 지향하지만, 불교에 있어서는 아집과 망념을 잠재우고 소위 '오탁악세'(五濁惡世)9)의 어지러운 세파에 휘둘리지 않는 마음의 평정과 완전한 자유를 지향하는 것이다. 요컨대, 듀이와 불교의 차이는 '충족'과 '소멸'이라는 인간의 욕구 일반에 대한 상이한 시각을 드러내는 것이다.

그러나 이러한 제반 차이점에도 불구하고 듀이와 불교사상에서 양립 가능한 부분이 존재한다는 점을 간과해서는 안 된다. 그것은 앞서 여러 차례 언급한 바와 같이, 연기설과 교호작용에서 공통으로 드러나는 상호 관계적인 인식 원리에 있다. 즉, 듀이와 불교 모두 우리의 인식작용이 독립적으로 이루어지는 것이 아니라 시공간적인 관계맺음으로부터 야기된다고 보는 것이다. 불교에서는 육근(六根)과 육경(六境)의 상호작용으로 육식(六識)이 일어나고,10) 업(業)과 외연(外緣)의 관계성을 통해 일체의 인연(因緣)이 성립된다고 본다. 이

---

9) 법화경의 '방편품'에서는 우리의 세계를 겁탁(劫濁), 번뇌탁(煩惱濁), 중생탁(衆生濁), 견탁(見濁), 명탁(命濁)으로 구분하며, 우리가 사는 세상이 맑지 못하고 혼돈되고 어지러운 세계임을 말하고 있다(동국역경원 역, 1989: 26; 최봉수, 1998: 310-313).

10) 불교에서 말하는 인식작용은 색(色), 성(聲), 향(香), 미(味), 촉(觸), 법(法)의 '육경'과 안(眼), 이(耳), 비(鼻), 설(舌), 신(身), 의(意)라는 '육근'의 상호작용으로 이루어진다.

와 유사하게, 듀이의 관점에서는 인식주체와 대상의 교호작용으로 말미암아 인식작용이 일어나고, 능동적 행위와 수동적 결과의 결합을 통해 일체의 경험이 성립된다고 본다. 곧 엄격한 의미에서 독자적 인식은 존재할 수 없으며, 오직 상호 관계성에 의해서만 불교적 '인연'이 성립되고 듀이적 '경험'이 성립되는 것이다. 따라서 듀이와 불교에 있어 '인식대상'의 의미는 공통으로 저편에서 인간의 인식을 기다리는 고정불변의 대상이 아니라 개인(業)과 환경(外緣)이 복잡하게 얽혀 일어나는 관계성의 의미인 것이다. 이러한 상호 관계성을 벗어난 영원불변하는 존재는 추상적 허구일 뿐이다. 그럼에도 불구하고 이러한 불변적 존재를 상정한다면, 그것은 듀이에 의하면 전통적인 이원론의 오류이고, 부처에 따르면 브라마니즘(brahmanism)의 존우론(尊祐論)에서 드러나는 신(神) 중심적 숙명론에 다름 아닌 것이다.

이와 같은 공통된 인식 원리 밑바탕에는 우리가 살아가는 세계가 근대적 인식론에서 상정하듯 고정된 확정성이 담보된 세계가 아니라 변전을 거듭하는 불확정적 삶의 세계라는 인식이 깔려 있다. 이는 근대 과학에 대한 맹목적 신뢰나 독립적 주체를 강조하는 이분법적 실체관을 부정하고 모든 존재를 관계론적 시각에서 보아야 한다는 것을 의미한다. 우리가 사는 세계는 절대적 존재자의 관여에 따른 획일화된 질서를 갖춘 세계이거나, 근대 기계론적 과학에서 드러나듯이 결정론적 세계도 아닌 것이다. 주객의 상호 관계성을 벗어난 불변적 존재나 확고부동한 인식의 토대는 존재하지 않기 때문이다. 이러한 듀이와 불교의 세계관은 '정초주의'를 부정하고 변화하는 삶의 텍스트(texte)를 강조하는 포스트모던 철학과 유사점을 보여준다

(김무길, 2003: 22-29). 포스트모던 철학에서 '아르키메데스적 기점'이라든가 인식의 궁극적 기초가 부정되는 것과 마찬가지로, 연기와 교호작용이 전개되는 세계에는 고정된 실체인 아트만(atman)이라든가 세계의 궁극적 원인인 브라만(brahman)은 존재하지 않기 때문이다.

물론 불확정한 삶의 상황을 벗어나 확정적이고 안정된 상황으로 나아가려고 하는 것은 인지상정(人之常情)이다. 그러나 그럼에도 불구하고 우리의 삶은 늘 확정적이고 안정된 것이 아니라 새로운 불확실한 사태가 고개를 내미는 것이다. 사실 이 점에서 보면, 시급히 확정성만을 구하고 불확정성에서 빠져나오려고 하는 것은 불안 자체일 뿐, 사태의 해결에 그다지 도움을 줄 수 없을지도 모른다. 왜냐하면, 삶의 세계는 타자와의 복합적인 관계맺음으로 말미암아 늘 불확정한 사태가 출현하기 때문이다. 이로부터 불교적 '인연'과 듀이적 '교호작용'의 세계에서는 공통으로 현재의 불확정적 사태를 있는 그대로 수용하고 삶의 사태의 관계성을 끊임없이 증득(證得)하기 위한, 성실하고도 진지한 삶의 자세를 요구하는 것이다. 이것은 듀이와 불교가 상호 관계성의 관점에서 자아와 세계를 파악하는 데서 따라 나오는 귀결이다. 만약 이러한 시각이 크게 틀린 것이 아니라면, 듀이와 불교의 관점은 비록 그 지향하는 삶의 목적은 상이하다고 하더라도, 서로 유사한 관계적 인식의 원리에 입각한 것이라고 말할 수 있을 것이다. 다만 불교에서는 수행을 통해 연기의 통찰로 나아가는 '근원적 깨달음'의 길을, 듀이는 교호작용으로부터 경험의 성장으로 나아가는 '연속적 깨달음'의 길을 각기 상이한 인식의 지평에서 강조했다고 볼 수 있을 것이다.

Ⅶ. 맺음말

이제까지 본고에서는 시론적인 논의 수준에서나마 듀이의 교호작용과 불교의 연기설을 비교, 검토해보았다. 본고에서는 교호작용과 연기설을 주로 현상적인 상호 관계성을 중심으로 다루었기 때문에 듀이 철학과 불교의 방대한 사상 체계를 풍부하게 상호 관련지으며 논의하지는 못했다. 가령, 유식불교의 잠재적 의식인 아뢰야식(阿賴耶識)이라든가 열반에 들기 위한 칠각지(七覺支)의 수행 과정 등 심층적 의식작용과 관련하여 불교 사상을 다루지 못했다는 점은 한계점으로 남는다. 이는 후속 과제로서 보완되어야 할 것이라고 본다. 그렇지만 본고의 논의를 통해 상호 관계망 속에서 인간과 세계를 파악하는 양자의 공통된 시각과, 진리와 욕구의 관계를 파악하는 양자의 상이한 관점을 확인할 수 있었다. 이제, 이러한 듀이와 불교 사상의 상조(相照)가 현대 교육에 주는 시사를 세 가지 측면에서 논의하면서 앞으로의 연구 과제를 모색하고자 한다.

첫째, 듀이와 불교적 시각에서 상이하게 드러나는 '깨달음'의 의미를 포괄적으로 고려할 필요가 있다는 것이다. 듀이 철학에서는 최종적으로 완성된 깨달음이 아닌, 순간순간 '진리'로 확신되는 깨달음의 경험이 중요한 의미를 가진다. 이러한 깨달음은 어느 지점에서 완성되는 것이 아니라 삶의 상황이 연속됨에 따라 새로운 탐구와 검증의 과정을 거쳐 변화하게 된다. 반면 불교에 있어 깨달음은 무명으로부터 벗어나 삶 전체를 꿰뚫는 '연기'의 깨달음으로 귀결된다. 이러한 깨달음은 논리적인 사고로부터 얻어진다기보다는, 오취온(五取蘊)과 연계된 집착의 연쇄 고리를 끊어버리는 마음의 수행으로부터 이루어진다. 우리가 주목할 점은, 두 관점 중 어느 하나가 다른 하나를 포섭한다기보다는, '깨달음'을 상이하게 보는 두 관점으로 존중할 필요가 있다는 것이다. 즉, 듀이가 '시간적 차원'에서 교호작용을 통해 형성되는 자아의 확대 과정을 보여준다면, 불교는 '무시간적 차원'에서 표피적 지식의 습득이 중요한 것이 아니라 삶과 존재를 깊이 있게 성찰하는 삶의 태도가 중요하다는 것을 보여준다. 불교적 깨달음은 시간성에 구애받지 않고 맑고 안온(安穩)한 마음의 자유에 도달한 것을 의미하기 때문이다. 이와 같이 볼 때, 우리는 시간적 차원에서 경험의 재구성과 무시간적 차원에서 청정한 마음의 자유를 동등하게 고려할 필요가 있으며, 앞으로 듀이와 불교 사상에 나타난 경험의 생성적 측면과 종교적 측면을 상호 관련성 하에 다루어볼 필요가 있을 것이다.

둘째, 듀이와 불교적 시각에서 공통으로 드러나는 관계론적인 시각에 주목할 필요가 있다는 것이다. 듀이와 불교 사상에 의하면, 일체의 현상은 상호 변용의 교호작용과 연기의 결과로 형성된 것이다. 이러한 관계성은 현상학적 측면에서 교육의 과제를 제기하게 된다. 예컨대, 하이데거의 철학은 존재의 실존을 자기 자신으로부터가 아니라 사물이나 환경, 그리고 타인들과 더불어 존재하는 관계성 속에서 규정한다(Heidegger, 1998: 396–398). 하이데거는 주객의 대립을 떠나서 모든 존재자들을 존재의 구성 속에 해체시키면서 현 존재의 존재 영역 안에 현상화되는 것만을 사실로 존중하고 있는 것이다(김형효, 2000: 80–83). 사실, 교육 행위는 교사와 학생 간의 단선적 관계가 아니라 수많은 시공간적 변인들의 개입으로 인해 다양한 관계적 의미를 띠게 된다. 그런 만큼 교육 사태에서 교사가 전달하는 지식이나 가치 규범은 학생의 경험과 교호작용을 하는 범위 내에서만 진정한 의미를 가질 수 있다. 이 점은 교호작용과 연기론에 나타난 주객의 상호관계성과 그에 따른 마음의 변화를 현상학적으로 재해석할 가능성을 제시해준다. 즉, 학생의 마음과 분리된 지식을 일방적으로 전달하는 것은 교육적 효과를 거두기 어려우므로, 현재 학생의 인식 수준을 민감하게 고려하면서도 그의 인식 수준을 새로운 인식의 지평으로 도약시키는 문제가 중요한 교육적 과제로 대두되는 것이다. 이와 관련하여, 앞으로 학생의 관심 수준과 교사의 이해 수준을 적극적으로 연계시키는 현상학적 동인이라든가, 학생과 교사가 의미를 공유하는 수업 상황의 질적 측면에 대해 탐색해볼 필요가 있을 것이다.

셋째, '학습자존중'의 의미를 재해석할 필요가 있다는 것이다. 학습자존중은 현대 교육이론에서도 '학습자중심교육'의 일환으로 강조되고 있다. 그러나 학습자존중이 정확히 어떤 의미로 해석되어야 하며, 또한 교육이 어떤 존중의 방향으로 나아가야 할지에 대해서는 좀 더 진지한 논의가 필요하다.[11] 일찍이 루소는 아동이 성인의 '축소판'이 아니며 "아동기가 그 자체로 존중되어야 한다"(Rousseau, 1762: 71)고 언명한 바 있다. 이와 유사하게, 듀이도 "아동기는 성숙을 위해 존재하는 것이 아니다"(Dewey, 1925: 84)라고 말하면서, 교

---

11) 예컨대, 앤트윗슬(Entwistle)은 '학습자존중'이 애매성(ambiguity)을 띠는 말임에 주목하여, 그 말의 의미를 전문적 의미(technical meaning)와 규범적 의미(normative meaning)로 구분한다. 전문적 의미의 존중은 아동을 성인과 '다르게' 대우해야 한다는 것으로서, 이는 교육방법적 차원에서 학습자의 심리적 특성이나 현재의 이해수준을 고려해서 가르쳐야 한다는 의미를 가진다. 반면, 규범적 의미의 존중은 아동을 성인과 '같게' 대우해야 한다는 것으로서, 이는 사회철학적 관점에서 학습자를 수단이 아니라 목적으로 대해야 한다는 것, 즉 아동을 성인과 동등한 하나의 인격체로 대우해야 한다는 의미를 가진다. 이와 같은 앤트윗슬의 분석은 교육 사태에서 회자되는 '학습자존중'이나 '학습자중심교육'이라는 말의 애매성을 밝히는 데에 도움을 준다(이환기, 1988: 11-19; Entwistle, 1970: 17-18. 참조).

육에서 아동의 '미성숙'을 잠재적인 성장의 능력으로 보아야 한다고 주장한다. 듀이가 아동을 지식의 일방적 수용자가 아니라 '능동적 참여자'(Dewey, 1938a: 50)로 존중한 까닭도 이런 맥락에서 읽어야 한다. 또한 부처의 대기설법(對機說法)에서 드러나듯이 그의 가르침은 학습자의 특성과 근기(根機)를 우선적으로 고려하는 것이었다. 더욱이 부처가 열반에 들기 직전에 "자신을 등불로 삼고 진리를 등불로 삼으라"(自燈明 法燈明)고 한 유명한 말씀에서 드러나듯이, 그의 가르침은 학습자의 주체적 깨달음을 존중하는 것과 동시에 진정한 해탈의 길로 나가도록 유도하는 것이었다.

이와 같이 볼 때, 우리는 듀이와 불교적 교육방법이 현대 교육학적 의미에서의 학습자존중을 내포하고 있다는 것, 따라서 전통교육과 현대교육을 단지 시간상의 경계선으로 분리시켜서는 안 되며, 오히려 과거의 교육이론 속에도 학습동기를 자극하고 깨달음의 계기를 마련하기 위한 교육적 지혜가 담겨 있다는 점에 유념해야 할 것이다. 이와 관련하여, 앞으로 듀이 철학은 물론, 전통 유학이나 불교 경전에 나타난 교육적 관계와 학습자존중의 의미를 새롭게 재해석해가는 연구가 필요할 것이다. 어찌 보면, 이것이 현대 교육에서 쏟아지는 다양한 교육방법적 기법보다도 더 깊은 교육의 지혜를 우리에게 선사할지도 모를 일이다.

제14장 듀이와 유식불교의 의식이론

듀이 철학과 유식불교는 표면상 차이점을 드러냄에도 불구하고, 그 인식론의 심층을 파고 들어가면 상호 유사한 관계론적인 논리를 보여준다. 듀이에 있어 '마음'은 그 자체로 온전한 실체를 가리키는 이름이 아니라 한없이 다양한 것들이 복잡하게 얽힌 반응 경향을 의미한다. 이와 유사하게, 유식불교의 '마음'도 항존(恒存)하는 실체를 가리키는 것이 아니라 오직 식(識)과의 관계성을 의미할 뿐이다. 이 글에서는 양자의 이러한 관계론적 인식에 초점을 맞추어 듀이와 유식불교의 의식이론을 비교하였다. 먼저, 의식의 개념은 듀이의 '열린회로'와 불교의 '연기'로 설명되며, 이는 의식의 독립적 실체성을 부정한다는 점에서 유사점이 있다. 또한 의식의 구성은 듀이에 있어서는 기존의 마음 경향과 새로운 자극 간의 조정(調整)으로, 유식불교에서는 아뢰야식(阿賴耶識)과 현행(現行)의 순환적 관계성으로 설명되며, 이는 종래의 정태적 의식관을 부정한다는 점에서 유사점이 있다. 또한 언어의 의미는 '교호작용'과 '아포아'(apoha)론을 통해 설명되며, 이는 탈맥락적인 언어관을 부정한다는 점에서 유사점이 있다. 다만, 유식불교에서 '해탈'이라는 궁극적 목적을 설정한 것과 달리, 듀이는 경험의 진보적 재구성 자체가 삶의 목적이 된다고 보는 점에서 차이점을 드러낸다.

Ⅰ. 서론: 유식불교와 듀이의 만남

유식불교(唯識佛敎)와 듀이(J. Dewey) 철학이 만날 수 있는가? 만약 양자가 유의미한 만남을 이룬다면 그 만남은 어떻게 해석될 수 있는가? 이 글은 이러한 질문에 대한 대답을 양자의 의식이론에 비추어 해명하려는 시도이다. 물론 동양의 불교 사상과 듀이의 프래그머티즘은 일반적으로 상호 통약(通約) 불가능한 인식의 지평에 입각해 있는 것으로 평가된다. 즉, 열반(涅槃)이나 해탈(解脫)[12]에 이르기 위해 일체의 고(苦)를 끊는다거나, 참선이나 수행 정진을 강조하는 불교 사상은, 표면상 생활 사태의 '실용성'을 강조하는 프래그머티즘과는 도저히 비교될 수 없을 정도로 상이한 삶의 차원을 드러내고 있다는 것이다. 그러나 듀이 철학에 있어 '실용성'이라는 말이 과연 그의 사상을 온당하게 표현한 것인지, 또한 그 말이 어떤 의미로 해석되어야 하는지에 대해서는 논의의 여지가 있다.[13] 뿐만 아니라, '실용성'이 무엇을 뜻하든지 간에 듀이가 그것을 강조했다는 사실이

---

12) 增谷文雄에 의하면, 붓다가 설한 '열반'이나 '해탈'이라는 용어는 결코 공적무위(空寂無爲)나 회신멸지(灰身滅智)의 상태를 가리키는 것이 아니다. 그것은 스토아(stoa) 학파 철학자들이 말하는 '아파테이아'(apatheia), 즉 격정으로부터 자유로워진 상태와 비슷한 의미를 지니며, 동시에 에피쿠로스(Epikouros)가 말한 '아타락티아'(ataraktia)의 경지, 즉 어지러움이 극복된 내적 평화의 상태와 유사한 의미를 지닌다. 따라서 열반이나 해탈의 경지는 쾌락주의와는 거리가 멀며 일체의 예속이 없는 상태, 즉 완전한 자유와 안온(安穩) 속에 살아가는 삶의 경지를 의미하는 것으로 보아야 한다(增谷文雄, 1989: 182-186).

13) 프래그머티즘(pragmatism)의 일반적 번역어인 '실용주의'는 듀이에 대한 불필요한 오해나 혼동을 불러일으키는 데 한몫을 하였다. 듀이의 '실용주의'는 개인의 욕망이나 생활에의 즉각적 유용성을 앞세우는 것이 아니라, 현실적 삶의 문제를 합리적으로 해결하는 '실천적 지식'의 의미를 강조하는 것으로 보아야 한다(엄태동, 2001: 210-211). 이와 관련하여 듀이의 프래그머티즘을 아리스토텔레스가 말하는 '실천지'인 프락시스(praxis)의 의미에 가까운 것으로 해석하는 관점도 있다(한기철, 2005: 63-85). 듀이의 프래그머티즘에서는 삶의 문제 상황에 당면하여 그 문제를 해결해가는 합리적 사고 혹은 지력의 가치가 대단히 강조되고 있다. 이 점에서 프래그머티즘을 원어 그대로 표기하지 않고 굳이 '-주의'라는 말을 써서 번역한다면, 일반적 번역어인 실용주의보다는 참여주의나 실험주의 혹은 실천주의라는 번역이 더 타당하다고 파악된다.

곧바로 듀이와 불교가 원천적으로 통약 불가능하다는 결론으로 연결되지는 않는다. 왜냐하면, 듀이 철학과 불교적 인식론의 심층을 파고 들어가면 마음(mind) 혹은 의식작용의 개념을 중심으로 상호 조응(照應)되는 측면을 찾아볼 수 있기 때문이다(김무길, 2005: 66-70).

대표적 유식학자인 세친 보살(世親 菩薩; Vasubandhu, 320-400)의 『유식삼십송』(唯識三十頌)에서는 인간의 의식을 폭류(瀑流)에 비유하여, 우리의 의식은 실체가 있는 것이 아니라 마치 폭포수처럼 끊임없이 흐르면서 생멸하고 있다고 말한다(恒轉如瀑流, 唯識三十論頌 第四頌). 유식불교에서 우리의 삶의 세계를 한 마디로 '유식무경'(唯識無境)이라고 언명한 것도, 독립적 자아나 항존(恒存)하는 실체가 따로 있는 것이 아니라 오직 식(識)과의 관계성만이 있음을 지적하고 있는 것이다. "실체로서의 자아와 실체로서의 법은 있을 수 없다. …… 실체의 자아는 없고 다만 여러 식이 있을 뿐이다"[김묘주(역), 2000: 18, 25]. 이와 유사하게 듀이도 그의 주저 『민주주의와 교육』에서 우리의 마음은 "그 자체로서 온전한 실체를 가진 어떤 것을 가리키는 이름이 아니라, 지적으로 방향 지어진 행동의 진행을 가리키는 이름"(Dewey, 1916a: 139)이며, 동시에 그것은 "소수의 서로서로 명확히 구분되는 것들이 아니라 한없이 다양한 것들이 온갖 미묘한 방법으로 서로 얽혀 있다"(Dewey, 1916a: 68)고 말한다. 이는 듀이에 있어 '마음'이 유식불교의 관점과 유사하게 실체가 따로 있는 것이 아니라 상호작용으로 인해 끊임없는 변화를 일으키고 있다는 것을 의미한다.

확실히 이 점은 듀이와 유식불교의 유사성에 대한 한 가지 중요한 단서를 시사해준다. 즉, 양자 모두 고정된 자아나 불변의 대상을 부정함으로써, 주체와 객체, 인식작용과 인식대상을 철저히 갈라서 보는 근대적 인식론이나 기계론적 행동주의를 부정하고 있다는 것이다. 본고에서 초점을 두는 것도 바로 이러한 양자의 관계론적 인식에 있다. 즉, 유식불교와 듀이의 관점 모두 확고부동한 인식의 정초(定礎)를 부정하고 관계맺음으로서의 의식의 유동성을 보여주고 있는 것이다. 그러나 불교와 듀이 철학은 확실히 추구하는 삶의 목적이나 종교적 수행의 측면에서 차이점을 드러내며, 이 차이점의 중요성 또한 간과되어서는 안 될 것이다. 다만 여기서 말하고자 하는 것은, 양자를 이질적인 것으로만 간주하고 양자의 비교를 원천적으로 봉쇄하는 것은, 어찌 보면 양자의 유사성에 대한 논의로부터 새롭게 얻어지는 이해의 지평을 결락(缺落)하는 일이 될지도 모른다는 것이다. 만약 듀이와 유식불교의 위상이 오히려 양자의 유사한 의식이론의 분석으로부터 명료히 될 수 있다면, 이는 듀이와 유식불교의 공통점은 물론 양자의 상이점을 보다 의미 있게 재해석하는 계기를 마련해줄 것이다.

이러한 맥락에서 본고는 동양 불교 사상과 서양 철학의 접목 가능성을 탐색하는 하나의 시론(試論)으로서, 유식학과 듀이 철학에 나타난 의식이론을 비교하고 그 교육적 함의를 드러내는 데에 목적이 있다. 본고에서 다루는 불교 유식론은 주로 『唯識三十頌』에 나오는 식전변(識轉變)의 관점을 중심으로, 듀이의 의식이론은 그의 초기 저작인 "심리학에서 반사호(反射弧) 개념"(1896)에 나타난 회로(circuit)와 조정(co-ordination)의 개념을 중심으로 살펴보고자 한다. 『唯識三十頌』은 널리 알려진 바와 같이 유식학을 대표하는 世親의 저서이며, 듀이의 그 저작은 인식과정의 주요 원리인 교호작용(transaction)[14]의

맹아적(萌芽的) 아이디어를 담고 있다. 곧, 유식의 연기와 식전변, 듀이의 회로와 조정 개념은 모두 의식의 관계론적 성격을 다루는 핵심적 개념인 것이다.

이로부터 본고의 논의 구조는 다음과 같이 진행된다. 먼저 듀이철학과 유식불교의 인식론에서 드러나는 의식의 개념을 비교하고, 이어서 양자에 있어 의식의 구성과 그 전개 양상, 그리고 언어의 비실체성을 비교해보고자 한다. 끝으로, 유식불교와 듀이의 의식이론에서 드러난 차이점과 공통점을 요약하고, 양자의 의식이론이 현대교육에 어떤 시사점을 제시해주는지를 살펴보고자 한다.

Ⅱ. 의식의 개념: 연기(緣起)와 회로(回路)

『唯識三十頌』第一頌에서는 아(我)와 법(法), 즉 인식주체와 대상을 이원적으로 분리시키는 유위(有爲)의 분별을 비판하고 우리의 앎이 모두 연기의 이치에 의해 이루어짐을 언명하고 있다(唯假說我法有種種相轉). 우리가 보통 실재한다고 믿는 인식의 대상은 명언종자(名言種子)에 의한 법집(法執)의 결과물일 뿐, 실체가 따로 존재하는 것이 아니다. 예컨대, 내가 지금 보고 있는 붉은 장미는 내가 전에 보았던 장미나 장차 내가 보게 될 장미와 반드시 동일한 것이 아니다. 장미의 모양이나 색깔은 장미를 보는 나의 시각이나 기온의 변화, 장미를 둘러싼 주변 환경, 햇빛과의 광합성, 뿌리의 증산작용 등

---

14) 예컨대, 듀이의 중기 저작인 "실재는 실제적 성격을 소유하는가?"(1908a)나 『민주주의와 교육』(1916a), 그리고 후기 저작인 『경험과 자연』(1925), "행위와 경험"(1930b), 『인식작용과 인식대상』(1949) 등에는 주객의 분리를 부정하는 그의 교호작용적 세계관이 일관되게 반영되어 있다.

등 다양한 변인과의 상호작용으로 인하여 시시각각 변화하고 있기 때문이다. 그럼에도 불구하고 사람들은 보통 거기에 항상 고정된 붉은 장미가 있다고 계탁(計度)하는 경향이 있다.

이렇듯 가변적인 것을 실재한다고 믿는 것은 문자 그대로 허망분별(虛妄分別)이요, 궁극적으로는 고(苦)를 발생시키는 유애(有愛)의 집착에 불과하다. 우리들 눈앞의 대상은 진실재의 대상이 아니라 연기적 의식작용의 잠정적 결과물일 뿐이다(한자경, 2007: 50−51; 정혜정, 2004: 250). 이것이 곧 유식학의 논사(論師)들이 말하는 유식무경(唯識無境)의 의미이다. 유식무경은 문자 그대로 색법(色法)이 아예 존재하지 않는다거나 아무것도 없는 일체 무(無)를 의미하는 것이 아니다. 그것은 색법이 식(識)을 떠나 분리된 상태로 존재하는 객관적 실유(實有)가 아니라는 뜻이다.

그럼에도 불구하고 『유식삼십송』의 제1송에서는 어째서 아와 법을 구분하여 설명하는가? 『유식삼십송』에서, 의식의 주체와 대상이 따로 분리되어 있는 것이 아님에도 불구하고, 양자를 분별한 것은 중생들에게 연기의 이치를 알기 쉽게 설명하기 위한 것, 이른바 방편(假設)에 불과한 것이다. 『大乘起信論』에서도 나타나듯이, "인식의 대상은 인식의 주체가 생김으로 나타나며, 인식의 주체가 없으면 인식의 대상도 없다"(以依能見故 境界妄現 離見則 無境界)[이홍우(역주), 1990: 101]. 우리들 눈앞에 보이는 사물은 항상(恒常)의 존재가 아니라, 소연(所緣)과 능연(能緣)의 관계성의 투영물이다. 그리하여 소연의 현상을 떠나서 능연을 알 수 없지만, 소연은 또한 능연의 현상일 뿐이다(김형효, 2002: 61). 이는 마치 우리가 쓰는 안경의 색깔에 따라서 세상이 푸르게 보이기도 하고, 붉게 보이기도 하는 것과 마찬가지 이치이다. 그럼에도 불구하고 범부 중생이 아와 법, 나와 너를 가르는 것은 모두 변계소집성(遍計所執性)에 의한 것이다.

변계소집성은 능취(能取)와 소취(所取), 주체와 객체를 대립적인 것으로 갈라서 보는 허망 분별의 의식 수준을 가리킨다. 이러한 허망한 분별에서 벗어나 '전식득지'(轉識得智)를 이루려면, 우리가 사는 세상이 연기의 이치로 이루어져 있다는 것(依他起性), 그리고 그런 의타기적 세계 속에서 의타기의 본질을 여실히 깨닫는 원성실성(圓成實性)으로 나아가야 한다. 『유식삼십송』에서는 이 점을 다음과 같이 설명하고 있다.

> 가지가지 허망 분별에 의해서 온갖 사물을 실재한다고 분별하나, 그것들은 허망 분별에 의해서 집착된 것일 뿐, 그 자성(自性)은 실재하지 않는다(由彼彼遍計 遍計種種物 此遍計所執 自性無所有, 第二十頌). …… 의타기성은 분별이며 분별은 인연에 의해서 생긴다. 원성실성은 의타기성에서 항상 변계소집성을 떠난 것이다(依他起自性 分別所緣生 圓成實性彼 常遠離前性, 第二十一頌).

의타기적 세계에는 고정된 실체가 없으며(諸相非相), 모든 것이 연기(緣起)의 이치로 상호 영향을 주고받고 있다. 우리가 사는 세계는 기존의 연기의 흐름으로 물들여진 세계이며, 우리들 앞에 놓인 대상은 바로 우리와의 연기적 관계물일 뿐이다. 변계소집성은 이런 이치를 깨닫지 못한 채 고정된 인식대상에 집착하는 유루(有漏)의 지식이요 번뇌적 앎을 가리킨다(染分依他起). 이것은 마치 참된 진리를 모른 채 도토리 키 재기하듯이 자기의 주장이 옳다고 고집하는 상태와도 같다. 원성실성이 이런 변계소집성을 떠났다는 것은 인식대상의 고정성에 집착(常顚倒)하지 않고 무루(無漏)의 지식, 곧 의타기적 연기의 이치를 여실히 알아차리는 것을 의미한다(淨分依他起)(한자경, 2007: 172–174). 이와 같이 보면, 유식삼성(唯識三性)은 별개의 세계를 가리키는 것이 아니라, 동일한 의타기적 세계 속에 머물면서 마음의 작용 방향이 어떠한가에 따라 전환되는 관계로 보아야 한다(高崎直道, 2001: 175–176). 곧, 우리가 한 마음을 어떻게 일으키고 어떻게 쓰느냐에 따라 원성실성 쪽으로 상향하기도 하고, 혹은 변계소집성 쪽으로 전락할 수도 있는 것이다.

듀이가 이러한 유식학적 관점과 유사한 면을 보이는가? 만약 그렇다면 어떤 점에서 그러한가? 듀이에 있어 의식은 정태적인 것이 아니라 '회로'(circuit)라는 동태적 흐름의 맥락에서 해석해야 한다. "정상적인 행동 발달에 존재하는 것은 하나의 '회로'와 같다"(Dewey, 1938a: 38). 듀이의 '회로'는 종래 행동주의에서 말하는 '반사호'(反射弧)의 개념과 다르다. 반사호의 개념에서는 인간의 의식의 과정을 '감각 자극 → 중추 신경계의 작용 → 반응 행동' 식으로 설명함으로써 인간의 의식을 자극에 따른 반사 행위의 기제로 보는 오류를 범하고 있다. 다시 말해, 반사호 개념에서는 자극과 반응을 분리하고 의식을 단순히 자극에 반응하는 실체로 간주함으로써 인간 의식의 능동성과 연속성을 놓치고 있는 것이다.

예컨대, 발드윈(Baldwin)은 반사호 개념에 입각하여 인간의 의식을 '자극의 수용 → 비자발적 주의 → 근육 반응'의 과정으로 설명하고 있어서(Dewey, 1896: 100), 인간의 의식을 수동적으로 보는 오류를 범하고 있다. 뿐만 아니라 변화의 원천을 두고 일어난 바이스만(Weismann)과 스펜서(Spencer) 간의 논쟁도 자극과 반응을 '분리된' 실체로 본다는 점에서 발드윈과 동일한 오류를 범하고 있다(Dewey,

1896: 99 – 100n). 요컨대, 이들은 모두 당연히 주목해야 할 인간 의식의 전체적이고도 연속적인 흐름을 놓치고 있는 셈이다. 듀이는 "심리학에서의 반사호 개념"(1896)에서 감각과 관념을 분리시키는 종래의 행동주의 심리학을 다음과 같이 비판하고 있다.

> 감각과 관념이라는 과거의 이원론은 현대의 주변적, 중심적 구조와 기능의 이원론으로 반복되고 있으며, 신체와 영혼이라는 과거의 이원론은 현대의 자극과 반응의 이원론으로 뚜렷한 반향(反響)을 찾아볼 수 있다. …… 감각적 자극이 하나 있고 관념을 나타내는 중심적 활동이 또 하나 있다. 적절한 행위를 나타내는 운동의 수행은 제 삼의 것이다. 결과적으로, 반사호는 포괄적이고 유기적인 통일성이 아니라 서로 분리된 부분들을 잇고 서로 연합되지 않은 과정들을 기계적으로 접속시키는 하나의 잡동사니가 된다. 그리하여 …… 더 특별하게 요구되는 것은, 감각적 자극과 중추신경의 연결, 그리고 운동반응이 그것들 자체로 분리된, 온전한 실체로서가 아니라, 현재 '반사호'라고 명명된 단일한 구체적 전체 속에 기능하는 요소들 간의 역할 구분으로 보아야 한다는 점이다(Dewey, 1896: 96 – 97).

플라톤의 관념론적 철학에서는 가시계(doxa)와 가지계(episteme)를 구분하고 참된 실재는 관념적인 가지계에 있다고 봄으로써 형이상학적 이원론의 뿌리를 제공하였다. 듀이가 보기에, 플라톤적 이원론은 역설적으로 기계론적 행동주의를 촉발시켰다. 왜냐하면, 그의 이원론은 행동주의 심리학에서 외부 감각과 반응을 분리된 정신적 존재로 간주하게 하는 단초를 제공해주었기 때문이다(Dewey, 1896: 99). 확실히, 인간은 주어진 자극에 반응하는 수동적 유기체가 아니며, 그렇다고 하여 순수 관념적인 비행위적 존재도 아니다. 예컨대, 아이가 불에 덴 경우 그 사건이 아이에게 유의미한 경험으로 성립하는 것은 뜨거움이라는 자극 자체가 아니라, "뜨거움이라는 고통이 시각과 근육의 특질과 함께 동일한 경험의 회로 안으로 진입함으로써 가능한 것이다"(Dewey, 1896: 98). 아이는 불에 덴 사건을 사물을 보는 경험 속에 포섭하여 장차 그의 행위를 수정하게 되는 것이다. 이것은 외부 자극이 그 자체로서가 아닌, 마음의 경향성을 지닌 의식의 회로 속에서만 의미를 가질 수 있다는 것을 보여준다. 곧, 자극으로서의 자극, 반응으로서의 반응이란 없는 것이다. 다시 말해, 외부 자극은 "개인이 이미 가지고 있는 경향성"(Dewey, 1916a: 30), 즉 이미 내장(內藏)된 전체적 의식의 흐름 속에 내포되어 의미를 갖게 된다고 보아야 한다.

듀이가 의식의 회로의 개념을 통해 제시하려고 하는 근본 아이디어는 무엇일까? 그것은 우리의 의식이 단순히 자극에 따른 반응들의 산술적 집합체가 아니라 끊임없이 의식의 흐름이 이어지고 변화하는 유동적 양상을 띤다는 데에 있다. 의식은 "유기체로서 인식된 특별한 사태를 거쳐, 그 사태가 독특하게 구별되는 변화의 조건으로 진입하는 것"(Dewey, 1908a: 138)이다. 그렇기 때문에 의식의 회로는 마치 다람쥐 쳇바퀴 돌 듯 '닫힌회로'를 순환하는 것이 아니라, 그 끝이 트인 '열린회로'로 끊임없이 연속, 확산되어 간다고 보아야 한다. 의식의 회로에는 주객이 상호 복잡하게 얽혀 항상 새로운 변화를 유발하고 있기 때문이다. 그리하여 시각이든, 청각이든, 촉각이든 간에 우리는 이미 가지고 있는 의식의 회로 속에서 주어진 자극에 관심과 주의를 기울이는 것이며, 동시에 자극을 현재의 유목적적 행위의 흐름 안에서 선별하고 있는 것이다.

예컨대, 낯선 도시에 익숙하게 되는 경우를 생각해보면, 처음에는 자극이 지나치게 많아 그에 따라 지나치게 많은 반응 혹은 엉뚱한 반응을 유발하기도 한다. 그러나 우리는 점차 그 도시에 익숙해짐에 따라 목적에 직접 관련된 자극만을 선택하고 그 밖의 자극을 배제하게 된다(Dewey, 1916a: 52). 이것은 우리가 단순히 특정 자극에 반응하는 것이 아니라, 우리의 관심과 필요에 따라 자극 자체를 취사선택한다는 것을 의미한다.

이제까지의 논의를 요약하면, 유식불교에 있어 눈앞에 떠오른 인식대상(境)이 연기적 관계 속에서 드러난 것이듯이, 듀이에 있어 외부 자극은 유동적인 의식의 흐름 속에 포섭됨으로써 의미를 지니게 된다. 확실히 우리는 주어진 자극 자체에 반응을 하는 것이 아니라, 그것에 주의를 기울이고 그것을 해석하고 선별하는 관계적 인식망 속에서 그 자극과 대면하고 있는 것이다. 이 점에서 듀이의 '의식의 회로'는 불교적 연기의 이치를 내포하고도 성립된다고 말할 수 있을 것이다. 왜냐하면, 듀이에 있어 의식의 장(場)은 이제까지 주객이 상호작용을 해온 현재완료적 인식의 습기(習氣)를 머금고 있기 때문이다. 다시 말해, 듀이는 우리의 의식작용이 주객이 시공간적 차원에서 복잡하게 얽힌 관계망 속에서 작용한다고 봄으로써, 『唯識二十論』第十六頌에서 모든 경(境)이 식(識)에 의해 변현(變現)된 현상이라는 "사경식"(似境識)의 관점[15]과 유사한 면모를 드러내는 것이다. 물론 듀이 철학은 유목적적 경험의 재구성을 강조한다는 점에서, 집착과 허망분별을 경계하는 유식의 관점과는 전적으로 동일하지 않다. 유

---

15) 『유식이십송』은 『유식삼십송』과 마찬가지로 심외유경(心外有境) 사상에 대한 비판을 담고 있다. 특히 『유식이십송』 제16송의 "여설사경식 종차생억념"(如說似境識 從此生憶念)이라는 구절은 식과 경이 닮았다는 것, 즉 외부 지각대상은 그 자체로 현존하는 것이 아니라 식의 계속적인 흐름 속에서 그 기억된 의미를 부여받는다는 것을 의미한다.

식불교에서는 무명의 상태를 벗어나 사물의 모습을 여실히 보는 제
법실상의 깨달음에 수행의 목적이 있기 때문이다. 그리고 이 점에
비추어 보면, 듀이와 유식불교의 의식관은 유목적적 경험의 재구성
과 연기의 깨달음이라는 상이한 목적을 지향하는 것이 사실이다.

그러나 이러한 차이점에도 불구하고, 듀이의 '목적'은 결코 고정
된 목적이 아니라는 점에서 엄밀히 말하면 불교적 의미에서 '법화'
(法化)된 것이라고 볼 수 없다. 왜냐하면, 듀이의 '목적'은 '예견된
결과'에 따라 목적 자체가 끊임없이 변화하는 것이며 그 변화의 종
착점이 따로 존재하지 않기 때문이다. 이와 같은 관점은 인식대상의
특성에도 그대로 해당된다. 듀이가『논리학: 탐구의 이론』에서 말한
바와 같이, 예컨대 "이것은 붉다"라는 말은 '이것'이 항상 붉다는 것
을 의미하지 않는다(Dewey, 1938a: 137). 색깔의 질적 특성은 고정
된 것이 아니라 그것을 보는 각도라든가 빛의 정도 혹은 토양의 질
등등 환경 조건에 따라 변화하고 있는 것이다. 따라서 '이것'이 붉다
는 것은 어떤 특정한 조건 하에서만 그러한 것으로 보아야 한다. 확
실히 이러한 듀이의 관점은 비록 문맥은 다르지만 유식학에서 법집
(法執)을 경계하는 관점과 대단히 유사한 것이라고 볼 수 있다. 적어
도 유식불교와 듀이는 인식주체와 대상, 특정 사물과 환경 조건 등
존재하는 모든 것이 상호 분리된 독립적 요소가 아니라 연속적 관계
(緣起) 속에서 질적 변화를 일으킨다고 보는 점에서 공통된 면모를
드러내는 것이다.

III. 의식의 구성: 식전변(識轉變)과 조정(調整)

유식학에 의하면 요별경식(了別境識), 즉 경계를 분별하는 전6식의 인식작용의 기저에는 사량식(思量識)으로 불리는 제7식인 말나식(末那識)과 가장 심층적인 의식작용인 제8식 아뢰야식(阿賴耶識)이 흐르고 있다. 곧, 우리의 모든 의식작용은 근본적 앎의 흐름인 제8식에 의지하고 있는 것이다(依止根本識 五識隨緣現, 第十五頌). 말나식은 자아에 대한 집착과 번뇌(煩惱)를 일으키는 원인이 되며, 아뢰야식은 제7식보다 더 아래에 있는 무기(無記)의 이숙식(異熟識)[16]으로서 전육식과 말나식의 작용을 가능하게 하는 근원적인 종자식이다(種子生現行). 아뢰야식은 전생의 업과 무관하게 무기(無記)의 상태로 '달리 익어서' 생기는 것이고, 마음이 작용하는 한 없어지는 것이 아니며 계속 이어져 나아간다. 이 점에서 유식학에서 일체의 의식작용은 아뢰야식에 따른 관계적 식전변(識轉變)에 다름 아닌 것이다.[17] 물론 이 아뢰야식도 고정된 것이 아니다. 아뢰야식은 이른바 '종자생현행 현행훈종자'(種子生現行 現行熏種子)의 순환적 식전변

---

16) 유식학에서 '이숙'(제8식)은 원인이 선악(善惡)으로 판단되더라도 그 결과는 원인과 무관하게 무기(無記)라는 것, 즉 원인과 결과가 달리 '익었다'(熟)는 것을 의미한다. 예컨대, 현생의 저장된 아뢰야식은 전생의 업(業)으로 인하여 '좋다, 나쁘다' 하는 가치 판단의 대상이 될 수 없다. 다시 말해, 선악의 분별로 이루어진 업은 아뢰야식에 저장될 때 비 가치판단의 영역인 중성적 상태로 수용되는 것이다. 또한 '사량'(第七識)은 이른바 아만(我慢), 아견(我見), 아치(我癡), 아애(我愛) 등 네 가지 근본 번뇌를 일으키는 마음작용을 의미하며, '요별경식'(前六識)은 우리가 보통 외계를 분별하고 판단하는 마음작용을 일컫는다(정화, 2004: 62-63; 서광, 2005: 28). 이 중에서 아뢰야식은 제7식과 전6식을 일으키는 가장 심층적인 마음작용이기에, 『유식삼십송』 제2송에서는 아뢰야식을 '일체종식'이라고 언명하고 있다(初阿賴耶識 異熟一切種).

17) 물론 유식학자들간에 아뢰야식의 위상에 대해서는 이견이 있다. 대표적인 것이 안혜(安慧)와 호법(護法) 논사의 견해이다. 안혜 계통에서는 아뢰야식을 부정하고 인식에 있어 주객이 모두 허망하다는, 이른바 경식구민설(境識俱泯說)인 무상유식론을 편다. 반면 호법 계통에서는 아뢰야식을 실유의 식체(識體)로 인정하고 유상유식론을 편다. 이와 관련하여 현장법사는 『유식삼십송』을 주석한 그의 『성유식론』에서 호법의 주석만을 인정하고 있다(이 만, 2005: 44-45).

의 주체요, 추진력이 된다. 『유식삼십송』의 제17송과 제18송에서 드러나듯이,

> 분별하는 것과 분별되는 것은 모두 식의 전변에 의한 것으로서, 그 자체가 실재하는 것이 아니다. 그러므로 모든 것이 오직 식일 뿐이다(是諸識轉變 分別所分別 由此彼皆無 故一切唯識)(第十七頌). 일체종식으로 말미암아 이와 같이 전변하며, 전전력(展轉力) 때문에 가지가지 분별이 생긴다(由一切種識 如是如是變 以展轉力故 彼彼分別生)(第十八頌).

아뢰야식은 현재의 전6식과 말나식을 조정하고(種子生現行) 또 거기에 의해 훈습(薰習)되어(現行熏種子) 끊임없이 변화하는 순환 관계를 드러낸다. 이러한 순환관계는 일정한 트랙을 반복해서 돌 듯 고정되고 항상적인 것이 아니라, 변형적으로 생성되는 역동적 순환 관계로 보아야 한다. 한자경(2007: 149 – 153)이 지적한 바와 같이, 아뢰야식과 현행의 순환 관계는 폐쇄된 원이 아니라 그 시작과 끝이 트여 있는 나선형적 순환 관계로서 질적인 변화가 수반되는 것으로 해석해야 한다. 왜냐하면, 의식의 순환은 동시적(同時的) 상호 인과가 아니라 이시적(異時的) 상호 인과를 맺고 있기 때문이다. 아뢰야식은 시간 계열을 따라 현행을 낳고, 그 현행은 다시 전6식과 말나식의 작용으로 아뢰야식의 종자를 훈습(薰習)하는 순환적 변화의 과정을 거치게 된다. 『유식삼십송』에서 인간의 의식을 '항전여폭류'(恒轉如瀑流, 第四頌)에 비유한 것도, 의식이 고정된 것이 아니라 전찰나(前刹那)와 후찰나(後刹那)가 끊임없이 이어지면서 종자식(種子識)인 아뢰야식이 변화하고 있음을 언명한 것이다.[18] 오카노 모리야(岡野守也)는 '항전여폭류'의 의미를 다음과 같이 알기 쉽게 풀이하고 있다.

강은 잘 생각해보면, 토지의 높고 낮음과 무수한 물방울들이라는 요소들의 인연에 의해 만들어진 것으로 강 그 자체는 실체로서의 강이라는 것이 없다. …… 같은 이치로 아뢰야식도 실체가 아니라 다양한 카르마(業)의 인연에 의해 생성된 의타기성적 존재로 끊임없이 격렬히 변화하고 있으며, 영원하지 않은 무상한 존재이다(岡野守也, 2003: 100-101).

우리의 의식은 전이숙(前異熟)과 후이숙(後異熟)이 끊임없이 이어지는 변화의 흐름을 보여준다. 많은 물방울들이 모여 폭류를 이루어 쉬지 않고 흐르듯이 우리의 몸과 마음의 흐름은 매 순간마다 변화해 간다. 곧, 제8식인 아뢰야식의 식장(識場)은 삶을 유지하는 의식의 흐름으로서, 마치 지속적인 물의 흐름과 같이 만남의 관계 속에서 매 순간마다 변화하고 있는 것이다. 그리하여 "항상 폭류처럼 흐르네"라고 한 것이다(정화, 2004: 33, 75). 오직 망상과 번뇌를 끊은 아라한(阿羅漢, Arhat)이 되어서만 이 흐름이 그친다고 하는 것(阿羅漢位捨, 第4頌)은 해탈의 경지에 이른 자만이 그러한 폭류의 흐름을 멈춰 무명 번뇌와 윤회의 사슬에서 벗어난다는 뜻을 지닌다. 이러한 의식의 변화에 비추어보면, '자아'라는 것도 늘 그대로 멈춰 있는 것이 아니다. 우리는 통상 '나'란 상주(常主) 영원의 존재라고 생각한다. 그러나 아뢰야식의 식전변에서 드러나듯이 우리의 몸과 마음의 흐름이 매순간 변화해간다면(無常), '나'라고 불변일 수는 없다(高崎直道, 2001: 92-93). 따라서 내가 있고 나서 내가 보는 실체가 따로 있는 것이 아니라, 나와 대상의 관계성 속에서 대상에 대한 나의 의

---

18) 아뢰야식에서 '아뢰야'는 산스크리트어로 'alaya'로 표기된다. 이를 'a+laya'로 세분해보면 무(無)나 'not'의 의미를 지닌 접두어 'a'에 '없어지다' 혹은 '다 되었다'는 의미의 'laya'가 결합된 것으로서, 이는 곧 우리 중생들이 업을 지으면 그 업의 세력이 어디로 가지 않고 자신의 마음 속에 간직된다는 뜻을 함의한다. 아뢰야식을 장식(藏識) 혹은 저장소(貯藏所) 등으로 한역하는 까닭도 여기에 연유한다(이만, 2005: 75).

식이 무한히 진행되고 있을 뿐이다.

그렇다면, 이와 같은 식전변(識轉變)의 관점은 듀이의 '의식의 재구성'과 어떻게 비교되는가? 듀이에 의하면, 우리의 의식은 한 마디로 말해 '움직이는' 것이다. 곧, 의식이라는 것은 우리 주위의 광경을 안일하게 관조할 때 우리가 가지고 있는 그런 것이 아니요, 사물이 도장을 찍듯이 인상을 남겨 생기는 것도 아니다. 그것은 활동을 유목적적으로 이끄는 것, 다시 말해 활동이 목적에 의해 방향지어진다는 사실을 가리켜 부르는 이름이다(Dewey, 1916a: 110). 의식은 형식도야이론에서와 같이 "잠재해 있는 지적 능력으로 연습을 통해서 완성될 수 있는 것이 아니라, 환경의 변화에 특정한 방식으로 반응하여 다른 변화들을 일으키는 경향들이다"(Dewey, 1916a: 68). 여기서 주목할 것은, 환경의 변화에 특정한 방식으로 반응한다는 말의 의미이다. 환경에 반응할 때 우리의 의식은 마치 텅 빈 그릇과 같은 백지 상태가 아니라 이미 교호작용을 거친 식(識)을 갖추고 반응하고 있는 것이다. 다시 말해, 우리는 자극에 무조건 반응을 하는 것이 아니라, 이미 일어난 복합적 마음 경향(自證分)을 바탕으로 하여 외부 자극을 선별하고 관심을 기울이는 것이다. 따라서 외부의 자극은 누구에게나 동일한 자극이 아니라 개인의 의식적 '조정'(co-ordination)을 거쳐 그 변화된 의미가 침투된다고 보아야 한다. 듀이는 '조정'의 기능을 다음과 같이 설명하고 있다.

> 원은 하나의 조정이다. 조정을 구성하는 요소들 간에 상충되는 일이 벌어진다. 한편으로는 감각 자극을, 다른 한편으로는 운동 반응을 의식적으로 구분하는 기원을 제공하는 것은 바로 일시적 해체이며, 그로 인해 재구성의 필요가 나타난다. 조정의 양상 속

에서 자극은 바로 그러한 재구성이 성공적 결과를 맺기 위해 충족되어야 할 조건을 나타내는 것이며 …… 반응은 그런 조건을 충족시키는 해결의 열쇠를 제공해준다. …… 그러므로 엄밀하게 보면, 자극과 반응은 상호 관계적이고 동시 발생적인 것이다. …… 조정은 반사호 개념이 제시한 상호 분리된 단편적 조각들을 통합시킨다(Dewey, 1896: 109).

위 인용문에서 드러나듯이, 자극과 반응의 관계는 이분법적 인과관계가 아니라 양자의 균형을 유지하는 '조정'을 통해서 현재의 인식에 유기적으로 기여하게 된다. 그리하여 선택은 반응뿐만 아니라 자극에 대해서도 일어나게 된다. 이러한 조정으로 인해 나중에 오는 특정한 자극은 기존에 성립된 관련성의 시각으로 바라보게 되며, 이것이 다시 새로운 조정의 대상이 된다. 예컨대, 아이가 빛을 보는 경우 아이의 반응은 하나의 감각적 자극으로부터 시작하는 것이 아니라 시각이라는 하나의 감각 운동의 조정으로부터 시작된다고 보아야 한다. 빛에 대한 눈 근육의 움직임과 같은 것은 부차적인 것이다. 진짜로 시작하는 것은 본다는 행위이다. 그것은 보는 것일 뿐, 빛의 감각이 아니다. 이제, 이러한 보는 것이 또 다른 행위를 자극한다면 그것은 이런 행위들이 보다 확대된 '조정' 내로 포괄되기 때문이며, 동시에 보는 것과 파악하는 것이 상호 보완하고 강화하여 보다 큰 조정의 하위요소가 되기 때문이다(Dewey, 1896: 97－98).

소리의 경우에도 마찬가지이다. 감각 연속체 이론에서 드러나듯이, 소리는 절대적으로 갑자기 외부로부터 생긴 것이 아니라, 단지 이전의 행위 내에서 강조되는 초점의 이동이요, 긴장 상태의 재분배에 다름 아닌 것이다(Dewey, 1896: 100). 이렇듯 듀이에 있어 외부의 자극은 기존의 의식의 경향성에 따른 조정의 대상일 뿐, 결코 단순 반응의 촉발제가 아닌 것이다.

물론 듀이의 조정 개념은 번뇌의 흐름을 끊은 불교적 아라한(阿羅漢)의 관점에서 보면 무상(無常)한 것일 수 있다. 듀이의 조정 개념은 마음의 반응 경향의 끊임없는 재구성을 말할 뿐, 갈애(渴愛)의 원천을 끊은 열반(涅槃)이나 무상정등각(無上正等覺) 등 궁극적 깨달음의 경지를 상정하지 않기 때문이다. 그러나 이러한 차이에도 불구하고 의식의 구성에 초점을 두고 보면, 듀이와 유식불교의 관점은 크게 이질적인 것이 아니다. 왜냐하면, 유식불교의 인식과정이 나선형적 식전변(識轉變)으로 진행되는 것과 매우 유사하게, 듀이의 의식의 회로도 이제까지의 의식의 경향성(業)과 관련하여 회로 자체가 계속적으로 조정되고 변질되는 것이기 때문이다.

요컨대, 듀이에 있어 의식작용은 마치 아뢰야식이 현행과의 연기적 관계 속에 식전변을 일으키며 변형적 상속을 이어가듯이, 기존의 마음의 반응 경향이 새로운 자극과 상호작용 하여 새로운 의식의 회로를 그려가고 있는 셈이다. 유식불교에서 의식이 마치 폭류(瀑流)처럼 끊임없이 생성했다가 소멸되는 것과 유사하게, 듀이의 의식의 회로도 고정된 회로를 맴도는 것이 아니라, 기존 의식의 경향성과 외부 자극의 상호작용으로 인해 끊임없는 질적 전변을 거듭해가는 것이다. 이 점에서 듀이가 의식했건, 못 했건 간에 마음의 반응 경향성을 '조정'하는 일은 유식불교의 용어로 아뢰야식의 업습기(業習氣)를 이미 머금고 있기에 가능한 것이라고 볼 수 있다.

Ⅳ. 언어의 비실체성: 아포아(apoha)론과 교호작용

언어에 대한 통념 중 하나는 언어 그 자체가 무엇인가 실체성을 담지하고 있다는 것이다. 이러한 통념은 전통적인 의미지시론적 언어관에서 잘 드러난다. 가령, 명칭과 사물의 대응을 강조하는 성 아우구스티누스(St. Augustinus)의 언어관은 그러한 통념을 뒷받침하는 근거로 활용된다. 예컨대, '나무'라는 기호는 우리들 눈앞에 보이는 특정한 나무를 가리키며, '책상'이라는 기호는 우리가 쓰는 실물로서의 책상을 가리킨다는 것이다. 그러나 우리가 쓰는 언어는 고정된 실체를 가리키는 것이 아니다. 오카노(岡野守也)(2003: 102－103)가 적절하게 예를 든 바와 같이, 나무를 볼 때 우리는 '나무'라는 언어를 사용하면서 그것을 본다. 그런데, '나무'라는 언어를 사용하면서 보게 되면, 나무가 뿌리를 내리고 있는 대지라든가, 나무에 내리쬐는 태양광선이라든가, 나무의 뿌리가 흡수하는 물이나 나뭇잎의 이산화탄소 작용 등을 포함한 자연적 현상과 무관하게 '나무' 자체가 있을 것 같아 보인다. 그러나 그렇지 않다. '나무'라는 독립된 실체성은 존재하지 않으며 오직 타자와의 관계성 하에서 '나무'라는 은유(metaphor)만이 존재할 뿐이다.

유식삼십송의 첫 게송(偈頌)에서 드러나는 '由假說我法'에 의하면, 명칭은 보편적인 객관적 실체성을 담지한 것이 아니라 분위 차별에 따라 가(假)로 시설된 것이다. 우리의 언어는 특정 사태를 직접적으로 지시하는 직설적 표현이 아니라 단지 간접적 방식으로 드러내는 비유적 표현일 뿐이다. 이로써 유식학에서는 실체와 개념, 존재와 사유 간의 일대일 대응 식의 사고를 부정한다. 불교의 의미 규정 이론으로서 '아포아'(apoha)론은 그 점을 잘 보여준다. 즉, 한 개념의 의미는 그 자체로만 규정될 수 없으며, 그 개념을 포함한 전체적 관계 속에서, 즉 다른 개념들과의 관계망 속에서만 규정될 수 있다는 것이다. 왜냐하면, 개념에 상응하는 객관적 실체는 존재하지 않기 때문이다. 어의상 'apoha'는 배제(排除)를 뜻하는 말이지만, 이는 모든 것을 배척하고 대립한다는 뜻이 아니라 하나의 개념의 의미를 특정한 시공간적 대상으로 한계 지을 수 없다는 것을 의미한다(한자경, 2007: 84-87). 확실히 이러한 '아포아적' 언어관은 후기 비트겐슈타인의 의미용도론이나 데리다(J. Derrida)의 포스트모던 언어관과 유사한 것이기도 하다.

후기 비트겐슈타인에 의하면, 하나의 낱말에 상응하는 실체는 존재하지 않는다. 그의 『철학적 탐구』에서 드러나듯이, 언어의 의미는 마치 공구통에 들어 있는 상이한 연장들과 같이 그때그때 용도에 맞게 쓰이는 것일 뿐, 단 하나의 본질적인 용법을 지니고 있지 않다는 것이다. 곧, 언어 속에 담긴 공통적인 본질이란 없으며 오직 상호 겹쳐지고 참조, 비교되는 유사성(family resemblance)만이 존재한다는 것이다(Wittgenstein, 1994: 명제 65-66). 또한 데리다의 포스트모던 언어관에 의하면, 모든 개념의 자기 정체성은 무한히 지연되므로, 특정 기표가 가리키는 지시 대상을 확정지을 수 없다. 예컨대, '빨강'이라는 기표는 실체가 따로 있는 것이 아니라 노랑이나 파랑 등 여타의 색깔과 구별되기에 의미가(意味價)를 지니며, '물'이라는 기표는 이를테면 수풀, 흙, 불 등과 구별되기에 의미가를 지니게 된다. 곧, 언어 자체의 속성으로서 "수정 같은 순수성은 선입견"(Wittgenstein, 1994: 명제 108)일 뿐이며, 오직 연쇄적 차이의 놀이에서 벌어지는 언어의 용도만이 있을 뿐이다(김무길, 2003: 28). 왜냐하면, 모든 단어는 끊임없이 타자를 지향하는 차연(差延)의 맥락 속에 놓여있기 때문이다(Derrida, 1972: 84). 요컨대, 우리는 특정 단어나 기호의 의미를 규정할 수 없고, 다만 변화하는 관계맺음 속에서 그때그때 삶의 상황 맥락에 따라 알맞은 용어를 쓰고 있을 뿐이다.

듀이의 교호작용적 언어관에 있어서도, 유식불교의 아포아적 언어관이나 포스트모던 언어관과 유사하게 고정된 명칭관은 부정된다. 듀이는 독립적 의미가를 지니는 탈맥락적 언어관을 부정하고 언어나 기호, 명칭 등을 "행동의 한 형식"(Dewey, 1925: 144)으로 간주한다. 다시 말해, 언어는 무엇인가 구별하고 확인하고 선택하는 등 활동과 결부된 '동사적 의미'로 파악해야 한다는 것이다(Dewey & Bentley, 1949: 133−135). 왜냐하면, 언어는 본래부터 사물의 고정된 속성을 드러내는 명칭(name)이 아니라 상호작용의 맥락에서 명명작용(naming)이라는 행동적 요소를 담고 있기 때문이다. 예컨대, '공기'와 '폐'라는 명칭은 별도의 고정된 속성을 지닌 듯이 보이지만, 사실은 그렇지 않다(Dewey, 1925: 21). 공기와 폐는 일정 수준을 유지하지 못하고 교호작용으로 인해 그 속성이나 성질이 끊임없이 변화하고 있는 것이다. 따라서 공기와 폐라는 명칭은 어떤 확정된 속성을 가지는 것이 아니라 '호흡'이라는 생물학적 교호작용을 분석한 결과로서 의미를 지니게 된다고 보아야 한다.

이와 같이 보면, 아포아적 언어관과 교호작용적 언어관은 공통으로 의미지시론을 부정하고 관계적 맥락 속에서 언어를 볼 것을 요청하는 셈이다. 언어나 명칭은 원초적으로 보아 상호작용이 선행하기에 성립 가능하다(박철홍, 1996: 286−292). '주체'와 '객체'라는 명칭도 이와 마찬가지이다. 그것들은 본래부터 상이한 속성을 가진, 분리(separation)된 실체를 가리키는 이름이 아니라, 교호작용을 하는 가운데 사람들이 양자의 관계성을 탐색하기 위해 명명한 이름에 불과하다(由假說我法). 곧, 명칭은 그 배면(背面)에 상호 관계성을 담지하고 있는 것일 뿐, 고정된 속성을 가리키는 이름이 아닌 것이다. 형편이 이러하다면, 전통적 이원론에서 말하는 초월적 이데아의 세계라든가 독립적이고 초연한 인식은 성립될 수 없다. 유근신(有根身)과 기세간(器世間) 등 세상에 존재하는 모든 것이 관계적 존재로서의 상분(相分)일 뿐이다. 만약 누군가 실체를 지칭하는 명칭이 존재한다고 믿는다면 그것은 가변적 세계를 고정된 실체로 착각하는 '상전도'(常顛倒)의 오류를 범하는 셈이 될 것이다.

V. 요약 및 결론

이 글에서는 동양 사상과 서양 철학의 접목 가능성을 탐색하는 하나의 시론으로서 유식불교와 듀이 철학에 나타난 의식이론을 비교해보았다. 우선 유식불교와 듀이는 삶의 가치라든가 목적을 보는 근본적 통찰에서 차이점을 드러낸다. 유식불교에서는 일체개고로부터 벗어나 연기의 이치를 올바로 깨닫기 위해서는 아뢰야식과 현행의 순환적 관계로 이어지는 무명의 연쇄적 사슬을 끊어야 한다고 본다. 이러한 유식의 실천론은 삶의 이취습기(二取習氣)로 인한 허망분별과 번뇌로부터 벗어나 마음의 이상적 경지인 구경위(究竟位)를 지향하는 것이다.[19] 반면, 듀이에 있어서 의식의 조정이나 재구성은 끊어야 할 '소멸'의 대상이 아니라 우리의 삶이 보다 풍부한 의미를 갖기 위해서 추구해가야 할 '확장'의 대상이다. 듀이에 있어서는 불교적 '아라한'이라는 해탈의 경지가 상정되지 않는다. 우리의 삶은 욕구와 생각의 변화가 요동치는 주객의 관계적 흐름으로부터 한 치도 자유로울 수 없다. 상호작용을 벗어난 삶이란 있을 수 없으며, 우리는 다만 그러한 관계적 삶의 흐름에 접하여 새로운 삶의 의미와 목적을 예견하고 우리들 각자의 경험을 점진적으로 재구성해가고 있을 뿐이다. 이와 같이 보면, 유식불교와 듀이 철학은 삶의 근본적 목적 면에서 결코 동일한 것이 아니다.

그러나 이러한 차이점에도 불구하고 유식불교와 듀이 철학은 의식작용을 보는 관점에서 특정한 조응(照應)을 보여준다. 즉, 양자의 의식이론은 공통으로 주체와 객체를 철저히 가르는 서양의 이원론적 전통을 비판하고 의식작용이 주객의 혼입적(混入的) 관계성을 통해 생성, 변화해간다고 보는 것이다. 물론, 듀이는 유식불교에서와 같이 인간의 의식을 전6식인 了別境識과 7식인 末那識, 그리고 8식인 阿賴耶識 등으로 구분하여 보지 않았다. 그러나 이제까지의 논의에서 드러나듯이 듀이는 유식학적 용어를 쓰지 않았을 뿐, 전체적으로 보아 주객을 혼용하는 의식작용에 대해서는 유식불교의 관점과 유사하다. 특히, 유식불교에서 말하는 아뢰야식의 '식전변'은 듀이가 말하는, 역사성이 담지(擔持)된 '의식의 회로'의 조정과 대단히 유사한 것이다. 우리의 생각과 행동은 의식의 흐름 속에 내장(內藏)되어 다음의 생각과 행동에 영향을 주게 되는데, 이것이 유식에서는 아뢰

---

19) '구경위'는 유식학에서 수행의 오위(五位) 중 최종 단계이다. 유식의 수행론에서는 수행의 첫걸음 단계인 자량위(資糧位)로부터 시작하여, 가행위(加行位), 통달위(通達位), 수습위(修習位)를 거쳐 번뇌와 망상을 끊는 최고의 이상적 경지인 구경위(究竟位)에 이르는 것을 수행의 목적으로 삼는다. 여기서 구경위는 해탈과 열반의 경지에 이른 것과 동일한 의미를 가진다.

야식의 순환운동이요, 듀이에 있어서는 의식의 회로의 '조정'으로 표현될 수 있는 것이다. 요컨대, 주체와 객체, 자극과 반응, 언어와 대상의 관계를 상호 분리된 이분법적 가정으로 파악하는 것은 우리를 둘러싼 세계와 의식작용의 본질을 바로 보지 못한 것이다. 듀이와 유식불교에 따르면, 우리의 의식작용과 세계는 고정적 상태로 머무는 것이 아니라 시공간적 교호작용에 따라 상호 연동하며 끊임없이 변화하고 있기 때문이다.

그렇다면, 양자의 유사한 관계론적 관점이 현대 교육에 주는 시사는 무엇일까? 유식불교와 듀이는 공통으로 고정된 지식을 받아들이는 것을 참된 지식 획득의 과정으로 간주하지 않는다. 유식의 식전변과 듀이의 열린회로의 개념을 통해서 보면, 우리가 사는 세상에 고정적이고 독자적인 대상이란 없는 것이다. 우리가 일상적으로 믿는 '나'라는 존재도 고정된 실체가 아니라 외부와의 교호작용을 통하여 끊임없이 새롭게 탈바꿈해간다. 지식의 대상도 마찬가지이다. 교육 사태에서 제시되는 지식의 대상은 항상 일정한 의미가를 지니는 것이 아니라 의식의 회로 속에서 재해석되어 그 의미가 다양하게 변모해간다. 왜냐하면, 새로운 교과와 대면하는 학습자는 전혀 낯선 교과와 만나는 것이 아니라, 각자의 현재완료적 인식의 습기를 머금은 상태(薰習)에서 새로운 의미부여의 대상과 만나는 것이기 때문이다. 이와 같이 보면, 교사의 발화도 학생들에게 액면 그대로 전달된다는 보장을 할 수 없다.

교사의 발화나 그가 제시하는 다양한 교수매체들은 그야말로 고정된 자극이 아니라 학습자의 의식의 회로 속에 포섭되어 그 의미의 변질을 초래하고 있다. 그렇기 때문에 우리는 교육에서 표준화된 의미의 전달을 앞세우기보다는, 학습자의 주체적인 탐구와 지적인 '조정'을 활성화하는 환경 조건을 조성할 필요가 있다. 이러한 탐구와 조정에는, 유식의 용어로 아뢰야식과 현행의 관계성이 빚어내는 자증분(自證分)과 사회화된 마음인 증자증분(證自證分), 그리고 다시 개인적 자증분으로 이어지는 의식의 흐름이 칡넝쿨처럼 한데 얽혀 장차 인식 지평의 확대를 위한 계기로 기능하고 있다.

이 점을 고려해보면, 교육자는 학습자로 하여금 정체된 '나'와 고정된 인식대상의 집착으로부터 벗어나, 열린 마음으로 상호 이질적인 요소를 수용하고 나와 타자, 나의 의견과 사회적 의견, 한 현상과 다른 현상 간의 유기적 관계성과 변화 양상을 올바로 깨달아가도록 지도할 필요가 있다. 이러한 관계성의 지각이 심층적으로 이루어지면, 연기의 이치로 다른 인식의 확대와 촉진이 가능해진다. 학습자들은 경험의 재구성을 통하여 이전의 생각을 반성하고 끊임없이 새로운 인식의 지평으로 자아를 성장시키고 확대해가게 된다. 이 점에서 보면, 교육사상사에서 루소(J. J. Rousseau) 이후 회자되어 온 조력자(helper)로서의 교사상도 재해석될 필요가 있다.

그것은 문자 그대로 일체의 가르침을 배제하고 자연적인 성장을 돕는다거나, 일시적으로 학습자의 문제해결만을 보조하는 '소극적' 교사상을 의미하는 것이 아니다. 진정한 의미에서 조력자로서의 교사상은 학습자 자신의 깨달음을 자극하고 그들의 경험을 전체적인 면에서 재구성해가도록 도움을 주는 교사상으로 보아야 한다. 그리하여 교육자는 개별 학습자들의 전체적 의식의 양상을 가능한 세심하게 관찰하여, 그들의 탐구 의욕을 자극하고 장차 보다 발전된 인식의 지평으로 나아갈 수 있도록 다양한 교육적 발문과 언어적 자극을 연구할 필요가 있다. 학습자의 깨달음과 마음의 성장은 비록 그 수준과 범위가 어떻든지 간에 바로 이러한 교육적 노력과 학습자 자신의 사고와 탐구 속에서 순간순간 촉진되어 간다고 보아야 하기 때문이다.

참고문헌

강나영(2006). '좋은 수업'에 대한 초등교사의 인식에 관한 연구. 석사학위논문. 부산교육대학교 교육대학원.

강인애(2002). 문제중심학습: 또 하나의 구성주의적 교수-학습모형. 김종문 외(편). 『구성주의 교육학』. 서울: 교육과학사. 211-241.

고진호(1991). 불교의 연기론과 실상론에 관한 교육철학적 고찰. 『학생생활연구』. 6. 동국대학교 학생생활연구소. 26-36.

곽덕주(2001). 로티의 포스트모던적 교육이상인 자유주의적 아이러니스트(the liberal ironist) 개념에 대한 재고찰. 『교육철학』. 25. 1-15.

곽소현(2006). 로티의 신실용주의적 언어관. 석사학위논문. 전남대학교 대학원.

김동식(1992). 로티의 언어관과 그 문제점. 『철학과 현실』. 14. 267-291.

_____(1997). 로티의 시적 자아관과 자아의 해체 문제. 김혜숙(편). 『포스트모더니즘과 철학』. 서울: 이화여자대학교 출판부. 243-270.

_____(2003). 『프래그머티즘』. 대우학술총서 545. 서울: 아카넷.

김묘주(역)(2000). 『唯識三十論頌·成唯識論·唯識二十論』. 서울: 동국대학교 부설 동국역경원.

김무길(2001a). 듀이의 교육적 경험론에 내재된 transaction의 의미. 『교육철학』. 25. 교육철학회. 17-35.

_____(2001b). 듀이의 교호작용과 언어관. 『교육철학』. 26. 교육철학회. 75-98.

_____(2002a). 듀이의 '교호작용' 개념의 교육적 함의. 『교육연구』. 1(1). 성균관대학교 사범대학 교육연구소. 49-76.

_____(2002b). 듀이와 비트겐슈타인의 언어관: 교육적 시사. 『교육철학』. 28. 교육철학회. 1-28.

_____(2003). Dewey 교육철학에서의 교호작용과 포스트모더니즘. 『교육학연구』. 41(3). 한국교육학회. 19-45.

_____(2004). 듀이의 상황 개념과 교육. 『교육철학』. 32. 교육철학회. 1-26.

_____(2005a). 『존 듀이의 교호작용과 교육론』. 서울: 원미사.

_____(2005b). 구성주의와 듀이 지식론의 관련성: 재해석. 『교육철학』. 34.

교육철학회. 23－43.

_____(2006a). 놀이의 교육적 성격: 듀이와 디어든을 중심으로.『교육철학』. 35. 교육철학회. 167－188.

_____(2006b). 듀이 교육이론에 나타난 지식교육의 위상: 인식론적 문제의 재고찰.『교육철학』. 37. 교육철학회. 7－27.

_____(2006c). 듀이 교육철학에서의 교호작용과 불교 연기설.『아시아교육 연구』. 7(2). 서울대학교 교육연구소. 65－89.

_____(2007a). 듀이의 상황 개념에 대한 교육현상학적 이해.『교육철학』. 40. 교육철학회. 33－59.

_____(2007b). 교사상에 대한 이견: 아우구스티누스와 아퀴나스를 중심으로. 『아시아교육연구』. 8(2). 서울대학교 교육연구소. 43－66.

_____(2008). 듀이의 흥미 개념 재이해와 그 교육적 함의.『교육철학』. 42. 교육철학회. 7－28.

_____(2009). 유식불교와 듀이의 의식이론 비교 고찰: 식전변과 의식 회로의 조 정을 중심으로『인문과학』. 43. 성균관대학교 인문과학연구소 159－182.

_____(2010a). 윌리엄 제임스의 진리관과 교육: 옛것과 새것의 연속성을 중 심으로.『교육철학』. 47. 교육철학회. 1－21.

_____(2010b). 퍼스의 실재론적 프래그머티즘과 탐구논리.『교육철학』. 48. 교육철학회. 1－22.

_____(2010c). 듀이 의식이론의 현상학적 이해: 윌리엄 제임스의 영향을 중 심으로.『교육철학』. 50. 교육철학회. 33－59.

_____(2011a). 좋은 수업의 조건들에 대한 비판적 검토: 듀이의 성장 개념을 중심으로.『교육철학연구』. 33(3). 한국교육철학학회. 25－47.

_____(2011b). 듀이의 실재관과 교육.『인문과학』. 48. 성균관대학교 인문과 학연구소. 5－31.

_____(2012a). 로티의 언어관에 담긴 듀이 사상의 수용과 변용.『교육철학연 구』. 34(3). 한국교육철학학회. 1－21.

_____(2012b).『에밀』을 통해서 본 교사의 권위와 벌의 문제.『교육철학연 구』. 34(4). 한국교육철학학회. 1－22.

김민수(1998). 초등학교 영어에서 장치해야 할 필수조건. 김민수외(편).『초등 학교 영어 교육과 민족어의 장래』. 안암신서 8. 서울: 고려대학교 출 판부. 53－71.

김붕구(역)(1989).『방법서설』. 서울: 박영사.

김세곤(역)(2003). 岡野守也『불교심리학입문』. 서울: 양서원.

김순택 외(1978). 『현대교육의 이해』. 서울: 교육과학사.

김승호(1998). 『스콜라주의 교육목적론』. 서울: 교육과학사.

김안중(1982). 덕성은 시여(施與)인가? 『도덕교육연구』. 1. 한국교육학회 도덕 교육연구회. 69-101.

김여수(1984). 비트겐슈타인의 이해를 위한 소묘. 분석철학연구회(편). 『비트 겐슈타인의 이해』. 서울: 서광사. 7-34.

김재건(2002). 듀이 경험론의 재고찰: 구성주의 관점에 관련하여. 『교육과정 연구』. 20(1). 한국교육과정학회. 75-95.

김재만(1980). 『듀이 철학』. 서울: 박영사.

　　　(1988). 『진보주의 교육과 생장이론』. 서울: 교육과학사.

김재영(1994). 윌리암 제임스의 경험론: 그의 진리 이론을 중심으로. 『종교학 연구』. 13. 서울대학교 종교학연구회. 129-147.

김재춘, 변효종(2005). 좋은 수업의 의미에 대한 비판적 검토. 『수산해양교육 연구』. 17(3). 한국수산해양교육학회. 373-382.

김정국(1999). 헤르바르트와 듀이의 흥미론 비교: 도덕교육에 주는 시사. 『도 덕교육연구』. 11. 한국도덕교육학회. 209-233.

김종서, 김영찬(1974). 『수업형태분석법』. 서울: 배영사.

김창환(2006). 좋은 수업 ①. 『좋은 교육이란 무엇인가?』. 2006년 교육철학회 연차학술대회 자료집. 123-136.

김채영(1979). 경험관에 있어서 듀우이의 과학적 방법과 현상학적 방법의 비교 를 통한 교육방법론의 일 연구. 석사학위논문. 성균관대학교 대학원.

김철수(역)(2002). 方倫 『유식학 강의』. 서울: 불광출판부.

김춘일(1985). 『교육현상학의 이해』. 서울: 미진사.

김태길(1990). 『존 듀이의 사회철학』. 서울: 명문당.

김태오(1992). 듀이의 '흥미'와 하버마스의 '관심'의 교육적 비교. 『교육철학』. 10. 한국교육철학회. 79-110.

김학주(편저)(1990). 『論語』. 서울: 서울대학교 출판부.

김형효(2001). 『데리다의 해체철학』. 서울: 민음사.

　　　(2002). 『하이데거와 마음의 철학: '존재와 시간'을 소화하기 위한 해 석』. 성남: 청계출판사.

김회용(2004). 통합적 인격교육과 구성주의적 도덕교육. 『교육철학』. 32. 교육 철학회. 71-90.

남궁달화(1985). 듀우이와 하이데거의 인간 존재 모습 비교와 통합적 교육이 론 탐색. 『논문집』. 30. 충북대학교. 119-130.

노명완(1998). 초등 영어 교육의 환경과 교수-학습의 실제. 김민수 외(편).『초등학교 영어 교육과 민족어의 장래』. 안암신서 8. 서울: 고려대학교 출판부. 21-51.

노상우, 박성자(2005). 불교사상에 나타난 탈자아중심적 교육관 고찰.『교육철학』. 33. 교육철학회. 191-210.

노양진(1995). 로티의 듀이 해석.『철학연구』. 54. 대한철학회. 205-229.

노진호(1995). 듀이의 반성적 사고와 교육론에 관한 연구. 정건영 외(편).『듀이 교육론의 이해』. 서울: 문음사.

_____(2002).『존 듀이의 교육이론 : 반성적 사고와 교육』. 서울: 문음사.

동국역경원(역)(1989).『法華經 外』. 서울: 동국대학교 부설 동국역경원.

류동국(2007). 로티의 언어의 우연성을 넘어서. 석사학위논문. 전남대학교 대학원.

목영해(2003). 구성주의와 제7차 교육과정의 관련성 연구.『교육철학』. 29. 교육철학회. 27-43.

박병수(2000). 조기 영어 교육의 열풍의 문제점. 인터넷 한글사랑. 봄호.

박선영(1983).『불교와 교육사회』. 서울: 보림사.

박성익(1987).『수업방법탐구』. 서울: 교육과학사.

박용조(2006). 문제 상황 자료를 활용한 창의성 계발 프로그램: 5학년 문제해결학습 적용을 중심으로.『초등교육연구』. 16. 진주교육대학교 초등교육연구원. 65-92.

박은미, 강순희(2006). 유사경험의 제공이 귀추에 의한 가설 설정에 미치는 효과.『한국과학교육학회지』. 26(3). 한국과학교육학회. 356-366.

박이문(2000).『현상학과 분석철학』. 서울: 일조각.

박종덕(1994). 사단칠정논변과 교육의 두 차원.『교육이론』. 7·8(1). 서울대학교 사범대학 교육학과. 149-175.

박찬국(2001). 마르틴 하이데거.『현대철학의 흐름』. 서울: 도서출판 동녘.

박철홍(1994). 성장의 방향은 없는가?: 삶의 특성과 성장 방향의 불확정성.『교육철학』. 12(1). 교육철학회. 69-101.

_____(1996). 경험 개념의 재이해 - 듀이의 연구에 대한 반성과 교육학적 과제. 강영혜 외(편).『현대 사회와 교육의 이해』. 서울: 교육과학사. 271-327.

_____(1999). 질성적 사고의 성격에 비추어 본 지식의 총체성: 지식의 형식과 선험적 정당화에 대한 비판적 재고찰.『교육철학』. 22. 교육철학회. 95-115.

박철홍, 윤영순(2004). 교과의 경험화에 함의된 교육내용의 성격: 질성적 사고에 서 본 Dewey의 심리화의 재해석. 『교육철학』 31. 교육철학회. 23-44.

박철홍, 허경섭(2005). 교육활동 속에서 형성되는 목적의 교육적 의미. 『교육철학』. 34. 교육철학회. 105-122.

박철홍, 윤영순(2007). 듀이의 경험론에서 본 지식의 총체성과 탐구의 성격: 메논의 패러독스 해소 방안. 『교육철학』. 38. 교육철학회. 85-111.

방인(1994). 불교의 실재관. 정해창 외(편). 『동서양의 실재관』. 성남: 한국정 신문화연구원. 115-184.

배광성, 옥기호(2005). 탐구학습에 대한 인식 및 과학에 관련된 태도 조사. 『중등교육연구』. 17. 경상대 교육연구원. 177-222.

백종현(역)(2010). 『순수이성비판(1)』. 서울: 아카넷.

서경혜(2004). 좋은 수업에 대한 관점과 개념: 교사와 학생 면담 연구. 『교육 과정연구』. 22(4). 한국교육과정학회. 165-187.

서광(2005). 『현대심리학으로 풀어본 유식30송』. 서울: 불광출판부.

성백효(역주)(2009). 『論語集註』. 서울: 전통문화연구회.

손명현(역)(2009). 『Aristoteles 니코마코스윤리학/정치학/시학』. 서울: 동서문화사.

손승남(2006). 좋은 수업 ②: 좋은 수업의 다양한 관점들. 『좋은 교육이란 무 엇인가?』. 2006년 교육철학회 연차학술대회 자료집. 141-160.

송인주(2006). 사회과 교육에 있어 탐구학습의 실제. 『초등교육연구논총』. 22(1). 대구교대 초등교육연구원. 25-39.

신용국(2003). 『인드라망의 세계: 유기체 세계와 인식자로서의 인간』. 서울: 도서출판 하늘북.

심규장(1990). 도덕성 발달에 있어서 초기 놀이 활동의 의미. 『도덕교육연구』 4. 한국도덕교육학회. 68-70.

심승환(2007). 프래그머티즘의 시각에서 본 배움의 의미. 『교육문제연구』. 28. 고려대 교육문제연구소. 49-81.

심우엽(2005). 놀이와 아동발달 및 교육. 『초등교육연구』18(1). 한국초등교육 학회. 39-60.

양운덕(1996). 자크 데리다. 박정호외(편), 『현대 철학의 흐름』. 서울: 동녘. 342-398.

양은주(2001). 듀이의 탐구 연속성 원리와 지식교육. 『교육철학』. 26. 교육철 학회. 119-142.

_____(2003). 듀이의 흥미 개념과 학생중심 교육과정. 『교육과정연구』. 21(1). 한국교육과정학회. 179-202.

_____(2007). 프래그머티즘 미학에 기초한 '예술적 교사' 이해 - 초등교육을 중심으로. 『교육철학』. 40. 교육철학회. 109 - 137.

양정규(역)(1998). 中村 元『불교의 본질』. 서울: 경서원.

엄미리 외(2008). '좋은 수업'에 대한 현직교사와 예비교사의 인식 연구: 지양해야 할 수업 형태와 관련하여. 『한국교육학연구』. 15(1). 안암교육학회. 107 - 132.

엄정식(1984). 비트겐슈타인과 언어신비주의. 분석철학연구회(편), 『비트겐슈타인의 이해』. 서울: 서광사. 297 - 332.

엄태동(1998). 『교육적 인식론 탐구』. 서울: 교육과학사.

_____(편저)(2001). 『존 듀이의 경험과 교육』. 서울: 원미사.

_____(2005). 하이데거의 실존 수행과 알레테이아, 그리고 교육. 『교육원리연구』. 10(2). 한국교육원리학회. 137 - 170.

_____(2009). 『로티의 네오프라그마티즘과 교육』. 서울: 원미사.

여종현(2001). 『현상학과 휴머니즘』. 서울: 철학과 현실사.

오정인(1996). 교육적 개념으로서의 흥미 - Dewey의 흥미론을 중심으로. 석사학위논문. 서울대학교 대학원.

오혁진(1990). 듀이 교육과정 이론에서의 작업의 의미. 석사학위논문. 서울대학교 대학원.

유한구(1989). 교육인식론 서설: 루소 교육방법의 인식론적 고찰. 박사학위논문. 서울대학교 대학원.

_____(1981). 비트겐슈타인에 있어서의 사적 언어의 문제와 그 교육적 시사. 『논문집』. 14. 서울교육대학. 269 - 281.

_____(1987). 교육방법으로서의 놀이의 인식론적 고찰. 윤팔중 외(편). 『교육과정이론의 쟁점』. 서울: 교육과학사. 235 - 252.

이기영(1998). 듀이의 흥미 개념에 있어서 아동중심교육의 방법적 원리. 『열린유아교육연구』. 3(1). 열린유아교육학회. 33 - 51.

이남인(2001). 에드문트 훗설. 『현대철학의 흐름』. 서울: 도서출판 동녘.

이돈희(1981). 『교육철학개론』. 서울: 박영사.

_____(1992). 『교육정의론』. 서울: 고려원.

_____(1993). 『교육적 경험의 이해』. 서울: 교육과학사.

_____(1994). 『존 듀이 - 교육론』. 서울: 서울대학교 출판부.

이만(2005). 『유식학개론』. 서울: 민족사.

이명숙(2002). 구성주의의 심리학적 근저. 김종문 외(편). 『구성주의 교육학』. 서울: 교육과학사. 35 - 61.

이병승(2009). 존 듀이 의식이론의 교육적 의미 탐구.『교육철학』. 39. 한국교육철학회. 191-221.

이선경(2001). 퍼스의 진리론과 의미론에 있어서의 과학적 탐구에 대한 고찰. 석사학위논문. 인하대학교 대학원.

이원섭(역)(1989). 增谷文雄『阿含經 이야기』. 서울: 현암사.

이재준(2006). 교육과정이론의 새로운 패러다임 모색: 탈근대적 교육과정 담론과 신유학 사상.『교육과정연구』. 24(3). 한국교육과정학회. 1-23.

_____(2007).『우리는 왜 주희인가?』. 경기: 한국학술정보(주).

_____(2011). 술이부작과 온고지신의 교육학적 해석.『인격교육』. 5(2). 한국인격교육학회. 67-83.

이종원(2002). 급진적 구성주의. 김종문 외(편).『구성주의 교육학』. 서울: 교육과학사. 65-75.

이종일(2002). 사회적 구성주의. 김종문 외(편).『구성주의 교육학』. 서울: 교육과학사. 77-103.

_____(2002). 사회문화주의와 구성주의. 김종문 외(편).『구성주의 교육학』. 서울: 교육과학사. 105-130.

이지애(2004). 프래그머티즘 철학과 철학, 윤리교육의 관계맺기: 퍼스의 '탐구공동체' 개념을 중심으로.『철학교육연구』. 20(33). 한국철학교육연구회. 113-131.

이지중(2004).『교육과 언어의 성격: '유식학'의 관점을 중심으로』. 서울: 문음사.

이한영(2007). 좋은 수업 사례에 나타난 교육과정 재구성 쟁점 분석. 석사학위논문. 이화여자대학교 대학원.

이홍우(역)(1984).『윤리학과 교육』. 서울: 교육과학사.

_____(역)(1987).『존 듀이, 민주주의와 교육』. 서울: 교육과학사.

_____(1987).『지식의 구조와 교과』. 서울: 교육과학사.

_____(1991).『교육의 개념』. 서울: 문음사.

_____(역주)(1991). 馬鳴, 眞諦(한역).『大乘起信論』. 서울: 경서원.

이환기(1988). Dewey의 교육이론에 나타난 아동존중의 의미. 석사학위논문. 서울대학교 대학원.

_____(1995).『헤르바르트의 교수이론』. 서울: 교육과학사.

이훈(1984). 비트겐슈타인, 언어, 철학. 분석철학연구회(편).『비트겐슈타인의 이해』. 서울: 서광사, 255-282.

임한영(1987).『듀이철학』. 서울: 법문사.

장상호(1987). 『Piaget, 발생적 인식론과 교육』. 서울: 교육과학사.

_____(1994). 『Polany, 인격적 지식의 확장』. 서울: 교육과학사.

장신재(1996). 『언어 학습과 교육 – 영어를 어떻게 배우고 가르칠 것인가』. 서울: 신아사.

전재성(역주)(2002). 『빠알리 대장경: 맛지마니까야』. 제1권. 한국빠알리성전협회.

_____(역주)(2003a). 『빠알리 대장경: 맛지마니까야』. 제2권. 한국빠알리성전협회.

_____(역주)(2003b). 『빠알리 대장경: 맛지마니까야』. 제3권. 한국빠알리성전협회.

정건영(1990). 『John Dewey 교육철학』. 서울: 교육출판사.

_____(1995). Pragmatism에 입각한 John Dewey의 교육적 경험론의 일연구. 정건영 외(편), 『듀이 교육론의 이해』. 서울: 문음사. 3 – 104.

_____(1995). John Dewey의 교육적 경험의 원리에 대한 연구. 정건영 외(편). 『듀이 교육론의 이해』. 서울: 문음사. 105 – 188.

정대련(1999). 화엄경 입법계품에 대한 교육적 조명. 『교육철학』. 22. 교육철학회,

정덕희(1995). 듀이 교육철학의 해석학적 이해. 정건영 외(편). 『듀이 교육론의 이해』. 서울: 문음사.

_____(1997). 『듀이의 교육철학』. 서울: 문음사.

_____(2000). John Dewey의 경험론에 대한 현대물리학적 해석. 『교육학 연구』. 38(3). 한국교육학회. 217 – 234.

정덕희, 고진호(2005). 법장의 화엄사상과 그 교육적 의미. 『교육철학』. 33. 교육철학회, 245 – 262.

정연희(1993). 의미지시론과 의미용도론의 교육적 시사. 석사학위논문. 서울대학교 대학원.

정용재, 송진웅(2006). Peirce의 귀추법에 관한 이론적 고찰을 통한 과학교육적 함의 탐색. 『한국과학교육학회지』. 26(6). 한국과학교육학회. 703 – 722.

정해창 외(1994). 『동서양의 실재관』. 성남: 한국정신문화연구원.

정해창(2009). 『프래그마티즘: 제임스의 미완성 세계』. 한국학중앙연구원(편). 경기: 청계출판사.

정혜영(2006). 교육현상학의 이념과 방법. 『교육철학』. 35. 교육철학회. 127 – 149.

정혜정(2004). '唯識三十頌'에 나타난 인격 구성과 현상학적 이해: 유식의 '識轉變'과 Maurice Merleau Ponty의 '몸의 현상'을 중심으로. 『한국교육사학』. 26(2). 한국교육사학회. 241 – 266.

정호범, 박용조, 이수경(2006). 초등 사회과에서 창의성 향상과 문제해결학습의 효율화를 위한 '문제 상황' 자료 개발. 『사회과교육연구』. 13(4).

한국사회교과교육학회. 203-224.

정 화(2004).『삶의 모습을 있는 그대로: 생활 속의 유식30송』. 서울: 도서출
　　판 法供養.

정환금(2000). 구성주의와 교육적 인식론의 교육관 비교를 통한 초등교육론
　　탐색.『초등교육연구』. 14(1). 한국초등교육학회. 107-128.

조광제(2001). 모리스 메를로 퐁티.『현대철학의 흐름』. 서울: 도서출판 동녘.

조상식(2002).『현상학과 교육학』. 서울: 원미사.

_____(2005).『윌리엄 제임스: 교육론』. 서울: 문음사.

조상식, 이학주(2006). 선문답에 대한 교육현상학적 이해 - '범례적 이해'와의
　　유사성과 차이점을 중심으로.『교육철학』. 36. 교육철학회. 135-153.

조영남(2002). 구성주의 교수-학습. 김종문 외(편).『구성주의 교육학』. 서울:
　　교육과학사. 151-180.

조용기(2002). 구성주의 교육을 위한 입문: 구성주의 교육의 조절. 김종문 외
　　(편).『구성주의 교육학』. 서울: 교육과학사. 1-10.

_____(2002). 구성주의 교육의 구성. 김종문 외(편).『구성주의 교육학』. 서
　　울: 교육과학사. 133-149.

조화태(1996). 포스트모던 철학과 교육의 새로운 비전.『현대 사회와 교육의
　　이해』. 서울: 교육과학사. 3-47.

청화스님 법문. www.guisinsa.org/h/bubmun/bubmun36.htm

최봉수(1998).『근본 불교의 가르침』. 서울: 불교원전 번역연구소 출판부.

_____(1999).『아함경 여설』. 불교원전 번역연구소 출판부.

최신일(2002). 해석학과 구성주의. 김종문 외(편).『구성주의 교육학』. 서울:
　　교육과학사. 13-34.

한기철(2005). '이론적인 것'의 의미와 John Dewey 해석의 두 갈래.『교육철
　　학』. 35. 교육철학회. 63-85.

한자경(2007).『유식무경(唯識無境): 유식불교에서의 인식과 존재』. 서울: 예
　　문서원.

허경섭(2009). 듀이의 교육목적론 연구: 활동 속에서 형성되는 목적의 성격에
　　비추어 본 교육목적으로서 성장의 의미. 박사학위논문. 영남대학교
　　대학원.

홍경실(2005).『베르그손의 철학』. 경기: 도서출판 인간사랑.

홍기형(1997). 교육연구방법에 있어서의 현상학적 이해와 접근. 허숙·유혜령
　　(편).『교육현상의 재개념화』. 서울: 교육과학사. 285-308.

홍사성(편역)(2001). 高崎直道『불교입문』. 서울: 우리출판사.

홍정식(역주)(1981). 『金剛經』. 서울: 중앙일보사.

對馬 登(1974). 教育實踐における知識の意味. 『デウーイ學會紀要』. 15. 日本
    デウ-イ學會. 34-39.
米盛裕二(1963). デウーイの哲學における言語と認識. 『デウーイ學會紀要』. 4.
    日本デウーイ學會. 13-26.
松下晴彥(1992). Knowing and the Knownにおけるデウーイとンベどりーの言
    語觀. 『デウーイ學會紀要』. 33. 日本デウーイ學會. 19-25.

Aquinas, T.(2001). Summa Theologiae. 박전규(역). 『인간의 사고』. 제84문제-제
    88문제. 서울: 서광사.
Augustinus(1983). 김영국(역). 교사론. 『어거스틴 저작집 2』. 서울: 도서출판
    소망사.
Backe, A.(1999). Dewey and the Reflex Arc: The Limits of James's Influence.
    Transactions of the Charles S. Peirce Society. Vol. 25. No. 2. 312-326.
Barrett, W.(1958). Irrational Man: A Study in Existential Philosophy. New York:
    Doubleday Anchor Books.
Barrow, R.(1976). Plato and Education. London: Henry & Boston: Routledge &
    Kegan Paul; 박재문, 서영현(역)(1987). 『플라톤과 교육』. 서울: 문음사.
Bergson, H. L.(2001). Essai sur les données immédiates de la conscience. 최화(역). 『의
    식에 직접 주어진 것들에 관한 시론』. 서울: 아카넷.
Boyd, W.(1964). The History of Western Education. London: Adam & Charles
    Black; 이홍우, 박재문, 유한구(역)(2009). 『서양교육사』. 서울: 교육과
    학사.
Brownhill, R. S.(1983). Education and the Nature of Knowledge. London & Canberra:
    Croom Helm Ltd.
Bruner, J. S.(1960). The Process of Education, Harvard University Press; 이홍우
    (역)(1977). 『브루너 교육의 과정』. 서울: 배영사.
Burnet, J.(trans)(1902). Plato Politeia / Apologia Sokrates. Platonis Opera. tomvs IV.
    Oxford Classical Texts; 조우현(역)(1992). 『국가・소크라테스의 변명』.
    서울: 삼성출판사.
Cahn, S. M.(1938). Introduction. J. A. Boydston(ed.). John Dewey: The Later
    Works. 1925-1952. Vol. 13: 1938. Carbondale and Edwardsville:
    Southern Illinois University Press. 1988.

Chambers, J. H.(1983). *The Achievement of Education*. New York: Harper & Row.

Cobb, P.(1994). Where is the mind? Constructivist and sociocultural perspectives on mathematical development. *Educational Researcher*. 23. 13−20.

Dearden, R. F.(1967a). The Concept of Play. R. S. Peters(ed.). *The Concept of Education*. London : Routledge & Kegan Paul. 73−90.

_____(1967b). Instruction and Learning by Discovery. R. S. Peters(ed.). *The Concept of Education*. London : Routledge & Kegan Paul. 135−154.

Derrida, J.(1972). Positions. 박성창(편역). 『입장들』. 서울: 도서출판 솔.

Dewey, J.(1884). The New Psychology. J. A. Boydston(ed.). *John Dewey: The Early Works*. 1882-1898. Vol. 1: 1882-1888. Carbondale and Edwardsville: Southern Illinois University Press. 1969. 48−60. (이하 Dewey 문헌의 출판사항은 이와 동일함. 다만 저작 시기의 구분으로서, *The Early Works*는 1882-1898년, *The Middle Works*는 1899-1924년, *The Later Works*는 1925-1953년의 저작을 말함.)

_____(1886a). The Psychological Standpoint. *The Early Works*. Vol. 1. 1969. 122−143.

_____(1886b). Soul and Body. *The Early Works*. Vol. 1. 1969. 93−115.

_____(1894). The Theory of Emotion. *The Early Works*. Vol. 4. 1971. 152−169.

_____(1895). *Interest in Relation to Training of the Will. The Early Works*. Vol. 5. 1972.

_____(1896). The Reflex Arc Concept in Psychology. *The Early Works*. Vol. 5. 1972. 96−109.

_____(1897a). The Significance of the Problem of Knowledge. *The Early Works*. Vol. 5. 1972. 4−24.

_____(1897b). My Pedagogic Creed. *The Early Works*. Vol. 5. 1972. 84−95.

_____(1898). Social and Ethical Interpretations in Mental Development by James Mark Baldwin. *The Early Works*. Vol. 5. 1971. 385−399.

_____(1899). *The School and Society, The Middle Works*. Vol. 1. 1976.

_____(1900). William James's Principles of Psychology. *The Middle Works*. Vol. 1. 1976. 321.

_____(1902). *The Child and the Curriculum, The Middle Works* Vol. 2. 1976.

_____(1908a). Does Reality possess practical character? *The Middle Works*. Vol. 4. 1977. 125−142.

_____(1908b). The Control of Ideas by facts. *The Middle Works* Vol. 4. 1977. 78−90.

_____(1910). William James. *The Middle Works*. Vol. 6. 1978. 91−97.

_____(1911). Brief Studies in Realism. *The Middle Works*. Vol. 6. 1978. 103−122.

_____(1913). *Interest and Effort in Education. The Middle Works*. Vol. 7. 1979.

_____(1915). The Subject-matter of Metaphysical Inquiry. *The Middle Works*. Vol. 8. 1979. 3−13.

_____(1916a). *Democracy and Education. The Middle Works*. Vol. 9. 1980.

_____(1916b). Introduction to Essays in Experimental Logic. *The Middle Works*. Vol. 10. 1980. 320−365.

_____(1920). *Reconstruction in Philosophy. The Middle Works*. Vol. 12. 1982.

_____(1922). *Human Nature and Conduct. The Middle Works*. Vol. 14. 1983.

_____(1925). *Experience and Nature. The Later Works*. Vol. 1. 1981.

_____(1927). *Half-Hearted Naturalism. The Later Works*. Vol. 3. 1984. 73−81.

_____(1929). *The Quest for Certainty. The Later Works*. Vol. 4. 1984.

_____(1930a). *Qualitative thought. The Later Works*. Vol. 5. 1984. 243−262.

_____(1930b). Conduct and Experience. *The Later Works*. Vol. 5. 1984. 218−235.

_____(1930c). From Absolutism to Experimentalism. *The Later Works*. Vol. 5. 1984. 147−160.

_____(1933). *How We Think. The Later Works*. Vol. 8. 1986.

_____(1934). *Art as Experience. The Later Works*. Vol. 10. 1987.

_____(1938a). *Logic: The Theory of Inquiry. The Later Works*. Vol. 12. 1988.

_____(1938b). *Experience and Education. The Later Works*. Vol. 13. 1988.

_____(1939a). *Theory of Valuation, The Later Works*. Vol. 13. 1988.

_____(1939b). *Experience, Knowledge and Value: A Rejoinder. The Later Works*. Vol. 14. 1988.

_____(1939c). Propositions, Warranted Assertibility, and Truth. *The Later Works*. Vol. 14. 1988. 168−188.

_____& Bentley, A. F.(1949). *Knowing and the Known. The Later Works*. Vol. 16. 1991.

_____(1949a), Appendix: Dewey's Reply to Albert G. Balz. *The Later Works*. Vol. 16. 1991. 280−294.

_____(1949b), How, What, and What for in Social Inquiry. *The Later*

Works. Vol. 16. 1991. 448－455.

Doll, Jr, W. E.(1993). *A Post-Modern Perspective on Curriculum*. 김복영(역)(1997). 『교육과정과 포스트모더니즘의 시각』. 서울: 교육과학사.

Entwistle, A.(1970). *Child-Centered Education*. London: Methuen & Co. Ltd.

Festenstein, M.(1977). *Pragmatism and Political theory: from Dewey to Rorty*. University of Chicago Press.

Fox, J. T.(1969). Epistemology and their Relevance for Education: In Dewey and Bruner. *Educational theory*, Vol. 19, No. 1, Illinois University.

Fromm, S.(1979). *Wittgensteins Erkenntnisspiele contra Kants Erkenntnislehre*, Verlag Karl Alber Freiburg / Munchen; 김용정, 배의용(역)(1996). 『칸트 대 비트겐슈타인』. 서울: 동국대학교 출판부.

Gagné, R. M.(1987). *Instructional Technology: Foundations*. Lawrence Associates, Publishers Hillsdale, New Jersey.

Garrison, J.(2003). Dewey's Theory of Emotions: The Unity of Thought and Emotion in Naturalistic Functional "Co-ordination" of Behavior. *Transactions of the Charles S. Peirce Society*. Vol. 39. No. 3. 405－443.

Garrison, J. W. & Shargel E. I.(1988). Dewey and Husserl: A Surprising Convergence of Themes, *Educational Theory*, Vol. 38. Issue 2. 239－247.

Hamlyn, D. W.(1970). *The Theory of Knowledge*. New York: Double Day & Company. Inc; 이병욱(역)(1987). 『인식론』. 서울: 서광사.

_____(1973). Human Learning. R. S. Peters(ed.). *The Philosophy of Education*. Oxford University Press. 178－194.

_____(1978). *Experience and the Growth of Understanding*. London: Routledge & Kegan Paul; 이홍우(역)(1990). 『경험과 이해의 성장』. 서울: 교육과학사.

_____(1983). What Exactly is Social about the Origins of Understanding? *Perception, Learning and the Self*. Routledge & Kegan Paul.

Heidegger, M.(1993). *Sein und Zeit*. Max Niemeyer Verlag GmbH. Co; 이기상 (역)(2005). 『존재와 시간』. 서울: 까치글방.

_____(1927). *Die Grundprobleme Der Phanomenologie*. Marburger Vorlesung Sommersemester; 이기상(역)(1998). 『현상학의 근본 문제들』. 서울: 문예출판사.

Herbart, J. F.(1988). *Allgemeine Pädagogik aus dem Zweck der Erziehung abgeleitet*. 이근엽(역). 『일반교육학』. 서울: 연세대학교 출판부.

Highet, G.(1950). *The Art of Teaching*. New York: Vintage Books. A Division of Random House.

Hook, S.(1925). Introduction. *Experience and Nature. The Later Works* Vol. 1: vii −xxiii.

Husserl, E.(1976). *Die Krisis der europaischen Wissenschaften und die transcendentale Phanomenologie*. Haag: Martinus Nijhoff; 이종훈(역)(1989). 『서양의 위 기와 현상학』. 서울: 경문사.

James, W.(1890). *The Principle of Psychology*. 정양은(역)(2005). 『심리학원리1』. 대우고전총서 013. 서울: 아카넷.

_____(1897). The will to believe. J. J. McDermott(ed.). *The Writings of William James*. New York: The Modern Library. 1968. 717 −735.

_____(1898). Philosophical conceptions and practical results. J. J. McDermott(ed.). *The Writings of William James*. New York: The Modern Library. 1968. 345 −362.

_____(1904a). Does 'consciousness' exist? J. J. McDermott(ed.). *The Writings of William James*. New York: The Modern Library. 1968. 169 −183.

_____(1904b). A world of pure experience. J. J. McDermott(ed.). *The Writings of William James*. New York: The Modern Library. 1968. 194 −214.

_____(1905a). The notion of consciousness. J. J. McDermott(ed.). *The Writings of William James*. New York: The Modern Library. 1968. 184 −193.

_____(1905b). The Place of Affectional Facts in a world of Pure Experience. J. J. McDermott(ed.). *The Writings of William James*. New York: The Modern Library. 271 −277.

_____(1907a). What pragmatism means. J. J. McDermott(ed.). *The Writings of William James*. New York: The Modern Library. 1968. 376 −390.

_____(1907b). 프래그머티즘의 진리 개념. Menand L.(ed.)(1997). *Pragmatism: A Reader*. 김동식, 박우석, 이유선(역)(2001). 『프래그머티즘의 길잡이』. 서울: 철학과 현실사. 177 −200.

_____(1907c). *Pragmatism*. 정해창(역)(2008). 『실용주의』. 대우고전총서 022. 서울: 아카넷.

Kallen, H. M.(1969). Individuality, Individualism, and John Dewey. *The Antioch Review*, XIX(fall). 299 −314.

Kestenbaum, V.(1972). Phenomenology and Dewey's Empiricism: A Response to Leroy Troutner. *Educational Theory*, Vol. 22. Issue 1. 99 −108.

Kilpatrick, W. H.(1952), *Philosophy of Education*. New York: The Macmillan Co.

Lavine, T. Z.(1991). Introduction; Dewey, J. & Bentley, A. F.(1949). *Knowing and the Known,* in J. A. Boydston(ed.). *John Dewey: The Later Works.* 1925 – 1953. Vol. 16: 1949 – 1952. Carbondale and Edwardsville: Southern Illinois University Press.

Lyotard, J. F.(1979). *La Condition Post-Moderne.* Les Editions de Minuit. 유정환 외(역)(1999). 『포스트모던의 조건』. 서울: 민음사.

McCarthy, C. & Sears, E.(2000). Deweyan pragmatism and the quest for true belief, *Educational theory,* Spring Vol. 50. No. 2. 213 – 227.

Menand, L.(1997). *Pragmatism: A Reader.* 김동식, 박우석, 이유선(역)(2001). 『프래그머티즘의 길잡이』. 서울: 철학과 현실사.

Miller, H.(1963), "Transaction: Dewey's Last Contribution to the Theory of Learning", *Educational Theory,* Vol. 13. No. 1. 13 – 28.

Murphy, A. E.(1951). Dewey's Epistemology and Metaphysics. P. A. Schilpp(ed.). *The Philosophy of John Dewey,* New York: Tudor Publishing Company.

Neill, A. S.(1988). *Summer-Hill.* 강성위(역). 『섬머힐』. 1. 서울: 배영사.

Nyanatiloka.(1981). *The Word of Buddha.* Buddhist Publication Society. Kandy · Sri Lanka; 김재성(역)(2006). 『붓다의 말씀』. 서울: 도서출판 고요한 소리.

Ozmon, H. A. & Craver, S. N.(1995). *Philosophical Foundations of Education,* A. Simon & Schuster Company Prentice-Hall, Inc.

Parodi, D.(1951). Knowledge and Action in Dewey's Philosophy. P. A. Schilpp(ed.), *The Philosophy of John Dewey,* New York: Tudor Publishing Company.

Peirce, C. S.(1877). The fixation of belief. J. Buchler(ed.). *Philosophical Writings of Peirce.* New York: Dover Publications, Inc. 1955. 5 – 22.

_____(1878). How to make our ideas clear. J. Buchler(ed.). *Philosophical Writings of Peirce.* New York: Dover Publications, Inc. 1955. 23 – 41.

_____(1897). The scientific attitude and fallibilism. J. Buchler(ed.). *Philosophical Writings of Peirce.* New York: Dover Publications, Inc. 1955. 42 – 59.

_____(1901). Abduction and induction. J. Buchler(ed.). *Philosophical Writings of Peirce.* New York: Dover Publications, Inc. 1955. 150 – 156.

_____(1904). 프래그머티즘의 정의. Menand L.(1997). *Pragmatism: A Reader.* 김동식, 박우석, 이유선(역)(2001). 『프래그머티즘의 길잡이』. 서울: 철학과 현실사.

_____(1905). The Essentials of Pragmatism. J. Buchler(ed.). *Philosophical Writings of Peirce.* New York: Dover Publications, Inc. 1955. 251 – 268.

Peters, R. S.(1966). *Ethics and Education*. George Allen & Unwin Ltd. London.

_____(1966). *Ethics and Education*. London: George Allen and Unwin; 이홍우(역)(1980). 『윤리학과 교육』. 서울: 교육과학사.

_____(1981). *Essays on Education*. George Allen & Unwin Ltd. London; 정희숙(역). 『교육철학자 비평론』. 서울: 서광사.

Polanyi, M.(1964). *Science, faith and society*. The University of Chicago Press; 이은봉(역)(1990). 『과학, 신념, 사회』. 서울: 범양사.

Ponty, M. M.(1945). *Phénoménologie de la Perception*. Gallimard. 류의근(역)(2006). 『지각의 현상학』. 서울: 문학과 지성사.

Pring, R.(1973). Curriculum Integration. R. S. Peters(ed.). *The Philosophy of Education*. Oxford University Press. 123 – 149.

Quine, W.V.O.(1980). Two dogmas of empiricism. *From a logical point of view*. London, Cambridge: Havard University Press; 허라금(역)(1993). 경험주의의 두 가지 도그마. 『논리적 관점에서』. 서울: 서광사.

Quinton, A.(1977). Inquiry, Thought and Action: John Dewey's Theory of Knowledge. R. S. Peters(ed.). *John Dewey Reconsidered,* London: Routledge & Kegan Paul; 박영환(역)(1986). 『존 듀이의 재고찰』. 서울: 성원사.

Reck, A. J.(1984). The Influence of William James on John Dewey in Psychology. *Transactions of the Charles S. Peirce Society*. Vol. 20. No. 2. 87 – 117.

Rorty, R.(1979). *Philosophy and the Mirror of Nature*. Princeton University Press; 박지수(역)(1998). 『철학 그리고 자연의 거울』. 서울: 까치글방.

_____(1982). *Consequences of Pragmatism(Essays: 1972 –1980)*. Minnesota University Press; 김동식(역)(1996). 『실용주의의 결과』. 서울: 민음사.

_____(1989). *Contingency, Irony, and Solidarity*. Cambridge University Press; 김동식, 이유선(역)(1996). 『우연성, 아이러니, 연대성』. 서울: 민음사.

Rousseau, J. J.(1762). *Emile*. Translated by B. Foxley(1969). Dent; London, Everyman's Library.

_____(1762). *Emile*. 민희식(역)(1989). 『에밀』. 교양사상신서 8. 서울: 육문사.

Santayana, G.(1951). Dewey's Naturalistic Metaphysics. P. A. Schilpp(ed.). *The Philosophy of John Dewey*. New York: Tudor Publishing Company.

Sartre, J. P.(1972). *L'être et le Neant*. 양원달(역). 『존재와 무』. 서울: 을유문화사.

Scheffler, I.(1974). *The Language of Education*. Springfield: Charles Thomas Publisher.

_____(1974a). Peirce's critique of Descartes. *Four Pragmatists: A critical introduction to Peirce, James, Mead, and Dewey.* London: Routledge & Kegan Paul. 42-57.

_____(1974b). Peirce's theory of inquiry. *Four Pragmatists: A critical introduction to Peirce, James, Mead, and Dewey.* London: Routledge & Kegan Paul. 58-64.

Thayer, H. S.(1990). Dewey and the theory of knowledge, *Transaction of the C. S. Society,* 26. 443-458.

Thayer, H. S. & Thayer, V. T.(1978). Introduction. in J. A. Boydston(ed.), *John Dewey: The Middle Works* 1899-1924, Vol. 6: 1910-1911. Carbondale and Edwardsville: Southern Illinois Press.

Tiles, J. H.(1988). *Dewey,* London: Routledge.

Troutner, L. F.(1972). The Dewey-Heidegger Comparison Re-visited: A Reply and Clarification. *Educational Theory.* Vol. 22 No. 2. 212-20.

Vanderstraeten, R. & Biesta, G.(1998). Constructivism, educational research, and John Dewey. Utrecht University. http://www.bu.edu/wcp/Papers/Amer /AmerVand.htm.

von Glasersfeld, E.(1995). *Radical Constructivism: a way of knowing and learning.* London: The Falmer Press; 김판수 외(역)(1990). 『급진적 구성주의』. 서울: 원미사.

Vygotsky, L. S.(1962). *Thought and Language.* 신현정(역)(1985). 『사고와 언어』. 서울: 성원사.

Wenzel, H.(1990). George Herbert Mead zur Einführung. 안정오(역)(2000). 『미드』. 서울: 도서출판 인간사랑.

White, A. R.(1964). *Attention.* Oxford: Blackwell.

_____(1986). R. S. Peters(ed.). *John Dewey Reconsidered.* London: Routledge & Kegan Paul; 박영환(역). 듀이의 흥미 이론. 『존 듀이의 재고찰』. 서울: 성원사. 59-83.

Wilson, P. S.(1971). *Interest and Discipline in Education.* London: Routledge & Kegan Paul.

Wittgenstein, L.(1969). *Philosophische Untersuchungen/Philosophical Investigations.* Frankfurt a. M.: Suhrkamp; 이영철(역)(1994). 『철학적 탐구』. 서울: 서광사.

_____(1969). *Uber Gewibheit / On Certainty,* Oxford: Basil Blackwell; 이영 철(역)(1991). 『확실성에 관하여』. 서울: 서광사.

_____(1970). *Zettel.* Oxford: Basil Blackwell.

찾아보기

<인명 색인>

<주제 색인>

김무길(金戊吉)

서울교육대학교 및 성균관대학교 졸업
서울대학교 대학원 교육학과 교육학석사
성균관대학교 대학원 교육학과 철학박사(교육사 · 교육철학)
성균관대학교 · 서울교육대학교 · 경북대학교 등에서 강의
현) 성균관대학교 겸임교수
* e-mail: kmoogl@hanmail.net

『존 듀이의 교호작용과 교육론』
「듀이의 상황 개념과 교육」
「교사상에 대한 이견: 아우구스티누스와 아퀴나스를 중심으로」
「퍼스의 실재론적 프래그머티즘과 탐구논리」
「로티의 언어관에 담긴 듀이 사상의 수용과 변용」
「듀이의 자연주의적 형이상학에 대한 비판론 검토」

존 듀이
교육론의
재조명

초판인쇄 2014년 2월 17일
초판발행 2014년 2월 17일

지은이   김무길
펴낸이   채종준
펴낸곳   한국학술정보㈜
주소   경기도 파주시 회동길 230(문발동)
전화   031) 908-3181(대표)
팩스   031) 908-3189
홈페이지   http://ebook.kstudy.com
전자우편   출판사업부 publish@kstudy.com
등록   제일산-115호(2000. 6. 19)

ISBN 978-89-268-5440-2 93370